Zu diesem Buch

Spannend und kenntnisreich erzählt Siegfried Obermeier das Leben und Wirken des wohl geheimnisvollsten aller ägyptischen Pharaonen.

Siegfried Obermeier, geboren 1936 in München, war Redakteur der Kunstzeitschrift *artis*, arbeitete am neuen *Großen Meyer* mit und schrieb zahlreiche Romane, Erzählungen, Essays und Glossen. Zudem gab er *Das geheime Tagebuch König Ludwigs II. von Bayern* heraus. Wie kein zweiter deutscher Autor versteht er es, Geschichte lebendig werden zu lassen. Für sein literarisches Schaffen wurde er unter anderem mit der *Littera-Medaille* ausgezeichnet. Siegfried Obermeier lebt in Oberschleißheim bei München.

In der Reihe der rororo-Taschenbücher liegen drei weitere historische Romane desselben Autors vor: «Torquemada» (Nr. 13382), «Mein Kaiser – Mein Herr» (Nr. 15978) und «Kleopatra» (Nr. 22369).

Siegfried Obermeier

ECHNATON

Im Zeichen der Sonne

Roman

Rowohlt Taschenbuch Verlag

Veröffentlicht im Rowohlt Taschenbuch Verlag GmbH,
Reinbek bei Hamburg, Februar 2001
Lizenzausgabe mit Genehmigung des Scherz Verlags,
Bern, München, Wien
Copyright © 1998 by Scherz Verlag,
Bern, München, Wien
Umschlaggestaltung C. Günther/W. Hellmann
(Abbildung: «Echnaton»/Archiv für Kunst
und Geschichte, Berlin)
Druck und Bindung Clausen & Bosse, Leck
Printed in Germany
ISBN 3 499 22740 1

Buch I

Prolog

Niemals vergaß er diesen schrecklichen Augenblick, als sein Bruder mit ausgebreiteten Armen und einem vor Staunen und Schrecken verzerrten Gesicht vom Rücken des Pferdes durch die Luft flog und kopfüber im Sand aufschlug.

Amenhotep lachte. Was mußte der Kerl sich auch auf ein Pferd setzen! Das taten sonst nur Sklaven und Krieger, aber für einen Vornehmen galt es als unschicklich, für einen Prinzen gar als undenkbar. Nun, dieser Sturz würde ihn lehren, in Zukunft besonnener zu handeln. Amenhotep trat näher, zwei Leibdiener liefen herbei.

Thotmes, Erstgeborener des Guten Gottes und Herrn Beider Länder, des Sohnes der Sonne und Starken Stieres Neb-Maat-Re Amenhotep, war auf einen im Sand verborgenen Stein geprallt, hatte sich den Schädel eingeschlagen und zudem das Genick gebrochen. Sein jüngerer Bruder Amenhotep wurde dadurch zum Thronfolger, und die Geschichte des Landes Kemet nahm einen anderen Verlauf.

Dabei hatte alles so fröhlich und hoffnungsvoll begonnen. Vor drei Jahren hatte der König seinen Erstgeborenen nach Men-nefer geschickt, der «Stadt mit den weißen Mauern» am Eingang zum fruchtbaren Delta des Nils. Dort stand der alte Tempel des Schöpfergottes Ptah, als dessen «lebende Seele» der Apis-Stier verehrt wurde. Der König hatte Thotmes dort zum Hohenpriester ernannt, weil, wie er sagte, es gut sei, in der früheren Reichshauptstadt einen Fuß am Boden zu haben. Als der König nun immer kränker und hinfälliger wurde, wollte er den Thronfolger um sich haben, und so sandte er seinen Zweitgeborenen in die «Weiße Stadt», damit er das Amt des Bruders übernehme.

Zuerst zeigte sich der Sechzehnjährige keineswegs erfreut. Er war ein stiller, nachdenklicher Junge, der sich viel mit Geschichte, alten Legenden und den verwickelten Götterlehren befaßte – alles in allem das genaue Gegenteil seines lauten und lustigen Bruders, der in seiner lärmenden, großtuerischen Art eher dem Vater nachgeriet.

Der Gute Gott Nebmare Amenhotep scherte sich wenig um Dinge, die sich außerhalb des Landes Kemet abspielten. Um diese Welt der Fremdländer – wenn es denn nötig war – kümmerte sich sein Wesir Ramose, während der Herrscher um sich und seinen Hof eine ungeheure Pracht entfaltete.

Mit seiner mittelgroßen Gestalt und dem gedrungenen, muskulösen Körper wirkte der König derb, fast ein wenig bäurisch, was der breite, schwere Kopf noch unterstrich. In seinem Gesicht lagen die großen klugen Augen im Widerstreit mit der kurzen, schön geformten Nase und dem breiten Genießermund über dem kräftigen Kinn. Dieser Mund redete gern, prahlte mit Großtaten auf den Gebieten der Jagd, der Waffenführung und einer ungeheuren Baulust, die Waset auf dem anderen Ufer mit einem gewaltigen Tempel beschenkt hatte, während der König im Westen nicht gesonnen schien, jemals mit dem Bauen aufzuhören.

Sein genialer und namensgleicher Baumeister Amenhotep – genannt Huy – hatte in kürzester Zeit nahe dem Nil einen riesigen Totentempel aus dem Boden gestampft und vor die Pylonen zwei Monumentalstatuen des Königs gesetzt, aus einem Stück gearbeitet und über vierzig Ellen hoch. Die Ausmaße dieses Tempels übertrafen alles bisher Dagewesene, ja sogar – und gewiß nicht ohne Absicht – den Umfang der Amun-Heiligtümer auf dem Ostufer.

«Ja, das ist schon was!» hatte der König seinen Baumeister gelobt und ihm dabei freundlich die Schulter getätschelt. Der vielseitig gebildete Mann wurde mit Ehren und Besitztümern überhäuft und durfte sich sogar in der Nähe einen eigenen kleinen Totentempel neben seinem Grab erbauen.

Schon bald nach seinem Regierungsantritt begann der König sich auf der Westseite, etwa zwei Pfeilschüsse von seinem Tempel entfernt, einen Palast zu errichten, der im Laufe der Jahre die Ausmaße einer mittleren Stadt annahm und einen seltsamen Namen trug: «Das Haus des Königs erglänzt wie Aton.» Gleichzeitig waren Tausende von Arbeitern damit beschäftigt, im Osten dieses Palastes einen See auszuheben, den in wenigen Wochen ein Verbindungskanal zum Nil mit Wasser füllte. Warum er nicht wie seine Vorgänger auf der Ostseite residieren wollte und sich quasi im Reich des Totengottes Osiris niederließ, verriet Amenhotep nur engen Vertrauten, später auch seinen Söhnen, als sie ins verständige Alter kamen.

«Es ist Amuns wegen. Nicht daß ich den Gott fürchte oder ihn nicht verehre – nein, es betrifft seine Priester. Freilich, nach Brauch, Recht und Gesetz gibt es im Land Kemet nur einen einzigen Priester, und der bin ich.»

Er lächelte und hob seine großen, derben Hände, als wolle er um Verständnis bitten.

«Aber ich kann nicht überall sein, und so muß ich in den großen Tempeln von Junu, Men-nefer, Eschmun, Abidu und auch hier in Waset Stellvertreter ernennen. Amun ist mit den Jahren reicher und reicher geworden und mit ihm seine Priester, denen schon – so sagt man – gut ein Viertel unseres Landes gehört. Auf seine Weise ist Amun-Re ein König – ein König unter den Göttern. Der König auf Erden bin ich, aber es schickt sich nicht, daß zwei Könige auf dem gleichen Boden leben. Jetzt liegt der Nil zwischen uns, und wir stehen im besten Einvernehmen. Dir, Thotmes, rate ich, es später genauso zu halten, wenn ich meine Ewige Wohnung im Westen bezogen habe.»

Dem Zweitgeborenen nickte der König nur flüchtig zu. Was er dachte, schien nicht so wichtig, und so empfand es auch der junge Prinz und schwieg.

Dann stand die große Fahrt bevor, viele Reisetage auf dem Nil mit vielen Nächten dazwischen, bis die «Weiße Stadt» im Norden erreicht war. Der König hatte seinen Zweitgeborenen nur kurz verabschiedet.

«Du bist klug, gebildet, kennst dich bei den Göttern nicht weniger gut aus als in der Geschichte des Landes. Dein künftiges Amt als Hoherpriester des Ptah wird dir kaum Schwierigkeiten bereiten, und du darfst dich wie ein zweiter König fühlen. Ich regiere den Süden und du den Norden, und wenn dein Bruder mir nachfolgt, wird sich nichts daran ändern. Re möge dich begleiten und beschützen auf all deinen Wegen!»

Der Prinz stutzte. Der Vater hatte Re, den Sonnengott, um Schutz gebeten und nicht Amun-Re, seine Erscheinung als Widder. Er verneigte sich.

«Danke, Majestät. Ich werde mich bemühen, ein würdiger Nachfolger meines Bruders zu werden.»

Der König ging nicht auf den förmlichen Ton ein, sondern verzog den breiten Mund zu einem bübischen Grinsen.

«Das wird nicht schwer sein, mein Lieber. Thotmes ist mir zu ähnlich, so daß ich fürchte, er hat sein Amt nicht immer mit der gebotenen Würde ausgefüllt. Du bist eher deiner Mutter nachgeraten, du wirst es besser machen.»

Nur im engen Familienkreis zeigte der König dann und wann solche Anfälle von Ehrlichkeit. Nach außen aber, wenn es galt, sein hohes Amt als Guter Gott und Sohn der Sonne zu repräsentieren, vergab sich Amenhotep nichts. Etwa beim Opet-Fest, wenn in Waset alljährlich der Gott Amun seinen Südlichen Harim aufsuchte. Dann saß der König steif, würdig und allem Irdischen entrückt auf seinem von jungen Priestern getragenen Thronsessel, die Doppelkrone auf dem Haupt, Nechech und Heka – also Geißel und Szepter – vor der Brust gekreuzt, von Wedelträgern und Weihrauchschwenkern umringt. Da jubelte das Volk seinem Guten Gott zu, den es nur aus der Ferne und in Weihrauchwolken gehüllt vorüberschweben sah, wie es dem Sonnensohn gebührte – ihm, der mit den Göttern verkehrte wie mit vertrauten Freunden.

Das Innere des gewaltigen Palastkomplexes «Aton glänzt» war in vier Abschnitte aufgeteilt: der Bereich des Königs, einen für die Große Königliche Gemahlin und zwei kleinere Paläste für den Kronprinzen und den Wesir Ramose. Solange Prinz Amenhotep sich erinnern konnte, stand dieser Hofbeamte dem Vater zur Seite. Von seiner Anwesenheit war im Palast wenig zu bemerken, denn der Wesir besaß am Ostufer ein großes Haus, wo er sich häufig aufhielt und von dort seine Amtsgeschäfte führte.

Nachdem der König ihn verabschiedet hatte, suchte Amenhotep

die Große Königsgemahlin Teje auf – seine Mutter, der er äußerlich weit mehr glich als der derben bäurischen Erscheinung des Vaters.

Sie führten ein langes, vertrautes Gespräch, bei dem meist der Prinz redete, während Teje ihre schrägen, dunklen Augen liebevoll auf den Sohn gerichtet hielt, der augenscheinlich eher ihr Fleisch und Blut war als Thotmes, der mit den Jahren immer mehr seinem Vater glich.

Die Königin legte zart eine Hand auf den Arm des Sohnes, so daß Amenhotep seine Rede unterbrach.

«So gesprächig bist du sonst nie», bemerkte sie, und ihr etwas strenger, skeptisch verzogener Mund löste sich zu einem Lächeln.

«Sonst hört mir ja keiner zu, und dann schweige ich lieber.»

«Gut, Meni, gut. Du sollst eines wissen: Ich lasse dich ungern ziehen, obwohl ich weiß, daß der König recht hat.»

Sie senkte ihre Stimme und beugte sich vor: «Deinem Vater geht es nicht sehr gut; er leidet unter der Gicht und seinen ewigen Zahngeschwüren. Die Ärzte können wenig für ihn tun… Du wirst gespürt haben, daß ich dich stets als meinen Sohn betrachtet habe, während dein Bruder in allem ein richtiges Vaterkind ist. Sie jagen und fischen gern, rasen auf klapprigen Wagen durch die Wüste, trinken mehr, als ihnen guttut, und daß Thotmes schon als Zwölfjähriger bei Sklavinnen lag, ist ja längst kein Geheimnis mehr. Auch da hat dein Vater Beträchtliches geleistet.»

Ich selber bin auch nicht zu kurz gekommen, wollte sie hinzufügen, aber das gehörte sich nicht für Sohnesohren, und so dachte sie es nur.

Amenhotep schmerzte der Abschied von seiner Mutter, doch als er das wimpelgeschmückte, goldglänzende Staatsschiff betrat und die kleine Flotte ablegte, war sein Sinn nach vorn gerichtet, und unbändige Freude erfüllte ihn. Der König hatte dem Flottenführer Anweisung gegeben, zunächst an Men-nefer vorbeizufahren und erst bei dem weiter nördlich an einem Seitenarm des Nils gelegenen Sonnenheiligtum Junu anzuhalten.

Mit dieser Mitteilung hatte ihn der Vater verabschiedet.

«Du sollst im Norden zunächst die heiligste Stätte unseres Landes kennenlernen – Junu, wo Re zum ersten Mal am Horizont aufstieg hinter dem Urhügel, den dir die Priester dort zeigen werden.»

Mit einer lässigen Handbewegung schickte der König die gebückt herumstehenden Hofbeamten außer Hörweite und sagte
leise: «Amun ist nur ein Nachkömmling, ein Usurpator, den es
noch nicht gab, als die Priester in Junu schon die Sonne verehrten.»

Sein breiter Mund wölbte sich verächtlich nach unten.

«Dieser anmaßende Hammel ist groß und fett geworden, weil
dumme Pilgerscharen ihn mästen. Wir brauchen ihn, Meni, aber
wir müssen ihn nicht lieben.»

An diese verächtlichen Worte seines Vaters fühlte der Prinz sich er-
innert, als er inmitten kahlköpfiger, weißgekleideter Priester durch
einen Wald von Obelisken aus verschiedenen Zeiten die weitläufige
Tempelanlage von Junu betrat. Beim Gang zum Allerheiligsten be-
gleiteten Dutzende von Priestern aller Ränge den Prinzen, doch je
näher sie der Wohnung des Gottes kamen, um so mehr mußten
zurückbleiben, und als sie den schmalen, dämmrigen Raum betraten,
war nur noch der Hohepriester an seiner Seite. Der verbeugte sich
vor dem Kultbild, streckte beide Arme vor und rezitierte halblaut:

«Du bist Re, der Höchste der Götter,
der hold erscheint, dessen Anmut Liebe erweckt,
majestätisch mit deinen beiden Sonnen,
mit hohen Hörnern und spitzem Gehörn,
der Bart leuchtet, die Augen sind Weißgold, mit Türkis ge-
    schmückt,
Leuchtender mit goldenem Leib!
Seine Knochen sind aus Silber, seine Haut aus Gold,
seine Haare aus echtem Lapislazuli,
seine Zähne aus Türkis –
der vollendete Gott, der in seinem Leib wohnt.»

Danach waren sie in zeremonieller Runde bei einem Festmahl versammelt, und der junge Prinz hatte das respektvoll lauschende
Priesterkollegium mit seinen genauen Kenntnissen über die Welt-
schöpfungslehre von Junu überrascht.

Der Hohepriester hatte seine Begrüßungsansprache mit den
Worten begonnen:

«Waset, wo der Herr Beider Länder, dein göttlicher Vater – er lebe, sei heil und gesund – zum Nutzen des Landes Kemet regiert, steht ja ganz im Zeichen Amuns, während wir hier dem Alten, dem ganz Alten anhängen und Re-Atum als Schöpfer alles Irdischen verehren. Dieser ehrwürdige Gott nämlich hat sich…»

Amenhotep hob die Hand.

«Darf ich dich unterbrechen, Ehrwürdiger? Was du mir erzählen willst, ist mir wohlvertraut. Atum hat sich durch einen Willensakt selbst erschaffen und – um in einer noch nicht existenten Welt einen Standpunkt zu finden – gleich einen Hügel dazu. Durch Selbstbegattung zeugte er seinen Sohn Schu und seine Tochter Tefnut; diese wieder zeugten Geb und Nut, also die Erde und den Himmel. Die vier Kinder dieses Götterpaares hießen Isis, Osiris, Nephtys und Seth, und so kam die göttliche Neunheit von Junu zustande.»

Der verblüffte Hohepriester räusperte sich und wußte offenbar nicht mehr weiter. Schließlich sagte er höflich, wenn auch ein wenig mühsam: «Und später erschien der widderköpfige Amun, und…»

«Lassen wir Amun aus dem Spiel, wir sind hier nicht in Waset», sagte Amenhotep schroffer, als er beabsichtigte, und dachte bei sich: Vater hätte an mir seine Freude gehabt…

Auf dem kurzen Weg nach Men-nefer ging ihm eines nicht aus dem Kopf: Atum erschuf sich durch göttlichen Willen selbst. Schon sein Lehrer hatte ihn mit dieser Schöpfungsversion vertraut gemacht, aber ein Kind hört einfach darüber weg, weil die Welt so bunt, vielfältig und staunenswert ist, daß es alles beiseite schiebt, was der Verstand nicht – noch nicht – fassen kann. Jetzt, fast zehn Jahre später, hatten Wissen und Geist sich erweitert, aber dieser Schöpfungsvorgang entzog sich seinem Verständnis. Wer sich selber schuf, den muß es doch schon vorher gegeben haben! Nach langem Grübeln fand Amenhotep eine Lösung, auch wenn sie ihn nicht völlig befriedigte. Das ist, wie wenn ein Schreiner einen Stuhl macht. Ehe der Stuhl entsteht und im Materiellen existiert, gibt es ihn schon im Herzen des Handwerkers als Vorsatz, als Gedanke. Und so muß es auch mit Re-Atum gewesen sein: Er existierte nur als Gedanke im leeren Raum und schuf sich und den Urhügel durch einen Akt des Willens.

Das religiöse Sinnieren und Spekulieren verging dem jungen

Prinzen von dem Augenblick an, als er seinem älteren Bruder gegenüberstand. Der gebrauchte den auch bei den Eltern üblichen Kosenamen.

«Meni! Bei Ptah und der schrecklichen Sachmet! Du bist ja gewachsen wie ein Schilfstengel nach der Nilschwelle! Wie geht es den Alten – ich meine natürlich Seiner Göttlichen Majestät und der Großen Königlichen Gemahlin? Der Vater, höre ich, hat schwer zu leiden unter …»

«Ja, Thotmes, dem König geht es nicht sehr gut. Nach und nach eitern ihm die Zähne heraus, die Glieder werden zunehmend unbeweglich, immer häufiger müssen die Diener ihm am Morgen aus dem Bett helfen. Freilich gibt es auch Zeiten, wo er sich besser fühlt, ja, sogar auf die Jagd ist er kürzlich gegangen, aber – nun ja …»

Thotmes grinste.

«Da ist wohl nicht mehr viel herausgekommen, oder? Nichts, was es wert wäre, einen Gedenkskarabäus auszugeben? Du wirst dich ja erinnern, oder warst du damals noch zu klein?»

Sie saßen in einem erlesen eingerichteten Raum eines Hauses, das der Hohepriester sich im Schatten des Tempels erbaut hatte. Er deutete auf ein Wandbord aus Ebenholz, das sich von der Tür bis zum Fenster zog.

«Da liegen sie alle aufgereiht, einer neben dem anderen und schön chronologisch.»

Er griff hinauf und nahm behutsam einen der handtellergroßen Skarabäen herab.

«Es begann, als er unsere Mutter heiratete, die liebliche Teje. Wie geht es ihr?»

«Sie ist gesund und läßt dich grüßen.»

Ein Grinsen flog über das breite Gesicht des Thronfolgers.

«Geht immer noch der Spruch um: Teje regiert den Palast und der Wesir das Land?»

Amenhotep kannte dieses Gerede, aber er wollte seinem Bruder nicht den Gefallen tun, es zu bestätigen.

«Davon weiß ich nichts. Du solltest mich jetzt in mein künftiges Amt einführen …»

Thotmes legte den Gedenkskarabäus zurück.

«Hat das nicht noch Zeit? Schließlich bist du eben erst angekommen. Heute feiern wir unser Wiedersehen, und morgen zeige ich dir die lebende Seele des Ptah – den Apis-Stier und seinen erlesenen Harim.»

Amenhotep ging hinter seinem Bruder her, und wieder fiel ihm die Ähnlichkeit mit dem Vater auf: der feste, stampfende Gang, das leichte Wiegen der Schultern, und sogar die tiefe, rauhe Stimme des Königs – wenn auch mit hellerem Klang – hatte der jetzt Achtzehnjährige geerbt.

Da wird sich später nicht viel ändern, dachte Amenhotep. Wenn Thotmes auf dem Horus-Thron sitzt, wird es sein, als hätte Vater sich unter einem anderen Namen verjüngt. Dieser Gedanke beruhigte ihn, weil er selber nicht nach der Doppelkrone strebte, froh und dankbar war, diese Last nicht tragen zu müssen. Ihm schauderte, wenn er daran dachte, wie er als König bei den großen Festen dem Volk in starrer Haltung als lebende Gottheit vorgeführt werden würde und daß er diese Pose oft mehrere Stunden lang durchhalten müßte. Dem Vater fiel dies zunehmend schwerer, und schon beim Sed-Fest zur Feier des dreißigsten Regierungsjahres hatte er – zum Entsetzen der Amun-Priester – die Zeremonie beträchtlich abgekürzt.

Als sie einen kleinen Innenhof durchquerten, blieb Thotmes stehen und wies auf eine Nische in der Wand. Amenhotep trat näher. Da stand ein kleiner Sarg aus Sandstein, auf dem eine Katze mit Halsband abgebildet war, die vor einem mit Speisen überladenen Tisch saß. Dahinter war sie als Mumie dargestellt mit der Inschrift darüber: «Der Osiris Ta-Miat, der Gerechtfertigte.»

«Meine Lieblingskatze», erläuterte Thotmes, «sie ist vor zwei Monaten gestorben. Eine große Jägerin…»

Zu seinem Erstaunen sah Amenhotep, wie die Augen seines Bruders feucht wurden und er sein Gesicht abwandte.

«Geht es dir so nahe?»

Thotmes nickte.

«Miat hatte in meinem Herzen einen großen Platz. Wenn ich mit ihr redete, schloß sie halb ihre Augen, und es sah aus, als verstände sie jedes Wort. Vielleicht war es tatsächlich so… Ich hoffe, daß sie auch im Jenseits reichlich Mäuse zu jagen hat.»

Dann gingen sie schnell weiter.

Die von Thotmes ausgerichtete Wiedersehensfeier fand in der großen Festhalle statt, die an die Ostmauer des Tempelkomplexes angebaut und – der Kühle wegen – nach Norden ausgerichtet war.

Alles, was in Men-nefer Rang und Namen besaß, war dazu geladen, vor allem die drei «Propheten des Ptah», die den Apis-Stier betreuende Priesterschaft, die Tempelverwalter, dazu die unteren Ränge der Opfer-, Ritual-, Vorlese-, Reinigungs- und Balsamierungspriester. Diese etwa hundert Menschen stellten nur einen kleinen Teil derer dar, die im oder am Tempel beschäftigt waren, und nicht einmal Thotmes kannte ihre genaue Zahl. Als sein Bruder ihn fragte, hob er gleichgültig die Schultern.

«Was weiß ich, so um die tausend werden es wohl sein, vielleicht hundert mehr oder hundert weniger.»

Amenhotep und sein Bruder Thotmes saßen an der Stirnseite des Saales auf thronartigen Sesseln, und die Gästeschar zog langsam an ihnen vorüber. Ihre Huldigung galt zugleich dem künftigen König wie dem neuen Hohenpriester des Ptah, und da gab es viele gebeugte Rücken, langatmige Glückwünsche und allerlei Geschenke, die sich an der Wand zu einem ansehnlichen Haufen stapelten.

Amenhotep war solche öffentlichen Auftritte nicht gewohnt, vermied sie, wo es ging, und das fiel ihm um so leichter, als der König es überaus schätzte, daß aller Glanz auf ihn und seine Gemahlin fiel, ohne durch irgendwelche Prinzen geschmälert zu werden. Das war nun einmal seine Art und keineswegs böse gemeint. Der Gute Gott war durchaus stolz auf seine Söhne und Töchter, aber er pflegte gerne zu bemerken: «Habt Geduld, bis ich nach Westen gehe, dann kommt auch eure Zeit.»

Thotmes, der Hohepriester des Ptah, war angetan mit allen Würdenzeichen seines Amtes, trug den weißen, fast bis zum Knöchel reichenden Schurz aus gestärktem Leinen, die Schulterbinde um den nackten Oberkörper. In seinem Arm ruhte das goldene Szepter des Ptah, gebildet aus dem die Ewigkeit symbolisierenden Djed-Pfeiler und dem gegabelten Was-Szepter, einem alten Glückszeichen. Kaum war der offizielle Teil vorbei, übergab er das Szepter einem Diener, um die Hände frei zu haben für die überreichlich gebotenen Genüsse der Tafel. Auf den Tischen türmte sich das gebratene Geflügel – Gänse, Enten, Hühner und Wachteln, auch Fleisch von Lämmern, Schweinen und Ziegen wurde aufgetragen, dazu frisches Gemüse und Obst, wie es jetzt zu Beginn der Schemu-Zeit in Hülle und Fülle vorhanden war: Rettiche, Gurken, Melonen, Lattich, Zwiebeln, auch frische Trauben, Feigen, Datteln und Granatäpfel. Kleine Schalen mit köstlichen Tunken aus Sesam, Knoblauch, Feigen und Honig ließen jedem die Wahl, ob er das Gebratene pur oder gewürzt genießen wollte. Brot gab es in den unterschiedlichsten Formen, von winzigen knusprigen Sesamkringeln bis zu riesigen Laiben in Gestalt des Apis-Stieres, den man nur auf diese Weise genießen konnte, denn Rindfleisch war am Tempel des Ptah streng untersagt.

Emsige Diener versorgten die Gäste mit vielerlei Getränken, vor allem Wein und Bier, doch wer nichts Berauschendes mochte, konnte sich an Milch, Wasser und Obstsäften gütlich tun und diese nach seinem Geschmack mit Honig versüßen.

In einem glichen sich die königlichen Brüder – beide aßen und tranken gern, wobei Thotmes Becher um Becher des würzigen Gerstenbieres hinunterstürzte, während Amenhotep verdünnten und leicht mit Honig gesüßten Wein vorzog.

«Hast du auch vom Lamm genommen?» fragte Thotmes mit hinterhältigem Grinsen. Natürlich wußte Amenhotep gleich, worauf die Frage zielte, gab sich aber ganz unbeteiligt.

«Natürlich, warum auch nicht? Die Köche hier sind vorzüglich, und ich kann dir versichern, daß ich kein Gericht ausgelassen habe.»

Thotmes schlug seinem Bruder derb auf die Schulter.

«Wenn deine Amun-Priester das wüßten! Die würden sich vor Kummer über dieses Sakrileg auf den Boden werfen und den Widdergott mit Sonderopfern zu versöhnen suchen.»

«Es sind nicht meine Amun-Priester!» sagte Amenhotep abweisend. «Im Palast unseres Vaters kümmert man sich darum nicht. Die Priester mögen es halten, wie sie wollen, der Gute Gott steht über allem. Was er tut, kann niemals falsch sein.»

Thotmes nickte.

«Sehr richtig, aber das gilt nicht für uns. Du jedenfalls darfst als Ptah-Priester kein Rindfleisch essen und kein Leder aus Rinderhaut tragen.»

Er drohte ihm scherzhaft mit dem Finger.

«Ich hoffe, du hältst dich daran!»

«Warum nicht? Es wird mir nicht schwerfallen, auf diese Dinge zu verzichten.»

Thotmes lachte und strich mehrmals über seinen glattgeschorenen Schädel.

«Und die Haare müssen weg – alle! Auch die hier…»

Er wies auf seine Achseln und deutete auf das Geschlecht.

«Wir haben einen guten Barbier, so daß du um deinen Schwanz keine Angst haben brauchst. Der hebt ihn mit zwei Fingern hoch und schabt behutsam drum herum – ein wahrer Künstler!»

Er stand auf und klatschte in die Hände. Mit seinem Amtsstab stieß er auf den Boden, daß der Saal dröhnte.

«Schluß für heute, verehrte Gäste! Eure Sklaven sollen die Tische abräumen und nach Hause tragen, was nicht verzehrt ist. Der heilige Apis sei mit euch und eurer Familie!»

Amenhotep war befremdet von der lauten und derben Art seines Bruders, ein Fest zu beenden. Schließlich befanden sich hohe Gäste im Saal, wie der Bürgermeister von Men-nefer, die Priester aller wichtigen Tempel, an ihrer Spitze die drei Propheten des Ptah, und die wurden nun verabschiedet wie vom Wirt einer Straßenkneipe.

Thotmes faßte ihn am Arm.

«Für uns, Brüderchen, ist das Fest freilich noch nicht zu Ende – komm mit!»

Er führte den Bruder in einen kleinen, behaglich eingerichteten Raum, wo sich ein Dutzend bequemer Sessel um einen niedrigen Tisch gruppierten.

«Hier feiern wir weiter – ganz unter uns.»

Danach trafen noch einige Gäste ein, junge Männer meist, die Thotmes freundschaftlich begrüßte und mit denen er offenbar – fast alle berührte er an Arm oder Schulter – auf sehr vertrautem Fuß stand.

Ganz wie der Vater, dachte Amenhotep, der muß alle Menschen, die er mag, anfassen, betasten, tätscheln. Er selber mochte das nicht, zuckte bei jeder, auch zufälligen Berührung zusammen, sogar wenn sie von der Mutter oder den Schwestern kam.

So setzte er sein hoheitsvolles Prinzengesicht auf, nickte jedem leicht zu und ließ die belanglosen Namen an sich vorbeirauschen wie Windstöße, die nur das Ohr berühren, aber nicht eindringen. Abschätzige Blicke trafen ihn. In einigen Tagen war dieser Prinz der neue Hohepriester des Ptah und obendrein noch ein Sohn des Guten Gottes und Herrn Beider Länder – er lebe, sei heil und gesund! –, also der künftig Ranghöchste in Men-nefer. So hörte Amenhotep manche devote Rede, sah manches servile Lächeln auf den jungen Gesichtern, von denen einige schon gezeichnet waren von Lastern und Nichtstun.

Der feingliedrige Prinz mit dem schmalen, hoheitsvollen Gesicht und den schrägen, dunklen Augen blickte die jungen Männer verschleiert und etwas abwesend an oder besser durch sie hindurch. Die Empfindsameren fühlten sich im Sinne des Wortes durchschaut, und ihnen war, als blicke der Prinz strafend und mit Abscheu auf ihr nutzloses und lasterhaftes Leben.

Doch die hereinstiebenden fast nackten Tanzmädchen und die sie begleitenden Musikanten fegten alle düsteren Gedanken hinweg.

Laute, Flöte und Handtrommel ertönten, die Glieder der schlanken, geschmeidigen Tänzerinnen wirbelten gedankenschnell durch die Luft, und ihre langen Haare flogen hinterher wie die Wimpel bei einer rasenden Fahrt mit dem Streitwagen.

Als Amenhotep einen Schluck Wein nahm und Thotmes einen Becher davon hinunterstürzte, war das für die Gäste wie der Auftakt zu einem Wetttrinken, bei dem beflissene Diener so schnell die lässig hingehaltenen Becher nachschenkten, wie sie dann wieder geleert wurden.

Amenhotep fröstelte es, denn er war die kühlere Nachtluft des Nordens nicht gewohnt, und so trank er, um warm zu werden, mehr, als er es sonst gewöhnt war. Da er den Wein nicht mehr verdünnte, stieg er ihm schnell zu Kopf, und bald war er von der lärmenden Heiterkeit der jungen Männer angesteckt, redete schnell und viel und lachte zu den einfältigsten Witzen.

Er gleicht seinem Bruder doch mehr, als es zuerst schien, dachte der Sohn des Bürgermeisters erfreut. Er wird sich an das lustige Leben hier gewöhnen und bald einer der unsrigen sein.

Es gehörte zu den Gewohnheiten solch intimer Feiern, daß die Gäste sich nach und nach eines der Tanzmädchen heraussuchten und es herbeiwinkten. Natürlich ließ man den beiden Prinzen den Vortritt bei der Auswahl, und Thotmes griff auch schnell zu. Amenhotep zögerte. Freilich, zu Hause war er schon dann und wann bei Sklavinnen gelegen, aber hier fand er es nicht schicklich, sich vor Rangniederen eine Blöße zu geben. Außerdem scheute er davor zurück, sich mit völlig fremden Mädchen abzugeben; seine bisherigen Gespielinnen waren Palastsklavinnen, die er zumindest vom Sehen her kannte und dann in Ruhe auswählen konnte. Aber irgendeine fremde Tänzerin... Noch einen Grund gab es, aber den mochte er sich nicht eingestehen, weil es für einen königlichen Prinzen unschicklich war, sich in ein namenloses Mädchen zu verlieben. So ganz ohne Namen war sie freilich nicht, die Tochter des Dritten königlichen Schreibers Eje, der früher als Priester des Fruchtbarkeitsgottes Min amtiert hatte.

«Verzeih, Thotmes, aber dazu bin ich heute nicht in Stimmung.»

Thotmes lachte trunken und knetete die Brüste des Mädchens, das sich lüstern auf seinem Schoß räkelte und ihn anstrahlte wie ein göttliches Wesen.

Amenhotep erhob sich, und gleich sprangen auch die anderen auf. Sie wußten, was sich gehörte. Thotmes blieb sitzen, ließ seine Hand unter den Schurz des Mädchens gleiten.

«Willst du dich schon zur Ruhe begeben, Brüderchen?»

«Ja, du wolltest mir morgen doch...»

Thotmes winkte ab.

«Ja, ja, ich hab's nicht vergessen. Aber niemand drängt uns – wer sollte es auch? Unser göttlicher Vater erwartet mich nicht vor Ende der Schemu-Zeit zurück, oder gefällt dir meine Gesellschaft nicht?»

Die Frage war lächelnd und mit sanfter Stimme gestellt, aber Amenhotep erkannte den Ernst dahinter. Als sie noch unter einem Dach lebten, hatten sie sich niemals sehr gut verstanden – Thotmes hielt sich an den Vater, er lieber an die Mutter.

«Wie kannst du so etwas glauben – wir sind doch Brüder!»

«Dann wünsche ich dir eine gute Nacht. Wenn Ptah dich mit schönen Träumen beglückt, dann kannst du morgen seiner herrlichen Seele, dem hochheiligen Apis-Stier, eine Opfergabe spenden.»

«Das werde ich in jedem Fall tun.»

Thotmes hielt sein Wort und führte den Bruder in sein künftiges Amt ein, aber er tat es so nach und nach, ließ sich dazu viel Zeit. So fütterte Amenhotep den schwarzen, juwelenbedeckten Apis mit einem Büschel seiner Lieblingskräuter, die der junge, schon recht fette Stier gierig nahm, weil man ihn vorsorglich einen Tag hatte hungern lassen. Thotmes führte seinen Bruder ins Allerheiligste des Ptah, wo in einer engen, finsteren Kammer die lebensgroße Goldstatue des Gottes in erhabener Feierlichkeit stand, und nur wenn aus einer handgroßen Öffnung in der Decke gegen Mittag ein Lichtstrahl auf den Kopf der Statue fiel, erstrahlte das göttliche Antlitz unter der enganliegenden blauen Kappe in magischem Glanz.

«Sieht recht gut aus, nicht wahr?» bemerkte Thotmes, den der heilige Ort wenig zu beeindrucken schien. Wie um sich zu rechtfertigen, setzte er noch hinzu: «Man gewöhnt sich an den Anblick und findet dann nichts Besonderes mehr dabei.»

Amenhotep war in einem Umfeld aufgewachsen, das die ersten Künstler des Landes gestaltet hatten. Alles, was ihn im väterlichen Palast «Aton glänzt» umgeben hatte – Wandbilder, Statuen, Geräte, Webereien, Möbel –, war von den besten Handwerkern des Landes geschaffen worden und hatte ihm Auge und Sinn geschult.

So beeindruckte ihn hier vor allem die feine, erlesene Arbeit, aber – und es erstaunte ihn selbst – er sah dahinter nichts Göttliches. Jeder in den Weltschöpfungslehren Bewanderte wußte, daß Ptah als «Herr des Schicksals» und «Schöpfer der Welt» erst groß und bekannt geworden war, als es Junu, das Sonnenheiligtum des Re, schon lange Zeit gab. Doch Men-nefer war die Residenz der alten Könige gewesen, und mit ihnen gewannen die Ptah-Priester an Macht und Einfluß. So gerieten sie in den Wettstreit mit den Sonnenpriestern in dem nur wenige Schiffsstunden entfernten Junu. Seit zwei Jahrhunderten residierten die Könige nun in Waset, und Amun-Re war zum allmächtigen Reichsgott geworden. So blieb der Wettstreit zwischen Junu und Men-nefer unentschieden, oder besser gesagt: Das Sonnenheiligtum erleuchtete das ganze Land mit seinem überirdischen Licht, und vor allem die Gebildeten sahen in ihm einen Ursprung alles Göttlichen. Ptah, Neith, Thot, Hathor, Sobek, Isis, Amun, Osiris, dazu andere, über eine lokale Verehrung nicht hinausreichende Gottheiten waren eher volkstümlich, auch weil sie meist in Triaden auftraten, also mit einem Ehepartner und einem Kind, und so besser in die Herzen einfacher Menschen fanden.

Amenhotep neigte sich tief vor dem goldfunkelnden Götterbild und streute eine Handvoll Weihrauch in das Glutbecken. Im Gegensatz zu anderen Gottheiten erschien der «Weltschöpfer» immer nur in Menschengestalt, gewickelt in ein mumienartiges Gewand, den Kopf mit einer enganliegenden Kappe bedeckt, beide Hände um ein Szepter gefaltet. Einer seiner Beinamen war Nefer-her – «schön an Gesicht», und alle Bildhauer mühten sich ab, dem Rechnung zu tragen.

Als sein künftiger Hoherpriester würde Amenhotep unter anderen den Titel «Oberster der Handwerker» tragen, denn Ptah galt auch als Erfinder der Künste und war der Patron aller Handwerker.

Ich will das nicht, dachte Amenhotep und überlegte, ob er den Vater bitten sollte, einen anderen Hohenpriester zu ernennen. Gerade er, der zu den Amun-Priestern Abstand hielt, müßte doch dafür Verständnis aufbringen. Sollte er darüber mit dem Bruder sprechen? Nein, das hätte wenig Sinn, denn wer Thotmes näher kannte, sah, daß er sein Amt nur mit dem Körper, nicht aber mit dem Herzen ausübte.

Als hätte ihn der Besuch im Allerheiligsten überaus angestrengt, seufzte Thotmes tief.

«Für heute reicht's! Ich will jetzt frei atmen, brauche Luft – Wüstenluft. Begleitest du mich auf die Jagd?»

«Wenn ich selber nicht jagen muß …»

Thotmes tätschelte die Schulter seines Bruders, der – wie immer bei solchen Berührungen – leicht zusammenzuckte.

«Es geht ja auch nicht um die paar Pfeilschüsse auf Gazellen oder Straußenvögel. Ich will raus aus dieser Stickluft von Weihrauch, geschlachteten Opfertieren und den nach Duftölen stinkenden Priestern. Ihnen genügt nicht die Vorschrift, sich zweimal täglich und zweimal nächtlich zu reinigen – nein, sie müssen sich zur Ehre der Gottheit auch noch mit Duftölen übergießen!»

Er lachte.

«Da ist mir der Geruch von Pferdemist, Schweiß und Wüstenstaub allemal lieber.»

Schon einen Pfeilschuß vom Tempel entfernt begann die Wüste, und so rasten die Brüder auf ihren zweirädrigen Gespannen dahin. Thotmes führte die Pferde selber, während Amenhotep hinter dem Wagenlenker stand und sich an die Haltegriffe klammerte. Hinter ihnen galoppierten einige Leibwachen und Diener, die ausgebildet waren, auf dem Rücken der Pferde zu sitzen und auch bei schnellem Lauf nicht herunterzufallen.

Mitten in der Wüste hielten sie an, und Thotmes sprang vom Wagen. Er deutete nach vorne.

«Da! Siehst du es? Links von dem Hügel, wo etwas Grün wächst, grasen einige Antilopen.»

«Zu weit für einen Pfeilschuß, Herr», bemerkte ein Diener und streckte ihm fragend den Köcher hin.»

«Ich versuch's trotzdem! Der Wagen ist zu laut, ich reite ein Stück und pirsche mich dann zu Fuß näher.»

«Aber Ehrwürdiger, du kannst doch nicht…»

Thotmes winkte unwillig ab, sprang geschickt auf das nächste Pferd und ergriff die Zügel. Das Tier erschrak, tat einige Sätze, bäumte sich plötzlich auf und warf seinen Reiter ab. Der flog mit hilflos ausgebreiteten Armen und einem mehr erstaunten als erschreckten Gesicht über den Kopf des Pferdes in den Sand.

Amenhotep lachte. Das hatte er nun davon; zumindest würde ihm tagelang der Rücken weh tun. Doch Thotmes, dem jungen Hohenpriester des Ptah, tat nichts mehr weh. Er blickte mit halbgeöffneten Augen in den blauen Himmel, wo hoch die Sonne stand, die ihn nicht mehr blendete.

Da werde ich mein Amt wohl schon heute übernehmen müssen, dachte Amenhotep erschreckt. Aber nicht als Hoherpriester am Ptah-Tempel, sondern als Thronfolger. Als Falke im Nest, Sohn des Goldhorus und Guten Gottes, des Starken Stieres und Herrn Beider Länder würde er der nächste Träger der Doppelkrone sein – der weißen des Binsenlandes und der roten des Bienenlandes.

I

*N*ebmare Amenhotep, Sohn der Sonne, Guter Gott und Herr Beider Länder, quälte sich wieder einmal mit seinen langjährigen Übeln herum: eiternde Zähne, Gichtanfälle und ein von tagelanger Verstopfung aufgetriebener Leib. Eine Schar von Ärzten hatte vergeblich versucht, dieser Leiden Herr zu werden, doch mit Ungeduld und Jähzorn vereitelte der König jeden Versuch, seinen Zustand zu bessern. Bis jetzt hatte auch Teje, die Große Königsgemahlin, nichts daran ändern können. Da erhielt sie von einer ihrer Kammerfrauen einen Wink, es doch mit einem vor kurzem aus Amurru zugewanderten Arzt zu versuchen, dessen Erfolge in Waset schnell von sich reden machten. Teje, bei solchen Empfehlungen stets mißtrauisch, fragte:

«Kennst du ihn näher; hat er jemand aus deiner Familie behandelt?»

«Nein, Majestät, ich habe ihn noch nicht einmal gesehen. Aber, wie gesagt, die ganze Stadt redet von Pentu und seinem tüchtigen Sohn, der genauso heißt.»

«Was, Vater und Sohn tragen den gleichen Namen?» Teje schüttelte mißbilligend den Kopf.

«Aber dein Zweitgeborener, Majestät, heißt doch auch wie...»

«Bei Königen mag das angehen, die stehen über Brauch und Gesetz!» wies Teje ihre vorlaute Dienerin zurecht. «Also gut, bestelle den Wundermann hierher, und ich werde versuchen, den Guten Gott zu überreden, ihn zu empfangen.»

Das erwies sich weitaus weniger schwierig, als Teje es sich gedacht hatte. Der König stimmte mit schwacher Stimme zu.

«Dann versuchen wir es eben auch mit diesem Pentu, denn schlimmer, als es jetzt ist, kann es nicht mehr werden.»

«Armer Amani…»

Sie strich dem Gatten zärtlich über den schon halbkahlen Kopf. Er seufzte.

«Nicht einmal mehr eine Perücke halte ich aus. Das Toben und Pochen beginnt im Kiefer und zieht sich bis hinauf zur Schädeldecke.»

Der faulige Gestank aus dem Mund des Königs umgab sein Lager, als käme er von einer verwesenden Leiche. Doch Teje ließ sich nichts anmerken, küßte den Gatten auf die heißen, geschwollenen Wangen und erhob sich.

«Für morgen früh ist Pentu hierherbestellt. Versuche, ihn gut zu behandeln, und jage ihn nicht schon bei der ersten Berührung fort.»

Amenhotep hörte aus den freundlichen Worten die feste Erwartung heraus, er möge sich diesmal beherrschen.

«Ist gut, Teje, ich werde es versuchen. Schlimm genug, wenn so ein Quacksalber meine heilige Person anfassen darf.»

«Amani», sagte sie geduldig, «der Mann ist kein Zauberer und wird dich kaum aus der Ferne heilen können.»

«Wenn überhaupt…» seufzte der König mit schmerzlicher Miene. «Übrigens, wann wird Thotmes endlich heimkehren? Ich habe ihm ausdrücklich gesagt, noch ehe die Schemu-Zeit endet, muß er zurück sein!»

«Ja, aber wir sind doch erst mittendrin – zehn oder fünfzehn Tage werden wir uns schon noch gedulden müssen.»

Am nächsten Morgen erschien gleich nach Sonnenaufgang Pentu mit seinem Sohn und ließ sich – wie es der Hauptmann der Palastwache angeordnet hatte – beim Zeremonienmeister melden. Der tat sehr beschäftigt, und es dauerte eine Weile, bis er geruhte, die Besucher wahrzunehmen.

«Pentu, nicht wahr, und sein Sohn – ?»

«Auch Pentu, gnädiger Herr.»

Der Höfling lachte meckernd: «Pentu der Zweite sozusagen… Ist der Junge dein Gehilfe, will sagen, muß er bei der Behandlung des Königs zugegen sein?»

Über Pentus fremdländisches Gesicht mit der großen Nase und dem etwas wulstigen Mund flog ein Lächeln.

«Ich brauche seine Hilfe, ja, gewiß...»

«Gut, dann wartet hier, man wird euch abholen.»

Kaum waren die Schritte des Hofbeamten verklungen, fragte der Sohn den Vater mit gedämpfter Stimme: «Der König wird uns doch nichts antun? Wenn die Behandlung mißlingt oder wir ihm Schmerzen zufügen, dann schickt er uns vielleicht in die Steinbrüche oder läßt uns hängen...»

Pentu tätschelte dem Sohn beruhigend die Schulter.

«Bis jetzt hat keiner der Ärzte dem König nachhaltig helfen können, aber keiner hat – soviel ich weiß – deswegen Leben oder Freiheit verloren. In Kemet herrschen Recht und Gesetz, aber der König steht darüber, und wir können nur abwarten und hoffen.»

Der Beamte kam nach etwa einer Stunde zurück und stellte eine Wasseruhr auf den Tisch.

«Das Schälchen ist in genau einer halben Stunde gefüllt, dann werden euch die Diener abholen. Inzwischen gebe ich Anweisungen, wie ihr euch beim Empfang zu verhalten habt. Also: Sobald sich die Tür zum Gemach des Königs öffnet, werft ihr euch zu Boden, den ihr dreimal küßt, denn die Anwesenheit des Guten Gottes heiligt jeden Raum. Nach einer Weile wird Seine Majestät oder sein Sprecher euch aufstehen heißen. Dann geht ihr gebückt auf den König zu, werft euch ein paar Schritte vor ihm nieder und küßt erneut den Boden. Beim dritten Mal dürft ihr dem Gott schon die Sandalen küssen. Dann wird er oder sein Sprecher euch erlauben, aufzustehen und die Schönen Befehle Seiner Majestät zu erwarten. Habt ihr alles verstanden?»

«Ja, Herr, wir werden uns genau so verhalten, wie du es gesagt hast.»

Doch Pentu sprach nicht aus, was er dachte, und das war: Nicht ich will etwas von der Majestät, der König fordert etwas von mir. Ich bin kein Bittsteller, sondern ein Arzt, der einem Kranken zu helfen versucht. Allerdings ist es schon ein besonderer Fall, dachte Pentu nüchtern, und ich werde versuchen, das Beste daraus zu machen.

Der König empfing sie in einem kleinen, privaten Raum, in einen bequemen Sessel gebettet, das gichtgeschwollene Bein auf einem Hocker ausgestreckt. Teje saß neben ihm; beide trugen kein königliches Ornat, sondern nur leichte Perücken, bequeme Kleidung und als einziges Zeichen ihres Ranges einen schmalen Goldreif mit der sich aufbäumenden Uto-Schlange um die Stirn.

Nachdem Pentu und sein Sohn sich einmal zu Boden geworfen hatten, forderte Amenhotep ungeduldig: «Nun kommt schon her, wir sind hier nicht im Audienzsaal!»

Pentu und sein Sohn küßten dennoch ihm und der Königin die Sandalen und blieben dann in gebückter Haltung stehen. Der König wandte sich an den Zeremonienmeister.

«Ich erteile dem Arzt Pentu und seinem Sohn hiermit die Erlaubnis, den Körper Meiner Majestät in Ausübung ihres Berufs berühren zu dürfen, wo und wie sie es für nötig finden.»

Ein am Fenster hockender Schreiber notierte den Befehl, und ein Diener drückte das königliche Siegel darauf.

«Jetzt hinaus mit euch!» rief der König ungeduldig und blickte Teje an.

«Soll ich…?»

«Nachdem du dich nun einmal entschlossen hast, mein Gemahl – vielleicht kann Pentu dir wirklich helfen.»

«Doch zuvor müßte ich dich untersuchen, Majestät. Vor allem ein Blick in deinen Mund…»

Der König ging nicht darauf ein.

«Warum hast du deine Heimat verlassen, Pentu?»

Der Arzt blickte kurz seinen Sohn an.

«Dort konnten wir nicht mehr ruhig leben und arbeiten, ständig gab es Streit um die Thronfolge…»

«Aber Amurru ist uns doch tributpflichtig! Wir haben Truppen dort stehen, die hätten doch für Ordnung sorgen können – ich verstehe das nicht!»

Über das strenge Antlitz der Königin flog leiser Unmut.

«Der Wesir wird sich darum kümmern oder hat es längst getan. Aber warum gleich nach Waset, Pentu, so weit im Süden? Mennefer ist doch auch eine große, bedeutsame Stadt, wo ein guter Arzt gewiß sein Auskommen hat?»

Sie zögern es hinaus, dachte Pentu, der König, weil er die Untersuchung fürchtet, die Königin, um von der Politik abzulenken.

Er hob bedauernd die Hände.

«In Men-nefer eine ärztliche Praxis zu eröffnen, das ist, als trüge man Wasser zum Nil. Die Stadt steht im Zeichen von Ptah und seiner Gemahlin Sachmet. In den Tempeln dieser Göttin müssen die Priester zugleich Ärzte sein, und sie behandeln jedermann kostenlos.»

Trotz seiner Schmerzen verzog der König sein aufgedunsenes Gesicht zu einem Lächeln.

«Was habe ich der Löwenköpfigen nicht alles geopfert; habe unseren Ptah-Tempel reich beschenkt, habe ihr Hunderte der schönsten Granitstatuen errichten lassen, aber du siehst», der König berührte leicht seine geschwollene Wange, «ihre Gunst hält nicht lange vor.»

Pentu verbeugte sich.

«Vielleicht hat sie mich zu dir gesandt, um Deiner Majestät auf solche Weise zu helfen?»

«Was verstehst du schon von unseren Göttern? In deiner Heimat beten sie doch irgendeinen Baal an ...»

«Majestät, ich opfere stets den Göttern meines Gastlandes – Amun, Mut, Chons, Month und andere erhalten regelmäßig ihre Gaben.»

Da verzerrte sich das Antlitz des Königs in jähem Zorn. Er hob die Faust und rief: «Amun! Mut! Hältst du es für richtig, diese schon immens reichen Götter noch mehr zu mästen? Nun, tue, was du willst, aber laß Amun aus dem Spiel. Manchmal frage ich mich schon, wer Herr ist in Kemet – dieser fette Hammel oder ich, der Lebendige Horus, der Sohn der Sonne!»

Er ächzte und lehnte sich zurück.

«Geh mir aus den Augen, du Amun-Anbeter!»

Teje kannte ihren Gemahl und wußte, er hatte diesen Streit gesucht, um den Arzt unter einem Vorwand wegzuschicken. Sie legte zart eine Hand auf sein Knie.

«Dein Zorn ist berechtigt, mein hoher Gemahl, aber Pentu ist wohl das falsche Ziel. Er opfert Amun wie alle Welt, und wir sollten es ihm nicht verargen. Jetzt aber laß den Arzt seine Pflicht tun.»

Der König seufzte. Er hatte es längst aufgegeben, Teje zu widersprechen, und so fügte er sich und versuchte einen matten Scherz.

«Also gut, du Jünger Sachmets, dann entfalte deine Kunst an Meiner Majestät.»

Pentu schien das wie ein Traum. Noch gestern abend hatte er einem Bäcker den vereiterten Zeh aufgeschnitten, und jetzt, einen Tag später, stand er dem Herrn Kemets gegenüber, dem Gottmenschen und höchsten Wesen auf Erden, dessen Leib heilig, dessen Wort Gesetz und dessen Entschlüsse unumstößlich waren. Ein Schnippen dieser gichtigen Finger, und sein Kopf rollte in den Sand…

Pentu straffte sich.

«Zuerst ein Blick auf die Zähne, Majestät.»

Er trat näher, und der König öffnete unwillig zur Hälfte seinen Mund.

«Verzeih, aber so geht es nicht. Ich muß tiefer hineinschauen können, um auch die hinteren Zahnreihen zu prüfen. Pentu, nimm den Spiegel und leuchte mir!»

Nach einigem Hin und Her hatte sich der König halb zum Fenster gedreht, während der junge Pentu das Sonnenlicht in den Mund spiegelte. Mit einem Elfenbeinstäbchen prüfte der Arzt der Reihe nach die Zähne, wobei der König manchmal gurgelnd aufschrie. Weil aber Teje dabeisaß, wollte er sich nicht zu wehleidig gebärden.

«Soweit ich es sehen kann, sind fünf Zähne vereitert, zwei davon sind bereits locker. Alle fünf müßten heraus…»

«Was? Hat der grimmige Seth dir den Verstand getrübt? Du willst dem König einfach fünf seiner Zähne stehlen? Wie stellst du dir das vor?»

«Verzeih, Majestät, aber ich stehle sie dir nicht, denn sie sind wertlos – ja hochgiftig. Das ist wie bei einem brandigen Glied: Nimmt man es nicht rechtzeitig ab, vergiftet es nach und nach den ganzen Körper. Bei deinen Zähnen ist es nicht anders. Sie sitzen im eitrigen Zahnfleisch und sind dabei, den ganzen Körper zu verderben. Es könnte sogar sein, daß deine Gicht dort ihren Ursprung hat.»

«Und was schlägst du vor?»

«Ich mische dir einen Trank, der dich nicht nur einschläfert, sondern zum Teil auch unempfindlich macht. Dann ziehe ich dir die fünf kranken Zähne heraus, so schnell es geht – einen nach dem anderen.»

«Und ich spüre nichts?»

«Nicht viel, später noch einige Tage Wundschmerz. Aber dann, Majestät, wirst du dich fühlen wie ein neuer Mensch – oh, verzeih – wie ein neuer Gott.»

«Was meinst du, Teje?»

Die Königin beugte sich vor, und ihre schrägen, schwarzen Augen musterten Pentu wie einen betrügerischen Markthändler.

«Übertreibst du nicht ein wenig? Doch wenn du mir versprichst, daß der Zustand des Königs sich bessert, will ich zufrieden sein.»

Pentu lächelte.

«Dafür stehe ich ein, doch die Zähne müssen raus – alle fünf!»

Teje blickte auf ihren Gemahl, der mit matter Stimme wiederholte: «Ja, alle fünf …»

Pentu verbeugte sich tief.

«Und wann soll das Ereignis stattfinden?»

«Wie lange brauchst du zur Vorbereitung?»

«Ich mische heute noch den Trank und lege meine Instrumente über Nacht in Wein. Morgen früh, wenn es recht ist?»

Teje gab dem König keine Gelegenheit zu einer Antwort und sagte schnell: «Es ist uns recht, Arzt Pentu. Bleibst du gleich hier, oder mußt du noch einmal zurück nach Waset?»

«Nein, Majestät, es ist alles zur Hand.»

Sie erhielten ein geräumiges Gästezimmer. Während der junge Pentu sich staunend umsah und die leuchtenden Malereien an Wänden und Decken bewunderte, holte sein Vater alles Nötige aus dem großen Binsenkorb. Zuerst suchte er zusammen, was er für den Betäubungstrank brauchte. Das war ein Ledersäckchen mit pulverisierter Mandragorawurzel, ein verstöpseltes Alabasterfläschchen mit bröseligen, blaßbraunen Körnern des getrockneten Saftes von Schlafmohn. Dieser Stoff war hier wenig bekannt, während in Amurru jeder Quacksalber damit arbeitete. Pentu hatte einen Vorrat davon mitgebracht, doch machte er nur in ganz schwierigen Fällen davon Gebrauch.

Er blickte auf und sah den Sohn noch immer in die Malereien vertieft. Leise stand er auf und boxte den Jungen von hinten leicht in die Rippen.

«Aufwachen, junger Mann! Wir sind nicht zum Vergnügen im Palast des Königs. Ruf einen Diener und laß etwas Wein bringen – es muß der sein, den die Majestät bevorzugt; dazu einen zweiten Krug starken, einfachen Weines, etwa ein halbes Hekat. Außerdem brauche ich ein Töpfchen Honig und eine große Schale mit frischem Wasser. Wenn wir alles beisammenhaben, mischen wir den Schlaftrunk, aber uns darf kein Fehler unterlaufen – hörst du! Den Kopf wird es nicht kosten, aber es wäre schon Strafe genug, wenn uns der König nach Amurru zurückschickt. Der König ist kein Greis, aber für eine starke Dosis nicht mehr jung und kräftig genug.»

Ein Diener stellte das Verlangte auf den Boden, Pentu wartete, bis er draußen war.

«Der König soll ein schwerer Trinker sein», sagte er leise.

«Woher weißt du das, Vater?»

«So reden die Leute. Schon wegen seiner Schmerzen wird er sich oft mit Wein betäuben...»

«Und das heißt?»

«Bist du Arzt oder nur ein dummer Küchensklave?» fragte Pentu unwillig. «Manchmal glaube ich, du hast schon die Hälfte von dem vergessen, was ich dir im Laufe der Jahre eingebleut habe.»

Der Junge ließ sich nicht aus der Ruhe bringen, er kannte seinen Vater und dessen stets wache Spottlust.

«Das heißt, daß unser Patient schwer oder nicht auf Betäubungsmittel anspricht. Du wirst die Mandragoramenge verdoppeln müssen.»

Pentu schüttelte den Kopf.

«Diese Wurzel hat ihre Tücken, und ich möchte nicht wissen, wie viele Ärzte ihre Patienten mit einer Falschdosierung umgebracht haben. Ich werde etwas mehr vom Schlafmohn opfern müssen – schließlich geht es um den König!»

Der junge Pentu grinste.

«Und um etwas noch viel Wertvolleres, um unsere Köpfe…»

«Ja, spotte nur, doch die Verantwortung trage ich.»

Schließlich war der Trunk fertig, die Instrumente – Zange, Messer, Schablöffel – lagen die Nacht über in dem großen Krug Wein, das Wasser stand für die Waschung am Morgen bereit. Als der Sohn nach draußen zum Abtritt ging, nahm Pentu einen tüchtigen Schluck von des Königs Betäubungstrank.

Am Morgen waren sie bereit, Pentu verdrängte jeden Gedanken an ein Mißlingen aus seinem Herzen. Er ahnte nicht nur, daß alles gutgehen würde, er wußte es mit ziemlicher Sicherheit.

Das Königspaar erwartete sie im selben Raum wie gestern, umringt von Dienern, Höflingen und vier Mann der baumlangen nubischen Leibwache. Das Niederwerfen auf den Boden blieb ihnen diesmal erspart, und so küßten sie nur die Sandalen des Herrscherpaares.

«Nun triff deine Anordnung!» forderte die Königin auf.

«Gut – diese Leute müssen alle raus, bis auf zwei sehr kräftige Männer.»

«Warum?» fragte Amenhotep mißtrauisch.

«Um dich festzuhalten, Majestät.»

«Mich festhalten? Soll das heißen, daß ich vor Schmerzen um mich schlage, daß ich…»

«Beruhige dich, mein Gemahl. Das ist nur eine Vorsichtsmaßnahme für alle Fälle – nicht wahr, Pentu?»

«So ist es, Majestät. Vielleicht können zwei von den Leibwachen…?»

Der König winkte ab.

«Den Kuschiten ist es nicht erlaubt, mich zu berühren. Holt den Barbier und seinen Sohn!»

Die beiden erschienen, und Pentu betrachtete zufrieden ihre muskulösen Oberkörper. Alle anderen mußten auf Tejes Wink den Raum verlassen. Dann reichte Pentu dem König den Betäubungstrank.

«Bitte austrinken, Majestät.»

Der König nahm einen Schluck.

«Etwas bitter, aber sonst nicht schlecht…»

Es dauerte keine Viertelstunde, dann lag der König zurückgelehnt im Sessel und schnarchte laut mit offenem Mund. Pentu rieb sich die Hände.

«Gut, daß Seine Majestät schnarcht! So brauchen wir den Mund nicht gewaltsam zu öffnen.» Er postierte den Barbier und seinen Sohn zu beiden Seiten des Königs mit der Anweisung, im Bedarfsfall die Arme festzuhalten und die Schultern niederzudrücken.

Der junge Pentu hakte behutsam die silberne Kieferklemme ein, während sein Vater sich an die Königin wandte.

«Majestät, es kann sein, daß der König aufwacht und zu toben beginnt. Ich muß dann sicher sein, daß der Barbier und sein Sohn ihn nicht vor Schreck loslassen und davonlaufen.»

Teje nickte und sagte streng: «Habt ihr das gehört, ihr beiden? Was Pentu wünscht, ist nun mein Befehl: Wie immer Seine Majestät sich verhält, was immer er sagt oder anordnet – solange die Behandlung nicht abgeschlossen ist, achtet ihr nicht darauf, verstanden?»

«Jawohl, Majestät!»

Pentu ergriff die langstielige Zange und entfernte zuerst mit einem schnellen Ruck die beiden lockeren Zähne. Als er einen der noch festsitzenden in Angriff nahm und daran zu drehen und zu rütteln begann, brach das Schnarchen ab, der König stieß einen hohen Schmerzenslaut aus und begann sich zu wehren. Ein kalter Blick von Teje genügte, um den Barbier an seine Pflicht zu erinnern. Er und sein Sohn ergriffen je einen Arm des Herrschers und drückten mit der anderen Hand auf die Schulter. Es knirschte, und der Zahn war draußen. Beim zweiten ging es schneller, aber der dritte, ein dicker Backenzahn mit drei Wurzeln, wehrte sich nicht weniger hartnäckig gegen seine Entfernung als sein Träger. Der König wand sich in den Händen seiner Diener wie ein Gefolterter, fluchte, lallte Befehle und riß vor Schmerz und Entsetzen beide Augen auf.

Endlich war auch der fünfte Zahn draußen, und der Patient sank erschöpft zurück.

«Weiter festhalten», befahl Pentu, «ich muß noch die Wunden behandeln.»

Er hatte eine Tinktur aus Alaun, rotem Ocker, Natron, Salz und

Tamariskensaft vorbereitet, die er nun in die blutenden Wunden pinselte. Der König regte sich kaum noch, er hatte die Augen geschlossen und war in einen Halbschlaf gesunken.

«Ihr könnt den König jetzt loslassen. Ich werde unterdessen eine Arznei vorbereiten, mit der Seine Majestät mehrmals täglich kräftig den Mund ausspülen soll. Das läßt die Entzündungen abklingen und fördert die Heilung. Im übrigen empfehle ich strenge Bettruhe für die nächsten drei Tage.»

«Gut», sagte Teje und gab den Helfern einen Wink. «Bringt Seine Majestät in das Schlafgemach – Pentu soll euch auf alle Fälle begleiten. Sein Sohn kann hier auf ihn warten.»

Der Barbier und sein Sohn hoben den Sessel mit dem noch halb betäubten König hoch, draußen schlossen sich mehrere Diener an, die vorangingen.

«Du scheinst ein Lieblingskind der Götter zu sein», flüsterte der Barbier Pentu zu, «bis jetzt haben nur sehr wenige Menschen die Schlafkammer des Guten Gottes von innen gesehen.»

Das riesige Bett war aus zwei Löwen gebildet, deren Beine das Bett trugen und deren Köpfe den Eindringlingen mit grimmiger Miene entgegenblickten.

Während die Diener den König behutsam niederlegten, bestaunte Pentu die sieben großen Geier an der Decke, die mit ausgebreiteten Flügeln den Raum bewachten und zu deren Füßen Namen und Titel des Königs in großen, bunten Schriftzeichen standen. Die Wände waren mit mannshohen, farbigen Anch-Zeichen und Djed-Pfeilern dekoriert, dem König auf magische Weise Leben und Dauer verheißend.

«Gefällt es dir?»

Pentu erschrak, Teje stand in der Tür. Er verneigte sich tief.

«Gut, Pentu. Du und dein Sohn werdet so lange im Palast bleiben, bis die Wirkung eurer Behandlung sich zeigt. Danach soll der König bestimmen, was weiter mit euch geschehen wird.»

«Danke, Majestät – aber wie darf ich das verstehen: was weiter mit uns geschehen wird?»

Über Tejes schönes, ernstes Gesicht flog ein Lächeln. «Nun, vielleicht ernennt der König dich zum Hofarzt – wer weiß?»

Während sich der König in seinen Privatgemächern von der Behandlung erholte – sichtlich erholte, denn er wurde von Tag zu Tag munterer –, hatte das Boot mit den Schnellruderern schon Eschmun, die heilige Stadt des Weisheitsgottes Thot passiert, was etwa der halben Strecke nach Waset entsprach. Die Götter von Kemet hatten dem Land nicht nur den fruchtspendenden Nil, sondern auch einen stetigen Nordwind beschert, so daß die flußaufwärts fahrenden Schiffe die Kraft der Ruderer noch durch Segel unterstützen konnten.

Ein hoher Tempelbeamter aus Men-nefer saß im Heck des Schnellbootes unter einem Sonnensegel und bangte seiner Ankunft in Waset entgegen. Er war durch das Los auserwählt worden, dem Königspaar die Trauerbotschaft zu überbringen, verbunden mit der Frage, wo der Osiris Thotmes künftig seine Ewige Wohnung erhalten solle, in Men-nefer oder im Westen von Waset. Doch das hatte Zeit, denn die Gottessiegler – das war der Ehrenname für die Einbalsamierer – brauchten siebzig Tage, um einen Menschenkörper in den für die Ewigkeit geeigneten Zustand zu bringen. Der junge Prinz Amenhotep vertraute dieses Geschäft nicht der wenig angesehenen Schar von Einbalsamierern an, die Tag und Nacht für die Einwohner von Men-nefer in ihrem anrüchigen Beruf tätig waren. Er beauftragte damit die am Ptah-Tempel beschäftigten Balsamierungspriester, allesamt würdige Männer, von denen die meisten auch den Arztberuf ausübten. Zu ihnen gesellte sich ein Vorlesepriester, der zu den Verrichtungen der Gottessiegler die alten heiligen Texte las. Er führte dabei sozusagen auch die Aufsicht, damit bei dieser langwierigen Verrichtung nichts Unziemliches geschah, was aber hier eher symbolisch aufzufassen war. Den Einbalsamierern für die unteren Stände mußte jedoch gelegentlich auf die Finger geschaut werden, denn es war schon vorgekommen, daß diese sich an verstorbenen Frauen vergangen hatten, ehe sie mit ihrer Arbeit begannen.

Die ersten Schritte der Gottessiegler wurden von Gehilfen unter Aufsicht ausgeführt, denn da ging es um wenig schöne Dinge wie das Entfernen des Gehirns mit metallenen Haken durch die Nase, doch da immer ein Rest dieser unnützen Masse zurückblieb, mußte der Schädel noch mit zersetzenden Flüssigkeiten ausgespült werden. Als nächstes öffnete man den Leib an der Weiche mit einem einzigen Schnitt, wobei sämtliche Eingeweide mit Ausnahme des Herzens entfernt wurden. Den nun leeren Körper spülte man mehrmals mit Wein aus und füllte ihn mit den geeigneten Spezereien. Danach wurde er vernäht und siebzig Tage lang in Natronlauge gelegt, um das ebensolange Verschwinden des Sothis-Sternes nachzuvollziehen, als Gleichnis für Sterben und Wiedergeburt des Menschen.

Amenhotep nahm an diesen Vorbereitungen nicht teil, ließ sich aber genau über den Fortgang berichten. Während der langen Wartezeit übte er das Amt seines verstorbenen Bruders aus, unterstützt und beraten von den drei Propheten des Ptah, denen er weitgehend freie Hand ließ. Er wollte sie mit seiner Gegenwart nicht in Verlegenheit bringen, denn alle Welt begegnete dem Thronfolger gebückt und voll Devotion. Über seinem Haupt schwebte die Doppelkrone, und da kein Mensch die Absichten der Götter kannte, mußte man damit rechnen, daß ihm heute oder morgen der Horus-Thron zufiel.

Am letzten feierlichen Akt der Einbalsamierung nahm Amenhotep teil, als nämlich die Gottessiegler den Leib des Toten in Binden hüllten, was sehr langwierig war und mit aller Sorgfalt geschah. Die schmalsten und feinsten Streifen wickelte man um Finger und Zehen – jedes Glied einzeln. Für den Körper wurden breitere Lagen verwendet, Elle um Elle wand sich um den toten Körper, jeweils getränkt mit Harz und Duftölen.

Mit in die Binden wurden zahlreiche Amulette aus Gold und Edelsteinen gewickelt, um der Mumie magischen Schutz zu verleihen. Udjat-Augen, Djed-Pfeiler, Isis-Knoten, Skarabäen und viele andere, die geeignet waren, die einzelnen Glieder und Sinne des Toten wieder zu beleben und sie zugleich zu schützen.

Zu jedem der Amulette trug der Vorlesepriester mit leiser, feierlicher Stimme ein Gebet vor – beim Udjat-Auge lautete es:

«Sieh, ein Udjat-Auge aus Smaragd geschnitten,
sicherer Schutz gegen der Übel Macht.
Thot selbst hat es jenen verliehen, die meiden,
was den Göttern mißfällt.
Siehe, wenn Udjat gedeiht, gedeihe auch ich.»

Am nächsten Tag vollendete ein als Gott Anubis mit Schakalmaske verkleideter Priester das Werk. Die Gehilfen legten unter seiner Aufsicht die Mumie in den geschnitzten, bemalten und vergoldeten Holzsarg, dessen Deckel als zeitlos schönes Abbild des Verstorbenen geformt war. Bei der Grablegung in der Ewigen Wohnung würde man den Holzsarg in einen größeren aus Rosengranit betten.

Amenhotep bedankte sich mit freundlichen Worten bei den Priestern und ihren Gehilfen und ließ an alle Geschenke verteilen. Dann gab er seinen Dienern den Befehl, die Abreise vorzubereiten.

Für ihn gab es keine Wahl, die Götter hatten entschieden, aber im Grunde hatte er weder Ptah-Priester noch König werden wollen. Vielleicht hatte der Gute Gott noch einen anderen Prinzen im Auge, der für die Thronfolge in Frage käme, denn der König hatte seinen Samen weit im Harim verstreut, und einige der namenlosen Nebenfrauen hatten ihm sicher auch Söhne geboren. Ein solcher könnte dann Sat-Amun oder Isis – Amenhoteps Schwestern – heiraten, das wäre durchaus üblich, und er selbst könnte sich wieder zurückziehen und sein gewohntes stilles Leben führen. Dann wäre es gewiß auch möglich, vom König die Erlaubnis für eine Heirat mit Nofretete zu erhalten, der kleinen Schreiberstochter. Für einen Thronfolger wäre sie freilich weniger geeignet, es sei denn…

Der junge Prinz verlor sich in Zukunftsträumen, die sich kaum verwirklichen ließen, doch schließlich hatte er sich noch vor kurzem kaum vorstellen können, plötzlich der Thronfolger zu sein.

Der Tod des Bruders hatte ihn nicht übermäßig berührt; Thotmes war für ihn schon vorher fast so etwas wie ein Fremder gewesen, das Vaterskind eben, mit dem er wenig gemeinsam hatte. Nun aber hatte sein plötzlicher Tod bewirkt, daß Amenhoteps Zukunft sich völlig anders gestaltete.

2

Während der Zustand des Königs sich zusehends besserte, hatte der Schnellruderer aus Men-nefer am späten Abend Abidu erreicht, die heilige Stadt von Osiris, dem Gott der Unterwelt. Als sein schrecklicher Bruder Seth ihn mit List und Tücke ermordete, seinen Leib in vierzehn Teile zerriß und über Kemet verstreute, fiel das Haupt des Osiris hier zu Boden und heiligte das Gebiet für ewige Zeiten.

Der Hofbeamte ließ eine Pause einlegen – zum einen, damit die erschöpften Ruderer sich gründlich erholen konnten, zum anderen, weil er gerne die Begegnung mit dem Herrn Beider Länder um einen Tag hinausschieben wollte. Er rechnete damit, daß der Gute Gott, blind vor Trauer und Jähzorn, ihn sofort hinrichten oder zumindest auf Lebenszeit in einen der berüchtigten Steinbrüche verbannen ließ. Das mochte noch schlimmer sein als eine schnelle Hinrichtung, denn ein schrecklicheres Ende war kaum denkbar, als sich in der Steinwüste zu Tode arbeiten zu müssen.

Nebmare Amenhotep, der Gute Gott und Herr Beider Länder, hatte sich inzwischen prächtig erholt. Die Zahnwunden hatten sich geschlossen, die Schwellung war verschwunden, und sogar die Gicht in den Knie- und Fußgelenken hatte sich dank einer von Pentu empfohlenen Diät auf ein erträgliches Maß zurückgezogen. Der tüchtige Arzt war reich belohnt und zum zweiten Leibarzt Seiner Majestät ernannt worden. Der König in eigener Person hatte ihm diese hohe Ehre mitgeteilt.

«Du wirst dich fragen, warum nur zweiter Leibarzt? Ganz einfach, verehrter Pentu, der erste ist ein Trottel, stammt aber aus einer so angesehenen Familie, daß ich ihm den Titel lassen muß. Er ist alt, und wenn er seine Ewige Wohnung im Westen bezieht, mache ich dich zum ersten. Sollte es mir – was Sachmet verhüten möge – jemals wieder schlecht ergehen, wirst natürlich du gerufen – du und kein anderer! Zufrieden?»

Natürlich war Pentu zufrieden, um so mehr als der König ihm gestattete, seine Praxis in Waset weiterzubetreiben. Wenn der König ihn brauchte, konnte sein Sohn ihn dort vertreten, so daß keiner der Patienten vor verschlossenen Türen stand.

Tüchtig war er ja, der Knabe, aber Pentu hielt es für besser, ihm das nicht zu oft zu sagen, und wenn, dann in gesunden Spott verpackt.

Der König aber war aus seiner krankheitsbedingten Apathie erwacht und wollte etwas tun, was er schon lange geplant hatte. Zunächst befahl er den Wesir Ramose zu sich. Der kluge Mann hatte geahnt, daß der zunehmend gesundende König bald nach ihm verlangen würde, und sich im Palast bereitgehalten.

Nach alter Gewohnheit war bei solchen Besprechungen auch die mit Ramose eng vertraute Königin zugegen, doch diesmal wollte Amenhotep zuerst mit ihm alleine reden.

Sie begrüßten sich herzlich und ohne viel höfisches Zeremoniell, auf das der König bei engen Freunden keinen Wert legte.

Ramose, ein flinker, zierlicher Mann, der seine klugen Reden gerne durch beredte Gesten unterstrich, verneigte sich zweimal.

«Majestät, du siehst zehn Jahre jünger aus und so kräftig, daß ich um das Leben einiger Wüstentiere bange. Wann geht es wieder auf die Jagd?»

Der König lachte so schallend, daß ein besorgter Diener es wagte, die Tür einen Spalt zu öffnen und hineinzuspähen. Amenhotep warf in gespieltem Zorn einen goldenen Trinkbecher nach ihm und rief: «Wer es noch einmal wagt, unsere Unterredung zu stören, den schicke ich in die Wüste!»

«Ob sie das glauben?» zweifelte Ramose.

«Wahrscheinlich nicht, da ich es noch nie getan habe, aber sie sollen nur spüren, daß ich wieder gesund und munter bin. Nun gleich zum Wichtigsten: Du weißt, daß mein Sohn Thotmes täglich hier eintreffen wird und ich ihn bei einem Fest als Thronfolger vorstellen werde – ein Amt, das auch gewisse Pflichten mit sich bringt. Das heißt, Thotmes wird einen eigenen Hofstaat brauchen, und ich werde ihm hier so etwas wie eine kleine Residenz einrichten. Da werden beträchtliche Ausgaben auf uns zukommen, und ich bin nicht gesonnen, sie alleine zu tragen.»

Da der König schwieg, fragte Ramose: «Gedenkst du die Steuern zu erhöhen, Majestät?»

«Nein, Ramose, das werde ich nicht. Ich werde mir die Mittel da holen, wo sie überreichlich vorhanden sind – bei Amun.»

«Kein schlechter Gedanke ...» sagte Ramose vorsichtig. «Gibt es dafür schon genauere Pläne?»

«Nein, aber ich weiß, wo wir zuerst ansetzen müssen. Noch unter meinem Vater Men-cheperu-Re Thotmes hat es da drüben an die zwei oder drei Dutzend höhere Priesterämter gegeben, jetzt sind es schon über hundert geworden. Sie alle beziehen hohe Einkünfte, aber kaum einer tut etwas dafür, was heißt, daß es sich bei den vielen Ritual-, Opfer-, Vorlese- und Reinigungspriestern um bloße Ehrentitel handelt. Anen, der zweite Prophet des Amun und Bruder meiner Großen Königsgemahlin, hat mir schon vor längerem eine Aufstellung überreicht. Hier ist sie.»

Der König deutete auf den niedrigen Tisch aus Ebenholz, der auf goldenen Löwenpranken ruhte und reich mit Elfenbein und Elektron eingelegt war. Ramose nahm den Papyrus und rollte ihn auf. Seinem Gesicht war nichts anzumerken, doch manchmal bewegte er leicht den Kopf in einer schwer deutbaren Geste. Zustimmung? Ablehnung? Zweifel? Nach einer Weile legte er den Bericht zurück.

«Ich hätte nicht gedacht, daß es dort so viele Parasiten gibt, schlage aber dennoch vor, ihnen die Ehrenämter zu belassen.»

Noch ehe der König grimmig entgegnen konnte, fügte Ramose hinzu: «Ihre Einkünfte aber würde ich streichen. Nur wer tatsächlich in seinem Amt tätig ist, es wirklich ausfüllt, soll dafür Lohn erhalten.»

Der breite Mund des Königs verzog sich zu einem einverständlichen Grinsen.

«Es ist immer gut, sich mit seinem Wesir zu beraten – ja, dieser Vorschlag kommt mir entgegen und wird auch meiner Gemahlin gefallen. Laß von deinen Schreibern einmal durchrechnen, wieviel wir damit einsparen können. Achte aber darauf, daß es keinen der armen Kerle trifft, die nur diese Einkünfte haben.»

Ramose schüttelte den Kopf.

«Die gibt es nicht, glaube ich. Die Amun-Priester verteilen ihre Ämter nicht an Habenichtse, sondern an solche, die ihnen irgendwie nützlich sind, aber ich werde dennoch darauf achten.»

«Ich will das schnell erledigt haben!»

Ramose dachte nach und wußte, daß er dafür eine Nacht würde opfern müssen.

«Morgen mittag kann ich dir das Ergebnis vorlegen.»

«Gut, dann bestelle für übermorgen die Hohenpriester und Ersten Propheten sämtlicher Tempel von Waset ein.»

«Und mich dazu?»

Das war freilich eher spaßhaft gemeint, aber der König blieb ernst.

«Auch die Königin, meine Töchter, mein Freund Huy und einige Schreiber werden bei der Unterredung zugegen sein.»

«Wäre es nicht besser, ein wenig zu warten, bis Prinz Thotmes eintrifft? Seine Teilnahme würde den Ernst der Besprechung unterstreichen.»

«Nein, nein», sagte der König lebhaft, «es soll so etwas wie eine Überraschung werden, wenn der junge Falke sein vorbereitetes Nest beziehen kann.»

Ramose lächelte und verbeugte sich.

«Wie du willst, Majestät.»

Wem der Königsbote den Schönen Befehl überbrachte, der sollte sich übermorgen, eine Stunde nach Sonnenaufgang, im Palast «Aton glänzt» zu einem Empfang im kleinen Audienzsaal einfinden. Dieser lag im äußersten Nordosten des Palastkomplexes und grenzte an einen kleinen Amun-Tempel, den der König kurz nach seiner Regierungsübernahme sozusagen als Privatheiligtum hatte errichten lassen. Doch das war lange her und sollte, als Amenhotep vom Ost- zum Westufer zog, als versöhnliche Geste an die Amun-Priester gedacht sein. Aber sie wurde kaum beachtet, weil diese Herren vom jungen König erwarteten, er möge den großen Amun-Tempel im Osten um ein Beträchtliches erweitern und verschönern.

Der jähzornige und machtbewußte Amenhotep fühlte sich von diesem Ansinnen jedoch herausgefordert und antwortete schroff, seine Vorgänger hätten diesen Tempel zu seinem heutigen, gewaltigen Umfang gebracht und er nehme an, daß Gott Amun damit zufrieden sei. Er ließ einen begonnenen Pylon – aus Resten verfallener Gebäude errichtet – noch fertigstellen und dann keinen Handstreich mehr zu Ehren des Widdergottes tun. Statt dessen erweiterte er den nilaufwärts gelegenen kleinen Mut-Tempel – als Südlicher Harim des Amun bezeichnet – um ein Beträchtliches und verband ihn mit dem Amun-Tempel durch eine fast fünftausend Ellen lange Sphingenallee. Als Baumeister fungierte der geniale Huy-Amenhotep, und der König befahl ihm, den Mut-Tempel so kostbar wie möglich auszustatten: «… aus weißem Stein, die Türen aus Akazienholz mit Goldeinlagen, die Götternamen aus Edelsteinen zu bilden.» Den Säulengang und die Säulenhalle schmückten gigantische Statuen des Erbauers, was Maj – damals noch Zweiter Prophet des Amun – zu der Bemerkung veranlaßte, der König habe vor allem sich und weniger die Götter feiern wollen. Der Hohepriester verwies ihm den Ausspruch scharf, obwohl er insgeheim ähnlich dachte.

Nun hatte Maj schon seit Jahren selber das Amt des Hohenpriesters und Ersten Propheten inne und empfing mit Unbehagen den königlichen Befehl, sich zusammen mit Anen, dem Zweiten Propheten, am Westufer einzufinden. Mit ihm erhielten Peri, der Hohepriester der Mut, und Hapu, der Hohepriester des Month, gleichlautende Aufforderungen.

Den Tempel des falkenköpfigen Kriegsgottes Month gab es schon, lange ehe Amun in Waset zum König der Götter aufstieg. Month war der Lieblingsgott kriegerisch gesinnter Könige, doch sein Abstieg war unaufhaltsam mit dem Aufstieg des widderköpfigen Amun verbunden. Als Amenhotep den Thron übernahm, war der Tempel heruntergekommen und verwahrlost, was den König veranlaßte, ihn wiederherstellen zu lassen und dabei auf gut das Doppelte zu vergrößern. Eine dreiköpfige Priesterschaft wurde eingesetzt und das Volk ermuntert, dem von ihren Vorvätern hochverehrten Gott zu opfern und ihn zu verehren. Die Amun-Priester sahen das mit Argwohn und murrten hörbar über diese – in ihren verblendeten Augen – unziemliche Herabsetzung des Widdergottes.

Amenhotep vernahm ihr Murren nicht ohne Genugtuung und hielt weiterhin sichtbar seine schützende und gebende Hand über das Heiligtum des Month.

Der König hatte Hapu trotz seiner Jugend nach der Fertigstellung des Tempels zum Hohenpriester bestellt, und dieser dankte es ihm mit Hingabe und Loyalität. Die Ernennung des jungen, aus kleiner Familie stammenden Mannes geschah nicht ohne Grund.

Noch vor einigen Jahren hatte Hapu als einfacher Soldat in der Palastwache gedient und war nur dort aufgenommen worden, weil er sich als begnadeter Bogenschütze erwies. Später hatte er dann auf Empfehlung eines Vorgesetzten als Gehilfe an den Jagdausflügen des Königs teilnehmen dürfen und war auch dabei, als im Norden bei Kepto jene sagenhaften Wildrinderherden gesichtet und dem König gemeldet wurden. Von den nach fünftägiger Jagd erlegten und auf einem Gedenkskarabäus erwähnten sechsundneunzig Tieren hatte Hapu achtunddreißig getötet. Er bediente den schweren Bogen mit einer Leichtigkeit und Sicherheit, die ältere Krieger erschauern machte und an magische Kräfte denken ließ.

Danach warf sich Hapu in frecher Kühnheit vor den König in den Staub und stammelte, er sei nur deshalb imstande gewesen, die Wildrinder zu erlegen, weil die göttliche Kraft Seiner Majestät ihn geführt und geleitet habe.

Wie es seine Art war, faßte der König den schnellen Entschluß, diesen kühnen Jäger zum Hohenpriester des wiedererrichteten Month-Tempels zu machen. Auch äußerlich konnte Hapu seinen früheren Beruf nicht verleugnen. Sein sehniger Körper erinnerte an einen gespannten Bogen; sein Gesicht mit den scharfen Falkenaugen und der gekrümmten Nase glich einem jagdlüsternen Raubvogel.

Er freute sich über die Einladung, an den Hof zu kommen, konnte sich aber nicht denken, worum es ging.

Ähnlich empfand es Peri, der Hohepriester des Mut-Tempels, dessen Umfang und Ausstattung allein dem König zu verdanken waren.

Es muß gesagt werden, daß Peri die Vorteile seines Amtes überaus schätzte und sie in vollen Zügen genoß. Er liebte üppige Gastmähler, prunkvolle Aufzüge in prächtiger Gewandung und sonnte sich in der Bewunderung der Frauen, die ohnehin der mütterlichen Göttin eher zugetan waren als ihrem widderköpfigen Gemahl. Sein ebenmäßiger Körper und sein anmutiges Gesicht wären vielleicht stärker zur Geltung gekommen, hätte Peri mit den Jahren des Wohllebens nicht Fett angesetzt und hätten nicht die vielen durchzechten und durchliebten Nächte in seinem Gesicht unübersehbare Spuren hinterlassen.

Die Priester erschienen pünktlich und wurden in ein Vorzimmer gebracht, während ein Diener Anen, dem Zweiten Propheten des Amun, etwas zuflüsterte und mit ihm den Raum verließ.

«Er wird seine Schwester, die Königin, besuchen», vermutete Peri und gähnte ausgiebig, denn das frühe Aufstehen gehörte nicht zu seinen Gewohnheiten.

Die anderen schwiegen, doch dann öffnete Maj, der Hohepriester des Amun, seinen schmalen, verkniffenen Mund.

«Ich hoffe, es ist so – es kann aber auch anders sein.»

Mehr sagte er nicht, und zwei weitere Stunden vergingen.

Hapu, der Month-Priester, erhob sich, streckte seine Glieder und meinte: «Es kann ja etwas dazwischengekommen sein, eine wichtige Nachricht, ein Bote aus Men-nefer oder...»

Da trat ein Diener in den Raum und verkündete: «Der ehrwürdige Wesir Ramose wird euch in einer halben Stunde empfangen.»

«Und ich dachte, der Gute Gott – er lebe, sei heil und gesund – wird uns in eigener Person...»

«Davon weiß ich nichts», sagte der Diener abweisend und verschwand.

Der Doppelthron im kleinen Audienzsaal stand leer, einige Stufen tiefer saßen auf zierlichen Sesseln Sat-Amun und Isis, die Töchter des Herrscherpaares. Wie bei den Brüdern waren auch bei ihnen die Gegensätze deutlich ausgeprägt.

Sat-Amun, die ältere – sie hatte kürzlich die neunzehnte Nil-schwelle erlebt –, hatte des Vaters derbe, stämmige Gestalt geerbt, auch sein rundes Gesicht, doch war dies alles ins Weibliche abgemildert und durchwegs erfreulich anzusehen. Auf ihrem Gesicht lag ein ständiger Ausdruck von Eigensinn und jäher Laune. Wenn sie heute sorgfältig geschminkt war und eine Perücke trug, dann wegen des offiziellen Empfangs, denn sonst hingen ihr die eigenen Haare bis auf die kräftigen Schultern hinab, und die Augenschminke war – wenn überhaupt – nur lässig angedeutet. Zudem benutzte sie dabei grüne Farbe, während sich doch seit mindestens vier Generationen das Schwarz durchgesetzt hatte. Ebenso hatte sie heute darauf verzichtet, mit einer ihrer Lieblingskatzen auf dem Arm zu erscheinen. Die empfindsamen Tiere wurden dann meistens unruhig, sprangen davon und stifteten einige Verwirrung. Besonders Miu, ein eigenwilliger und temperamentvoller Kater, tat sich dabei hervor, während Bastet, seine Gefährtin, sich scheu in den Arm ihrer Herrin schmiegte und laut fauchte, wenn ihr jemand zu nahe kam.

Isis, das jüngste Kind des Königspaares, saß da wie vom Wind in den Sessel geweht, ein leichtes Schilfblatt, mit schmalen Schultern, dünnen Armen und zarten Händen, die dunklen Augen gesenkt, als sei sie eingeschlafen. Sie bewohnte stille, abgelegene Gemächer, denen sich ein weiter Garten anschloß. Dort züchtete Isis mit Hilfe von zwei Gärtnern seltene Gewächse, die sie oft tagelang beobachtete. Wenn irgendeine Pflanze im Morgengrauen ihre Knospen öffnete, wollte sie unverzüglich geweckt werden. Isis, die ihre Diener selten und dann sehr mild bestrafte, hatte einen Gartengehilfen grausam auspeitschen lassen, weil er unachtsam auf eine neuerblühte Pflanze getreten war.

Sat-Amuns Körper war in ständiger Bewegung. Da stützte sie den einen Arm auf und kurz darauf den anderen, da hob sie die rechte Hand und betrachtete ihre Ringe, dann gleich den linken Arm, wo sie einen Reif zurechtrückte.

Zu Füßen des leeren Throns stand Ramose, der Wesir, auf einem Ehrenplatz links unterhalb der Stufen saß Huy, der Baumeister und enge Freund des Königs. Zwei Schreiber hockten am Fenster, die Papyrusrolle auf dem Schoß, das Schreibzeug griffbereit. Einer davon war Eje, den der König wegen seines schnellen Verstandes und seiner allgemeinen Geschicklichkeit überaus schätzte.

Anen, der Zweite Prophet des Amun und Bruder der Königin, hatte sich draußen den anderen Priestern wieder angeschlossen, und so betraten sie gemeinsam den kleinen Audienzsaal.

Da der Doppelthron leer stand, fielen die Verbeugungen nicht allzu tief aus, worauf sich sofort in Sat-Amuns Miene Ärger und Mißmut zeigte. Isis schien davon nichts zu bemerken, sie musterte nur kurz und abwesend die Eintretenden, nickte mehrmals zu den klangvollen Begrüßungsreden und versank dann wieder in sich selber.

Die Abwesenheit des Königspaares ermutigte Maj zu einer kritischen Bemerkung. Seine engstehenden Augen funkelten boshaft.

«Du hast Amun unziemlich lange warten lassen, verehrter Wesir.»

Ramose verzog keine Miene.

«Götter sind unsterblich und haben deshalb unendlich viel Zeit. Du als Hoherpriester müßtest es wissen und in Demut hinnehmen. Im Auftrag unseres Herrn Neb-Maat-Re Amenhotep, des Sohnes der Sonne und Herrn Beider Länder, möchte ich euch, den Hohenpriestern von Amun, Mut und Month, die folgenden Entschlüsse Seiner Majestät verkünden: Da in Kürze das Erscheinen des Thronfolgers Thotmes zu erwarten ist, will Seine Majestät, dem Alter und dem Rang des Prinzen angemessen, ihm eine eigene Hofhaltung einrichten. Dazu werden beträchtliche Aufwendungen nötig sein, die der Gute Gott nicht alleine tragen kann und will. Es hat sich nun erwiesen, daß die Zahl der Priesterämter, vor allem im Tempel des Amun, eine Höhe erreicht hat, die sich längst nicht mehr mit den tatsächlichen Erfordernissen deckt. Es geht dabei hauptsächlich um die bezahlten Ehrenämter, die mit keinerlei Pflichten verbunden sind, was der König für nicht mehr tragbar hält und deshalb folgendes anordnet: Wer ein solches bezahltes Ehrenamt innehat, soll künftig daraus keine Einkünfte mehr beziehen. Wenn er den Titel weiterhin führen will, muß er dem Schatzmeister des Königs eine jährliche Gebühr entrichten. Will er dies nicht, wird ihm der Ehrentitel aberkannt. Die Einzelheiten sind in einer Aufstellung niedergelegt, von der jeder der Herren eine Abschrift erhalten hat. Sind dazu irgendwelche Erläuterungen nötig?»

Maj hatte es derart die Sprache verschlagen, daß er nur einige Floskeln stammelte und den Papyrus von sich streckte, als klebe die Pest daran.

Peri musterte die unruhig in ihrem Sessel zappelnde Sat-Amun, fing ihren Blick ein, lächelte leicht und senkte respektvoll seine Augen. Dabei fühlte er das vertraute Pochen in seinen Lenden und spürte, wie sein Phallus witternd das Haupt hob. Nichts für dich, mein Kleiner, dachte Peri, du mußt dir eine andere Beute suchen.

Hapu, der Month-Priester, hatte die Rede des Wesirs nicht ohne Schadenfreude vernommen. Er wußte, daß der König seine Hand über den von ihm erbauten Tempel hielt, und hatte keine Streichung von Priesterämtern zu befürchten. Auch bei ihm gab es bezahlte Ehrenämter, aber wenn diese überflüssigen Herren verschwänden, würde er ihnen keine Träne nachweinen.

Anen, der Zweite Prophet des Amun, tat, als ginge ihn dies alles nichts an. Sein Amt war tatsächlich ein Ehrenamt, weil er nur die allernotwendigste Zeit drüben im Tempel verbrachte, doch alle wußten, daß er es behielt und warum. Als Auge und Ohr der Königin Teje saß er im Priesterkollegium, so daß nichts verborgen blieb, was dort geredet und besprochen wurde.

Als Peri einen dritten und längeren Blick auf Sat-Amun wagte, rief die Prinzessin: «Nun, was ist, Priester Peri? Willst du nicht endlich ein Gebot abgeben, nachdem du mich musterst wie ein Mädchen auf dem Sklavenmarkt!»

Peri sank in die Knie und rief mit demütiger, zerknirschter Stimme: «Oh, verzeih, Prinzessin – tausendmal bitte ich dich um Vergebung! Deine Anmut hat mich dazu verleitet…»

Doch seine Rede erstarb, denn das Königspaar trat ein, und alle Anwesenden warfen sich zu Boden, mit Ausnahme von Huy, der sich nur von seinem Sitz erhob. Er trug unter anderen den Titel «Einziger Freund des Königs», und so war ihm dieses ungewöhnliche Verhalten gestattet.

Sat-Amun aber erkannte schnell, daß dieser Peri – wie jeder Mensch – Grund hatte, sich auf Erden vor einigen Dingen zu fürchten, doch die Frauen gehörten dazu nicht, auch nicht die im Rang von Prinzessinnen.

Ramose, der Wesir, blieb ebenfalls stehen, verneigte sich und trat beiseite.

Um der Audienz das allzu Feierliche zu nehmen, trug Amenhotep nicht die Doppelkrone, sondern nur das blaugestreifte Königskopftuch. Auf Königin Tejes Haupt glänzte die Uräenkrone, ein rundum mit den aufgerichteten Häuptern der Uto-Schlange besetzter Goldreif.

Bei Hohenpriestern war es üblich, daß der König – kaum hatten sie den Boden berührt – sie aufforderte: «Erhebt euch!»

Diesmal tat er es nicht, er ließ sie warten und betrachtete sinnend die zu seinen Füßen kauernden Körper mit den kahlen, mattglänzenden Köpfen.

Teje kannte ihren Gemahl und wußte, daß er dies tat, um seinen Anordnungen Nachdruck zu verleihen. Um den Stolz der Priester nicht über Gebühr zu verletzen, sagte sie nach einer Weile mit ruhiger Stimme: «Erhebt euch, ihr Ehrwürdigen, und seid gegrüßt!»

Die vier Priester riefen im Chor: «Sei gegrüßt, gewaltiger Horus, geliebt von Amun, erwählt von Re – du Guter Gott und Starker Stier ...»

Nach der langen Begrüßungsfloskel für den König erfolgte die etwas kürzere für die Große Königsgemahlin.

«Sei gegrüßt, du Anmutsvolle unter den beiden Federn, deren Stimme alle mit Freude erfüllt, die angenehm an Geist und süß in der Liebe ist und den Palast mit ihren Wohlgerüchen erfüllt.»

Der König sah Maj an, bis dieser den Blick seiner engstehenden Augen senkte.

«Ihr habt meine Verfügungen gehört, und ich erwarte schnellen Vollzug. Wer im Namen Amuns Einkünfte erhält, soll auch für ihn tätig sein. Ich glaube nicht, daß der Gott müßige Schmarotzer schätzt.»

Anen verbeugte sich.

«Du machst deinem Namen alle Ehre, Majestät – Amun kann wahrhaftig mit dir zufrieden sein!»

«Ja, Anen, den Geburtsnamen Amen-hotep (Amun ist zufrieden) hat mir mein in Osiris ruhender Vater gegeben. Den Thronnamen aber habe ich mir selber erwählt: Neb-Maat-Re, und das bedeutet: Der Herr der Wahrheit ist Re.»

«Amun-Re!» warf Maj ein und erschrak dann selber über seine Kühnheit.

Gegen alle Erwartung blieb der König ruhig. Er stieg vom Thron, faßte Maj am Arm und zog ihn zum Fenster.

«Schau hinauf zum Himmel, Priester, und sage mir, was du dort siehst – einen Widder oder Re, die gleißende Sonnenscheibe?»

Maj hatte sich genug Klugheit bewahrt, um jetzt nichts Falsches zu tun.

«Ich sehe Re, aber...»

Der König runzelte die Stirn: «Aber?»

«Nichts, Majestät – dort am Himmel thront Re in seiner Herrlichkeit.»

Der König nahm wieder auf dem Thron Platz.

«Ja, Re, der die Saat keimen läßt, und später weiden die Schafherden sie ab.»

Der Wesir hatte zuvor alles mit dem Guten Gott durchgesprochen, aber diese Entgegnung war dem Herrscher selber eingefallen, und Ramose war sehr stolz auf ihn. Er mußte sich das Lachen verbeißen, als er den feisten Amun-Widder gierig das Gras abrupfen sah, das Re zuvor hatte wachsen lassen.

Nach einer langen Besprechung mit Teje ließ der König seiner Tochter Sat-Amun mitteilen, er benötige den von ihr bewohnten Palast als künftige Residenz für den Thronfolger und sie solle sich dort einrichten, wo bisher ihr jüngerer Bruder gewohnt habe, der ja nun in Men-nefer das Amt des Hohenpriesters versehe.

Was der König vermeiden wollte, geschah dennoch – seine schreckliche Tochter drang zu ihm vor und führte sich auf wie eine Hurenwirtin, laut, vulgär und anmaßend, sprach – nein: schrie – von ihren alten Rechten als Erstgeborene, der man die bescheidene Hofhaltung wohl gönnen dürfe.

Der König hatte zum Glück schon vorher die Diener hinausgewiesen und sagte nun mit mühsam beherrschter Stimme: «Was du bescheidene Hofhaltung nennst, macht schon fast den vierten Teil von ‹Aton glänzt› aus. Deine Dienerschar ist nach und nach ins Unermeßliche gewachsen, und ich halte es für richtig und angebracht, daß mein künftiger Nachfolger, dessen Aufgaben die deinen weit übersteigen, deinen angemaßten Platz einnimmt. Du wirst künftig etwas bescheidener dort leben müssen, wo dein Bruder Amenhotep durchaus angemessen gewohnt hat.»

Als Sat-Amun sah, daß der König sich nicht umstimmen ließ, versuchte sie es später bei der Mutter, und um diese nicht zu erzürnen, setzte sie eine Perücke auf, zog ein schickliches weißes Kleid mit blaßrotem Gürtel an und ließ sich schwarz schminken.

Teje zog erstaunt die Brauen hoch, sagte aber nichts, weil sie ahnte, wozu der Aufwand dienen sollte. Sie hörte sich Sat-Amuns Klagen ruhig an und schwieg eine Weile, was ihrer ungeduldigen Tochter zu lange dauerte.

«Also – Mutter, was ist? Willst du meine Rechte nicht verteidigen?»

«Rechte? Du bist eine königliche Prinzessin, eine Sonnentochter, was dich weit über die meisten anderen Menschen hinaushebt. Aber was irgendwelche Rechte betrifft, so wird fortan dein Bruder Thotmes bevorzugt werden müssen – er ist der Falke im Nest, der junge Horus, der künftige Herr Beider Länder. Damit wirst du dich abfinden müssen. Vielleicht solltest du dich nach einem Mann umschauen und Kinder bekommen, damit dein Leben sinnvoller wird.»

Sat-Amun riß sich die Perücke vom Kopf und warf sie in eine Ecke.

«Ich will keinen Mann – wer sollte mir ebenbürtig sein? Und um den Sinn meines Lebens kümmere ich mich selber, wie bisher!»

Dann lief sie grußlos hinaus.

Dieses Kind, dachte Teje, muß der Kobold Bes und nicht mein königlicher Gemahl gezeugt haben.

Zwei Tage nach der denkwürdigen Audienz mit den Hohenpriestern landete der Schnellsegler aus Men-nefer im Hafen des Königspalastes. Amenhotep hatte zusammen mit dem Palastkomplex einen Kanal anlegen lassen, der seinen privaten Hafen mit dem Nil verband. So brauchte der Bote nur auszusteigen und sich bei der

Torwache zu legitimieren. Dabei drückte er mit schweißfeuchter Hand den Papyrus an die Brust – die Nachricht vom Tod des Prinzen Thotmes.

3

*I*m Königspalast wurde die Todesnachricht unterschiedlich aufgenommen.

Seiner jähen Natur entsprechend, begann der Gute Gott Nebmare Amenhotep zu toben, verfluchte die sträfliche Unfähigkeit der Leibwächter und verurteilte sie allesamt zum Tode. Sein Schreiber mußte den königlichen Befehl sofort auf den Weg bringen. Als die Erregung abgeklungen war, hatte tiefe Trauer den König erfaßt, daß sein Vaterskind, sein Ebenbild, das wahre Fleisch von seinem Fleische ihm nun nicht auf den Thron nachfolgen würde. Seinen Zweitgeborenen konnte er sich nicht mit der Doppelkrone vorstellen – noch nicht.

Teje hingegen, die Große Königsgemahlin, geriet in einen Zwiespalt der Gefühle, bei dem sich Mutter und Königin fast feindlich gegenüberstanden. Als Mutter war ihre erste spontane Regung ein Gefühl der Freude gewesen, daß es nicht «ihren» Sohn, den Prinzen Amenhotep, sondern das Vaterskind getroffen hatte, verbunden mit der Genugtuung, daß dem inniger geliebten Sproß nun der Thron winkte. Aber war er wirklich zum Herrscher geeignet? Das fragte sich die Königin, und ihr nüchterner Verstand sagte ihr, daß es mit Thotmes einfacher gewesen wäre. Der Erstgeborene glich in jeder Hinsicht dem Vater, und wie bei diesem hätte Teje hinter seinem Rücken die Zügel fest in der Hand behalten. Aber Meni? Sie liebte ihn mehr, aber sie kannte ihn weniger als den älteren Bruder. Der jüngere war ein Schweiger, doch kein Schwächling. Still und beharrlich verfolgte er seine Ziele, aber welche waren das? Nach Abschluß der Schulzeit hatte er ihr zu verstehen gegeben, daß er zunächst einmal alles wissen wollte über das Land Kemet – seine Vergangenheit, seine Götter, später wolle er die Natur des Landes erforschen, es bereisen von Nord nach Süd und schauen, was es da gäbe an Menschen, Tieren und Pflanzen, an Oasen und Wüsten.

Was auch aus ihm werden wird, dachte die Königin, ich will ihm zur Seite stehen und ihm die Hand führen bei der Herrschaft – ob sie nun fest ist, diese Hand, oder schwach.

Nach den Gefühlen von Nofretete, Tochter des Dritten Königlichen Schreibers Eje und seiner Frau Ti, fragte niemand, und sie schienen für das Schicksal Kemets auch ohne Belang.

Sie kannte Amenhotep von Festen am Hof, auch von flüchtigen Begegnungen in der Palaststadt, und es war ihr nicht entgangen, daß der junge Prinz manchmal solche Treffen absichtlich herbeiführte. Es schien, daß sie und ihre Mutter immer geladen waren, wenn Amenhotep an der Seite seiner Eltern oder zusammen mit seinem Bruder zugegen war. Nicht nur ihr war das aufgefallen. Ein Königspalast ist wie eine große Familie, wo einer den anderen belauscht, wo Gerüchte und Vermutungen blühen, wo geredet und getratscht wird, wo ein Geheimnis bald keines mehr ist.

Nofretete hat unserem stillen Prinzen den Kopf verdreht, hieß es da, oder klar und deutlich: Prinz Amenhotep hat auf die Schreiberstochter ein Auge geworfen. Er wird sie wohl bald in sein Bett holen.

Das tat er nun nicht, er verschwand nach Men-nefer, und der Schreiber Eje war schon dabei, sich nach einem Gemahl für seine bereits viel zu alte Tochter umzusehen. Sie hatte sich immer dagegen gesträubt, verheiratet zu werden, und wohl ahnten ihre Eltern, worauf sie insgeheim hoffte, aber davon wurde kaum gesprochen, denn diese Hoffnung war zu gering. War sie es wirklich? Die Eltern von Teje, der Großen Königsgemahlin, stammten schließlich auch aus kleinen Verhältnissen. Ihr Vater Juja war ein Priester des Gottes Min aus der Provinz gewesen, an einem kleinen, bescheidenen Tempel, und das wäre er wohl auch geblieben, hätte nicht der König bei einem Jagdausflug zufällig dort haltgemacht und sich Hals über Kopf in die hübsche, zierliche Teje verliebt.

Es gab keine Regeln, wen ein König zu heiraten hatte, es konnte die eigene Schwester, eine Hofdame oder irgendein Mädchen aus guter, aber keineswegs bedeutender Familie sein. War aber die junge Frau einmal zur Großen Königsgemahlin aufgestiegen, dann hieß das nicht, daß sie für die Neigung einer ihrer Söhne zu einem Mädchen aus einfacher Familie großes Verständnis aufbrachte – auch wenn sie selber aus solchen Verhältnissen stammte, oder gerade deshalb.

Nun aber kam Amenhotep wider Erwarten zurück, was Nofretete heimlich ersehnt hatte, doch jetzt war er der Thronfolger, und das vergrößerte den Abstand, machte ihn nahezu unüberwindlich. Einen zweitgeborenen Prinzen zu heiraten wäre gerade noch denkbar gewesen, aber einen künftigen König – nein! Da mußte sie sich wohl abfinden und warten, bis die Eltern einen Bräutigam erwählt hatten. Ihre ältere Schwester Mutbeneret war schon seit vier Jahren mit einem Hofbeamten verheiratet, doch alle gaben ihr zu verstehen, daß sie, Nofretete, die Hübschere war. «Die Schöne ist gekommen» bedeutete ihr Name, und das hatte sich schon vor Jahren bewahrheitet, als sie mit zwölf aufgeblüht war wie eine Lotosblume, und an Heiratsanträgen hatte es wahrlich nicht gefehlt. Doch keiner war ihr recht, und der in seine Tochter verliebte Vater hatte immer wieder nachgegeben – bis jetzt.

Sie öffnete ihre bemalte Truhe und holte den vergoldeten Bronzespiegel heraus, dessen Griff als nacktes Mädchen geformt war, das mit erhobenen Armen die Spiegelfläche hielt. Ja, sie gefiel sich selber recht gut mit ihrem langen schlanken Hals, dem festen und doch zierlichen Kinn, der schmalen, geraden Nase und den leicht schräg liegenden Augen von der Farbe dunklen Honigs. Sie kräuselte ihre Lippen und freute sich, daß sie nicht so wulstig waren wie die von Teje oder gar so breit wie die des Königs.

Als die Tageshitze nachließ, trat ihr Vater ein. Nofretete erhob sich, und er küßte sie auf beide Wangen.

Sie lächelte.

«Gibt es schon einen Bräutigam für mich? Gerade habe ich in den Spiegel geschaut und festgestellt, daß es höchste Zeit ist. Ich werde sonst zu alt…»

Eje runzelte die Stirn. In seinem gescheiten Gesicht stand immer ein leichtes Lächeln, und das paßte zu seiner höflichen und umgänglichen Art. Er hatte am Hof keine Feinde, und jeder gönnte ihm das Wohlwollen des Königs, das er sich nicht erschlichen, sondern durch Klugheit und Fleiß erworben hatte.

«Sonst durfte ich nie darüber reden, und wenn einer um dich anhielt, hattest du gewiß etwas an ihm auszusetzen. Nun, da du selber davon sprichst...»

«Es eilt nicht, lieber Vater.»

«Was wollte ich doch gleich – ja, heute mittag kam ein Bote des Prinzen Amenhotep, den er unterwegs voraussandte. Der Thronfolger wird wahrscheinlich übermorgen schon hier eintreffen. Der Gute Gott hat einen festlichen Empfang vorbereitet, an dem der ganze Hof teilnehmen soll. Das wird dann wohl in drei oder vier Tagen sein.»

«Und die Frauen sind auch dabei?»

«Natürlich! Du weißt, daß der König da immer besonderen Wert darauf legt. Er ist stets ein großer Frauenfreund gewesen...»

«Ja, darum wimmelt es ja im Harim von seinen Kindern.»

Eje lächelte.

«Hat er deshalb die Königin vernachlässigt? Immerhin hat Teje ihm sechs Kinder geboren, und wenn davon nur zwei gestorben sind, dann...»

«Jetzt sind es drei, lieber Vater. Auch Thotmes ist zum Osiris geworden.»

Eje schüttelte verwundert den Kopf.

«Daran muß ich mich erst gewöhnen. Als Thotmes von hier fortging, war er so voll Leben und Tatkraft. Und er wurde seinem Vater immer ähnlicher...»

«Was man von Amenhotep nicht behaupten kann. Er kommt nach seiner Mutter und scheint mir überhaupt von anderer Art.»

Eje seufzte.

«Wir werden sehen...»

4

Äußerlich hatte sich Prinz Amenhotep in diesen Wochen und Monaten kaum verändert, doch sein Gesicht war etwas hagerer, sein Körper etwas straffer geworden. Sein Inneres hatten die tragischen Ereignisse stark berührt. Er war nun nicht mehr der vor der Öffentlichkeit zurückscheuende Schweiger, sondern trat fest und sicher auf, und es fiel ihm nicht mehr schwer, eine kurze Rede zu halten. Doch war es nicht der Tod des Bruders, der seine innere Einstellung verändert hatte – es war sein neuer Rang als Thronfolger. Er hatte niemals König werden wollen und war immer mit seiner Rolle als Zweitgeborener zufrieden gewesen, aber er war zu sehr mit dem Wesen und der Geschichte des Landes Kemet vertraut und verwachsen, um sich dieser neuen, ihm von den Göttern übertragenen Aufgabe zu entziehen. Darüber wachte mit unerbittlicher Strenge die Göttin Maat mit der Feder im Haar, deren zierliche Erscheinung niemand darüber hinwegtäuschen konnte, wie gewaltig ihre Bedeutung war. Sie verkörperte die unumstößliche Weltordnung, das rechte und richtige Handeln – die Wahrheit schlechthin.

Er war nun fast ein halbes Jahr in Men-nefer gewesen, hatte als Hoherpriester des Ptah amtiert und seinen Bruder zu Grabe getragen. Als nächster Verwandter und höchster Priester der Stadt hatte er die Mundöffnung vollzogen, eine feierliche und langwierige Zeremonie, die der Mumie neues Leben einhauchen würde.

Angetan mit dem über die Knie reichenden Gewand und dem hohepriesterlichen Pantherfell leitete er den Vorgang, der im Goldhaus, wie man die Balsamierungsstätte nannte, vor dem aufrecht stehenden Mumiensarg zelebriert wurde. Dabei mußten mehr als hundert Handlungen vollzogen werden – kleine und große, umständliche und einfache, kurze und sehr lang dauernde. Da wurde geopfert, geräuchert, gesalbt und mit Wasser besprengt, dies alles begleitet von den magischen Sprüchen zweier Vorlesepriester, die sich stundenweise abwechselten. So wurde dem toten Körper Stück um Stück die Kraft seiner Glieder und Sinne auf magische Weise zurückgegeben.

Sieh her, das Horus-Auge glüht auf vor dir!
Wie eine Opfergabe sollst du es verehren:
Es wird dich ernähren und heilen.
Ihr Geister, die ihr die Felder im Jenseits beackert,
verliert nicht den Mut!
Läutert eure himmlischen Körper!
Saugt ein das Auge des Horus!
Mögen denn Hunger und Durst dir unbekannt sein…

Geleitet und unterstützt von zwei Ritualpriestern, stand Amenhotep die viele Stunden während Zeremonie mit Würde durch, nur einmal erschrak er, und er zuckte noch jetzt zusammen, wenn er an diese Szene dachte. Da zerrten die Priester ein Stierkalb in den Raum, und einer schlug dem kläglich blökenden Tier die rechte Vorderkeule ab, ehe er ihm die Kehle durchschnitt. Das noch blutende, abgetrennte Glied mußte der Prinz ergreifen und es achtmal segnend über die Mumie bewegen, um damit die Kraft der Glieder neu zu erwecken.

Doch das lag jetzt alles hinter ihm, und es sank jeden Tag tiefer in den Dämmer der Vergangenheit. Amenhotep saß im Heck seines Schiffes und blickte nach vorn, wo übermorgen Waset auftauchen würde und damit ein neues Leben, von Re bestimmt, von Maat geschützt…

Seine Gedanken irrten ab, und er schloß die Lider, um sich ganz auf das Bild zu konzentrieren, das er – schon oft hatte er es erprobt – nach Lust und Laune vor sein inneres Auge zaubern konnte. Schon festigten sich die Konturen, und das verschwommene Oval

57

wandelte sich zum lieblichen Bild von Nofretetes Antlitz, ihre schönen Lippen lächelten, die dunklen Augen strahlten ihn an, und er lächelte zurück und beugte sich langsam vor, um diese Lippen zu küssen…

Ob Nofretete mich erwartet? Ob sie überhaupt noch an mich denkt? Vielleicht hat sie mich längst aus ihrem Gedächtnis gestrichen und ist mit irgendeinem Nichts von Bräutigam verlobt. Einem Dritten oder Zweiten Aufseher, Schreiber, Scheunenverwalter…

Er seufzte, und sein Ka zischelte ihm ins Ohr: Liegt es nicht auch an dir? Warum hast du ihr nicht schon früher zu verstehen gegeben, daß du sie willst – magst – liebst? Du als Prinz hättest sie nur zu nehmen brauchen! Nicht heiraten, nicht als Nebenfrau – nur in dein Bett befehlen, und sie hätte gehorchen, hätte sich beugen müssen! Aber du hast geschwiegen, wie immer, hast dich zurückgezogen, wie immer, hast von dem geträumt, was du hättest tun sollen.

Amenhotep mußte seinem Ka recht geben, und er nahm sich vor, es von nun an anders zu machen: «Ich werde reden, werde handeln, werde meine Absicht kundtun und mir nichts ausreden lassen – vom König nicht, von der Mutter nicht und auch nicht vom Wesir oder irgendwelchen tattrigen Kronräten, die stets behaupten, allein das Wohl des Königs und des Landes Kemet im Auge zu haben, dabei aber nur an ihr eigenes denken.»

Ein Schnellboot hatte das Erscheinen des Prinzen so rechtzeitig angekündigt, daß ihm ein festlicher Empfang im königlichen Hafen bereitet werden konnte. Da es der eigene Sohn war und nicht der Gesandte eines tributpflichtigen Fürsten, trat das Königspaar ohne die Throninsignien auf, umgeben von Familienangehörigen, Freunden, Leib- und Lieblingsdienern.

Als das Boot des Prinzen – der kleinen Flotte voraus – aus dem Kanal in das Hafenbecken einfuhr, sah er am anderen Ufer, wo sich die Masse der Palaststadt erhob, wie die Menschen sich drängten und gestikulierten, hörte vereinzelte Rufe, die erstarben, als er näher kam. Nicht seinetwegen trat Ruhe ein, sondern weil die königliche Familie durch eine Gasse aus respektvoll gebeugten Menschen zur Anlegestelle schritt.

Als die Gesichter deutlicher wurden, ließ der Prinz seinen Blick über die Menge gleiten. Es war nicht zu erwarten, daß ein Dritter Schreiber sich in der Nähe des Königs aufhielt oder unter den Bevorzugten stand, ganz vorne in der ersten Reihe. Prinz Amenhotep lächelte – nicht höflich oder gekünstelt, seine Freude war echt. Er sprang vom Steg ans Ufer, kniete vor dem König nieder und küßte ihm die Hand, hörte ihn murmeln: «Laß doch den Unsinn!», küßte seine Mutter auf beide Wangen, und dann flog schon wie eine herbeigewehte Feder die zierliche Isis an seinen Hals, wobei ihr Tränen über die kindlichen Wangen perlten.

«Lieber, mein Lieber», rief sie schluchzend, «daß du nur wieder zurück bist!» Die Betonung lag unüberhörbar auf dem «du»; außer Amenhotep schien niemand darauf zu achten.

Sat-Amun hatte sich gnädigerweise mit einer etwas schief sitzenden Perücke geschmückt. Ihr Gewand war unziemlich kurz und reichte bis knapp übers Knie, dafür leuchtete es in einem barbarischen Rot, zeigte ein fremdländisches Muster und war mit goldenen Fransen behängt, die bis auf den Boden reichten. Es stammte aus dem Fundus der Mitanni-Prinzessin Giluchepa, die der König vor einigen Jahren aus politischen Gründen zur Nebenfrau genommen hatte. Von ihr war nicht viel die Rede; sie lebte mit ihren zahlreichen Kammerfrauen in einem geräumigen Harim am Südrand des Palastviertels.

Früher hatte Amenhotep sich über den ausgefallenen Geschmack seiner älteren Schwester immer ein wenig geärgert, jetzt aber lächelte er.

«Ein hübsches Kleid hast du an, liebe Schwester, ein schöner Farbtupfer in all dem langweiligen Weiß…»

«Ach, Brüderchen, mein Kleiner…» sagte sie gerührt.

Sie umarmte ihn heftig und verschmierte dabei Lippen- und Augenschminke auf seinen Wangen. Doch dann wurde ihre Miene finster, und zornig stieß sie heraus: «Man hat mich aus meinem Palast geworfen, den du jetzt bewohnen wirst! Glaube nur ja nicht, daß ich dir das verzeihen werde!»

Der Prinz blickte sie verwirrt an. Wieder einer der schlechten Scherze, für die Sat-Amun bekannt war? Nun, es würde sich bald aufklären.

Sein Onkel Anen, der Zweite Prophet des Amun, war als einziger vom Ostufer erschienen und umfaßte mit verwandtschaftlicher Wärme seine Schultern.

«Von den Tempeln drüben ist sonst niemand gekommen?» fragte der Prinz verwundert.

Anen schwieg und sah den König an.

«Ich habe sie nicht geladen», sagte der kurz und fügte hinzu: «Du kannst ihnen ja in den nächsten Tagen einen Besuch abstatten.»

Dann traten die Hofleute auf, allen voran Huy-Amenhotep, der Baumeister, dann der Wesir Ramose, die Ersten und Obersten der Palastämter, seine alte Amme, der Erste, Zweite und Dritte Schreiber an der Spitze ihrer Familien. Gegen alle Regeln begrüßte der Prinz den Dritten Schreiber Eje und dessen Gemahlin Ti als erste, und wer es sah, zog seine Schlüsse daraus.

Nofretete trat vor und beugte das Knie; und als sie wieder aufblickte, blieb ihm schier das Herz stehen. Sie schien ihm schöner und begehrenswerter denn je, und er lachte sie an wie ein verliebter Junge. Etwas trieb ihn dazu, gleich jetzt den ersten, entscheidenden Schritt zu tun. Der Vater hatte in seinem Schreiben angedeutet, er würde ihm eine eigene Hofhaltung einrichten, und so sagte Amenhotep mit fester Stimme: «Wenn Seine Majestät einverstanden ist, ernenne ich dich, Eje, zum Ersten Schreiber an meinem Hof.»

Der König war zu weit entfernt, um es zu hören, aber die es hörten, ahnten, wem die Ernennung tatsächlich galt.

Wenig später hatte sich die königliche Familie in einem der intimen, nur für ausgesuchte Leibdiener zugänglichen Privaträume versammelt. Sechs bequeme Sessel gruppierten sich um einen langen, niedrigen Tisch, auf dem einige bemalte Alabasterkrüge und goldene Trinkbecher standen. Wer wollte, konnte sich hier mit Wasser, Wein, Granatapfelsaft oder frischer Milch bedienen.

Der ebenerdige Raum öffnete sich nach Norden auf eine überdachte Terrasse und einen kleinen üppigen Garten, wo auf Wunsch des Königs alles wild durcheinanderwachsen durfte: Zwischen schattigen Sykomoren, Akazien, Tamarisken und Lebek-Bäumen drängten sich Gräser, Blumen und allerlei Sträucher; in und um einen kleinen, sumpfigen Teich wuchsen Binse, Schilf, Papyrus, auch weißer und blauer Lotos.

Zwei Diener brachten in flachen Schalen aus schimmerndem Elektron verschiedenes Gebäck, Nüsse, Feigen und Datteln. Gebeugt warteten sie auf weitere Befehle. Der König winkte sie hinaus.

«Keine Störung jetzt, verstanden?»

Als die königliche Familie unter sich war, wurde kaum vom Osiris Thotmes gesprochen. Amenhotep berichtete noch einmal kurz von den Ereignissen, und als der König fragte: «Sind die säumigen Diener hingerichtet worden?», zuckte der Prinz nur mit den Schultern.

«Sie haben aus Angst sofort die Flucht ergriffen, vielleicht wurden sie später aufgegriffen – ich weiß es nicht.»

Das entsprach nicht der Wahrheit, denn der Prinz hatte den beiden Leibdienern noch am Tag des Unglücks zur Flucht verholfen, weil er sie für unschuldig hielt.

Der König winkte ab.

«Ist nicht so wichtig. Wenn du deinen neuen Hofstaat kennengelernt und dich eingelebt hast, darfst du mich auf einen Ausflug in die Wüste begleiten. Ich will dir etwas zeigen…»

«Wenn ich dabei nicht jagen muß…» scherzte Amenhotep.

«Nein, nein, es geht um etwas anderes.»

Teje beugte sich vor.

«Um was? Darf ich es wissen, Amani?»

«Jetzt nicht!» sagte der König ungewohnt schroff und ging gleich zu einem anderen Thema über.

«Wenn du die Tempel drüben besuchst, dann laß dir von Anen die kleine Kapelle zeigen, die ich östlich des Amun-Tempels errichtet habe. Sie ist Aton geweiht.»

«Aton?» fragte der Prinz verwundert.

«Ja, Aton, dem Gott, der – wie ich glaube – über allem steht. Das ist nicht Re-Harachte, die Morgensonne, oder Re-Atum, die untergehende Sonne, auch nicht Re-Chepri, das über den Himmel wandernde Gestirn – nein, es ist die Sonne schlechthin. In Aton sind alle ihre Gestalten vereinigt, denn – und das geben sogar die

61

Priester zu – ob Re-Atum oder Re-Harachte, es ist ein und dieselbe Gottheit.»

«Das wußte ich schon, aber, aber – ist es nicht ungewöhnlich…»

«Ich bin nicht König, um das Gewöhnliche zu tun», sagte der Gute Gott steif und blickte dabei seine Gemahlin an, die nur nachsichtig lächelte.

Dann stellte der Prinz die Frage, und er versuchte ihr einen unwichtigen Klang zu geben, als sei es eine Nebensache, doch seine Stimme bebte dabei etwas, und sein Mund war trocken.

«Hat Deine Majestät etwas dagegen, wenn ich den Dritten Schreiber Eje zum Ersten in meinem Hofstaat mache? Der Mann gefällt mir, und…»

«Jetzt wirst du aber feierlich, Brüderchen!» rief Sat-Amun. «Der Mann gefällt mir…» äffte sie ihn mit gespitztem Mund nach. «Dir gefällt etwas ganz anderes, glaube ich.»

Amenhotep errötete und senkte den Kopf.

«Und wenn schon! Geht's dich etwas an?»

Sat-Amun sprang auf und stieß dabei einen Becher vom Tisch, der klirrend und klingend über die farbigen Fliesen sprang.

«Ja, es geht mich etwas an! Unser Vater hat mich aus meinem Haus geworfen, weil der Herr Thronfolger soviel Platz braucht! Dort wohne ich nun seit sieben Jahren, und nun jagt man mich davon wie eine säumige Sklavin! Das ist ungerecht und beleidigend! Nur weil ich eine Frau bin, soll ich…»

Königin Teje runzelte ihre schöne, glatte Stirn.

«Davon wurde genug geredet, der Fall ist erledigt, Sat-Amun, hörst du! Es gehört sich nicht, daß du deinen Bruder mit Vorwürfen empfängst! Schließlich ist hier genug Platz für alle. Wolltest du noch etwas sagen, Meni?»

«Ja, ich will Nofretete heiraten, die Tochter meines Ersten Schreibers, das heißt», er blickte seinen Vater an, «wenn Seine Majestät es gestattet?»

Der König grinste bübisch.

«Jetzt verstehe ich! Ich soll dir meinen Schreiber überlassen, damit du seine Tochter bequem in dein Bett holen kannst – so ist es doch?»

Der Prinz erhob sich und trat auf die Terrasse hinaus. In dem kleinen, wilden Garten herrschte ein emsiges Vogelleben. Es zwitscherte und flatterte zwischen Zweigen und Ästen, auf dem Teich schwamm ein zahmes Entenpaar, und von irgendwoher hörte er das kehlige Gurren der Tauben. Im Nordwesten ragte der Frauenberg – so nannte der König ihn – mit seinen zwei sanften Rundungen in den blauen, hitzetrunkenen Himmel. Die beiden Hügel ähnelten tatsächlich den flachen Brüsten einer liegenden Frau.

Dieses Bild war ihm von Kindheit an vertraut, und ihn fröstelte, wenn er an das vor Menschen wimmelnde Men-nefer dachte und an das endlos flache Land ringsum.

«Meni!»

Er drehte sich um und sah, wie seine Mutter auf ihn zukam. Sie faßte ihn am Arm und zog ihn auf einen Sessel.

«Wir haben noch nicht zu Ende geredet. Dein Vater möchte dir etwas sagen.»

Der König trank langsam einen Schluck Wein und stellte den Becher mit einem leisen Klirren auf den Tisch zurück.

«Natürlich kannst du Eje haben; zu einem richtigen Hofstaat gehören auch tüchtige Schreiber. Und was seine Tochter, diese Nofretete betrifft, so nimm sie zur Frau und stecke sie in deinen Harim, den du dir jetzt einrichten wirst – nehme ich wenigstens an.»

«Das mit dem Harim hat Zeit, aber ich möchte Nofretete zur Großen Gemahlin haben und nicht zur Konkubine. Ich will sie und keine andere!»

Tejes Gesicht verhärtete sich.

«Da haben wir auch noch mitzureden! Wenn du später einmal die Krone trägst, soll dann die Tochter eines kleinen Schreibers die Geierhaube der Großen Königsgemahlin tragen? Üblicherweise sollte der Thronfolger zuerst einmal unter seinen Schwestern Ausschau halten. Sat-Amun und Isis sind beide noch unverheiratet, du kannst also deine Wahl treffen.»

Amenhotep blickte zu seinem Vater, doch der machte ein steinernes Gesicht und schwieg.

«Ist das dein Ernst, Mutter?»

«Du solltest es dir überlegen.»

Der Prinz verbeugte sich in Richtung auf Isis.

«Nun, Schwesterchen, willst du mich zum Gemahl?»

Das Flaumfederchen errötete und duckte sich tief in den Sessel.

«Ich will dich nicht heiraten und keinen anderen», sagte sie mit hoher, dünner Stimme.

Er wandte sich an Sat-Amun.

«Und du, Schöngewandete? Gelüstet es dich, meine Große Gemahlin zu werden?»

Die ältere Schwester lag in ihren Sessel gekuschelt, lachte spöttisch und tat, als sei der Zwist begraben.

«Es gelüstet mich nach so manchem, lieber Bruder, aber nicht nach deiner ehelichen Umarmung. Hol dir doch irgendeine Halbschwester aus dem Harim Seiner Majestät. Laufen ja genug davon herum.»

«Sat-Amun!» rief Teje. «Ich bitte mir mehr Respekt aus vor dem Guten Gott!»

Der König gähnte.

«Man sollte um diese Tageszeit nicht zuviel Wein trinken. Ich schlage vor, wir brechen dieses Gespräch ab und ruhen uns alle ein wenig aus.»

Die Familie erhob sich. Draußen warteten die Diener mit den Sänften, denn von den Privaträumen des Königs in andere Bereiche der Palaststadt waren weite Wege zurückzulegen.

Prinz Amenhotep aber dachte nicht daran, nachzugeben. Aus Höflichkeit seiner Mutter gegenüber hatte er auf ihren Einwand von der kleinen Schreiberstochter, die später nicht gut Königin sein konnte, geschwiegen. Hatte sie denn vergessen, wo sie herkam? War ein kleiner Min-Priester mehr als der Dritte Schreiber des Königs? Nun, da war das letzte Wort noch nicht gesprochen, und er wollte bei der von seinem Vater angekündigten Wüstenfahrt sofort wieder darauf zurückkommen.

Als nächstes galt es, der Priesterschaft in Waset den fälligen Höflichkeitsbesuch abzustatten. Die Achet-Zeit war vorbei, und der Nil begann wieder abzuschwellen. Überall schwärmten nun die Landarbeiter aus, um in den vom Wasser zurückgelassenen, fruchtbaren Schlamm die Saat zu streuen, während die Priester in den

Tempeln das uralte Gebet an Osiris sprachen, der nicht nur Herrscher im Totenreich war, sondern auch als Vegetationsgott verehrt wurde.

Ich lebe, ich sterbe, ich bin Osiris.
Ich bin hervorgekommen aus dir,
ich bin eingetreten in dich,
ich bin fett geworden in dir,
ich bin in dich gefallen.
Die Götter leben von mir,
und ich wachse als Korngott Neper.
Ich lebe – ich sterbe,
ich bin die Gerste,
nicht vergehe ich!

Neben den Getreidefeldern zogen die Landleute in ihren Gärten so gute und begehrte Dinge wie Knoblauch, Zwiebeln, Sellerie, Lattich, Erbsen, Linsen, Sesam, Kresse, Kürbisse, Gurken und – nicht zu vergessen – den im Schatten von Feigenbäumen und Dattelpalmen gedeihenden Wein. Die blauen Beeren waren hochgeschätzt, und als ihr Ursprung galten die göttlichen Augen des Horus.

«Laß dich nicht auf ein Gespräch mit ihnen ein», hatte der König geraten. «Ihrer Tücke und Spitzfindigkeit bist du nicht gewachsen, weil man bei diesen Herren nicht nur auf das achten muß, was sie aussprechen, sondern eher auf das, was sich hinter ihren schlauen und wortreichen Reden verbirgt.»

Sein Onkel Anen, der Zweite Prophet des Amun, begleitete ihn zu dem Königssaal, einem nur für Besuche des Guten Gottes und seiner Familie vorbehaltenen Festraum. Im letzten Augenblick hatte sich noch die launische Sat-Amun angeschlossen, weil, wie sie sagte, dieser Männerwirtschaft ein weiblicher Besuch nicht schaden könne.

Im Bereich des Amun-Tempels gab es tatsächlich nur Männer aller Altersstufen, da der zur niedrigen Priesterschaft gerechnete Harim des Gottes hauptsächlich aus Sängerinnen, Tänzerinnen und Sistrum-Spielerinnen bestand, die nur bei hohen Festen auftraten und sonst durchaus ehrenwerte Frauen und Töchter von Priestern und Tempelbeamten waren.

Hochrangige Priesterinnen gab es zwar auch, aber nur an den großen Tempeln von Göttinnen wie Isis, Hathor oder Bastet, die der herrschsüchtige Amun in seinem Bereich nicht duldete.

Sat-Amuns Entschluß, ihren Bruder zu begleiten, war aber nicht – wie es aussah – nur einer plötzlichen Laune entsprungen. Schon seit einiger Zeit hatte sie sich in der Palaststadt «Aton glänzt» wie eingesperrt gefühlt, und nun, da sie ihr Quartier wechseln mußte, drängte etwas in ihr danach, auch das ganze Leben zu ändern. Bald würde sie zwanzig Nilschwellen erreicht haben, und derzeit gab es keinen Liebhaber. Wie hätte es anders sein können? Heiraten wollte sie nicht, um ihren hohen Rang nicht zu verlieren, und wenn mancher Mann aus der Schar der Hofbeamten ihr Bett bestiegen hatte, so war dies für ihn ein gefährliches, ja tödliches Wagnis gewesen. Wer eine Sonnentochter verführte, der verfiel dem Henker, bestenfalls aber verschwand er als Arbeitssklave auf einem königlichen Gut oder im Steinbruch. So hielten sich die Herren lieber zurück. Sat-Amun war sich selber gegenüber zu ehrlich, um sich den wahren Grund ihres Besuchs bei den Priestern nicht einzugestehen. Es verlangte sie, diesen Hohenpriester wiederzusehen, der so frech schauen und so anzüglich lächeln konnte.

Maj, der Hohepriester und Erste Prophet des Amun, tat alles, um einen Konflikt zu vermeiden – es kam kein hartes Wort aus seinem schmalen Mund, kein Vorwurf, keine Anklage. Er gab sich hoffnungsfroh und malte in bedeutsamen Worten eine goldene Zukunft, in der Amun mit dem künftigen König in göttlicher Eintracht leben und jeder seine hohen Aufgaben im Zeichen der Maat erfüllen werde.

Der Prinz nickte nur und erhob sich. Er winkte seinen Onkel Anen herbei und verlangte, zur neuerbauten Aton-Kapelle gebracht zu werden. Die Priester wollten sich ihm anschließen, doch er hob die Hand.

«Nein, ehrwürdige Väter, es genügt, wenn mich Anen begleitet.»

So blieb Sat-Amun in der Festhalle zurück, und sie sah sich genötigt, das Verhalten ihres Bruders zu rechtfertigen. Ihre tiefe, etwas heisere Stimme füllte den Raum.

«Der Prinz ist noch sehr jung – ein Falke im Nest, der erst fliegen lernen muß. Er ist euch gewogen, ich weiß es, doch es ist seine Art, dies nicht deutlich zu zeigen.»

Die Priester nahmen diese Erklärung zur Kenntnis und gingen ihrer Wege, nachdem Sat-Amun sie entlassen hatte – bis auf einen, nämlich Peri, der Hohepriester der Mut im Südlichen Harim des Amun. Der stand nun vor ihr, verbeugte sich anmutig, wobei sein sorgfältig gestärkter, knielanger Schurz ein leises Knistern hören ließ. Er blickte ernst und gesammelt, und dennoch schien in seinen Augenwinkeln ein spöttisches Lächeln zu nisten.

Sat-Amun winkte ihn heran.

«Priester Peri, ich hätte Lust, den Mut-Tempel zu sehen, denn es ist vielleicht schon vier oder fünf Jahre her, daß ich mit Seiner Majestät den Fortgang der Bauarbeiten verfolgte.»

«Der Tempel ist nun fast fertig, Prinzessin. Die Säulen sind alle aufgerichtet, nur Maler und Bildhauer werden noch gut ein Jahr am Werk sein müssen.»

Sie erhob sich.

«Gehen wir!»

Sat-Amuns Bruder Amenhotep verließ zu dieser Zeit die Tempelstadt durch das schmale Tor im Osten, denn das kleine Aton-Heiligtum war außerhalb der hohen Tempelmauer auf freiem Feld errichtet worden.

«Es gibt noch keinen Priester hier; Seine Majestät wollte nur ein Zeichen setzen für Aton, den Allgott», erklärte Anen.

Von außen wirkte der kleine Bau in seiner schmucklosen Klarheit etwas fremd. Auf den Pylonen war König Nebmare zu sehen – links, wie er der Sonnenscheibe Weihrauch darbrachte, rechts, wie er Aton mit hocherhobenen Händen ein Trankopfer spendete.

Amenhotep sagte nichts, aber er spürte die Kühnheit dieser Darstellung und ihrer Idee. Da verkehrte der König nicht wie bisher mit menschen-, tier- oder mischgestaltigen Göttern, sondern, sondern… Seine Gedanken stockten. Er blickte den Onkel hilflos an, als wolle er sagen: Erkläre mir das, was hier vorgeht. Anen verstand.

«Seine Majestät, dein göttlicher Vater, will damit ausdrücken, daß Aton, die gestaltlose Sonnenscheibe, unsere vielhundertköpfige Götterschar ersetzen kann, daß alles, was der Mensch bisher für heilig und verehrenswert hielt, sich in Aton bündelt.»

Der Prinz schüttelte verwundert den Kopf.

«Aber gerade mein Vater! Er, dem die Macht, die Jagd, die Frauen, der Wein – einfach das gute, glanzvolle Leben immer wichtiger als alles andere waren, warum befaßt sich gerade er mit so – so kühnen, neuen Gedanken?»

«Eines schließt das andere nicht aus, Meni. Er wird bald mit dir darüber reden…»

Anen winkte zwei Diener herbei.

«Öffnet das Tor!»

Sie betraten den mit schlanken Pfeilern gesäumten Vorhof, der kein Dach trug, und als sie in das Allerheiligste kamen, lag der kleine Raum offen da, und die Sonne spiegelte sich in ihrem Ebenbild, einer etwa ellenhohen goldenen Scheibe, die über einem Sokkel aus kostbarem Lapislazuli zu schweben schien.

«Siehst du», sagte Anen flüsternd, «da ist nichts mehr von geheimnisvoller Finsternis im Allerheiligsten, und der Lichtstrahl, der drüben im Ptah-Tempel das Gesicht des Gottes erhellt, ist hier selber der Gott…»

Während Amenhotep und Anen den seltsamen Tempel verließen, näherten sich zwei schaukelnde Sänften auf der sphingengesäumten Straße dem Tempel der Mut. Hinterher schritt das Gefolge der Prinzessin, einige Kammerfrauen mit ihren Dienerinnen, mehr, um ihren Rang zu betonen, als mit wirklichen Aufgaben betraut. Vor der Tempelmauer mußten sie zurückbleiben; Peri ließ sie in eines der Gästehäuser bringen. Er ging ein paar schickliche Schritte hinter der Prinzessin, als sie den gewaltigen Säulenhof betraten, den der König zuletzt noch als Erweiterung des Tempels hatte errichten lassen.

«Hier wird noch immer gearbeitet», sagte Peri und deutete auf die Rampen aus Nilschlammziegeln, die etwa die Hälfte der hohen, schlanken Papyrusbündelsäulen umgaben.

«Wo sind die Arbeiter?»

«Die habe ich weggeschickt, Prinzessin, weil – weil ich ihnen deinen Anblick nicht gönne.»

Sat-Amun blieb stehen.

«Ist das dein Ernst, Hoherpriester Peri?»

Er verneigte sich tief und streckte anbetend – wie vor einem Götterbild – beide Arme vor.

Die Prinzessin lächelte.

«Gehen wir weiter …»

Sie schritten durch die schon fertige Vorhalle, wo an den Wänden buntbemalte Reliefs den König zeigten, wie er die Geschenke der Gaue empfängt, den Göttern opfert und vieles mehr. Davor und dazwischen kündigten gut zwölf Ellen hohe stehende und sitzende Statuen, wer hier der Bauherr war: König Nebmare Amenhotep, der Gute Gott, Sohn der Sonne und Herr Beider Länder.

Dann betraten sie einen kleinen Raum zur Linken – die Geburtskammer.

Peri erläuterte die Bilder.

«Hier kannst du sehen, wie dein Vater, Seine göttliche Majestät, gezeugt und geboren wurde.»

In großen, zartfarbigen Bildern war dargestellt, wie Gott Amun mit Mutemuia, des Königs Mutter, plaudernd auf einem Bett sitzt, indes der Schöpfergott Chnum auf einer Töpferscheibe das Bild des kleinen Prinzen formt; wie Mutemuia schwanger in den Geburtssaal geführt wird; wie der Knabe geboren wird und zwei heilige Kühe, die göttlichen Ammen, ihn säugen.

«Schön, Peri, sehr schön. Nur eines verstehe ich nicht: Mein Vater hat in den letzten Jahren den Abstand zu Amun mehr und mehr vergrößert, setzt ihm eine Aton-Kapelle vors Haus, und hier – hier läßt er sich feiern, von Amun gezeugt …»

Über Peris schönes, etwas feistes Gesicht flog ein Lächeln.

«Die Erklärung ist einfach, Prinzessin, und wahrhaftig kein Geheimnis. Du hast ja draußen die vielen gewaltigen Statuen gesehen, besonders die sitzenden vor dem Säulengang. Beim Opet-Fest wird, wie du weißt, das Bild des Amun in einer Barke hierhergetragen, und Seine Majestät hat sinngemäß dazu bemerkt, daß er sitzend und in königlicher Ruhe zusehen kann, wie Amun zu ihm kommt. Diesen Tempel betrachtet er als sein Werk, sozusagen sein Haus auf dem Ostufer, auch wenn er hier nur in Stein anwesend ist.»

«Ich verstehe...» sagte sie, doch es klang, als verstünde sie es nicht.

Danach lud Peri sie in seine Privaträume, die unmittelbar an das Nilufer grenzten. Eine schöne, dicht mit Weinlaub bewachsene Pergola führte auf den träge dahinströmenden Fluß hinaus, von dem auch jetzt in der Mittagshitze ein angenehm kühler Hauch heraufwehte.

«Ich habe ein Mahl bereiten lassen, darf ich dich dazu einladen, Prinzessin?»

Ihre schrägen, dunklen Augen glitzerten unternehmungslustig. Heute hatte sie die gewohnte grüne Schminke aufgelegt, trug ein schickliches, knöchellanges Gewand, das aber nicht – wie üblich – bis weit über die Brüste reichte, sondern sie nur knapp bedeckte. Es hing an dünnen, golddurchwirkten Trägern, die über ihre kräftigen Schultern liefen. Auf einen Schmuckkragen hatte sie verzichtet, und ihre Festperücke nahm sie jetzt ab und warf sie mit einem klingenden Lachen in den Fluß.

Sie beugte sich vor und sah ihr eine Weile nach.

«Da schwimmen sie, meine falschen Haare. Wenn das Volk wüßte, welchen Schatz der Nil hier trägt, sie würden sich dutzendweise ins Wasser stürzen und um das gute Stück balgen.»

Peri lachte.

«Dazu wird es nicht kommen...»

Während er dies sagte, riß er sich den Leinenschurz vom Leib, sprang in den Nil und schwamm mit kräftigen Zügen der Perücke nach.

Sat-Amun, sonst nicht leicht zu beeindrucken, war überrascht und erfreut zugleich. Sie trat an das Bambusgeländer, verlor aber den Schwimmer bald aus den Augen, weil das dichte Laubwerk eine weitere Sicht versperrte. Als er länger nicht zurückkam, wollte sie in die Hände klatschen, um seine Diener zu rufen, doch dann hörte sie Geräusche, und Peri trat ein, die noch triefende Perücke in der Hand.

«Ich habe mich nur schnell umgekleidet... Darf ich sie behalten?»

«Wenn du willst...»

«Es ist wie ein Stück von dir und wird mich stets an dich erinnern.»

«Willst du das?»

«Man hat nicht täglich eine königliche Prinzessin im Haus, vielleicht ist das dein letzter Besuch am Ostufer – wer weiß?»

Er klatschte in die Hände, und als hätten sie auf dieses Zeichen gewartet, strömten seine Diener herein und trugen das Mahl so schnell und geschickt auf, daß der vorhin noch leere Tisch sich wie durch Magie in einen überladenen verwandelte. Da türmten sich gebratene Tauben und Wachteln auf einem grünen Bett aus Lattich, Kresse und Gurkenscheiben. In kleinen Näpfen schimmerten köstliche Tunken, scharfe, süße und saure; verschiedene Brotsorten in geflochtenen Körben standen in Griffweite neben den Stühlen, auf zierlichen Beitischen war alles geboten, was man hierzulande trank: Wein, Bier, Milch, Obstsäfte und Wasser.

Ehe Sat-Amun zugriff, sagte sie: «Ich möchte noch deine Frage – wenn es eine war – beantworten, nämlich, ob dies mein letzter Besuch am Ostufer sei. Ich trage schon länger einen Entschluß mit mir herum, und du, Priester Peri, sollst der erste sein, der davon erfährt. Daß ich drüben mein Haus aufgeben mußte, wird sich ja herumgesprochen haben. Nun gut, der Thronfolger mag die größeren Rechte haben, aber ich nehme das nicht so einfach hin. Wenn meine königlichen Eltern mich nicht daran hindern werden, so hege ich die Absicht, mich hier am Ostufer niederzulassen. Da gibt es noch den alten Palast meines Großvaters, des Osiris Men-cheperu-Re Thotmes, in dem übrigens auch mein Vater die ersten Jahre regiert hat. Ich werde das Haus wieder herrichten lassen…»

Sie schwieg und versank in Nachdenken.

«Das erfreut keinen mehr als mich, denn wir sind dann sozusagen Nachbarn. Der alte Königspalast liegt ja von hier kaum tausend Ellen flußaufwärts. Ich kann dann regelmäßig deine fortgeworfenen Perücken aus dem Nil fischen – mit deiner Erlaubnis natürlich.»

Sie lächelte.

«Ich trage ja kaum welche. Das heute ist eine große Ausnahme.»

«Du bist schön, Prinzessin Sat-Amun – schön und begehrenswert, wenn ich mir diese Bemerkung erlauben darf.»

«Du hast sie dir ja schon erlaubt. Ein wenig frech bist du schon, Priester Peri. Hast du Frau und Kinder? Du redest viel, aber nie über Privates.»

«Weil es nicht hierhergehört, mit meinem Rang, meinem Amt nichts zu tun hat. Auf meinem Landgut im Norden leben drei Kinder, wohlbetreut von Familienangehörigen. Meine Frau ist bei der Geburt des vierten gestorben – es wäre ein Mädchen geworden, kam tot zur Welt. Seither bin ich sozusagen mit meinem Amt verheiratet.»

Sat-Amun lächelte leise.

«Ohne dabei, wie man hört, die Frauen zu vernachlässigen...»

Peri blieb ernst.

«Die menschliche Natur fordert ihr Recht, und wenn ich dieses Recht ein wenig wahllos ausübe, dann nur deshalb, weil die Frau noch nicht erschienen ist, bei der sich nicht nur die Körper, sondern auch die Herzen vereinigen.»

«Wird sie eines Tages kommen?»

Peri erhob sich, kniete vor Sat-Amun nieder, nahm ihre linke Hand und küßte sie, tat das gleiche mit der rechten. Er blickte sie mit leuchtenden Augen an.

«Ich glaube, sie ist schon da...»

5

*A*menhotep, der junge Horus, war noch dabei, seinen Hofstaat einzurichten, wobei ihm Eje, sein Erster Schreiber, mit Rat und Tat zur Hand ging.

Der Prinz war ein Mensch, der nicht gerne log. Wenn er die Wahrheit nicht sagen wollte, so schwieg er lieber, denn verdrehen oder verfälschen wollte er sie nicht. Was er aber aussprach, war seine unverstellte Meinung, seine Absichten waren klar und eindeutig, auf seine Versprechungen konnte man sich verlassen.

So bat er eines Tages den Ersten Schreiber Eje zu einer kurzen Unterredung.

«Inzwischen wird im Palast so viel hin und her geredet, daß ich dem ein Ende bereiten will. Ich will deine Tochter Nofretete heiraten und bitte dich um dein Einverständnis. Die Zustimmung meiner Eltern habe ich noch nicht, doch ich verspreche dir im Angesicht des Gottes Re, der allezeit in unsere Herzen sieht, daß ich deine Tochter nicht nur im Harim haben, sondern sie zu meiner Großen Gemahlin machen will. Morgen werde ich mit meinem Vater eine Wüstenfahrt unternehmen, und dann bringe ich meinen Wunsch vor. Sollte der Gute Gott mir sein Einverständnis verweigern, so wird er es übermorgen geben oder in zehn Tagen oder in drei Monaten. Ehe du mit deiner Tochter darüber redest, bitte ich dich, den morgigen Tag abzuwarten. Vielleicht wird es mir da schon gelingen, den König von meinen Wünschen zu überzeugen; jedenfalls erhältst du als erster Bescheid.»

Eje verneigte sich stumm und schaute dann dem Prinzen in die schrägen, unergründlichen Augen. Der erwiderte den Blick mit

73

einem leisen Lächeln, und plötzlich erkannte der Schreiber Eje die Schönheit und den Adel in diesem Gesicht mit der langen, schmalen Nase und dem vollen Mund über einem kräftigen Kinn. Ein Mann, dachte Eje, aus dem Jungen ist ein Mann geworden.

Schon bei seiner Ernennung zum Ersten Schreiber des Thronfolgers hatte Eje geahnt, daß nicht allein seine Tüchtigkeit der Anlaß dazu war. Er freute sich für seine Tochter und versuchte, sich an den Gedanken zu gewöhnen, daß er als Vater der Großen Königlichen Gemahlin bald einen unendlich hohen Rang einnehmen würde – wenn nicht Seth, der Brudermörder, Gegner des Horus, Herr der Wüsten und Fremdländer, der Rote Gott, mit seinem feurigen Atem diese schöne Zukunft zu Asche werden ließ.

Doch Eje war guten Mutes, weil er spürte, daß in dem jungen, etwas zart und weichlich wirkenden Prinzen Kraft und Beharrlichkeit steckten – genug, um den Guten Gott umzustimmen. Bei der Großen Königsgemahlin würde es schwieriger sein, aber Amenhotep – den sie Meni nannte – war ihr erklärter Liebling, und sie würde ihm einen Herzenswunsch nicht auf Dauer versagen.

Sosehr der Gute Gott Nebmare Amenhotep pompöse Auftritte im Glanz der heiligen Kroninsignien liebte, so sehr genoß er auch manchmal gewisse Heimlichkeiten, die er umständlich und sozusagen mit einem Finger auf den Lippen vorbereitete.

Über sein breitflächiges Gesicht, das er – wenn es angebracht war – in gottköniglicher Erhabenheit erstarren ließ, flog ein bübisches Grinsen, als er im Palastgarten den Thronfolger vorbereitete.

«Eine Stunde vor Tagesanbruch machen wir uns auf den Weg», flüsterte er und sah sich mißtrauisch um.

Zwei Gärtner hatten sich gebeugt in eine Ecke gedrückt, geduldig abwartend, bis der Gute Gott wieder seiner Wege ging. «Wir kleiden uns wie einfache Leute, und nur ein paar Wachen werden uns begleiten. Ich habe schon vor Tagen in der Wüste ein paar Zelte errichten lassen, möchte dir einiges zeigen.»

Der Tag war gekommen; ein Diener weckte den Thronfolger und führte ihn auf verschlungenen Wegen zu einem kleinen Tor an der Südmauer der Palaststadt. Draußen warteten zwei Pferdegespanne.

Neben einem stand der König – der Prinz nahm es wenigstens an, denn sein Gesicht war wie bei den Wüstennomaden bis auf die Augen verhüllt.

Dann hörte er die vertraute Stimme seines Vaters: «Nicht schön, mitten in der Nacht aufstehen zu müssen – wie? Ich als alter Jäger bin das gewohnt, es macht mir nichts aus.»

Der Prinz wurde von einem geschickten Diener ebenso verhüllt wie der König. Sie bestiegen die zweispännigen Jagdwagen, nahmen hinter dem Lenker auf einem schmalen Brett Platz, auf dem nur ein Zustand zwischen Stehen und Sitzen möglich war, doch Griffe zu beiden Seiten boten einen verläßlichen Halt.

Die Pferde preschten los, hinein in den werdenden Tag, der sich im Osten mit einem zartrosa Schein ankündigte. Die Fahrt dauerte nicht lange, eine knappe Stunde vielleicht, als die Wagenlenker anhielten.

Im Halbschatten eines steil aufragenden Felskammes hatten die Diener schon tags zuvor drei einfache Leinenzelte errichtet. Als der König sich näherte, neigten sie nur ihre Köpfe und streckten die Arme vor. Der Prinz blieb verwundert stehen, und sein Vater wußte sogleich, warum.

«In der Wüste machen wir keine Umstände, Meni, niemand muß sich hier in den Staub werfen, und lange Anreden schenken wir uns auch. Ich habe dich hierher mitgenommen, um dir ganz einfache Versuche zu zeigen, die beweisen, daß Aton der Ursprung allen Lebens ist. Wenn ich die Bezeichnung Re vermeide, dann nur deshalb, um Irrtümer auszuschließen. Die Priester unterscheiden zwischen Re-Harachte, Re-Atum, Re-Chepri, und haben am Ende noch einen Hammel als Amun-Re mit der Sonne verquickt. Sie ist aber immer die gleiche, ob sie hoch am Himmel steht, ob sie auf- oder untergeht oder auf ihrer Nachtfahrt für die irdische Welt unsichtbar ist. Mir ist die Bezeichnung Aton lieber, weil es ein schon sehr alter Begriff ist und die Sonne schlechthin bezeichnet – in allen ihren Erscheinungsformen.»

Sie betraten eines der offenen Zelte und nahmen auf niedrigen Hockern Platz.

«Willst du etwas trinken, Meni?»

«Nein, Vater, erst später, wenn du mir alles erklärt hast.»

«Gut. Was ich dir zeigen will, hätte ich auch im Palastgarten tun können, aber hier finde ich es angemessener, weil wir mit Aton allein sind. Hier stört uns niemand, und ich kann dir in aller Ruhe erläutern, worum es mir geht. Du wirst längst gemerkt haben, daß ich – im Sinne der Amun-Priester – kein frommer Mann bin. Mögen ihre Rituale altehrwürdig sein – was sie verglichen mit denen in Junu und Men-nefer ohnehin nicht sind –, so gehen sie doch am Wesentlichen vorbei, nämlich –», der König deutete hinaus auf die Morgensonne, «an Aton, den du männlich oder weiblich sehen kannst, der aber beides in sich vereint und der Schöpfer ist allen Lebens. Ich habe schon jahrelang entsprechende Versuche gemacht, mit Menschen, Säugetieren, Vögeln, Fischen, Insekten, Pflanzen und kann dir nur sagen, ohne Sonnenlicht verkümmern sie, sterben ab, sind nicht lebensfähig oder werden nicht einmal geboren. Erde, Wasser, dazu fruchtbarer Schlamm, all dies ist sinnlos, denn ohne Atons Licht bleiben sie kalt und tot. Re ist der Ursprung allen Lebens, sein Licht ist das Leben schlechthin. Die Volksfrömmigkeit mag sich da im Laufe der Jahrhunderte Bilder und Abbilder geschaffen haben, die gewiß ehrwürdig sind, aber letztlich doch nur Hilfsmittel, die dort oben münden – am Ursprung.»

Der König stand auf, faßte den Prinzen am Arm, und sie traten vors Zelt.

«Du bist jetzt mein einziger Sohn, Meni, der Falke im Nest, der junge Horus, mein Nachfolger. Du bist gescheit und belesen, verstehst vieles, was dein zum Osiris gewordener Bruder nicht verstanden hätte, auch weil es für ihn ohne Belang war. Jetzt möchte ich dir etwas zeigen.»

Sie gingen zu einem kleinen geschlossenen Zelt, das ein Diener, als er sie näher kommen sah, öffnete und einen Korb herausholte. Der König gab dem Prinzen einen Wink.

«Tritt näher und sieh dir das an. Hier habe ich drei Kästchen. In jedem davon ist eine Schicht schwarze, gutgedüngte Erde. Darin vergraben sind jeweils fünf Weizenkörner, in gehörigem Abstand, so daß keines das andere beim Keimen behindert. Alle drei Behälter hat der Diener vorhin reichlich gewässert, und nun mache ich folgendes: Eines davon stelle ich ins helle Tageslicht, auch ein zweites, doch da ist die Öffnung mit mehreren Schichten Leinenstoff verdeckt, so daß gerade noch ein schwacher Lichtschimmer eindringen kann. Das dritte aber ist mit einem Deckel so dicht verschlossen, daß völlige Dunkelheit herrscht. Um ganz sicherzugehen, stelle ich es wieder ins Zelt. Gewässert und gedüngt sind alle drei gleichermaßen. Wir brauchen nur abzuwarten – zwei oder höchstens drei Tage werden genügen.» Der König lächelte breit und streckte seine stämmigen Glieder. «Jetzt habe ich Hunger und Durst – du auch?»

Amenhotep nickte. «Besonders Durst!»

«Ja, die Wüstensonne saugt einem die letzte Feuchtigkeit aus dem Körper. Das ist, als würde man bei lebendigem Leibe mumifiziert. Weißt du, was man festgestellt hat? Es wurden Gräber von Besitzlosen gefunden, von Menschen, die es sich nicht leisten konnten, ihren Körper nach dem Tod den Gottessieglern anzuvertrauen, die einfach verscharrt wurden. Dabei hat sich herausgestellt, daß deren Körper in der trockenen Wüstenluft nur durch Sand und Sonne besser erhalten sind, als es die teuerste Mumifizierung mit all ihren Salben, Essenzen und Spezereien vermag.»

Inzwischen hatte sich die Sonne mehr und mehr nach Westen geneigt, und das Zelt warf gerade genug Schatten, um dem König und seinem Sohn darin Platz zu bieten.

Die Diener breiteten ein Tuch in den Sand, stellten kleine Krüge mit Wasser, Bier und Wein daneben. Der König winkte sie ungeduldig beiseite.

«Wir bedienen uns selber! Was möchtest du trinken, Meni? Wein, Bier oder gar Wasser?»

Um seinen Vater nicht zu enttäuschen, sagte er: «Ich werde mir Wein mit Wasser mischen…»

«Gut, gut», sagte der König eifrig, «das mache ich für dich.»

Dann speisten sie. Amenhotep kaute auf irgend etwas herum, dessen Geschmack er nicht wahrnahm, denn sein Herz war zum Bersten voll. Ehe es ihm die Brust sprengte, mußte es heraus, er konnte nicht warten.

«Vater – es geht um Eje, das heißt um seine Tochter…»

Der König sah ihn verwundert an. «Was ist damit? Will sie nicht in dein Bett?» Er lachte. «Sie wäre die erste Frau in der langen Ge-

77

schichte von Kemet, die sich weigert, in einen königlichen Harim einzutreten.»

«Darum geht es nicht. Ich will nicht nur irgendeine Frau, ich will sie – nur sie, als Hauptgemahlin, als Große Gemahlin...»

«Immer wieder sehe ich, daß du ganz anders geartet bist als Thotmes, der zum Osiris Gewordene. Der ist schon mit zwölf hinter allem hergewesen, was weiblich war. Als er nach Men-nefer ging, hatte er schon gut ein Dutzend Sklavinnen geschwängert, und ein paar Hofdamen dazu. Aber zurück zu – wie heißt sie doch gleich?»

«Nofretete.»

«Also zurück zu ihr. Du weißt von unserem letzten Gespräch, wie schwer es deiner Mutter fällt, sich eine Schreiberstochter als künftige Königin vorzustellen. Ich bin da anderer Meinung – nun, du weißt ja, aus welcher Familie Teje kommt. Meine Ansicht ist dies: Der Gute Gott und Sohn der Sonne steht so hoch über den Menschen, daß deren Gesetz, Brauch und Sitte vor seiner göttlichen Natur zunichte werden. Sie müssen ihn nicht kümmern, und wenn er will, kann er eine namenlose Sklavin an seiner Seite zur Herrin Beider Länder machen. Du bist zwar noch kein König, aber du wirst es künftig sein, und Nofretete ist keine namenlose Sklavin, sondern immerhin die Tochter eines königlichen Schreibers. Um es deiner Mutter leichter zu machen, schlage ich vor, du heiratest das Mädchen, ohne zunächst auf ihrem Rang als einer Großen Gemahlin zu bestehen. Wenn ich nach Westen gegangen bin und du die Doppelkrone trägst und – auch das ist wichtig – du deine Meinung nicht geändert hast, dann erhebe sie in den Rang, den du für angemessen hältst.»

Amenhotep blickte seinen Vater verblüfft und auch etwas bewundernd an.

Der König lachte. «Das hast du mir nicht zugetraut, wie? Hast wohl gemeint, die gute Teje wird das letzte Wort haben, und ich werde mich fügen, wie immer. Viele denken das, und meistens stimmt es ja. Aber es gibt Bereiche, da lasse ich mir nicht hineinreden, und dazu gehört die Frage, wen ein König heiraten darf. Er soll – weil es ein alter Brauch ist – eine seiner Schwestern oder Halbschwestern nehmen, aber er muß es nicht, und dafür bin ich das beste Beispiel. Kann ich von meinem Sohn und Nachfolger verlangen, daß er anders handelt? Nimm das Mädchen, mache ihr viele Kinder und, wenn es dich nach anderen gelüstet, so richte dir einen feinen, kleinen Harim ein. Hast du sie schon beschlafen, deine Nofretete?»

«Nein...»

Der König schlug sich laut lachend aufs Knie. «Du bist mir schon einer! Thotmes hätte es längst getan... Nun gut, kaufe die Katze im Sack, aber beklage dich nicht, wenn sie dann kratzt und beißt.»

Der König stand auf, reckte sich und blickte aufmerksam nach Westen.

«Noch etwa zwei Stunden wird Re uns sein Licht schenken. Wir werden das zu einem kleinen Ausflug in die Wüste nützen.»

«Ich danke dir, Vater. Solange mein Bruder lebte, dachte ich immer, du – du –»

«Ich würde ihn dir vorziehen, weil er mir ähnlicher ist? Wolltest du das sagen?»

Der Prinz senkte den Kopf. «Nicht mit diesen Worten...»

«Aber dem Sinn nach, nicht wahr? Es stimmt schon, Thotmes war, auch äußerlich, eher Fleisch von meinem Fleisch. Du gleichst deiner Mutter, und so, wie ich sie liebe und aus dem Nichts neben mich auf den Königsthron erhoben habe, so liebe ich dich, weil du ihr gleichst – meiner einzig Geliebten. Früher, in gesünderen Jahren, mag es so ausgesehen haben, als genügte sie mir nicht. Da war Giluchepa, die Prinzessin aus Mitanni, da gab es Dutzende von Mädchen, die Gaufürsten und Vasallen mir in den Harim geschickt haben, und ich leugne nicht, daß ich sie alle – oder doch fast alle – beschlafen habe. Aber Freude und Genuß des Beilagers beschränkten sich auf den Schwengel da unten, das Herz war niemals dabei. Das gehört deiner Mutter, und sie hält es fest, und es wird ihr gehören, bis ich nach Westen gehe.»

Diese einfachen Worte seines Vaters rührten den Prinzen so, daß ihm die Augen feucht wurden. Dem König entging es nicht.

«Du bist erschüttert, bist überrascht? Und ich dachte, alle wissen es, alle spüren es. Sollte Nofretete für dich dasselbe bedeuten wie für mich deine Mutter, dann preise dich glücklich und spende den Göttern ein Dankopfer.»

Amenhotep blickte auf. «Den Göttern?»

Der König schmunzelte. «Warum nicht? Auch der König sollte nicht mißachten, woran sein Volk glaubt und die Priester vorgeben zu glauben. Ich halte Abstand zu Amun, habe ihm aber niemals meinen Respekt versagt. Das mußt du immer auseinanderhalten, Meni: die Gottheit und ihre Priester. Die eine ist geheiligt durch Opfer, Gebete und die Hingabe der Gläubigen, die anderen sind Menschen, denen du genau auf die Finger schauen mußt. Diese Finger sind stets offen für kleine und große Gaben, aber sie ballen sich schnell zur Faust, wenn du sie zu sehr überwachst. Laß das andere tun und achte darauf, daß sie Maß halten. Das habe ich nicht immer gekonnt, ich gebe es zu. Du bist keine jähe Natur, Meni, vielleicht wird es dir besser gelingen.»

Dann fuhren sie eine Weile durch weite und schmale Wüstentäler, bis der König halten ließ und sie zu Fuß weitergingen. Als einige Diener ihnen folgten, scheuchte sie der König mit einer knappen Handbewegung davon.

«Die trampeln herum wie Wildrinder», sagte er flüsternd, als befänden sie sich im Allerheiligsten eines Tempels.

«Dir scheint die Wüste leer, nicht wahr? Ausgestorben, ausgeglüht, nur eine gewaltige Ansammlung von Steinen und Sand?»

«Nein, Vater. Als ich damals mit Thotmes den Ausflug in die Wüste machte, trafen wir eine Herde von Gazellen – oder waren es Antilopen? Aber dann –»

Und wieder erschien das schreckliche Bild eines durch die Luft sausenden Körpers.

«Sprich nicht davon! Auch hier gibt es sie: Gazellen, Antilopen, kleine Gruppen von Wildrindern, ja, sogar eine Herde wilder Esel habe ich schon gesehen. Auch wilde Schafe und Ziegen leben hier, seltener zeigen sich Steinböcke und Hirsche. Strauße siehst du häufiger, ebenso Schakale und Hyänen. Die großen Jäger der Wüste, Löwe, Gepard und Luchs, sind Einzelgänger, und du mußt ihnen schon tagelang nachspüren, bis dir einer davon vor die Augen kommt. Auch viel Kleinvieh läuft herum – Hasen, Iltisse, Füchse, Springmäuse...»

«Dann kann die Wüste aber nicht nur ein Stein- und Sandhaufen sein?»

«Der erste Eindruck täuscht. Du siehst nur kahle Hügel, aber oft genügen ein paar Schritte, und du stehst vor einer Wasserstelle – einer winzigen Oase mit Bäumen, Büschen, etwas Gras und vielerlei Kräutern. Die gibt es hier nicht nur im Dutzend, sondern vielhundertfach. Wovon sollten diese Tiere sonst leben?»

«Die Sonne allein genügt auch nicht...»

«Nein, Meni. Um zu schöpfen und zu schaffen, bedient sie sich verschiedener auf Erden vorhandener Stoffe. Mein tüchtiger Huy könnte recht gut in Gedanken Tempel und Paläste entwerfen, sie sogar auf Papyrus zeichnen, doch ohne Holz, Nilschlamm, Stein und Metall sind sie nicht zu verwirklichen, auch nicht ohne Arbeiter, die diese Werkstoffe zusammenfügen. Re aber, die Gottheit, gebietet auch über das Wasser. Das läßt sich leicht beobachten, wenn du etwa eine Schale mit Wasser nach Sonnenuntergang ins Freie stellst, so wirst du sie vor Sonnenaufgang unverändert vorfinden, wenn nicht –», der König lachte schallend, «ein Hund oder eine Katze sie ausgetrunken haben. Läßt du sie aber weiterhin stehen, so wird die Sonne das Wasser binnen kurzer Zeit aufgesogen haben. Im Süden, so denke ich mir das, fügt sie es dem Nil zu, und so gelangt es wieder hierher, im Norden sammelt sie es am Himmel, und es kommt als Regen zurück – du wirst es ja in Men-nefer selber erlebt haben.»

«Ja, zweimal hat es kurz geregnet...»

Am Morgen des dritten Tages ließ der König – nicht ohne eine gewisse Feierlichkeit – die drei Kästchen herbeibringen. Er wies auf das offene.

«Vier der Körner sind aufgegangen, der längste Trieb ist gut eine halbe Spanne hoch. Re hat den Samen erweckt und den Keim hervorgelockt. Das fünfte Korn war vermutlich taub, also tot.»

Dann entfernte der König behutsam den Leinenstoff vom zweiten Kästchen. Da lugten nur zwei blasse Spitzen aus der Erde, und man mußte sich schon niederbeugen, um sie sehen zu können.

«Das schwache Licht hat zwar genügt, um zwei der Körner zu erwecken, aber viel ist daraus nicht geworden.»

Mit einem Ruck hob der König den Deckel vom dritten Behälter.

«Da! Nichts! Ohne Re ist nur Dunkelheit und Tod. Es ist noch kühl, wir werden gleich zurückfahren.»

Während die Diener schnell und geschickt die drei Zelte abbrachen, schirrten die Wagenlenker ihre Pferde an. Der König faßte den Prinzen am Arm, und sie entfernten sich ein paar Schritte.

«Ich hätte einige der Priester zwingen können, an diesem Versuch teilzunehmen, war schon fast geneigt, es zu tun. Aber dann dachte ich mir, da verschwendest du nur deine Zeit. Die buckeln nur herum, preisen meine Weisheit in hohen Tönen und geben mir in allem recht. Dann verschwinden sie wieder hinter den Tempelmauern und spinnen ihre alten Ränke fort. Du mußt lernen, mit deinen Kräften hauszuhalten, wenn du älter wirst, Meni. Bald werde ich mein drittes Sed-Fest feiern, und das war nicht vielen meiner Vorgänger vergönnt. Sechsunddreißig Jahre trage ich jetzt die Doppelkrone…»

Was der Prinz in diesen Tagen kaum bemerkt hatte, sah er jetzt deutlich: Dem Vater ging es gesundheitlich nicht gut. Die Wangen in seinem breiten Gesicht waren eingefallen, und das Knochengerüst des Schädels war deutlich zu sehen. Da er sich nur noch selten an die von Pentu verordnete Diät hielt, hatte er Fett angesetzt, doch der ganze Körper wirkte schlaff, die Schultern fielen nach vorne, und manchmal wurde ihm sein Kopf so schwer, daß er sich anlehnen mußte.

«Fühlst du dich nicht wohl, Vater? Hast du Schmerzen?»

Der König winkte ab, mit einer knappen, verächtlichen Handbewegung.

«Schmerzen habe ich fast immer, und wohler habe ich mich auch schon gefühlt. Ich bin einfach zu alt geworden – man sollte spätestens mit vierzig nach Westen gehen. Mein Vater hat nicht einmal die dreißigste Nilschwelle erreicht.»

«Und dein Großvater?» fragte der Prinz neugierig.

Der König schmunzelte. «Acheprure Amenhotep? Der hat viel gejagt und viel gekämpft, um noch den Kriegsruhm seines Vaters Thotmes zu übertreffen. Er ist vierzig geworden, aber bald darauf nach Westen gegangen, hat Macht und Größe unseres Landes bewahrt. Möge er glücklich sein im anderen Leben!»

Dann bestiegen sie ihre Gespanne und fuhren zurück.

Am nächsten Morgen ließ der König Pentu rufen. Der Arzt erschien mit einem Gehilfen, den der König nicht kannte.

«Was ist mit deinem Sohn?» fragte der König verwundert, «früher habe ich dich niemals ohne ihn gesehen.»

«Aus dem jungen Pentu, Majestät, ist ein Mann geworden, und unsere Praxis in Waset hat solche Ausmaße angenommen, daß einer von uns dort anwesend sein muß. Ich glaube, mein Sohn ist ein ebenso guter Arzt wie ich…»

«Meinen Glückwunsch dazu! Einesteils bangen wir Väter darum, daß die Söhne uns gleichkommen oder gar übertreffen, im stillen aber sind wir stolz darauf, wenn sie es tun.»

«Dein Mund spricht die Wahrheit, Majestät – wie stets, natürlich», fügte er eilig hinzu.

«Das will ich hoffen», entgegnete der König streng, aber er lächelte dabei.

«Dein Gehilfe soll verschwinden, ein Arzt genügt mir.»

Der Diener stob hinaus, als sei die königliche Leibwache hinter ihm her.

Der Gute Gott erhob sich.

«Sieh mich an, Pentu! Lange Zeit hat dein ärztliches Bemühen mir Gesundheit geschenkt, doch jetzt kehren die alten Leiden zurück. Zwei oder drei Zähne schmerzen mich ständig, mein Magen ist empfindlich wie eine junge Mimose, und meine Gelenke sind geschwollen vor Gicht. Was soll ich tun?»

«Darf ich fragen, ob Deine Majestät die von mir verordnete Diät noch einhält? Wenig Fleisch, viel Obst, Gemüse…»

«Ich bin doch kein Schaf oder Kaninchen! Ein Lebendiger Horus braucht Fleisch, und ein alter Mann – der ich ja auch bin – will zum Trost seinen Wein haben, und je mehr meine Gebeine erkalten, desto nötiger brauche ich dieses Göttergeschenk.»

Pentu lächelte still. «Ich bin auch nicht mehr jung und verstehe dich gut, Majestät. Könnte ich mir die Zähne einmal ansehen?»

«Ansehen schon, aber reißen lasse ich sie mir nicht!»

Zwei schienen auf Eiter zu sitzen, ein dritter wackelte bedenklich.

«Ich wage es kaum zu sagen, Majestät, aber zwei müßten unbedingt heraus, weil sie dein Blut vergiften.»

«Ich werde es mir überlegen, Pentu, und dich dann rufen.»

Pentu verbeugte sich und ging hinaus. Der König fühlt sich noch nicht elend genug für eine Behandlung, dachte er – acht oder zehn Tage, dann wird er mich rufen lassen.

Die Sonne hatte noch nicht einmal die Mittagshöhe erreicht, als Pentu seine Sänfte bestieg, dabei hatte er damit gerechnet, den ganzen Tag in der Palaststadt zu verbringen. Plötzlich kam ihm die Einladung in den Sinn, die er vor einiger Zeit aus dem Amun-Tempel erhalten hatte. Der Hohepriester und Erste Prophet Maj bat den Arzt Pentu in höflichen Worten, dem Tempel zu einer ihm genehmen Zeit einen Besuch abzustatten, auch weil die bei Amun beschäftigten Ärzte sich glücklich schätzen würden, den Leibarzt des Königs – er lebe, sei heil und gesund! – kennenlernen zu dürfen.

Pentu sandte einen Boten und ließ dem Hohenpriester mitteilen, daß er heute die frühen Abendstunden für einen Besuch erübrigen könne.

Der Hohepriester Maj beantwortete manche Audienzgesuche gar nicht, ließ andere Bittsteller tagelang, fast alle aber stundenlang warten. Bei Pentu aber sandte er den Boten sofort zurück mit der Nachricht, nichts freue ihn mehr als das Erscheinen des Leibarztes Seiner Majestät – er lebe, sei heil und gesund –, und von der zehnten Tagesstunde an warte er mit Freude und Ungeduld auf den hohen Besuch.

Pentu las die Botschaft, las sie noch einmal, fand den Ton etwas zu dick aufgetragen für einen Mann im Amt eines Hohenpriesters des Amun, der für das Volk von Waset im Rang gleich nach dem König kam.

«Vielleicht ist's nur übertriebene Höflichkeit», meinte der junge Pentu. «Er geht dir um den Bart, Vater, weil der Leibarzt des Königs doch ein Mann ist – oder zumindest sein kann –, der das Ohr Seiner Majestät und damit mehr Einfluß besitzt als der höchste Priester des Amun. Wie sehr der König diesen Leuten gegenüber auf kritischen Abstand bedacht ist, war ja auch für uns nicht zu übersehen.»

«Das mag schon sein, und wenn ich es recht bedenke, klingt dieses Schreiben so, als wolle Maj etwas von mir. Er macht sich kleiner, als er ist, um mein Wohlwollen zu erwecken. So scheint es mir wenigstens…»

Der junge Pentu nahm seinen Vater am Arm und bat ihn beschwörend: «Sei auf der Hut! Wer einen Rang wie dieser Maj besitzt, ist über Leichen gegangen. Keiner steigt so hoch, ohne dafür einen hohen Preis zu bezahlen, das dürfte hier nicht anders sein als in unserer Heimat – der früheren Heimat, meine ich.»

Pentu sah den Sohn stirnrunzelnd an.

«Ich werde aufpassen, daran brauchst du Grünschnabel mich nicht zu erinnern. Werde erst einmal ein Mann, ehe du deinem Vater Ratschläge erteilst!»

Der Sohn wandte sich ab, um sein Lächeln zu verbergen. «Ich werde mir Mühe geben», sagte er gehorsam.

Der Tag hatte für Maj mit einem Mißklang begonnen, denn Anen, der Zweite Prophet des Amun (und Spitzel des Königs, wie Maj stets in Gedanken hinzufügte), hatte schon am frühen Morgen um eine Unterredung gebeten. Einen Mann wie ihn konnte er nicht warten lassen, denn Maj war klug genug, um zu wissen, daß er die Königin beleidigte, wenn er dem Zweiten Propheten nicht mit dem gebotenen Respekt begegnete.

Im Gegensatz zu seiner zierlichen Schwester war Anen ein eher großer, gewichtiger Mann, der schon körperlich einen Raum füllte, wenn er ihn betrat. Bei Maj war dies umgekehrt, sein schmaler, kaum mittelgroßer Körper wäre geeignet gewesen, leicht übersehen zu werden, doch sobald seine scharfe, hohe Stimme erklang und er den durchdringenden Blick seiner kalten, engstehenden Augen auf Menschen und Gegenstände richtete, wurde er zum Mittelpunkt des Geschehens, zum Herrn über Raum und Zeit.

Sie begrüßten sich mit einer kurzen Umarmung, wobei Anen – aus Bosheit natürlich, dachte Maj – seinen Amtsbruder so fest an sich drückte, daß der mit Mühe einen Aufschrei unterdrücken mußte. Anen kam gleich zur Sache.

«Du weißt, Ehrwürdiger, daß der König – er lebe, sei heil und gesund – zunehmend darüber ungehalten ist, daß die Amun-Priesterschaft –»

«Der du auch angehörst», warf Maj boshaft ein.

«Ja, und mit Stolz!» gab Anen gleichmütig zurück. «Also – der Gute Gott ist ungehalten darüber, daß immer wieder versteckte Klagen laut werden, er schmälere den Amun-Tempel auf schmerzhafte Weise und es sei abzusehen, daß dessen Bedeutung mehr und mehr hinter den Tempeln von Junu und Men-nefer zurücksinke.»

Maj öffnete seinen schmalen Mund, um etwas zu entgegnen, doch Anen hob die Hand.

«Ein paar Worte noch, wenn du gestattest. Ich habe vielleicht etwas drastisch zusammengefaßt, was unsere Priester respektvoll und mit feinen Worten von sich gaben, aber – und darum geht es – einen Nadelstich verschmerzt man leicht, doch wenn es zu viele werden und die Stichelei nicht aufhört, dann – nun, kurz gesagt: Seine Majestät hat mich beauftragt, den Klagen nachzugehen und ihnen entsprechend zu begegnen – genauer gesagt, sie zu entkräften.»

Anen entrollte einen Papyrus.

«Der Besitzstand des Re-Harachte-Tempels von Junu nach der letzten Ernte lautet: etwa 90.000 Ellen im Geviert an Feldern, dazu rund 13.000 Menschen und 45.000 Tiere. Beim Ptah-Tempel in Men-nefer sieht es noch bescheidener aus: knapp 60.000 Ellen an Feldern, 3.000 Menschen und 10.000 Tiere. Etwas größer ist der Besitzstand des Thot-Tempels in Eschmun, da haben wir bis jetzt keine genauen Zahlen erhalten. Und nun zu Amun und seinem Besitz, aber ich nehme doch an, du kennst den Umfang?»

Maj zuckte leicht zusammen, kaum wahrnehmbar.

«Nein – nein, nicht genau, da mußt du dich an den Obersten Tempelverwalter wenden oder an den Schatzmeister.»

Anen lachte behaglich. «Das habe ich bereits getan, und ich möchte dir die Zahlen ins Gedächtnis rufen. Rund viereinhalb Millionen Ellen im Geviert an Feldern, dazu über 80.000 Menschen und eine knappe halbe Million an Tieren – es sind etwa 430.000. Also fünfmal soviel an Feldern, fast siebenmal soviel an Menschen und neunmal soviel an Tieren verglichen mit dem Tempel von Junu. Weiterhin habe ich den Anteil berechnen lassen im Vergleich zur gesamten Nutzfläche des Landes, und er macht ein gutes Siebtel aus. Über ein Siebtel des Landes Kemet in den Händen von Amun-Re! Und du wagst es, dem Guten Gott mit Klagen in den Ohren zu liegen! Nur mit Mühe konnte ich den König davon abhalten, ein Drittel davon zu enteignen – die Hälfte davon für die Krone, die andere Hälfte für den an Grundbesitz so armen Ptah-Tempel. Aber ganz ohne Aderlaß ist es auch nicht gegangen. Hier ist eine Aufstellung von sechs Landgütern im Gebiet von Schedit, die von nun an dem Ptah gehören. Es sind keine großen Güter, Maj, sei also beruhigt. Der Kronprinz Amenhotep soll vier Landgüter erhalten, die dem Amun-Tempel vor etwa zwanzig Jahren unter – nun, etwas bedenklichen Umständen übertragen wurden und eigentlich an die Krone hätten fallen müssen. Dies alles ist hier ausführlich dargelegt.»

Anen legte eine gesiegelte Rolle auf den Tisch und deutete darauf.

«Diese Verfügungen machen den Amun-Tempel kaum ärmer, aber der Zorn des Guten Gottes ist besänftigt und der Frieden – durch meine Vermittlung – wiederhergestellt.»

Wie immer in solch seltenen Fällen, wenn Maj zähneknirschend nachgeben mußte, ohne sich abfällig oder kritisch äußern zu dürfen, fühlte er hinter sich riesengroß, unsichtbar, machtvoll und beruhigend den goldenen Schatten von Amun-Re in seiner hehren Menschengestalt mit der hohen Federkrone. Er zwang sich zu einem Lächeln.

«Dafür danke ich dir im Namen Amuns und seiner Priesterschaft.»

Anen erhob sich.

«Du wirst mich immer als redlichen Vermittler finden, aber die Klagen müssen aufhören. Der Gute Gott läßt durch Hunderte von Arbeitern den gewaltigen Mut-Tempel fertigstellen, den Südlichen Harim des Amun, und es wäre ihm lieber, Dankeshymnen als Klagelieder zu hören. Verstehen wir uns?»

«Vollkommen, Anen, und sei nochmals bedankt.»

Dann war Maj wieder allein und fand Trost in dem Gedanken, nach des Königs Tod ließe sich gewiß ein Teil dieser Minderungen mit Klugheit und Geschick rückgängig machen.

Als sich Pentu für diesen Abend ansagte, erschien das dem Hohenpriester wie eine Fügung seines Gottes. Wenn einer wußte, wie es um den König stand, dann doch sein Leibarzt. Maj hielt sich für sehr geschickt in der Fähigkeit, den Menschen mit klugen, scheinbar nebensächlichen Kreuz- und Querfragen Auskünfte zu entlocken, die sie gar nicht preisgeben wollten.

Dann war da noch etwas. Natürlich hatte Maj die von Anen genannten Zahlen genau gekannt, aber was dieser nicht wußte, das waren die mit Dutzenden von Gutsbesitzern abgeschlossenen Geheimverträge, die besagten: Wer von ihnen ohne direkte Nachkommen starb, dem richteten die Amun-Priester ein angemessenes Begräbnis aus, wofür deren Besitz an den Tempel fiel, getarnt als Pachtvertrag mit den Erben. Das war dann so formuliert, daß nicht eindeutig klar wurde, wer nun der Pächter sei, aber im Tempelarchiv stand der Besitzer längst fest – Amun-Re.

6

Nofretete war eine Anhängerin des Gottes Bes, den man eigentlich nicht als richtige Gottheit betrachten konnte. Ein Kobold eher, ein hilfreicher Dämon – ein besonders von Frauen verehrter Schutzgeist, so häßlich wie hilfreich. Seine zwei Spannen hohe Figur war in den Kopfteil ihres Bettes eingeschnitzt, und es lief ihr immer ein leiser Schauer über den Rücken, wenn sie sich mit kurzen Gebeten an ihn wandte oder ihm kleine Opfergaben hinstellte: ein Schälchen Honig, ein paar besonders schöne Datteln, frische Blumen oder einen winzigen Becher Wein, den sie bei den Mahlzeiten mit ihrem Vater abzweigte. Dieser geschwänzte Zwerg mit den krummen Beinen war nun alles andere als schön. Sein fratzenhaftes Gesicht mit der weit heraushängenden Zunge zierte ein zottiger, gelockter Bart, seinen Rücken bedeckte ein Löwenbalg, dessen vier Klauen sich an seine Schultern und Schenkel krallten. Die abstehenden Tierohren schienen aufmerksam zu lauschen, die weitaufgerissenen Augen den Dingen auf den Grund zu blicken. Er galt als Herr der Salben und Wohlgerüche, vertrieb Schlangen und Skorpione, erfreute die Götter mit Tanz und Musik.

Als sie eines Abends von ihrem Vater, dem Ersten Schreiber Eje, die feierliche Mitteilung erhielt, der Thronfolger habe sie zur Frau gewählt, dachte sie sofort: Da ist Bes im Spiel gewesen! Sie freute sich, gewiß, freute sich sogar sehr, aber sie zeigte sich kaum überrascht, hatte eher ein Gefühl, von den Göttern – mit tätiger Mithilfe des Schutzgeistes Bes – schon seit ihrer Geburt dafür ausersehen zu sein. In fünf Tagen sollte das Hochzeitsmahl stattfinden, zu dem die wichtigsten Leute des Hofes geladen waren, um die Frau des Thronfolgers kennenzulernen.

Königin Teje hatte sich anfänglich ablehnend verhalten, als sie aber sah, daß ihr Gemahl diesmal ausnahmsweise festblieb und nicht die Rede davon war, Nofretete zur Großen Gemahlin zu machen, gab sie ihren Widerstand auf. Sie empfing nun ihrerseits die Braut und erkannte schon nach kurzer Zeit, daß mit diesem Mädchen auszukommen war – vorerst. Sie redete Nofretete mit Tochter an und gab sich familiär.

«Niemals alles auf einmal wollen, Tochter. Mag der Schöpfergott zwar die Welt an einem Tag erschaffen haben, so brauchte es doch längere Zeit, sie mit Menschen, Tieren und Pflanzen zu bevölkern. Behandle ihn gut, meinen Sohn – den einzigen jetzt –, sei geduldig mit seiner Ungeduld und schenke ihm Kinder.»

Nofretete kniete nieder und küßte der Königin die schmale Hand.

Wenn ich dich richtig einschätze, Mädchen, dachte Teje bei sich, dann wirst du es mit dem Prinzen nicht anders machen als ich mit meinem König, nämlich da und dort ein Wörtchen mitreden ...

Zwei Tage vor der Hochzeitsfeier schickte der König nach seinem Leibarzt Pentu.

«Nun sehen wir uns doch so bald schon wieder, du tüchtiger Jünger Sachmets», versuchte Amenhotep zu scherzen. Sein leidendes Gesicht, der schlaffe, aufgetriebene Körper und das hochgelagerte Bein verrieten den erbärmlichen Zustand des Herrn Beider Länder.

«Majestät ...»

Der König hob die Hand. «Lassen wir jetzt alle Floskeln beiseite, und ich werde reden, wie ein nicht so hochgeborener Kunde mit dir spricht. Übermorgen heiratet mein Sohn, und dazu möchte ich – muß ich – nein, will ich die Priester aller bedeutenden Tempel des Landes einladen, also nicht nur die von drüben ... Die Hohenpriester der Götter Re-Harachte, Osiris, Thot, Sobek, Hathor, Isis werden ebenso erscheinen wie alle wichtigen aus Waset, auch die der kleineren Tempel von Maat, Chons, Aton. Dann habe ich diese Herren einmal alle unter meinem Dach und werde sie am Tag nach der Hochzeitsfeier im kleinen Thronsaal versammeln, um ihnen etwas mitzuteilen.»

Der König schwieg und strich behutsam über seine geschwollene Backe.

«Von dem du jetzt nicht sprechen willst, Majestät?»

«Du wirst nie ein richtiger Hofmann, Pentu. Alle Welt weiß, daß man den Sohn der Sonne niemals ungefragt anreden darf, nur du tust, als wüßtest du es nicht. Aber es ist dir verziehen, ein Leibarzt hat wohl Sonderrechte. Ich will andeuten, worum es geht: Seit Jahren schon lasse ich im Lande Kusch zwischen dem zweiten und dritten Katarakt einen gewaltigen Tempel errichten, um der dortigen Bevölkerung einen Begriff von der Größe und Macht des Landes Kemet und seines Herrschers zu vermitteln. Das hat sich hier natürlich längst herumgesprochen, und von Maj wird berichtet, er sei davon überzeugt, daß dieser Tempel nur dem Amun geweiht sein könne, damit die unwissenden Kuschiten – Verehrer unbekannter und obskurer Lokalgötter – endlich einmal zu einer großen und bedeutenden Gottheit beten und ihr opfern können. Nun freilich, einen Altar für Amun gibt es dort schon, warum auch nicht...»

Der König blickte zum Fenster, wo eine junge, zarte Dum-Palme sich sanft unter einem Windstoß neigte.

«Was wollte ich sagen – ja, einen Amun-Altar gibt es, aber der Tempel ist einer anderen Gottheit geweiht. Willst du wissen, welcher?»

«Wenn ich es wissen darf.»

«Nein, Pentu, das darfst du nicht, aber du wirst zugegen sein, wenn ich es den ehrwürdigen Herren bekanntgebe, doch nun zum Wichtigsten: Sie dürfen mich nicht krank finden, nicht hinfällig, nicht mit schmerzverzogenem Gesicht. Meine Majestät erwartet von dir, Leibarzt Pentu, daß ich wenigstens für einige Stunden wirke wie ein kerngesunder Mann, ein Lebendiger Horus, ein Starker Stier, einer, vor dem die Feinde erzittern...»

Er hustete, spuckte in ein leinenes Tuch und streckte es dem Arzt hin.

«Blut...»

«Ja, Majestät, aber ich müßte ein Gott sein, um deinen kranken Körper innerhalb von zwei Tagen...»

91

Der König winkte müde ab. «Das weiß ich selber. Es soll ja nur so aussehen, als ob ich gesund und kräftig wäre. Das muß doch gehen!»

«Gut», sagte Pentu entschlossen, «ich werde es versuchen. Aber Deine Majestät muß mir in allem folgen – ich meine, jede meiner ärztlichen Anordnungen genau erfüllen.»

«Gut, gut, womit fangen wir an?»

Pentu tat in den zwei folgenden Tagen alles, um dem König einen Schein von Gesundheit und Kraft zu verleihen. Mit einem entschlossenen Ruck seiner kräftigen Finger zog er den schlimmsten der eitrigen Zähne heraus und nahm es hin, daß der Gute Gott ihm eine schallende Ohrfeige verpaßte. Er zwang den König, alle zwei Stunden gründlich den Mund mit einer scharfen Tinktur zu spülen, um die Entzündung zurückzudrängen. Dazu verordnete er kräftige, aber leicht verdauliche Speisen, jeweils in kleinen Mengen, dafür verdoppelte er die Zahl der Mahlzeiten.

«Gibt es dazu keinen Wein?»

«Nein, Majestät. Wenn ich dich für einige Tage des Weines entwöhne, dann wirkt er kurz vor der Audienz um so nachhaltiger, vermischt mit allerlei Stärkungsmitteln.»

Schon flammte der Zorn über des Königs breites Gesicht, aber die Flamme erlosch und machte einem schiefen Lächeln Platz.

«Da muß ich mich wohl fügen, aber ich traue dir, Pentu, ich traue dir wie keinem anderen.»

Zuletzt wurden noch Barbier und Schminkmeister zugezogen, die sich redlich abmühten, dem verbrauchten und von Krankheiten geschwächten Körper des Guten Gottes wenigstens für kurze Zeit den Anschein von Kraft und Jugend zu geben.

Königin Teje wußte von diesen Vorgängen und hieß sie stillschweigend gut.

Es war der dritte Tag des zweiten Monats der Peret-Zeit, als die Hochzeitsgäste sich im großen Festsaal der Palaststadt «Aton glänzt» versammelten. Der Ehrenplatz am Stirnende des Saales war für das Brautpaar und Nofretetes Eltern bestimmt. Ob der König mit seiner Großen Gemahlin erscheinen würde, wußte niemand so recht.

92

Nofretete saß zur Linken ihres Vaters Eje, der Thronfolger Amenhotep zur Rechten der Brautmutter Ti, einer rundlichen Dame mittleren Alters, die stets freundlich lächelte.

Die Priester der Hauptgötter – voran Maj, der Erste Prophet des Amun – hielten feierliche, von Respekt und Schmeichelei getragene Reden. Als Maj dann zum dritten Mal das junge Paar ermahnte, dem großen Amun-Re jetzt und immerdar die gebührende Ehre zu erweisen, begann der junge Prinz unwillig seine Stirn zu runzeln, und wer ihm nahe saß, konnte sehen, wie seine kräftige Unterlippe sich vorschob.

Maj, der ein scharfes Auge besaß, entging dies nicht, und so gab er seiner Rede einen wohlwollenden Schnörkel, als er den Bau des Mut-Tempels als fromme Großtat des Guten Gottes pries und der Hoffnung Ausdruck gab, der junge Horus würde auf demselben Wege fortfahren.

Nahm Nofretete diese Reden wahr, verstand sie deren Inhalt, konnte sie ihn würdigen? Nun, die junge Braut achtete weniger auf das, was die Leute sagten, als wie sie es sagten. Sie hatte nicht vergessen, was ihr Vater als langjähriger und erfahrener Höfling ihr immer wieder geraten hatte: Blicke den Menschen, wenn sie reden, nicht auf den Mund, sondern ins Herz.

Plötzlich spürte sie, wie jemand sie fest ansah. Es war Sat-Amun, die Schwester des Bräutigams. Sie trug wieder keine Perücke, ihr fremdartiges Gewand leuchtete gelb und blau und war mit bunten Edelsteinen besetzt, die seltsame Muster bildeten. In ihrem Arm schlummerte die dicke Bastet mit halbgeschlossenen Augen, die sich aber sofort öffneten, wenn ihr jemand zu nahe kam. Nofretete hielt dem Blick der grünumränderten Augen stand und hätte es wohl noch länger gekonnt, wäre nicht Peri aufgetreten, der anmutige Priester der Göttin Mut im Südlichen Harim.

Nofretete entging es nicht, daß Sat-Amun ihn kurz anlächelte, doch er merkte nichts davon, weil er ihr in die Augen sah und sie – obwohl Jungfrau und unerfahren – gleich spürte, dieser Mann sähe sich gerne anstelle des Bräutigams. Sein Blick war nackt und schamlos, aber nur für einen Augenblick, dann wandelte er sich zur höflichen Devotion, wechselte zwischen ihr und dem Bräutigam, irrte manchmal gedankenschnell ab, und Nofretete vermutete, daß er Sat-Amun galt, die mit ihrer Schwester Isis und anderen königlichen Verwandten am Ehrentisch saß.

Dieses Gespür für Menschen und Stimmen war in ihr schon früh angelegt und sollte sich später noch stärker ausprägen und häufig als sehr wertvoll erweisen.

Zwei Stunden dauerte es, dann hatte jeder der Hohenpriester und einige der wichtigsten Ehrengäste das ihre gesagt. Alle warteten auf das Zeichen des Zeremonienmeisters zum Beginn des Festmahls, zum Auftritt der Musikanten, Tänzerinnen und Akrobaten. Statt dessen traten vier Herolde auf und verkündeten mit laut schmetternden Fanfaren das Erscheinen des Guten Gottes und der Großen Königsgemahlin.

Die baumlangen Leibwachen schirmten die Thronsessel ab, und als sie zurücktraten, saß Neb-Maat-Re, der Sohn der Sonne und Herr Beider Länder, an der Seite seiner Gemahlin auf dem Horus-Thron. Amenhotep trug die blau-goldene Chepresch-Krone, den Kriegshelm der Herrscher von Kemet. Auf dem Haupt der Königin prunkte die Geierhaube, deren goldfunkelnde Flügel zu beiden Seiten herabhingen.

Der ganze Saal war in Bewegung geraten. Je nach Rang fielen die Menschen zu Boden, auf die Knie oder neigten sich tief. Nach einigen Augenblicken andachtsvoller Stille trat der Wesir vor, verbeugte sich vor dem Thron, streckte die Hände vor und rief: «Sei gegrüßt, o Horus, du Starker Stier, geliebt von Maat, Kriegsgott unter den Königen, Sohn der Sonne, Herr Beider Länder, der Starke von Kemet, der Siegreiche auf dem Schlachtfeld – er möge ewig leben wie Re, der Gute Gott Neb-Maat-Re Amenhotep!»

Dann wandte er sich an Teje.

«Sei gegrüßt, du göttliche Mutter, Große Königsgemahlin, du Anmutsvolle unter den beiden Federn, die sie auf dem Haupte trägt, deren Stimme alle, die sie hören, mit Freude erfüllt, die Gottesgemahlin…»

Jedesmal, wenn der König diesen Titel hörte, schmerzte ihn vor Ärger die Leber. Nach altem Brauch war die jeweilige Große Königsgemahlin zugleich die Frau des Gottes Amun, an zweiter Stelle nach seiner göttlichen Gemahlin Mut. Dieser Titel war festgeschrieben wie alle anderen, geheiligt durch Brauch und Tradition. Dennoch ärgerte sich der König darüber, doch sein Unmut verflog schnell, als er das Gesicht des Hohenpriesters Maj sah.

Dieser versuchte vergeblich seine Bestürzung zu verbergen, und seine Gedanken wirbelten durcheinander wie Mücken über einem Sumpf. Hatten seine Spitzel ihm nicht mitgeteilt, dem König gehe es wieder schlechter? Er sei manchmal so geschwächt, daß er ins Bett getragen werden müsse... Und was war das? Straff aufrecht, das frische Gesicht in Hoheit erstarrt, die Augen hart und glänzend unter dem goldfunkelnden Kriegshelm... Dann hatte Pentu doch nicht übertrieben oder gar gelogen, als sie vor einigen Tagen in der Tempelstadt einander gegenübersaßen. Doch konnte Maj seine Gedanken nicht weiterverfolgen, denn der König hob mit einer herrischen Geste das Heka-Szepter und sagte mit klarer, weithin tragender Stimme: «Meine Majestät begrüßt die erlauchten Gäste, die gekommen sind, mit uns die Vermählung des Prinzen Amenhotep zu feiern. Möge die liebliche Nofretete ihm in tausend Ehejahren zahllose Söhne gebären – das walte Re!»

Amun-Re, ergänzte Maj verbissen, und als der ganze Saal jubelte, öffnete er seinen schmalen Mund, aber es kam kein Laut heraus. Der Jubel erstarb, als das Königspaar sich vom Thron erhob. Festen Schrittes ging der Gute Gott davon; der Helm funkelte, der gestärkte Schurz knisterte, die Goldsandalen klapperten auf dem gekachelten Boden. Der Ring seiner Palastwachen schloß sich hinter ihm, und die goldenen Throne standen wieder leer. Der Zeremonienmeister ließ eine Weile in andachtsvoller Stille verstreichen, dann gab er das Zeichen zum Festbeginn.

Der Prinz liebte solch laute Festivitäten nicht sehr, und wenn er daran hatte teilnehmen müssen, war er davongehuscht, sobald sich eine Gelegenheit gab. Dem Vater war das meistens nicht aufgefallen, er schaute auf seinen Erstgeborenen, der nichts mehr schätzte als Jubel und Trubel, endlose Speisenfolgen, Musik und den Auftritt ranker und schlanker Tänzerinnen.

Jetzt aber wäre es aufgefallen, denn nun stand er, der Thronfolger, im Mittelpunkt und konnte sich dem nicht entziehen, doch es ermüdete ihn, weil es ihn langweilte. Als er das Gefühl hatte, jeden Gruß erwidert und jeden Glückwunsch entgegengenommen zu haben, erhob er sich, und wer es sah, erhob sich mit ihm, bis alle standen und ihm erwartungsvoll ihre Gesichter zuwandten. Amenhotep sprach stets leise, aber sehr deutlich, und seine klangvolle Stimme war immer gut zu vernehmen. Doch der Saal war groß, und so bemühte sich der Prinz, laut zu reden.

«Liebe Freunde, ehrwürdige Väter, ich habe das Fest genossen, aber den Rest der Nacht schulde ich meiner lieben Gemahlin, der Anmutsvollen…»

Einige lachten laut, andere leise, die meisten lächelten nur.

Der Prinz verneigte sich leicht, ergriff Nofretetes Hand und verließ, umringt von Dienern und Palastwachen, den Saal. Er hörte noch, wie hinter ihm die Musik wieder einsetzte, der erstorbene Lärm von Stimmen, Gelächter und das Geräusch tafelnder Menschen wieder anschwoll.

Der Prinz hatte seiner Frau eine Überraschung bereitet. Einige Tage vor der Hochzeit hatte sie ihn gebeten, ihr Bett mit dem eingeschnitzten Bes mitnehmen zu dürfen, wenn sie in seine Hofhaltung umzog.

«Aber du bekommst ein viel schöneres, aus Ebenholz und Elfenbein, es steht auf goldenen Löwenfüßen…»

Sie hatte nicht gewagt, weiter auf ihrem Wunsch zu bestehen.

Nun führte ihr Gemahl sie an der Hand, und sie schämte sich, weil die seine kühl und trocken, ihre dagegen vor Aufregung feucht war. Er hatte die Sänfte zurückgewiesen, wollte auch nicht von Dienern begleitet werden.

«Wir gehen allein», hatte er unwillig gesagt, «ich kenne den Weg!»

Wie sollte er ihn auch nicht kennen, hatte er doch in diesem Palast seine Kindheit und Jugend verbracht. Fast blind hätte er sich hier zurechtgefunden, und das mußte er manchmal, wenn sie jetzt durch unbeleuchtete Gänge und Korridore gingen oder eine Abkürzung durch unbenutzte Räume nahmen. Da und dort liefen ihnen Diener in den Weg, die er mit einer Handbewegung fortscheuchte.

Endlich kamen sie ans Ziel, und das war ein kleiner, stiller Garten, dessen Büsche und Bäume vom Licht des Mondes wie mit

weißer Asche bestäubt waren. In seiner Mitte erhob sich ein lufti-
ger Pavillon, und sie betraten ihn gemeinsam.

«Unser Hochzeitsbett…»

Nofretete schlug überrascht die Hände zusammen.

«Es sieht aus, als wäre es mein altes Bett, aber –»

«Ich habe es nur vergolden lassen, weil eine königliche Prinzessin nicht gut in einem Holzbett schlafen kann.»

«Schlafen…?»

Der Prinz lachte und begann seine Braut auszukleiden.

«Natürlich nicht», sagte er, «du wirst schon sehen…»

Er spielte ihr den Erfahrenen vor, der er nicht war, aber, so dachte
er, wie soll sie es merken, da sie ja noch jungfräulich ist…

Das stimmte zwar, doch Nofretete hatte mit ihrer Amme und
später mit Freundinnen – von denen fast alle schon verheiratet
waren – ausführlich über das gesprochen, was zwischen Mann und
Frau vorging, wenn sie sich liebten. Aber es war wie mit einer unbekannten Speise, man kann sie beschreiben, beschauen, beriechen,
betasten – solange man sie nicht schmeckt, kennt man sie nicht.

Nun sah sie seinen nackten, unbehaarten Männerkörper, roch
und fühlte ihn, aber erst als der Prinz behutsam in sie eindrang,
erkannte sie ihn. Ihr unterdrückter Schrei ließ ihn erschreckt in-
nehalten. Bisher hatte er nur mit einigen Sklavinnen und einer lüsternen Hofdame geschlafen, und keine von ihnen war unberührt
gewesen.

«Weiter!» flüsterte Nofretete, «mach weiter…»

Er gehorchte, und sie fanden schnell den gemeinsamen Rhythmus. Es war nicht so schlimm, wie manche Freundinnen ihr ein-
reden wollten, aber auch nicht so schön, wie andere behaupteten.
Dann schliefen sie beide fast gleichzeitig ein, und Nofretete erwachte als erste beim schüchternen Morgenlied eines kleinen Vo-
gels. Sie konnte ihn vom Bett aus sehen, er saß auf dem obersten
Zweig einer Akazie, blähte sein Kehlchen und mühte sich ab wie
ein Schüler, der ein Lied einstudiert.

Noch hatte Re seine Nachtfahrt nicht beendet, doch war es
schon hell genug, um alles deutlich zu erkennen. Über ihr spannte
sich das aus Schilf geflochtene und mit Bambus gestützte Dach des
Pavillons, und mit dem morgendlichen Hauch wehte ein Duft von

Blumen über das Hochzeitsbett. Der Prinz lag zusammengerollt neben ihr, seine schmale, ringlose Hand berührte leicht ihren Hals, und zwischen seinen Schenkeln lugte hervor, was bei dem Fruchtbarkeitsgott Min lang und dünn wie eine Fahnenstange emporragte. So dünn, fand sie, war der seine nicht, und als sie den Phallus sanft mit dem Finger berührte, zog Amenhotep schnell seine Hand von ihrem Hals und legte sie vor sein Geschlecht. Da konnte sie ein leises Lachen nicht unterdrücken, und der Prinz erwachte, sah sie zuerst erstaunt an und lächelte dann.

«Warum lachst du?»

Sie sagte es. Er blickte auf sein halbsteifes Glied, und ihre Gegenwart bewirkte, daß es mächtig anschwoll. Er nahm ihre Hand und legte sie darauf. «Fühle einmal…»

«Ganz heiß», flüsterte sie, «und hart wie Stein.»

«Dem kannst nur du abhelfen, geliebte Schwester.»

Dann war es doch fast so schön, wie einige ihrer Freundinnen behauptet und hinzugefügt hatten, es werde mit der Zeit immer schöner.

An diesem Morgen im Gartenpavillon des Thronfolgerpalastes zeugte das junge Paar sein erstes Kind.

Etwa zur selben Zeit versammelten sich die Hohenpriester und Beamten im kleinen Audienzsaal, um zu hören, welche Schönen Befehle der König neuerdings zu erteilen hatte. Sie warteten zwei Stunden, dann erschien der Wesir und verkündete, der Gute Gott sei eben auf die Jagd gegangen, da ihm gemeldet wurde, eine Wildrinderherde halte sich ganz in der Nähe auf. Ramose lächelte entschuldigend.

«Jedermann kennt den Jagdeifer Seiner Majestät, und so hat er entschieden, den Empfang auf die ersten Abendstunden zu verlegen.»

Zustimmendes Gemurmel, devote Verbeugungen, leises Hüsteln.

Nur Maj, der Erste Prophet des Amun, sagte nichts, verbeugte sich nicht, blieb nur stehen und schaute den Wesir mit seinen harten, engstehenden Augen an, während er mühsam den aufsteigenden Zorn unterdrückte.

«Was sollen wir inzwischen tun, Wesir Ramose? Hier warten…?»

«Aber nein!» rief Ramose eifrig. «Ihr könnt in die Gästehäuser gehen, dort gibt es einen schattigen Garten, Diener werden euch bringen, wonach ihr begehrt: Wein, Mahlzeiten, Musik, Frauen…»

«Frauen?» fragte Peri interessiert.

«Gewiß, auch Frauen – junge Tänzerinnen vielleicht…»

«Mäßige dich, Priester Peri!» sagte Maj scharf. «Du bist Gast des Guten Gottes und kannst dich hier nicht vergnügen wie auf einem Landfest. Wir ziehen uns vorerst in die Gästehäuser zurück.»

«Warum spricht er immer für uns alle?» fragte Hapu, der Hohepriester des alten Kriegsgottes Month. Aber er sprach so leise, daß nur der ihm Nächststehende es hörte, und das war Si-Mut, der Dritte Prophet des Amun.

«Ganz einfach», sagte der hagere Priester streng, «Amun ist der König der Götter, und so steht sein Hoherpriester über uns allen.»

«Ja, ja, ich weiß», sagte Hapu und machte eine Geste des Überdrusses, «früher war es Month, heute ist es Amun – wer weiß, ob es nicht morgen ein anderer sein wird?»

«Niemals!» sagte Si-Mut bestimmt.

Das mit dem Jagdausflug war eine Finte, die der König zusammen mit dem Leibarzt und dem Wesir ausgeheckt hatte. Der Gute Gott hatte eine schlechte Nacht verbracht und sah am Morgen nicht so aus, daß er den Priestern das Bild eines Starken und Gesunden hätte vorführen können.

So schlug Pentu vor: «Majestät, es ist besser, du ruhst dich tagsüber aus und empfängst die Priester eine Stunde nach Sonnenuntergang.»

Der König verstand sofort.

«Weil es dann nicht so hell ist und wir meinen Zustand besser verschleiern können, nicht wahr?» Er gähnte. «Einverstanden. Ich werde ein wenig Schlaf nachholen, und du, Pentu, bereitest mir für heute abend einen Stärkungstrunk. Die Zahnschmerzen sind erträglich, aber die Gicht in den Beinen…»

«…werde ich mit Schlangengift behandeln. Ich habe da eine Salbe erfunden, die eine winzige Menge Gift von der Königsnatter enthält…»

«Gut, gut», sagte Amenhotep, «das paßt ja zu meinem Rang. Jetzt laßt mich allein!»

Peri, der Hohepriester der Göttin Mut, war ein Mensch, der sich schnell mit einer Situation zurechtfand. Jetzt etwa grübelte er nicht lange herum, ob der Gute Gott wirklich auf die Jagd gegangen war oder ob irgendeine List dahintersteckte. Er setzte sich auf eine schattige Bank im Garten, scheuchte zwei Diener herum nach Wasser, Wein, Brot, kaltem Geflügel, Datteln und einem Duftkegel, den er dann doch unbenützt ließ, um seine beste Perücke nicht zu verkleben. Es hätte ein behaglicher Tag werden können, mit einem Mittagsschläfchen und danach vielleicht mit einer Sklavin schnell ins Gebüsch – nein, hier im Königspalast ließ er das besser.

Er gähnte, lehnte sich zurück und schloß die Augen, da hörte er eine Stimme: «Verzeihung, Ehrwürdiger – bist du der Hohepriester Peri?»

«Ja», sagte er träge, «der bin ich.»

«Meine Herrin, die Prinzessin Sat-Amun, bittet dich um deinen Besuch – ich geleite dich hin.»

Da fiel die schläfrige Trägheit von Peri ab, er sprang auf, ließ sich vom Diener die Perücke richten, wusch sich Hände und Gesicht am Gartenbrunnen, rückte seinen knöchellangen Schurz und seinen Prachtgürtel mit dem Geiersymbol zurecht und folgte dem Boten.

Maj, der Hohepriester des Amun, glaubte nicht an einen Jagdausflug des Königs. Er hielt es für eine weitere Demütigung, die der Gute Gott sich für Amun erdacht hatte. Nun, der König hatte immer recht, und was er tat, war richtig, mochte es unsinnig, tückisch oder für andere erniedrigend sein. Damit war Maj durchaus einverstanden, denn niemals anders war in Kemet seit vielen Jahrhunderten das Königtum betrachtet worden. Trotz alledem – er war schließlich der Erste Prophet des mächtigsten Landesgottes, und ihn konnte man nicht behandeln wie den Priester einer kleinen Lokalgottheit.

Es fraß und bohrte in ihm – und wieder kam ihm die Begegnung mit dem Leibarzt Pentu in Erinnerung.

7

Als sich Pentu an jenem Nachmittag zum Großen Tempel aufgemacht hatte, schlug sein Herz wie immer in ruhigem Takt, denn ihm bedeuteten Amun und seine Priester nicht viel, doch war er lange genug im Land, um zu wissen, welche geistige und weltliche Machtfülle hinter dem Hohenpriester Maj stand – er wußte aber auch um dessen gespanntes Verhältnis zum König. So mahnte er sich zur Vorsicht und zum sorgfältigen Abwägen seiner Worte.

Maj empfing ihn mit großer Ehrerbietung, verbeugte sich mehrmals und betonte, daß kein Mensch dem Körper und vielleicht auch dem Herzen des Guten Gottes so nahestünde wie der Leibarzt, um so mehr als der König – wie alle Welt wisse – von der strengen Sachmet mit allerlei Gebresten geschlagen sei. Dann stellte er Pentu zwei Ärzte vor, die im Tempelbezirk wirkten und – wenn es gestattet sei – einige Fachfragen an ihn zu richten hätten.

Pentu gestattete es, meinte aber, er glaube nicht, so berühmten und erfahrenen Heilkünstlern etwas von Belang mitteilen zu können. Die beiden verneigten sich und beteuerten, vielleicht könne man voneinander lernen, zum Ruhm der Heilkunst und zum Wohle der Kranken.

«Da wir nun von den Kranken sprechen», mischte sich Maj ins Gespräch, «erfordert es die Ehrfurcht, uns zuerst nach dem Befinden Seiner Majestät zu erkundigen.»

«Sachmet sei Dank, es könnte nicht besser sein. Die Entfernung der kranken Zähne hat Wunder gewirkt. Würde sich der König mehr an meine Diät halten, wäre auch der Gicht beizukommen, aber…»

«Diät?» warf der eine Arzt erstaunt ein, «damit wirst du eine Krankheit wie Gicht kaum vertreiben. Da sind Schmerz-Dämonen am Werk, die lassen sich nur durch Magie verjagen. Seth, der Schreckliche, sendet diese Dämonen aus, und nur seine Feinde sind imstande, sie wirksam zu bekämpfen. Hier empfehle ich den Zauberspruch: ‹Vertrieben werde der Feind, der im Gelenk ist, zum Zittern gebracht werde das Böse, das im Blut ist, der Feind des Horus. Ein Schutz ist der Zauberspruch der zaubermächtigen Isis.› Damit bewirkst du mehr als mit jeder Diät.»

Pentu hatte Mühe, ein Lachen zu unterdrücken.

«Gilt das auch für Seine Majestät? Der König steht doch mit den Göttern auf vertrautem Fuß, und ich glaube nicht, daß Seth ihm etwas anhaben kann. Im übrigen hat es der Erste Leibarzt des Guten Gottes mit Zaubersprüchen versucht, doch ohne Erfolg.»

Der andere Arzt schüttelte den Kopf. «Seth ist der Feind des Horus, und diesen Gott verkörpert der König, also ist er besonders gefährdet. Daß der Erste Leibarzt nichts bewirkt hat, glaube ich gern. Ich vermute, daß dieser Tattergreis in seiner Blindheit die Sprüche durcheinandergebracht hat, denn auf den richtigen kommt es an, nur der kann helfen. Außerdem darf keines der Seth-Tiere in der Nähe sein, denn Schwein, Esel, Nilpferd, Krokodil und Antilope könnten den Zauber empfindlich stören.»

Der Hohepriester Maj lächelte düster.

«Der Leibarzt Pentu stammt aus Amurru, wird den richtigen Spruch kennen und ihn natürlich geheimhalten. Ist es nicht so?»

«Nein», sagte Pentu geduldig, «so ist es nicht. Magie jedweder Art mag vielleicht förderlich sein, weil es die Behandlung und die Arzneien stärker wirken läßt, aber sie bei schweren Fällen anzuwenden ist so ungeschickt wie nutzlos und geht zu Lasten der leidenden Menschen.»

«Wie immer du den Guten Gott behandelt hast, es hat Wirkung gezeigt und wird – so hoffe ich – Seine Majestät weiterhin bei guter Gesundheit halten.»

Es klang einsichtsvoll und versöhnlich, wie Maj das sagte, doch Pentu spürte den falschen Ton in seinen Worten. Die beiden Ärzte blieben stumm und schauten verstockt; sie hatten sich von ihm wohl eine andere Auskunft erhofft. Ihre Ablehnung war so spürbar, daß Pentu einen Versuch machte, sie freundlicher zu stimmen.

«Ich muß euch ein Geständnis machen. Nicht zuletzt haben mich Neugier und Lerneifer hierhergeführt, denn der Ruf der Ärzte aus Kemet war längst nach Amurru und darüber hinaus gedrungen.»

Ja, das ging den beiden ein wie Honigtrank, nur Maj blieb mißtrauisch.

«Es scheint aber, daß du schon sehr viel ärztliches Wissen mitgebracht hast, denn bisher ist es meines Wissens noch niemals dagewesen, daß ein Arzt aus Fremdländern schon nach kurzer Zeit vom Guten Gott zum Leibarzt ernannt wurde.»

«Da war viel Glück dabei», wehrte Pentu ab, «außerdem opfere ich regelmäßig vor den Tempeln von Ptah und seiner Gemahlin Sachmet und natürlich auch vor Amun und Mut.»

Maj nickte anerkennend, dann wandte er sich zu den beiden Ärzten.

«Ihr habt sicher noch viel zu tun, ehrwürdige Herren – seid bedankt für eure gelehrten Ratschläge.»

Die beiden standen sofort auf, verneigten sich tief vor Maj und weniger tief vor Pentu. Dann waren sie allein, und auf Majs schmalem Mund erschien ein verbindliches Lächeln.

«Kannst du mir noch etwas von deiner kostbaren Zeit schenken, Leibarzt Pentu?»

«Verfüge über mich, verehrter Maj.»

«Gut, dann möchte ich an deine letzte Bemerkung anknüpfen, als du deine Opfer an die Götter erwähntest. Opfer, die du wie jedermann vor den kleinen Altären an der Außenmauer des Tempels niederlegtest?»

«Wie sollte es anders sein?» fragte Pentu verwundert, «da der Tempel nur für Befugte zu betreten ist.»

«Richtig, aber erscheint es dir nicht seltsam, daß du, als königlicher Leibarzt, ein Mann höchsten Ranges, opfern mußt wie das gemeine Volk?»

«Darüber habe ich mir noch keine Gedanken gemacht, außerdem taten dies mein Sohn oder ein Diener in meinem Namen…»

Maj hob die Hand. «Reden wir nicht lange herum. Dem Leibarzt des Königs steht es zu, im Innern des Tempels zu opfern, und zwar im Vorhof. Wenn du einverstanden bist, ernenne ich dich zum Oberarzt des Amun, ehrenhalber. Damit wirst du zu einem Priester der oberen Ränge und kannst dich dem Gott nähern, wann immer dein Herz es verlangt.»

«Ein ehrenvolles Angebot für einen Arzt aus Amurru – ehrenvoll und verlockend, das ich sofort und ohne Zögern annehmen würde. Aber du wirst verstehen, daß ich zuvor die Erlaubnis Seiner Majestät einholen möchte.»

«Aber natürlich!» rief Maj. «Etwas anderes habe ich von dir nicht erwartet.»

Diese Begegnung mit Pentu ging Maj immer wieder im Kopf herum, und auch jetzt, als er im Gästehaus auf der Nordterrasse im Schatten saß, grübelte er hin und her, was er Pentu noch hätte sagen, wie er ihn auf die Seite Amuns hätte ziehen können. Seit der Hohepriester den Guten Gott in einer derart prächtigen Verfassung gesehen hatte, zweifelte er noch weniger daran, daß dieser Leibarzt aus dem finsteren Amurru mit Seth, dem Gott der Wüsten und Fremdländer, ein besonderes Abkommen getroffen hatte. Wer diesen schrecklichen Gott auf seiner Seite hatte, der konnte über jede Krankheit triumphieren! Maj glaubte auch nicht daran, daß die entfernten Zähne zur Gesundung des Guten Gottes beigetragen hatten. Die schmerzenden Zähne waren nur das äußere Zeichen eines im Innern des Mundes wirkenden Dämons. War der erst einmal besiegt, dann fielen die Störenfriede ganz von selber aus. Es galt nur abzuwarten, was der Gute Gott heute abend den Priestern zu sagen hatte.

Davon hängt nicht zuletzt auch deine Zukunft ab, Leibarzt Pentu, dachte Maj grimmig und schloß die Augen. Wieder spürte er die Gegenwart des Gottes, der hinter ihm wachte, und zwar diesmal nicht in seiner Erscheinung als König der Götter mit Bart und Federkrone, sondern in seiner tierischen Entsprechung als Widder – in übergroßer Gestalt mit silbernem Fell, goldenen Hörnern mit der gewaltigen Sonnenscheibe dazwischen. Diese Hörner konnten zustoßen, und im Notfall würden sie es tun – mit aller Macht! Als der König noch etwas für Amun empfand, hatte er sich zwischen den Vorderläufen von Widdersphingen, zierlich wie eine Puppe darstellen lassen. Und genau an dieser Stelle sah sich der Hohepriester Maj: klein und geborgen im Schatten des göttlichen Tieres, mächtig gemacht durch Amun – klein vor ihm, groß vor der Welt.

Dann war Maj eingeschlafen, und als ein Diener ihn weckte, war es Zeit für die Audienz. Re hatte schon seine Nachtfahrt angetreten, und über die Palaststadt breitete sich schattengleich die Dämmerung. Die Ockerfarbe der Wüstenberge im Westen hatte sich in tintiges Schiefergrau verwandelt, darüber leuchtete noch eine zarte grünrote Spur von Res Tagesfahrt über den Himmelsozean.

Der König war von Pentu, dem Barbier, dem Masseur und dem Schminkmeister in stundenlanger fachkundiger Behandlung vorbereitet worden. Die vom Masseur nach Pentus Anweisung in die Haut der Gelenke eingeriebene Schlangensalbe hatte einen Teil der Gicht in die Flucht geschlagen; der eingenommene Stärkungstrank war ihm gut bekommen, und er verlangte nach mehr.

«Besser nicht, Majestät, denn das würde dich schläfrig und unkonzentriert machen. Wenn du es gestattest, bereite ich einen zweiten Krug vor, den du nach der Audienz einnehmen kannst.»

«Ich gestatte es», sagte der König gut gelaunt und berührte seinen Arzt freundschaftlich an der Schulter.

«Du wirst hierher umsiedeln müssen, weil ich glaube, daß deine Gegenwart, deine klugen Ratschläge und wundervollen Arzneien mein Leben doch wesentlich erleichtern.»

Pentu verneigte sich.

«Eine Ehre, die ich gerne annehme. Mein Sohn ist alt und erfahren genug, um die Praxis jetzt alleine zu führen.»

Der König erhob sich, wenn auch etwas mühsam.

«Ich werde mich jetzt ankleiden lassen. Ramose soll die Priester empfangen und ihnen etwas von meiner erfolgreichen Jagd vorflunkern.»

Ein Diener stob mit dieser Botschaft hinaus.

«Du, Pentu, wirst mich zur Audienz begleiten.»

«Jawohl, Majestät. Darf ich dich daran erinnern, daß du noch nicht über die Frage meiner Ehrenpriesterschaft bei Amun entschieden hast?»

«Lehne es ab, Pentu. Ich möchte nicht, daß auch nur der kleinste Teil von dir denen da drüben gehört. Sollen sie statt deiner doch deinen Sohn erwählen. Wenn du nämlich den Amun-Priestern nur den kleinen Finger hinstreckst, greifen sie nach deiner Hand und versuchen dich behutsam auf ihre Seite zu ziehen. Nein, ich dulde es nicht!»

Pentu lächelte. «Gleich nach der Audienz werde ich Maj deinen Entscheid mitteilen – nicht ohne heimliche Freude, wie ich gestehen muß.»

«Maj wird weniger erfreut sein, auch darüber, was ich heute zu sagen habe.»

Zuerst mußten die Priester sich mit dem Wesir Ramose begnügen, der in seiner ruhigen und bedächtigen Art auseinandersetzte, wie es um den Tempel in Kusch bestellt sei.

«Der Bau geht seiner Vollendung entgegen und wird bald eine zahlreiche Priesterschaft beschäftigen, die unterhalten werden muß, und dazu benötigt Seine Majestät noch einige ertragreiche Landgüter in der Nähe des Tempels. Unser großer König, der Osiris A-cheper-ka-Re Thotmes, hat diesen Teil von Kusch erobert, Kemet angegliedert und erlaubt, daß der Amun-Tempel von Waset dort Besitztümer unterhält. Drei davon, die dem neuen Tempel am nächsten sind, wird Seine Majestät auf diesen übertragen; die von mir bereits erwähnte und demnächst benötigte Priesterschaft wird von hier und anderen Tempeln abgezogen.»

«Darf ich fragen, verehrter Wesir, wem der neue Tempel geweiht wird? Bisher war doch immer die Rede von Amun-Re, es wäre also widersinnig…»

«Der Gute Gott tut nichts Widersinniges!» rügte ihn der Wesir scharf.

Plötzlich stand der König im Raum, war still eingetreten, ohne Herolde und Leibwache, von seinem Sohn begleitet. Er wehrte sofort die Ehrenbezeugungen ab, während er auf dem Thron Platz nahm. Der Prinz setzte sich neben ihn. Er wirkte blaß und unausgeschlafen, schien aber ständig in sich hineinzulächeln. Einzig Peri, der Frauenfreund, deutete sein Aussehen richtig. Er wird den Leib der schönen Nofretete wie einen Acker gepflügt und seinen Samen reichlich verstreut haben, dachte er. Das kann recht anstrengend sein…

Dann ertönte die rauhe, aber kräftige Stimme des Guten Gottes.

«Das ist nichts Amtliches, meine Herren, ich will nur etwas Wichtiges bekanntgeben, denn ich glaube, ihr als die obersten Priester des Landes habt ein Anrecht darauf, als erste Bescheid zu wissen. Das Volk von Kusch im Süden hat – nicht anders als unsere Vasallen im Norden – seine eigenen Götter, und so sind ihnen Amun, Ptah, Month, Osiris, Hathor und andere kein Begriff. Es ist immer mein außenpolitischer Grundsatz gewesen, fremden Völkern, auch wenn sie unterworfen sind, niemals die eigenen Götter aufzudrängen oder gar aufzuzwingen. So hat der neue, sehr große Tempel nördlich des dritten Nilkataraktes zwar Altäre und Heiligtümer für die wichtigsten der uns vertrauten Götter, doch das Allerheiligste ist mir geweiht – Meiner göttlichen Majestät, denn meinen Namen kennt das Volk dort sehr wohl.»

Der König schwieg und schaute jeden der wichtigen Männer kurz an: Maj, Peri, Hapu, Si-Mut und einige andere, die er näher kannte. Es herrschte atemlose Stille, und alle hielten ihren Kopf gesenkt, auch der Hohepriester Maj.

«Das ist nicht neu, meine Herren, sondern nur in Vergessenheit geraten. Die alten Könige treten als Götter auf, erbauten Ihrer eigenen Majestät gewaltige Tempel und ließen sich vom Volk verehren. Ich weiß durchaus meine Menschennatur von meiner göttlichen zu trennen und werde dafür ein Beispiel geben.»

Er winkte, und zwei Diener brachten einen großen Papyrus, rollten ihn auf und hoben das Blatt hoch. Auf der Zeichnung war der König zweimal zu sehen. Als Herr Beider Länder mit Königsbart und Doppelkrone stand er betend und opfernd vor seiner eigenen vergöttlichten Person, die eine hohe Federkrone, den an der Spitze gekrümmten Götterbart und in der Hand ein Anch-Zeichen trug.

«Dieses Bild werden meine Handwerker überlebensgroß in die Außenseite der Pylone einmeißeln. Nun, Priester Maj, wie gefällt es dir?»

«Ein kühner, ungewöhnlicher Gedanke, aber durchaus folgerichtig, Majestät. Und die Priester dazu sollen wir stellen, wenn ich deinen Wesir richtig verstanden habe?»

«So ist es, aber es soll gewiß nicht aussehen, als sei dieser Dienst im Süden eine Strafversetzung. Jeder, der sich freiwillig zum Dienst an diesem Tempel meldet, bekommt ein schönes Haus mit der nötigen Dienerschaft geschenkt, dazu doppelte Einkünfte verglichen mit Waset. Die Dienstverpflichtung läuft auf zehn Jahre – wer dann zurück in die Heimat will, kann dies unbehelligt tun, und wenn er kein Verschwender ist, wird er als reicher Mann mit einem schönen, geräumigen Grab sein irdisches Leben beschließen.»

Dann sprach wieder der Wesir Ramose: «Aus übergroßem Gerechtigkeitssinn und um den Norden des Landes nicht zu benachteiligen, hat der König vor kurzem den Schönen Befehl erlassen, im Gebiet von Men-nefer einen weiteren großen Tempel zu seiner göttlichen Verehrung zu errichten. Kleinere Heiligtümer in verschiedenen Städten des Südens und Nordens gehen ihrer Vollendung entgegen. Diese sind unter anderem den Göttinnen und Göttern Bastet, Hathor, Isis, Thot, Chnum und Sobek geweiht. Wer sich dafür interessiert, kann im Archiv in einer entsprechenden Liste Einsicht nehmen.»

Der König erhob sich.

«Niemand soll sagen können, daß nicht alle Götter von Kemet meinem Herzen nahestehen, und wer dies tut, ob Hoherpriester oder Novize, ob Oberster Aufseher oder Tagelöhner, den wird mein göttlicher Zorn treffen, und sein Leib wird vernichtet!»

Maj hatte während der ganzen Zeit den König unauffällig beobachtet. Der Gute Gott saß steif und aufrecht auf dem Thron, sein Gesicht wirkte frisch und lebendig, und als er jetzt nach kurzem Gruß hinausging, tat er dies mit festem Schritt.

Als Pentu sah, wie Maj dem König haßerfüllt und mit bitterer Miene nachblickte, konnte er ein spöttisches Lächeln nicht unterdrücken. Er trat näher.

«Du hast mich wohl für einen Aufschneider oder gar für einen Lügner gehalten, nicht wahr? Jetzt konntest du sehen, daß alles so ist, wie ich es sagte. Deinen sehr ehrenvollen Vorschlag muß ich leider ablehnen, denn der König duldet kein zweites Amt neben dem des Leibarztes und will mich von nun an immer um sich haben, da dies seiner Gesundheit so zuträglich ist. Mein Sohn bleibt in Waset und würde sich wohl sehr geehrt fühlen, wenn – nun, wenn du ihm anträgst, was ich leider ablehnen mußte.»

«Wir werden sehen», brummte Maj und wandte sich an den Wesir. «Sind wir entlassen, Ehrwürdiger?»

«Ja, Priester Maj, doch der König will Amun ein Geschenk machen. Von den achtundzwanzig Wildrindern, die Seine Majestät heute erlegt hat, soll die Hälfte dem Tempel zugute kommen. Unsere Diener werden unverzüglich das Fleisch hinüberschaffen.»

Um seine List glaubhafter zu machen, hatte der König aus seinen Tiergehegen vierzehn Rinder holen und schlachten lassen.

Der Prinz folgte seinem Vater bis zur Sänfte, die draußen wartete. Der König wirkte jetzt völlig erschöpft und hatte große Mühe, auf den Sitz zu klettern. Ein Diener hatte ihm das blau-goldene Königskopftuch abgenommen, und Amenhotep sah, wie der Schweiß von der Stirn seines Vaters perlte.

«Begleite mich, Meni», bat der König mit matter Stimme. Noch nie hatte der Prinz seinen Vater so bewundert und verehrt, obwohl...

Als hätte der König die Gedanken seines Sohnes erraten, sagte er: «Dir hat nicht gefallen, daß ich am Ende alle Götter unseres Landes als meinem Herzen nahe bezeichnete, nicht wahr? Du wirst an unsere Wüstenfahrt gedacht haben, und da paßt einiges nicht zusammen, ich weiß. Aber merke dir vor allem eines: Zwar hat der König immer recht mit allem, was er sagt und tut, er muß sich aber stets fragen, ob es auch richtig ist. Ich will nicht als Feind der Götter dastehen, das wäre gegen Brauch und Sitte. Aber die es angeht, wissen, wie ich denke – wissen, daß ich es unsinnig finde, Kühen, Affen und Hammeln die Sonnenscheibe aufs Haupt zu setzen, um sie damit zu erhöhen und mit Re zu identifizieren. Re braucht das nicht, er ist sich selbst genug.»

Die letzten Worte hatte der König mit kaum noch hörbarer Stimme gesprochen. Als die Sänfte vor der Residenz abgestellt wurde, winkte er den Sohn näher. Amenhotep beugte sich vor.

«Du darfst diese Grenze niemals überschreiten», flüsterte er, «und mußt dem Volk seine alten Heiligtümer lassen, denn – denn auf ihrem Boden steht der Königsthron.»

Ein guter Rat, dachte der Prinz, während er zu seinem Palast ging, ein überlegter und gewiß aus langer Erfahrung geborener Rat. Aber manchmal schlägt das Herz alle Mahnungen in den Wind und folgt allein seinen Wünschen, und dann kann es sein, daß man nicht das Richtige tut, auch wenn es recht ist.

Schon während der Audienz hatte Peri mehrmals verstohlen gegähnt, denn er war den ganzen Tag kaum zur Ruhe gekommen. Daran trug die Prinzessin Sat-Amun Schuld, die ihn so überraschend hatte holen lassen. Sie empfing ihn lächelnd, doch dann floß ihr der Mund über vor Klagen.

«Da, sieh dich einmal um! Meine Hofhaltung ist auf ein paar Räume geschrumpft, weil mein Herr Bruder jetzt auch noch Platz für seine Gemahlin braucht. Ein paar Dutzend Diener sind mir geblieben, und zudem bin ich jetzt so etwas wie das fünfte Rad am Wagen, nach meinen königlichen Eltern und dem Thronfolgerpaar. Mein Entschluß steht nun fest: Ich werde den alten Königspalast am Ostufer beziehen!»

Sie war heute wieder einmal wenig schicklich gekleidet, die Prinzessin Sat-Amun, denn das kurze, durchsichtige Leinenhemdchen, das sie trug, zeigte mehr, als es verbarg, besonders wenn sie im Licht am Fenster stand, und das tat sie mit einer gewissen Vorliebe. Die eigenen Haare fielen ihr offen und ungekämmt auf die Schultern; als Schmuck trug sie Ketten aus großen, goldenen Skarabäen um Hals, Hand- und Fußgelenke. Die grüne Augenschminke war dick und schlampig aufgetragen, doch ihr schöner, kräftiger Körper mit breiten Schultern, üppigen Hüften und schwellenden Schenkeln übte auf nicht wenige Männer eine starke Verlockung aus, die Sat-Amun gelegentlich durchaus nützte. Im Gegensatz zu vielen zartgliedrigen Frauen, mit einer Neigung zu kraft- und muskelstrotzenden Männern, bevorzugte die Prinzessin solche mit etwas rundlichen Formen; gepflegte Herren, gut gekleidet, mit teuren Duftölen gesalbt, aber – und das war ihre Bedingung – sie mußten ausdauernd und erfinderisch im Liebesspiel sein, und da besaß Peri einen gewissen Ruf.

«Bei den Muskelprotzen», hatte sie einmal zu einer vertrauten Freundin gesagt, «steckt die ganze Kraft in Armen und Beinen, während die von mir Geschätzten ihre Kräfte schonen, sie an einer bestimmten Stelle bündeln und ihrer Geliebten schenken. Das ist allemal vorzuziehen, glaube mir.»

Der verlockende Anblick ließ Peris Ohren taub und seinen Mund trocken werden. Er spürte, wie sein Min-Pfeiler – so nannte er für sich den kleinen Freund in der Leibesmitte – sich sofort aufrichtete und erwartungsvoll in dieser Stellung verharrte. Nicht doch, nicht doch, versuchte Peri den Vorwitzigen zu beruhigen, bei einer Prinzessin kannst du solche Mätzchen ruhig lassen, die ist heilig und unantastbar, betrachte sie also wie eine Statue oder eine alte, reizlose Dame. Doch es half nichts, und schließlich blieb auch Sat-Amuns geübter Blick auf Peris Schurz haften, wo sich unübersehbar eine Beule gebildet hatte.

Was sollte er tun? Er faltete die Hände vor seinem Schoß, aber das sah höchst seltsam aus, und so versuchte er die Prinzessin mit Worten abzulenken.

«Höre ich recht, verehrte Prinzessin? Du willst die königliche Palaststadt verlassen, um – um…»

«Du hast schlecht zugehört, Priester Peri, und wie mir scheint, galt deine Aufmerksamkeit anderen Dingen – ich schließe das aus gewissen Anzeichen…»

«Ach das – oh, verzeih, aber das läßt sich nicht steuern, nimm es als Ehrerbietung und Respekt vor deiner Schönheit.»

Sie trat näher heran, und er spürte den Geruch des kostbaren Baq-Öls, das mit den feinsten Duftstoffen versetzt war. Peri war da ein Kenner und wußte es durchaus zu beurteilen.

«Auch du gefällst mir nicht schlecht, ich gebe es zu, und daß dein Pfeiler sich aufrichtete, kann einer Frau nicht gleichgültig sein.»

Lächelnd nahm sie seine rechte Hand und legte sie auf ihre Brust.

«Damit ist dir die Erlaubnis erteilt, mich zu berühren, Peri, und nicht nur hier – wo immer du willst…»

Das ließ er sich nicht zweimal sagen, legte die andere Hand um ihre Hüfte, küßte sie zart auf den Mund, und als er spürte, wie sie ihm entgegenkam, verstärkte er den Druck, und dann geschah es wie von selbst, daß sie auf ein mit schwellenden, blutrot gestreiften Polstern bedecktes Bett sanken oder eigentlich fielen. Peris lange Übung bewirkte, daß er sich gedankenschnell seines Schurzes entledigte, und Sat-Amuns Nichts von einem Hemd verschwand wie durch Magie. Streifte sie es selber ab? Zerriß es im Eifer des Liebesgefechts? Jedenfalls lagen sie nackt da, Sat-Amun schlang ihre kräftigen Beine um Peris etwas volle Hüften, und der Min-Pfeiler fand wie von selbst seinen Weg.

Noch ehe er zu pflügen beginnen konnte, hörte er ihre etwas heisere Stimme: «Ich möchte Nut sein, und du mußt Geb spielen...»

Peri verstand sofort, wälzte sich herum und spielte den Erdgott, über dem die Himmelsgöttin sich wölbt, sich mit ihm vereinigt. Er sah gleich, daß die Prinzessin zu den Frauen gehörte, die gerne selber den Rhythmus bestimmen, und so ließ er sich wohlig zureiten, hielt aber seinen Höhepunkt zurück, bis der ihre kam, und erst beim zweiten Mal gestattete er seinem Min-Pfeiler, sich in Nuts Leib zu verströmen.

Dann lagen sie schwer atmend nebeneinander, Sat-Amun leckte seine Brustwarzen und biß jedesmal leicht hinein. In gespieltem Schmerz schrie er leise auf. Sie hob den Kopf.

«Sei sofort ruhig, sonst beiße ich sie dir ab und den dazu...» Sie tippte mit dem Finger leicht auf den feuchten, noch halbsteifen Phallus.

«Da brächtest du dich ja selber um künftige Freuden, ehrwürdige Prinzessin.»

«Woher weißt du, daß es solche gibt? Wer eine königliche Prinzessin schändet, wird den Löwen vorgeworfen. Seine Majestät, mein Vater, hält einige davon in seinem Tiergehege.»

«Ich liefere mich deiner Gnade aus. Ein kleiner Priester ist gegen eine Prinzessin machtlos.»

Sie lachte laut, und es klang wie eine Fanfare.

«So klein ist der Priester ja nicht, zumindest was sein Liebeswerkzeug betrifft. Da hat Min dich gnädigerweise recht üppig ausgestattet.»

«Dafür bin ich ihm dankbar und nenne diese Üppigkeit meinen Min-Pfeiler.»

So kam es, daß Peri, der Hohepriester der Mut, erst kurz vor

Sonnenuntergang ins Gästehaus zurückkehrte, dort noch zwei Stunden schlief, um dann müde zur Audienz zu erscheinen. Doch das fiel niemand auf, weil die Entscheidung des Königs alle sehr überraschte.

Maj, der nicht nur ehrgeizig, rücksichtslos und listenreich war, konnte sich zur rechten Zeit auch beherrschen. Einige, die ihn nicht so gut kannten, erwarteten erbitterte Kommentare, Proteste und Widerstand, doch niemand entlockte ihm ein abfälliges Wort. Er beschränkte sich auf allgemeine und harmlose Bemerkungen wie: «Der Gute Gott hat schon recht, wenn er sich dabei auf alte Traditionen beruft», oder: «Das haben wir nicht zu verantworten, das geht allein Seine Majestät an.»

Erst viel später, als Si-Mut, der Dritte Prophet des Amun, ihn besuchte, brach es aus ihm heraus, denn seinem Vertrauten begegnete er ohne Vorbehalte. Diesen ernsten, hageren jungen Mann hätte er sich einst als Nachfolger gewünscht.

«Freilich hat es das früher auch schon gegeben, bei den Pyramidenkönigen Chufu, Chau-ef-Re und Menkau-Re! Doch das ist lange her, und kein König ist während der letzten Jahrhunderte auf eine solche Idee gekommen. Aber er ist schlau und sieht sich vor! Sogar mit dem Krokodilgott hat er sich eingelassen und etwa drei Stunden nilaufwärts einen Sobek-Tempel erbaut. Man hat mir berichtet, daß es dort eine Statuengruppe gibt, die den König Arm in Arm mit Sobek zeigt, der als Mensch mit Krokodilskopf dargestellt ist. Mit allen biedert er sich an, und von uns nimmt er nur und fordert und mindert und schröpft!»

«Und nun sieht es dazu noch aus, als habe sein Leibarzt ihn auf wunderbare Art verjüngt. Dabei hatten wir schon Grund zu der Hoffnung, bald mit einem neuen König neu und vernünftiger beginnen zu können.»

Maj nickte grimmig und preßte seinen Mund zusammen, daß er in seinem schmalen Gesicht fast verschwand.

«Das haben wir nur diesem Pentu zu verdanken! Der kommt aus dem finsteren Amurru hierher und bringt mit seiner elenden Magie alles durcheinander. Der König hat ihn nicht nur zu seinem Leibarzt gemacht, sondern neuerdings auch fest an den Hof gebunden.

Er gibt seine Praxis in Waset auf und wird dem Guten Gott noch Dutzende von Sed-Festen verschaffen.»

«Wird er das wirklich?» fragte Si-Mut mit gerunzelter Stirn und beantwortete gleich selber seine Frage.

«Er wird es nicht, bei Amun, Mut und Chons, dafür werden wir sorgen. Pentu ist wie eine Krankheit, und ich wüßte gegen ihn eine wirksame Arznei.»

8

Die Gaststube «Zum Goldenen Hammel» konnte man wahrhaftig nicht mit den vielen in und um Waset angesiedelten Kneipen in einen Topf werfen. Von diesen unterschieden sie vor allem drei Dinge: zum ersten ihre Lage an der südlichen Tempelmauer nahe dem kleinen Hafenbecken, von wo beim Opet-Fest die Barke mit dem Gott ihren Weg zum Nil nahm. Dann ihr Name «Zum Goldenen Hammel». Wenn es nach Huni, dem dicken Wirt, gegangen wäre, hätte er seine Gaststube gleich «Zum Amun» genannt, aber Respekt vor dem Gott und seinen Priestern verboten dies. Aber auch so wußte jeder, wer gemeint war, denn das Fleisch der Götter bestand aus Gold, und der Widder war Amuns wichtigste Inkarnation. Um sich dem Gott nicht unziemlich anzubiedern, hatte Huni den Widder durch das volkstümliche Wort Hammel ersetzt. Der dritte Umstand waren die Gäste, die sich fast ausschließlich aus kleinen Tempelbeamten, Handwerkern und Händlern zusammensetzten, allesamt ehrbare Leute, die gut verdienten und zumeist nicht knauserten. Irgendwelches Lumpengesindel hatte hier keinen Zutritt. Dazu kam, daß Huni – mit wenigen Ausnahmen – nur Kupferdeben als Bezahlung nahm. Das ersparte ihm die Vorratsräume für Korn, Bier, Wein, Flachs und was die Leute sonst noch anschleppten. Bei den Ausnahmen handelte es sich um feine, kleine Handwerkserzeugnisse wie Messer, Sandalen, Salbkrüge und -löffel, Votivfiguren aus Stein, Metall oder Ton; auch Kopfstützen, einfachen Schmuck oder sogar Uschebtis mit dem magischen Text, wo nur noch der entsprechende Name eingesetzt werden mußte.

Noch etwas zeichnete seine Gastwirtschaft aus und hob sie heraus aus der Unzahl von Kneipen, auch der vornehmen Art: Hier gab es drei verschiedene Räume. Der größte hieß die «Stube» und bot für etwa dreißig Personen Platz – höchstens vierzig, wenn man zusammenrückte. Hier verkehrte sozusagen das Volk, die kleinen Handwerker, Tempelarbeiter, Händler – Alltagsgäste. Dann gab es das «Zimmer» für etwa acht bis zehn Personen höheren Ranges, die etwas zu feiern oder zu besprechen hatten. Das «Gemach» jedoch war ein kleiner, kostbar und geschmackvoll eingerichteter Raum, den der Wirt vermietete. Hier konnte sich, wer wollte, mit einem Freund besaufen, mit einer Hure vergnügen oder – abgeschirmt durch eine feste Tür aus Zedernbohlen – Dinge besprechen, die nur für bestimmte Ohren gedacht waren.

Was nun Huni, den Wirt, betraf, so sah es in bezug auf Herkommen und Vergangenheit etwas dunkel bei ihm aus. Angeblich stammte er aus dem Norden, vielleicht sogar aus einem der fremdländischen Vasallenstaaten, denn er beherrschte die Landessprache nur unvollkommen. Und ihm fehlten beide Ohren. Freilich, er trug die praktische Kurzhaarperücke der arbeitenden Menschen, und daran waren in der richtigen Höhe zwei rosige Ohren aus Wachs befestigt, die zu vollkommen waren, um echt zu sein. Jeder Stammgast wußte es, aber es galt als wenig klug, in der «Stube» darüber zu reden.

Wie aber kam ein Vorbestrafter – denn fehlende Ohren wiesen auf Diebstahl, Betrug oder Körperverletzung hin – zu einer solch angesehenen Gastwirtschaft? Das war kein Geheimnis, und wer in diesem Viertel wohnte, wußte Bescheid.

Vor etwa zwanzig Jahren hatte Huni hier in der Nähe eine elende Kneipe geführt, als eines Tages, nur wenig davon entfernt, ein hochrangiger Priester von einem Verrückten – andere sagen, einem Eifersüchtigen – aus der Sänfte gezerrt und mit dem Messer bedroht wurde. Huni, damals noch nicht so dick, aber sehr kräftig, schlug dem Angreifer zuerst die Waffe aus der Hand, dann die Faust so derb auf den Kopf, daß er bewußtlos liegenblieb. Der Gerettete erwies sich als dankbar, und der Tempel erbaute dem Wirt diese vornehme Gaststube und verpachtete sie ihm auf Lebenszeit.

So wurde Huni dick und reich, doch genoß er nicht ohne Grund eine fast verehrungsvolle Beliebtheit bei seinen Gästen. Sein Vorzug und seine Stärke waren ein geradezu phänomenales Gedächtnis für Namen, Gesichter, Zahlen, Ereignisse – für alles. Einen Gast, der sich unschön aufgeführt hatte und aus der Gaststube entfernt worden war, erkannte Huni auch nach Jahren wieder. Bei ihm mußte man nicht anschreiben lassen, er wußte haargenau, was jeder ihm schuldete, und diente zudem noch als Zeuge für kleinere Geschäfte von Mann zu Mann. Lieh sich etwa der Tempel-Straßenfeger von einem Handwerker drei Deben, so rief er Hunis Namen, streckte die drei Deben hoch und wies auf den Schuldner, der sein Gesicht zum Wirt wenden mußte. So blieb Huni ein unerbittlicher, unbestechlicher und neutraler Zeuge dafür, daß der Handwerker an den Straßenfeger drei Deben verliehen hatte.

Im übrigen stand der «Goldene Hammel» ganz im Schutz und im Zeichen des Gottes Amun. Fast alle Gäste lebten auf irgendeine Weise vom Tempel – treuere Anhänger als sie hätte der große Amun-Re kaum finden können.

Vor einiger Zeit wurde der Arzt Pentu – damals noch nicht in des Königs Diensten – von einem dankbaren Patienten zu einem Festmahl hierhergeladen, und später war es ihm zur Gewohnheit geworden, dann und wann mit Freunden zu erscheinen, um die gute Küche und die vorzüglichen Weine zu genießen. Natürlich saß man dabei im «Zimmer», während durch die geschlossene Tür der gedämpfte Lärm der kleinen Leute aus der «Stube» hereindrang.

Heute war dies eine Art Abschiedsfeier, denn Pentu rechnete nicht damit, den «Goldenen Hammel» so bald wieder besuchen zu können. So leerte er mit drei Freunden einen Krug um den anderen von dem erlesenen, sechs Jahre alten Wein aus einer nördlichen Domäne des Amun. Huni kaufte ihn zu Sonderpreisen und schlug ihn dreimal so teuer los.

In der «Stube» saßen um diese dritte Nachtstunde etwa zwanzig Menschen, von denen einige aßen, die meisten tranken, und vier hockten an einem Tisch zusammen und frönten so entrückt dem Men-Spiel, daß sie nichts um sich herum sahen oder hörten.

An einem kleinen Tisch neben der Tür saß Bagsu, «der Dolch», und nagte an einer Hühnerhälfte, die er von Zeit zu Zeit genau betrachtete, um ja kein Stückchen Fleisch zu übersehen. Er gehörte als Hauptmann der Tempelmiliz an – das war sozusagen sein Brot- und Tagesberuf. Bald aber hatte Maj, der Hohepriester des Amun, die besondere Verwendungsfähigkeit dieses Mannes erkannt, und so versah er ihn und seine beiden Gehilfen von Zeit zu Zeit mit Sonderaufträgen. Bagsu war ein Musterbild von Unauffälligkeit: mittelgroß, im Alter zwischen zwanzig und dreißig, soldatisch gekleidet mit Gürtel und Schulterband. In diesem Gürtel mit dem kleinen bronzenen Amun-Emblem steckte unübersehbar mit reichverziertem Silbergriff der Dolch, dem er seinen Spitznamen verdankte. Um ihn rankte sich die Legende, er sei eine Beute aus Mitanni, wo Bagsu einige Jahre bei den Grenztruppen gedient hatte. Die Klinge bestand aus Eisen, jenem grauen, wundervollen Metall, das zehnmal so hart und widerstandsfähig war wie Bronze und das man in Kemet – wo es weder gefunden noch verarbeitet wurde – mit doppeltem Gewicht in Gold aufwog.

Nur selten erschien Bagsu ohne seine beiden Gehilfen Memi, «die Giraffe», und Restep, «der Wachsame». Ersterer hatte einen so langen, dürren Hals, daß sich sein Spitzname ganz von selber ergab, während Restep den seinen erwarb, weil er scharfe Ohren wie ein Hund und Augen wie ein Falke besaß. Er überhörte nichts und übersah nichts.

Heute waren die beiden nicht um ihn, aber niemand von den Gästen – fast alle kannten ihn – hätte es gewagt, ihn danach zu fragen. Bagsu konnte bei unziemlicher Neugierde sehr ungehalten werden, und das verstärkte noch den Ruf, den er genoß, nämlich die verlängerte und oft strafende Hand des Propheten des Amun zu sein. Furcht und Bewunderung umgaben ihn. Die Furcht bedurfte keiner Erklärung, aber die Bewunderung rührte daher, daß Bagsu alle paar Monate sämtliche Gäste im «Goldenen Hammel» zu einem Freitisch lud. Da stolzierte er herein, warf ein paar Dutzend Kupferdeben auf den Tisch, daß es nur so klirrte und klingelte, winkte Huni herbei, der mit einem scharfen Blick erkannte, wieviel Metall da auf dem Tisch lag. Den Gegenwert dafür lieferte er in Form von Speisen und Getränken, während Bagsu und seine Gehilfen sich unter die Gäste mischten und kräftig zugriffen. Manche von ihnen wagten nach dem Grund seiner Freigebigkeit zu fragen, wurden aber nur mit Witzen abgespeist, etwa: «Wir versaufen die Extrabelohnung für einen endlich gefaßten Dieb», oder: «Wißt ihr nicht, welcher Gott heute Geburtstag hat?» Wurde danach gefragt, kam als Antwort nur Gelächter.

Memi, die «Giraffe», konnte eine Unmenge verschlingen, und fast glaubte man die Brocken – wie bei einer Gans – im dürren Hals hinabrutschen zu sehen. Trotz seiner Freßsucht bestand er nur aus Haut, Sehnen und Knochen – sehr harten Knochen übrigens, und bei einem der seltenen Streitfälle unter den Gästen geschah es schon, daß ein einziger Faustschlag den Unruhestifter bewußtlos niederstreckte.

Restep, der «Wachsame», war der Jüngste von den dreien, ein etwas fülliger, gutmütig aussehender Bursche, der tatsächlich schwer in Zorn zu versetzen war, aber, ohne zu zögern und zu fragen, jeden Befehl des von ihm hochverehrten Bagsu sofort ausführte. Der trank heute sehr sparsam, schenkte sich den Becher nur halb voll und nippte von Zeit zu Zeit daran. Mit abweisender Miene starrte er vor sich hin, und es schien, als warte er auf etwas. So war es tatsächlich. Heute nacht sollte ein Fall zu Ende geführt werden, an dem Bagsu seit einer Reihe von Tagen arbeitete.

Da Pentu bei seinen seltenen Besuchen im «Goldenen Hammel» sich stets im «Zimmer» aufhielt und auch sonst in anderen Kreisen verkehrte, waren ihm Person und Name des Hauptmanns Bagsu völlig unbekannt. So hatte es dieser leicht gehabt, den Arzt tagelang zu bespitzeln, und da fast alle Sänftenträger ihm auf die eine oder andere Weise verpflichtet waren, fand er schnell heraus, wo Pentu sich heute nacht aufhalten würde.

Der Plan war im Grunde sehr einfach, und Bagsu fand es an der Zeit, ihn zum Abschluß zu bringen. Er winkte dem Wirt, warf zwei Deben auf den Tisch und ging hinaus. Nach seinem Verschwinden lebten die Gespräche auf, in der «Stube» wurde es merklich lauter, als hätte Bagsus Anwesenheit die anderen Gäste gehemmt.

Kurz danach rief von draußen jemand herein: «Ist der Arzt Pentu hier? Rahotep hat einen Schwächeanfall und braucht dringend ärztliche Hilfe!»

Wer dies rief, war nicht zu erkennen, der Rufer stand an der

Schwelle, ohne herein ins Licht zu treten. Huni klopfte an der Tür des «Zimmers», trat ein und gab die Botschaft weiter. Pentu, schon etwas betrunken, erhob sich schwankend.

«Wer? Rahotep, der Baumeister? Ja, den kenne ich. Wo ist der Bote?»

«Der wartet draußen», sagte Huni.

Pentu verabschiedete sich schnell von seinen Feunden und lief hinaus.

«Ich habe gleich eine Sänfte mitgebracht», rief eine Stimme aus dem Dunkeln. Dann hob der Mann eine Laterne, ging einige Schritte zur Seite und leuchtete die Sänfte an, deren beide Träger schon die Griffe in den Händen hielten.

Das Haus des Rahotep stand nahe am Nil im Norden von Waset, und Pentu wußte, sie würden gut eine halbe Stunde bis dorthin brauchen. Es dauerte nicht lange, dann hatte ihn das rhythmische Schaukeln eingeschläfert. Ein Rütteln am Arm weckte ihn.

«Wir sind angekommen, Herr.»

Pentu gähnte, kletterte aus der Sänfte und sah sich um. Ringsum finstere Nacht, kein erleuchtetes Fensterviereck oder eine Lampe über der Tür wiesen auf die Nähe von Behausungen hin.

«Wo sind wir?» fragte er mißtrauisch.

Der Begleiter trat näher.

«Angekommen, Arzt Pentu!»

Einer der Sänftenträger hatte sich von hinten genähert, warf eine Schnur über Pentus Kopf und zog sie zu. Der Arzt warf die Arme hoch, versuchte den Würgestrick von seinem Hals zu lösen, doch der zog sich fest zusammen.

«Jetzt schicken wir dich in deine Heimat zurück, Pentu. Gute Reise!»

Das waren die letzten Worte, die der Leibarzt hörte, ehe er röchelnd niedersank. Bagsu wartete etwas, dann prüfte er mit dem Zeigefinger die Halsader – darin war er sehr geübt.

«Ihr könnt ihn fortschaffen!»

Seine Gehilfen packten den Leichnam an Schultern und Füßen und trugen ihn zum nahe gelegenen Nil. Sie schwangen den Körper mehrmals vor und zurück, dann fiel er platschend ins Wasser. Bagsu lachte leise.

«Weit wird er auf seinem Weg nach Norden nicht kommen, dafür sorgen schon die Raubfische oder die Krokodile.»

Pentus Verschwinden wurde nicht so schnell bemerkt, weil man am Hof dachte, er sei länger als vorgesehen mit dem Umzug befaßt, während sein Sohn vermutete, er werde dringend in der Palaststadt gebraucht – etwa, weil es dem König schlechter ginge. Erst am dritten Tag ließ der Wesir anfragen, wann der Leibarzt zu erwarten sei. Statt seiner erschien der junge Pentu mit der Nachricht, er habe den Vater schon zwei Tage lang nicht mehr gesehen.

Da war man dann ziemlich ratlos, aber da Seine Majestät den strengen Befehl erließ, den Leibarzt so lange zu suchen, bis man ihn tot oder lebendig gefunden habe, kamen die Dinge schnell in Gang.

Mit den Ermittlungen wurde Mahu beauftragt, Oberster der Palastwache, der sich in den letzten Jahren als schneller Aufklärer von dunklen Verbrechen einen guten Namen gemacht hatte.

Da war dieser Fall, die von der Palastverwaltung angeforderten Kornfuhren betreffend. Waren dies etwa fünfzig Säcke, so stellte sich wenig später heraus, daß zwei oder drei davon große Löcher hatten und fast leer waren. Natürlich kam es vor, daß Korn einmal aus schadhaften Säcken auslief, aber dann lag es am Boden und konnte wieder eingesammelt werden. Als sich der Fall mehrmals wiederholte, ließ Mahu das Magazin umstellen und Tag und Nacht bewachen. Am dritten Tag waren wieder drei Säcke leergelaufen, und wieder waren es solche, die ganz hinten standen. Wäre der Dieb durch die Tür gekommen, hätte er nur die vorderen Säcke erreichen können. So glaubten viele, es gehe nicht mit rechten Dingen zu und ein kornfressender Dämon müsse am Werk sein. Mahu glaubte es nicht, ließ sich mit zwei furchtlosen Männern im Magazin einschließen, und diesmal blieben die Säcke unberührt. Das brachte ihn zu dem Schluß, der Dieb könne nicht von außen kommen, er müsse einen inneren Zugang haben. Mit großem Getöse ließ Mahu verkünden, die Wachen würden abgezogen, da man nun glaube, daß tatsächlich höhere Mächte am Werk seien. Das zukünftig fehlende Korn wolle man so als Opfer an die Götter ansehen.

Bei der nächsten Lieferung ließ Mahu sich bei den rückwärts gestapelten Säcken einschließen, und siehe da, in der zweiten Nacht weckte ihn ein Scharren und Knacken aus dem leichten Schlummer. Am Boden, etwa in Kniehöhe, erschien ein flackerndes Licht, dann wurde behutsam, Spanne um Spanne, ein Holzbrett mit erhöhten Kanten bis zu einem der Säcke geschoben. Nun erschien eine Hand mit einem langen, sichelartigen Messer und schnitt den Sack unten auf. Sogleich strömte die goldene Körnerflut über das Brett und verschwand in dem Loch, das sich von der Scheunenwand noch in den Boden fortsetzte.

Mahu konnte sich eine gewisse Bewunderung nicht versagen, andererseits war es nahezu unmöglich, den nur als Arm sichtbar gewordenen Menschen hervorzuzerren und festzunehmen.

Am nächsten Tag erschien Mahu mit seiner Miliz vor der kleinen Werkstatt, die an die Außenwand des Magazins angebaut war und wo einer der zahlreichen Handwerker lebte und arbeitete, die für Reparaturen jeglicher Art in der Palaststadt zuständig waren.

Der Mann war so überrascht, daß er sofort gestand und sein Kornversteck hinter allerlei Gerümpel preisgab. Da es schwerer Diebstahl über lange Zeit am Vermögen des Königs gewesen war, kam nur eine schimpfliche Todesstrafe in Betracht, doch der gerade gutgelaunte König, mit Mahu einig in der Bewunderung für das schlaue Vorgehen des Delinquenten, begnadigte den Dieb zu hundert Stockhieben sowie Abschneiden beider Ohren und der rechten Hand.

Eine Reihe ähnlicher Fälle festigten Mahus Ruhm als Aufklärer dunkler Taten, und so wurde er auf die Spur des verschwundenen Pentu gesetzt. Daß dieser gelegentlich Gast im «Goldenen Hammel» gewesen war, fand er durch Zufall schnell heraus, denn einer der Freunde, mit dem der Arzt in seiner letzten Nacht im «Zimmer» gesessen hatte, kam zum jungen Pentu in die Praxis. Mahu vernahm auch noch die beiden anderen Gäste, und alle drei sagten übereinstimmend aus, daß sie bis kurz vor Mitternacht mit Pentu den Abschied gefeiert hätten, als dieser nach draußen gerufen wurde.

«Habt ihr gesehen, wer von draußen rief?» fragte er den Freund.

«Weder gesehen noch gehört. Es war der Wirt, der am ‹Zimmer› anklopfte, eintrat und zu Pentu sagte, ein Patient rufe ihn dringend zu sich.»

«Fiel der Name des Mannes?»

«Ja, Pentu sagte, er kenne diesen Baumeister Rahotep und wo sein Bote sei. Dann lief er hinaus und ist, wie man hört, seither verschwunden.»

Die Befragung des Baumeisters Rahotep ergab nichts, denn der war weder krank, noch hatte er Pentu rufen lassen.

Nun mußte der dicke Huni befragt werden, und Mahu ließ ihn kommen, weil er wußte, daß eine Vernehmung in fremder Umgebung die Menschen unsicherer und geständnisfreudiger macht.

«Nein», sagte der Wirt, «dieser Bote trat nicht ein, sondern rief von draußen nach Pentu.»

«Das tat er wohl, um nicht gesehen zu werden. Hast du seine Stimme erkannt?»

«Sie klang dumpf und verstellt. Ich kann sie mit niemand in Verbindung bringen.»

Das war eine Lüge, denn Huni wußte genau, wer dieser angebliche Bote war, doch so, wie die Dinge jetzt standen, hätte er niemals gewagt, den Namen zu nennen. Er wollte nicht der nächste sein, den Bagsu verschwinden ließ. Auch die Befragung der Sänftenträger ergab zunächst nichts, denn sie sagten übereinstimmend, die fremde Sänfte sei weitab im Dunkeln gestanden und sei ihnen gleichgültig gewesen, weil viele der besseren Gäste sich von ihren persönlichen Dienern abholen ließen.

Doch Mahu dachte nicht daran, aufzugeben. Eines Abends legte er einfache, unauffällige Kleidung an und mischte sich unter die Gäste im «Goldenen Hammel». Der schlaue Huni erkannte ihn sofort und begrüßte ihn lautstark: «Willkommen, Oberst Mahu! Daß du meine bescheidene Gaststube aufsuchst, ist eine besondere Ehre, die ich durchaus zu schätzen weiß.»

Damit hatte er jedermann vor diesem Sendboten aus der Palaststadt gewarnt. Ohne es zu wissen, hatte Huni damit jedoch einen entscheidenden Fehler begangen. Einer der Gäste, ein Taglöhner, der von Botengängen und anderen Gelegenheitsarbeiten lebte, hatte mit Memi, der «Giraffe», eine Rechnung zu begleichen. Der hatte ihn einmal bei einer Rauferei verwechselt und jämmerlich mit seinen steinharten Fäusten verprügelt – so sehr, daß er tagelang nicht mehr arbeiten konnte.

Er tat, als ob er auf den Abtritt hinausginge, und berührte dabei Mahu am Arm, und das war, noch ehe Huni seinem noblen Gast das «Zimmer» anbot. Mahu wehrte ab.

«Nein, nein, ich sitze gern unter einfachen Menschen. Bring mir einen Krug Bier, und ich werde inzwischen in meinem Bauch dafür Platz schaffen.»

Huni grinste, und Mahu schlenderte hinaus, während der Taglöhner gerade hereinkam, sich verbeugte und ihm den Vortritt ließ. Dabei flüsterte er: «Memi und Restep waren die falschen Sänftenträger, Herr.»

Der Taglöhner hatte die beiden Gehilfen von Bagsu an ihren Stimmen erkannt, als er in jener Nacht aus der Gaststube gekommen war, um nach Hause zu gehen. Er war eine Weile abseits stehengeblieben und hatte nachgegrübelt, ob es sinnvoll sei, sich an Memi zu rächen, und dann war Pentu herausgekommen und hatte die Sänfte bestiegen. Eigenhändig hätte er Memi die Prügel niemals zurückzahlen können, aber sich auf solche Weise zu rächen war nur allzu verlockend, und mit diesem einen geflüsterten Satz hatte er es getan.

Das königliche Palastviertel am Westufer war eine Welt für sich, und so wußte Mahu nicht, wer die beiden Genannten waren, wußte nicht, daß Bagsu ihr Hauptmann war und sie ihm blind gehorchten – wußte auch nicht, daß diese drei von Zeit zu Zeit als verlängerter Arm des Hohenpriesters Maj da und dort gewaltsam eingriffen, doch er hatte den Wink des Tagelöhners verstanden, der besagen wollte: Ich gebe dir eine wichtige Information und habe dafür meine Gründe. Ich will dafür nicht belohnt oder weiter befragt werden, handle nach deinem Ermessen.

Er ließ sich zunächst nichts anmerken, trank langsam seinen Krug Bier leer, aß dazu zwei Hackfleischspießchen mit frischen, knusprigen Brotfladen, für die der «Goldene Hammel» berühmt war. Der dicke Huni umdienerte den hohen Gast, der es nicht lassen konnte, den Wirt zu foppen.

«In dem Hackfleisch ist auch etwas Hammel gewesen, oder täusche ich mich?»

Dabei grinste Mahu und drohte scherzhaft mit dem Finger.

Einen solchen Scherz, der auf Kosten Amuns ging, hätte der Wirt keinem anderen durchgehen lassen, aber bei Mahu mußte er wohl eine Ausnahme machen. In gespielter Bestürzung riß er die Arme hoch, wobei seine Perücke verrutschte und die falschen Ohren in eine arge Schieflage gerieten.

«Niemals – niemals würde ich so etwas wagen, da ließe ich mir eher die Leber aus dem lebendigen Leib schneiden!»

Mahu tätschelte ihm versöhnlich den Arm.

«Ich glaub's dir, Huni – wirklich, ich glaub's dir.»

In den nächsten Tagen ließ der Oberste der Palastwache durch seine Leute behutsame Erkundigungen über Memi und Restep einziehen und wußte bald, daß da noch Bagsu, der wichtigste Dritte, war, wobei die Vermutung nahelag, er sei der unsichtbare Bote gewesen, der Pentu aus der Gaststätte und in die Sänfte gelockt hatte.

Entweder hatten Mahus Leute nicht mit der gebotenen Vorsicht gearbeitet, oder Bagsu war von anderer Seite gewarnt worden – als man Restep und Memi festnahm, war der «Dolch» nicht mehr aufzufinden.

Eines Morgens erschien Mahu überraschend vor dem südlichen Tempeltor und mußte – da er ein vom König gesiegeltes Schreiben vorwies – mit seinen Leuten eingelassen werden. Der Hohepriester Maj machte sich unsichtbar, es hieß, er sei verreist. So wurde Si-Mut, der Dritte Prophet des Amun, herbeizitiert und nach Bagsu befragt. Der hagere, noch junge Mann verneigte sich leicht und fragte mit ausdruckslosem Gesicht nach dem Begehr des Herrn Obersten.

«Ich bin auf der Suche nach Bagsu, Ehrwürdiger, der hier, wie ich höre, als einer der Hauptleute einer Tempelwache dient. Es geht nur um eine kurze Befragung…»

In Si-Muts hagerem Gesicht war keine Regung zu erkennen, weder Ärger noch Angst oder Besorgnis.

«Nachdem ihr es für richtig hieltet, gestern seine Gehilfen Memi und Restep festzunehmen, hat er wohl – aus welchen Gründen auch immer – die Flucht ergriffen. Daß er heute nicht zum Dienst erschienen ist, wurde mir vorhin gemeldet.»

In gespielter Sorglosigkeit winkte Mahu ab.

«Ist auch nicht so wichtig. Was wir wissen wollen, werden wir auch von seinen Gehilfen erfahren.»

Aus ihnen herausprügeln, stellte Si-Mut in Gedanken richtig, und nun war in seinem verschlossenen Gesicht doch so etwas wie Besorgnis zu erkennen. Natürlich wußte er, worum es ging, doch fragte er mit etwas belegter Stimme: «Worum geht es eigentlich?»

«Oh – ich dachte, du wüßtest es längst. Pentu, der Leibarzt Seiner Majestät, ist verschwunden, und es verstärkt sich der Verdacht, daß er ermordet wurde.»

Si-Mut tat erstaunt.

«Daß er verschwunden ist, weiß alle Welt. Aber ermordet? Wer hätte ihm etwas antun wollen, da halb Waset aus seinen dankbaren Patienten besteht, ganz abgesehen von den Diensten, die er dem König – er lebe, sei heil und gesund – geleistet hat?»

Mahu erhob sich.

«Darum geht es, Ehrwürdiger. Nicht überall werden diese Dienste so geschätzt, wie sie es verdienen.»

Memi und Restep saßen gefesselt in getrennten Kammern des Kerkers. Dieser lag im Südwesten der Palaststadt und erstreckte sich zum Teil in die Wüstenberge hinein, das heißt, man hatte – wie bei Gräbern – lichtlose Höhlen in den weichen Fels geschlagen, um nicht den Hof oder gar die königliche Familie mit den oft lärmstarken Ereignissen zu behelligen. Hier wurde nämlich gefoltert, gestraft und gelegentlich auch hingerichtet, und besonders ersteres ging in der Regel nicht ohne Geräusche ab.

Der Wesir hatte mit Billigung der Majestäten befohlen, daß Mahu die Vernehmungen ohne Ausnahme in eigener Person durchführen solle. Der nahm sich zuerst den Schwächeren vor, und das war Restep, «der Wachsame». Hier erwiesen sich seine Fähigkeiten als nutzlos, denn in dem engen, lichtlosen Kerker gab es weder etwas zu sehen noch zu erlauschen. Tags zuvor hatte es als Gefängniskost – sonst war es nur schimmliges Brot oder halbverfaulte Rüben – überraschenderweise gebratenen Fisch gegeben, der allerdings zu stark gesalzen war. Leider hatte Restep nicht darauf geachtet, daß diesmal der übliche Krug Wasser fehlte, und als er seinen brennenden Durst löschen wollte, sagte der Wärter grinsend: «Wasser gibt's diesmal nicht.»

So plagte Restep ein höllischer Durst, und jedesmal, wenn sich draußen etwas regte, hoffte er darauf, doch noch Wasser zu erhalten.

Diesmal trat Mahu ein, gefolgt von einem buckelnden Wärter mit der blakenden Lampe. Restep richtete sich auf, was mit gebundenen Händen und Füßen nicht leicht war. Wie schon gesagt, folgte Mahu seinem alten Prinzip, bei Vernehmungen von gemeinsamen Verbrechen immer mit dem Schwächsten zu beginnen, und da schien ihm der dickliche Restep mit seinem gutmütigen Gesicht der Geeignetere.

Mahu redete nicht lange herum.

«Bagsu hat gestanden, daß ihr gemeinsam den Leibarzt Pentu ermordet habt, und er sagt, du habest zugestochen.»

Restep zuckte zusammen, und es fuhr ihm heraus: «Niemand hat gestochen... ich meine, also – ich war es nicht.»

«Gut, wer war es dann?»

«Ich trug nur die Sänfte, weiter nichts.»

«Wer saß in der Sänfte?»

«Weiß ich nicht, darum kümmerte sich immer Bagsu allein.»

Mahu schüttelte besorgt seinen kantigen Soldatenschädel.

«Du scheinst wenig zu wissen; ich glaube, wir müssen deinem Gedächtnis nachhelfen.»

Er gab dem Wärter einen Wink. Der warf Restep mit einem Stoß nieder und drehte ihn auf den Bauch.

«Fürs erste fünfzig auf den Hintern, den Rücken brauchen wir für spätere Vernehmungen.»

Kräftig sauste der Bambusstock nieder, Restep wimmerte zuerst, wand sich und begann nach dem zwölften Hieb zu brüllen. Mahu hob die Hand, und der Wärter trat zurück.

«Wolltest du etwas sagen, Gefangener?»

«Ich war's nicht – ich war's nicht...»

«Mag sein, aber wer war es dann?»

«Ich – ich habe doch nur die Sänfte getragen...»

Mahu schaute den Wärter an und nickte. Wieder klatschte der Bambusstock, und als Restep davonzukriechen versuchte, mußte ein zweiter Wächter seine Beine festhalten.

Restep schrie, flehte, sprach wirres Zeug, doch Mahu achtete nicht darauf. Erst als die fünfzig Hiebe voll waren, ließ er das stöhnende und blutende Bündel in Ruhe.

«Sag jetzt nichts, Restep. Überlege es dir in Ruhe und rufe den Wärter, wenn du was zu sagen hast.»

«Trinken…» keuchte der Geschlagene, «ich möchte trinken… trinken…»

«Wasser gibt es erst nach einem vollen Geständnis; ansonsten weitere Prügel und diesmal auf den Rücken.»

Mahu ging schnell hinaus, doch es dauerte keine halbe Stunde, dann rief Restep nach dem Wärter – er wolle ein Geständnis ablegen.

Mahu erschien mit zwei Schreibern.

«Sollte sich dein Geständnis als umfassend und richtig erweisen, so kann ich dir versprechen, daß du am Leben bleibst. Aber – und nun höre gut zu – nur eine einzige, winzig kleine Lüge, und dir droht der Scheiterhaufen.»

So schilderte Restep die Ereignisse jener Nacht, wie er sie erlebt hatte. Er schloß mit den Worten: «Dann stellten wir die Sänfte nieder, und Bagsu sagte: Wir sind angekommen, Herr! Pentu stieg aus, sah sich um und fragte mißtrauisch, wo wir denn seien. Nochmals sagte Bagsu: Wir sind angekommen, und im selben Augenblick trat Memi von hinten heran, warf ihm eine Schlinge über den Kopf und erwürgte ihn. Es ging alles sehr schnell, Herr.»

Mahu nickte grimmig. «Das kann ich mir denken. Wer den Befehl zu Pentus Ermordung gegeben hat, weißt du nicht?»

«Nein, so etwas kam immer von Bagsu, und der erhielt seine Weisungen von – von –» Restep zögerte.

«Nun, von wem?»

«Von den Priestern, denke ich», sagte er leise.

Mahu wandte sich zur Tür.

«Bringt dem Gefangenen zu trinken – reichlich, soviel er will.»

«Herr, noch eine Frage…»

Mahu wandte sich um.

«Haben die Schreiber auch notiert, daß ich am Leben bleiben darf, wenn – wenn alles so ist, wie ich sagte?»

«Du hast mein Wort.»

Unter welchen Umständen man ihm sein Leben schenken würde, hatte Restep nicht gefragt.

Um einiges schwieriger erwies sich die Vernehmung von Memi, der «Giraffe». Er wandte einfach den Kopf ab und schwieg. Die ersten fünfzig Hiebe auf das Gesäß entlockten ihm nur ein leises Stöhnen. Bei den nächsten fünfzig auf den Rücken wimmerte er zwar und schrie am Ende, doch es erfolgte kein Geständnis. Den gesalzenen Fisch ließ er nach dem ersten Bissen stehen, weil er offenbar ahnte, wozu diese Speise diente. Als Mahu sah, daß dieser knochige und langhalsige Mensch sich eher würde totschlagen lassen, als etwas zu gestehen, griff er zum letzten Mittel, das fast immer seine Wirkung tat.

«Memi, wir wissen, daß du Pentu erwürgt hast, aber wir wissen auch, daß der Befehl von Bagsu kam. Ich als Oberster der Palastwache habe Verständnis dafür, daß du einen Befehl deines Vorgesetzten einfach ausgeführt hast, auch wenn es ein schändlicher Befehl war. Die Lage ist nun so: Ein weiteres Leugnen ist sinnlos, denn die Geständnisse von Bagsu und Restep liegen vor, und beide sagen übereinstimmend, daß du den Arzt erwürgt hast. Das genügt für deine Verurteilung, selbst wenn du weiterhin schweigst. Für die Ermordung eines hohen königlichen Beamten gibt es nur eine Strafe: die Verbrennung bei lebendigem Leibe – das heißt, von deinem Körper wird nichts übrigbleiben, dein Ka ist heimatlos und verschwindet im Nichts, du bist ausgelöscht an Leib und Seele. Gestehst du aber, Pentu auf Befehl des Bagsu getötet zu haben, so wird dich der Wesir zur Erwürgung begnadigen. Er ist sogar bereit, eine einfache Mumifizierung deines Körpers zu übernehmen und dich im Westen in einem schlichten Grab bestatten zu lassen. Es gibt für dich nur diese beiden Möglichkeiten, du kannst also wählen.»

Wie fast alle Übeltäter war auch Memi von frommer und abergläubischer Gemütsart, und Mahu hatte ihn an seinem wunden Punkt getroffen. Er überlegte eine Weile, und man sah, wie es in seinem knochigen Gesicht arbeitete.

«Ja, Herr, es ist so, wie Bagsu und Restep sagen. Ich habe Pentu auf Befehl erwürgt. Was wird mit Bagsu geschehen?»

Mahu wollte nicht sagen, daß dessen Geständnis nur erfunden war.

«Auch er wird seiner Strafe nicht entgehen, da sei ganz gewiß.»

Dann gab er dem Wärter ein Zeichen. Noch ehe Memi wußte, was ihm geschah, hatten zwei Wärter ihn mit einer Lederschlinge erwürgt. In bezug auf Restep hielt Mahu Wort: Er blieb am Leben, mußte aber als Zwangsarbeiter in einem Steinbruch des Königs büßen.

Der König wurde in dieser Zeit von allerlei Krankheiten – alten und neuen – heimgesucht, und so legte Mahu seinen Bericht über den Fall Pentu dem Wesir vor. Der informierte weisungsgemäß die Königin und den Thronfolger.

Kurz darauf beredeten Mutter und Sohn den Fall. Der Prinz zeigte sich erregt, und eine ungesunde Röte färbte seine sonst sehr blassen Wangen.

«Dies alles geht von Maj aus! Der sitzt wie eine Spinne im Netz, zieht seine Fäden und läßt andere die Dreckarbeit verrichten. Pentus Tod ist sein Werk!»

«Aber warum? Warum nur? Was hat Pentu…»

Amenhotep sprang auf und schaute auf seine zierliche Mutter herab.

«Das fragst du noch? Für Maj war Pentu ein Störenfried, weil er mit seiner ärztlichen Kunst den König am Leben und bei Gesundheit hielt. Sie wollen keinen Herrscher, der sie stutzt und mindert, ihnen ständig auf die schmutzigen Finger schaut. Sie hoffen, mich, den Nachfolger, ihren Zielen geneigter zu finden…»

In Tejes harte dunkle Augen trat ein warmer Glanz.

«Das wird eine vergebliche Hoffnung sein, nehme ich an?»

«Ja, Mutter, und Maj darf sicher sein, daß ich ihm diese schnöde und üble Tat niemals vergessen werde. Niemals, solange ich lebe!»

«Gut, Pentu ist tot, und der König ist wieder so krank geworden, daß ich bezweifle, ob irgendein Arzt ihm noch helfen kann. Man sagt, daß der junge Pentu ganz nach den Methoden seines Vaters verfährt. Ein Versuch mit ihm könnte nicht schaden.»

Der Prinz küßte seiner Mutter zart die Hand.

«Ja, Mutter, ich werde es veranlassen.»

Als sie allein war, erforschte Teje ihr Herz und versuchte sich ein Leben ohne den König vorzustellen. Sie liebte ihren Gemahl, und jetzt, da er krank und hinfällig war, stand er ihrem Herzen noch näher. Aber sie empfand weder Furcht noch Sorge bei dem Gedanken, zusammen mit dem Sohn das Reich zu regieren, und bezweifelte auch nicht, daß Amenhotep sie an der Herrschaft beteiligen würde. Trotzdem gab sie die Hoffnung nicht auf, der König könnte sich wieder erholen und in etwa vier Monaten sein drittes Sed-Fest feiern.

9

Nachdem man Pentu an den Königshof geholt hatte, nannten noch viele ihn den «jüngeren», aber das verlor sich bald und nicht zuletzt deshalb, weil er immer älter gewirkt hatte, als er es tatsächlich war. Man hätte ihn eher für den jüngeren Bruder seines Vaters halten können, dem er in vielem glich. Auch er trat ruhig und besonnen auf, ließ sich niemals verunsichern, strahlte eine solche Aura fachlicher Kompetenz aus, daß – wie ein Höfling bemerkte – schon bei seinem Erscheinen die Krankheiten sich davonmachten. Wie sein Vater besaß der junge Pentu eine ausgeprägte, etwas breite Nase, schwarzes Kraushaar und kräftige, zupackende Hände. Sein stämmiger Körper wirkte keineswegs plump, er bewegte sich behend und nicht ohne Anmut. Seit Pentu am Hof lebte, verfolgten ihn viele weibliche Augenpaare mit Wohlwollen und Verlangen, doch er hatte eine junge Frau mitgebracht – Tochter aus alteingesessener Familie – und schien nicht gesonnen, sie zu betrügen.

Zuerst hatte ihn der Thronfolger empfangen, und es dauerte nicht lange, dann empfand er spontane Zuneigung für den jungen Arzt, und dies war nichts Alltägliches, denn in der Regel dauerte es bei dem Prinzen lange, ehe ein Mensch ihm Vertrauen und Wohlwollen einflößte. Pentu, gewohnt, mit Menschen beiderlei Geschlechts und jeden Alters umzugehen, machte für sich den Versuch, ihn von innen und außen zu charakterisieren: Seine angeborene Menschenscheu verdeckt er mit einem gewollt herrischen Wesen, er ist empfindsam, offen für Neues und Ungewohntes und dennoch nicht leicht zu beeinflussen. Das anmutige Gesicht mit den dunklen, leicht schrägen Augen, die schön geformte Nase, die betonten Backenknochen und der volle Mund über einem kräftigen, aber eher schmalen Kinn – dies alles wirkt edel, herrscherlich und auf seltsame Weise kostbar, als hätte ein Künstler es geformt. Pentu war ein wenig älter als der Prinz, und sosehr sie sich äußerlich unterschieden, so hatten sie doch in ihrer ruhigen, bedachtsamen Art, sich zu geben, etwas Gemeinsames.

Die beiden jungen Männer setzten sich auf die mit dichtem Weinlaub überwachsene Terrasse. Der Prinz trank langsam einen Schluck Wasser, und – so stellte Pentu fest – er tat dies mit einer solchen Anmut, daß es fast weiblich wirkte.

«Pentu, ehe die Königin, meine hochverehrte Mutter, und ich uns entschließen, dich dem König zu empfehlen, möchte ich einige Fragen an dich richten.»

Pentu verbeugte sich im Sitzen und schaute den Prinzen aufmerksam an.

Amenhotep lächelte leise.

«Dein Äußeres zeigt, daß du der Sohn deines vermutlich zum Osiris gewordenen Vaters bist, aber erstreckt sich diese Ähnlichkeit auch auf den Beruf? Anders gesagt: Führst du das Werk deines Vaters auf seine Art weiter, oder gehst du lieber altgewohnte Wege – oder hast du sogar neue entdeckt?»

«Nein, mein Prinz, die ärztliche Kunst meines Vaters läßt sich kaum verbessern, und die meisten Änderungen würden sie mindern. Ich weiß genau, auf welche Weise er den Guten Gott behandelt hat und wie seine Erfolge zu erklären sind. Aber wir leben im Lande Kemet, und da sind die Ärzte es seit Jahrhunderten gewohnt, das Göttliche in Form von Magie und Zaubersprüchen in die Behandlung mit einzubeziehen.»

«Nicht wenige arbeiten sogar nur mit Zaubersprüchen, und daß dies nicht genügt, haben wir bei meinem Vater gesehen.»

«So denke ich auch, und das allein unterscheidet meine Behandlungsmethoden von denen meines Vaters, der jede Art von Magie mit Nachdruck ablehnte. Ich jedoch habe es mir angewöhnt, das Magische mit einzubinden, sobald ich sehe, daß der Kranke daran glaubt. Er muß daran glauben, das ist wichtig! Und ich kann dir versichern, mein Prinz, daß dieser Glaube, verbunden mit den geeigneten Arzneien, entscheidend zu einer Genesung beitragen kann.»

Sie redeten noch sehr lange an diesem Tag, und am Ende des Gesprächs sagte der Prinz spontan: «Ich mag dich, Pentu, bitte enttäusche mich nicht.»

Der junge Arzt war gerührt und überrascht, auch weil er ahnte, daß Amenhotep dies nur selten zu anderen Menschen sagte. Er verneigte sich tief.

«Deine Zuneigung ehrt mich. Falls ich dich einmal enttäuschen sollte, bitte ich dich schon jetzt, es mir zu vergeben. Kein Mensch ist vollkommen, und gerade wir Ärzte sind auf das Wohlwollen der himmlischen Mächte angewiesen.»

Nach Pentus Tod hatten die am Hof lebenden königlichen Leibärzte wieder an Einfluß gewonnen. Ihre Behandlung beschränkte sich im wesentlichen auf die Verabreichung betäubender und einschläfernder Mittel sowie auf die reichliche Anwendung von magischen Sprüchen. Einer der Ärzte hatte ein altes Zauberbuch durchforscht und war zu dem Ergebnis gekommen, Seine Majestät sei von Kopf bis Fuß von einem «Gift-Samen» geschwängert, den ihm der schreckliche Seth im Schlaf eingeflößt habe, und zwar in Gestalt eines Esels mit dem Phallus durch den After. Keiner der anderen Ärzte lachte darüber, und da es in einer alten Schrift gestanden hatte, fanden sie es durchaus bedenkenswert. So folgten sie dem Behandlungsvorschlag des Heilbuches, ließen einen Eselphallus aus Kuchenteig formen und mit fettem Fleisch umwickeln. Dieses Bündel wurde einem im Gehege gehaltenen Löwenweibchen vorgeworfen, das man zuvor magisch in die Göttin Sachmet verwandelt hatte. Sie verschlang den Phallus mit einigen Bissen – somit hatte sie Seth besiegt und die Krankheit vernichtet.

Auf den König hatte das nicht die geringste Wirkung, und als er Pentu empfing, mußte der junge Arzt sein Erschrecken verbergen, doch sein Beruf hatte ihn darin geübt. Die Leibdiener hatten den König auf einen Sessel mit vielen Polstern gebettet, und dort lag er nun, als hätte ein Maler ihn als Lehrbild für verschiedene Krankheiten dargestellt. Finger, Hand- und Kniegelenke waren geschwollen, die graue Haut überall mit Pusteln und Geschwüren bedeckt, das breite Gesicht gedunsen, die Augen halb geschlossen. Seine Stimme klang schwach, aber deutlich.

«Sei willkommen, Pentu, Sohn meines nach Westen gegangenen und hochgeschätzten Leibarztes. Wie findest du meinen Anblick? Darf ein Sohn der Sonne so jämmerlich aussehen?»

«Nein, Majestät, deshalb hoffe ich, etwas daran zu ändern, mit deiner und der Götter Hilfe.»

Der König richtete sich ächzend auf. «So? Und was kann ich dazu tun?»

«Die ärztlichen Vorschriften genau befolgen, Majestät!»

Der Prinz räusperte sich und sagte leise, aber mit Nachdruck: «Vergiß nicht, mit wem du sprichst!»

«Ich vergesse es nicht. Erteilst du mir die Erlaubnis, deinen göttlichen Körper zu berühren, Majestät?»

Der König versuchte zu scherzen. «Ja, wenn du ihm keinen Schmerz zufügst.»

«Ich werde mich bemühen, Majestät.»

Selbst nach einer flüchtigen Untersuchung mußte Pentu feststellen, daß er hier kaum noch helfen konnte. Die wenigen noch vorhandenen Zähne saßen in einem von Geschwüren übersäten Mund, alle Körpergelenke erwiesen sich als kaum noch beweglich, der Bauch war von ständiger Verstopfung krampfhaft aufgetrieben, den ganzen Körper umgab eine Aura von Verwesung.

«Du mußt dich anstrengen, Pentu, denn ich gedenke in zwei Monaten mein drittes Sed-Fest zu feiern. Weißt du, was das bedeutet?»

«Sprich nicht soviel, Vater, das strengt dich zu sehr an», mischte sich der Prinz ein, «ich werde es Pentu erklären.» Er wandte sich an den Arzt. «Seine Majestät hat, wie Brauch und Herkommen es erfordern, nach dreißigjähriger Herrschaft das Sed-Fest gefeiert, im Sinne einer Wiedergeburt im Diesseits oder einer magischen Verjüngung. Danach kann dieses Fest jedes dritte Jahr begangen werden, und dies ist schon einmal geschehen. Wir wünschen, hoffen und erwarten, daß es wiederum geschieht, und zwar am ersten Tag des ersten Peret-Monats, nach alter Tradition. Die Zeremonie erstreckt sich über viele Stunden, aber man könnte sie abkürzen. Anstrengende Handlungen wie etwa den Kultlauf kann ich als Sohn und Nachfolger übernehmen.»

Der Prinz schaute den Arzt erwartungsvoll, fast bittend an. Du mußt es möglich machen, sagte dieser Blick, nur du kannst es – nur du!

Ohne große Hoffnung begann Pentu mit der Behandlung, wobei er ständig mit den wechselnden Launen des Königs konfrontiert wurde. Eine Zeitlang nahm der Kranke geduldig alle Verordnungen hin, hielt sich an die vorgeschriebene Diät, schränkte den Weinverbrauch ein und ließ, ohne zu murren, seine geschwollenen Glieder mit der Schlangengiftsalbe behandeln. Dann wieder begehrte er auf, nannte Pentu einen Quacksalber, der mit ihm so grob umgehe wie ein Gottessiegler mit dem Leichnam. Einmal ließ er ihn sogar von der Leibwache abführen, mit dem Befehl, ihn bis auf Widerruf einzukerkern. Zum Glück kam der Prinz dazu und konnte es verhindern. Eine neue Behandlungsmethode stimmte den König dann wieder versöhnlich. Um die Wirkung der Schlangengiftsalbe zu verstärken, ließ Pentu den König des Mittags für kurze Zeit in die pralle Sonne legen, wobei der ganze Körper mit Leinen geschützt und abgedeckt war und nur die kranken Gelenke freilagen. Schon nach einigen Tagen trat die Wirkung ein, und der König konnte, wenn auch humpelnd, wieder einige Schritte tun. Mit starken Abführmitteln war Pentu der Verstopfung Herr geworden und achtete nun darauf, daß sein hoher Patient nur noch leichtverdauliche Speisen zu sich nahm, deren Zubereitung er persönlich in der Palastküche überwachte.

Eines Tages fühlte sich der Herr Beider Länder so wohl, daß er sein gutes Befinden der gesamten Familie vorführen wollte. Sein in fast vierzigjähriger Herrschaft gefestigtes Machtbewußtsein gaukelte ihm vor, er selber habe diesen Zustand durch einen Akt des königlichen Willens erreicht, und er fühlte sich von Majestät und Göttlichkeit durchdrungen, während er zuvor die menschliche Seite seiner Natur auf das Schlimmste hatte erleiden müssen.

So versammelte sich an jenem Morgen die königliche Familie im Speiseraum seiner privaten Gemächer, nahm Platz um den langgestreckten Tisch. Sat-Amun kam natürlich als letzte und hatte sich – ein ungewohnter Anblick – ausnahmsweise ordentlich kleiden und schminken lassen; sie trug auch keine ihrer Katzen im Arm.

Sie will etwas von unserem Vater, dachte der Prinz sofort, und auch die Große Königsgemahlin Teje sah ihrer Tochter an, daß heute etwas Dringliches zur Sprache kommen würde, denn schon ihre Kleidung war ein Bitten um Nachsicht und Verständnis.

Die kleine Prinzessin Isis saß verträumt in ihrem Sessel, starrte zur Decke und lächelte die dort in leuchtenden Farben gemalten Blumen, Pflanzen und Sonnenräder an, wobei sie vermutlich an ihren Garten dachte.

Anen, der Zweite Prophet des Amun und Bruder der Königin, hatte seinen großen, kräftigen Körper in den eher zierlichen Sessel gezwängt und musterte nachdenklich den Thronfolger, der das gleich bemerkte.

«Du starrst mich an, verehrter Onkel, als wolltest du in mein Herz schauen. Du kannst mich auch fragen, und ich werde gerne antworten.»

«Verzeih, Meni, aber mir scheint, du hast dich seit deiner Heirat verändert...»

Nofretete, beide Hände um den hochschwangeren Leib gefaltet, nickte weise.

«Du hast recht gesehen, Anen, mein Gemahl muß sich an den Gedanken gewöhnen, bald Vater zu werden, und das läßt ihn älter und gesetzter erscheinen.»

Teje, die bisher geschwiegen hatte, musterte die Sohnesfrau mit strengen Augen.

«Eine Schwangerschaft verleiht dir nicht das Recht, so schnippisch zu sein. Vergiß nie, wer dein Gemahl eines Tages sein wird!»

Nofretete ließ sich nicht aus der Ruhe bringen.

«Ich bin dabei, es zu lernen, so wie du es gelernt hast, als Seine Majestät dich vom Land holte.»

Tejes Augen verengten sich, und sie preßte die Lippen zusammen. Noch ehe sie antworten konnte, öffnete sich die Tür, und der König schritt langsam herein, gestützt von seinem Leibdiener. Einige Schritte vor seinem Sessel schüttelte er die helfenden Arme ab, um zu zeigen, daß er auch allein gehen konnte.

Er ließ sich in den gepolsterten Sessel fallen und verzog dabei schmerzlich sein Gesicht.

«Ihr seht, meine Lieben, daß ich mein Jubiläumsfest feiern werde, zur großen Enttäuschung von Maj und der ganzen Amun-

Priesterschaft. Der Sohn der Sonne hat sich vertrauensvoll an seinen Vater gewandt, und siehe da –», er bewegte seine Handgelenke, «seine Berührung hat mich geheilt.»

In unterschiedlichen Worten drückte ein jeder seine Bewunderung aus, es wurde gescherzt und gelacht, bis Sat-Amun sich zu Wort meldete.

«Ich habe lange gezögert, meinen Plan anzukündigen und um Erlaubnis zu bitten, doch nun, da unser Vater so wohlauf ist...»

Der König runzelte die Stirn. «Rede nicht lange herum – worum geht es?»

«Ich will – also, ich möchte meine Wohnung ans Ostufer verlegen, in den alten Königspalast, da ist mehr Platz – hier wird es mir allmählich zu eng, und wenn Nofretete ihr Kind bekommt...»

Was noch nie geschehen war, diesmal sprach Isis als erste, und ihr zartes Stimmchen platzte in die atemlose Stille.

«Aber Sat-Amun! Warum willst du uns verlassen? Wir haben es doch so schön hier...»

Doch niemand achtete auf den zaghaften Protest.

Die harte, helle Stimme der Königin drang bis in den letzten Winkel des Raumes.

«Was fällt dir ein? Wer hat dir solche Flausen in den Kopf gesetzt? Du brauchst nur ein Wort zu sagen, und dein Vater läßt deinen Wohnbereich erweitern – nicht wahr?»

Sie blickte den König an, doch der ließ sich Zeit mit der Antwort. Er schaute seine älteste Tochter neugierig an.

«Du bist ja schon immer ein wenig anders gewesen als wir und deine Geschwister, aber ich muß sagen, der Gedanke gefällt mir.»

Er hob die Hand, um sich Schweigen zu verschaffen.

«Er gefällt mir deshalb, weil ich es für angebracht halte, daß – außer Anen – noch ein Glied der königlichen Familie drüben anwesend ist. Sat-Amun könnte mich da und dort vertreten, sich gelegentlich beim Volk sehen lassen...»

Teje schüttelte ihren hübschen, kleinen Kopf, der mehr Kraft und Energie ausstrahlte als der massige Schädel des Königs.

«Das kann sie nicht! Dich vertreten kann nur der Thronfolger – wir würden uns lächerlich machen und Anstoß erregen. Das wäre für die Amun-Priester ein weiterer Grund, Deine Majestät zu mißachten, wenn sie sagen: Schaut her, der König kommt zwar nicht selber, dafür schickt er irgendeine Prinzessin…»

«Irgendeine?» fragte Sat-Amun empört, «ich bin nicht irgendeine, sondern die Erstgeborene Seiner Majestät!»

Wieder hob der König besänftigend die Hand. «Ihr habt beide recht, aber es gibt eine Lösung. Ich werde Sat-Amuns Rang erhöhen, und man wird sie drüben ernst nehmen müssen. Wir werden uns verheiraten, meine Tochter, dann bist du eine Große Königsgemahlin, trägst die Geierhaube mit der heiligen Uto-Schlange, und wenn du auftrittst, tust du es in meinem Namen.»

Der Thronfolger blickte seine Mutter an, denn er rechnete mit ihrem flammenden Protest. Doch Teje schaute nachdenklich drein, weil ihr scharfer Verstand durchaus die Vorteile erkannte und kein Grund zur Eifersucht vorlag. Der König war zu hinfällig, um einer Frau beizuwohnen, und bei Sat-Amun würde er es ohnehin nicht tun. Wenn er ein Beilager vollzog, würde es nur symbolisch sein, um der Heirat den rechtlichen Rahmen zu geben. Zudem freundete sie sich schnell mit dem Gedanken an, die stets aufsässige und etwas seltsame Tochter weiter entfernt zu wissen. Aber nun würde es eine zweite Große Königsgemahlin geben…

«Ich muß dem König recht geben. Wenn er gestattet, daß Sat-Amun in Waset eine eigene Hofhaltung errichtet, dann muß ihre Anwesenheit auch von Gewicht sein, und es darf nicht der Eindruck entstehen, irgendein eigenwilliges Prinzeßchen habe den Eltern etwas abgetrotzt. Alle sollen wissen, es war der Wille des Königs, der es für richtig hielt, in Waset durch eine Große Königsgemahlin vertreten zu sein. Anen, wie ist deine Meinung dazu?»

Der Priester drehte sich im Sessel, daß es knarrte.

«Ich bin dafür! Da man mich in der Tempelstadt ohnehin wie einen Aussätzigen behandelt, ist mir jede Unterstützung recht.»

«Wie einen Aussätzigen?» fragte der König grimmig. «Und du läßt dir das gefallen?»

«Oh – die sind da sehr geschickt. Keiner läßt es mir gegenüber an Respekt fehlen, niemals höre ich ein abfälliges Wort. Die Mißachtung besteht darin, was man nicht tut. Ich weiß, daß Maj sich von Zeit zu Zeit mit seinen Freunden abspricht, weiß, daß die Familien der hohen Priester- und Beamtenränge engen Verkehr pflegen; von all dem bin ich ausgeschlossen. Mich stört das nicht, mein Platz ist hier im Palast, aber – und das möchte ich bei dieser Gelegenheit sagen – es würde mich freuen, wenn ich das Amt des Zweiten Propheten bald ablegen könnte.»

«Niemals!» rief der König und mußte dann lange husten, «niemals gestatte ich, daß...» Seine Stimme versagte, wurde heiser und tonlos.

Teje tätschelte seinen Arm. «Beruhige dich... beruhige dich. Vorerst brauchen wir dich als Amun-Priester, lieber Anen – wer sollte dich ersetzen?»

«Da fallen mir nicht wenige Namen ein. Schließlich hat Seine Majestät im Harim reichlich für Nachwuchs gesorgt... Wie wäre es mit Semenchkare, dem Erstgeborenen der Mitanni-Prinzessin? Der König hat Giluchepa ja immerhin zu seiner Frau gemacht.»

«Aber das ist doch ohne Belang! Das war ein politisches Entgegenkommen, ein höflicher Akt Seiner Majestät, wie dies auch mit anderen Fürstentöchtern aus Fremdländern geschah. Außerdem ist Semenchkare noch ein Kind – er würde uns eher schaden als nützen.»

«Er ist immerhin schon zehn oder elf Jahre alt...»

«Ein Kind!» wiederholte Teje mit Nachdruck.

«Dein Gemahl war kaum zwölf, als er die Doppelkrone übernahm.»

«Schluß damit!» flüsterte der König, dem das Reden immer schwerer fiel. «Anen bleibt vorerst, was er ist, und Sat-Amun wird im Rang erhöht. Dann mag sie an das Ostufer ziehen und zusehen, wie sie uns nützen kann.»

Sat-Amun lächelte. «Ergebensten Dank, ich werde meine königlichen Eltern nicht enttäuschen.»

Was sie nicht aussprach, das war die unbändige Freude, die sie darüber empfand, Peri in Zukunft nahe sein zu können – ihn zu haben, wann sie ihn wollte. Ihr Körper sehnte sich mit allen Fasern nach dem seinen, Liebesfreuden solcher Art hatte sie bisher nicht erlebt. Vor lauter Scheu, mit einer königlichen Prinzessin zu schlafen, waren ihre bisherigen Liebhaber eher zögernd und verängstigt gewesen, hatten sich bald zurückgezogen, weil sie die Strafe des Guten Gottes fürchteten. Peri jedoch schien frei von solchen Bedenken, er hatte sich ganz und rückhaltlos gegeben, seine Kraft verströmt, sie schamlos und völlig beansprucht, als sei sie irgendeine Frau und nicht die Tochter des Guten Gottes. Gerade das hatte ihr gefallen und ein nie gekanntes Vergnügen bereitet: Sobald sie allein in einem Zimmer waren, blieben Prinzessin und Priester draußen, und es gab nur noch Mann und Frau, nackt, aller Würden entkleidet, darauf bedacht, ihre Körper zu gebrauchen, und Peri – ja, Peri war darin ein Meister. Wenn sie dann mit der Kleidung auch ihre Würden und Ränge wieder anlegten, gab Peri sich nicht die geringste Blöße. Kein Lächeln, keine Geste, kein Augenkontakt verriet, wie es zwischen ihnen stand. Sat-Amun seufzte. Sie war es dann, die sich kaum beherrschen konnte, sie war es, die ihm kleine Zeichen ihrer Verbundenheit gab, die er zum Glück mißachtete. Sie nahm ihm das nicht übel, denn er war es, der sich in Gefahr begab, er war es, den – falls ihr Verhältnis offenbar wurde – der volle Zorn des Königs treffen würde. Was konnte ihr schon geschehen, einer unangreifbaren Gottestochter?

«Sat-Amun! Hast du gehört, was dein Onkel gesagt hat?» fragte Teje mit scharfer, erhobener Stimme.

«Nein – verzeiht, ich war in Gedanken…»

Anen lächelte nachsichtig. «Ich sage es gern noch einmal. Mein Vorschlag wäre, die Heirat schnell und ohne viel Aufsehen zu vollziehen und es nicht durch Herolde dem Volk verkünden zu lassen. Das ist ein politischer Akt, und es genügt, den Priestern und Beamten in Waset darüber in geziemender Form Kenntnis zu geben.»

Damit waren alle einverstanden.

Bei ihrem nächsten Treffen mit Peri platzte Sat-Amun gleich mit dieser Neuigkeit heraus.

«Der König hat erlaubt, daß ich hierher übersiedle, aber er tat es unter einer Bedingung…»

«Und welcher?»

«Du wirst es nicht erraten?»

Peri spielte den Ungeduldigen, schon weil er wußte, welchen Eindruck dies auf verliebte Frauen machte.

«Sollen wir die Zeit vertrödeln, um herumzuraten, oder sie zu Erfreulicherem nutzen? Ich sehne mich nach dir!»

Er küßte ihren Hals, ihre Ohren, ihren Mund, während seine Hand unter ihr Gewand schlüpfte und am schwellenden Schenkel entlang nach oben kroch wie ein neugieriges Tier.

Lachend wehrte sie ihn ab.

«Es wird dich interessieren, auch weil es dich unmittelbar betrifft in bezug auf die Strafe, die dich erwartet. Bisher hast du nur eine Prinzessin geschändet, in einigen Tagen wird es Ehebruch sein.»

Peri wich zurück und hob erstaunt seine sorgfältig rasierten und geschminkten Brauen.

«Du wirst heiraten? Wen? Hat man dich gezwungen?»

«Gezwungen nicht, aber schon ein wenig erpreßt. Mein Vater wollte es so, und meine Mutter hat zugestimmt. Ich werde die zweite Große Königsgemahlin.»

«Dein Bruder…?»

«Nein, mein Vater wird mich heiraten und war auch sehr einverstanden, daß ich mit meinem Hofstaat hierher gehe. Meine Anwesenheit, so meinte er, gewinne aber erst an Gewicht, wenn ich einen hohen Rang besitze. Als Große Königsgemahlin könne ich hier sein verlängerter Arm sein.»

Peri lächelte still in sich hinein.

«Das wird meinem verehrten Amtsbruder Maj aber gar nicht gefallen… Ich weiß, in welcher Gefahr ich schwebe, aber sie wiegt leicht wie eine Feder, wenn ich dafür dein Herz besitze.»

Sat-Amun streckte ihre kräftigen Arme aus.

«Nicht nur das Herz, mein Lieber, alles gehört dir, du brauchst nur zuzugreifen.»

Darum ließ Peri sich nicht zweimal bitten.

10

Vor etwa fünfzehn Jahren hatte der verbündete und tributpflichtige König Sutarna von Mitanni eine seiner Töchter mit über dreihundert Begleiterinnen nach Waset geschickt, damit Nebmare Amenhotep sich mit ihr ehelich verbinde.

Nun, die Mitanni-Prinzessin Giluchepa war jung und hübsch, und der Gute Gott war anfangs keineswegs abgeneigt, sie im Harim zu besuchen. Sie gebar ihm nach und nach einige Töchter, zuletzt dann den Sohn Semenchkare, dessen Name, «Es bleibt bestehen die Seele des Re», die Vorliebe des Königs für den Sonnengott verriet und vielleicht auch dafür, wie sehr er sich über die Geburt dieses Sohnes gefreut hatte – damals. Dann kamen andere Frauen aus anderen Ländern, und wenn auch Giluchepa nicht gerade in Vergessenheit geraten war, so sah sie der König nur noch bei großen Familienfeiern. Er hatte zudem seine Schreiber beauftragt, ihn alljährlich an den Geburtstag des Prinzen zu erinnern, um diesen Sproß mit väterlichen Geschenken zu erfreuen. So war Semenchkare herangewachsen, ein Prinz zwar, aber doch einer zur linken Hand. Seine Mutter hatte nicht versäumt, den Knaben – als er verständiger wurde – auf seinen hohen Erzeuger hinzuweisen, um ihn nicht vergessen zu lassen, daß das Blut des Guten Gottes und Sohnes der Sonne in ihm floß.

Semenchkare vergaß es nicht, und er vergaß es um so weniger, je älter er wurde. Er erinnerte sich an jedes Geburtstagsgeschenk seines Vaters. Er war noch ein kleiner Junge von drei oder vier Jahren, da gab es Spielzeug der verschiedensten Art: Soldaten, Bauern, Tiere und kleine Häuser aus bemaltem Holz. Später kam ein kleines Messer dazu, dann Pfeil und Bogen in Kindergröße, mit dem er einmal einen Harimsdiener – einen fetten Eunuchen – in den Hintern schoß. Dann kam die Zeit, da Seine Majestät an Zahngeschwüren zu leiden begann und, um den faulen Atem zu überdecken, ständig Kyphi-Pastillen lutschte. Entweder er hatte diesen Sohn vergessen – andere fremdländische Fürstentöchter hatten ihm weitere Söhne geboren –, oder ihm fielen keine geeigneten Geschenke mehr ein. Jedenfalls gab es von nun an Kyphi-Pastillen in prachtvollen Schatullen, auf denen in kunstvoller Schrift sein Name prangte. Die süßlich-scharfe Paste war in schwärzliche Kugeln von der Größe eines Spatzeneies geformt und bestand aus Wacholderbeeren, Myrrhe, Weihrauch, Mastix, Kleesamen, Rosinen und Honig. Zuerst war Semenchkare erfreut, dieselbe Leckerei zu genießen wie sein königlicher Vater, doch bald fand er, daß sie fremdartig und nach Arznei schmeckte, und er stellte die Behälter auf ein Wandbord, wo die Pastillen nach und nach austrockneten und in schwarze Krümel zerfielen.

Seiner Mutter war dies nicht entgangen, und sie hatte höhnisch dazu bemerkt: «Ja, das kannst du als Zeichen dafür sehen, daß der Gute Gott uns längst vergessen hat. Seine Erinnerung an dich und mich ist zu Staub zerfallen wie diese Kugeln, und wenn wir gelegentlich zu Festen und Jubiläen erscheinen dürfen, dann gehören wir für ihn zur Einrichtung seiner Palaststadt wie Truhen, Schränke, Betten, Tische und Stühle. Diese Dinge sind hier so reichlich vorhanden, daß er nur einen ganz kleinen Teil davon berühren oder sehen kann. Wir zählen nicht dazu.»

Giluchepas Verbitterung hatte triftige Gründe, aber ganz unschuldig war sie an ihrem Schicksal nicht. Sie war mit der Vorstellung hierhergekommen, in Zukunft an der Seite des Herrn Beider Länder als die erwählte Hauptgemahlin eine glänzende Rolle zu spielen. Aber da gab es schon diese Teje aus so unbekannter wie unbedeutender Familie, und diese unscheinbare und gar nicht einmal hübsche Weibsperson war es dann, die neben ihm auf dem Thron saß. Als der König anfänglich regelmäßig und mit Eifer ihre Schlafkammer aufsuchte, dachte sie schon, die andere verdrängen zu können, aber dann wurden seine Besuche seltener und hörten nach der Geburt von Semenchkare ganz auf. Da sie die Landessprache so gut wie nicht beherrschte, konnte sie ihm keine Vorwürfe machen. Sollte sie mit ihm über einen Dolmetscher streiten? Sie resignierte und sandte bittere Briefe in die Heimat, die niemals beantwortet wurden, entweder weil man sie abfing oder weil ihr Vater andere Sorgen hatte. Ihre über dreihundert Hof- und Kammerfrauen waren nach und nach gestorben oder hatten geheiratet. Am Ende blieben nur noch ein paar Vertraute, mit denen sie sich die Zeit beim Men-Spiel vertrieb, wozu sie unablässig Honiggebäck, Nüsse, Datteln und Früchtekuchen verschlang. Faßdick, mürrisch und verbittert, nur so kannte Semenchkare seine Mutter, und wenn sie ihn von Zeit zu Zeit zu einer «Aussprache» kommen ließ, dann waren es Vorwürfe, Anschuldigungen und aus der Luft gegriffene Verdächtigungen, die einmal Teje, dann Thotmes, Anen oder Sat-Amun betrafen, im Grunde aber nur ihm allein, dem König, galten.

Semenchkare hörte nur mit halbem Ohr hin, auch weil er seine Muttersprache immer mehr vergaß. Von seinem fünften Lebensjahr an war er mit anderen Kindern – Halbbrüdern, Söhnen von Hofbeamten und fremdländischen Fürsten – von ausgezeichneten Lehrern unterrichtet worden. Dieser Unterricht drehte sich fast ausschließlich um Sprache, Schrift, Geschichte, Kulte und Religion von Kemet, was ihn nach und nach seiner Herkunft entfremdete. Seine stets keifende Mutter war nicht geeignet, dies zu ändern, weil sie nun auch die Heimat in einem schlechten Licht sah und ihren Vater voller Verachtung einen Sklavenhändler nannte, der seine Tochter um schäbiger Vorteile willen ins Ausland verschacherte.

Als Semenchkare älter geworden war, entging ihm nicht, daß er als Prinz und Sohn des Guten Gottes von den meisten seiner Mitschüler mit Scheu und Hochachtung behandelt wurde. Auch die von allen Lehrern vertretene und eifrig angewandte Regel: «Das Ohr eines Knaben ist auf seinem Rücken, er hört nur, wenn man ihn schlägt» galt für ihn nur bedingt, weil kein Lehrer es wagte, das Fleisch vom Fleisch des Guten Gottes durch Schläge zu erzürnen oder zu beleidigen. Dazu kam, daß er für sein Alter ungewöhnlich groß war und Lehrer wie Schüler bald um Haupteslänge überragte. Ein Erbe seines Großvaters, wie die Mutter ihm stolz berichtete, der als König und Stammesführer allein schon durch seine Körpergröße Furcht und Schrecken verbreitete. Seinem Halbbruder sah er auf seltsame Weise ähnlich, denn es war, als hätte Gott Chnum, der Menschenformer, alles ein wenig größer und gröber gestaltet, was bei Amenhotep fein und anmutig ausgebildet war – Nase, Mund und Kinn. Seine Stirn jedoch war etwas niedriger ausgefallen, und seine Augen hatten nicht eine so anmutige Schräglage, sondern saßen – wie bei seinem Vater – gerade und fest im Gesicht. Semenchkare war ein durchschnittlicher Schüler – nicht besonders faul, nicht besonders fleißig, aber immer guten Willens, weil er insgeheim die Vorstellung hegte, eines Tages seinen königlichen Vater mit seinen Schreib- und Rechenkünsten zu überraschen und zu beeindrucken. Dazu kam es aber nie, und nach der Art heranwachsender Buben flüchtete er sich in eine Traumwelt, in der er stets eine Retter- und Heldenrolle spielte. Dies verstärkte sich, als die Nachricht vom Tod des Kronprinzen Thotmes eintraf.

Ein häufiger Traum war der von einem Jagdausflug, zusammen mit dem König und seinem Thronfolger. Da gerieten sie immer tiefer in ein von Steinbrocken übersätes Wüstental, erlegten da eine Gazelle, dort einen Straußenvogel, wobei Amenhotep ganz gegen seine sonstige Gewohnheit sich als eifriger und treffsicherer Jäger erwies. Plötzlich standen sie inmitten einer Büffelherde – die Wildtiere schnaubten, scharrten mit den Hufen, kamen immer näher. Und dann war über ihnen ein Wald von spitzen Hörnern, er hörte Schreie, wehrte sich, stieß seinen langen Dolch in weiches Tierfleisch, konnte schließlich weglaufen und sah, wie einer der Stiere den Thronfolger auf die Hörner spießte und davongaloppierte. Der Prinz schrie, zappelte, streckte hilfesuchend seine Arme aus, bis der Stier mit ihm hinter einem Hügel verschwand. Semenchkare ging zurück und fand den König blutüberströmt auf dem Boden. Er rief seinen Vater an, und der stand lachend auf, klopfte sich ab und meinte, das sei alles nicht so schlimm gewesen. «Aber der Prinz!» rief Semenchkare, «der Prinz ist von einem Stier entführt worden!» Da klopfte ihm der König auf die Schulter und sagte beruhigend: «Aber ich habe doch dich…»

Dieser Traum kehrte in mehreren Varianten wieder. So wurden die Jäger einmal von einem Löwenrudel überfallen, ein anderes Mal von feindlichen Nomaden, und immer wurde der Thronfolger dabei entführt oder getötet.

Semenchkare erzählte seiner Mutter von diesen Träumen, und sie schürte noch das Feuer.

«Eines muß man diesem Thotmes schon lassen, er war ein Mensch von deines Vaters Art – rauh, laut, jähzornig, voll Saft und Kraft, aber was ihm jetzt nachfolgt, ist jämmerlich. Dieser dünnblütige Amenhotep, ein zartes Muttersöhnchen, sehr gescheit, wie man hört, aber das reicht nicht für einen König. Mein Vater hat immer gesagt, es sei gleichgültig, ob ein Herrscher schreiben und lesen kann, denn dafür hat er seine Diener. Wichtiger sei eine harte Hand, ein ruhiges Herz und eine gutgefüllte Schatzkammer.»

Giluchepa stopfte sich den Mund voll Datteln und sagte kauend: «Da wärst du schon eher geeignet, er müßte dich nur einmal näher kennenlernen.»

An dieser Vorstellung hielt sie fest, und es gelang ihr durch Gold und gute Worte, den Hauptmann der Leibjäger Seiner Majestät zu überreden, Semenchkare auf den nächsten Jagdausflug des Königs mitzunehmen. Um dabei eine gute Figur zu machen, übte der Prinz unaufhörlich Speerwerfen und Bogenschießen, aber alles war vergeblich, weil sich in jener Zeit der körperliche Zustand des Guten Gottes zunehmend verschlechterte, so daß alle Jagdpläne zurückgestellt werden mußten.

Doch Giluchepa gab nicht auf. Zwar redete sie nicht mit dem Sohn darüber, aber ihre Wünsche und Hoffnungen zielten jetzt darauf, daß der in ihren Augen kränkliche und dünnblütige Amenhotep die Last der Krone nicht lang ertragen würde und unter ihr ersticken mußte, wie eine Pflanze, der man Licht und Luft nimmt. Dem Alter und seiner vornehmen Abkunft nach würde Semenchkare an seine Stelle rücken, eine seiner Halbschwestern heiraten und zum Herrn Beider Länder werden. Sie dachte dabei weniger an die vorlaute und halbverrückte Sat-Amun, sondern an Isis, das zarte Pflänzchen, die ihrem Sohn beim Herrschen und Regieren gewiß nicht im Wege sein oder gar – wie diese Teje – überall mitreden und sich einmischen würde.

Dann begann der Nil abzuschwellen, und die Landleute starrten erwartungsvoll auf ihre Äcker und Felder, wo bald der mattglänzende, fruchtbare Schlamm sichtbar sein würde, ein riesiger feuchter Schoß, voll Ungeduld den Samen erwartend.

Im Königspalast hatte man andere Sorgen, denn nach uraltem Brauch sollte das Sed-Fest am ersten Tag des ersten Monats der Peret-Zeit stattfinden, und so waren dort alle Augen auf Seine Majestät und den Leibarzt Pentu gerichtet. Dessen Arzneien und Anordnungen hätten nichts oder nur wenig bewirken können, wäre nicht dem König jener Tag der wundervollen Erneuerung vor Augen gestanden – eine Hoffnung, an die er sich klammerte, für die er alles Erdenkliche tat. Wein nahm er nur noch als Grundlage der von Pentu verordneten Stärkungsgetränke zu sich, die leichten, kaum gewürzten und deshalb faden Speisen würgte er hinunter, erduldete auch die schmerzhaften stundenlangen Massagen und Einsalbungen, um seinen Körper beweglich zu erhalten.

Nun gingen Boten in alle zweiundvierzig Gaue des Landes Kemet, um die Abordnungen zur Huldigung des verjüngten Königs herbeizurufen, dazu wurden die dort tätigen höchsten Priester und Beamten geladen. Zehn Tage vor dem Fest wurde den Ehrengästen aus Waset sowie Verwandten und Freunden des Königs eine mündliche Einladung überbracht.

Als der Hohepriester Maj mit seinem Vertrauten Si-Mut allein war, sagte er grimmig: «Ich habe nun wirklich gedacht, Amuns Geduld sei erschöpft und er würde dem König keinesfalls ein drittes Sed-Fest schenken. Aber was wissen wir schon, die wir uns seine Propheten nennen? Amun heißt der Verborgene, der durch unsichtbaren Lufthauch Wirkende. Er ist Herr über die Zeit und kennt das geheime Ende aller Dinge.»

«Es wird sein letztes Sed-Fest sein. Unsere Spitzel berichten, daß der König nur noch mit Mühe am Leben gehalten wird. Offenbar kennt der junge Pentu keinen so mächtigen Zauber wie sein Vater. Amun sei Dank, daß du unseren Bagsu sofort hast verschwinden lassen. Lebt er noch?»

Maj strich sich langsam über seine schmale, hohe Stirn.

«Einen Mann wie ihn werden wir eines Tages noch brauchen. Er wirkt jetzt als Oberster einer Tempelwache im Süden – natürlich unter einem anderen Namen. Freilich hätte ich ihn töten lassen können, und er weiß das. Er wird uns künftig mit noch größerer Hingabe dienen.»

Der hagere Si-Mut verneigte sich.

«Wie immer wirst du das Richtige entschieden haben, Ehrwürdiger. Wie sollen wir uns bei dem Sed-Fest verhalten?»

«Unserem Rang und Amt entsprechend: würdevoll, respektvoll und in Demut vor dem Obersten Priester. Nimmt es der König nicht zur Kenntnis, so wird es sein Nachfolger tun. Wir wollen ihm zeigen: Auf uns ist Verlaß, auf uns kann er bauen, wir stehen notfalls auch mit Amuns Vermögen zu seinen Diensten.»

Der Dritte Prophet des Amun blickte überrascht auf, seine tiefliegenden Fanatikeraugen richteten sich fragend auf den Hohenpriester.

«Ihm willst du zugestehen, was dir bei seinem Vater – er lebe, sei heil und gesund – mehr und mehr mißfallen hat?»

«Aber ja! Jeder König, der den Thron Beider Länder besteigt, erbaut etwas zur Ehre der Götter. Sogar der jetzige hat es getan und den Mut-Tempel beträchtlich erweitert. Auch der neue wird so handeln, und wir werden die Kosten dafür übernehmen – ganz gleich, wo dieser Tempel entstehen mag.»

«Du setzt aber voraus, daß es ein Amun-Tempel ist?»

Maj gestattete sich ein kurzes, kaltes Lächeln.

«Nicht unbedingt, aber es müßte schon sein Umfeld betreffen – seine Gemahlin Mut oder den Sohn Chons… Er wird es nicht wagen, eine Ausnahme zu machen, schon aus Familientradition. Amenhotep ist noch jung und formbar; ich fürchte nur den Einfluß seiner Mutter, seines Onkels Anen – Seth verderbe diesen falschen und unwürdigen Diener Amuns – und des Wesirs Ramose. Aber wir werden zurechtkommen, Si-Mut, wie wir es stets taten. Amun hat den längeren Atem, Amun wird siegen.»

Dann war der große Tag gekommen. Pentu hatte dem König ein leichtes Schlafmittel verabreicht, vermischt mit einem Achtel Hekat Wein, so daß der Gute Gott leidlich ausgeschlafen den großen Tag beginnen konnte.

Das Sed-Fest sollte im Hof des nördlich der Palaststadt gelegenen und seit zwei Jahren verwaisten Amun-Tempels stattfinden.

Schon Tage zuvor hatten Arbeiter damit begonnen, die sogenannte Gründungsgrube auszuheben, über der später die Doppelkapelle mit den beiden Thronsitzen – einer nach Süden, einer nach Norden gerichtet – erbaut werden sollte.

Es begann mit einer von tiefer Geheimhaltung umgebenen Zeremonie, an der nur drei der höchsten Priester der Jenseitsgottheiten teilhatten: Sokar, der alte Gott der Totenstadt von Men-nefer; Osiris, Jenseitsrichter und Herr von Abidu; und Anubis, der von der Gotteshalle, womit der Raum für Einbalsamierungen gemeint war.

Die drei Priester hatten die Masken ihrer Gottheiten aufgesetzt und umgaben den auf einem Balsamierungstisch liegenden König mit geheimen Riten. Amenhotep wußte, daß die drei ihn wie einen tatsächlich Verstorbenen behandelten, und so lag er da, mit geschlossenen Augen, flach atmend und lauschte dem Gemurmel der magischen Sprüche in einer uralten, kaum noch verständlichen Sprache. Dann flogen die Vorhänge zurück, und der König stand da, in einem kurzen, ärmellosen Mantel, am Hals geschlossen und knapp über die Knie reichend – schmucklos, ohne Krone und Szepter.

Er schritt zur Doppelkapelle, geleitet von einem als Horus mit einer Falkenmaske verkleideten Priester, und nahm auf dem nach Norden gerichteten Thronsitz Platz. Inzwischen hatte sich die Priesterprozession mit den Götterstandarten formiert und umgab im Halbkreis den Doppelthron.

Die Abgeordneten der zweiundvierzig Gaue hatten sich dahinter in zwei Reihen aufgestellt; auch sie reckten stolz ihre Standarten in den Himmel, die fast alle Tiersymbole trugen.

Vor den Augen der Landesgötter und der Gausymbole setzten nun die Priester dem König die rote Krone des Bienenlandes auf, in dessen Nordrichtung er schaute. Danach wurden ihm das Heka-Szepter und die Nechech-Geißel überreicht – nach der Krone die wichtigsten Insignien des Herrn Beider Länder.

Nun riefen die Priester dreimal im Chor: «Guter Gott, Sohn der Sonne, mögest du noch Millionen von Sed-Festen feiern!»

Der König erhob sich, umschritt die Kapelle und nahm auf dem südlichen Thronsitz Platz. Dort wurde ihm die weiße Krone des Binsenlandes aufgesetzt, und nun – im Schmuck der Doppelkrone –

ertönte wieder der Jubelruf: «Mögest du Millionen von Sed-Festen feiern!»

Nebmare Amenhotep, den Guten Gott und Herrn Beider Länder, hatten dabei seltsame Empfindungen begleitet. Stück für Stück mit der Wiedereinsetzung in sein Königtum waren die alten Leiden zurückgekehrt.

Jetzt, im Schmuck aller Throninsignien, bejubelt vom Volk und den Priestern aller Götter, spürte er die Schmerzen im Mund, das Pochen der Gicht in den Gliedern, das Völlegefühl im Leib. Er fühlte, wie die Schwäche von den Beinen aufstieg, nach und nach den Körper, zuletzt auch den Kopf erfaßte. Durch einen immer dichteren Schleier von Müdigkeit nahm er die Zeremonien wahr, wußte, daß er sich noch einmal vom Thron erheben mußte, ehe der Thronfolger für ihn einsprang.

Da wurde der mannshohe Djed-Pfeiler aufgerichtet, das Sinnbild für Dauer, wobei ihm das Ende des Strickes in die schlaffe Hand gelegt wurde, als habe er selbst daran mitgewirkt.

Pentu beobachtete mit zunehmender Sorge, wie sich der König zusammengesunken und mit halbgeschlossenen Augen mühsam auf dem Thron hielt. Am liebsten hätte er schon jetzt das Zeichen für den «Rollenwechsel» gegeben, wie es abgemacht war: Wenn er glaubte, der König stehe es nicht mehr durch, aber noch schien es ihm nicht soweit.

Als der Augenblick kam, da der König sich erheben mußte, um sich dem Volk als Krieger zu zeigen, wäre Pentu ihm gerne zu Hilfe geeilt, doch ein aufmerksamer und geschickter Zeremonienmeister machte flugs einen Ritus daraus und ließ je einen Priester von Month, dem Kriegsgott, und Amun, dem Reichsgott, dem König zeremoniell aufhelfen. Gestützt von beiden Seiten stand er da, die Doppelkrone wurde mit dem blau-goldenen Kriegshelm vertauscht, Keule und Krummschwert in seine Arme gelegt.

Maj, dem Hohenpriester des Amun, entging die Schwäche des Königs nicht. Mit boshafter Genugtuung beobachtete er den zunehmenden Verfall, hoffte und wünschte, daß der Gute Gott innerhalb der nächsten zehn Tage den Weg nach Westen antreten würde.

Jetzt huldigten die Priester dem Kriegsherrn im Chor:

«O Horus, du Starker Stier, geliebt von Maat,
du Kriegsgott unter den Königen,
du Stier unter den Herrschern,
groß und stark wie dein Vater Aton.»

Maj zuckte zusammen. An dieser Stelle hätte es heißen müssen:
dein Vater Amun-Re... Dann dachte er hämisch, weder Aton wird
dir helfen können noch Pentu mit seinen Zaubersprüchen – kein
Gott und kein Mensch wird deinen Weg nach Westen verhindern.

Als Pentu sah, wie der König immer mehr zusammensank, gab er
einem der Zeremonienmeister das verabredete Zeichen, und dann
lief ab, was lange vorher vereinbart war. Sobald sich der Zusammenbruch des Königs ankündigte, sollte er mit dem Thronfolger
«ausgetauscht» werden.

Die Gau-Standartenträger schlossen um die Kapelle einen Kreis,
der sich zur überdachten Tribüne der Königsfamilie öffnete.
Während die Helfer den leblosen Körper gebückt davontrugen,
nahm der schon vorbereitete Thronfolger den Platz auf dem südlichen Thron ein. Auch er trug die blau-goldene Chepresch-Krone,
hielt Keule und Krummschwert.

Dies alles lief so schnell ab, daß die wenigsten der vielen Zuschauer in dem riesigen Tempelhof überhaupt sahen, was genau
vorging. Die wichtigsten der Gäste waren zuvor darüber informiert
worden, daß der Kronprinz etwa nach zwei Stunden die Rolle des
Vaters übernehmen würde, schon weil der anstrengende Rundlauf
für den König nicht mehr in Frage kam. Das war weder neu noch
ungewöhnlich, denn die wenigsten der Könige waren nach dreißigjähriger oder längerer Regierung noch imstande, das Geviert eines
gewaltigen Tempelhofs im Laufschritt zu durchmessen.

Die Große Königsgemahlin Teje hatte von ihrem erhöhten Sitz
aus alles verfolgt, doch ihrem hoheitsvollen Gesicht unter der
schweren goldenen Geierhaube war nicht das geringste anzumerken. In ihrer linken Hand ruhte das gebogene Königinnen-Szepter,
die rechte lag entspannt auf ihrem Knie. Sie saß aufrecht und unbeweglich, das kleine, feste Kinn über dem schweren Prunkkragen
hoch erhoben.

Sie wußte, daß Maj und die andern Hohenpriester sie genau beobachteten, und es fiel ihr nicht einmal schwer, so zu tun, als gehe alles seinen geregelten Gang. Ihr Gemahl würde sterben, bald schon, und es lag an ihr, keine Unruhe und keinen Bruch entstehen zu lassen. Die Ankündigung, Prinz Amenhotep würde seinen Vater als Mitregent künftig unterstützen, war längst vorbereitet und sollte am Ende des Sed-Festes verlesen werden.

«Nur keine Schwäche zeigen», hatte gestern der König mit matter Stimme befohlen. «Der Gute Gott ist als Mensch sterblich, sein Amt nicht – es muß immer besetzt sein, der Thron darf niemals verwaisen...»

So war es dann auch. Aus dem Prinz war ein König geworden, der alte sterbende Sohn der Sonne war dabei, nach Westen zu gehen, um sich mit Re zu vereinigen.

Der junge König fühlte, wie die göttliche Kraft seinem Körper zuströmte, ihn ausfüllte, ihn heiligte. Er, dem es noch vor einiger Zeit widerstrebte, an den Thron zu denken, der glücklich war, daß dieses Amt seinem Bruder zufallen würde – er gab sich nun völlig seiner neuen Aufgabe hin, und es schien ihm, als könne es gar nicht anders sein. Über allem schwebte die Göttin Maat, ihre Zauberfeder bewirkte das ewige Gleichgewicht, die unabänderliche, göttliche Weltordnung.

Unter dem Chorgesang der Novizen erhob er sich, spendete mit kreisender Bewegung den Götterstandarten ein Weihrauchopfer und trat dann zum kultischen Rundlauf an. Dabei trug er in der rechten Hand einen Papyrusstengel, in der linken den Wedel; bekleidet war er mit einem knappen Schurz. Zuerst lief er langsam, in weiten ruhigen Schritten, dann schneller und schneller, bis sein Atem keuchte und das Herz trommelte, als wolle es die Brust sprengen. Er fühlte, wie Atons Wärme und Glanz seinen Körper in eine Aura hüllte, die ihm unendliche Kraft, unendliche Macht, unendliches Leben verlieh.

Ein Teil der Zuschauer glaubte tatsächlich, der alte König habe sich magisch verjüngt – da sie ihn niemals oder nur von weitem gesehen hatten und der junge nun wie ein flüchtiger Traum an ihnen vorüberzog.

Sein Lauf endete wieder an der Kapelle, wo ihn Zeremonialpriester umringten, bis er wieder zu Atem gekommen war. Dann bekleideten sie ihn mit dem großen Königsornat, und er nahm auf der prächtigen, von goldenen Löwen flankierten, mit einem Baldachin überspannten Tragsänfte Platz. Zwölf kräftige Diener hoben die Sänfte auf ihre Schultern, die Wedelträger traten an, die Weihrauchschwenker postierten sich an den vier Ecken.

Dahinter reihten sich die kleineren Sänften der königlichen Verwandten mit Teje an der Spitze, gefolgt von Sat-Amun, Isis, Anen und dem Harim mit Giluchepa, Semenchkare, Zweit- und Nebenfrauen mit den vom König gezeugten Kindern. Nur Nofretete fehlte, weil sie in den nächsten Tagen oder sogar Stunden ihr Kind erwartete und mit zwei Wehmüttern in ihren Gemächern geblieben war.

Inzwischen waren die Abordnungen der unterworfenen Fremdländer aufgezogen, eine Reihe von hier lebenden Ausländern aus Mitanni, Amurru, Ugarit und Kadesch sowie Schwarze aus dem elenden Kusch mußten in Fesseln auftreten und «besiegte Völker» darstellen. Geschenke aller Art wurden zu Füßen des Königs ausgebreitet, dabei gab es viel Jubelrufe, vor allem aus den Reihen der kleinen Leute – der Palastdiener und Hofbeamten, welche die ehrenvolle Bezeichnung «Geheime Räte des verehrungswürdigen Hauses» trugen, die – auch wenn sie nur als Mundschenk, Perückenmacher, Schminkmeister, Wäscher, Sandalen-, Schmuck- und Salbenverwalter amtierten – doch überall höchstes Ansehen genossen.

Das Festbankett am Abend hingegen war nur für den engsten Kreis der Familie sowie die höchsten Priester und Beamten ausgerichtet. Als alle versammelt waren, trat der Wesir vor den leeren Thron und verkündete: «Neb-Maat-Re Amenhotep, der Gute Gott, Sohn der Sonne und Herr Beider Länder, hat es für nötig befunden, sich für einige Zeit von seinen Amtsgeschäften zurückzuziehen. Es ist sein Wille, daß Prinz Amenhotep ihm als Mitregent und Lebendiger Horus zur Seite steht. Sein Thronname lautet: Nefer-cheperu-Re, Wa-en-Re – er lebe, sei heil und gesund und herrsche Millionen von Jahren!»

Maj knirschte leise mit den Zähnen über diese Anmaßung, dem

ohnehin mit Re verbundenen Thronnamen «Schön sind die Erscheinungen des Re» noch hinzuzufügen: «Einziger des Re». Was bildet sich dieses Jüngelchen ein? Hoffentlich wird Teje ihm den Kopf zurechtrücken …

Dann fiel sein Blick auf Semenchkare, der neben seiner Mutter saß und für sein Alter schon recht erwachsen wirkte. Ja, der Hohepriester Maj hatte, was die königliche Familie betraf, alle Zahlen im Kopf. Wissen ist Macht! Das hatte er schon früh erkannt, und daran hielt er sich. Als legitimes Kind mit einer Königsgemahlin wäre dieser Semenchkare der nächste Thronerbe, um so mehr als seine Mutter aus königlicher Familie stammte. Der Junge würde bald seine zwölfte Nilschwelle erleben, und dann war es Zeit, daß er aus dem Harim herauskam und ein seinem Rang entsprechendes Amt übernahm. Das war es! Schon seit Jahren berichteten die Spitzel, daß Giluchepa sich benachteiligt fühle, weil der Gute Gott ihrem Sohn nicht die Aufmerksamkeit zukommen ließ, die er als legitimer königlicher Prinz verdient hätte.

Maj überlegte, welches Amt in Frage käme, wo er ihn im Auge behalten und beeinflussen könnte. Hatte Anen in letzter Zeit nicht mehrmals zu verstehen gegeben, daß er seine Würde als Zweiter Prophet des Amun ablegen möchte? Der junge, hochgewachsene Prinz würde bei den Umzügen das Entzücken der weiblichen Zuschauer sein. Er müßte behutsam, nach und nach aus dem Familienverband im Königspalast herausgelöst und auf Amuns Seite gebracht werden. Das würde nicht einmal schwierig sein, weil er – wenn die Spitzel recht hatten – vom König niemals in den engsten Kreis der Familie gezogen wurde.

Maj war mit sich zufrieden, Amun läßt seine Kinder nicht im Stich, auch wenn seine Absichten zunächst dunkel sind. Dann erscheint plötzlich ein Lichtstrahl …

Da ertönte ein heller Fanfarenruf. Die Gäste sprangen auf, knieten nieder, verbeugten sich tief.

Der Lebendige Horus und Herr Beider Länder, der Sonnensohn und Starke Stier erschien in seiner ganzen Herrlichkeit – der Einzige des Re, König Amenhotep, der vierte seines Namens. Er nahm Platz, und Ramose, der Wesir, trat vor.

«Seine Majestät hat mich soeben beauftragt, eine erfreuliche

Nachricht zu verkünden. Nofretete, seit heute Große Königsgemahlin, hat vor einer halben Stunde eine Tochter zur Welt gebracht, und das göttliche Königspaar hat geruht, ihr den Namen Merit-Aton zu verleihen.»

Jubelrufe erschollen, auf den jungen König, seine Gemahlin, das neugeborene Kind.

Einige Stunden vor ihrer Niederkunft hatte der junge König den Wesir mit Eje, seinem Ersten Schreiber, zu sich befohlen und per Dekret verkündet, daß Nofretete von nun an als Große Königsgemahlin zu betrachten sei, als die Anmutsvolle unter der Geierhaube.

Der Wesir wirkte betroffen.

«Hast du Königin Teje – ich meine – ob Ihre Majestät...»

Amenhotep lächelte sanft.

«Natürlich habe ich sie in Kenntnis gesetzt – gefragt habe ich sie nicht.»

Ramose verbeugte sich tief.

«Du bist der König – es ist recht, was du tust.»

Maj erschrak, als er den Namen des Mädchens hörte. Nun tauchte dieser Aton schon bei den Namen der Königsfamilie auf! Das war unerhört! Vergaß dieser Prinz – nein, der König, denn ganz, wem diese Herrlichkeit hier zu verdanken war? Amun-Re, der mächtige Reichsgott, hatte die Königsfamilie von Generation zu Generation mit Macht und Ansehen beschenkt – und nun das!

Königin Teje war heute nicht erschienen. Sie saß im Schlafgemach am Bett ihres Gemahls, als Pentu eintrat. Sie erhob sich und winkte den Arzt beiseite.

«Ich weiß nicht, ob Seine Majestät uns hören kann. Ich – ich habe den Eindruck, daß mein Gemahl sich aufmacht, um nach Westen zu gehen, oder täusche ich mich?»

Pentu wußte, daß die Königin eine offene Sprache liebte.

«Nein, Majestät, deine Vermutung ist richtig. Nach meinem besten ärztlichen Wissen wird der Gute Gott sich niemals mehr von diesem Lager erheben...»

«Aber wie lange...?»

«Sein Körper ist überaus geschwächt, längstens noch drei Tage, vielleicht vier…»

«Und tun läßt sich nichts mehr? Eine Arznei, eine Behandlung?»

«Leider, Majestät. Es wäre nicht sinnvoll, den König mit etwas zu quälen, das ihm doch nicht hilft.»

«Teje…» ganz leise, mit brüchiger Stimme erklang der Ruf.

Der König lag da mit halboffenen Augen, seine rechte Hand bewegte sich unruhig auf dem mit Anch-Zeichen bestickten Leintuch hin und her.

Teje setzte sich ans Bett, ergriff die umherirrende Hand und streichelte sie sanft.

«Soll ich gehen?» fragte Pentu leise.

Sie nickte, ohne sich umzuwenden. Der sterbende König versuchte, Worte zu formen, doch es drang kein Laut an ihr Ohr. Sie beugte sich nieder, und es klang wie ein Hauch, der aus dem Jenseits herabwehte.

«… nur dich geliebt, immer nur dich…»

Sie konnte die Tränen nicht mehr zurückhalten, legte behutsam ihren Kopf auf seine immer noch mächtige Brust. Da fühlte sie, wie seine Hand über ihr Haar strich. Mit überraschend kraftvoller Stimme sagte er: «Wir sehen uns wieder, Geliebte – wir sehen uns wieder…»

Sie richtete sich auf. Der König lächelte, hatte die Augen geschlossen, und seine Hände lagen jetzt ganz ruhig, auch sein Atem ging leicht und regelmäßig.

Ohne wieder zu erwachen oder ein anderes Lebenszeichen von sich zu geben, hörte Nebmare Amenhotep, Sohn der Sonne und Herr Beider Länder, vier Tage später zu atmen auf. Seine königliche Seele stieg auf zur Sonne und vereinigte sich mit Re.

11

Das ganze Land Kemet versank in Trauer. Die Hofdamen in der Palaststadt bestreuten ihre Häupter mit Asche, zerrissen ihre Gewänder, zerkratzten sich heulend Brüste und Wangen. Dann taten die Gottessiegler ihr schreckliches und doch so notwendiges Werk, und siebzig Tage später vollzog der junge König – wie schon bei seinem Bruder – die langwierige Zeremonie der Mundöffnung. So ermöglichte er dem Osiris Amenhotep ein ewiges Leben in der jenseitigen Welt, die Re auf seinem Sonnenschiff durchfährt, wenn er abends am Horizont die irdische verlassen hat.

In der Tempelstadt des Amun wartete man gespannt auf die Schönen Befehle des jungen Königs. Die Erfahrung lehrte, daß ein Thronwechsel auch Änderungen auf anderen Gebieten mit sich zog – am Hof, in den Ämtern, an den Tempeln. Wo würde die Krönung stattfinden? In Waset? In Men-nefer?

Die geheime Hoffnung des Hohenpriesters Maj hatte darin bestanden, daß der junge König sich als fügsam und beeinflußbar erweisen und mit der alten Tradition brechen würde.

Vor ziemlich genau zweihundert Jahren war es dem König Aahmose gelungen, die Hyksos aus Kemet zu vertreiben. Er machte Waset zur Hauptstadt des Reiches, aber keiner seiner Nachfolger verzichtete darauf, die Krönung in Men-nefer zu begehen, und wer von ihnen das Glück hatte, ein Sed-Fest feiern zu dürfen, tat es meist auch in der alten Hauptstadt.

Der von Maj verächtlich als Schönling und Frauenheld bezeichnete Peri hatte eine neue, zusätzliche Aufgabe erhalten. Schon als

Prinzessin Sat-Amun den Palast ihres Großvaters instand setzen und einrichten ließ, war Peri ihr mit Rat und Tat zur Seite gestanden. Das war natürlich nicht unbemerkt geblieben. Dann war Sat-Amun zwei Monate vor dem Tod ihres Vaters als dessen Ehefrau und Große Königsgemahlin bestätigt worden. Sie trug nun an der Stirn die heilige Uto-Schlange, und um sie war die Aura des Göttlichen. Bei ihren künftigen Liebesstunden machte Peri keinen Unterschied – die Königsgemahlin zeigte sich nicht weniger unersättlich als die Prinzessin. Peri sah sich gezwungen, jede Verbindung zu anderen Frauen abzubrechen, und das fiel ihm nicht einmal schwer, denn einer Sonnentochter beizuliegen – ja, das war schon etwas ganz Erlesenes.

Aber dann kam Gerede auf, und Sat-Amun wollte den Geliebten um keinen Preis irgendeiner Gefahr aussetzen. So sagte sie eines Nachmittags, als sie im verdunkelten Schlafgemach liebessatt und träge nebeneinanderlagen: «Peri, Liebster, ich habe mir für dich etwas ausgedacht.»

«Etwas Gutes, hoffe ich?»

«Etwas, das dein häufiges Hiersein erklärt; ich werde dich zu meinem Haushofmeister ernennen.»

Peri richtete sich erstaunt auf. «Aber ich bin doch Hoherpriester…»

«Wirst du auch bleiben! Unter der Herrschaft meines Vaters gab es Hofleute, die drei, vier, manchmal fünf Ämter innehatten. Als mein Haushofmeister ist deine Anwesenheit im Palast begründet, und daß ich mit dir dann und wann etwas zu besprechen habe, bedarf keiner Erklärung.»

Peri schmunzelte. «Dann und wann? Nun, da werden wir uns einschränken müssen…»

Mit schnellem Griff packte Sat-Amun sein Geschlecht und drückte es mit ihrer kräftigen Hand. Peri schrie leise auf und faßte nach ihrem Arm.

«Das gehört mir, verstehst du, und von einschränken kann keine Rede sein!»

Peri machte sich nichts vor. Er war so gut wie verheiratet mit dieser «Königinwitwe», und diese Tatsache zeugte eine Reihe von Gedanken, die sich allmählich zu einem kühnen Traum verdichteten.

Doch Peri war weder leichtsinnig noch dumm, und er begann in den Tempelarchiven nachzuforschen. Schließlich stieß er auf ein Geschichtswerk, das ein Hofchronist unter dem König A-cheper-ka-Re Thotmes vor etwa einhundertfünfzig Jahren verfaßt hatte. Besonders detailreich schilderte der Autor die Thronwirren, die nach dem Tod des Königs Amenemhet vor etwa zweieinhalb Jahrhunderten entstanden waren. Dieser Herrscher hinterließ keine Kinder, und so übernahm seine Schwestergemahlin für einige Jahre die Regentschaft. Nach ihrem Tod usurpierten innerhalb von vierzig Jahren etwa ein Dutzend Könige den Horus-Thron; manche herrschten nur für wenige Monate, einigen gelang es, sich drei oder vier Jahre an der Regierung zu halten.

Was Peri dabei besonders interessierte und worin er sich lange vertiefte, war die Herkunft dieser Könige. Zwei von ihnen verkündeten ganz stolz, daß sie von einfachen Arbeitern abstammten; einer kam aus einer Hauptmannsfamilie, zwei nannten Priester als Väter. Keiner konnte sich durch eine Ehe mit einer königlichen Prinzessin legitimieren, und doch bezeichnete jeder sich kühn als «Sohn der Sonne». Auch in der Geschichte des darauffolgenden Jahrhunderts stieß Peri immer wieder auf die Tatsache, daß entschlossene Männer aus nichtköniglichen Familien sich aus eigener Kraft, manchmal legitimiert durch Ehen mit Prinzessinnen, auf den Thron Beider Länder schwangen. Das waren, überlegte Peri, durchaus keine Einzelfälle, es geschah in der Geschichte des Landes wieder und wieder, und es gab keinen vernünftigen Grund, daran zu zweifeln, daß es auch später unter entsprechenden Umständen wieder dazu kommen würde.

Auf die Gegenwart bezogen, malte Peri sich das so aus: Während der nächsten Jahre starb die Königin Teje, und ihr schwächlicher Sohn folgte ihr bald in den Westen. Als einzige legitime Kinder der Großen Königsgemahlin lebten dann noch die zarte versponnene Isis und, im Rang am höchsten, die «Königinwitwe» Sat-Amun. Durch mehrere Dutzend historischer Beispiele war leicht zu belegen, daß die Sonnentochter jeden halbwegs geeigneten Mann zum König erheben konnte, wenn sie ihm ihre Hand reichte.

Und dieser Mann könnte er sein, Peri, Hoherpriester der Mut in ihrem Südlichen Harim. Je mehr er sich in die Vorstellung vertiefte, desto stärker wurde in ihm die Erkenntnis – ja die Überzeugung, daß er nicht nur halbwegs, sondern durchaus dafür geeignet war. Was die Bildung betraf, so konnte er es ohnehin mit jedem Prinzen aufnehmen. Von den siebenhundert Schriftzeichen beherrschte er gut die Hälfte, und das waren die wichtigsten. Zudem konnte er sich in der alten Hofsprache verständigen, die sich nicht wesentlich von der in Hymnen, Gebeten und Beschwörungen gebrauchten unterschied.

Ja, Peri brachte alle Voraussetzungen mit, an der Seite von Sat-Amun Doppelkrone, Heka-Szepter und Nechech-Geißel zu tragen. Er jedenfalls würde sich mit Maj, oder wer auch immer das Amt des Ersten Propheten innehatte, gutstellen und Amun-Re auf jede nur mögliche Art seine Dankbarkeit erweisen. Und wichtiger noch: Er mußte mit Sat-Amun Kinder zeugen – je mehr, desto besser. Die Prinzessin – nein, die Große Königsgemahlin schien genau darauf zu achten, daß sie an ihren fruchtbaren Tagen nicht zusammenkamen. Peri wußte über solche Frauendinge einigermaßen Bescheid, weil seine früheren Geliebten ihm manchmal davon erzählt hatten.

Das war nun der Traum des Mut-Priesters Peri, und wenn er auch kühn schien und der Wirklichkeit fern, so barg er doch ein Quentchen des Möglichen – beweisbar durch historische Ereignisse. Sollte er darüber jetzt schon mit Sat-Amun sprechen? Zwischen der Möglichkeit, ihr seinen Plan genau darzulegen, oder nur vage Andeutungen zu machen, gab es eine Reihe von Erklärungsversuchen, von denen er die richtige auszuwählen hatte. Er kannte Sat-Amun gut genug, um zu wissen, daß ihr der Sinn für Kühnes, Außerordentliches – ja Abwegiges keineswegs fehlte, aber sie war eine launische Sonnentochter, und da mußte er behutsam sein. Sie durfte nicht mißtrauisch oder argwöhnisch werden, durfte ihn nicht falsch verstehen.

Es würde nicht einfach sein, doch je mehr er sich in Einzelheiten seines Wunschtraumes vertiefte, desto stärker war das Bedürfnis, seine Gedanken mit Sat-Amun zu teilen. Und so pochte er eines Morgens behutsam an die Tür – gerade als sie dabei war, sich für ein abendliches Bankett des Amun-Harims herrichten zu lassen. Als

Ranghöchste bekleidete sie seit einiger Zeit den Vorsitz, den Teje ihr seit des Königs Tod überlassen hatte. Immer wenn Dienerinnen zugegen waren, sprach er seine Geliebte förmlich mit ihrem Titel an.

«Störe ich, Majestät? Es gäbe noch etwas hinsichtlich des bevorstehenden Opet-Festes zu besprechen…»

«Du störst zwar, Haushofmeister Peri, aber da ich ohnehin eine Stunde später erscheinen werde, bleibt mir noch etwas Zeit.»

Sie winkte die Dienerinnen hinaus.

Peri, sonst nie um Erklärungen verlegen, wußte nicht, wo er anfangen sollte, und so kam es etwas wirr heraus: «Ich habe mir überlegt, daß – nein, gesetzt den Fall, dein Bruder, also unser König, nun, er scheint mir etwas schwächlich, ist immer blaß, etwas hinfällig… Was wollte ich sagen? Ja, man sollte schon etwas in die Zukunft blicken, Vorsorge treffen, nicht wahr?»

Sat-Amun schüttelte verwundert den Kopf. Ihre schönen, langen Haare hatten die Zofen schon hochgesteckt, denn sie würde heute die kleine Geierhaube über einer üppigen Prunkperücke tragen.

«Worauf willst du hinaus, mein Lieber? Hältst du meinen Bruder für krank, machst du dir irgendwelche Sorgen? Selbst wenn er nicht lange lebt, es gibt im Palast genügend Prinzen von Nebenfrauen. So einer muß mich oder Isis heiraten, und die Nachfolge ist gesichert. Außerdem hat Nofretete eine Tochter geboren…»

«Du wolltest doch niemals heiraten, hast immer darauf bestanden…»

Sie zuckte die Schultern. «Keinen meiner Halbbrüder, das stimmt. Aber ich bin die Erstgeborene der Großen Königsgemahlin, und ich kann…»

Peri nickte mehrmals eifrig. «Das ist es! Und du kannst jeden Mann aus guter Familie heiraten und ihn neben dir auf den Thron setzen! Dafür gibt es eine Reihe historischer Beispiele.»

Sie ging nicht auf den Gedanken ein.

«Mag sein, aber warum soll ich mich mit etwas beschäftigen, das viel später oder vielleicht niemals eintritt? Ich tue lieber das Naheliegende, Peri, und das sind zwei Dinge: Erstens muß ich heute beim Harimstreffen den Vorsitz führen, zweitens erwarte ich dich morgen abend zu einer dringenden Besprechung…»

Ihre großen, ausdrucksvollen Augen musterten ihn liebevoll.

«Zu einer sehr dringenden, mein Lieber!»

Peri war so klug, das Thema fallenzulassen, doch ebenso fest entschlossen, es bei passender Gelegenheit wiederaufzunehmen.

12

*D*er junge König Nefer-cheperu-Re Wa-en-Re Amenhotep
wollte nichts überstürzen, dazu hatte ihm seine kluge Mutter geraten.

«Eins nach dem anderen, Meni, sonst sieht es aus, als gedächtest
du bald nach Westen zu gehen. Deine Untertanen, vom Taglöhner
bis zum Hohenpriester, sollen in dem Bewußtsein leben, daß Millionen von Regierungsjahren vor dir liegen. Das macht sie klein und
fügsam, weil sie damit rechnen müssen, ihre Lebensspanne unter
deinem Szepter zu verbringen, von deinem Willen, deinen Schönen
Befehlen abhängig zu sein. Und noch eines: Tue deine Absichten
niemals lange vorher kund. Es könnte sein, daß du sie ändern willst,
und dann fragen sich die Menschen: Hat er sie ändern müssen?
Haben seine Mutter, der Wesir oder seine Gemahlin ihn bewogen,
diese Pläne aufzugeben? Das aber, lieber Meni, kann die Aura des
Göttlichen trüben, die deine Person umgibt.»

Der König hatte diese Ratschläge bedacht und ernst genommen.
Ihr allein hatte er den Plan zum Bau seines neuen Tempels verraten,
und was es damit auf sich hatte.

«Es hat mit meinem Vater zu tun. Du weißt, daß ich dir immer
nähergestanden habe als ihm, denn Thotmes war das Vaterskind –
der Gestalt und dem Herzen nach. Dann ist mein Bruder zum Osiris geworden; Vater mußte sich mir zuwenden und hat mir auf einer
Wüstenfahrt eröffnet, wie er zu den Göttern stand. Da bin ich ihm
viel nähergekommen, habe eine Seite von ihm kennengelernt, die er
vor anderen verbarg. Du aber wirst wissen, wovon ich spreche, und
er hat seiner Neigung mit der kleinen Aton-Kapelle Ausdruck ver-

liehen. Ich teile diese Neigung – ja, ich spüre, wie sie immer mehr von mir Besitz ergreift. Es gibt nur einen Gott, und der sieht tagtäglich vom Himmel auf uns herab. Ihm zu Ehren werde ich den Tempel errichten, und sein Allerheiligstes soll die vom Osiris Amenhotep errichtete Kapelle sein. Mir ist, als hätte sein Ka mir diesen Auftrag ins Ohr geflüstert: Verwirkliche du, wozu ich nicht mehr kam. Ich habe verstanden und Huy bereits gebeten, mir die Pläne zu entwerfen.»

Teje hatte ihrem Sohn mit leicht vorgeneigtem Kopf ruhig zugehört. Sie stand auf und ging zum Fenster, wo sich der lichtblaue, mit goldenen Sternen bestickte Vorhang leicht im sanften Abendwind bauschte. Es sah aus, als lebe und atme er. Teje schob ihn zurück und blickte hinaus. Der König hatte sich mit ihr erhoben und wartete geduldig auf ihre Erwiderung. Ohne sich umzudrehen, fragte sie: «Wie groß soll der Tempel werden?»

«Im Geviert etwa zweihundertsiebzig mal vierhundert Ellen.»

Sie wandte sich um und lächelte spöttisch.

«Wenn ich daran denke, daß dieses gewaltige Bauwerk unmittelbar vor den Mauern der Amun-Tempelstadt entstehen soll, dann taucht Majs Gesicht vor mir auf, und es wird aussehen, als habe er von einem bitteren Trank gekostet.»

In Amenhoteps Gesicht kam ein Zug von Eigensinn und Hochmut. Teje kannte diesen Ausdruck an ihrem Sohn, doch er trat in letzter Zeit häufiger auf, war deutlicher ausgeprägt und hielt länger an.

«Er wird es hinnehmen müssen, und ich fürchte, daß er noch einen ganzen Krug von dieser bitteren Arznei kosten muß. Heißt du meinen Plan gut?»

«Du bist der König! Aber vergiß eines nicht, wovor dich dein Vater, wie ich weiß, mehrmals gewarnt hat: Auch wenn du Aton vorziehst, laß dem Volk seine alten Götter und erweise ihnen deinen Respekt. Das Opet-Fest steht vor der Tür, nimm daran teil und ehre den Reichsgott, dessen Oberster Priester du bist. Neige dich vor ihm, opfere ihm und halte dein Herz verschlossen. Das ist mein Rat.»

«Meine Absicht war, am Opet-Fest nicht teilzunehmen, sondern mich – da es ja um den Südlichen Harim geht – von dir, Nofretete und Sat-Amun vertreten zu lassen.»

«Das Fest dauert elf Tage, und schon des Volkes wegen solltest du dich wenigstens einmal dabei sehen lassen.»

«Ich werde es nach meiner Krönung tun.»

Seine Miene war störrisch und abweisend geworden. Teje kannte ihren Sohn zu gut, um zu wissen, daß sie nicht weiter in ihn dringen durfte. So setzte sie das ihr eigene ironische Lächeln auf.

«Drei Frauen unter der Geierhaube – ob das gutgeht? Übrigens bezweifle ich, ob Sat-Amun teilnehmen wird.»

«Sie läßt sich kaum noch hier sehen… Der Mut-Priester Peri soll jetzt ihr Haushofmeister sein; Anen hat es kürzlich erwähnt.»

Teje nickte und runzelte die Stirn.

«Vielleicht mehr als das. Sie steckt so häufig mit ihm zusammen – nun, er wird wohl ihr Liebhaber sein. Du könntest ihr diesen Umgang verbieten…»

«Warum? Sat-Amun läßt sich nichts verbieten; ich habe auch nicht die Absicht.» Der König erhob sich. «Draußen dämmert es schon…»

«Noch eines: Giluchepa ist offenbar aus ihrer Harimsruhe erwacht und belästigt mich ständig mit Forderungen, ihren Sohn Semenchkare betreffend. Der Bursche ist zwölf geworden, du solltest ihm eine Aufgabe zuweisen.»

Manche Pläne reifen langsam und brauchen Tage, ja Monate, um Gestalt anzunehmen, ganz selten aber ist es, als fielen sie wie ein Göttergeschenk fertig vom Himmel und verlangten, sofort verwirklicht zu werden.

Kaum hatte Teje zu Ende gesprochen, wußte der König schon, wozu er seinen Halbbruder brauchen würde. Doch er behielt es für sich und verneigte sich vor seiner Mutter.

«Ich werde mich darum kümmern; immerhin ist er der Sohn einer Prinzessin, und sein Rang muß beachtet werden.»

Und nun geschah etwas, das sich zu Lebzeiten des Königs und des Amun-Priesters Maj niemals mehr wiederholen sollte. Sie strebten beide das gleiche an. Ohne daß Maj sich viel bemühen mußte, hatte der König ganz in seinem Sinn gehandelt.

Semenchkare hatte aus Langeweile den ganzen Vormittag mit Pfeilen auf eine Zielscheibe aus dickem Bastgeflecht geschossen, und wenn er sie etwa zehnmal hintereinander getroffen hatte, mußte der Diener sie um einige Ellen weiterrücken. Das geschah vor den Mauern der Palaststadt am Rande der Wüstenberge. Die Sonne stach mit tausend Dolchen vom Himmel, es flirrte ihm vor den Augen, als er zum vielleicht hundertsten Schuß ansetzte. Das Ziel war nur noch undeutlich zu erkennen, und der Prinz schüttelte über sich selber den Kopf.

«Das triffst du niemals…» murmelte er, sandte aber hartnäckig Pfeil um Pfeil in seine Richtung.

Da lief ein Diener herbei. «Du hast die Scheibe getroffen, Prinz Semenchkare. Der Pfeil blieb zwar nicht stecken, aber er berührte den äußeren Rand!»

Der Prinz warf den Bogen in den Sand und wischte sich den Schweiß von der Stirn.

«Nicht schlecht – nicht schlecht…» lobte er sich selber und streckte die Hand nach dem Wasserkrug aus. Er trank in langen Zügen und schüttete sich den Rest über seinen hitzeglühenden Kopf. Dann winkte er die Sänfte herbei.

In seinen Gemächern wartete schon Giluchepa, die ihm gleich entgegenwatschelte und dabei mit ihren dicken Armen vor Aufregung herumfuchtelte.

«Wo bleibst du nur?» kreischte sie, «vor zwei Stunden ist ein Bote vom König gekommen! Er will dich sehen – gleich – sofort! Und du treibst dich irgendwo herum! Ein paar Dutzend Diener suchen dich im ganzen Palast, und du…»

«Mutter – Mutter, beruhige dich. Laß dem König melden, ich käme gerade aus der Wüste und muß mich noch ein wenig säubern. Bitte ihn um etwas Geduld.»

Giluchepa hob die Augen zum Himmel und rang verzweifelt ihre Hände.

«Geduld, Geduld! Wer kann vom König Geduld erwarten? Aber du…»

Semenchkare hörte es nicht mehr, er war schnell in den Baderaum hinabgestiegen, wo seine Diener ihn säuberten und mit frischer Kleidung versahen.

Als der Prinz zu einer Entschuldigung ansetzen wollte, winkte der König ab.

«Du warst in der Wüste – ich weiß. Bist eben doch ein rechtes Wüstenkind. Komm, laß dich anschauen.»

Er stellte sich neben ihn, straffte sich und hob den Kopf.

«Anen, Ramose – seht einmal her!»

Der Zweite Prophet des Amun und der Wesir hatten am Fenster gestanden und traten nun heran.

«Der Bursche ist schon um eine halbe Spanne größer als ich – und das mit zwölf! Aus dir wird ein Riese, Semenchkare!»

Der junge Prinz war verlegen, errötete, und auf seiner Stirn erschienen einige Schweißperlen.

«Um so besser», sagte Anen, «er sieht aus wie sechzehn und macht eine gute Figur. Er wird ein würdiger Nachfolger sein, wenn er auch noch einiges lernen muß.»

Semenchkare verstand kein Wort, und sein königlicher Bruder sah es ihm an.

«Du fängst mit dem Ende an», rügte er seinen Onkel und legte dem Bruder beruhigend eine Hand auf den Arm.

«Komm – setz dich, und ich werde dir sagen, um was es geht.»

Alle warteten höflich, bis der König Platz genommen hatte, und setzten sich ihm gegenüber an den schweren, breiten Tisch.

«Willst du etwas trinken?»

«Nein, nein...»

«Gut – also hier sitzt Anen, mein lieber Onkel und Zweiter Prophet des Amun, unter anderem. Er hat schon unseren Vater gebeten, ihn von diesem Amt zu entbinden, doch der König gestattete es nicht. Ich aber entspreche seinem Wunsch, weil eine andere, größere Aufgabe ihn erwartet. Wir sind nun alle der Meinung, zumindest einer der Amun-Propheten sollte aus der königlichen Familie kommen, und so haben wir – habe ich dich zum Nachfolger bestimmt. Nach einer kurzen Zeit der Einweisung wirst du das Amt eines Zweiten Propheten am Amun-Tempel in Waset übernehmen.»

Der junge Prinz machte ein Gesicht, als habe er eben den strengen Spruch eines Richters vernommen.

«Aber – aber, ich kann doch nicht... als Priester muß ich doch – nein, also...»

«Du wirst und du kannst», sagte der König ruhig. «Anen wird

an deiner Seite bleiben, bis du diesem Amt gewachsen bist. Und sei beruhigt, es geht nicht darum, daß du die heiligen Bücher auswendig lernst oder dir fünfhundert Schriftzeichen aneignen mußt. Du mußt dir nur einige ganz wichtige Dinge einprägen und so würdig und weihevoll auftreten können, wie man es von einem Propheten verlangt.»

Während Semenchkare nach Worten rang, fragte der König noch: «Hattest du andere Pläne?»

«Nein, doch, aber nur ganz unbestimmte. In zwei Jahren, habe ich mir gedacht, könnte ich bei Mahus Bogenschützen eintreten – ich übe fast täglich, und gerade heute habe ich…»

Der König unterbrach ihn lebhaft.

«Aber eines schließt doch das andere nicht aus! Sobald du dir alles Wichtige für dein Amt angeeignet hast, setzt du deine Übungen fort, und mit vierzehn mache ich dich zum Obersten der Bogenschützen.»

Wieder errötete Semenchkare, diesmal vor Freude.

«Danke, Majestät – das ist ja wunderbar! Meine Mutter wird Augen machen!»

Als der Hohepriester Maj von der Ernennung erfuhr, ging ihm ein freudiger Schreck durch die Glieder. Wieder fühlte er die unmittelbare Gegenwart des Gottes Amun. Nur ER konnte es gewesen sein, der den Sinn des störrischen Königs in diese Richtung gelenkt hatte. Ein Zwölfjähriger! Der würde noch fügsam und biegsam und formbar sein. Dessen Einweisung und Erziehung würde er selber übernehmen, und sollte der junge König bald seinem Bruder in den Westen folgen, dann käme Semenchkare als nächster Thronanwärter in Frage, und der würde dann ein treuer Diener Amuns sein. Man könnte ihn mit seiner älteren Schwester verheiraten…

Maj konnte nicht wissen, wie sehr seine Zukunftserwartungen denen des Hohenpriesters Peri glichen; denn sie beide wünschten sich den jetzigen König in ein stilles Grab im westlichen Wüstental.

Inzwischen waren auf dem Nil die ersten Lastschiffe mit den schweren Sandsteinblöcken für den Tempel eingetroffen. Sie kamen aus dem Norden und lagen so tief im Wasser, daß es nur eines kleinen Mehrgewichts bedurft hätte, und sie wären gesunken. Die Blöcke waren so kunstvoll auf den Booten geschichtet und verschnürt, daß ein völliges Gleichgewicht bewahrt blieb. Sie waren schon in verschiedene Größen vorgefertigt, so daß ein Kenner bereits sagen konnte: Dieser Quader dient dem Tempelbau, aus jenem werden Reliefs, aus den anderen sitzende oder stehende Statuen gemeißelt.

Huy-Amenhotep, der geniale Baumeister und «Einzige Freund des Königs», hätte – wie er es in solchen Fällen immer tat – beim Entladen der Steine die Aufsicht führen müssen, doch er lag schon seit vielen Tagen krank im Bett und schien seinem Freund und König in den Westen zu folgen. Er hatte den überaus tüchtigen Oberbildhauer Bak zu seinem Vertreter bestimmt. Der stand nun am kleinen Hafen der Tempelstadt, und sein breites Gesicht mit der dicken Nase und den großen, achtsamen Augen leuchtete vor ungezügelter Schaffenskraft. Ja, dieser Mann war ein rechtes Arbeitstier und wenn auch kein überragender Künstler, so doch von einer traumhaften Sicherheit in der Auswahl seiner Untergebenen. Man sagte, seine dicke Nase sei imstande, die Talente herauszuriechen und an sich zu ziehen.

Nun bogen die schwerbeladenen Schiffe eines um das andere nach Osten ab und ankerten entlang der gewaltigen Westmauer der Tempelstadt. Hier sollten die Boote nach und nach entladen werden, und Bak stand vor der Entscheidung, auf welchem Weg die Steine hinter die Ostmauer des Tempels – wo der Bauplatz vorbereitet war – zu bringen seien. Umrundete er den Tempel nach Süden, so mußte ein Teil der Sphingen auf der Prozessionsstraße beseitigt werden. Nahm er den Weg nach Norden, so traf er auf den Month-Tempel als mächtiges Hindernis, das er in einem weiten Bogen umgehen mußte. Dennoch entschloß er sich zum letzteren, weil der neue Tempel an die Nordostecke der Mauer grenzte und – auch wenn beide Wege etwa gleich lang waren – er es vermeiden konnte, die hochheilige Prozessionsstraße, wenn auch nur vorübergehend, zu zerstören.

Um keine Zeit zu verlieren, ordnete Bak das sofortige Entladen der Boote an, und so begannen sich die Sandsteinblöcke am kleinen

Hafen zu stapeln. Ehe sie zum Bauplatz geschafft wurden, mußte vom König feierlich der Grundstein gelegt werden, und dieses Ereignis war für morgen geplant. Das war im Grunde ein Handwerkerzeremoniell, bei dem man mit dem «Spannen der Schnur» zunächst den Umriß des zu bauenden Tempels bestimmte. Dann wurden an den vier Ecken Gruben ausgehoben, in die man Speiseopfer, Werkzeugmodelle und Schrifttafeln versenkte, auf denen der Name des Tempels und der seines Erbauers verzeichnet waren.

Schon hier brach der König mit der alten Tradition. Die sonst zu diesem Ereignis geladenen Hohenpriester der wichtigsten Gottheiten wurden ausgeschlossen, ebensowenig erschien die als Göttin Seschat verkleidete Tempeldienerin, und das kam einem Sakrileg gleich. Diese Göttin nämlich trug den Titel «die dem Bücherhaus vorsteht» und wurde als «Herrin der Bauleute» verehrt. Ohne ihr Erscheinen hatte es seit Jahrhunderten keine Tempelgründung gegeben. Zuvor hatte der König zu Anen gesagt: «Die Wahrheit ist bitter, ich weiß, und man darf sie den Menschen nur tröpfchenweise eingeben. Doch war es Zeit, damit anzufangen.»

Der Gute Gott hatte seinen Onkel Anen vor einigen Tagen zum Obersten Seher von Re und zum Hohenpriester des Aton ernannt – damit zum Herrn des zu erbauenden Tempels.

Mahu, der Oberste der Palast- und Leibwache, hatte seine Männer in Viererreihen um den Bauplatz postiert. So konnte keine Maus ungehindert eindringen, während der König zusammen mit seinem Onkel die kurze Zeremonie der Grundsteinlegung vollzog.

Nur er, Teje und Anen wußten, was auf den vergoldeten Bronzetafeln stand, über denen ausgewählte Arbeiter die vier Grundsteine legten. Die Inschrift lautete:

«Dieser Tempel soll heißen ‹Aton wohnt in Atons Haus›, errichtet vom Einzigen des Re, dem König und Herrn Beider Länder Nefer-cheperu-Re Wa-en-Re.»

Seinen Geburtsnamen Amenhotep erwähnte er dabei nicht mehr, und er durfte von da an auf keinem amtlichen Dokument mehr erscheinen.

In knapp zwei Stunden war alles vorbei, die Wachen zogen ab,

der König und sein Onkel Anen verschwanden in einem kleinen
Boot und fuhren ans andere Ufer.

Gleich danach begann der Oberbildhauer Bak mit dem Trans-
port der Steine zum Bauplatz. Auf dem Weg hatte man zuvor einige
Dutzend Fuhren mit Sand gestreut, so daß die schweren Holz-
schlitten mit ihrer gewaltigen Last leichter darübergleiten konnten,
gezogen von acht, manchmal auch zehn oder zwölf kräftigen Ochsen.

Dies alles spielte sich in unmittelbarer Nähe des «Goldenen Ham-
mels» ab und übte auf Hunis Kneipe eine sehr vorteilhafte Wirkung
aus. Er stellte zwei zusätzliche Bedienungen ein und erweiterte die
«Stube» allabendlich auf die Straße hinaus, damit er keinen der
zahlreichen Gäste abweisen mußte. Die vielen, meist von Gütern
des Amun abgezogenen Fronarbeiter kamen freilich nicht in Betracht. Sie erhielten ihren kargen Lohn in Korn und Bier, wurden
an Ort und Stelle verpflegt und schliefen unter freiem Himmel,
hinter Zäune gepfercht und streng beaufsichtigt.

Hierher kamen nur gute Leute, die am neuen Bauplatz als Steinmetzen, Maurer, Zimmerleute, Schriftenmaler, Stuckformer, Töpfer, Bronzegießer und in zahlreichen anderen Tätigkeiten beschäftigt waren. Sie wurden zum Teil in Kupferdeben entlohnt, so daß
sich in Hunis Truhen das Metall nur so häufte. Er selber sah aus wie
immer: faßdick, verschwitzt, schmuddelig und mit meist schief sit-
zender Perücke, wodurch auch seine künstlichen Ohren in bedenkliche Schräglage gerieten. Die neuen Gäste erfuhren schnell,
was es damit auf sich hatte, und jeder hütete sich, darauf eine
Anspielung zu machen.

Die Gespräche flossen munter dahin, und nicht selten ging es
darum, wem dieser neue Tempel geweiht sei und ob er in irgendeiner Beziehung zum heiligen Bezirk des Amun stehe. Daß dies
schon bald zur Streitfrage gedieh, konnte niemanden verwundern,
denn fast alle der alten Gäste lebten auf irgendeine Weise vom Tempel. Etwa ein Drittel von ihnen waren ganz von Amun abhängig,
denn sie fertigten und verkauften Opferfiguren aus Ton, Stein und
Metall in allen Größen. Diese Bildnisse stellten hauptsächlich den
Gott Amun als Widder oder in menschlicher Gestalt dar, daneben

aber auch seine Gemahlin Mut oder den Sohn Chons. Am Rücken oder am Sockel der Statuen war der Name des Spenders eingraviert. Am meisten aber schätzten die Handwerker jene Kunden, die – da der Tempel für niemand aus dem Volk zugänglich war – dem Gott trotzdem nahe sein wollten. Sie ließen von sich Abbilder anfertigen, zuweilen sogar in Lebensgröße, die gegen eine beträchtliche Opfergabe in den Vorhöfen des Tempels, in Ausnahmen sogar vor dem Allerheiligsten aufgestellt wurden. Durch magische Aufschriften hatten die Spender ihr Ka in die Statuen gebannt und waren so in unmittelbarer Nähe des Gottes gegenwärtig.

Schnell mischten sich die Gäste, so daß ein paar dem Amun verpflichtete Handwerker einigen der am neuen Tempel beschäftigten gegenübersaßen.

Ein Töpfer, der hauptsächlich Tonfiguren herstellte, stürzte erregt einen ganzen Becher Bier hinunter. Er wischte sich den Mund und rief: «Gebt es doch zu! Niemand baut ungestraft vor den Augen Amuns einen fremden Tempel! Das wird auch Seine Majestät nicht tun, denn gerade der Gute Gott ist verpflichtet, im Sinne der Maat und des alten Herkommens zu handeln. Vielleicht ist der Tempel Amun in einer seiner anderen Erscheinungen geweiht? Vielleicht als die der Schlange Kematef oder als dem ‹großen Schnatterer›? Oder als Fruchtbarkeitsgott?»

Der gegenübersitzende Steinmetz, ein Mann aus einer alten, dem König ergebenen Handwerkerfamilie, hatte nur das Wort «ungestraft» gehört, und schon sah er rot. Langsam erhob er sich und fragte gefährlich leise: «Was hast du eben gesagt? Niemand baut ungestraft? Oder habe ich mich verhört? Sagtest du ungestraft?»

Der Töpfer beharrte auf seinem Standpunkt, wenn auch schon ein wenig zögerlich. «Ja, das sagte ich. Stört es dich?»

«Es stört mich, weil du es im Zusammenhang mit Seiner Majestät gebraucht hast. Was der Gute Gott tut, ist richtig, auch wenn es dir mit deinem Fliegenverstand falsch erscheinen mag. Hast du verstanden? Im übrigen erwarte ich, daß du deine Behauptung zurücknimmst.»

Ein anderer Tempelhandwerker mischte sich ein.

«Warum sollte er? Wir leben von Amun, wir stehen zu ihm!»

173

«Halte du dein Maul! Und wenn der König hier dem grimmigen Seth in seiner Erscheinung als Esel einen Tempel baut, geht es euch ebensowenig an!»

Jetzt stand auch der Töpfer auf. «Bist selber ein Esel!»

Da hob der andere blitzschnell den fast leeren Tonkrug und schmetterte ihn seinem Gegner aufs Haupt. Das Gefäß zersplitterte, der Rest des Bieres lief dem Töpfer in braunen Bächen übers Gesicht. Mit verwirrter Miene betastete er seinen Kopf und fiel stöhnend auf die Bank zurück.

Der Wirt Huni hatte den Streit bemerkt, konnte aber den Schlag nicht mehr verhindern. Er winkte seinem Rausschmeißer, einem freundlich blickenden Riesen mit schwellenden Muskeln an Brust und Armen. Der grinste, packte den Steinmetz am Gürtel, hob ihn hoch wie eine Puppe und warf ihn über mehrere Köpfe hinweg auf die Straße.

Huni schlug dem Verletzten leicht auf die Wangen und betastete seinen Schädel.

«Geht es wieder? Bist du in Ordnung? Das ist nur eine Beule, wird bald verschwinden. Gehst jetzt besser nach Hause…»

Aber es gab auch andere Meinungen. Ein Metallgießer, der Votivfiguren aus Bronze in fünf verschiedenen Größen herstellte, meinte zufrieden: «Was tut es denn zur Sache, wem dieser Tempel geweiht sein wird? Irgendein Gott wird es schon sein – es gibt ja genug davon. Und ein Gott verlangt Opfergaben, und wir stellen sie her. Ein neuer Tempel kann das Geschäft nur beleben, das haben wir gesehen, als der nach Westen gegangene König – möge er in Osiris glücklich sein – das Heiligtum des Month wiedererrichten ließ. Dort opfern die Söldner und Milizen dem alten Kriegsgott, und hier wird es nicht anders sein.»

Der Hohepriester Maj hatte sich schon seit Tagen in seinen Amtsräumen verkrochen, wo er vor sich hin brütete und schwarze Gedanken wälzte. Noch vor kurzem hatte er es als einen Sieg Amuns gefeiert, daß Semenchkare als Zweiter Prophet sozusagen in seine Obhut kam, aber davon war nun keine Rede mehr. Der junge, schüchterne Mann war ihm zwar vorgestellt worden, doch Anen wich nicht von seiner Seite und besaß noch die Frechheit zu bemerken, er wolle den ohnehin mit Arbeit überhäuften Ersten Propheten nicht noch mehr belasten und erlaube sich, den jungen Prinzen selber in das Amt einzuführen, aus dem er demnächst ausscheiden werde.

Maj hoffte, wenigstens während der bevorstehenden Krönung, die in Men-nefer stattfinden sollte, den jungen Mann für sich zu haben, doch dann wurde ihm mitgeteilt, Semenchkare werde seinen Halbbruder begleiten. Und dazu das Ärgernis mit dem neuen Tempel. Der junge König erdreistete sich, die Grundsteinlegung ohne jeden priesterlichen Beistand vorzunehmen – von diesem Anen freilich abgesehen – und schwieg sich weiterhin darüber aus, wem das Heiligtum geweiht sein würde.

Der junge Prinz Semenchkare erlebte in diesen Tagen eine völlig neue Welt.

«Die Novizenzeit», erklärte ihm Anen, «dauert bei anderen zwei bis drei Jahre. Du bist ein Prinz, da können wir sie beträchtlich abkürzen, aber zwei Monate brauche ich schon, um dir das Nötigste zu erläutern. Zuerst einmal das Äußerliche. Du mußt dich dreimal täglich säubern, vor Zeremonien noch öfters. Zur Reinigung des Mundes sollst du regelmäßig Natron-Pastillen kauen – und vor allem die Haare! Keines davon darf auf deinem Körper zu finden sein, weder am Kopf noch unter den Achseln, am Geschlecht oder an den Beinen. Daß du innerhalb des Tempels keinerlei Kopfbedeckung tragen darfst, wirst du ja wissen, auch keine Perücke. Wie steht es mit den Frauen? Hast du schon…?»

Semenchkare errötete und schüttelte stumm den Kopf.

Anen lächelte. «Ich vergesse immer wieder, daß du erst zwölf bist. Wie dem auch sei, bald werden dir die Mädchen ins Auge stechen, und wenn nicht, finden sich welche, die dich nachdrücklich darauf hinweisen, daß es sie gibt. Mit anderen Worten: Während des Tempeldienstes ist Keuschheit geboten, und vor den Götterfesten darfst du zwei Tage lang keiner Frau beiliegen. Wer aus dem Lotterbett kommt und gleich darauf die Sakralgewänder anlegt, beleidigt die Gottheit. Als erstes gehen wir zum Tempelbarbier. Das ist ein rauher Bursche, aber er nimmt es sehr genau und läßt kein Härchen auf deinem Körper stehen.»

Sie verließen Anens Diensträume, überquerten eine Straße und betraten ein niedriges Haus.

«Hier werden die Novizen behandelt, später kannst du dir einen eigenen Haarscherer halten.»

Ein Dutzend junger Männer saß auf Bänken nebeneinander, und sie sprangen auf, als Anen hereinkam. Gleich erschien auch der Barbier und verbeugte sich lässig.

«Ehrwürdiger Prophet Anen! Welch ein Glück für mein Haus! Ist dein eigener Bartscherer erkrankt?»

«Es geht nicht um mich, sondern um den Prinzen Semenchkare, den ich in sein Amt einführe. Er wird mein Nachfolger …»

Der Barbier hob die Arme gen Himmel.

«Welch eine Ehre für den Tempel! Ein Sohn des Osiris Nebmare dient Gott Amun!»

«Wir alle dienen ihm und müssen deshalb Haare lassen. Zu diesem Zweck übergebe ich dir diesen jungen Mann.»

«Ich werde mein Bestes tun …»

Anen wandte sich an den Prinzen.

«Wenn du fertig bist, gehst du in meine Amtsräume zurück.»

Der flinke und redselige Barbier war selber kahl, ob aus Veranlagung oder aus Verbundenheit mit seinen Kunden, wußte niemand.

Zuerst nahm er sich den Kopf vor, schor die Haare so kurz wie möglich, dann rieb er den Rest mit einem leichten Duftöl ein und rasierte ihn fein säuberlich ab.

Die Behandlung der Achselhaare kitzelte etwas, doch Semenchkare biß die Zähne zusammen und tat keinen Muckser.

Dann deutete der Barbier auf den Schurz.

«Runter damit, Prinz! Auch das Lendentuch muß weg.»

Semenchkare zögerte, der Barbier lachte.

«Keine Angst, ich schneide nur die Haare weg. Ich müßte ja sonst fürchten, daß tags darauf eine Schar junger Mädchen mein Haus stürmt und mich in Stücke reißt.»

Der Prinz errötete und schwieg.

Mit spitzen Fingern hob der Haarscherer das Geschlecht hoch.

«Zum Glück schon beschnitten! Wäre dies nicht der Fall, müßte die Vorhaut jetzt weg, wie bei allen Priestern. Das ist in deinem Alter kein Spaß, glaube mir.»

Schnell und geschickt entfernte er die Schamhaare, ließ dann seinen Blick über den kräftigen jungen Körper gleiten.

«Keine Haare an der Brust, keine an den Beinen», murmelte er und bat den Prinzen, sich zu bücken.

«Auch keine am After», fügte er hinzu und verbeugte sich. «Kleide dich wieder an, Prinz – lebe, sei heil und gesund bis zur nächsten Behandlung.»

13

Die Abreise nach Men-nefer stand unmittelbar bevor. Die königliche Flotte lag wartend im Palasthafen, und das schon seit Tagen. Doch es hatte immer wieder eine Verzögerung gegeben, weil die königliche Familie sich nicht einig wurde, wer von ihnen am Opet-Fest für den Guten Gott einspringen sollte.

Teje lehnte es ab. Für eine Witwe schicke es sich nicht, so kurz nach dem Tod ihres Gemahls an einer Festlichkeit teilzunehmen, zudem wolle sie die Krönung ihres Sohnes miterleben. Dem hielt Nofretete entgegen, wenn eine Person bei der Krönung nicht fehlen dürfe, dann sei sie es, die Anmutsvolle unter der Geierhaube, die Herrin Beider Länder, die neben dem König auf dem Thron sitze.

Teje runzelte kurz die Stirn.

«Eine Königin wird nicht gekrönt, sie empfängt ihre Würde vom Gemahl. Die Zeremonie kann recht gut ohne dich stattfinden, im übrigen bist du wieder schwanger und solltest dich schonen.»

«Man sieht noch nichts, und eine Schwangerschaft im dritten Monat hat noch keine Frau beeinträchtigt. Du weißt das ganz genau, Mutter Teje, und solltest vielleicht bei deinem Alter an die anstrengende Reise denken. Ein Opet-Fest ist leichter durchzustehen als eine Schiffsreise von vielen Tagen.»

Tejes Mundwinkel zogen sich nach unten zusammen, die schrägen Augen wurden schmal.

«Wie sprichst du mit mir, Schreiberstochter? Hat Bes deinen Sinn verwirrt oder Seth dir einen Dämon ins Herz gejagt? Lassen wir den König entscheiden.»

Amenhotep hatte den Streit mit unbewegter Miene verfolgt. Mehr und mehr fühlte er, wie die Heiligkeit des Königtums ihn unangreifbar machte, ihn über alles erhob – auch über den Zwist der beiden Frauen, die seinem Herzen am nächsten standen.

Noch ehe er sich äußern konnte, war Sat-Amuns kräftige, etwas heisere Stimme zu hören: «Ich werde dem Opet-Fest vorstehen. Wie ihr trage ich die Geierhaube, bin die Erstgeborene des Osiris Nebmare und zudem seine Witwe. Reisen langweilen mich, sie sind anstrengend, lästig und lassen einen Gewohntes vermissen. Wenn Seine Majestät, mein liebes Brüderchen, einverstanden ist, dann schmücke ich mit meiner Person das Opet-Fest, und ich tue es gern!»

Sie streichelte die in ihrem Arm ruhende Bastet, deren halbgeschlossene Augen mißtrauisch das Hin- und Herhuschen der Diener verfolgten, die neue Getränke auftrugen.

Isis, dünn und leicht wie ein Schilfblatt, stand am Fenster und schaute in den Garten, der nicht halb so schön war wie ihr eigener. Sie redete bei solchen Familientreffen fast nie, aber wenn sie es tat, kam häufig etwas Überraschendes.

«Da wird der Priester Peri sich aber freuen», sagte sie mit ihrer hellen, kindlichen Stimme.

Sat-Amun, keineswegs verlegen, lachte laut und behaglich.

«Er ist ein ausgezeichneter Haushofmeister, ich mag ihn nicht mehr entbehren.»

«Wir wissen, wie du an ihm hängst», sagte Teje vieldeutig.

Die Reise konnte nun endlich stattfinden. Herolde waren schon Tage vorher vorausgefahren, um die Würdenträger in den Orten, wo die Flotte anlegen sollte, auf den hohen Besuch vorzubereiten. Die Fahrt nach Men-nefer sollte dazu genutzt werden, dem Volk seinen neuen König zu zeigen, denn in Kemet herrschte der alte Glaube, daß ohne das Wirken des Guten Gottes der Gleichklang in der Natur in Unordnung käme. Das heißt, es sei dann nicht mehr sicher, ob die Sonne am Morgen im Osten aufgehe, ob die Überschwemmung des Nils eintrete, ob die Saat aufgehe, der Mond ab- und zunehme, Mensch und Vieh fruchtbar werde.

Über ein dutzendmal legte die königliche Flotte bei größeren

Orten an, und dabei wiederholte sich das gleiche feierliche Schauspiel.

Der König zog auf seiner Tragsänfte vom Hafen in den nächsten Tempel oder Palast, angetan mit Doppelkrone, Ritualbart, die beiden Szepter vor der Brust gekreuzt, umgeben von Wedelträgern, Weihrauchschwingern und einer grimmigen Leibwache, die jeden niederstieß, der dem Guten Gott zu nahe kam.

Jubelchoräle erschollen und stiegen auf zu dem in dichten Weihrauchwolken dahinschwebenden Sohn der Sonne und Herrn Beider Länder. Da galt es dann, die Gaugottheiten zu ehren – Falken, Hasen, Krokodile, Schlangen, Affen, Hunde, Stiere, Ibisse und Fische, was der Gute Gott mit unbewegtem Gesicht pflichtgemäß tat. Nicht er selber ehrte diese Gottheiten, es war der Amtsträger in ihm, der sich neigte, Gebete und huldigende Worte sprach. Sein Herz blieb dabei stumm und verschlossen, und es öffnete sich erst, als er im inneren Hof des großen Tempels von Men-nefer auf dem Thron saß und Priester des Ptah und des Re von Junu ihm nach und nach die Throninsignien anlegten: die beiden Kronen, den Ritualbart, die beiden Szepter, den geschwänzten Königsschurz und die nur vom Guten Gott getragenen Sandalen mit gebogenen Spitzen und den Abbildungen gefangener Feinde.

Amenhotep ließ sich vom Volk in einer anstrengenden, viele Stunden dauernden Zeremonie huldigen, wobei – auf seinen nachdrücklichen Wunsch – ihm zur Seite Nofretete und Teje thronten. Ein paar Angehörige der Königsfamilie nahmen in nächster Nähe daran teil, unter ihnen Tejes Bruder Anen, jetzt Hoherpriester des Aton, die Königsschwester Isis, an deren zarten, fast durchsichtigen Ohren der Jubel vorbeirauschte, weil sie an ihren stillen Garten in der Palaststadt dachte. Im Gegensatz zu ihr hielt Prinz Semenchkare Augen und Ohren weit offen, sog alles mit der neugierigen Kraft seiner Jugend in sich auf, bewunderte insgeheim den Halbbruder, der den Guten Gott und Sohn der Sonne vollendet darstellte und dem nicht einmal in den dichtesten Weihrauchwolken die Augen tränten. Als Bruder des Königs und künftiger Zweiter Prophet des Amun fühlte er sich eingebunden in diese wichtigen Ereignisse; sein Selbstbewußtsein festigte sich, und hochgemut wuchs er in die ihm zukommende Rolle hinein.

Einige Tage später verschwand der König mit seinem Onkel Anen; nur Teje und Nofretete wußten, wohin er gegangen war. Die beiden reisten mit drei Schiffen und kleinem Gefolge nach Junu, in die heilige Stadt des Sonnengottes, wo seine zwei gewaltigen Tempel standen: der für Re-Harachte als aufgehende und der für Re-Atum als untergehende Sonne. Sie waren Rücken an Rücken erbaut; die Pylonen des einen blickten nach Osten, die des anderen nach Westen. Ein Wald von zwölf unterschiedlich großen Obelisken umgab die beiden Tempel, und wenn Re-Harachte am Morgenhorizont emporstieg, entzündeten seine Strahlen nach und nach auf den vergoldeten Spitzen ein magisches Feuerwerk zur Begrüßung des neuen Tages.

Nachdem er mit Anen im Sonnentempel geopfert und gebetet hatte, empfing der König den Hohenpriester Rahotep zu einem Gespräch ohne Zeugen. Der hochgewachsene schlanke Mann strahlte eine ruhige Würde aus, sein kluges Gesicht mit den leuchtenden Augen ließ ein umfassendes Wissen ahnen. Er mochte etwa um die fünfzig sein und war damit doppelt so alt wie der König. Und dennoch – Amenhotep stellte es zu seinem Erstaunen fest – fühlte er sich dem Priester überlegen, aber nicht wegen seines königlichen Ranges. In ihm hatte sich während der Reise eine Gewißheit gefestigt und vertieft, die sein Herz zum Bersten füllte, die ihn planen und eifern, die ihn ungeduldig und störrisch werden ließ.

Das bekam Rahotep schon bald zu spüren. Nach einigen Höflichkeitsfloskeln fragte der König: «Warum wird Re einmal als Falke, einmal als Mensch und dann wieder als Mistkäfer dargestellt? Es handelt sich doch um ein und dieselbe Gottheit, die wir täglich am Himmel beobachten können.»

«Das sind nur Hilfsmittel, Majestät, sie erleichtern die Verehrung, und...»

«Erleichtern?» rief der König erregt. «Sie erschweren das Verständnis um Re, den ich künftig Aton nennen werde. Er ist einzig und allein, kennt keine Familie wie Ptah und Amun, hat keine weiteren Götter gezeugt, lebt von Anbeginn aus sich selbst heraus und wird ewig leben. Die Welt hat er geschaffen, Land und Meer, Berge und Wüste, den Nil in Kemet und für die Fremdländer den Nil am

Himmel. Es gibt nur ihn – nur ihn! Ich weiß es! Ich fühle es – nein, ich bin dessen gewiß! Einer muß die Wahrheit verkünden, und ich werde es tun! Die Re-Verehrung in Junu kommt der Wahrheit am nächsten, darum respektiere ich sie. Aber es ist nicht die ganze Wahrheit, ehrwürdiger Rahotep – nicht die ganze!»

Was sollte der Hohepriester seinem König antworten? Ihm widersprechen? Die Dinge in die richtige Beziehung setzen? Rahotep sah, wie ernst es der junge König meinte, und im stillen gab er ihm sogar recht. Ja, Re konnte nur Einer sein, existierte aus sich selbst heraus, brauchte weder Frau, Kind noch andere Götter.

«Ich habe dem nichts entgegenzusetzen, Majestät, als daß unsere Sonnenreligion in ihrer jetzigen Form vom Alter geheiligt und dem Volk seit vielen Generationen vertraut ist.»

«Dem Volk? Welchem Volk? Ein paar Bootsstunden von hier herrscht Ptah, wenige Tagesreisen weiter Thot, dann Amun... Sollte nicht das ganze Land die Wahrheit wissen?»

Der König sprach so drängend, so begeistert, sein Gesicht leuchtete, die Augen strahlten.

«Ja, Majestät, so sollte es sein.»

«Wenn ich zurück bin, werde ich beginnen, die Wahrheit zu verbreiten, und um dies zu unterstreichen, entsteht dort Atons erster großer Tempel. Ihm werden weitere folgen, und jeder der von mir eingesetzten Priester wird von Aton künden, damit die Wahrheit im Laufe der Zeit den Weg in die Herzen der Menschen findet. Daß dies nicht in hundert Tagen geschehen kann, weiß ich recht gut, vielleicht auch nicht in tausend. In zehn Jahren vielleicht müßte es zu erreichen sein...?»

Die letzten Worte hatten wie eine Frage geklungen, und auch das Gesicht des Königs blickte den Hohenpriester fragend an.

«Du bist der König, und was du von der Höhe des Thrones verkündest, wird zur Wahrheit, wird zum Gesetz. Re wird deine Bemühungen unterstützen, und seine Strahlen – so hoffe ich – werden die Herzen der Menschen erleuchten.»

«So wird es sein», bekräftigte der König diese Worte, «und hier am heiligen Urhügel wurde der Grundstein dazu gelegt und das Lehrgebäude errichtet, doch nicht vollendet. Dazu bin ich aufgerufen, als Prophet und Einziger des Re! Wenn sein Tempel in

Waset vollendet ist, lade ich dich ein, Rahotep, um an der feierlichen Einweihung teilzunehmen!»

Während der Rückreise hatte es der König sehr eilig. Die Ruderer mußten den die Segel füllenden Nordwind unterstützen, und angelegt wurde nur, wenn es unbedingt notwendig war. Der Gute Gott bedauerte es, daß sein Titel «Lebendiger Horus» ihn nicht tatsächlich zum Falken machte, um mit schnellen Flügelschlägen in wenigen Tagen sein Ziel zu erreichen.

Während die königliche Flotte nach Süden segelte, wurde in Waset das Opet-Fest begangen, zur Feier des alljährlichen Besuchs des Gottes Amun in seinem Südlichen Harim, dem seiner Gemahlin Mut geweihten Tempel. Wenn auch die Priester das Fest inszenierten und der König oder Mitglieder der königlichen Familie daran teilnahmen, so war es doch hauptsächlich ein Fest für das Volk. Nicht nur den kleinen Leuten: Arbeitern, Handwerkern, Händlern, Bootsführern und Dienern war es niemals gestattet, die Heiligtümer von innen zu sehen, auch die Wohlhabenden: Gutsbesitzer, Großhändler und hohe Beamte – soweit sie nicht dem Tempel dienten – hatten keine andere Möglichkeit, sich der Gottheit zu nähern, als ihr zu opfern oder ihre Statuen stellvertretend für sich selbst gegen Bezahlung im Tempel aufstellen zu lassen. Beim Opet-Fest aber verließ Amun sein Haus und begab sich per Schiff auf den Weg nach Süden, wo er zehn Tage bei seiner Gemahlin weilte, um am elften wieder auf dem Fluß zurückzureisen.

Sat-Amun als Vertreterin des Königs mußte dabei die höchsten zeremoniellen Handlungen ausführen. Es begann mit dem Weihrauchopfer im Großen Tempel. Die Prinzessin war für diesen Tag mit allem erdenklichen Prunk gekleidet, trug die goldene Geierhaube über der Uräenkrone, ihre Hand hielt das gebogene Königinnenszepter. Um ihren Hals schmiegte sich der schwere gold- und edelsteinfunkelnde Prunkkragen, breite Armbänder und Ringe schmückten Arme und Hände. Gemessenen Schritts verließ sie ihre Sänfte, ergriff die langstielige Weihrauchpfanne und brachte vor dem Kultbild das Rauchopfer dar.

Maj, der zwei Schritte hinter ihr ging, sprach dazu die Hymne an Amun:

«Einzigartiger, der die Ewigkeit durchlebt,
dein Glanz gleicht dem der Himmelsgöttin,
alle Augen sehen dich, alle Menschen preisen dich,
der die beiden Länder erleuchtet.
Du Urgott, der sich selber gemacht hat …»

Danach formierte sich am Westtor die Prozession, die Priester trugen den Amun-Schrein in eines der Boote, dessen Bug und Heck mit einem lebensgroßen, vergoldeten Widderkopf geschmückt waren. Als die Schiffe vom Kanal in den Nil einbogen, brandete an beiden Ufern der Jubel auf: «Heil dir, Amun, du König der Götter, du Trost der Menschen …»

Aber nur ganz selten waren Hochrufe auf Sat-Amun zu hören; das Volk wußte mit ihr nichts anzufangen, ihrer Stellung in der königlichen Familie fehlte der Glanz, wie ihn nur der König und seine Große Gemahlin ausstrahlten.

Maj hatte es diesmal vermieden, den Gott als Orakel zu gebrauchen, wie dies bei den Opet-Festen dann und wann geschah. Die Weissagungen fanden meist vor dem Heiligtum der Mut statt, wenn der Schrein an Land und zum Tempel getragen wurde. Auf diesem kurzen Weg waren dann die Menschen postiert, um die es ging. Sollte etwa ein Vierter Prophet ernannt werden und hatte der Hohepriester dem König drei in Frage kommende Männer vorgeschlagen, dann schien bei dem Erwählten der Schrein sich leicht nach vorne zu neigen, als nicke er sein Einverständnis. Manchmal ertönte auch eine dumpfe Stimme mit den undeutlichen Worten: «Das ist er!» oder «Du bist erwählt!»

Heute geschah nichts dergleichen; der Schrein wurde schnell durch das Tempeltor gebracht, wobei der größte Teil der Begleiter zurückbleiben mußte. Nur die obersten Priester betraten mit Sat-Amun den weiten, mit gewaltigen Papyrusbündelsäulen geschmückten Vorhof, durchschritten die wesentlich kleinere Vorhalle und hielten vor der Kammer des Allerheiligsten an. Der Schrein wurde abgesetzt, Sat-Amun trat vor, spendete ein Rauchopfer und rezitierte mit ihrer etwas heiseren, aber weithin hörbaren Stimme:

«Erhabene Mut, Gemahlin des Amun, du Herrin des Himmels,
du Auge des Re, du große Zauberin,
du Mutter alles Lebendigen, du Königin der Götter!
An dir erfreut sich die Majestät des Gottes Amun,
unter deinem Schutz stehen Binse und Lotos,
du trägst die weiße Krone des Südens,
deine Geierflügel schützen das Land...»

Dann öffneten Maj und Peri, die Hohenpriester des Amun und der Mut, den Schrein und hoben gemeinsam das etwa ellenlange, goldene Kultbild heraus. Der Gott trug die hohe Federkrone und ein knielanges Gewand, das an der Brust mit Federn geschmückt war. Sat-Amun folgte den Priestern in das durch ein mystisches Dämmerlicht erhellte Allerheiligste. Hier stand die gleich große goldene Statue der Mut, angetan mit einem bis zu den Knöcheln reichenden Federkleid, auf ihrem Kopf funkelte die kegelförmige Krone des Binsenlandes über der Geierhaube. Nun konnte das Götterpaar seine mystische Hochzeit vollziehen.

Als sich das Tor hinter dem Allerheiligsten schloß, gaben draußen die Priester das Zeichen zum Beginn des Festes.

Üblicherweise war stets der König für die Kosten der Bewirtung des Volkes aufgekommen, doch Amenhotep hatte vor seiner Abreise einen Schönen Befehl hinterlassen, daß von nun an die Tempelgüter des Amun dies übernehmen mußten.

Maj hatte sich zähneknirschend gefügt und schon seit Tagen alles Vorhandene an Schlachtvieh, Korn, Obst, Gemüse, Honig, Wein, Bier und Milch herbeischaffen lassen. Die ganze Stadt Waset hatte sich in eine einzige riesige Küche verwandelt. Alle Gaststätten waren angewiesen, sich an der Zubereitung zu beteiligen, und so wurde gekocht, gesotten, gebraten und gebacken, daß die Straßenzüge der Innenstadt rauchten und dampften wie bei einer Feuersbrunst. Das Brüllen des Schlachtviehs schallte hinüber ins Wüstental der Verstorbenen und mochte so manchen Ba-Vogel aus seiner Grabesruhe aufgestört haben.

Im großen Tempelhof traten Sänger, Tänzer und Musikanten auf, stimmten fröhlich Hochzeitslieder an oder tanzten pantomimisch vor, was in Amuns Harim jetzt geschah.

Draußen auf den Straßen ging es weniger gesittet zu, da wurde um die Wette gefressen und gesoffen, und weil es umsonst war, stopften sich die sonst meist bescheiden lebenden Menschen so voll, daß ihre Mägen unter dieser Fülle rebellierten, und bald wurde an allen Ecken gekotzt. Aber weil die Tempeldiener immer neue Mengen von schon mundgerecht zerteilten Hühnern, Enten, Tauben, Schweinen und Rindern herbeischleppten, griffen die Leute immer wieder zu, auch wenn sie längst satt waren oder sich gerade übergeben hatten. Dazu wurden große Krüge mit Bier, Wein und Honigwasser gebracht, von denen im Lauf der Feier nicht wenige zu Bruch gingen. Die bereitgestellten Körbe mit Brot, Gurken, Rettichen, Melonen und Zwiebeln leerten sich erst, als die Fleischlieferungen nachließen. Später begann die Ordnung sich aufzulösen, Betrunkene bewarfen sich mit abgenagten Knochen, angebissenen Broten oder matschigen Gurken. Wenn eine reife Melone auseinanderplatzte und alle Umstehenden mit Saft und Kernen bespritzte, brandete trunkenes Gelächter auf. Natürlich gab es auch Handgemenge und Raufereien, die nicht selten mit ausgeschlagenen Zähnen, blutigen Beulen und Stichwunden endeten. Als zwei Menschen dabei zu Tode kamen, griff die Stadtmiliz ein, um weiteres Unheil zu verhindern.

Sat-Amun und Peri merkten davon nichts, sie saßen im Festsaal des Mut-Tempels und feierten mit hochrangigen Priestern und Beamten auf gesittete Weise das Opet-Fest. Die Herren waren heute in Begleitung ihrer Frauen und erwachsenen Kinder, aber niemand wagte ein lautes Wort oder ein spontanes Lachen aus Respekt vor der Anwesenheit der Königinwitwe Sat-Amun, die sich in ihren Prunkgewändern und unter der Geierhaube zunehmend unwohl fühlte.

Nach einer Stunde winkte sie ihren Haushofmeister heran.

«Majestät?»

«Ich werde mich zurückziehen, teile es den Gästen mit.»

Peri stand auf und hob die Hand.

«Ihre Majestät Sat-Amun, Witwe des Osiris Nebmare, wird sich zur Nachtruhe zurückziehen.»

Dann kamen die Diener mit der Sänfte, und beim Einsteigen flüsterte sie ihm zu: «Du wirst mich begleiten…»

Peri verneigte sich und gab der Festgesellschaft bekannt, daß sein Amt als Haushofmeister ihn leider zwänge, Ihrer Majestät zu folgen.

Der schon etwas angetrunkene Hapu, Hoherpriester des Month, flüsterte seinem Nachbarn zu: «Die Prinzessin kann nicht genug von diesem Peri kriegen...»

Der andere kicherte. «Ein recht anstrengendes Leben, um das ich ihn nicht beneide.»

«Auch ein wenig gefährlich», setzte Hapu hinzu.

Der andere machte ein fragendes Gesicht.

«Wer sich so hoch hinaufbegibt, kann auch sehr weit herunterfallen», meinte Hapu.

Der andere schwieg, doch er dachte bei sich: Das könnte Hapu auch auf sich beziehen, denn er war immerhin nur Jäger beim verstorbenen König gewesen, der ihn aus einer Laune heraus zum Hohenpriester des Month machte. Der neue König ist kein Jäger...

Auch Hapu hatte sich beim Tod seines Gönners Sorgen um sein Amt gemacht, doch der Wesir hatte im Namen des neuen Königs alle bisherigen Ämter bestätigt. Hapu, der sich mit Geduld, Fleiß und Ausdauer die Voraussetzungen für sein hohes Amt erarbeitet und angeeignet hatte, war bereit, um diese Stellung zu kämpfen wie ein verwundeter Löwe. Seiner Auffassung nach glich das menschliche Leben einer Jagd. Jeder lauerte auf Beute, versuchte anderen die besten Stücke abzujagen, und triumphieren konnte nur der mit der besten Strecke. Bisher konnte er damit zufrieden sein: Er besaß ein schönes Landgut im Süden bei Armant, wo sich ein uralter kleiner Month-Tempel befand, von zwei Priestern versorgt, die ihm, Hapu, unterstanden. Dort lebte seine Frau mit den beiden Kindern, und wann immer es seine Pflichten erlaubten, hielt er sich dort auf. Seine Hoffnung war, daß der junge König schon aus Respekt und Ehrfurcht vor seinem verstorbenen Vater den Month-Tempel weiter unterstützen würde.

Solche Befürchtungen hegte der eher zur Sorglosigkeit neigende Peri nicht. Heute befand er sich überhaupt in Hochstimmung, denn es war ja für seinen Tempel das wichtigste Fest des Jahres gewesen, und als er Seite an Seite mit seiner Geliebten Sat-Amun das

187

Allerheiligste betrat, fühlte er sich so erhoben und erhaben, daß er meinte, alle Welt könne ihn nur bewundern und beneiden.

Sat-Amun hatte den Palast am Nil ganz auf ihre Zwecke zuschneiden lassen. Es gab große, lichte Räume, mit wenigen, aber erlesenen Möbeln eingerichtet – allesamt katzengerecht mit Durchgängen neben den Türen ausgestattet, damit die kleinen samtpfotigen Halbgötter sich frei bewegen konnten. Nach Norden hin gab es drei kleinere Räume, die nur Peri und einige verschwiegene Dienerinnen betreten durften. Einer war von einem riesigen Bett beherrscht, auf dem wir durcheinander Polster und Felle lagen und das Sat-Amun als ihren «Liebesgarten» bezeichnete. Allein dieser Raum besaß keinen Durchgang für Bastet, Miu und deren immer zahlreicher werdende Nachkommenschaft – auch die Dienerinnen durften ihn nicht betreten, solange sie sich mit ihrem Geliebten dort aufhielt.

Auf diesem Bett lag nun Peri zur späten Abendstunde inmitten der Felle und Kissen, nur mit einem Lendenschurz bekleidet, und wartete auf Sat-Amuns Erscheinen. Sie ließ sich nebenan von ihren Dienerinnen auskleiden, und Peri dachte mit leisem Unbehagen an das Geschehen vor etwa einer Stunde, als sie gemeinsam den Palast betreten hatten. Wie immer entließ Sat-Amun an der Schwelle zu ihren Privaträumen den Schwarm von Kammerfrauen und Zofen, um sich von ihren beiden Leibdienerinnen auskleiden zu lassen.

Peri, in der Absicht, die Ungeduld eines heißblütigen Liebhabers zu zeigen, wollte dem zuvorkommen und griff nach der Geierhaube auf Sat-Amuns Haupt. Da traf ihn ein harter, schmerzhafter Schlag von ihrer beringten Hand.

«Finger weg von der Krone, Priester Peri! Geierhaube und Uto-Schlange sind heilige Gegenstände und dürfen nur von dazu Auserwählten berührt werden.»

Sie hatte in vollem Ernst gesprochen, den kein Lächeln hinterher milderte. Peri verneigte sich, murmelte eine Entschuldigung und trat zurück. Jedenfalls habe ich wieder etwas dazugelernt, dachte er, wer weiß, wozu ich es später gebrauchen kann.

Leise, wie auf Katzenpfoten, trat die Prinzessin ein und näherte sich dem Bett. Peri hatte die Augen geschlossen und täuschte mit tiefen Atemzügen den Eingeschlafenen vor. Sie legte sich neben ihn und ließ eine Hand kosend über seinen Körper gleiten, streichelte die Brustwarzen, den etwas dicklichen Bauch und die kräftigen Schenkel, schlüpfte schließlich unter den Lendenschurz, wo – erstaunlich für einen Schlafenden – der Min-Pfeiler schon beträchtlich an Umfang und Härte gewonnen hatte. Sie näherte sich seinem Ohr und flüsterte: «Du Heuchler! Spielst mir den Schlafenden vor, dabei erwartest du mich schon voll Ungeduld – das ist deutlich zu spüren...»

Er gähnte und tat verschlafen.

«Der Tag war lang und anstrengend, da darf man schon etwas müde sein.»

Sie lachte rauh und kehlig, es klang wie das Knurren erregter Katzen.

«Man darf, man darf, aber etwas stimmt da nicht. Dein Kopf ist müde, deine Lider sind schwer, doch dein Min-Pfeiler» – sie hatte Peris intimes Vokabular übernommen – «steht aufrecht wie ein Obelisk vor seinem Tempel...»

«Der Tempel bist du», sagte Peri zärtlich, «meine Herzensgeliebte, meine Göttin, dir werde ich ihn opfern.»

Und Peri tat es – ausgiebig, ausdauernd und kenntnisreich. Sat-Amun hatte schon recht: Auch wenn sein Kopf müde war, so hatte sein kleiner Freund daran keinen Anteil und war stets bereit, wenn man ihn brauchte.

Dann schliefen sie ein wenig in den Morgen hinein und erwachten fast gleichzeitig durch das klingende Lied der Vögel in dem absichtlich, der Katzen wegen, verwilderten Garten.

Peri fand seine Geliebte so strahlend und gutgelaunt, daß ihm plötzlich sein Traum einfiel und er einen weiteren Vorstoß wagte.

«Du erschienst mir gestern im Krönungsornat so würdevoll und herrscherlich, daß ich mir dachte, der König – er lebe, sei heil und gesund – hätte es auch nicht besser machen können. Dem Volk hätte es freilich schon viel bedeutet, wenn ein Guter Gott an deiner Seite gewesen wäre. Dein Vater und Gatte, der Osiris Nebmare, hat ja selten versäumt, das Opet-Fest mit seiner Gegenwart zu beehren, aber Seine Majestät, dein Bruder...»

Sat-Amun hatte aufmerksam gelauscht.

«Du meinst, es hätte sich besser gemacht, wenn an meiner Seite…»

«Nein, versteh mich nicht falsch! Es ist nur eine Überlegung, die sich aufdrängt, wenn ich daran denke, wie schnell Prinz Thotmes in all seiner Lebenskraft zum Osiris wurde. Als Priester muß ich es auch historisch sehen und weiß, wie schnell die Thronfolge sich ändern kann, weil einige Prinzen es eilig hatten, nach Westen zu gehen. Du bist die Erstgeborene, dir würde dann die Krone zufallen – dir und dem Gemahl, den du dann erwählen wirst…»

Sat-Amuns Gesicht zeigte einige Verwirrung, weil sie offenbar nicht wußte, worauf Peri hinauswollte.

«Ja, gewiß, aber erstens lebt mein Bruder noch, und zweitens habe ich nicht die Absicht, jemals zu heiraten. Du genügst mir völlig, und daran soll sich nichts ändern – vorerst wenigstens.»

Peri seufzte und küßte die Geliebte aufs Ohr. Sie griff den Faden einfach nicht auf, ihre Ohren schienen taub für solche Töne. Ihr fehlte jeglicher Ehrgeiz, und sie genoß ihr Dasein so, wie es war. Doch dann sagte sie: «Du schweigst, Peri, und ich gäbe etwas für deine Gedanken. Warum willst du mich verheiratet sehen? Bist du meiner überdrüssig?»

Nun hatte sie ihn auch noch falsch verstanden. Er richtete sich auf.

«Um Amuns willen – nein! Ich könnte jeden eigenhändig erwürgen, der die Absicht hat, als Gatte oder Liebhaber dein Bett zu besteigen. Wenn ich das vorhin Geäußerte zu Ende denken darf, dann soll ich es sein, den du dann erwählst.»

Jetzt endlich hatte sie es erfaßt, und ihre großen klaren Augen funkelten spöttisch. Nun richtete auch sie sich auf.

«Du, Peri, als Guter Gott und Herr Beider Länder?»

«Nur durch dich», ergänzte er bescheiden.

Sie lachte rauh und herzlich und zwickte ihn freundlich in den Arm.

«Aber das geht doch nicht! So etwas hat es niemals gegeben!»

Nun war Peri am Zug, und er segnete die vielen Stunden, die er in der Tempelbibliothek verbracht hatte.

«Aus der Tempelschule weiß ich es anders!»

Und dann nannte er ihr fünf der belegten historischen Fälle, da zwei Priester, zwei Landarbeiter und der Sohn eines Tempelschreibers die Doppelkrone erlangt hatten. Einer der Priester dadurch, daß er eine Prinzessin der früheren Königsfamilie geheiratet hatte.

Sat-Amun schüttelte ungläubig den Kopf, wobei ihre schönen, langen Haare hin- und herschwangen.

«Und das steht in den Büchern so geschrieben?»

«Ja, ich bin erst kürzlich durch Zufall wieder darauf gestoßen.»

«Das ist aber lange her?»

«Etwa zweihundert Jahre; es hat aber auch früher solche Fälle gegeben.»

«Jetzt gibt es sie nicht mehr!» sagte sie entschlossen.

Sie beugte sich nieder und umfing mit ihren Lippen zart seinen ruhenden Min-Pfeiler, und sie liebkoste ihn, bis er sich langsam aufrichtete.

Gut so, dachte Peri, diesmal hat sie verstanden, wie es geht und worum es geht. Das weitere mögen die Götter entscheiden.

Vor der Ostmauer des Amun-Tempels wuchs unterdessen das neue Heiligtum des Aton empor – über der kleinen Kapelle, die der alte König hier seinem Lieblingsgott errichtet hatte. Der weiche Sandstein war wesentlich leichter und schneller zu bearbeiten als Kalkstein, Granit, Gneis oder gar der extrem harte Serpentin. Beim ersten Dämmerschein des Tages begannen die Arbeitsgeräusche, wobei vor allem das Klopfen der Dolorit-Hämmer als hartes, helles tak-tak-tak weithin zu hören war, gemischt mit den weicheren Schlägen der Holzschlegel auf die Kupfermeißel oder dem knarrenden Kreischen der Steinsägen, wenn zu große Blöcke zerteilt werden mußten. Es wurde vorerst nur gebaut; noch war nichts Bildnerisches entstanden, denn der König wollte dazu nach seiner Rückkehr besondere Anweisungen geben.

Freilich, die Bildhauer hätten längst beginnen können, denn um eine Königsfigur zu schaffen, hätten sie die Person des Guten Gottes nicht zu sehen brauchen. Alte Handwerkertradition verlangte lediglich das Wissen um die Maßverhältnisse in seinem Antlitz – also etwa: spitzes Kinn oder breites Kinn, rundes Gesicht oder eher oval mit sichtbaren Backenknochen. Daraus schufen die

Bildhauer dann ein Bildnis in strahlender zeitloser Jugendlichkeit und Majestät. Alter, Buckel, krumme Beine, Tränensäcke, Falten oder ein Schmerbauch existierten in solchen Idealbildern nicht, es sei denn, der König hatte selber die Anweisung erteilt, dies oder jenes zu betonen oder abzuschwächen, was bisher kaum geschehen war.

Ehe der König aber den Baumeistern und Bildhauern die betreffenden Anweisungen erteilte, besprach er sich mit Nofretete, der Großen Königsgemahlin. In stillen Gebeten und mit reichen Opfergaben bedankte sich der König bei Aton, daß ihm diese Frau geschenkt worden war, daß er sie und keine andere erwählt hatte. Die Anregung seiner Ratgeber oder die durchaus deutlichen Bemerkungen seiner Mutter, sich nun wie seine Vorgänger einen Harim einzurichten, waren bei ihm auf Ablehnung gestoßen. Es gebe nur eine Frau, die sein Herz ausfüllen und seinen Körper befriedigen könne, und die habe er bereits gefunden. Natürlich übernehme er die Verpflichtung, den Harim seines Vaters weiter zu unterhalten, aber er denke nicht daran, ihn für seine Zwecke auszuweiten. Freilich ließ sich nicht verhindern, daß ihm einige Dutzend Gaufürsten und Vasallen junge, hübsche Konkubinen zusandten. Diesen Frauen ließ er die Wahl, einen seiner Hofbeamten zu heiraten oder reich beschenkt in die Heimat zurückzukehren. Fast alle zogen eine Ehe vor, denn wie ein Krug sauren Bieres zurückgeschickt zu werden gefiel den wenigsten.

Nofretete fühlte sich durch das Verhalten ihres Gemahls geschmeichelt und vergalt es ihm mit unbedingter Ergebenheit und klugem Verständnis für seine ungewöhnlichen Pläne, denen ihr langes Gespräch galt. Nofretete hatte sich daran gewöhnt, daß ihr königlicher Gemahl das Ungewöhnliche tat, und nun wurde sie wieder damit konfrontiert. Sie saßen sich in zwei bequemen Sesseln gegenüber, und wie immer bei ihren intimen Gesprächen ließ der König zu Beginn stumm seinen Blick über die geliebte Gemahlin wandern. Er lächelte bewundernd.

«Nicht einmal die Schwangerschaften sind imstande, deine Schönheit zu beeinträchtigen. Sie machen dich eher noch anziehender, begehrenswerter. Unsere Kleine gibt mir auch recht...»

Die schon über ein Jahr alte Merit-Aton krabbelte auf dem Boden herum und versuchte immer wieder auf ihre kurzen krummen Beinchen zu kommen. Dabei fiel sie jedesmal um, was sie zu einem empörten Gebrabbel veranlaßte.

Auch das war ungewöhnlich. Königskinder wurden in der Regel von Ammen und Kinderfrauen versorgt, doch Amenhotep hatte darauf bestanden, daß Merit-Aton jeden Tag zumindest eine Stunde vormittags und eine am Abend mit den Eltern verbrachte. Nun aber war die Stunde um, Amme und Kinderfrau traten gebückt ein, um die Kleine abzuholen.

«Es geht um den Tempel», begann der König und entrollte einen langen Papyrus, den er auf den Boden legte und auf der einen Seite mit einer Alabasterschale, auf der anderen mit dem Spielsistrum seiner Tochter beschwerte.

«In den Reliefs und Statuen aller bisherigen Tempel treten in der Regel nur zwei Personentypen in menschlicher Gestalt auf: der König und die Götter. In meinem Tempel sind es auch nur zwei – der König und die Königin. Du und ich werden in unterschiedlichen Tätigkeiten in Form von Malerei, Reliefs und Statuen das Heiligtum schmücken. Aton selbst, der Ewige und Einzige, soll nur als Sonnenscheibe erscheinen, deren Strahlen mich und dich umfassen, umkosen, erleuchten, beleben und damit das ganze Land, die ganze Welt. Dabei wird dein neuer Name genannt: Nefer-neferu-Aton – ‹die Vollkommenste des Aton›. Aber diese Schriften und Bilder sollen auch lehrhaft sein und zeigen, daß Aton nicht als plötzliche Königslaune zur Verehrung empfohlen wird, sondern in Re-Harachte einen Vorgänger hat, der – zum besseren Verständnis – falkenköpfig dargestellt wurde, denn dies bedeutet ‹Re als Horus›, und damit wird auf den König Bezug genommen, den ‹Lebendigen Horus›. Diese eine Ausnahme lasse ich gelten, als Hinweis auf das Vorbild und aus Respekt vor dem Sonnenheiligtum in Junu.»

Der König schwieg und schaute Nofretete erwartungsvoll an.

«Das ist schön und richtig, mein Gemahl. Daß du als König, Prophet und Einziger des Aton vielfach auftreten mußt, verstehe ich, aber worin besteht meine Aufgabe, warum willst du auch mich zeigen?»

«Weil du ein Teil bist von mir und wir gemeinsam handeln. Ein Teil des Tempels wird dir geweiht sein, und du wirst dort tun, was ich in meinem Tempelbereich tue: dem Aton opfern, die Wahrheit verkünden und zeigen, wie wir leben unter den segnenden Strahlen Atons. Warum aus dem Dasein der königlichen Familie ein Geheimnis machen? Auch Atons Einziger liebt seine Frau, herzt seine Kinder, genießt Speisen und Getränke. Warum es nicht sichtbar machen? Warum nicht zeigen, wie wir Hand in Hand vor dem Ehebett stehen, das du so fruchtbar machst? Die Amun-Priester tun nichts anderes, als ihr Leben und Treiben vor dem Volk zu verbergen, und was sie an ihre Tempel schreiben, verstehen auch solche nicht, die lesen können, weil es in einer uralten Tempelsprache ausgedrückt wird. Ich habe den Befehl erteilt, alles Schriftliche in der heute gebrauchten Landessprache zu verfassen, und wenn ein Schreiber mit seiner Frau dort vorbeigeht und sie ihn bittet, ihr etwas aus dem Text vorzulesen, dann wird sie jedes Wort davon verstehen. Zurück zu den Bildern. Bisher war höchstens einmal der Thronfolger zu sehen, wie er an der Seite seines Vaters, des Königs, irgendwelche Riten vollzieht. Da Aton aber den Menschen als winzig kleines Kind erschafft, soll es so auch gezeigt werden. Du wirst mit einem Säugling auf dem Schoß zu sehen sein» – er strich sanft über ihren Leib – «mit dem Kind, das noch in dir ist, und unsere Merit-Aton soll zu deinen Füßen spielen. Und noch etwas: Ich werde auch ein Sed-Fest darstellen lassen.»

Nofretete erschrak. «Gehst du da nicht etwas zu weit? Du bist nun kaum zwei Jahre König und willst feiern, was man bisher erst nach dreißig Jahren tat…»

Er schüttelte geduldig den Kopf. «Ich will das Fest nicht begehen wie mein Vater, ich will nur zeigen, daß Aton mich vom Augenblick meiner Geburt an zu seinem Propheten erwählt hat. Wenn der Tempel in etwa drei Jahren vollendet sein wird, habe ich meine dreißigste Nilschwelle gefeiert. Verstehst du den Zusammenhang? Meine dreißig Lebensjahre lege ich dem Allgott zu Füßen, und das tue ich in der altgewohnten Form eines Sed-Festes.»

«Alles ist so neu, so ungewohnt… Aber gerade deshalb so kühn, so herrlich! Es wird den Menschen neue, bessere Erkenntnisse vermitteln. Zwar werden sie Zeit brauchen, es zu verstehen, aber dennoch… Ich bin stolz auf dich, Meni, wahrhaft stolz!»

Sie hatte von den Schwiegereltern die Koseform seines Namens übernommen, und er hatte sich es bisher gefallen lassen. In letzter Zeit aber bemerkte sie ein leises Zusammenzucken, wenn sein Kosename fiel, bis er ihr gestand: «Du weißt ja, es kommt von Amenhotep, und ich möchte künftig nicht mehr, daß Amun in irgendeinem Zusammenhang mit mir genannt wird. Auch daran werde ich bald etwas ändern müssen.»

Doch ihr rutschte der Name immer wieder heraus, und da er es sich nicht ausdrücklich verbat, blieben sie zunächst dabei.

Am Ende ihres langen Gesprächs fragte sie ihn: «Du hast deine Pläne gewiß schon mit deiner Mutter besprochen?»

«Nein, Geliebte, diesmal nicht. Du solltest es als erste wissen, und da du einverstanden bist, werde ich nichts mehr daran ändern – auch wenn Teje oder der Wesir mir da und dort zu Änderungen raten werden. Es bleibt, wie es ist. Und hier» – er klopfte auf den Papyrus – «kannst du schon einige Entwürfe sehen.»

Kopf an Kopf beschauten sie die höchst lebendigen Szenen aus dem Leben der Königsfamilie, und Nofretete erkannte, wie neu und kühn und einmalig dies alles war.

Zwei Tage später berief der König einige der leitenden Baumeister und Bildhauer zu sich, lud auch Teje, den Wesir, den Hohenpriester Anen, seinen Halbbruder Semenchkare und seine beiden Schwestern dazu.

14

Semenchkare war von etwas träger Natur, aber seine Rangerhöhung hatte den Ehrgeiz in ihm erweckt, und so mühte er sich redlich ab, alles für sein Amt Nötige dazuzulernen. Hatte man ihn früher kaum beachtet, wenn er durch die Palaststadt ging, so traten jetzt die Diener und Hofbeamten respektvoll beiseite, er sah auf gebückte Rücken herab und wurde mit «Ehrwürdiger Zweiter Prophet» angesprochen – er, ein Junge von nicht einmal vierzehn Jahren!

Nicht anders war es im Bereich des Amun-Tempels. Selbst die Priester oberer Ränge blieben bei seinem Erscheinen achtungsvoll stehen und neigten ihre kahlen Schädel. Anen ließ sich kaum noch in der Tempelstadt blicken, hatte vor einigen Tagen seine Amtsräume feierlich übergeben.

«Du wirst von nun an mehr hier sein als drüben im Palast, doch vergiß niemals deine königliche Abstammung und daß du zuallererst dem höchsten Priester, nämlich dem König verpflichtet bist. Höre auf Maj und begegne ihm mit Respekt, folge auch seinen Weisungen, aber überlege dir, ob sie nicht dem Willen des Guten Gottes zuwiderlaufen. Wende dich dann zunächst an ihn, ehe du etwas Falsches machst.»

Die Prinzessin Giluchepa, seine Mutter – jetzt eine der Königin-wit-wen –, zeigte sich mit der Entwicklung durchaus zufrieden, doch sie hielt für den Sohn längst nicht alles für erreicht, was zu erreichen war.

«Gut, Semi, du bist nun Zweiter Prophet des Amun und hast damit für dein Alter einen beachtlichen Rang erreicht – der dir auch zusteht! Schließlich bist du königlicher Prinz, und in deinen Adern fließt das Blut eines Sohnes der Sonne. Gerade deshalb glaube ich, daß du dich für Höheres bereithalten solltest.»

Semenchkare verstand nicht ganz.

«Für Höheres? Wie meinst du das, Mutter?»

Über ihr feistes Gesicht huschte ein spöttisches Lächeln.

«Dein Rang scheint deine Weisheit weder erhöht noch vermehrt zu haben. Denke zurück an Thotmes, den früheren Kronprinzen. Gesund zog er in die Wüste hinaus, als Toter kehrte er zurück. Der Tod greift oft sehr schnell zu, und davor ist auch ein König nicht gefeit. Wer steht dann dem Thron am nächsten?»

«Sat-Amun, nehme ich an …»

«Sie ist eine Frau und müßte heiraten, um auf den Thron zu gelangen. Sie will aber keinen Mann, das hat sie mehrmals betont, und wenn, dann müßte sie einen ihrer Halbbrüder nehmen. Da stündest du an erster Stelle. Will sie es nicht, bist wohl du der nächste Thronaspirant und müßtest Isis oder eine Tochter des verstorbenen Königs zur Frau nehmen.»

«Verstorben …?»

«Bei Baal und Ischtar! Stellst du dich nur so dumm, oder bist du es wirklich? Ich spreche doch nur für den Fall, daß so etwas geschieht! Wenn es sich in zehn Jahren ereignet, ist Merit-Aton fast heiratsfähig, aber wenn es morgen oder übermorgen, vielleicht auch in ein oder zwei Jahren geschieht, dann bleibt nur Isis, wenn Sat-Amun nicht will. Sie paßt im Alter zu dir, und wie ich höre, hat sich vor kurzem ihre monatliche Reinigung eingestellt. Du weißt hoffentlich, was das bedeutet?»

Semenchkare wußte es nicht, und Giluchepa warf einen mitleidheischenden Blick gen Himmel, wobei ihr Doppelkinn vor Ärger und Ungeduld zitterte.

«Was hast du eigentlich bei Anen gelernt? Ich höre immer nur, du mußt lernen – lernen – lernen, und wenn ich dann von alltäglichen Dingen rede, hast du nicht die geringste Ahnung.»

«Aber Mutter, im Tempel geht es doch um ganz andere Dinge …»

«Das kann ich mir denken! Jedenfalls ist Isis nun fähig, Kinder zu gebären. Sie ist jetzt eine Frau geworden, verstehst du? Kein Kind mehr, wie du es offenbar noch bist, zumindest was die Frauen betrifft. Bist du schon einer beigelegen?»

Der Prinz errötete und mied ihren Blick.

«Warum? Nein – nein, dafür war bis jetzt keine Zeit, und außerdem – außerdem…»

«Gelüstet es dich noch nicht nach Frauen?» forschte Giluchepa.

«Nun ja – vielleicht…»

Sie schlug die Hände zusammen.

«Das ist doch kein Grund, verlegen zu werden. Es scheint, daß ich es in die Hand nehmen muß, um dir klarzumachen, daß nicht nur die längeren Röcke und die längeren Haare Mann und Frau unterscheiden.»

Giluchepa, glücklich, etwas für ihren Sohn tun zu können, schickte bei seinem nächsten Aufenthalt im Palast eine erfahrene Dienerin in seine Schlafkammer, die ihr dann am nächsten Morgen Bericht erstatten mußte. Es war eine langjährige Vertraute, die damals als blutjunge Kammerfrau mit der Prinzessin nach Kemet gekommen war. Inzwischen Witwe, war sie in Giluchepas Dienst zurückgekehrt und schien keineswegs abgeneigt, den jungen Prinzen zu verführen.

«Nun – hast du, ich meine…»

Die hübsche, schlanke Frau, der man ihr Alter um die dreißig nicht ansah, grinste breit.

«Natürlich habe ich! Deinem Sohn barsten schon fast die Hoden vor aufgestautem Samen, es war höchste Zeit, daß er ihn los wurde. Zuerst hat er recht verschämt getan, aber als er spürte, daß sein Schwengel nichts anderes will, als den Schoß einer Frau umzupflügen, war er kaum noch zu halten. Nach dem dritten Mal ist er eingeschlafen, aber am Morgen ging's schon wieder los.»

Giluchepa nickte zufrieden.

«Das hast du gut gemacht, darfst dir etwas wünschen.»

«Ein Krüglein Myrrhe-Öl wäre mir recht, das hält sich lange und ist sparsam zu verwenden.»

Die Prinzessin lachte.

«Und recht teuer dazu, aber du sollst es haben.»

Semenchkare fand solchen Geschmack am Liebesspiel, daß er

fast jede Nacht in die Schlafkammer der Dienerin schlich, aber dann mußte er in den Tempel zurück. Wenig später rief ihn der Befehl des Königs wieder in den Palast, ohne daß er wußte, um was es ging.

Der Gute Gott und Sohn der Sonne, Einziger des Re, hatte seine hochmütig-störrische Miene aufgesetzt, mit herabgezogenen Mundwinkeln und etwas verengten, mißtrauisch blickenden Augen.

Sat-Amun, die nichts und niemand fürchtete, und schon gar nicht das jüngere Brüderchen, dachte belustigt: Wie sehr er doch der Mutter gleicht, gerade wenn er diese Miene zeigt.

Isis, inzwischen mannbar geworden, wirkte nicht mehr wie ein Flaumfederchen, glich jetzt eher einem schlanken Schilfrohr und hatte zwei kleine Brüste angesetzt, die unter dem weiten, hochgeschlossenen Kleid kaum zu sehen waren. Sie bewunderte den älteren Bruder, und wenn sie ihn auch nicht fürchtete, so flößte ihr seine etwas finstere Miene Respekt und Achtung ein. Ein richtiger König, dachte sie, den man ernster nimmt als unseren Vater, dessen Jähzorn schnell in Nachgiebigkeit umschlug. Ja, die zarte Isis beobachtete die Menschen um sich herum genau; das hatte sie bei ihren Blumen und Pflanzen gelernt, wenn sie tief in die Blütenkelche hinabschaute, um diese feinen Wunderwerke zu ergründen.

Als alle erschienen waren, trat der König herein, schnell, unzeremoniell und sichtlich voll Ungeduld. Der Wesir wollte zu reden beginnen, doch Amenhotep schnitt ihm mit einer knappen Geste das Wort ab.

«Sei bedankt, Ramose, aber heute werde ich alles selber erklären. Es geht um den neuen Tempel und die ihn außen und innen schmückenden Statuen; es betrifft vor allem die etwa zehn Ellen hohen Figuren in der Säulenhalle. Sie zeigen Meine Majestät als Herrn Beider Länder und Sohn der Sonne mit allen dem König zukommenden Insignien. Sie sehen nur ein wenig anders aus, als man dies bisher gewohnt war. Bak wird euch jetzt ein Modell zeigen.»

Der alte Huy-Amenhotep war vor kurzem nach Westen gegangen und hatte die ihm von seinem Freund und König errichtete

Ewige Wohnung bezogen. Bak hatte seine Nachfolge angetreten und war zum «Vorsteher der Bauarbeiten» ernannt worden. Er verneigte sich, während zwei seiner Gehilfen eine Holzkiste herbeischleppten und die Stricke lösten. Sie hoben die Sandsteinfigur heraus und stellten sie ans Licht.

«Das ist ein Modell im Größenverhältnis eins zu zehn – also etwa eine Elle hoch.»

Ein verlegenes Schweigen breitete sich aus, in manchen Gesichtern stand erschrecktes Erstaunen oder – wie bei der Königinwitwe Teje – heftige Ablehnung. Sie erhob sich aus ihrem Sessel und trat vor die Statue.

«Nein, Meni, das geht nicht! Damit findest du kein Verständnis und empörst die Menschen. Den Guten Gott, der sie leitet und beschirmt, wünschen sie sich in anderer Gestalt. Du mußt das ändern lassen – unbedingt!»

Der König hatte seine Mutter angehört, doch seine Miene zeigte keine Regung, blieb störrisch und verschlossen.

Er wandte sich an Semenchkare.

«Wie denkt mein Bruder darüber?»

Der junge Prinz erschrak und blickte sich hilflos um, doch alle wichen seinem Blick aus.

«Sprich frei aus deinem Herzen, Semi!» forderte der König ihn auf.

«Also ich weiß nicht – einesteils ähnelt das Gesicht der Figur dem deinen, dann aber auch wieder nicht…»

«Kindermund tut Wahrheit kund!» rief der König, «aber Semenchkare ist kein Kind mehr, und so ist es nur die halbe Wahrheit, doch er hat es ganz richtig erkannt: Das Gesicht ähnelt dem meinen, aber was mein Bruder mit ‹auch wieder nicht› umschrieb, soll bedeuten, daß diese Statuen noch mehr aussagen müssen. Zum einen ist damit mein Körper gemeint, zum anderen – an den Insignien erkenntlich – soll es den König und Herrn Beider Länder zeigen. Aber am wichtigsten ist ein drittes, nämlich es stellt den Einzigen des Aton und seinen Propheten als Lehrer dar. Ich bin nämlich Atons Schüler und werde mein Volk über Art und Eigenschaften des Gottes belehren, das wird meine vordringlichste Aufgabe sein. Und diese Belehrung beginnt hier!»

Der König wies auf die Figur.

«Aton lehrt uns vor allen Dingen, die Lüge zu meiden und der Wahrheit die Ehre zu geben. Würde ich mich schön und kraftvoll darstellen lassen, wie es meine Vorgänger beliebten, wäre es eine Lüge. Ich ziehe die Wahrheit vor, und sie soll so deutlich sein, daß sie den Menschen die Augen öffnet. Die Betonung dessen, was mein Antlitz ausmacht – das ovale Gesicht, die schrägen Augen, die lange Nase, der dicklippige Mund –, heißt die Wahrheit betonen. Warum aber der schwellende Bauch, die breiten Hüften, die weiblich anmutenden Schenkel? Die Erklärung ist einfach. Wir dürfen uns Aton weder weiblich noch männlich vorstellen – er vereint beide Geschlechter in sich, und in mir, seinem Propheten, soll man einen Abglanz davon finden. So habe ich in diesen Abbildern vereint: den menschlichen Körper mit der Betonung seiner Eigenheiten, den König mit Krone, Bart und Szepter und den Propheten, der im Sinne Atons mann-weiblich auftritt.»

Er trat zurück und schaute in die Runde. Sein Gesicht hatte sich entspannt, es glühte vor Eifer, in dem zufriedenen Bewußtsein, eine schwierige Aufgabe gelöst zu haben. Teje schien jedoch keineswegs überzeugt.

«Wer hat dieses Modell geschaffen, und wer wird die Kolossalstatuen ausführen?»

Bak verneigte sich.

«Das Modell stammt von mir und meinem tüchtigen Gehilfen Thutmose.»

Er deutete auf einen jungen Mann, der im Hintergrund stand und nun zögernden Schrittes vortrat.

Tejes schöne glatte Stirn runzelte sich, ihre Augen glitzerten kalt. Sie ließ sich in ihren Sessel sinken und sagte, mit dem Blick auf die Statue: «Und ihr habt es gewagt, den Sohn der Sonne und Herrn Beider Länder, den Guten Gott und Starken Stier darzustellen wie eine Mißgeburt? Weibisch, schwachsinnig und mit dünnen Beinen, welche die Last seiner Schenkel und seines Bauches niemals tragen könnten. Das ist Blasphemie, meine Herren, und Majestätsbeleidigung dazu. Dafür werdet ihr euch zu verantworten haben!»

Das Gesicht des Königs blieb entspannt und zufrieden.

«Mutter – beruhige dich! Bak ist dafür nicht verantwortlich, ich selber habe ihm die genauen Anweisungen gegeben. Die gesamte Ausstattung des Tempels entspricht in allen Einzelheiten meinen Vorstellungen und geschieht zum Ruhme Atons und seines Propheten.»

Der König winkte Thutmose näher heran.

«Dieser junge Handwerker genießt mein besonderes Vertrauen; er hat – schnell wie kein anderer – verstanden, worauf es mir ankommt.»

Wie so oft mischte Isis – die sonst kaum sprach – sich an ungeeigneter Stelle ins Gespräch. Ihre dünne, helle Stimme tönte wie der Klang eines Sistrums durch den Raum.

«Thutmose, stammst du aus dem elenden Kusch? Deine Haut ist so dunkel...»

Teje blickte ihre Tochter streng an.

«Isis, das gehört jetzt wirklich nicht hierher!»

Der König lächelte nachsichtig.

«Aber laß sie doch, Mutter...»

Dadurch ermuntert, sagte Thutmose mit leiser, noch sehr jungenhaft wirkender Stimme: «Nein, Prinzessin, ich bin in Waset geboren, aber mein Großvater kam als Arbeitssklave aus Kusch.»

Isis klatschte fröhlich in die Hände.

«Und sein Enkel arbeitet heute für den König! Ist das nicht schön? Ptah, der große Handwerker, war dir sehr gnädig gesinnt – du solltest ihm ein Opfer darbringen.»

Thutmose verneigte sich tief.

«Das werde ich tun, Prinzessin.»

Semenchkare hatte – seit der König ihn zu befragen geruhte – seine Halbschwester nicht aus den Augen gelassen. Wenn sie bisher nicht gewußt hatte, daß es ihn gab – jetzt wußte sie es! Aber der Vorstellung seiner Mutter konnte er nicht folgen. Dieses dürre Schilfrohr heiraten? Die warf er ja mit der linken Hand zum Fenster hinaus... Mochte es ihr seinetwegen schon nach der Art der Frauen gehen und sie Kinder gebären können, aber dieses dünne kleine Ding war ja noch selber ein Kind! Wenn er damit seine Geliebte, die Kammerfrau verglich! Schon der Gedanke an sie ließ seinen Schwengel hart werden, und er hätte sie mit Freuden im nächsten Augenblick beschlafen. Solche Wünsche aber verebbten, wenn er seine Halbschwester, das zarte Mädchenkind, nur ansah. Wenn er daran dachte, wie kräftig und ausdauernd er den Schoß seiner Geliebten durchpflügte – da knarrte und hüpfte das Bett, und der Boden schwankte! Ob diese Isis eine solche Behandlung überhaupt aushielt? Freilich, wenn er aufsteigen wollte in der Rangfolge, wenn er für den Thron in Betracht kommen wollte, dann mußte er eine seiner Halbschwestern heiraten. Er warf einen kurzen Blick auf Sat-Amun. Die würde ihm schon eher zusagen, aber ein bißchen alt war sie schon. Und ihn übersah sie meist, für sie war er nicht mehr als ein dummer Junge, auch jetzt, da er die Kleidung eines Priesters trug.

Da drang Tejes Stimme an sein Ohr.

«Warum hast du deine Gemahlin nicht eingeladen? Sie sollte wissen, was du vorhast, sollte diese – diese Figur da sehen.»

«Sie weiß davon, es ist alles mit ihr erörtert und abgesprochen.»

«Ah – so geht das jetzt!»

Sie blickte den Wesir an.

«Und du, Ramose, hat der König dich auch…?»

Sie sprach den Satz nicht zu Ende. In ihrem schönen, herben Gesicht malten sich Bitterkeit und Enttäuschung, aber nur für einen Augenblick.

«Aber Majestät! Ich bin genauso überrascht wie du, und im übrigen pflichte ich dir bei. Ich halte es – mit Verlaub gesprochen – für wenig klug, sich so der Öffentlichkeit zu präsentieren.»

Er wandte sich mit einer nicht zu tiefen Verbeugung an den König.

«Es ist meine Pflicht als Wesir, dich zu warnen, Majestät. Wenn du dich ihnen so zeigst, wie diese Figur es darstellt, dann gibst du denen recht, die sagen: Daß etwas anders ist an diesem Guten Gott, haben wir schon vermutet, aber nun wird es zur Gewißheit. Zwar trägt er einen Bart, dieser König, aber vom Nabel abwärts ist er ein Weib, und was kann…»

Die Augen des Königs hatten sich mehr und mehr verengt, aus den Schlitzen funkelte es gefährlich. Seine Stimme klang scharf und hell: «Wesir Ramose! Du sprichst mit dem König! Ich weiß, daß du dich vorbehaltlos zu Aton bekennst, daß du sogar in deiner Ewigen Wohnung Bild und Name des Amun löschen und durch den

Einen und Einzigen hast ersetzen lassen. Aber wovon ich heute sprach, hast du offenbar nichts verstanden. Ich sage das ohne Zorn, nur mit Bedauern, und wenn du Meine Majestät bittest, dich aus Gründen deines Alters in den Ruhestand zu versetzen, so gewähre ich es gnädig.»

Es schien, als sei der Wesir erleichtert über die Worte des Königs. Er verneigte sich und sagte leise: «Da ich mich alt und meinem Amt nicht mehr gewachsen fühle, bitte ich dich, Majestät, Guter Gott und Herr Beider Länder, mich zurückziehen zu dürfen.»

«Es ist gewährt, Wesir Ramose. Geh in Frieden und sei meines Wohlwollens versichert.»

Es schien, als hätte Teje etwas sagen wollen, doch sie schwieg und blickte zum Fenster, wo der grüne, buschige Zweig einer Dum-Palme sich sanft im Wind regte.

Der König stand auf.

«Seid für euer Kommen bedankt. Mit Bak und Thutmose habe ich noch etwas zu besprechen.»

«Darf ich auch hierbleiben?» fragte Isis.

«Nein», sagte Teje, «ich glaube, der König möchte mit den Handwerkern alleine sprechen.»

Amenhotep sagte nichts, aber er lächelte seine kleine Schwester an und zwinkerte ihr zu.

Kaum hatten die Diener die Tür verschlossen, fragte er Bak: «Wieviel Steinmetzen sind verfügbar?»

«Genügend, Majestät, um das Werk schnell voranzubringen, doch nicht alle sind geeignet, die Bildhauerarbeiten auszuführen – so, wie du sie haben willst.»

«Dann unterweise sie, lerne die Begabten an!»

«Das ist nicht so einfach, Majestät, denn wir wollen dir gute Arbeit liefern, nur gute Arbeit!»

Das hatte Thutmose gesagt, leise, bestimmt und mit niedergeschlagenen Augen.

«Das ist löblich, Thutmose», sagte der König freundlich, «aber behaltet stets im Auge, daß es schnell gehen muß. Wenn ich dreißig bin, muß der Tempel fertig sein!»

«Noch zwei Nilschwellen...» murmelte Bak und rieb verlegen seine breite, fleischige Nase.

«Es wird gehen», sagte Thutmose.

«Es muß gehen!» bekräftigte der König.

Seit Anen sich ganz aus der Tempelstadt zurückgezogen hatte, konnte der Hohepriester Maj sich ungestört mit dessen Nachfolger beschäftigen, doch er tat es unaufdringlich, unauffällig, sagte oder unternahm nichts, was den jungen Prinzen mißtrauisch machen oder gar hätte verstören können. Er vermied es klug, Semenchkare mit Verwaltung oder Geldgeschäften in Berührung zu bringen, um so mehr wies er ihm ehrenvolle, repräsentative Aufgaben zu, bei denen der großgewachsene Bursche im vollen Priesterornat auftreten durfte. Wenn es sich gerade ergab, plauderte der Hohepriester mit dem Zweiten Propheten, und was er sagte, klang stets, als messe er dem wenig Gewicht bei, fühle sich aber verpflichtet, den neuen Amtsbruder mit diesem oder jenem vertraut zu machen.

Bei keinem dieser Gespräche unterließ er es, den Prinzen auf die Wichtigkeit seiner Aufgabe hinzuweisen und auch darauf, welchen großen Anteil der Gott Amun am glanzvollen Aufstieg des Königsgeschlechts hatte, dem auch er, Prinz Semenchkare, entstammte.

Gleich bei einem der ersten Gespräche tat Maj sehr geheimnisvoll.

«Hier wußte ja kaum jemand, daß du unbeachtet und ohne Aufgabe in einem Harimswinkel dahingelebt hast. Bis ich dann diesen Traum hatte...»

Obwohl sie in Majs Amtsräumen allein waren, winkte der Hohepriester den Prinzen näher heran.

«Komm, setz dich hier neben mich. Manchmal haben die Wände Ohren. Als Anen zu erkennen gab, daß er sein Amt zur Verfügung stellen würde, kamen mir gleich einige würdige und durchaus geeignete Nachfolger in den Sinn. Doch ehe ich etwas unternehmen konnte, sandte Amun mir diesen Traum.

Ich sah einen schönen Garten mit mir unbekannten jungen Menschen, die sich dort ergingen, als plötzlich ein Widder mit goldenem Gehörn, überaus prachtvoll anzuschauen, sich unter diese Menschen drängte. Er verharrte, blickte suchend um sich, um dann plötzlich auf einen jungen Mann loszupreschen. Der stand lächelnd da, als der Widder ihm zwischen die Beine fuhr, ihn auf den Rücken nahm und in großen Sprüngen davonrannte. Da hörte ich Stimmen, die riefen: Semenchkare! Semenchkare! Holt ihn zurück! Da füllte eine göttliche Stimme den Garten – füllte meinen Traum, und ich hörte: Amun hat ihn entführt!

Und siehe da, Seine Majestät, dein Bruder, brauchte weder gefragt noch überredet zu werden – er war von sich aus auf den Gedanken gekommen, dich zum Nachfolger des ehrwürdigen Anen zu ernennen. Ich kann mir das nur durch höhere Einwirkung erklären... Amun hat geruht, seinen Wunsch in das Herz des Königs zu senken, und dein Bruder hat sogleich den göttlichen Willen erfüllt. Es muß so gewesen sein!»

Nach einer Reihe solcher Gespräche hatte sich in Semenchkare tief die Vorstellung eingegraben, er müsse ein Auserwählter des Amun und diesem von Herzen dankbar sein.

Sosehr es Maj freute, Semenchkare allmählich auf seine, auf Amuns Seite zu ziehen, so sehr machte ihm der im Osten mächtig wachsende Tempel zu schaffen. Dann und wann stieg er kurz vor Sonnenuntergang – nur von Si-Mut oder einem anderen Vertrauten begleitet – auf den kleinen Turm neben der Ostpforte und blickte auf die von Tag zu Tag höher strebenden Mauern. Eines Morgens erschien Si-Mut, atemlos und in seltsamer Erregung.

«Du mußt dir das ansehen, Ehrwürdiger!»

«Wenn es etwas Erfreuliches ist...» brummte Maj unwillig.

Si-Mut lachte hämisch.

«Wie man es nimmt... Unerfreulich und erfreulich zugleich, aber sieh es dir selber an.»

Sie eilten zum Turm und spähten zum Tempel hinüber. Dort war an der Westwand am Abend zuvor eine der Kolossalfiguren aufgerichtet worden. Sie stand so nahe, daß für die Besucher jede Einzelheit zu erkennen war.

Zuerst fehlten Maj die Worte, dann begann er leise zu lachen, zu kichern.

«Du hast recht, Si-Mut, es ist erfreulich und zugleich abschreckend. Erfreulich für uns, weil der König sich hier auf eine Weise zeigt – nun, mir fehlen die Worte, diese Statue spricht für sich. Ihr werden noch mehrere folgen, vermute ich, und diese Ansammlung von abschreckender Häßlichkeit, diese lächerliche, durch und durch unkönigliche Erscheinung wird allem Volk verkünden, wie es um den Herrn Beider Länder steht – diesem Einzigen des Re! Ja, das ist wahrhaft einzigartig. Die schlechteste, von einem Dorfbildhauer geschaffene Amun-Statue strahlt mehr Würde aus als diese von zweifellos vorzüglichen Handwerkern erzeugte Häßlichkeit. Es ist, als hätte Amun diesem Bildhauer die Hand geführt...»

Als die Schriftenmaler mit Kohlestücken die Texte vorzeichneten und die Steinmetzen sie danach mit Hammer und Meißel vertieften, wurde bekannt – noch ehe der König seinen Tempel eröffnen konnte –, wem das Heiligtum geweiht war.

Da vergaß Maj seine bisherige kluge Zurückhaltung und verlor die Beherrschung. Er berief eine Priesterversammlung ein, doch anstatt wie sonst in ruhigem Ton von seinem erhöhten Sitz aus die Probleme anzusprechen, sprang er auf und lief erregt hin und her. Die Priester und Tempelbeamten verfolgten stumm das Auf und Ab des kleinen Mannes, dessen kahler Schädel vor Schweiß glänzte. Dann blieb er stehen und streckte einen Arm nach Osten aus.

«Habt ihr es alle gesehen, draußen vor der Tempelmauer? Ein gewaltiges Heiligtum wächst da unter Amuns Augen empor, aber nicht, wie jeder zuerst dachte, um auf irgendeine Weise unseren Gott zu ehren, vielleicht um Amun in seiner Erscheinung als Re zu würdigen. Aber es mußte Aton sein, dieser gestaltlose Gott, eine nichtssagende Scheibe nur, die weder Andacht noch Ehrfurcht einflößt. Dafür tritt Seine Majestät dort vielfach in eigener Gestalt auf – aber in welcher? Als strahlender, machtbewußter, gottgleicher König, als Sohn der Sonne, Starker Stier und Herr Beider Länder? Nein, als dünnbeiniges und dickbäuchiges Zerrbild, das nur Abscheu und Schrecken erregen kann.»

Maj blieb stehen und rief in die atemlose Stille hinein: «Der schreckliche Seth muß Seiner Majestät ins Herz und in die Glieder gefahren sein! Ich finde keine Worte mehr...»

Er ließ sich in seinen Sessel fallen und begann zu schluchzen. Keiner der Männer in dieser Versammlung hatte den Hohenpriester jemals in einem solchen Zustand gesehen, und sogar die, die ihn wenig mochten oder fürchteten, waren erschüttert.

Um die peinliche Lage zu überbrücken, erhob sich der Oberste

Schatzmeister und rief: «Und wißt ihr, ehrwürdige Väter, wer dies alles bezahlt hat? Es ging auf unsere, auf Amuns Kosten! So hat es Seine Majestät angeordnet, und es hat den Anschein, als ginge es so weiter.» Er streckte einen gerollten und gesiegelten Papyrus hoch. «Dieser Schöne Befehl des Guten Gottes ist heute morgen eingetroffen, und er lautet: ‹Alle dem Amun gehörenden Besitzungen nördlich der Stadt Men-nefer sollen auf den Sonnentempel von Junu übertragen werden.› Gut, unser Besitz im Delta ist nicht sehr umfangreich, aber immerhin…»

«Wie können wir uns dagegen wehren?» fragte der hagere Si-Mut mit bebender Stimme, und in seinen tiefliegenden Augen glühte der Haß.

Ein anderer fragte: «Könnte nicht Ipy bei ihm vorstellig werden, sein alter Lehrer?»

«Ipy liegt im Sterben», sagte Maj mit müder Stimme, «ich erwarte stündlich die Todesnachricht.»

Da meldete sich Semenchkare zu Wort – er, der seiner Jugend wegen bei solchen Versammlungen sonst lieber geschwiegen hatte, fühlte sich als Bruder des Königs angesprochen.

«Ich werde mit dem Guten Gott reden, Ehrwürdige, falls ihr damit einverstanden seid. Ich nehme an, die Maßnahmen, unseren Tempel zu mindern, sind nun abgeschlossen. Die Dinge sind – sind nun so, wie Seine Majestät, mein Bruder, sie haben wollte. Ich glaube, ihr könnt beruhigt sein, ehrwürdige Herren. Da gab es wohl einiges zurechtzurücken, oder – wie soll ich es sagen, einiges zu ordnen…»

Der Prinz hatte ohne Plan gesprochen, nur so ins Blaue hinein, um seiner ihm von Anen eingeschärften Aufgabe gerecht zu werden, nämlich in gespannter Lage einen Ausgleich zu schaffen zwischen den Interessen des Amun-Tempels und den Ansprüchen des Königs.

Maj war zuerst erschrocken, weil er nicht daran gedacht hatte, daß der Halbbruder des Königs unter ihnen saß. Aber, so überlegte er weiter, vielleicht war dies die Bewährungsprobe für den Zweiten Propheten, und es würde sich bald erweisen, auf welcher Seite er stand. Als die Versammlung sich auflöste, hielt er den Prinzen zurück.

«Es freut mich, daß du dich bei Seiner Majestät für uns verwenden willst, aber es wäre wenig klug, wenn du ihm meine in äußerster Erregung gefallenen Worte weitergeben würdest. Natürlich glaube ich nicht, daß Seth in seine Glieder gefahren ist – das war nur symbolisch gemeint, gleichnishaft, verstehst du?»

«Natürlich verstehe ich das, und ich täte weder mir noch Amun einen Gefallen, wenn ich ihm deine, wie du sagst, in äußerster Erregung gebrauchten Worte wiederholen würde. Was ich geworden bin, habe ich Amun zu verdanken, und das werde ich niemals vergessen.»

Maj atmete auf. So war seine Saat bei diesem Jungen doch auf fruchtbaren Boden gefallen, und nichts war verloren.

Semenchkare war weder mit blendender Klugheit noch mit einem sehr regsamen Geist ausgestattet, doch er konnte folgerichtig denken, und wenn er sich ein Ziel gesteckt hatte, so suchte er es zu erreichen, ohne viel nach rechts oder links zu blicken.

Sein Bruder empfing ihn sofort. Er schien bester Laune und nahm ihm gleich das Wort aus dem Mund.

«Ich kann mir schon denken, warum du kommst. Die Amun-Priester sind mit dem Tempel nicht einverstanden? Ihnen mißfällt, daß er Aton geweiht ist, ihnen mißfällt seine Ausstattung, die Darstellung Meiner Majestät, ihnen mißfällt, daß ihre Arbeitskräfte am Bau mitwirken, daß sie für seine Kosten aufkommen müssen. So ist es doch?»

«Was soll ich dazu sagen? Du hast ja schon alles aufgezählt...»

Der König berührte seinen Bruder freundlich am Arm, eine bei ihm sehr seltene Geste.

«Aber weshalb bist du gekommen? Nur um mir das zu sagen?»

«Nein, Majestät, nicht nur deshalb. Es ist – es geht um die Zukunft. Man macht sich Sorgen, wie es weitergehen wird, ob du dem Amun-Tempel so nach und nach alles wegnehmen willst...»

«Nun höre einmal gut zu, mein verehrter Bruder. Du warst in der Palastschule, hast schreiben und lesen und einiges dazugelernt, und mein Onkel Anen hat dein Wissen vertieft. Entweder man hat es dir nicht gesagt, oder du hast es vergessen: Seit Bienen- und Binsenland unter einem Herrn vereint sind, der deshalb die Doppelkrone trägt, gilt vor allem anderen ein Gesetz: Es gibt nur einen wahren Priester in Kemet und nur einen, dem alles Land gehört, und das ist der König. Wer in den Tempeln ein Priesteramt ausübt oder wer ein Gut bewirtschaftet, tut dies durch den Willen und die Gnade des Herrn Beider Länder. Also: Wenn Maj sagt, Amun gehöre dies oder das, dann sagt er nicht die Wahrheit, denn alles gehört mir – mir allein, weil ich der Lebendige Horus und der Sohn des Re bin. Es kostet mich ein Wort, und sämtliche dem Amun übertragenen Güter werden wieder der Krone zugeschlagen, und Maat wird es gutheißen, weil es recht und richtig ist. Maj und seine Freunde scheinen das vergessen zu haben, und ich beauftrage dich, sie nachdrücklich daran zu erinnern.»

Semenchkare verneigte sich.

«Das werde ich tun, Majestät, so wie du es gesagt hast.»

Doch damit hatte er es nicht eilig. Zuerst besuchte er seine Mutter, dann verbrachte er die Nacht mit seiner Geliebten, blieb einen weiteren Tag und eine weitere Nacht – wieder bei ihr. Wer sollte ihn daran hindern? Schließlich war er Zweiter Prophet des Amun, königlicher Prinz und so gut wie erwachsen. Dem König war es einerlei, wo er seine Nächte verbrachte; wer hatte sonst noch das Recht – oder den Mut –, ihm Befehle zu erteilen?

Semenchkare hatte seine Mutter vergessen. Giluchepa sah sich das Treiben ein paar Tage lang an, dann befahl sie den Sohn zu sich. Selbstbewußt trat er vor sie hin, in seinem Priestergewand, mit kahlgeschorenem Kopf, und blickte auf die wohlig in ihrem Fett und auf einem Sofa ruhende Königinwitwe.

«Setz dich!» befahl sie kurz und deutete auf einen niedrigen Hocker. Sein gestärkter Schurz knirschte, er brachte nur mit Mühe seine langen Beine unter und blickte nicht mehr so selbstbewußt drein.

Giluchepa richtete sich schnaufend etwas auf.

«Mein Sohn, ich finde es erfreulich, daß du die Freuden der Liebe entdeckt hast und wenigstens auf diesem Gebiet zum Mann geworden bist. Du übst auch den Beruf eines Mannes aus, bist Zweiter Prophet des Amun, bist hoch gestiegen. Aber offenbar fehlt dir die Fähigkeit, wie ein Mann zu denken! Glaubst du, es ist damit getan, allnächtlich deinen Samen an eine Dienerin zu verschwenden? In dir fließt das göttliche Blut eines Sohnes der Sonne und Herrn

Beider Länder! Sei dir dessen bewußt und bemühe dich um eine standesgemäße Frau! Freilich, du könntest dich um ein Mädchen aus Nofretetes zahlreicher Verwandtschaft bewerben, aber das bringt dich nicht voran, das erhebt eher sie als dich. Also bleiben nur Sat-Amun und Isis. Erstere scheidet vorläufig aus, sie hat einen Geliebten, wie man hört, und scheint sich mit der Rolle einer Königinwitwe zu begnügen. So kommt nur noch Isis in Frage, die Verschlossene, immer Abwesende. Sie geht ganz in der Pflege ihres Mustergartens auf, aber sie ist eine Frau geworden, und es wird ihr bald nicht mehr genügen, nur Rosen und Büsche zu begießen. Sie möchte selber begossen, möchte fruchtbar gemacht werden. Du paßt im Alter zu ihr, du bist Sohn einer Königsgemahlin, die als Prinzessin nach Kemet kam – du bist standesgemäß!»

Sie ließ sich zurücksinken und tauchte, ohne hinzusehen, ihre Hand in eine große, neben dem Sofa stehende Schale mit Honigplätzchen. Sie stopfte sich ein paar davon in den Mund, brummte etwas Unverständliches und nickte ihm aufmunternd zu.

«Was du sagst, ist mir bekannt, aber als ich vor einigen Tagen diese Isis sah, so dünn, so kindlich, so gar nicht geeignet für – für einen Mann…»

Giluchepa spülte die Plätzchen mit einem kräftigen Schluck hinunter, und Semenchkare verspürte einen deutlichen Weingeruch.

Sie winkte ab.

«Pah! Jede Frau ist für jeden Mann geeignet. Wenn er sich halbwegs geschickt anstellt, paßt der Stößel immer in den Mörser. Aber bei Isis geht das nicht von selber, da mußt du dich bemühen, mußt dir etwas einfallen lassen! Weil das bei dir offenbar langsam – viel zu langsam geht, habe ich zwei Dinge vorbereitet. Einmal eine Nachricht für den Hohenpriester Maj, daß du deiner Mutter wegen noch einige Tage im Palast bleiben mußt – du brauchst nur abzuzeichnen.»

Ihre fette Hand wies auf einen Papyrus, der auf dem niedrigen Tisch lag.

«Zum anderen habe ich mit einem der Obergärtner gesprochen und dabei mit einem Dutzend Kupferdeben nachgeholfen. Er wird mit dir in einen der Palastgärten gehen und dich etwas kundig machen. Du merkst dir gut, was er sagt, und wirst dann die Prinzessin Isis in aller Form um die Erlaubnis bitten, ihren Mustergarten besuchen zu dürfen – aus brennender Neugierde, hörst du? Sie wird ohnehin kaum vermuten, daß dein Interesse ihr gilt, also bemühe dich um den Garten, dann wirst du den Weg zu ihrem Herzen und letztlich zu ihrem Schoß finden.»

«Wenn das so einfach wäre …»

Sie schlug patschend ihre fetten Hände zusammen.

«Bei Baal und Ischtar! Es ist nicht einfach – natürlich nicht! Aber das Ergebnis wird die Mühe lohnen, glaubst du nicht?»

Er wußte nicht, was er glauben sollte, aber ihm fehlte der Mut, sich gegen seine Mutter aufzulehnen. So nahm er den vorbereiteten Schreibpinsel und setzte seinen Namen auf den Papyrus.

Danach wartete der Obergärtner auf ihn, und gemeinsam suchten sie einen der Palastgärten auf. Der kleine, knorrige Mann war zunächst fast so sprachlos wie sein Schützling; auch Semenchkares Erklärung, daß von einem Priester seines Ranges vielseitiges Wissen erwartet werde, entlockte ihm nur ein zustimmendes Gebrumm. Um so gesprächiger wurde er, als sie den Garten betraten. Zuerst gingen sie zum Teich, der das Zentrum des Gartens bildete.

«Hier ist die Erde feucht, und deshalb gedeihen um das Wasser herum die schönsten Blumen.»

Der Gärtner beugte sich nieder, nannte den Namen und strich dabei zärtlich über die Blüte.

«Hier eine Kornblume, frisch erblüht. Da ist ein kleines Papyrusfeld, daneben der weiße Lotos, und gegenüber siehst du den blauen. Die schöne gelbe Blüte auf dem Blätterkranz ist eine Mandragora. Schön, aber auch recht nützlich sind die Färberdisteln, hier ein paar gelbe, daneben eine rote. Ebenfalls recht nützlich kann der Hennastrauch sein – dort drüben, siehst du ihn? Er hat rötliche Blüten, riecht stark, aber sehr angenehm und dient der Schönheit unserer Damen auf verschiedene Weise.»

«Wachsen hier keine Rosen?» fragte Semenchkare, denn er glaubte sich zu erinnern, etwas von Isis' Rosenzucht gehört zu haben.

«Aber sicher!» Der Gärtner richtete sich auf. «Du kannst sie von hier nur nicht sehen. Wir müssen ein Stückchen weitergehen.»

Nach einer Weile blieb er stehen.

«Dort habe ich letztes Jahr ein paar junge Akazien und Granat-
apfelbäume gepflanzt. In ihrem Schatten gedeihen die Rosen – oder
besser gesagt, es ist ein von der Sonne gesprenkelter Schatten, den
die Blätter verursachen. Und hier wachsen sie...»

Er beugte sich nieder und umfaßte zart die purpurn gefärbten
Blütenkelche.

«Da ist die Stockrose, und sie hat den Vorzug... Da, fühle einmal.»

Er nahm Semenchkares Hand und ließ sie den Stengel entlang-
gleiten.

«Keine Dornen! Nur zarte, harmlose Härchen, aber es gibt auch
andere Rosenarten.»

Sie gingen ein paar Schritte weiter, wo der Gärtner auf einige
dunkelrote, halberblühte Knospen deutete.

«Das sind Rosen mit Stacheln, vor kurzem aus nördlichen
Fremdländern eingeführt. Diese Flausen werde ich ihnen noch austreiben und versuchen, die Dornen wegzuzüchten. So, das wär's,
verehrter Prinz.»

Er will mich schnell loswerden, dachte Semenchkare, das Gespräch mit einem Nichtgärtner muß für ihn furchtbar sein. Da kam
ihm Ipy in den Sinn, der vor kurzem verstorbene, uralte Vorlesepriester, den die Gottessiegler gerade für seine Ewige Wohnung
vorbereiteten.

«Vor kurzem ist Ipy, ein früherer, hochgeschätzter Lehrer Seiner
Majestät gestorben. Ich habe ihn kaum gekannt, möchte aber einen
Stabstrauß für sein Grab stiften. Welche Blumen benötigt man
dazu?»

«Keine bestimmten», sagte der Gärtner mürrisch, «es gibt Stab-
sträuße nur aus Blättern gefertigt, es gibt welche aus Blumen und
Blättern gemischt, aber auch solche nur aus Blumen. Wir nehmen
dazu vor allem Papyrusstengel und Dattelpalmblätter, aber auch
Blätter von Efeu und Lebek-Baum werden verwendet. Die tradi-
tionellen Blumen sind Lotos, Chrysanthemen, Mohn und Korn-
blumen.»

«Kannst du mir einen Stabstrauß aus Blumen und Blättern binden lassen? Liefere ihn bei der Königinwitwe Giluchepa ab, sie wird
dich dafür entlohnen.»

Der Gärtner verneigte sich.

«Wird gemacht, ehrwürdiger Prinz.»

Gleich danach machte Semenchkare sich auf einer Tonscherbe ein paar Notizen, um wenigstens nach den wichtigsten Blumen fragen zu können, falls Isis ihn in ihrem Garten empfing. Er verfaßte ein kurzes, höfliches Schreiben und sandte es per Boten in die Gemächer der Prinzessin Isis.

Als er sich in der darauffolgenden Nacht in die Schlafkammer seiner Geliebten schleichen wollte, fand er die Tür verschlossen. Ein Diener sagte, die Kammerfrau sei ausgezogen, doch er wisse nicht wohin.

Mutter wird es schon wissen, dachte er und ging enttäuscht und verärgert in seine Privaträume zurück. Ich werde sie aber nicht danach fragen, nahm er sich trotzig vor.

15

Mit gnädiger Erlaubnis des Guten Gottes versorgte der Leibarzt Pentu – den man längst nicht mehr «den jüngeren» nannte – alle Mitglieder der königlichen Familie. Sein ermordeter Vater war zwar nicht vergessen, doch in den Dämmer einer vergangenen Generation gesunken. Der König bedurfte seiner nicht, und alles, was Pentu ihm in höflich verbrämten Worten gelegentlich anriet, war, bei wohlschmeckenden Speisen nicht im Übermaß zuzulangen. Es gab nicht viel, was dem Einzigen des Re nicht schmeckte. Er liebte vor allem das gebratene Geflügel, und sein Oberster Küchenmeister übertraf sich selber in immer neuen Zubereitungsarten; besonders wenn es um den Inhalt der knusprigen Vögel ging. So füllte er die Täubchen mit ihren gehackten Innereien, die er höchst kenntnisreich mit Zwiebeln, etwas Knoblauch, Datteln und Rosinen vermischte, mit Sellerie abschmeckte und mit schwarzem Pfeffer würzte. Da gab es dann Varianten mit Wacholder, Koriander, Kresse und Dill, wo er darauf achtete, daß süß, salzig oder scharf nicht vorherrschte, sondern in ausgewogenem Kontrast zu den anderen Gewürzen stand. Auch bei den gemischten Salaten erwies er sich geradezu als Magier. Er kombinierte Lattich mit Erbsen, Zwiebeln und Linsen, würzte mit Sesam und Kümmel, band es mit Öl und etwas Wein.

Der König, wie schon erwähnt, liebte nahezu alles, was sein Küchenmeister auf den Tisch brachte, doch er hatte die Angewohnheit, von einem ihm besonders zusagenden Gericht immer wieder zu nehmen, so daß er einmal statt zwei oder drei der köstlich gefüllten Täubchen gleich sieben verspeiste.

Kein Wunder, daß der Gute Gott allmählich einen Bauch ansetzte, was keineswegs als unschön galt, aber den gewissenhaften Pentu doch zu Hinweisen aus ärztlicher Sicht veranlaßte.

«Majestät, ich darf dich an deinen in Osiris verstorbenen Vater, den König Nebmare erinnern, der, als er älter wurde, Schwierigkeiten mit seiner Verdauung bekam. In jungen Jahren machte sich das nicht so bemerkbar, aber später …»

«Pentu, Pentu, jetzt hör schon auf! Es ist ja ganz selten, daß ich bei meinen Lieblingsspeisen das Maß verliere. Ich merke schon, wenn es mir nicht bekommt, und schiebe dann sofort den Teller weg. Zufrieden?»

Pentu, mit dem König etwa gleichaltrig, war so etwas wie ein Vertrauter geworden. Und da er auch Leibarzt war, durfte er – wenn er es nicht zu oft tat – dann und wann eine Mahnung aussprechen. Daß Pentu dem Herzen des Königs so nahegekommen war, hatte vor allem einen Grund: Er bekannte sich sofort und ohne Einwand zu Aton.

«Wie steht es mit dir?» hatte der König ihn gefragt, «bleibst du insgeheim ein Anhänger des Amun, dem du ja – ich habe es nicht vergessen – immer regelmäßig geopfert hast.»

Pentu hob lächelnd seine Hände.

«Wie alle Welt, Majestät. Ich fühle mich als Ausländer verpflichtet, die Landesgötter auf übliche Art zu ehren, das hat mein Vater mir dringend angeraten. Aber bedeutet haben sie mir nichts. Amun, Mut, Chons, Month, Ptah, Sachmet, Hathor oder Osiris sind für mich auswechselbare Namen. Auch das hat mich mein Vater gelehrt, der im übrigen die Ansicht vertrat, daß alle diese Namen im Grunde nur den Einen und Einzigen bedeuten, der über allem steht und von dem alles ausgeht.»

Der König nickte zufrieden.

«Aton! Er ist es, und wir müssen sein Wesen nicht in einer Menschen- oder Tiergestalt verstecken. Ohne ihn gibt es kein Leben, und so muß er auch jegliche Kreatur erschaffen haben. Wie dich der deine, so hat mich dabei auch mein Vater auf die Spur gebracht.»

Dann erzählte der König von jenem Ausflug in die Wüste, und Pentu lauschte gespannt.

«Ja, Majestät, junge Menschen verachten die dürren, auf Papyrus geschriebenen Lehren. Sie wollen Taten und Beweise sehen, das überzeugt sie mehr als lange, umständliche Belehrungen.»

So waren sie sich nahegekommen, der Leibarzt und sein König. Pentu wurde allmählich zu einem der wenigen Ratgeber, die der Gute Gott vor wichtigen Entscheidungen befragte, was freilich nicht hieß, daß er dem Rat auch folgte.

Es war die Zeit, da der Tempel seiner Vollendung entgegenging, als der König Pentu eines Morgens zu sich bat. Der fragte gleich erschrocken: «Majestät – hoffentlich rufst du mich nicht als Arzt…»

Der König winkte ab.

«Nein, Pentu, nein – Aton sei Dank, ich bin gesund wie ein Nilhecht!»

Und manchmal auch so gefräßig, dachte Pentu.

«Nimm Platz, es wird ein längeres Gespräch, ganz unter uns.»

Die Diener brachten Erfrischungen.

«Hast du schon gefrühstückt?»

«Nein, Majestät, meine Frau war gerade dabei, es vorzubereiten, da kam dein Bote, und so» – Pentu lachte – «und so bin ich nüchtern geblieben, was den Verstand schärfen soll. Ein voller Bauch macht träge und einfallslos.»

Der König hob drohend den Finger.

«Mich nicht! Aber dann greif zu; mein Küchenmeister hat ein Dattelbrot – nun, nicht gerade erfunden, aber doch durch Zutaten wesentlich verfeinert. Du mußt es gleich versuchen!»

Pentu nahm einen der kleinen runden Laibe, fühlte noch dessen Backofenwärme und roch den würzigen Duft. Er biß herzhaft hinein.

«Köstlich», sagte er noch kauend, «das macht richtig Lust auf mehr.»

«Es ist genügend da… Ich habe schon etwas gegessen und werde gleich zum Thema kommen. Du weißt ja, daß ich meinen Wesir entlassen habe. Ramose war einfach zu alt, um meine Reformen und ihre Dringlichkeit richtig zu verstehen. Ich habe Eje vorläufig zu seinem Nachfolger ernannt, aber er ist auf die Dauer nicht der richtige Mann, und zwar deshalb, weil er einfach zu klug ist. Du brauchst gar nicht so spöttisch zu lächeln, Pentu, denn es entspricht

217

der Wahrheit. Eje weiß sehr viel und ist außerordentlich gewissenhaft – das heißt, er macht sich seine Entscheidungen nicht leicht, sondern wägt lange das Für und Wider ab – zu lange. Meine Mutter mag ihn als gütigen Menschen, aber eine politische Zusammenarbeit lehnt sie ab. Ich will sie – trotz mancher Differenzen – weiterhin an der Regierung beteiligen und höre gerne ihren meist sehr wertvollen Rat. Ohne sie gäbe es Maj und die übrige Priesterschaft nicht mehr; sie hielt mich eindringlich davon ab, etwas zu überstürzen, und ich muß ihr recht geben.

Aber darum geht es nicht; kommen wir zurück auf den Wesir Ramose. Wie er sitzen in vielen wichtigen Hofämtern alte und ältere Herren, die alles so weiterführen, wie schon ihre Väter und Großväter es taten, von denen sie ihr Amt meist übernommen haben. Diese Leute sind großenteils nicht nur überflüssig, sondern geradezu schädlich. Für sie ist es gleich, ob Amun oder Aton das religiöse Leben bestimmt; ich vermute, sie sehen da nicht einmal einen Unterschied. Diese Menschen müssen ständig ermahnt, ermuntert und auf den richtigen Weg gewiesen werden, wozu mir – ich sage das ganz offen – sowohl die Zeit als auch die Lust fehlen. Ich brauche neue Männer, Pentu! Junge Leute voll Ideen und Begeisterung! Die dürfen ruhig auch einmal dumme oder verstiegene Vorschläge machen, aber es muß sich etwas bewegen, verstehst du? So wie Aton sich tagtäglich über den Himmel bewegt, rastlos und pflichteifrig, so verlangt er es auch von den Menschen. Er hat uns nicht zu einem trägen und untätigen Dasein geschaffen – Leben ist Schwung, Bewegung, etwas in Gang bringen, auf Neues sinnen, das Ziel nicht aus den Augen lassen, nicht stehenbleiben, bis es erreicht ist – und dann gleich ein neues ansteuern! Das heißt Leben, Pentu! Weniger zurück, aber mehr nach vorne schauen! Ruhig einmal neugierig sein, sich nicht davor scheuen, Neuland zu betreten, was ja in Kemet geradezu als Vergehen betrachtet wird, denn alles Fremde ist abscheulich. Das elende Kusch, das finstere Amurru! Dieses Denken muß sich wandeln, und dafür, Pentu, brauche ich neue Männer, und du sollst mir dabei helfen.»

Dem König war der Eifer und die Begeisterung anzusehen, er hatte seine Rede mit knappen, anmutigen Gesten seiner schönen, schlanken Hände unterstrichen. Sein sonst eher blasses Ge-

sicht hatte sich gerötet, auf der Stirn glitzerten einige Schweißperlen.

Pentu war keineswegs ein Feind neuer Wege und scheute – das
hatte ihn sein Vater gelehrt – niemals davor zurück, neue Arzneien oder Behandlungsweisen behutsam zu erproben. Aber er
war ein Feind gewaltsamer Umstürze, die in der früheren Heimat seine Kindheit und Jugend verbittert, den Vater und ihn aus
dem Land getrieben hatten. Doch der König erwartete eine Antwort.

«Wenn ich es kann, Majestät…»

«Ich habe mir das so gedacht: Die vorhin erwähnten, auf ausge-
tretenen Wegen dahintrottenden alten und älteren Herren werde
ich so nach und nach entlassen. Und ich werde nicht – wie es bisher Brauch war – ihre heranwachsenden Söhne oder Vettern mit
den freien Stellen betrauen, sondern junge, kluge, tatkräftige Männer suchen, die sich nur auf sich verlassen und nicht auf eine alt-
eingesessene und höchst noble Familie, aus der sie Ansprüche und
Anrechte ableiten. Männer, die auf nichts und niemand Rücksicht
zu nehmen brauchen und die – wenn ich sie einstelle – nur eines
kennen dürfen – Treue zu Aton und dem König, seinem Einzigen
Propheten –, ohne ängstlich über die Schulter zu schauen und zu
fragen: Wem tut das weh, wen mache ich mir zum Feind? Darum
denke ich an tüchtige Leute aus den nördlichen Fremdländern, zu
denen auch du gehörst. Dein Vater und du – ihr habt ja die besseren Leute von halb Waset als Patienten kennengelernt, da wirst du
doch auf den einen oder anderen deiner früheren Landsleute gestoßen sein, die für Hofämter geeignet sind – für hohe Ämter,
wohlgemerkt!»

Pentu zögerte etwas, dachte nach.

«Doch, Majestät, einige fallen mir schon ein, gute Leute… Zwei
kenne ich näher, treffe mich gelegentlich mit ihnen – aber, wie soll
ich sagen, da bin ich etwas befangen, und es kann sein, Majestät, daß
ich dir Männer empfehle, nur weil sie meine Freunde sind.»

Der König schüttelte leicht den Kopf.

«Nein, Pentu, du wirst keinen vorschlagen, der nichts taugt,
auch wenn er dein Freund ist.»

«Wie gut du mich kennst, Majestät.»

«Den Menschen in die Herzen zu schauen gehört zu meinem Amt. An wen denkst du also?»

«Vor allem an Dutu, der kurz nach meinem Vater und mir aus Mitanni hierherkam. Zuerst amtierte er als Botschafter des Königs Sutarna, dem Vater der Prinzessin Giluchepa, der ich erst kürzlich wegen ihrer Fettleibigkeit eine neue Diät verordnet habe. Nach dem Tod des Mitanni-Königs gab Dutu sein Amt auf, er führt jetzt Waren aus dem Norden ein und solche aus Kemet dorthin aus. Dieser Mensch ist furchtlos, schnell entschlossen und trotzdem bedächtig – so jedenfalls schätze ich ihn ein.»

Pentu nannte noch einige weitere, seit Jahren in Waset lebende Ausländer. Der König rief einen Schreiber und ließ die Namen aufzeichnen.

«Noch etwas, Pentu. Der Tüchtigkeit meines Obersten Baumeisters Bak ist es zu verdanken, daß mein Aton-Tempel vor der Zeit vollendet sein wird, das heißt noch vor Beginn des neuen Jahres.»

«Bis dahin sind es nur noch fünf Monate…» warf Pentu ein.

«Ja, und ich werde das Neujahrsfest dann nicht auf die übliche Weise feiern lassen, mit einer Prozession zum Tempel der Urgötter und allem, was früher dazugehörte. Dieses Mal soll der Neubeginn nicht nur den Kalender betreffen, sondern auch das religiöse Leben, und so werde ich das Fest mit der Einweihung des Tempels verbinden. Jeder aus Waset, der dies mit mir feiert, erhält ein Geschenk und wird mit seiner Familie drei Tage lang freigehalten. Damit soll gezeigt werden, daß Aton eine stets offene Hand hat, so wie ich ihn habe darstellen lassen: Die Sonnenscheibe sendet ihre Strahlen herab, und jeder Strahl endet mit einer offenen Hand. Ich werde selber zugegen sein mit meiner Großen Gemahlin und den Prinzessinnen. So kann das Volk Atons Propheten und seine Familie sehen.»

«Hat die Königin die Geburt gut überstanden?»

«Ja, sie und das Kind sind wohlauf. Die kleine Maket-Aton ist kräftig und saugt täglich die Brüste ihrer Amme leer. Bis zum Fest wird sie über ein halbes Jahr alt sein, und wir können die Kinder dem Volk zeigen.»

Vierzig Tage vor Neujahrsbeginn sandte der Gute Gott zwei Schöne Befehle an die Priester des Amun, der Mut, des Chons und des Month. Der eine lautete, daß es in diesem Jahr untersagt sei, eine Götterprozession anläßlich des Neujahrsfestes zu veranstalten. Der andere war so geartet, daß Maj einen Schwächeanfall erlitt und sich zwei Tage hinlegen mußte. Dieser Befehl lautete: Sämtliche vom neuen Jahr an in den verschiedenen Tempeln eintreffenden Opfergaben müssen zur Hälfte dem Aton-Heiligtum zufließen. Damit dies gewährleistet sei und ordentlich vonstatten gehe, sollten königliche Schreiber in die jeweiligen Tempel entsandt werden, befugt und beauftragt, die eintreffenden Spenden genauestens aufzuzeichnen.

Zum ersten Mal fühlte Maj sich von einer königlichen Verfügung bis ins Herz getroffen. Alles Bisherige hatte nur die Haut geritzt oder ein wenig ins Fleisch geschnitten, aber niemals zu tief. Jetzt aber schien der König gesonnen, nicht nur ein paar Zweige des Amun-Baumes zu stutzen, sondern ihn an der Wurzel zu treffen.

Als er sich wieder gefangen hatte, berief Maj eine große Versammlung der Hohenpriester, Propheten und Obersten Beamten aller in und um Waset liegenden Heiligtümer ein.

Sie erschienen im großen Versammlungssaal zwischen dem Heiligen See und der Südmauer des Amun-Bezirkes. Der Hohepriester Maj befand sich an diesem Morgen in einem Zustand, der geeignet war, seine bisher immer geübte Vorsicht zu beeinträchtigen, was Si-Mut, sein enger Vertrauter, sofort erkannte. Maj konnte seine Hände nicht ruhig halten, sie flatterten herum wie Sperlinge in einem zu engen Käfig. Die engstehenden Augen glühten in einem seltsamen Feuer, auf seiner Stirn glänzte es feucht.

Si-Mut faßte ihn am Gewand und flüsterte: «Nur ruhig, Ehrwürdiger, ganz ruhig bleiben. Es sind einige Zuträger des Königs im Raum – denk daran!»

Hatte Maj diese Warnung vernommen? Sie hatte sein Ohr erreicht, aber nicht in das vor Zorn und Verbitterung übervolle Herz gefunden. Natürlich wußten alle, um was es ging, nur waren einige nicht so betroffen, wie Maj es von ihnen erwartete.

Peri etwa nahm den Befehl mit Gleichmut auf, obwohl auch

seine Geliebte das Verhalten ihres Bruders als unklug und ungerecht empfand. Was Peri dachte, aber nicht aussprach, war folgende Überlegung: Je mehr der König sich als «Einziger des Re» in seinem Aton-Wahn verstrickte, desto mehr Feinde machte er sich, desto eher würde eine wachsende Gegnerschar auf Abhilfe sinnen. Ein König konnte freilich nicht abgesetzt werden, der Sohn der Sonne blieb unangefochten Herr Beider Länder, bis er den Weg nach Westen antrat. Daß dabei manchmal nachgeholfen wurde, bewies ein Blick in die von Peri so gerne zu Rate gezogenen Geschichtsbücher.

So nahm Peri die neuen Erlasse leichten Herzens hin, denn er fand, daß auch die Hälfte noch viel genug und dies kein zu hoher Preis sei, wenn der König sich damit selber den Untergang bereitete. Daß Sat-Amun nicht auf die Seite ihres Bruders wechselte, sondern zunehmend von seinen blasphemischen Verfügungen Abstand nahm, erwärmte Peri das Herz, und er blieb ganz ruhig, als Maj seiner Empörung Luft machte.

«Seine Majestät ist der Oberste Priester des Landes – wer wollte das bezweifeln? Aber er ist es nur, wenn er sein Priesteramt in Einklang mit den Gesetzen der Maat ausübt. Wer sich von den alten Göttern abwendet und einem Einzigen zu, der hat sein Priesteramt verwirkt. Schaut euch den Tempel da draußen an, und euer Geist muß sich verwirren. Ihr findet dort weder eine Gottheit noch einen König, sondern nur eine nichtssagende Scheibe und einen Mann, der zwar die Doppelkrone trägt, aber keinen König vorstellt, sondern ein undeutbares, häßliches Mischwesen. Und in diesen Tempel, liebe Freunde, soll von nun an die Hälfte aller Opfergaben fließen, die unsere, im Zeichen der Maat wirkenden Götter erhalten. Diesen Göttern ist es nun außerdem untersagt, das Neujahrsfest durch ihre Anwesenheit bei der Prozession zu dem festlichen Ereignis zu machen, das es von alters her war.»

Majs Stimme war vor Erregung heiser geworden, sein schneller Atem war weithin zu hören. Mit einer Handbewegung gebot er dem zustimmenden Gemurmel Einhalt.

«Ich kann und will mich damit nicht abfinden! So habe ich es für nötig erachtet, bei Seiner Majestät um Audienz nachzusuchen, damit wir alle wissen, woran wir sind.»

Zustimmende Rufe waren zu hören, und es klang die Erleichterung heraus, daß Maj von den anderen zunächst keine eindeutige Stellungnahme oder gar Taten erwartete.

Semenchkare hatte still zugehört und dabei in seinem Inneren gespürt, wie er sich immer mehr vom Tun des Bruders entfernte. Was wäre ich ohne Amun, fragte er sich ein weiteres Mal, denn er wollte keineswegs zurück in den Harimswinkel, aus dem er gekommen war.

Beim Hinausgehen hörte er einen Priester laut sagen: «Könige kommen und gehen, die alten Götter werden bleiben.»

Die Betonung lag auf dem Wort «die alten», und Semenchkare – so jung er auch war – konnte sich einfach nicht vorstellen, daß Gottheiten, die man über viele Jahrhunderte verehrt und ihnen Tempel errichtet hatte, sozusagen über Nacht verschwinden sollten, um dem Einen Platz zu machen, den niemand recht kannte und der in keiner vertrauten Gestalt auftrat. Sich Aton zu unterwerfen hieße vor dem königlichen Bruder Gnade finden, vielleicht ein hohes Hofamt erhalten – aber dann? Mit ihm untergehen? Wenn er Maj und die hohen Amun-Priester – etwa diesen Si-Mut – betrachtete, konnte er sich nicht vorstellen, daß diese Männer jemals aufgaben oder abließen von ihrem Gott.

Der Prinz kam sich klug und sehr erwachsen vor. Als er zu seinen Amtsräumen ging – nein: schritt, da achtete der jetzt fast Sechzehnjährige genau darauf, daß die Priester und Beamten der unteren Ränge ihn zuerst und mit Respekt grüßten. Wieder empfand er den Unterschied zwischen der Tempelstadt und dem Königspalast. Hier gehörte er zu den Obersten, drüben war er bestenfalls der Sohn einer königlichen Nebenfrau, ein Prinz zur linken Hand.

Doch Isis hatte ihn das nicht spüren lassen, sie war etwas ganz Besonderes. Semenchkare wurde nicht klug aus ihr, und was seine Mutter von ihm erwartete, schien ihm, als er die Prinzessin näher kennengelernt hatte, so abwegig und undurchführbar, als hätte er die Göttin Selket heiraten wollen, die auf dem Haupt einen Skorpion trug. Nach der Art sehr junger Männer waren Semenchkares Gedanken stets mit dem köstlichen Werkzeug verbunden, das er unter seinem Lendenschurz trug und das es zu hüten und zu schützen galt. Da war es ein schrecklicher Gedanke, daß dieser Skorpion sein kostbares Geschlecht mit dem Giftstachel angriff und es zeit-

weise oder für immer unbrauchbar machte. In seinen Schreckens-
phantasien setzte der Prinz Isis mit Selket gleich – aber gab es dazu
einen Grund?

Als er damals bei seinem letzten Besuch im Palast der Anregung
– besser, dem Befehl – seiner Mutter folgte und Isis bat, ihn zu empfangen, dachte er an eine lange Wartezeit oder auch daran, von ihr
mit keiner Antwort gewürdigt zu werden. Es kam dann freilich
ganz anders.

Die Prinzessin bat ihn schon am nächsten Tag zu sich, empfing
ihn mit selbstverständlicher, schwesterlicher Freundlichkeit und
meinte mit etwas schmollender Stimme, es sei ja längst an der
Zeit, daß jemand aus der Familie sich für ihre Arbeit interes-
siere. Es machte den Prinzen schon etwas stolz, daß Isis ihn so
anstandslos in die königliche Familie mit einbezog. Er hatte sich
eine Begrüßung zurechtgelegt, die ihm einleuchtend und überzeu-
gend schien, und die brachte er jetzt – etwas stockend – vor.

«Es ist nur so, daß drüben in der Tempelstadt viele Menschen
tätig sind. Da kommt es dann und wann auch zu Todesfällen. Zuletzt ist der Vorlesepriester Ipy – er hat Seine Majestät, deinen Bruder unterrichtet – nach Westen gegangen, und da ist es üblich, dem
verstorbenen Amtsbruder ein Blumengebinde mit in die Ewige
Wohnung zu geben. So habe ich mir vom Obergärtner einen Stabstrauß binden lassen...»

Sie saßen auf einer schattigen Veranda, deren Schilfdach so dicht
mit Weinlaub und Efeu bewachsen war, daß man sich hier in einem
grünen Dämmerlicht bewegte. Zu ihren Füßen erstreckte sich weit
und kaum überschaubar der berühmte Garten der Prinzessin Isis.
Sie lag in ihrem bequemen Korbstuhl wie hineingeweht, trug ein
einfaches, kurzes Kleid, das kaum Schenkel und Brüste bedeckte.
Keinerlei Schmuck war an ihrem Körper zu sehen, bis auf eine goldene, mit Lapislazuli eingelegte Lotosblüte, die sie an einer dünnen
Kette um den zerbrechlich schlanken Hals trug. Sie hatte die kleine,
zierliche Gestalt ihrer Mutter geerbt, doch ohne die gebündelte
Kraft, die Tejes ganze Erscheinung ausstrahlte. An ihr schien alles
weicher, lockerer, leichter. Ein kurzes, silberhelles Lachen durchdrang die grüne Dämmerung.

224

«Ach, dieser Obergärtner! Da wird gewiß etwas Schönes herauskommen, wie ich diesen Grünkrämer kenne. Sein Stabstrauß wird aussehen wie gedrechselt und geschnitzt, als hätte ihn ein Schreiner gefertigt. Davon halte ich nichts, weil das Grün der Blätter und die Farbe der Blüten in wenigen Tagen vergehen. Die Lustgärten für die Ka-Seelen der in Osiris Ruhenden müssen dauerhafter gestaltet werden, als Malereien an Wänden und Decken – so wie hier.»

Sie wies ins Innere des Raumes, wo jede freie Fläche mit Blumen, Pflanzen, Büschen und Bäumen bemalt war.

«Ich lasse mir gerade eine Ewige Wohnung errichten, und da steht an der Wand geschrieben:

Nimm dir Lotosblüten,
die aus einem Garten kommen.
Man hat ihn dir nicht geraubt,
er trägt dir alle Geschenke
und Erfrischungen, die er hat.
Du labst dich an seiner Nahrung.
Du schwelgst in seinen Geschenken.
Du erquickst dich an seinen Blumen.
Du erfrischst dich im Schatten seiner Bäume
und tust in ihm, was du willst,
in Alle Ewigkeit.

Ja, ja, Semenchkare, wir sollten so manches! Aber vergiß nie, wie viele Menschen schon jung sterben. Ob jung oder alt, was zählen die wenigen Lebensjahre gegen die Ewigkeit?»

Ihre Stimmung schien plötzlich umzuschlagen. Die zarte, weiße Stirn furchte sich.

«Was willst du eigentlich hier? Wer hat dich geschickt? Mein Bruder? Meine Schwester? Meine Mutter?»

Semenchkare versuchte, Gleichmut zu bewahren.

«Ach, Isis, keiner der von dir genannten Familienmitglieder würdigt mich eines persönlichen Gesprächs. Ich bin der Prinz zur linken Hand... Doch nun bin ich zum Zweiten Propheten des Amun aufgestiegen, und meine Mutter hielt es für angebracht, daß ich mich dir bekannt mache. Dazu kommt noch meine Neugierde auf deinen Garten…»

«Wer ist deine Mutter?»

«Die Mitanni-Prinzessin Giluchepa.»

«Habe von ihr gehört… Willst du wirklich meinen Garten kennenlernen, oder war das nur ein Vorwand?»

Sie sprang auf und faßte ihn am Arm.

«Ach was! Jetzt bist du schon einmal hier, dann sieh ihn dir gefälligst auch an!»

Sie klatschte, und der Ton war so dünn wie ihre zartgliedrigen Hände. Doch er wurde gehört, und einige Dienerinnen stürzten herbei.

«Den Baldachin!» befahl Isis. «Wir gehen in den Garten!»

Dann schritten die beiden Halbgeschwister dahin, beschattet von dem Baldachin, den vier junge Sklaven über ihre Körper hielten.

Die von Semenchkare vorbereiteten Fragen nach drei oder vier Blumenarten blieben ungestellt, weil Isis ihm keine Zeit dazu ließ. Was sie zu den Blumen, Pflanzen, Sträuchern und Bäumen sagte, war so umfassend, daß er nichts davon behielt, abgesehen von einigen Versuchen, an denen sie arbeitete. So wollte sie der Nilakazie durch Kreuzung mit ähnlichen Arten die Dornen wegzüchten, plante Rosengattungen in ungewöhnlichen Farben und hatte einen Teil ihres Gartens für Gewächse abgegrenzt, die zur Gewinnung feiner Öle gebraucht wurden.

Nach langem, vergeblichem Bemühen war es ihr gelungen, einige Myrrhe-Bäume anzusiedeln. Daraus gewann sie ein kostbares Öl, bekannt für seine lange Haltbarkeit. Andere hochfeine Öle lieferten der Ben-Baum, die Erdmandel, die Sesampflanze und einige Rosenarten.

«Das Rosenöl», erklärte sie, «ist derart schwer zu gewinnen, daß es immer selten und kostbar bleiben wird. Um ein Fläschchen von einem sechzehntel Hekat zu erhalten, benötigt man eine Wagenladung von Rosenblättern. Dafür ist dieses Öl hochfein, etwas ganz Besonderes.»

Nach einer Weile hörte Semenchkare nur noch mit halbem Ohr hin, weil er überlegte, wie er es anfangen sollte, diesem Mädchen als

Mann zu begegnen, anders gesagt, ihr deutlich zu machen, daß sie eine Frau und begehrenswert sei. Je länger er ihr zuhörte und sie ansah, um so mehr erschien sie ihm als ein überaus kluges Mädchen mit kaum entwickelten Brüsten und dem eigenen Leib gegenüber so unbefangen wie ein Kind, das keine Ahnung davon hat, wozu ein weiblicher Körper sonst noch dienlich sei. Wenn ihre zarten Hände liebevoll Baumstämme berührten oder ihre Finger geschickt einen Blütenkelch öffneten, dann war es für ihn kaum vorstellbar, daß diese Hand sein Geschlecht zärtlich umfaßte, um seine Männlichkeit zu erwecken. Sollte er diese zarten Lippen küssen, diese dünnen Kinderschenkel lustvoll umklammern, die winzigen Knospen ihrer Brüste streicheln und kneten? Immer wieder geriet ihm die Erinnerung an seine Geliebte dazwischen; dann mußte er vergleichen, und von Isis blieb nur noch das Bild einer kleinen, klugen Schwester, mit der man vieles anstellen mag, aber ihr als Mann beiliegen – nein!

Wie lange hatte die Führung durch den Garten gedauert? Zwei Stunden? Oder drei? Ehe sie ins Haus zurückgingen, blieb Isis stehen und deutete eine Umarmung an.

«Mein Garten ist mein Geliebter! Ich werde nicht heiraten, will auch keine Kinder haben, denn da draußen wird tausendfach gezeugt und geboren, verstehst du das? Jede Baumfrucht ist mein Kind, jede Blume, jede Beere, jeder Same – alles meine Kinder!»

«Das verstehe ich schon, liebe Schwester, und wenn dir das genügt…»

Sie gingen ins Haus und tauchten wieder in die grüne Dämmerung der Veranda.

«Ja, es genügt mir, es füllt mich aus. Manchmal wünsche ich mir, der Tag hätte mehr Stunden, weil es so viel zu tun, zu planen, zu überlegen gibt.»

Plötzlich stand sie auf.

«Für heute reicht's. Besuche mich wieder, Semenchkare, wann du willst – oder wenn du deiner Braut einen Blumenstrauß schenken willst.»

Das kam so überraschend, daß der Prinz errötete und ins Stottern geriet.

227

«Eine – eine Braut? Da – da gibt es noch keine – vor-vorerst wenigstens…»

«Du bist ein gutaussehender Junge, lieber Bruder, das wird sich schon finden.»

Alles in ihm drängte zu sagen: Du, Isis, du wärst für mich die geeignete Frau, aber nachdem sie das über ihren Garten gesagt hatte, fand er nicht den Mut dazu. So stand auch er auf, ratlos und in Sorge, was er seiner Mutter berichten sollte.

«Darf ich dich zum Abschied küssen?» stieß er tollkühn hervor.

Sie lächelte und hielt ihm die Wange hin. Er mußte sich tief hinabbeugen und hauchte einen Kuß auf ihre kühle, samtene Haut.

Giluchepa erwartete noch am selben Tag einen Bericht von ihrem Sohn, und Semenchkare wußte das. Er hatte sich vorgenommen, der Wahrheit die Ehre zu geben, schließlich war er Zweiter Prophet des Amun und kein kleiner Junge mehr!

Doch als er den strengen Blick seiner Mutter auf sich gerichtet fühlte, sank ihm der Mut, und seine Lippen formten Worte, die nicht aus dem Herzen kamen und seinen Besuch in einem anderen Licht erscheinen ließen.

«Nun, sie zeigte mir ihren Garten, führte mich so kundig herum wie ein Obergärtner, und dann – und dann…»

«Was war dann?» kam Giluchepas strenge Stimme aus den Sofapolstern.

«Dann habe ich sie geküßt!»

Sie richtete sich ächzend auf und griff mit kundiger Hand in die Konfektschale.

«Du hast sie geküßt?» Es klang überrascht und auch ein wenig ungläubig.

«Ja, zum Abschied, und damit sie sieht – sie spürt, daß – daß da noch andere Absichten sind, als nur den Garten zu beschauen.»

Ein sattes Lächeln kam aus den Tiefen ihres rundlichen Körpers.

«Gut gesagt, mein Junge, gut gesagt. Und wie hat sie sich verhalten?»

«Wie – verhalten?»

«Bei Baal und Ischtar! Ihr Männer seid alle so einfältig und ahnungslos; es ist mühsam, sich mit euch zu unterhalten. Aber du bist ja noch kein Mann, darum sei dir verziehen. Also – hat sie dich wieder geküßt, ist sie zurückgewichen, hat sie dir eine Ohrfeige verpaßt?»

«Nein – nein, sie hat stillgehalten…»

«Aha – stillgehalten. Und das war alles?»

«Aber Mutter, das ist doch immerhin ein Anfang! Außerdem glaube ich, daß Isis noch wie ein Kind empfindet. Ihr Körper ähnelt eher dem eines Jungen, und ihre Weiblichkeit ist – nun, sie ist noch nicht sehr entwickelt.»

«Was verstehst du schon davon?» sagte Giluchepa kauend und schluckend, wobei ihr Brösel der Honigplätzchen aus dem Mund fielen.

«Vielleicht werde ich ihr selber einmal einen Besuch abstatten, um mir ein Bild zu machen.»

«Ja, Mutter», sagte er eifrig, «das wäre vielleicht das Beste.»

16

Mit Eje, seinem Ersten Schreiber, engen Vertrauten und vorläufigen Wesir, führte der König ein langes Gespräch über den Hohenpriester Maj.

«Was er auf dieser Versammlung gesagt hat, wurde mir Wort für Wort berichtet, und das meiste davon ist Hochverrat und Beleidigung Meiner Majestät. Ich hätte meinen Priesterstand verwirkt! Ich stellte ein undeutbares, häßliches Mischwesen dar! Verstehe mich recht, Eje, was aus dem Mund eines solchen Mannes kommt, kann mich weder beleidigen noch verärgern. Es erregt nur meinen Zorn, daß er es wagt, sich gegen den Sohn der Sonne aufzulehnen. Was er mir unterstellt, soll ihn nun selber treffen: Er hat sein Priesteramt verwirkt!»

Von Ejes Gesicht verschwand das stetige leichte, verbindliche Lächeln.

«Willst du ihn bestrafen, Majestät? Das würde ziemliches Aufsehen erregen...»

«Sei beruhigt, mein Freund, ich werde nicht unklug handeln. Ich will ihn weder zum Einzug seines Vermögens verurteilen noch ihm eine Leibes- oder Lebensstrafe auferlegen. Aber ungesühnt kann seine Maßlosigkeit nicht bleiben. Die für den Bau des Aton-Tempels benutzten Sandsteinbrüche sind erschöpft. Also werde ich Maj zum Leiter einer Expedition in die Ostwüste ernennen, mit dem Ziel, neue, brauchbare Steinbrüche aufzufinden. Fachleute und eine nötige Zahl von Hilfskräften werden ihn begleiten. Ist das nicht eine ehrenvolle Aufgabe im Dienst des Herrn Beider Länder?»

Der König lächelte nicht dabei, schien in vollem Ernst gesprochen zu haben. Doch auf seinem Gesicht erschien der störrische, hochmütige Zug, und Eje wußte, daß diese Entscheidung unumstößlich war. Sie war klug ausgedacht und stieß Maj nicht in den Abgrund einer demütigenden Strafe.

«Ich hätte ihn strenger bestraft, aber diese Lösung ist schon deshalb so klug, weil Maj aus Waset verschwindet. Soll ich ihm deinen Entschluß mitteilen?»

«Nein, mein Freund, ein Mann seines Ranges hat es verdient, vom König selber empfangen zu werden, worum er ja vor kurzem gebeten hat.»

Der König erhob sich.

«Lasse Mahu kommen, ich habe mit ihm etwas zu besprechen.»

Mahus Rang hieß zwar noch immer «Oberster der Palastwache», doch sein Einfluß reichte inzwischen weiter. Ihm war nun auch die Leitung der Stadtmiliz von Waset übertragen worden. Sie unterstand zwei Hauptleuten, die ihm regelmäßig Bericht erstatten mußten und deren Tätigkeit er von Zeit zu Zeit unerwartet überprüfte.

Der König mochte ihn nicht sehr, aber er vertraute ihm blindlings und war noch niemals enttäuscht worden. Es wurden schon mehrmals Versuche gemacht, Mahu zu bestechen, was dieser sofort an den König weitermeldete. Nachdem dies bekannt war, unterblieben solche Bemühungen, und Mahu genoß das unbegrenzte Vertrauen der königlichen Familie, wenn man ihn auch gelegentlich wegen seiner sturen Redlichkeit verspottete.

Der König führte mit ihm ein kurzes Gespräch ohne Zeugen. Nun wußte Mahu, was zu tun war, und stapfte grimmig hinaus, im stolzen Bewußtsein einer neuen, verantwortungsvollen Aufgabe, erteilt durch einen Schönen Befehl Seiner Majestät.

Amenhotep hatte ursprünglich den Hohenpriester Maj erst im neuen Jahr, nach der vollzogenen Tempelerweiterung empfangen wollen, doch er hielt es für klüger, den Fall noch im alten Jahr zu bereinigen. So wurde Maj gegen Ende der Schemu-Zeit in den Palast befohlen und sogleich vorgelassen.

Der Hohepriester hatte gründlich darüber nachgedacht, wie er sich dem König gegenüber verhalten sollte, und er hielt es für klüger, den Demütigen und Zerknirschten zu spielen, sich für alles zu entschuldigen, was Seiner Majestät mißfallen haben könnte. Wichtig war es, im Amt zu bleiben, die Sache Amuns – unter welchen Bedingungen auch immer – weiterführen zu können. So jedenfalls hatte er die Stimme des Gottes empfunden, die in seinem Herzen widerhallte, als er betend im Allerheiligsten stand.

Dem Gesicht des Königs war wenig anzumerken. Seine Miene war verschlossen, wirkte etwas störrisch und hochmütig. Ihm zur Seite stand Eje, der amtierende Wesir und «Erster Gefährte des Königs»; auch der Leibarzt Pentu und Anen, der Hohepriester des Aton, waren zugegen.

Kaum hatte Maj sich von seinem Kniefall erhoben, ergriff der König das Wort.

«Es gibt nicht viel zu bereden, ich möchte von dir weder Entschuldigungen noch Ausflüchte hören. Was du auf jener Versammlung gesagt hast, wiegt schwer, und du wirst gewisse Folgen tragen müssen. Ich entziehe dir das Amt eines Hohenpriesters und übernehme dich in königlichen Dienst. Du wirst demnächst zu einer Unternehmung aufbrechen, deren Zweck es ist, in der Ostwüste ergiebige Hartsteinvorkommen aufzufinden. Meine Majestät benötigt sie für den Skulpturenschmuck neuer, großer Bauvorhaben zum Ruhme Atons. So gebe ich dir gnädig die Gelegenheit, an Aton und seinem Propheten wiedergutzumachen, was deine Lästerzunge ihnen an Beleidigungen zugefügt hat. Ehe du aufbrichst, hast du drei Tage Zeit, deine Angelegenheiten zu ordnen. Aton möge deine Wege und dein Herz erleuchten.»

Maj stand wie betäubt. Macht und Ansehen waren dahin, zudem mußte er Waset verlassen, ohne zu wissen, ob er jemals wiederkommen würde.

«Ist schon ein Nachfolger bestimmt?» fragte er stammelnd.

«Es wird keinen geben», antwortete Eje, «dein Amt wird vorläufig der Zweite Prophet übernehmen.»

«Semenchkare? Aber der ist doch noch –»

«Es gibt nichts weiter zu bereden», unterbrach Eje ihn scharf.

Es gäbe sehr viel zu bereden, dachte Maj in hilflosem Zorn, und ich werde die drei Tage nutzen, um gewisse Vorsorgen zu treffen.

Mahu begleitete ihn hinaus, doch im Vorzimmer warteten vier Männer der Palastwache.

«Meine Leute werden dich auf Schritt und Tritt bis zu deiner Abreise begleiten. Wir trauen dir nicht, ehemaliger Priester, wer weiß, auf welche dummen Gedanken du verfällst.»

Der König blickte der kleinen, noch immer aufrechten Gestalt nach, sah noch, wie Mahus Leute den Hohenpriester umringten.

«Er war ein tüchtiger Mann, hat aber zunehmend seine Fähigkeiten mißbraucht. Empfindest du Genugtuung, Pentu?»

Der Leibarzt hatte sich schon gefragt, warum er Zeuge von Majs Entmachtung sein sollte, nun aber verstand er die Frage nicht ganz.

«Gewiß, Majestät. Wer dich beleidigt, verdient Strafe und Zurechtweisung.»

«Weißt du es wirklich nicht? Nach unserer Kenntnis hat Maj den Auftrag zur Ermordung deines Vaters gegeben.»

Pentu lief zur Tür, als wolle er Maj zurückholen.

«Laß das!» befahl der König scharf. «Mahus Leute haben ihn schon abgeführt. Dieser Mensch geht keiner glücklichen Zukunft entgegen – möge Aton ihm gnädig sein. Ja, Maj hat seine Mörderbande auf deinen Vater angesetzt, weil er fürchtete, er könne dem König Nebmare mit seiner Kunst das Leben weiter verlängern. Genau betrachtet ist dein Vater für den meinen gestorben – auch das werde ich niemals vergessen.»

Maj hatte gehofft, vor seiner erzwungenen Abreise noch mit einem seiner Vertrauten sprechen zu können, aber die vier Bewaffneten ließen ihn keinen Augenblick allein, sie umstellten sogar den Abtritt und bewachten seine Schlafkammer.

Mahu nahm an den Gesprächen teil, die Maj mit den wichtigsten der Männer führte, die an der Wüstenfahrt teilnehmen sollten. Die Fachleute für Steinkunde gaben sich wortkarg, redeten nur das Allernötigste. Vor allem sollten Vorkommen von Grauwacke und Schiefer gefunden werden, denn der König wollte eine Reihe kleinerer Statuen aus hartem, unvergänglichem Material schaffen. Maj hörte aus dem allen heraus, daß diese Unternehmung schon länger geplant war, nur hatte man ihn – um nicht sein Mißtrauen zu erwecken – erst einige Tage zuvor unterrichtet.

Recht klug ausgedacht, überlegte Maj und machte sich den Vorwurf, diesen König unterschätzt zu haben.

Dann kamen die beiden Schreiber, breiteten Papyrusrollen aus und erläuterten ihm die Zusammensetzung der Expedition, an der sie – wie sie betonten – die Ehre hatten teilzunehmen. Unter den etwa zwölfhundert Männern gab es zwei Dutzend erfahrene Steinbruchfachleute, sechshundert einfache Arbeiter, ein Teil davon Freiwillige, andere zur Strafarbeit Verurteilte. Der Rest bildete den Versorgungstroß mit Viehtreibern, Brunnenbauern, Bäckern, Schmieden, zwei Ärzten und zwei Schreibern. Immer wieder mußte Maj hören, wie wichtig und ehrenvoll diese Aufgabe sei und wie groß die Verantwortung.

Auch wenn sie mich zum Ersten Propheten des Ptah von Mennefer gemacht hätten, dachte Maj bitter, so wäre sogar dies ein Sturz gewesen, denn der Hohepriester des Amun in Waset war der König aller Priester.

In der letzten Nacht vor dem Aufbruch kniete Maj vor der Amun-Statue nieder und streckte die Hände zum Gebet vor.

«Amun, Amun, hast du mich verlassen? Jetzt, da ich so dringend deines Beistandes bedürfte, meidest du mich. Warum? Willst du mich prüfen? Habe ich versagt?»

Er warf sich aufs Bett und schluchzte. Plötzlich kam ihm Bagsu in den Sinn, sein treuer und zuverlässiger «Dolch», der bedenkenlos zugestoßen hatte, wann immer man es ihm befahl.

Ja, Bagsu, du und deine Männer hätten aufgeräumt unter diesem blasphemischen Gesindel, das sich nicht schämt, im Angesicht Amuns einen falschen Gott anzubeten. Du wärst auch nicht davor zurückgeschreckt – hätte man dir die Möglichkeit gegeben –, die Hand gegen den König zu erheben, diesen falschen Priester und Schänder der Maat! Wer die göttliche Ordnung umstürzt, muß mit ihr fallen!

Bagsu, an den Maj in seiner hilflosen Verzweiflung wie an einen Retter gedacht hatte, befand sich ebenfalls in einer mißlichen Lage. Durch Majs Vermittlung war er damals – unmittelbar nach der Festnahme seiner Mordhelfer – an den weit im Süden liegenden, der

Familie des Amun geweihten Tempel gegangen. Dort übernahm er unter einem anderen Namen die Führung der Tempelmiliz von etwa fünfzig Mann.

Osiris Nebmare, der Vater des jetzigen Königs, hatte den mittelgroßen Tempel in den ersten Jahren seiner Regierung errichten lassen, ungefähr zwei Reisetage südlich des dritten Kataraktes. Die schwarze Bevölkerung des elenden Kusch nahm das Heiligtum kaum zur Kenntnis, dafür machten häufig die Händler und Bootsführer aus Kemet halt, um den Gott für die gefahrvolle Reise um Beistand zu bitten und ihm zu opfern.

Schon nach wenigen Monaten begann Bagsu sich hier zu langweilen. Ihm fehlte das quirlige Leben in Waset, er vermißte den «Goldenen Hammel», wo er immer mit Genuß seine düsteren Auftritte inszeniert hatte. Dort galt er etwas, wurde gefürchtet und respektiert. Gefürchtet wurde er hier auch, denn er führte seine Leute – überwiegend strafversetztes Gesindel – mit harter Hand. Es verging kein Tag, da er nicht einen der Männer durchprügeln ließ, und kein Monat, wo nicht ein Sträfling seiner Vergehen wegen an die Tempelmauer gehängt wurde. In leichteren Fällen am Hals, in schweren an den Beinen, um den Tod länger hinauszuzögern. Ja, man fürchtete ihn, doch Respekt genoß er keinen. Unter diesen Umständen legte er auch keinen Wert darauf.

Ihm fehlten die geheimen Aufträge der Amun-Priester, das genaue Planen, die komplizierten Vorbereitungen, das Belauern und Überwachen, bis alles zur Tat reifte und das angestrebte Ziel erreicht war. Dann gab es eine reichliche Fangprämie, und er hing sich die Kette mit den Kupferdeben um den Hals und betrat mit Memi und Restep den «Goldenen Hammel». Das waren die Augenblicke, für die es sich lohnte, zu leben.

Wofür aber lohnte es sich hier? Für belanglose Gespräche mit versoffenen Provinzpriestern? Für freudlose Stunden mit den ungewaschenen Tempelhuren, die hier auf geile Bootsführer warteten? Der Verstand rostete ein, die Muskeln verkümmerten. Seine einzige wirkliche Freude war es, wenn er den Haß in den Augen seiner Leute sah und sie dann mit Übungen im Lanzenwerfen, Bogenschießen und Steinschleudern so lange plagte, bis sie vor Erschöpfung umfielen. Schön war es auch, als er einmal zwei einfältige Tempelräuber erwischte – dumme Kuschiten natürlich – und sie zum Gaudium seiner Männer bei langsamem Feuer lebendig verbrennen ließ. Aber dann kehrte wieder der eintönige Alltag ein, ein öder Leerlauf, dessen Sinnlosigkeit ihn langsam erwürgte. Aber noch immer glomm ein Funke Hoffnung, wenn er etwas aus Waset hörte.

Der Hohepriester Maj ließ ihm dann und wann Nachrichten zukommen – mündliche, durch Boten –, und diese klangen immer düsterer. Mehrmals dachte Bagsu an Flucht, doch wohin sollte er sich wenden? Noch weiter nach Süden, da würden sie ihn, weil er hellhäutig war und aus Kemet kam, kurzerhand erschlagen. Nach Norden konnte er vorerst nicht zurück, und die Schasu, die Nomaden der Ostwüste, hatten anderes im Sinn, als einen Fremden durchzufüttern.

So verwarf Bagsu seine Pläne von Mal zu Mal, bis der Tag kam, da man dem Hohenpriester des kleinen Tempels mitteilte, daß es nicht weiter angebracht sei, die unwissende Bevölkerung von Kusch mit der Verehrung falscher Götter zu verwirren. Der versoffene und etwas einfältige Priester verstand nicht, wie diese Nachricht gemeint war, und so erläuterte sie ihm der königliche Bote näher.

«Dieser Schöne Befehl Seiner Majestät – er lebe, sei heil und gesund – besagt, daß sogenannte Götter wie Amun, Mut und Chons nicht existieren. Es gibt nur einen einzigen Gott, den Allschöpfer und Allerhalter, und ihm – Aton – wird künftig dieser Tempel geweiht sein.»

Dann wandte sich der Bote an den dabeistehenden Bagsu.

«Die Tempelmiliz wird abgeschafft, denn Aton braucht keinen Schutz. Wenn du willst, kannst du mit deinen Leuten nach Kemet zurückkehren oder dich den Grenztruppen anschließen. Du hast genügend Zeit, dir deinen Entschluß zu überlegen – ebenso du, bisheriger Hoherpriester des Amun. Wenn du künftig dem Aton dienen willst, darfst du dein Amt behalten.»

Der Priester war von diesen Neuigkeiten so verstört, daß er nicht recht wußte, was er sagen sollte.

«Aton – nun ja, das wäre schon – aber ich müßte erst, das heißt, jemand müßte mir – uns –»

Der Bote blieb geduldig.

«Du willst Genaueres wissen, das verstehe ich. In etwa zwanzig bis dreißig Tagen wird ein Priester des Aton hierherkommen und dich aufklären. Mit ihm oder kurz darauf werden Handwerker erscheinen, um am Tempel die Namen und Bilder der falschen Götter auszulöschen und sie durch die des Aton zu ersetzen.»

Dann zog der Bote weiter, und der Hohepriester ging mit Bagsu in seine Amtsräume. Die beiden mochten sich nicht sehr, aber nun verband sie die gemeinsame Frage – was tun? Der Priester schüttelte immer wieder ratlos seinen kahlen Kopf.

«Was geht da in Waset vor? Was will der König? In Süd und Nord gibt es viele Hunderte kleiner und großer Tempel unserer Götter, da kann man doch nicht einfach hergehen und sagen: Das war nichts, das hat es nie gegeben… Was ist mit der Priesterschaft des Amun in Waset? Ein Mensch wie dieser Maj läßt sich doch nicht so ohne weiteres aus dem Amt jagen? Ich gäbe viel darum, für ein paar Tage dort zu sein, um die Lage zu prüfen. Was sagst du zu dem Ganzen?»

«Auch ich diene Amun schon lange, wenn auch anders als du. Ich kann mir nicht vorstellen… Man müßte tatsächlich…»

Doch Bagsu hielt es für besser, sich nicht darüber auszulassen, sondern neue Nachrichten abzuwarten. Die kamen dann bald, wenn auch nicht von amtlicher Seite, als wenige Tage später ein Ebenholzhändler hier Rast machte. Er kam aus Waset und war dabei, im südlichen Kusch eine neue Fuhre aufzunehmen.

«Seltsame Dinge gehen vor», berichtete er und schaute sich mißtrauisch um, als könnte jemand lauschen. «Der Hohepriester Maj ist abgesetzt und in die Wüste geschickt worden, um neue Steinbrüche zu erschließen. Sein Amt hat ein fünfzehnjähriger Knabe übernommen, ein Halbbruder des Königs. Alle Tempel in Waset müssen die Hälfte ihrer Einnahmen an den neuen Gott abführen – diesen Aton. Nun, der König wird schon wissen, was er tut, ich mische mich da nicht ein. Mein Ebenholz wird man immer benötigen, ob für alte oder neue Götter, nicht wahr?»

Bagsu war wie vor den Kopf gestoßen. Maj entmachtet! Wer hätte sich das jemals vorstellen können? Gab es da keine Unruhe im Volk, keinen Aufstand? Maj war für die Menschen doch fast so etwas wie ein Heiliger, der oberste Priester des Landes, eine Respektsperson allerhöchsten Ranges ... Aber Bagsu wußte recht gut, daß einer noch höher stand – so hoch selbst über Maj, daß es ihn nur einen Wink kostete, um diesen zu entmachten.

Dann fiel ihm ein, daß der Befehl zur Tötung des Arztes Pentu direkt von Maj gekommen war und niemand sonst davon wußte, nicht einmal seine Helfer Memi und Restep – und die waren tot, das hatte er bald erfahren. Letzterer war zwar zur Zwangsarbeit begnadigt worden, aber jeder wußte, daß dies einer langsamen Hinrichtung gleichkam. Ein Taumel von Freude und Zuversicht ergriff ihn. Jetzt war es für ihn fast gefahrlos, zurückzukehren, bei solchen Zuständen dachte ohnehin keiner mehr an diese alten Geschichten.

Seine Lust am Planen und Vorbereiten erwachte, und Bagsu stellte erfreut fest, daß sein Verstand doch nicht eingerostet war. Zuerst einmal würde er den Aton-Priester abwarten, um Näheres über die Zustände in Waset zu erfahren. Er würde sich seinen fast dreijährigen Tempeldienst hier – natürlich unter seinem falschen Namen – bestätigen lassen, um sich in Waset notfalls legitimieren zu können. Zum Glück hatte sein Äußeres sich verändert. Seine schlanke Gestalt hatte Fett angesetzt; da er sich häufig im Freien aufhielt, war seine Haut dunkler geworden. Sein Erkennungszeichen, den kostbaren Dolch aus Mitanni, trug er nicht mehr am Gürtel, sondern hatte ihn beim Tempelschatz hinterlegt. Alles in allem aber hatte er sich sein unauffälliges Aussehen bewahrt, auch wenn jetzt sein Körper dicker und seine Haut dunkler waren.

In einem aber sollte Bagsu sich getäuscht haben: Restep lebte. Nur ganz wenige Zwangsarbeiter überstanden zwei oder drei Jahre ihrer Strafe. Die harte Arbeit unter sengender Wüstensonne, die schlechte Ernährung, die Prügel der Aufseher, Streitereien untereinander und vieles mehr richteten die meisten schon nach kurzer Zeit zugrunde. Besonders zähe Naturen standen es länger durch, und wenn noch eine gewisse Schlauheit und der unbedingte Wille zum Überleben dazukamen, konnte es schon sein, daß ein Strafarbeiter auch nach drei Jahren noch wohlauf war.

17

Die Absetzung des Hohenpriesters Maj hatte sich in Waset – ja im ganzen Land – schnell herumgesprochen und löste die unterschiedlichsten Empfindungen aus. Zunächst erstarrte die Tempelstadt wie ein Käfer, dem man den Kopf abgeschnitten hat. Auch solche, die Maj aus diesen oder jenen Gründen nicht wohlgesinnt waren, empfanden seine Entfernung als Verlust. War er vielen ein ungeliebter Herr gewesen, so führte er doch seine Amtsgeschäfte mit harter Hand zum Wohl aller in der Tempelstadt. Daß er immer so beharrlich die Fahne Amuns hochgehalten hatte, war gewiß der Grund für seine Amtsenthebung gewesen – das war die allgemeine Ansicht. So vergaß man vieles, und Maj wurde zum Helden.

Semenchkare aber, Zweiter Prophet und zudem bis auf weiteres mit dem Amt des Hohenpriesters betraut, hätte sich in seinen neuen Aufgaben kaum zurechtgefunden ohne die Mithilfe des Dritten Propheten Si-Mut. Im Grunde war es ein Rollentausch, den der junge Prinz wortlos und dankbar hinnahm: Si-Mut übte nun die wahre Macht in der Tempelstadt aus, wozu ihn sein umfassendes Wissen als Majs früheren Vertrauten hinreichend befähigte. Semenchkare aber beschränkte sich auf die Repräsentationspflichten bei den großen Jahresfesten, die durch allerlei vom König verfügte Einschränkungen immer bescheidener ausfielen, so daß sich die Einwohner von Waset um ihr Hauptvergnügen betrogen fühlten.

Dann aber kam das mit der Tempeleinweihung verbundene Neujahrsfest, und das Volk strömte in Scharen herbei, um sich freihalten zu lassen und die Geschenke des Königs in Empfang zu nehmen.

Eje, der Gottesvater und Erste Gefährte des Königs, wußte, wieviel von diesem Tag abhing und wie wichtig es war, daß der König sein Versprechen erfüllte. Nicht einer der Festbesucher durfte ohne Geschenk nach Hause gehen, und um dies zu gewährleisten, hatte Eje eine vielköpfige Kommission gebildet, die mit ihren Hilfskräften wie ein Wüstensturm über Amuns große, reiche Güter herfiel. Mit königlichen Dekreten ausgestattet, beschlagnahmten die Beamten alle verfügbaren Vorräte, während am Nil schon die Lastschiffe warteten, um die Kornsäcke, die Krüge mit Öl, Honig, Bier und Wein, die Körbe mit Feigen und Datteln, das Schlachtvieh und was sonst noch anfiel aufzunehmen und nach Waset zu schaffen. Am Tage der Einweihung lagen und standen die Bündel, Kisten, Säcke und Krüge an der Südmauer des Aton-Tempels und harrten ihrer neuen Besitzer.

Semenchkare hatte von seinem Bruder den Schönen Befehl erhalten, vom Tag der Einweihung an die Tore der Amun-Tempelstadt fest verschlossen zu halten, keine Opfer zu gestatten, keine Gaben anzunehmen.

Der Aton-Tempel aber war schon so dicht umlagert, daß die Milizen einen Weg freiprügeln mußten, um der königlichen Tragsänfte einen Durchgang zu verschaffen.

Was dann kam, war ein Bild, wie es das Volk noch niemals gesehen hatte. Ungewöhnlich war schon, daß die Sitze der Sänfte einander gegenüberlagen, doch wie dieser König sich öffentlich darbot, das hatte es nie zuvor gegeben.

Der Einzige des Re trug die blau-goldene Chepresch-Krone, hielt aber weder Heka-Szepter noch Nechech-Geißel in den Händen, saß auch nicht da wie zu Stein erstarrt. Zwischen seinen Knien stand die vierjährige Merit-Aton, die der König mit der linken Hand an der Schulter festhielt, während er mit der rechten dem Volk zuwinkte – und dabei lächelte. Das war neu, unerhört, unglaublich, kaum faßbar. Der Gute Gott und Sohn der Sonne lächelte! Und winkte! Er bewegte sich wie ein Mensch, und ehe die Tragsänfte hinter den Pylonen verschwand, hatte er sich niedergebeugt und seine kleine Tochter zärtlich auf die Wange geküßt.

Ihm gegenüber saß die schöne Nofretete. Sie trug nicht die für Königinnen übliche Geierhaube, sondern eine hohe blaue Krone, von einem bunten Band umwunden und mit der Uto-Schlange geschmückt. Auf ihrem Schoß kletterte tapsig die fast zwei Jahre alte Maket-Aton herum, sorglich von der Mutter festgehalten. Die Königin blickte lächelnd in die Runde, winkte dann und wann, aber nur ganz kurz, weil sie ihre Hand für das quirlige Kleinkind brauchte. Ihr jubelten besonders die Frauen zu, entzückt und gerührt von Nofretetes mütterlicher Schönheit. Wer ein Auge dafür hatte, konnte nicht übersehen, daß die Königin schon wieder guter Hoffnung war. Ihr Körper war in ein enganliegendes, feingefälteltes Leinenkeid mit langen Ärmeln gehüllt. Als einzigen Schmuck trug sie einen handbreiten, mit blauen und roten Steinen verzierten Halskragen.

War die Art, wie das Königspaar auftrat, schon neu und ungewöhnlich gewesen, so folgte gleich darauf die nächste Überraschung. Auch als die Tragsänfte die Tempelpforte durchquert hatte, fielen nicht – wie bisher – die Torflügel hinter ihr zu, um die profanen Blicke des Volkes vom Heiligtum fernzuhalten. Nein, das Tor blieb offen, und die Milizen forderten das Volk auf, in guter Ordnung daran vorbeizuziehen und einen Blick hineinzuwerfen.

Bei den Tempeln alter Art hätte man nur die Vorhalle gesehen, denn die nächsten Bezirke – großer Vorhof, kleiner Vorhof und das Allerheiligste – besaßen jeweils eigene Pforten. Hier aber lag alles ganz offen da, und der Blick reichte bis zum Allerheiligsten, wo die Goldscheibe des Aton – berührt von den Strahlen seiner lebendigen Gestalt am Himmel – gleißte und funkelte wie ein auf die Erde gefallener Stern.

Die andächtig und zutiefst verwundert Schauenden und Vorbeiziehenden wurden dann gleich zur Südseite des Tempels geleitet, wo die Geschenke lagerten, bewacht von ausgesucht starken Milizen, die drohend ihre langen Schlagstöcke schwangen. Ihrer Anwesenheit war es zu verdanken, daß die Verteilung sittsam und fast störungsfrei ablief. Jeder konnte wählen, ob er lieber Korn, Öl, Honig oder Datteln nach Hause trug, und wer seine Gabe erhalten hatte, wurde am Arm mit einem unauslöschlichen Tintenzeichen versehen, um zu verhindern, daß er sich gleich danach wieder anstellte.

Von den Priestern der anderen Tempel war niemand geladen worden, auch Semenchkare nicht, obwohl er der königlichen Familie angehörte. Damit war eingetreten, was Si-Mut erhofft hatte, und die tiefliegenden Augen in seinem hageren Gesicht funkelten vor Genugtuung, als er den Zweiten Propheten und amtierenden Hohenpriester aufsuchte.

«Was ich dir jetzt sage, Ehrwürdiger, hätte Maj nicht anders ausgedrückt. Du siehst jetzt noch deutlicher als zuvor, daß für dich im Königspalast kein Platz ist. Amun hat dich erwählt, hat uns ausersehen, ihm müssen wir dienen – nur ihm, und gerade jetzt in diesen schlimmen Zeiten. Sie werden nicht ewig dauern, Ehrwürdiger, Amun hat alle Zeit der Welt, vor ihm sind Millionen Jahre wie eine Stunde. Der König hat diese Zeit nicht, darum tut er alles so hastig und überstürzt. Wir sind beide jung, und ich werde dir immer zur Seite stehen, Semenchkare, ehrwürdiger Zweiter Prophet.»

So ehrlich diese Worte gemeint waren, ein kluger Mann hätte heraushören können, was Si-Mut außerdem sagen wollte: Ich werde schon dafür sorgen, daß nur geschehen wird, was ich will.

An den drei darauffolgenden Tagen wurde um die Wette gekocht, gebacken, gesotten und gebraten, wobei viele tausend große und kleine Schlachttiere ihr Leben verloren und in hungrige Mägen wanderten.

Als am vierten Tag der Amun-Tempel wieder zugänglich war, blieb ein gutes Drittel der Pilger aus, weil sie ihre Opfergaben an den vielen kleinen Außenaltären des Aton-Tempels darbrachten. Es würden noch mehr werden, meinte Anen, der Hohepriester des Sonnengottes, vor allem dann, wenn Aton sich weiterhin als so großzügig erweisen würde. Sofort widersprach ihm der König.

«Gerade das will ich nicht! Es ist leicht, sich die Herzen der Menschen mit Geschenken geneigt zu machen, aber ich strebe an, daß Aton aus Liebe und Überzeugung verehrt wird. Atons Existenz ist von sich aus schon die größte Gabe für die von ihm geschaffene Welt, die er tagtäglich neu mit seinem Licht beschenkt. Würde er seine Strahlen nur für zehn Tage zurückhalten, dann wäre dies der

Tod für Mensch, Tier und Pflanze. Natürlich soll es ihm zu Ehren weiterhin Feste geben, bei denen das Volk freigehalten wird, aber es darf nicht zur Hauptsache werden, soll nicht der Hauptgrund sein, Aton zu verehren und ihm zu opfern.»

Anen nahm die Belehrung hin, aber er kannte die Menschen besser und machte sich keine falschen Hoffnungen. Die Gespräche der Handwerker und Händler im «Goldenen Hammel» hätten seine Zweifel bestätigt. Einer von ihnen sprach diese fast von allen geteilten Empfindungen aus.

«Mein Großvater war Bronzegießer, mein Vater war es, und ich bin es auch. Seit man sich zurückerinnern kann, war der Tempel des Amun noch niemals geschlossen. Tag für Tag von Sonnenauf- bis Sonnenuntergang konnte jeder hier opfern. Da legt nun der König – er lebe, sei heil und gesund – den Tempel vier Tage lang still, verwandelt ihn in einen Haufen nutzloser Steine – nimmt uns das Brot, den Priestern ihre Aufgaben, den Taglöhnern die Arbeit. Was soll man dazu sagen?»

Ein Hilfsschreiber im Tempelmagazin lachte bitter.

«Am besten nichts, wenn dir Leib und Leben lieb sind. Unser Hoherpriester hat auch einmal den Mund zu weit aufgemacht und ist nun in der Wüste verschwunden.»

«Man wird etwas, das uns alle angeht, noch bereden dürfen», wandte der Töpfer ein. «Die Tempelschließung für einige Tage ist für uns alle leicht zu verkraften – schließlich hat das Jahr dreihundertfünfundsechzig Tage. So etwas macht uns nicht ärmer, es sei denn, dieser Vorgang wiederholt sich. Es kann ja sein, daß der König – er lebe, sei heil und gesund – künftig jedes der Jahresfeste verbietet und alle Tempel, ausgenommen den seinen, in dieser Zeit schließen läßt. Das sind, zähle ich nur die Hauptfeste an Neujahr, die Zweimonatsfeiern, die Jahreszeitenfeste, die Götter- und Totenfeste, schon etwa dreißig Tage, mit den Nebenfesten rund vierzig. Das wäre dann schon spürbar für uns, und so mancher käme ohne eine zusätzliche Arbeit nicht aus.»

Da gab es viel Zustimmung, aber auch Zweifel.

Einer rief: «Das wird es niemals geben, weil es jedem Herkommen widerspräche. Was ist schon dabei, wenn dem König die Eröffnung seines Tempels so am Herzen liegt, daß alles andere ein paar

243

Tage stillhalten muß? Ich sehe da eine andere und vielleicht größere Gefahr, nämlich wenn die Pilger nach und nach zum Aton-Tempel überlaufen, auch wenn es nur der dritte Teil ist. Die Priester dort, habe ich erfahren, fordern für den Gott keine großen Gaben; es genügen ein paar Früchte oder ein Blumenstrauß. Votivbilder gibt es nicht, werden auch nicht verlangt. Das heißt, daß jeder, der drüben Früchte oder Blumen opfert, bei uns keine Figuren aus Metall, Stein oder Bronze erwirbt. Es ist natürlich billiger, ein paar Blumen aus dem eigenen Garten auf den Opfertisch zu legen, als hier unsere Figuren zu kaufen. Darin sehe ich die eigentliche Gefahr.»

Auch diese Rede fand Beifall, doch Huni, der dicke Wirt, klatschte ärgerlich in seine gutgepolsterten Hände.

«Schluß damit! Dies ist kein Redesaal, sondern eine Kneipe! Wer nur quatschen, aber weder essen noch trinken will, soll auf die Straße gehen.»

Da lachte einer laut und höhnisch.

«Hört euch den an! Huni, du vergißt dabei eines, daß wir fast alle unser Geld im oder durch den Tempel verdienen. Jede Schmälerung wirst auch du zu spüren bekommen. Je schlechter wir verdienen, desto eher sind wir geneigt, zu sparen und das wenige für unsere Familien zu verwenden. Deine Kneipe kannst du dann schließen!»

Huni war klug genug, um seine Gäste nicht zu verärgern.

«So schlimm wird es nicht kommen», meinte er beschwichtigend, «und damit wir uns alle wieder gut vertragen, stifte ich für jeden Tisch einen großen Krug Bier.»

Das änderte die Stimmung zu seinen Gunsten, und es wurden Hochrufe auf ihn ausgebracht. Doch die Sorge um die Zukunft blieb, und sie begleitete die Händler und Handwerker, die kleinen Priester und Tempelbeamten in die Arbeit und nach Hause.

Noch immer hielt es der König für selbstverständlich, bei wichtigen Entscheidungen den Rat seiner Mutter, der Königinwitwe Teje anzuhören. Seit der Einweihung des Aton-Tempels beschäftigte ihn unentwegt ein Gedanke, der ihn beim Einschlafen bis in seine Träume begleitete, der sich beim Aufwachen sofort wieder auf ihn stürzte. War es richtig, die Verehrung der falschen Götter weiterhin zu gestatten? Wie lange würde Aton das blasphemische, von Aberglauben und falscher Vorstellung geleitete Treiben in seiner Nachbarschaft noch dulden?

Natürlich wußte der König genau, wie sehr die Herzen der meisten Menschen an der Familie von Amun, an Mut und Chons hingen, aber wenn er ihnen diese Götter nahm, mußte er einen Ersatz schaffen – und das hatte er schließlich getan! Und er würde noch mehr tun: Nach und nach wollte er die kleinen Tempel in Nord und Süd durch seine Handwerker von den falschen Bildern und Inschriften reinigen und sie dem Aton weihen lassen. Bei den großen Tempeln und ihren gewaltigen Pylonen und Säulenhöfen war das schwieriger, denn da mußten Gerüste errichtet und Rampen aufgetürmt werden; zudem würde die Tilgung der Namen und Bilder viele Monate in Anspruch nehmen. Da wäre es einfacher, sie kurzerhand schließen zu lassen.

Zuerst sprach er mit Nofretete darüber. Sie dachte lange nach.

«Du solltest nicht auf halbem Wege stehenbleiben: Ich glaube, das erwartet nicht nur Aton von dir, sondern auch seine wachsende Anhängerschaft. Trotzdem würde ich nichts überstürzen. Wir müssen dem Volk Zeit geben, sich von den falschen Göttern zu lösen und seine Herzen für Aton zu öffnen. Das geht nicht von heute auf morgen. Hüte dich vor denen, mein Gemahl, die gestern noch vor Amun knieten und heute dem Aton opfern. Denen bedeuten beide nichts, sie wollen nur dir gefallen; und wenn du morgen den Nilgott Hapi zum Einzigen machst, so wären sie flugs seine begeisterten Anhänger.»

Wie klug sie doch war, seine wunderschöne Gemahlin, wie genau sie die Gedanken der Menschen erkannte, wie besonnen sie zur Mäßigung riet, wie tief ihre Zuneigung für Aton war. Ja, der König liebte Nofretete nicht nur von ganzem Herzen, er bewunderte sie auch, hätte nichts Wichtiges ohne ihren Rat unternommen.

Eines aber sah der Einzige des Re nicht, weil in seinem Propheteneifer kein Platz dafür war: Nofretete hatte weder für die alten Götter eine besondere Verehrung empfunden, noch fühlte sie sich aufrichtig zu Aton hingezogen. Sie vertraute dem Kobold Bes, aber das war eher ein liebgewordener Aberglaube. Für Nofretete zählte eines vor allem anderen: Sie wollte sich mit aller Kraft und allen

Mitteln die Zuneigung ihres Gemahls bewahren, auch jetzt, da sie mit ihrem dritten Kind schwanger ging. Sie wußte freilich, daß das Leben des verstorbenen Königs zahlreiche Nebenfrauen und Konkubinen begleitet hatten und Teje dennoch seine hochverehrte Hauptgemahlin geblieben war, weil sie sich als klug, zielstrebig und lebenstüchtig erwies. Genau so wollte Nofretete auch sein, und wenn sich der König eines Tages eine junge Konkubine ins Bett holte, weil sie selbst gerade hochschwanger war, dann durfte dies keine Folgen haben. So wie Teje sich die Regierungsunlust ihres Gemahls zunutze gemacht und zusammen mit dem Wesir Ramose das wirkliche Herrscheramt ausgeübt hatte, so nützte Nofretete die leidenschaftliche Hingabe des Königs an Aton, um ihn noch fester an sich zu binden. Er sollte in ihr eine treue und begeisterte Mitstreiterin finden, die sein Prophetentum bestärkte und ihn dabei unterstützte, wenn er die eigene königliche Familie als Ersatz für die Amun-Familie an den Mauern und Pylonen seines Tempels darstellen ließ.

Daß ihr Verhalten Früchte trug, war bei den Bildern in dem ihr gewidmeten Teil des Tempels deutlich zu sehen. Der König scheute nicht davor zurück, dabei bis an das Äußerste zu gehen und uralte, hochheilige Traditionen einfach umzukehren. So zeigte er die Große Königsgemahlin mit einer Streitkeule in der erhobenen Hand, wie sie dabei war, die Feinde des Reiches niederzuschlagen. Nofretete empfand Unbehagen bei diesem Bild, aber sie schwieg dazu, lächelte und zeigte sich erfreut.

Es hätte ihr nichts ausgemacht, wie in alten Zeiten als Königin mit Geierhaube und Szepter statuengleich neben dem Gemahl zu sitzen, aber wenn der König verlangte, daß sie mit der kleinen Maket-Aton auf dem Schoß lächelnd und winkend durch die jubelnde Menge zog, dann tat sie es bereitwillig. Der König sollte sehen, daß er in jeder Lage auf sie bauen konnte.

Nun aber, als es darum ging, die anderen Tempel endgültig schließen zu lassen, hatte sie zugestimmt, aber zu Mäßigung und behutsamem Vorgehen geraten. Zwar zog der ehemalige Hohepriester Maj, entmachtet und gedemütigt, irgendwo, weit von Waset entfernt, durch die Wüste, doch sein Schatten lag noch über der Tempelstadt wie eine dunkle Drohung. So jedenfalls empfand sie es und fühlte sich verpflichtet, mäßigend auf den König einzuwirken.

Doch so weit, wie die Königin dachte, war Maj noch nicht gekommen. Immer wieder hatte es da und dort Verzögerungen gegeben, und nun ging es darum, noch etwa hundert Zwangsarbeiter in Kepto aufzunehmen, der Stadt des Fruchtbarkeitsgottes Min. Von hier verlief das weite Wüstental Rehenu nach Osten bis zu jenem sagenhaften Ozean, von dem aus die Könige in früheren Zeiten ihre Schiffszüge ins ferne Punt unternommen hatten.

Mit grimmiger Entschlossenheit hatte Maj die neue und ungewohnte Aufgabe übernommen. Aus untrüglichen Zeichen und Gesten spürte er die Anwesenheit von etwa einem Dutzend ihm verbundener Männer, die Si-Mut als Schreiber, Handwerker und Vorarbeiter eingeschleust hatte.

Allerdings konnte er nicht wissen, daß unter den Zwangsarbeitern ein Mann war, der ihn erbittert haßte und den grimmigen Gott Seth pries, diesen Menschen in seine Nähe gebracht zu haben. Dieser Mann hieß Restep, «der Wachsame». Er hatte seine ganze Verbitterung auf Maj geladen, der damals – dessen war er gewiß – den Tötungsbefehl für Pentu erteilt hatte, dann Bagsu half, spurlos zu verschwinden, aber ihn und Memi kalten Blutes ihrem Schicksal überließ.

Für Restep war es eine Fügung des Gottes Seth, der ihn noch nach drei Jahren mörderischer Zwangsarbeit am Leben erhalten hatte. Das war ein Wink, mit Maj so zu verfahren, wie Seth es mit Osiris getan hatte – ihn zu töten. Daß Restep noch am Leben war, verdankte er weniger dem Gott der Wüsten, dessen Atem die Würmer aus der Erde lockt, sondern seinem eigenen Verhalten.

Nach seiner Verurteilung war Restep gleich mit dem ersten Schub nach Norden gezogen, der für den geplanten Aton-Tempel Sandstein zu brechen hatte. Das war sein Glück, denn dieser Stein fand sich stets in der Nähe des Nils, so daß die Versorgung keine großen Mühen erforderte.

Restep machte nicht den Fehler vieler Zwangsarbeiter, sich sofort mit den Leidensgenossen zu verbünden gegen die Aufseher und Vorarbeiter. Er verfuhr umgekehrt, ließ die Vorgesetzten spüren, daß sie sich immer und überall auf ihn verlassen konnten. Das bewahrte ihn anfangs nicht vor den Prügeln der Aufseher und brachte ihm zusätzlich noch das Mißtrauen seiner Genossen ein, die nicht davor zurückscheuten, einen Verräter bei passender Gelegenheit kaltzumachen. Das ging so schnell und im stillen vor sich, daß die Aufseher sich kaum um eine Klärung bemühten. Wenn die Leute zu wenig wurden, stellten sie neue ein. Das war nicht weiter schwierig, denn die Gerichte folgten gerne einem Wink der königlichen Beamten und wandelten bei Bedarf Todes- oder Leibesstrafen in Zwangsarbeit um.

Zweimal hatte man versucht, Restep während des Schlafes zu ermorden, aber seine fast unglaubliche Wachsamkeit ließ ihn beim geringsten Geräusch hochschnellen, und er konnte sich jedesmal in Sicherheit bringen.

Seine große Stunde aber kam, als er mit anderen am Fuße eines Sandsteinhügels wartete, bis die an Seilen hängenden Arbeiter mit Hartholzpflöcken und Flachmeißeln einen Block zu lösen versuchten. Die Vorarbeiten dazu dauerten tagelang, zuletzt aber ging es nur noch um einige Stunden. Stürzte der Quader dann herab, mußten ihn die anderen in die jeweils gewünschten Stücke zerlegen.

Die an den Seilen hängenden Männer waren in der Regel freie, gutbezahlte Facharbeiter und besaßen Erfahrung genug, um rechtzeitig eine Warnung auszustoßen, ehe der Block sich löste. Leider gab es dabei Ausnahmen, vor allem wenn eine von außen nicht sichtbare, natürliche Bruchstelle den Stein durchzog und er wider Erwarten vorzeitig herausbrach.

Die Männer an den Seilen klopften noch herum, als Resteps scharfe Ohren ein ungewöhnliches Nebengeräusch vernahmen. Das war ein feines, fernes Knistern, und zugleich bemerkten seine Späheraugen, wie ein Spalt an einer Stelle entstand, wo er nicht hätte sein sollen. Restep spürte die Gefahr, wußte, daß sie alle im nächsten Augenblick erschlagen oder verschüttet sein konnten.

Laut rief er: «Achtung! Weg von hier!», packte mit der Linken einen neben ihm stehenden Arbeiter und riß mit der Rechten den verdutzt dastehenden Aufseher mit sich. Während sie wegliefen, war der Brocken mit dumpfem Donnern zu Boden gestürzt und noch gut zwanzig Ellen weitergerollt. Zwei Männer hatte es erwischt, sie bestanden nur noch aus einer formlosen Masse, drei weitere waren verletzt worden.

Der dankbare Aufseher sorgte dafür, daß Restep zum Vorarbeiter ernannt und seine Strafe von lebenslänglich auf fünf Jahre verkürzt wurde. Seine legendäre Wachsamkeit brachte ihm den Ruf eines Zaubermächtigen ein, und keiner hätte es mehr gewagt, ihn anzutasten.

Restep hätte mit seinem Schicksal zufrieden sein können, doch nun wurde er mit hundert anderen in Kepto der Expedition des Maj zugeteilt und sah die Möglichkeit gekommen, sich an dem Mann zu rächen, der seinen Freund Memi ruhig in den Tod gehen und ihn im Zwangsarbeitslager hatte verschwinden lassen.

Daß Maj ihn wiedererkannte, war höchst unwahrscheinlich. Zum einen hatte der Hohepriester fast immer nur mit Bagsu verhandelt, zum anderen hatte sich sein Äußeres so verändert, daß selbst die Zechgenossen im «Goldenen Hammel» ihn für einen Fremden gehalten hätten. Seine schwammige Dicklichkeit war verschwunden; er sah jetzt seinem früheren Genossen Memi – der nur aus Knochen und Sehnen bestanden hatte – weit ähnlicher. Seine Haut war von der vielen Arbeit im Freien so braungebrannt, als käme er aus dem elenden Kusch. Verschwunden war auch seine fröhliche Gutmütigkeit, sie hatte einem gespannten Mißtrauen allem und jedem gegenüber Platz gemacht. Früher wäre er ohne einen Bagsu, ohne einen Menschen, der ihm ständig sagte, was zu tun und zu lassen sei, gar nicht denkbar gewesen, nun aber stand er fest auf eigenen Beinen. Jetzt dachte er immer und zuallererst an sich selbst und wußte genau, was zu tun war.

Seine Rachegedanken hatten vordem auch Bagsu mit einbezogen, nachdem er durch andere erfahren hatte, daß dieser entwischt und sein angebliches Geständnis eine Finte war. Aber jetzt dachte er anders darüber, weil der «Dolch» schließlich nichts dafür konnte, daß Maj ihn als den Anführer und Mitwisser bevorzugt behandelte. Vermutlich hatte der Hohepriester ihn später in aller Stille beseitigen lassen – die Macht und die Möglichkeit dazu besaß er. Jetzt, da er seiner Würden entkleidet war, bot sich eine tatsächliche Gelegenheit zur Rache, von der Restep zuvor nur hatte träumen können. Was hätte er, der Zwangsarbeiter, dem Ersten Propheten des Amun, dem «Priesterkönig» schon antun können?

Auch in Gefangenenkreisen hatte es sich schnell herumgesprochen, daß Maj beim König in Ungnade gefallen war, und es mußte schon etwas ganz Schwerwiegendes geschehen sein, daß der Gute Gott den Hohenpriester des Amun in die Wüste schickte. So groß der Abstand einstmals gewesen sein mochte, nun waren sie sich näher gerückt, der Expeditionsleiter Maj und der von allen geachtete Vorarbeiter Restep.

18

Inzwischen hatte der König sich die von Pentu empfohlenen Ausländer angesehen und einige von ihnen auf frei gewordene mittlere Hofämter gesetzt. Dutu aber, da mußte er Pentu recht geben, erwies sich schon bei der ersten Unterredung als etwas Besonderes.

Kohlschwarze, wache und kluge Augen blickten den König freimütig an, sein kurzgeschnittener Vollbart war leicht gekräuselt wie bei einem der Neger aus Punt. Mit seiner gedrungenen Gestalt – er war um einiges kleiner als der König – bewegte er sich dennoch leicht und anmutig. Er erwies sich als umfassend und vielseitig gebildet, hatte sich mit den Jahren einen großen Teil der Landesschrift angeeignet, kannte die einheimische Götterwelt, als sei er hier geboren, und war zugleich ein gutinformierter Ratgeber die Fremdländer betreffend. Auch die religiöse Prüfung bestand er glänzend, als der König ihn befragte.

«Steht Aton deinem Herzen nahe, oder neigst du der Vielgötterei zu?»

«Ich ehrte die Götter nach Landessitte, Majestät, aber mein Herz war nicht beteiligt. Seit ich ein Mann bin und mir Verstand zuwuchs, neige ich zu dem Glauben an eine einzige Gottheit, die allgewaltig im Menschen, in der Natur und im Universum wirkt. Ob in meiner früheren Heimat Baal und Ischtar, ob im Norden von Kemet Ptah, in der Mitte Thot, in Waset Amun und im Süden Chnum – es kann doch immer nur einer gemeint sein.»

Das Gesicht des Königs entspannte sich.

«Ähnlich hat sich mein Leibarzt Pentu ausgedrückt, und ich

glaube, daß jeder scharfe Verstand letztlich diesen Schluß ziehen muß.»

«Gewiß, Majestät, aber nur ein kleiner Teil der Menschen ist mit einem solchen Verstand ausgestattet. Die Arbeiter, Handwerker, Händler, Diener und Sklaven werden diesen Schluß nicht ziehen können. Sie vergleichen die Götterwelt mit dem König und seinem Hof. Auch er kann nicht alles alleine tun, beschäftigt Wesire, Kammerherren, Oberaufseher, Generäle, Propheten und Priester…»

«Gewiß, Dutu, gewiß, aber es ist falsch, die irdischen Verhältnisse mit den himmlischen gleichzusetzen.»

«Du weißt es, Majestät, ich weiß es, und noch einige Dutzend andere denken so, aber weiß es das Volk?»

«Du bist nicht der erste, von dem ich diesen Einwand höre. Alle mahnen mich zur Vorsicht, zur Mäßigung, zu behutsamem Vorgehen. Ich verschließe mich solchem Rat nicht, Dutu, und du kannst dich drüben davon überzeugen. Niemand wird dich in Waset daran hindern, der Amun-Familie, Month, Chons, Ptah und anderen zu opfern.»

Dutu lächelte. «Ich lege lieber am Aton-Tempel ein Blumengebinde nieder oder opfere seiner Allmacht Weihrauch.»

Der König zögerte, ob er ihn nicht sogleich zum Wesir ernennen sollte, aber da von anderen – die er hatte befragen lassen – vor allem Dutus Ehrlichkeit gerühmt wurde, gab er ihm die Ämter des «Obersten Schatzmeisters», des «Obersten Kammerherrn» und eines «Mundes des Königs». Letzteres berechtigte ihn dazu, jederzeit für und im Namen des Königs zu sprechen.

Doch ein Stachel blieb im Herzen des Königs und schwärte weiter. Würde Aton es billigen, daß sein Prophet, der Einzige des Re, weiterhin die Verehrung der falschen Götter duldete?

Jeden dritten Tag überquerte er den Nil, um in Atons Tempel zu opfern und zu beten. Er tat dies formlos, kam ohne große Begleitung, in einer schmucklosen, geschlossenen Sänfte, war einfach gekleidet.

«Gib mir ein Zeichen», flehte er den Gott an, «zeige mir, ob ich recht oder unrecht tue.»

Die letzten Monate des Peret, der Saatzeit, zogen vorüber, und Schemu, die Erntezeit, begann. In dieser Jahreszeit erschien der gefürchtete «Giftwind», ein Wüstensturm, dessen Begleiterscheinungen Mensch und Vieh schwer zu schaffen machten. Meist trat er nur für einige Stunden auf, dauerte aber manchmal ein oder zwei Tage, ganz selten länger. Auch ganz alte Leute, die fünfzig oder gar sechzig Nilschwellen erlebt hatten, konnten sich nicht erinnern, daß der Giftwind jemals über zwei Tage hinaus angehalten hatte.

Anfang des zweiten Schemu-Monats kündigte er sich am Morgen durch drückende Schwüle und abgeschwächten Nordwind an. Der Himmel verschleierte sich, die Sonne schien kraftlos und fahl durch die gelbe, sandgeschwängerte Luft, die bedrohlich zu knistern begann. Erfahrene wußten, daß es gefährlich war, mit Metallgegenständen zu hantieren, weil man da oft einen seltsamen Schlag verspürte. Nach Meinung des Volkes ergriff in diesen Stunden der schreckliche Gott Seth die Herrschaft, um die Menschen daran zu erinnern, daß es ihn noch gab und seine Macht in der Wüste unbegrenzt war.

Wenn ein Morgen unter solchen Zeichen begann, dann schlossen sich die Menschen in ihren Häusern ein, verriegelten die Fensterläden, dichteten die Türen mit pechgetränktem Flachs ab und schafften das Vieh in die Ställe. In den ersten Nachmittagsstunden belebte sich der Glutwind, begann zu heulen und zu fauchen, als zöge Seth mit einer Heerschar Dämonen über das Land. Wer sein Haus nicht völlig abgedichtet hatte, mußte erleben, daß der Sand durch die kleinsten Ritzen eindrang, Boden und Möbel mit einer grauen Schicht bedeckte, die Speisen im Mund knirschen ließ, das Vieh verstörte und manchen Unglücklichen, den der Giftwind unterwegs überrascht hatte, so spurlos begrub, daß man ihn nicht oder erst viel später fand. Nun, dieser Zustand war unangenehm, aber nicht ungewöhnlich; der Giftwind kam am Abend zur Ruhe und setzte sich am nächsten Tag nicht fort.

Neun Tage später wiederholte sich dieser Vorgang, aber nun trat der gefürchtete Wind mit einer ungewöhnlichen Gewalt auf. Der Himmel verdunkelte sich am Nachmittag so sehr, daß die Sonne zeitweise verschwand, als sei die Nacht angebrochen.

Der König hatte Augen und Mund mit einer Leinenbinde bedeckt und trat auf die vom Wind weniger berührte Nordostterrasse seiner privaten Gemächer. Hier war ein kleiner Ziergarten angelegt, dessen Grün sich nach und nach in ein fahles Gelb verwandelt hatte. Dutu und Eje versuchten ihn zurückzuhalten.

«Nein, nein, ich muß das sehen! Vielleicht ist es das Zeichen…»

«Das Zeichen?» fragte Eje.

Der König antwortete nicht und blickte zum Himmel. Aton hatte sich schon seit zwei Stunden hinter dichten Sandschleiern versteckt, nun aber zeigte er sich kurz. Er hatte die Farbe des Gottes Seth angenommen, sein goldenes Gelb in ein böses Rot verwandelt.

«Aton zürnt!» rief der König erregt, «es könnte das Zeichen sein.»

Ganz sicher war er nicht, denn etliche der älteren Hofbeamten konnten sich daran erinnern, daß eine kurze Rotfärbung der Sonne während eines Wüstenwindes nicht ungewöhnlich war. Das wahrhaft Ungewöhnliche aber stand noch bevor. Der zweite Tag verlief nicht anders. Aton zog sich den gelben Vorhang vors Gesicht, das sich manchmal zornrot verfärbte, während der Wüstenwind tobte und heulte. Dann aber kam der dritte Tag, und schon am Morgen kündigte sich an, daß er noch schlimmer verlaufen würde. Die Sonne verschwand, der fahlgelbe Schleier wechselte zu Gelbrot, und gegen Mittag begann ein Sturm, der sich von Stunde zu Stunde verstärkte.

«Das ist Amuns Rache», flüsterten die Priester und Beamten in der Tempelstadt sich zu, verhüllten ihre Gesichter und verkrochen sich in den Amtsräumen.

Nach Sonnenuntergang klärte es auf, der Wind flaute ab, die Luft wurde etwas kühler. Der König ließ sich hinüberrudern und zum Tempel tragen, wo er die Nacht im Gebet vor der im Mondlicht zart schimmernden goldenen Sonnenscheibe verbrachte.

«Du willst es», flüsterte er, «und ich werde es tun! Du willst es ganz offensichtlich, und ich werde handeln. Wenn es das Zeichen war, Allgewaltiger, dann ziehe deinen Zorn zurück und befreie uns von dem Giftwind. Zeige dich wieder als Aton in seiner unendlichen Herrlichkeit!»

Eine Stunde vor Sonnenaufgang kehrte der König zurück und

254

legte sich zur Ruhe. Als er am späten Vormittag erwachte, strahlte Aton von einem reingefegten Himmel nach gewohnter Art, in goldfunkelnder Majestät.

Sein Entschluß stand fest – felsenfest. Diesmal wollte er sich mit niemandem darüber beraten, mit Nofretete nicht und nicht mit Teje oder seinen engsten Vertrauten. Die Entscheidung war gefallen, er konnte nicht mehr zurück – der Einzige des Aton folgte dem Zeichen, und das war deutlich genug.

Er nahm ein Bad, ließ sich festlich ankleiden, rief seine Familie und die engsten Berater in den kleinen Empfangssaal. Nur Sat-Amun war nicht erschienen.

«Aton gab das Zeichen, ich werde seinen Willen erfüllen. Der Gottesvater Eje soll aufschreiben, was ich sage, alle im Palast verfügbaren Schreiber müssen sofort Abschriften fertigen, die mit Eilboten unverzüglich in alle Landesteile gesandt werden. So hört also!

Nefer-cheperu-Re, der Einzige des Re, sein wahrer Prophet und Verkünder, Sohn der Sonne und Herr Beider Länder, trifft folgende Verfügung: Aton hat mir, dem Einzigen des Re, seinen Wunsch und Willen übermittelt, daß künftig außer ihm keine Gottheiten zu verehren sind. Demnach werden sofort im Bienen- wie im Binsenland sowie im südlichen Kusch sämtliche Tempel jedweder Götter geschlossen, soweit sie nicht schon Aton geweiht sind. Es dürfen keine Opfergaben mehr angenommen, und schon vorhandene müssen an den Aton-Tempel weitergeleitet werden. Vor allem sind davon die großen Tempel in Waset betroffen, deren Priester und Beamte sogleich zu entlassen sind. Wer von ihnen in Atons Dienste treten will, kann sich melden und wird auf seine Eignung überprüft. Von dieser Verfügung ausgenommen sind einzig und allein alle dem Re in seinen verschiedenen Erscheinungsformen geweihten Heiligtümer. Alles dem Amun und anderen Göttern zugehörige Besitztum fällt an den König zurück, der es neu verteilen wird. Dies ist der unabänderliche Wille von Nefer-cheperu-Re, dem Einzigen des Re und Herrn Beider Länder.»

Der König blickte sich um und erkannte in manchen Gesichtern Zweifel und fehlendes Einverständnis. Dem wollte er zuvorkommen.

«Wer dazu etwas sagen möchte, tue es nicht – ich will es nicht hören! Die Stimme Atons ist lauter als alle anderen, sein Wille steht über dem euren wie dem meinen. Um künftig Aton näher zu sein, werde ich an seinen Tempel einen Palast anfügen lassen, wo ich mich während der verschiedenen Festtage aufhalten werde.»

Der König erhob sich und machte eine segnende Gebärde.

«Aton schütze und behüte euch auf allen euren Wegen!»

Dann ging er schnell hinaus, während die anderen wie betäubt dasaßen und sich verstört anblickten. Davon ausgenommen waren Nofretete, die still in sich hineinlächelte, und Teje, die nur streng dreinblickte, sich aber keineswegs überrascht zeigte.

«Ich habe es kommen sehen», sagte sie. «Es ist langsam in ihm gereift, und als Aton – ich meine, als die Sonne sich dann für geraume Zeit verbarg, nun ja, man kann schon sagen, es ist ein Zeichen.»

«Es ist das Zeichen», fügte Nofretete hinzu, «und Seine Majestät hat lange darauf gewartet.»

«Mag sein», sagte Dutu, «aber es wäre besser gewesen, Aton hätte diesen Wink zwei Jahre später gegeben. Bis dahin stünden im Land schon ein Dutzend Aton-Kapellen und -Tempel; das Volk hätte sich besser vertraut machen können, der Bruch wäre weniger schmerzhaft gewesen...»

«So schmerzhaft ist er nicht», meinte Nofretete unbekümmert. «Es wird ohnehin Monate dauern, bis sich die Nachricht überallhin verbreitet hat, bis sie aufgenommen und verstanden wird.»

Teje schüttelte leicht ihr zierliches Haupt.

«Wir sind hier in Waset, der Residenzstadt, und den Priestern wird der Befehl sozusagen zum Frühstück überreicht. Sie beginnen am Morgen die Arbeit und sehen sich am Mittag aus ihren Ämtern gejagt. Ich mißachte das Zeichen Atons nicht, aber der König hätte es behutsamer machen sollen.»

Peri, der Hohepriester der Mut, erhielt den Schönen Befehl als einer der ersten. Er las das Schreiben schnell durch, zwinkerte mit den Augen, schüttelte den Kopf. Spielte ihm der Kobold Bes einen Streich? Oder war dies eine Fälschung, um Seine Majestät mit den Priestern zu entzweien? Doch auf dem Schreiben prangte unübersehbar das Siegel Seiner Majestät, und der Bote hatte alle äußeren Zeichen eines königlichen Herolds getragen.

Peri las den Text noch einmal – Wort für Wort. Daran gab es nichts zu deuteln und zu rütteln, die Sprache war klar und unmißverständlich.

Vorhin bin ich noch der Hohepriester der Mut gewesen, jetzt bin ich es nicht mehr, dachte er mehr verblüfft als verärgert. Und der Tempel soll geschlossen werden... Kein tägliches Ritual der Reinigung und Ankleidung der Kultstatue, kein Weihrauch, kein Hymnus, keine Pilger, die draußen an den kleinen Opferaltären ihre Gaben niederlegten, keine Umzüge, Prozessionen, Feste... kein feierliches Auftreten im Pantherfell, keine Zurufe von entzückten Frauen jeden Alters – keine...

Er seufzte. Gab es in der Geschichte Beispiele, daß ein König den einmal gegebenen Befehl zurückgenommen hätte? Vielleicht gab es welche, aber bei dieser in Aton vernarrten Majestät war dergleichen nicht zu erwarten.

Er ließ alle verfügbaren Priester und Beamten seines Tempels zusammenrufen. Einige blickten so verstört drein, als ahnten sie bereits, um was es ging. Peri machte es kurz.

«Ehrwürdige Priester, hohe Herren. Ein Schöner Befehl Seiner Majestät ist eingetroffen, und es wird verfügt, daß sämtliche Tempel und Heiligtümer in Waset – der des Aton ausgenommen – von heute an geschlossen werden. Es dürfen keine Opfergaben mehr entgegengenommen werden, schon vorhandene müssen an den neuen Tempel fließen. Wer von euch in Atons Dienste treten will, kann sich bei der königlichen Verwaltung um ein Amt bewerben. Ich danke euch für eure Treue und möchte euch bitten, angefangene Arbeiten zu beenden, sollte dies auch länger dauern. Der Schöne Befehl Seiner Majestät verlangt nicht, daß ihr sofort eure Amtsstuben verlassen sollt. Ich werde keine Fragen beantworten, denn der königliche Befehl ist eindeutig und nicht anders auszulegen.»

Peri arbeitete ruhig und konzentriert alles Anstehende auf, schloß eigenhändig seine Amtsräume und setzte zwei zuverlässige Männer der Tempelwache vor die Tür.

«Bis weitere Entscheidungen fallen, darf hier niemand ohne mein Wissen eintreten, verstanden?»

Am Abend ließ er sich zu Sat-Amuns Palast tragen, wo ihn die Prinzessin schon ungeduldig erwartete. Auch sie hatte eine Abschrift der königlichen Verfügung erhalten. In ihrem Arm döste Bastet, die den Eindringling argwöhnisch aus halbgeschlossenen Augen musterte. Peri hätte ihr längst vertraut sein müssen, doch sie haßte den Geruch von Männern und fauchte ihn an, als er näher kam. Die Prinzessin setzte die Katze behutsam auf den Boden, von wo sie mit erregt schlagendem Schwanz geduckt davonlief.

«Was sagst du dazu?» rief Sat-Amun und warf mit beiden Händen ihre dunkle Haarflut zurück. Wie gut Peri diese Geste kannte und wie er sie liebte!

«Nichts, weil ein königlicher Befehl keines Kommentars bedarf. Jetzt bin ich kein Priester mehr, sondern nur noch dein Haushofmeister.»

Sie schlug ihn spielerisch auf die Hand.

«Nur? Höre ich nur? Genügt es dir nicht, mein Haushofmeister zu sein? Soll ich dir weitere Ämter übertragen?»

«Es genügt mir, dein Geliebter zu sein, das bin ich von Herzen und vor allem anderen.»

Ja, Peri wußte bei Frauen immer im rechten Augenblick das Richtige zu sagen.

«Das höre ich gern», sagte sie besänftigt, «aber jetzt im Ernst – wie soll es weitergehen?»

«Da mußt du Seine Majestät, deinen Bruder fragen. Ich hätte gerne gewußt, wie du dazu stehst. Läufst du mit wehenden Fahnen zu Aton über? Was bedeutet dir der neue Gott?»

Bei allen Seltsamkeiten, die Sat-Amun sich leistete, empfand sie doch in Glaubensdingen sehr traditionell, sie schätzte die Vielzahl und Vielfalt der Götter, wollte daran nichts verändert wissen.

«Wofür hältst du mich? Warum soll ich alles gutheißen, was mein Bruder tut? Ich habe bisher nicht vor Aton geopfert und werde es auch in Zukunft nicht tun. Im übrigen hat es mit den königlichen Befehlen eine besondere Bewandtnis. Ich dachte, du weißt das? Nicht der Befehl ist das Entscheidende, sondern seine Auslegung. Mein Bruder hat nur angeordnet, daß keiner mehr vor Amun und anderen Gottheiten opfern darf. Wer dem Befehl gehorcht, hält sich daran. Wer es nicht tut, legt weiterhin bei Amun,

258

Month, Mut oder Chons seine Opfergaben nieder. Lauert da nun an jedem Altar eine königliche Wache und stürzt sich auf solche Übeltäter? Darauf aber kommt es an. Auch wenn man solche Übertretungen stillschweigend zuläßt, ändern sie doch nichts an dem Befehl. Es kommt allein auf die Auslegung an.»

Peri wiegte zweifelnd seinen Kopf.

«Seine Majestät, fürchte ich, neigt eher zu einer strengen Auslegung.»

Sat-Amun wischte den Einwand mit einer knappen Handbewegung beiseite.

«Warten wir es ab. Nun bist du jedenfalls kein Priester mehr, und für dich als Haushofmeister habe ich zur Zeit keine Aufträge. Aber als mein Geliebter...»

«... bin ich immer im Amt – Tag und Nacht.»

Dann küßte er sie lange auf den Hals und streichelte ihre Brüste. Ihre Hand schlüpfte hurtig unter seinen Schurz, und es begann das alte, immer wieder neue Spiel.

Weniger gelassen nahm Hapu, der Hohepriester des Month, den Schönen Befehl des Königs auf. Sein erster Gedanke war: Eine so radikale Anordnung hätte der alte König niemals erteilt. Sofort stieg in ihm der Haß auf, und sein Jägerblut regte sich. Dieser seltsame Eiferer gehörte in die Wüste gejagt und mit Pfeilen gespickt, dann könnte er unter den glühenden Strahlen seines Aton verrecken! Er würde jedenfalls nicht zur königlichen Verwaltung pilgern und ein Amt bei diesem neuen Gott erbetteln. Sie würden ihn dort nur als Hilfspriester einstellen, weil er zuwenig gebildet war. Er haßte diese Schreiberseelen, die nach Papyrus stanken und trocken raschelten. Month war der Herr des Krieges, der die Gottesfeinde bekämpfte und den König zum Sieg führte. Mit stolz erhobenem Falkenhaupt geht er den Göttern voran, um sie zu beschützen! Da ist ein früherer Jäger gut geeignet, diesem streitbaren Gott als Priester zu dienen. So hatte der Osiris Nebmare Amenhotep gedacht, der auch ein großer Jäger war. Und der Kronprinz Thotmes hatte sich der Meinung seines Vaters angeschlossen, doch er war zum Osiris geworden – bei einer Jagd, wie erzählt wird.

Hapu kämpfte seinen Zorn nieder und bemühte sich um klare Gedanken. Nicht unüberlegt handeln – die Devise jedes echten Jägers. Wer das Wild sieht und gleich drauflosstürzt, vergrämt es vorzeitig und wird ohne Beute heimkehren.

Ich werde mich auf die Lauer legen und ruhig abwarten, beschloß Hapu. Er unterrichtete seine Untergebenen über die Lage und reiste am nächsten Tag auf sein Landgut bei Armant. Seine Frau beruhigte er mit den Worten: «Wir werden künftig von unserem Gut leben müssen, die Felder bebauen, Vieh züchten und Öl pressen. Daneben werde ich ein wenig jagen und dir ein drittes Kind machen. Was hältst du davon?»

Da sie ihren Gemahl liebte, aber auch ein wenig fürchtete, wäre es ihr lieber gewesen, er hätte sein Priesteramt weitergeführt. Aber sie lächelte gehorsam und stimmte ihm zu.

Im großen Amun-Tempel aber summte es, als hätte man mit dem Stock auf einen Bienenkorb geschlagen. Semenchkare, der Zweite Prophet, hatte die Versammlung einberufen. Si-Mut, der Dritte Prophet, verlas den Schönen Befehl des Königs. Dann ließ er den Papyrus fallen, und es sah aus wie ein Versehen. Ein Diener nahm das Schreiben auf und trug es weg. Der hagere Priester hob die Hand.

«Liebe Freunde! Eines gleich vorweg: Einem Schönen Befehl des Guten Gottes muß gehorcht werden, und da spreche ich auch im Namen unseres Zweiten Propheten und amtierenden Hohenpriesters. Der Tempel wird also geschlossen, die Opferaltäre draußen bleiben unbesetzt. Wenn Pilger dennoch etwas niederlegen, so wird es eingesammelt und dem neuen Tempel überstellt. Euch, meinen Freunden, stelle ich anheim, euch um ein Amt bei der einzigen von nun an noch erlaubten Gottheit zu bewerben oder – wer es sich leisten kann – ins Privatleben überzuwechseln. Es kommen auch wieder andere Zeiten, die vielleicht wir noch erleben werden oder unsere Kinder. Haltet in euren Herzen dennoch die Fahne des Amun hoch, das hat der König nicht verboten, und er kann es auch nicht.»

Si-Mut trat zurück, und Semenchkare erhob sich aus seinem mit goldenen Widderköpfen verzierten Amtsstuhl.

«Was der ehrwürdige Si-Mut ausgesprochen hat, kann ich nur

gutheißen, und ich füge hinzu: Amun hat euch zu dem gemacht, was ihr seid. Durch ein Wort Seiner Majestät seid ihr es von heute an nicht mehr – das ist Recht, weil ein Schöner Befehl es so will. Ob es richtig ist, muß jeder für sich selber entscheiden.»

Er blickte Si-Mut an, mit dem er diese Sätze abgesprochen hatte. Der nickte kaum merklich, mischte sich dann unter die Aufbrechenden, sprach mit diesem oder jenem ein paar Worte, und immer waren es hohe Verwaltungsbeamte, und zwar solche, die er jahrelang kannte und denen er trauen konnte. Mit diesen zusammen gingen sie in den von Maj früher benutzten geheimen Versammlungsraum hinter dem Schatzhaus.

«Sind die königlichen Beamten schon erschienen?» fragte Semenchkare den Hauptmann der Wache.

«Nein, Herr.»

Als die Tür hinter ihnen geschlossen war, bemerkte Si-Mut: «Wir haben längst dafür gesorgt, daß diese Herren nicht mehr sehr viel vorfinden. Nun gleich zu dem, was am dringendsten ansteht, nämlich die Rettung von Amuns Vermögen, soweit es machbar ist. Der ehrwürdige Zweite Prophet und ich haben uns folgendes ausgedacht: Es ist zu erwarten, daß im Laufe der nächsten Monate die Amun zugehörigen Güter in Nord und Süd – einiges davon wurde ja schon vorher enteignet – nach und nach in königliche Verwaltung übergehen. Wir können und werden das zum Teil verhindern.»

Die Herren schauten überrascht drein. Einer fragte zweifelnd: «Den König hintergehen? Das kann uns teuer zu stehen kommen…»

Si-Mut lächelte bitter.

«Das kommt es in jedem Fall. Nein, wir werden dabei den Weg des Rechts nicht verlassen. Es gibt treue und verschwiegene Verehrer unseres Gottes, und denen werden wir eine Anzahl der besten und ertragreichsten Güter verkaufen.»

«Dann wird später der Erlös daraus eingezogen!» gab einer der Herren zu bedenken.

«Nein, denn es handelt sich um Scheinverkäufe. In Wirklichkeit übernehmen die neuen Besitzer diese Güter nur zu treuen Händen und bewirtschaften sie als Pächter. Die Kaufverträge werden natürlich zurückdatiert, um den Eindruck zu vermeiden, dies sei ein

Rettungsunternehmen in letzter Stunde. Amun soll nicht gänzlich besitzlos dastehen, denn wir – seine treuen Priester und Verwalter – wollen das heilige Feuer nicht verlöschen lassen. Es soll im geheimen weiterglimmen bis zu jenem Tag, da es wieder auflodern darf.»

Für Semenchkare begann eine seltsame Zeit. Sein Amt als Zweiter Prophet des Amun war durch die Verfügung des Königs erloschen; sollte er nun in den Harimswinkel zurückkriechen, aus dem er gekommen war? Er fragte sich das nur bildlich, weil er mit seinen fast neunzehn Jahren sich nicht mehr unter die Röcke seiner Mutter flüchten konnte. Nun war er wieder Prinz zur linken Hand und konnte Mahu vielleicht bitten, ihn zum Hauptmann der Bogenschützen zu machen. Als er das in bitter-gekränktem Ton seiner Mutter vortrug, verpaßte sie ihm eine Maulschelle, die wegen ihrer fettgepolsterten Hand nicht sehr derb ausfiel.

«Bist du ein Mann oder eine zitternde Mimose, deren Zweige und Blätter erschlaffen, wenn man sie nur berührt? Nun bist du kein Prophet mehr, das hat ohnedies nicht sehr zu dir gepaßt. Bitte deinen Bruder um ein neues Amt, aber begnüge dich nicht mit dem eines Hauptmanns – hörst du? Er muß dich mindestens zum General ernennen oder zu einem Aton-Priester der oberen Ränge.»

«Nein!» fuhr es ihm heraus. «Ich will nicht zu Aton überwechseln. Du hast ja selber gesagt, daß die Priesterwürde nicht zu mir paßt.»

«Nun gut, Kemet ist groß, da wird Seiner Majestät schon etwas einfallen.»

Der König ließ sich ein paar Tage Zeit, dann empfing er den Halbbruder und hörte ihm zerstreut zu.

«Ein Amt? Du willst ein Amt? Zum Heerführer fehlt dir die Erfahrung, auch bist du zu jung dazu. Dem Aton willst du nicht dienen – was bleibt da noch?»

Er mochte diesen zu groß geratenen Tölpel nicht, traute ihm wenig zu und wollte ihn nicht in seiner engeren Umgebung haben. Schließlich schlug er vor: «Mache dich mit den Booten und der Schiffahrt vertraut, dann ernenne ich dich zum Befehlshaber meiner Flotte – ehrenhalber. Die Arbeit wird dein Stellvertreter tun…»

Der König blickte zum Fenster, seine Miene war abweisend und hochmütig geworden. Semenchkare sagte, er wolle es sich überlegen, und bedankte sich. Er kam sich unwichtig und überflüssig vor, wagte es aber nicht, den König weiter zu behelligen.

Mit hängenden Ohren schlich er zu seiner Mutter zurück, die gerade dabei war, mit Hilfe zweier Zofen verschiedene Perücken durchzuprobieren. Unwillig blickte sie auf. Er schüttelte nur den Kopf und schwieg. Giluchepa winkte die Kammerfrauen hinaus.

«Er will mich zum Flottenführer machen – ehrenhalber. Für einen Heerführer sei ich noch zu jung…»

«Das stimmt sogar. Der König scheint zur Zeit an nichts und niemand interessiert, wenn es nicht Aton betrifft. Solange du nur am Rande der königlichen Familie stehst und nicht in ihr, sehe ich zur Zeit keine Möglichkeit für dich. Mache dieser Isis ein Kind! Ja, das ist es – schwängere sie, dann wird der König euch ehelich verbinden, und du gehörst zu jenen, die für seine Nachfolge in Frage kommen. Kinder sterben weg wie Fliegen; niemand weiß, welche seiner Töchter am Leben bleibt.»

«Wenn das so einfach wäre…»

Voll Ungeduld schlug sie mit der Hand auf ihren Schminktisch.

«Es ist einfach, wenn du es richtig anstellst! Festungen muß man belagern, wenn sie fallen sollen! Du kriegst doch sonst eine jede ins Bett, was man so hört – oder? Bei Baal und Ischtar – dann lasse dir für diese versponnene Gärtnerin etwas einfallen!»

Freilich, Semenchkare hatte schon mit einer ganzen Reihe von Kammerfrauen, Dienerinnen, Witwen von Hofbeamten und manchmal auch untreuen Ehefrauen geschlafen, doch da war er als junger Prinz willkommen und nicht selten der Verführte. Bei Isis sah es anders aus, zudem war sie noch Jungfrau und stand im Rang eine beträchtliche Stufe über ihm. Das war ein Spiel mit dem Feuer, bei dem er sich gewaltig die Finger verbrennen konnte.

Doch der Wille seiner Mutter erwies sich als stärker, und es war ihr gelungen, in ihm eine Art Ehrgeiz zu entfachen. Ständig erinnerte sie ihn daran, wie hoch er als Zweiter Prophet schon gestiegen und wie tief er gefallen war.

«Du mußt das nicht hinnehmen, Semi, schließlich bist du ein Königssohn.»

Er fühlte sich in die Enge getrieben, und in ihm wuchs die Verbitterung, beiseite gestellt und entmachtet zu sein. Schließlich sah auch er in der Verbindung mit Isis die nächstliegende Möglichkeit, wieder etwas darzustellen in der königlichen Palaststadt.

Wenn er sich nachts in die Kammern der Dienerinnen und jungen Witwen schlich, dann setzte ihn der Gedanke daran, was ihn erwartete, in höchste Erregung. Heiß schoß das Blut in seine Lenden, sein Mund wurde trocken, sein Atem ging schnell, und sein Schwengel stand schon wie ein Djed-Pfeiler, noch ehe er die Schlafkammern betrat.

Als er sich nun vornahm, Isis wieder einen Besuch abzustatten, stand ihm Schweiß auf der Stirn und sonst nichts. Er ließ sich einen Krug Wein bringen, hob mit zittrigen Händen den Becher und trank ihn leer. Er setzte einen zweiten drauf und nach einigem Zögern noch einen dritten. Sein heftig pochendes Herz beruhigte sich, er wischte sich sorgfältig die feuchte Stirn und setzte seine schönste Perücke auf. Seit er kein Priester mehr war, hatte er die Haare wieder wachsen lassen, doch die Borsten waren erst fingerbreit, und es reute ihn schon, daß er sich so gehenließ. Hatte er nicht den abgesetzten Priestern zugerufen, Amuns Fahne weiterhin hochzuhalten?

Dann lenkte er seine Gedanken auf den bevorstehenden Besuch, der – das traf sich recht gut – ihrem sechzehnten Geburtstag galt. Sie hatte ihn vor wenigen Tagen begangen, aber nicht gefeiert, denn davon hielt sie nichts. Vom Obergärtner hatte er sich ein Päckchen einer bisher in Kemet nicht bekannten Blumenart geben lassen und es teuer mit drei Kupferdeben bezahlt.

«Für diese Blumen», hatte der Gärtner erklärt, «gibt es hier noch keine Bezeichnung in unserer Sprache, so kann Prinzessin Isis einen für sie erfinden.»

War aus den Worten des Obergärtners ein leiser Spott herauszuhören? Doch sein Gesicht blieb ernst und beflissen, so daß Semenchkare es dabei bewenden ließ.

Isis zeigte sich erfreut, meldete aber auch Zweifel an.

«Für diesen alten Fuchs von Gärtner mögen sie neu sein, aber nicht selten kommen die Händler zuerst zu mir, weil ich sie besser bezahle. Sei trotzdem bedankt, mein Lieber, wenn die Blumen aufgehen, wirst du der erste sein, dem ich sie zeige.»

«Da freue ich mich…» murmelte der Prinz und überlegte, wie er es anfangen sollte, die jungfräuliche Gärtnerin unter einem Vorwand zu berühren. Dann war sie es, die schwesterlich nach seiner Hand griff.

«Komm mit, ich möchte dir etwas zeigen.»

Sie zog ihn aus dem Haus, scheuchte zwei Dienerinnen, die sich anschließen wollten, beiseite.

«Ich brauche euch jetzt nicht!»

Auf engen, gewundenen Pfaden trabte er hinter Isis durch den großen Garten, spürte an den Waden die schmerzhaften Stiche einer dornigen Pflanze, Zweige schlugen in sein Gesicht, und sein Schurz bedeckte sich mit Samenkapseln, die kleine Widerhaken besaßen und so dafür sorgten, daß sie sich weit weg von der Mutterpflanze ansiedeln konnten.

Endlich blieb sie stehen und wies auf ein kleines Beet an der Gartenmauer.

«Hier habe ich die sogenannten Unkräuter versammelt, also jene Gewächse, die das Gedeihen der Nutzpflanzen, vor allem des Getreides behindern.»

Dann stellte sie ihm jedes einzelne dieser Unkräuter vor, und so erfuhr Semenchkare, daß Hundskamille, Ackerwinde und verschiedene Wickenarten die Kornernte mindern, aber auch wilde Erbsen, Luzernen und Bockshornklee würden den Landleuten Sorgen bereiten.

Während Isis sich vorbeugte, konnte der Prinz einen kurzen Blick auf ihre kleinen festen Brüste erhaschen. Da sie sich frei und ungezwungen bewegte, verrutschte auch manchmal ihr kurzes Gewand, das sie dann mit einer gleichmütigen Bewegung wieder über die dünnen Oberschenkel zog.

Semenchkare spürte eine leise Erregung in sich aufsteigen, eher etwas wie lüsterne Neugierde, welche Liebesfreuden ein so dürftiger Frauenkörper spenden könnte.

Auf dem Rückweg stolperte er über den Ausleger einer Kriech-
pflanze und fiel der Länge nach hin. Isis hörte es, wandte sich um
und brach in helles Lachen aus.

«Schau mal an, da liegt ja mein starker Bruder, hingestreckt von
einer schwachen Pflanze! Komm, ich helfe dir auf.»

Sie streckte ihm ihre Hand hin, die er fest umklammerte und an
der er sie niederzog. Isis lachte und strampelte, sie hielt es für ein
Versehen, doch er preßte den schmächtigen Körper fest an sich und
küßte, wohin er gerade traf – Hals, Schultern, Wangen. Sie wehrte
sich, stieß kleine spitze Schreie aus, aber er hielt sie fest, und als
durch ihre heftigen Abwehrbewegungen das Kleid einriß und nach
unten glitt, kamen ihre Brüste zum Vorschein. Semenchkare saugte
sich an einer der Warzen fest und wurde dafür mit einem Schlag
ihrer kleinen Faust auf seine Nase belohnt. Das störte ihn wenig,
seine Lust war erwacht, sein Phallus richtete sich auf. Enthemmt
vom Wein, erregt von der Nähe des Frauenkörpers, warf er sich
schnell herum, preßte ihre Arme auf den Boden und versuchte, ihre
Schenkel auseinanderzuzwängen. Sie schrie gellend auf, wand sich
unter ihm wie eine Schlange, so daß sein suchender Speer immer
wieder das Ziel verfehlte. Plötzlich spürte er einen dumpfen Schlag
und fiel kraftlos zur Seite. Ein Gärtner hatte den Schrei seiner
Herrin gehört und ihm die Rückseite seiner Rodungsaxt auf den
Schädel gehauen.

Am ganzen Leib zitternd, stand Isis auf und zupfte ihr Kleid
zurecht. Sie berührte den Gärtner leicht am Arm.

«Danke dir, du hast eine Belohnung verdient. Hole die Palastwache und laß den da in den Kerker schaffen. Ich werde unterdessen Seine Majestät benachrichtigen.»

So endete der Versuch des Prinzen Semenchkare, seine Halbschwester Isis zu verführen, mit einer dicken Beule am Hinterkopf
und drei Tagen Aufenthalt in einer Kerkerzelle. Isis nämlich traf
ihren Bruder nicht an, denn der König hielt sich derzeit in dem neuerbauten Palast beim Aton-Tempel auf. Giluchepa bemühte sich
unterdessen, ihren Sohn wieder freizubekommen, doch Mahu
lehnte dies ab.

«Er ist der versuchten Vergewaltigung einer königlichen Prinzessin überführt, einer Schwester des Guten Gottes. Da kann nur

einer über ihn befinden, und das ist Seine Majestät. Bis dahin muß ich deinen Sohn festhalten, Hoheit.»

Teje wußte natürlich auch Bescheid, doch sie mischte sich zunächst nicht ein, wartete die Rückkehr des Königs ab. Der fand bestätigt, was er insgeheim schon länger dachte, nämlich daß dieser Halbbruder aus halbbarbarischem Stamm komme und nicht fähig sei, ein höheres Amt zu bekleiden. Der König ließ Semenchkare einen weiteren Tag im Gefängnis schmachten, dann wurde er in Fesseln vorgeführt. Auch die Königinwitwe Teje und der Erste Schreiber Eje, der Gottesvater, waren zugegen. Der König wollte den Fall innerhalb der Familie erledigen.

«Wären wir nicht verwandt, so hätte man deine Asche längst in den Nil gestreut, aber du bist nun einmal die faule Frucht des Osiris Nebmare, und so muß ich mir etwas anderes ausdenken. Oder hast du eine Entschuldigung für dein unsägliches Benehmen?»

Der Prinz senkte den Kopf.

«Nein, Majestät… Ich habe getrunken, und dann kam es so über mich…»

Der König runzelte ärgerlich die Stirn und schaute wieder sehr hochmütig drein.

«Einfach so, nicht wahr? Warum hast du dir nicht eine Dienerin genommen? Es gibt hier eine Unzahl davon, und jede würde sich hochgeehrt fühlen. Aber du mußtest Isis haben, ein halbes Kind noch. Was hast du dir davon versprochen?»

«Nun, meine Mutter –», rutschte es ihm heraus, doch er verbesserte sich schnell.

«Ich meine, Prinzessin Giluchepa und ich haben überlegt, ob Isis nicht zu einer Ehe mit mir geneigt sei. Noch ehe ich sie fragen konnte – nun, sie hat mich gereizt, und dann…»

«Die kleine Gärtnerin hat dich gereizt? Ein rechter Mann begehrt Frauen und keine Kinder. Ich muß dich bestrafen, Semenchkare. Da ich meinen Halbbruder nicht hinrichten lassen kann, sollst du Maj Gesellschaft leisten. Ein Schnellruderer wird dich nach Kepto bringen, von dort kannst du die gewiß sehr langsame Expedition einholen. Irgendeine Tätigkeit wird sich schon finden. Wie ich höre, kannst du mit Waffen umgehen, so laß dich in die Truppe einreihen, die Majs Unternehmung zum Schutz vor den Schasu begleitet.»

«Da kommst du noch sehr gut weg», bemerkte Eje, der neben dem König stand und sich Notizen machte.

«Nein», sagte Teje ruhig, «damit bin ich nicht einverstanden. Ich weiß recht gut, wer Semenchkare angestiftet hat und daß er aus eigenem Antrieb zu einer solchen Tat nicht fähig wäre. Die maßlos geltungssüchtige Giluchepa hat ihn dazu gebracht. So ist es doch, Semenchkare?»

Der senkte den Kopf und schwieg.

«Gut, du willst deine Mutter nicht beschuldigen, aber ich weiß, daß es so ist. Sie träumt davon, dich als nächsten König zu sehen, und deshalb solltest du Isis zur Ehe überreden oder sie notfalls schwängern.»

Der König blickte seine Mutter überrascht an.

«Sollte – nein, das kann ich nicht glauben!»

Er wandte sich an den Bruder.

«Hast du tatsächlich gedacht, ein solcher Plan ließe sich auf irgendeine Weise in die Tat umsetzen? Bisher hielt ich dich nur für einfältig, jetzt aber sehe ich, daß du dumm bist – maßlos dumm!»

«Und Dummheit», meinte Teje, «gehört nicht so streng bestraft. Ich bin schon dafür, daß du Semenchkare unter die Krieger steckst, aber da gibt es einen besseren Weg. Die Grenztruppen im Norden müssen ohnehin verstärkt werden, dorthin werden wir ihn schicken. Da kann er seinem Vaterland nützlich sein und wird zugleich die Heimat seiner Mutter kennenlernen.»

Tejes Entschluß war unumstößlich, so gut kannte der König seine Mutter. Er nickte ihr zu.

«Eine gute Lösung, verehrte Königinwitwe! So soll es sein, ich bin einverstanden.»

19

Maj spürte, wie ihm alles aus den Händen glitt. Sie waren nun schon den elften Tag unterwegs, und was bei einer solchen Unternehmung von Fall zu Fall zu tun war, wußten andere immer besser.

So gab es Fachleute mit einem untrüglichen Sinn für das Aufspüren von Wasserstellen, es gab auch solche für das Auffinden von leichteren Durchgängen, denn das ständige und noch dazu gefährliche Herumklettern an steilen Felshängen kostete nur Zeit, Kraft und nicht selten auch das Leben von Mensch und Tier.

«Zudem, Herr», erklärte man ihm, «mußt du dabei immer aus der Sänfte steigen, weil die Träger bei steilen Übergängen dich und sich gefährden.»

Natürlich fragten sie ihn jedesmal zuvor um Rat, erklärten dann die Schwierigkeiten, und er fügte sich. Er fügte sich auch den Fachleuten für die verschiedenen Gesteine, wenn sie ihm nahelegten, nicht den bequemen Weg durch das weite Tal Rehenu zu verfolgen, sondern Abstecher in enge Seitentäler zu machen, wo das Vorkommen der Grauwacke oder des grünen Schiefers wahrscheinlicher sei. Sie sagten ihm auch, warum es so war – er verstand ihre Fachsprache nicht und fügte sich.

Niemals in seinem Leben hatte Maj das Fruchtland verlassen. Zwar hatte er Kemet von Süd bis Nord bereist, kannte die weißen Mauern von Men-nefer, diente zwei Jahre lang als Dritter Schreiber im altehrwürdigen Sonnentempel von Junu, hatte auch Eschmun besucht, die heilige Stadt des Schreibergottes Thot – doch in der Wüste war er niemals gewesen. Weder kannte er die im Westen, wo

Kemet in Gestalt einiger größerer Oasen noch gegenwärtig war, noch die im Osten, da es bis zum fernen Ozean keine Ansiedlung gab und wo nur ein paar Dutzend halbwilder Nomaden ein armseliges Leben fristeten, wenn sie von Wasserstelle zu Wasserstelle zogen, um ihre bescheidenen Viehherden zu tränken. Man hörte, daß um diese Tränken oft erbitterte Kämpfe entbrannten, denn wer sie kannte und nutzte, war Herr in der Wüste.

Damit gab es vorerst keine Probleme, hier war das Wüstental noch weit und offen, und die Schasu mieden solche gut einsehbaren Wege; im übrigen führte Maj Pläne mit sich, in denen die möglichen Wasserstellen eingezeichnet waren. Mit wenigen Ausnahmen hatten die Karten sich als zuverlässig erwiesen, in einem Punkt zum Glück bisher nicht. Da wurde vor einigen nicht fest umrissenen Gebieten gewarnt, weil hier – angeblich – die Schasu öfter Rast machten, sich sogar länger hier aufhalten sollten. Bisher hatten sie noch keinen einzigen zu Gesicht bekommen, und Maj wünschte, es bliebe so. Die Könige von Kemet erhoben gnädiger- wie auch sinnvollerweise keine Steuern von diesen Nomaden; es wäre auch schwierig, ja eigentlich unmöglich gewesen, von ihnen welche einzutreiben.

Die Ostwüste war übrigens nicht nur wegen des Hartgesteins von Bedeutung; da und dort gab es auch Minen, wo man edle Steine fand: Smaragd, Karneol, Bergkristall und den schwarzen Onyx. An wenigen, geheimen Stellen wurde auch Gold geschürft – eine bescheidene Ausbeute, gewiß, aber doch nicht unerheblich für den stetigen Bedarf der Herren Beider Länder an dem kostbaren gelben Metall.

Restep, den «Wachsamen», bewegten solche Überlegungen nicht. Dafür waren andere zuständig, er war damit beschäftigt, sein Überleben zu sichern, und das erforderte den ganzen Mann – Stunde um Stunde, Tag um Tag. Seine Rachepläne hatte er vorerst zurückgestellt – auch nachdem er Maj aus nächster Nähe gesehen hatte. Das war, ehe sie ins Tal Rehenu aufbrachen und der Expeditionsleiter – so war es seit jeher üblich – sich die Fachleute, Aufseher und Vorarbeiter vorstellen ließ.

Restep hatte Maj – damals in jenen fernen, glücklichen Zeiten in der Tempelstadt – häufig gesehen, und immer beeindruckte ihn das machtvolle, würdige Auftreten dieses Mannes, der körperlich klein war, aber den meisten wie ein Riese erschien.

Davon war nicht viel geblieben. Maj saß in einem Sessel vor seiner Sänfte, und seine Leute zogen an ihm vorbei, während ein Schreiber ihm Namen und Umstände ins Ohr flüsterte.

Als Restep aufgerufen wurde, konnte er aus Majs Gesicht nichts entnehmen, das auf ein Wiedererkennen schließen ließ. Vermutlich hätte der Großmächtige nur Bagsu, seine verlängerte Hand, dem Namen nach zu nennen gewußt – dessen Helfer waren ihm gleichgültig.

Maj saß da wie ein grauer, lebloser Schatten, die engstehenden Augen trübe und glanzlos, der schmale Mund verkniffen, die schmucklose Perücke etwas schief über der hohen Stirn.

«Das ist ja erfreulich für dich», hörte Restep eine leise, tonlose Stimme, «von lebenslänglich auf fünf Jahre verkürzt – nun, wir werden sehen…»

Dieser Nachsatz gefiel Restep weniger, das klang ein wenig drohend, als wollte er hinzusetzen: «…ob es auch so bleibt.»

Doch dann beruhigte er sich selber. Das war eben so dahingesagt, von einem Mann, den sein Gott offenbar fallen gelassen und dem grimmigen Seth überantwortet hatte. Das konnte auch einen Menschen wie Maj zerbrechen, und damit waren die Rachegelüste des im Grunde seines Herzens immer noch gutmütigen Restep vorerst abgekühlt. Er glaubte nicht, daß Maj diese Expedition überleben würde, und dann hätte Seth ihm die Vergeltung abgenommen. Er, Restep, war hingegen sicher, diese Unternehmung heil zu überstehen, und tat auch jetzt das Gegenteil von dem, was die anderen Vorarbeiter für richtig hielten.

Diese rückten sichtlich von ihren Leuten ab, schlugen sich buckelnd und liebedienerisch auf die Seite der Aufseher. Sie schwärzten jeden an, der nicht aufs Wort gehorchte oder ihnen aus anderen Gründen zuwider war, und wenn eine Strafe verhängt wurde, empfahlen sie deren Verschärfung und lauschten zufrieden dem Wehgeheul der Delinquenten. Auf diese Weise, so glaubten sie, hätten sie ihre Leute fest in der Hand, gezähmt und geduckt durch die ständige Furcht vor Bestrafung.

Restep machte es anders. Schon nach wenigen Tagen spürten die Männer, daß er auf ihrer Seite war, vor allem wenn es darum ging, verhängte Strafen zu mildern.

Einer der Aufseher beobachtete einen Mann, der seitwärts sein Wasser abschlug und sich dann, um wieder zu Atem und zu Kräften zu kommen – es war bei einem schwierigen Probeschlag – am Felsen festhielt und verschnaufte. Der Aufseher brüllte etwas von fauler Hund und Arbeitsverweigerung, winkte den als Prügelknecht amtierenden Unteraufseher herbei und wollte dem Mann gleich fünfzig mit dem Bambusrohr aufzählen lassen. Da mischte sich Restep ein.

«Der Mann gehört zu meiner Gruppe! Wenn er pißt und sich kurz ausruht, dann ist dies im Sinne der von Herrn Maj verkündeten Richtlinien, nämlich die Leute zu schonen und bei Kräften zu halten für die noch vor uns liegenden, weitaus schwierigeren Aufgaben.»

Das war nur so ins Blaue gesagt, aber der Aufseher fiel darauf herein und tat dann recht großzügig.

«Gut, wenn du als Vorarbeiter dich für ihn verwendest, wirst du einen Grund haben. Aber merke dir, wir werden den Mann im Auge behalten!»

Ein anderer Fall gestaltete sich weniger einfach.

Einer der Sträflinge war vordem ein unterer Verwaltungsbeamter gewesen, der seine dürftige Entlohnung mit kleinen Betrügereien aufgebessert hatte. Der schwächliche Mann litt unsäglich unter der schweren, ungewohnten Arbeit und hatte schon öfters Bemerkungen fallenlassen, er halte dies nicht länger durch, lasse sich lieber von den Nomaden abschlachten, als weiter diese mörderischen Frondienste leisten zu müssen. Restep ließ den Mann nicht aus den Augen, konnte es aber doch nicht verhindern, daß dieser eines Tages den schweren Hammer fallen ließ und einfach davonlief. Nach zehn Tagen Wüstenmarsch hatte man den Strafgefangenen die hinderlichen Fesseln abgenommen, weil von da an eine Flucht sinnlos geworden wäre und nur den sicheren Tod bedeutet hätte.

Bei diesem Mann aber hatte der körperliche Verfall einen geistigen nach sich gezogen, und seine kopflose Flucht endete in den Armen eines Aufsehers. Sosehr diese unter den zunehmend härteren Bedingungen manches durchgehen ließen, so wenig galt dies für versuchte Flucht. Sich der Strafe zu entziehen zählte als ein Verbrechen schwerwiegender Art und mußte schon aus Gründen des schlechten Beispiels unnachsichtig bestraft werden. Meist geschah dies durch sofortige Steinigung, ausgeführt von den anderen Strafarbeitern.

Restep wurde davon in Kenntnis gesetzt, verbunden mit einer nachdrücklichen Verwarnung, weil er die Flucht nicht verhindert hatte.

«Ich hatte es kommen sehen», rief Restep verzweifelt aus, «denn der Mann wurde gestern von einem Skorpion gestochen und ist nicht mehr recht bei Sinnen. Ich konnte das Tier zwar töten...»

Demonstrativ zog er einen toten Skorpion aus seiner Gurttasche. Den trug er stets als zauberisches Abwehrmittel bei sich, opferte ihm – und damit der Göttin Selket – kleine Gaben, um sich Schutz vor den tödlichen Stichen dieser angriffslustigen Wüstentiere zu erbitten.

Ein kurzer Blick auf die mit Schwären und Pusteln bedeckten Beine des Flüchtlings hatte ihm diese Rettungslüge eingegeben. Er deutete auf eine eitrige Wunde an der Ferse des Mannes.

«Hier wurde der Unselige gestochen; ich konnte es zwar nicht verhindern, habe aber den Skorpion sofort getötet. Wie die Herren vermutlich wissen, tobt in den derart Verletzten – falls sie es überleben – der heilige Geist der Göttin Selket, die es sehr übel vermerken würde, wenn man einem der ihr Geweihten etwas antun würde. Da gab es im letzten Jahr einen Fall...»

«Aber eine Flucht muß doch bestraft werden!» rief der Aufseher empört.

«Wen Selkets heiliges Feuer ergriffen, der ist nicht mehr Herr seiner selbst. So ist es doch?»

Er blickte den Sträfling an. Er war klug genug, um zu erkennen, daß Restep ihn vor der Steinigung retten wollte.

«Es brannte und tobte in mir, meine Beine liefen sozusagen von selber weg...»

Wie fast alle Einwohner Kemets empfand auch der Aufseher eine heilige Scheu vor allem, was mit Göttern und Magie zu tun hatte.

273

Er entschied: «Der Mann wird drei Tage lang auf halbe Ration gesetzt und soll die andere Hälfte der Göttin opfern. Wenn es aber zu einem zweiten Fluchtversuch kommt...»

«Nein, Herr, das wird es nicht! Dafür stehe ich ein», versprach der Sträfling mit vor Eifer zittriger Stimme.

Dieser Fall sprach sich schnell herum und steigerte Resteps Ruf ins Legendäre. Auch Maj kam er zufällig zu Ohren, doch er, der Fintenreiche und Vielerfahrene, mochte nicht so recht an den Stich des Skorpions glauben. Zwar hielt er es für unter seiner Würde, der Sache selber nachzugehen, doch er beschloß, diesen Restep im Auge zu behalten und, wenn nötig, schnell unschädlich zu machen. Hätte der frühere Hohepriester gewußt, daß andere ihn und seine Männer schon seit Tagen nicht aus den Augen ließen, so wäre der Fall dieses Restep ihm nicht so bemerkenswert erschienen.

Nicht einmal der scharfsichtige Restep hatte die vier Männer bemerkt, die im Gegenlicht auf einem der Hügel kauerten und regungslos den langen trägen Zug der Expedition verfolgten. Ihre schmutzig-weißen Kittel mit den weiten Kapuzen wirkten aus der Ferne wie verstreute Steinbrocken, über die das geblendete Auge hinwegglitt. Sie bewegten sich nicht, hatten ihre Waffen – Speere, lange Dolche, Keulen, Pfeile und Bogen – so hinter sich gelegt, daß kein metallisches Blinken sie verraten konnte.

Hellhörige und Scharfsichtige gab es bei den Schasu zuhauf, und sie hatten aus sicherer Ferne längst registriert, welche Schätze die Expedition mit sich führte. Schon lange nicht mehr hatte eine so fette Beute gewinkt, denn teure und aufwendige Unternehmungen solcher Art führten die Könige nur von Zeit zu Zeit durch; außerdem galt es abzuschätzen, ob die bewaffneten Begleitmannschaften nicht zu stark waren, um einen Überfall als wenig ratsam erscheinen zu lassen.

Diesmal aber kamen die Führer der Schasu – nach tagelanger Beobachtung – zu dem Schluß, daß ein Erfolg abzusehen sei. Doch sie entschieden sich dafür, so lange zu warten, bis die noch frische Expedition sich abzunutzen begann, bis die ersten Mängel auftraten und die Milizen nachlässiger wurden. Eine derartige Sorglosigkeit ergab sich von selber nach einer Zeit scheinbarer Sicherheit. Wenn die Expedition nach zwanzig, dreißig oder vierzig Tagen durch keine Nomaden behelligt wurde, auch niemals welche zu Gesicht bekam, dann verbreitete sich die Meinung, die Schasu hielten sich aus irgendwelchen Gründen in einem anderen Teil der unermeßlich großen Wüste auf. Und so beging Maj wenige Tage später, ohne es zu ahnen, seinen ersten entscheidenden Fehler.

Restep hatte herausgefunden, daß einer der Oberaufseher nach Gutdünken die Nahrungs- und Wasserzuteilungen kürzte, teils um als sparsamer Verwalter gut dazustehen, teils um sich und seinem Freundeskreis im Notfall das Weiterleben zu sichern.

Die Arbeiter – Freiwillige und Sträflinge – waren in fünf Gruppen zu je einhundertfünfzig Mann unterteilt, von denen jede einem Oberaufseher unterstand, der seinerseits über acht bis zehn Aufseher und deren Gehilfen gebot. Die Oberaufseher waren mit weitreichenden Befugnissen ausgestattet, zu denen auch die Verteilung der Nahrungsmittel und des Wassers gehörte. Was ersteres betraf, so war man auf die mitgeführten Vorräte angewiesen, da es in der Wüste nicht die geringste Möglichkeit gab, sie zu ergänzen. Beim Wasser hing es davon ab, wie häufig man auf die seltenen Quellen stieß, ob sie – den Plänen gemäß – noch vorhanden und wie ergiebig sie waren.

Der für Resteps Gruppe zuständige Oberaufseher war so feige wie korrupt und auch nicht ganz freiwillig hier, sondern auf Bewährung für Bestechung und Unterschlagung als früherer Verwalter königlicher Kornhäuser. Er fühlte sich von der Wüste bedroht und sah mit Bangen den Tag kommen, da Wasser und Nahrung zu Ende gingen und es ihm schwerfallen würde, sein kostbares Leben zu retten. So sah er sich lieber vor, umgab sich mit einem Freundeskreis von Gleichgesinnten, die wie er der Meinung waren, kein Preis sei zu hoch, um die eigene Haut zu retten.

So begann er damit, einen Notvorrat anzulegen, den er von den täglichen Zuteilungen abzog. Die Arbeiter spürten es, begannen zu vergleichen und schließlich zu murren. Dem schlossen sich einige der Aufseher an, weil sie es waren, die man dafür verantwortlich machte, wenn die vom Hunger geschwächten Männer bei der Arbeit zusammenbrachen.

So wurde eine Gruppe von Aufsehern und Vorarbeitern bei Maj vorstellig und trug ihre Klagen vor. Der Expeditionsleiter ließ den beschuldigten Oberaufseher rufen, der sich sogleich vehement verteidigte. Er tue nur, was seine Pflicht in dieser gespannten Lage sei, nämlich haushalten. Solange keine neue Wasserstelle gefunden sei, müsse man vorläufig die Rationen mindern, und was die Nahrung betraf, so lieferten eben die Bäcker nicht immer gleich schwere Brote, und da mag es schon vorgekommen sein, daß ein paar Männer gelegentlich benachteiligt wurden.

«Nicht gelegentlich, sondern seit über zehn Tagen, und es betraf nicht ein paar Männer, sondern die ganze Truppe!»

Das war Restep so herausgefahren, weil er sich ärgerte und auf die Dauer auch sein Leben gefährdet sah. Die Aufseher stimmten ihm zu, wenn auch etwas zögernd, doch Maj, der Resteps Namen noch von dem Fluchtversuch mit dem angeblichen Stich des Skorpions in Erinnerung hatte, überhörte die Zustimmung, weil sein Sinn ganz auf diesen Aufsässigen gerichtet war. Er zog unwillig die Brauen hoch und musterte Restep mit grimmiger Miene.

«Also du schon wieder! Immer wenn es Unruhe und Aufruhr gibt, stehst du in der ersten Reihe. Gäbe es mehr Vorarbeiter von deiner Art, dann wäre diese Unternehmung längst gescheitert. Das Verzeichnis!»

Einer der Schreiber sprang sofort auf, brachte den Papyrus, rollte ihn auf und wies eilfertig auf eine bestimmte Stelle.

Maj nickte.

«Restep, von lebenslänglich auf fünf Jahre begnadigt. Warum eigentlich?»

Restep blickte zu Boden.

«Ich habe – ich habe einem Aufseher das Leben gerettet, als ein Steinbrocken…»

«Genug, wen interessieren schon diese alten Geschichten! Hier hast du dich als aufsässig und unbotmäßig erwiesen, hetzt die Arbeiter gegen ihre Vorgesetzten auf, beschuldigst einen ehrenwerten Oberaufseher, der für euch nur das Beste will – kurz und gut, du hast eine empfindliche Strafe verdient. Ich degradiere dich zum einfachen Arbeiter und verlängere deine Strafzeit auf zehn Jahre – und das gilt nur zur Bewährung! Bei der geringsten Verfehlung wird es wieder lebenslang geben, hast du verstanden?»

Ja, Restep hatte verstanden und mußte mit ansehen, wie der

276

Schreiber seinen Pinsel anfeuchtete und mit wichtig gerunzelter Stirn seine Eintragungen machte, sie Maj vorlegte, der bestätigend nickte.

Restep, der selber weder schreiben noch lesen konnte, wußte dennoch, daß sein weiteres Schicksal von dieser Eintragung neben seinem Namen abhing. Was auf einem Papyrus stand, war so unwiderruflich, als hätte der Schreibergott Thot es mit eigener Hand niedergeschrieben. Auch wenn Maj in der Wüste umkam und nur er und einer der Schreiber mit diesem Papyrus zurückkehrten...

Am nächsten Tag stand Restep in der Reihe der einfachen Arbeiter, aber er spürte, daß man ihm weiterhin Achtung und Respekt zollte. Er spielte den zurecht Bestraften, gab sich eifrig, demütig und vermied jedes weitere Aufsehen. Doch sein Sinn war nur noch auf eines gerichtet: Er mußte diese Unternehmung überleben, und weder Maj noch die Namensliste durften nach Waset zurückkehren.

Buch II

I

Der König wurde jetzt oft von Träumen heimgesucht – nein, von Aton damit beschenkt, und häufig enthielten sie Hinweise, Aufforderungen, manchmal deutlicher, manchmal auch rätselhafter Natur.

Der erste, unmißverständliche Hinweis, daß er und nur er zu Atons Propheten bestimmt sei, brachte ein ganz kurzer, aber sehr eindringlicher Traum, der sich nochmals wiederholte. Da wurde wieder jener Augenblick lebendig, als sein Bruder Thotmes vom Pferd stürzte, doch – und das wollte der Traum ihm sagen – war es kein Unfall aus Ungeschick oder Unachtsamkeit, sondern göttliche Bestimmung.

Um deutlich zu zeigen, wie es gemeint war, lief das Traumbild ganz langsam ab, und der König sah, wie ein blendender Strahl Atons das Auge des Pferdes traf, so daß es sich vor Schreck aufbäumte und Thotmes abwarf. Du bist der Erwählte – nicht er! So tönte es in seinen Ohren, und es hallte wider und wider: Du bist erwählt – nicht er!

Nun hatte Aton ihn vor kurzem mit einem neuen Traumbild beschenkt, das ihm abverlangte, was er längst tun wollte, aber davor zurückscheute, weil kein König vor ihm es gewagt hatte.

Der Traum zeigte ihm in geraffter Form sein eigenes Leben, und er begann damit, daß die Amme den kleinen Prinzen behutsam in sein goldenes Körbchen legte. Dann trat sein Vater hinzu, der ein frisches blütenweißes Schaffell auf den ausgestreckten Händen trug und es nun mit einer feierlichen Geste über den Säugling breitete.

Das war Symbol für die Namensgebung Amenhotep – «Amun ist zufrieden» – und hüllte ihn in das heilige Vlies. Die Namensgebung durch die Eltern war für jeden Menschen – ob Frau oder Mann – verbindlich fürs Leben, und niemand in Kemet hätte gewagt, sich dem zu widersetzen. Der König besaß allerdings die Möglichkeit, nach seiner Thronbesteigung diesem Namen vier weitere nach eigener Wahl hinzuzufügen, aber sein Geburtsname blieb unverändert – da hatte es bis jetzt keine Ausnahme gegeben.

Weiter spulte sich das Leben des kleinen Prinzen ab, und immer trug er das Widderfell, doch mit der Zeit verblich das reine Weiß, es wurde fleckig, auch etwas räudig. Als er mit vierzehn aus der Obhut seiner Lehrer entlassen wurde, hing der Pelz an ihm, als sei er vom Schindanger gekommen: teilweise von kahlen Stellen bedeckt, mit Flecken übersät, und – den König schauderte es – da und dort hatten sich Maden eingenistet, die sich in ekliger Trägheit regten und krümmten.

Das Leben ging weiter: Er sah sich als Ptah-Priester in Mennefer, wo er das Pantherfell über den Widderbalg streifte und damit den Unflat verdeckte. Dann kam die Krönung, und er saß hoch oben auf dem Thron im Glanz der Doppelkrone, die beiden Szepter vor der Brust gekreuzt, und über ihm schwebte in goldener Majestät Aton, der seinen Propheten mit sanften Strahlenhänden liebkoste. Diese Hände glitten wie segnend über den Kopf, das Gesicht, berührten die Nase mit dem heiligen Anch-Zeichen, verweilten auf Brust und Schultern, aber als sie auf den räudigen Widderbalg trafen, zuckten sie zurück, und der König schämte sich zutiefst, daß er Aton diese abstoßende Berührung zugemutet hatte.

Darüber erwachte er, niedergedrückt und voll Reue, spürte, wie ihm Tränen über die Wangen liefen, und bat in einem Stoßgebet den Gott um Verzeihung.

War ich denn blind? Der «Einzige des Aton» trug den Namen des falschen Gottes; auch wenn er ihn nicht selber gewählt hatte, so konnte, so mußte er ihn unverzüglich ablegen – gleich, sofort, auch zu nachtschlafender Zeit.

Der König rief einen Diener und hieß ihn Eje, den vertrauten Freund und Ratgeber wecken.

Es dauerte eine Weile, bis der Gottesvater erschien, denn er hatte sich ankleiden müssen, und der Weg von seinen Gemächern zum Königspalast war weit.

Der König winkte seine aufgeschreckten Diener hinaus. Noch immer vom Traum verstört und vor Aufregung zitternd, faßte er den Vater seiner Gemahlin am Arm. Seine Stimme klang leise und stockend.

«Ein Traum, Eje, ein Zeichen... Ich hätte es längst tun müssen – war wie blind... Jetzt hat Aton mir die Augen geöffnet... Weiß jetzt, was zu tun ist... Hast du dein Schreibzeug dabei?»

Eje lächelte und nickte beruhigend.

«Wie immer, Majestät.»

«Mein Name, mein Geburtsname, muß ausgetilgt werden – von allen Dokumenten, aus Tempeln und Inschriften. Ich reiße es ab, das halbverweste und stinkende Widderfell, es ist längst ein Greuel vor Aton, den ich wieder und wieder um Verzeihung bitte...»

Erneut flossen die Tränen, doch der König schien es nicht zu merken.

«Beruhige dich, Meni, es wird...»

«Nein, nein! Nenne mich nicht so! Damit muß es vorbei sein, das ist Sünde vor dem Gott!»

«Also gut, Majestät, aber wie dann?»

Der König lächelte unter Tränen.

«Darüber habe ich schon nachgedacht, und der neue Name soll ein Versprechen sein, denn künftig werde ich nur noch so handeln, daß es Aton wohlgefällig ist. Ach-en-Aton!»

«Ein schöner Name!» sagte Eje schnell, «‹dem Aton wohlgefällig›. Das geht etwas schwer über die Lippen, muß der Zunge bequemer sein: Echnaton?»

«Ja, ja!» sagte der König ungeduldig, «das ist etwas karger und bedeutet das gleiche. Rufe sofort die Schreiber zusammen, so viele du kriegen kannst, und dann laß es hinausgehen nach Nord und Süd, nach Kusch und in die Tributländer, daß der Herr Beider Länder künftig seinen bisherigen Namen Nefer-cheperu Re, Wa-en-Re, hinzufügt: Echnaton – ‹dem Aton wohlgefällig›.»

Danach fühlte sich der König wie von einem schweren Druck befreit, wie neugeboren, und gerechtfertigt vor Aton. Doch er dachte weiter und spürte, daß die Schuld vor seinem Gott nur in bezug auf seine Person abgetragen war, nicht aber vor dem Volk – vor aller Welt. Amuns verhaßter Name prangte im ganzen Land, an Tempeln, Kapellen, Stelen, Gräbern, Gedenkinschriften, und jeder einzelne stellte eine Beleidigung dar. Aber wie sollte er das ändern, wo beginnen und wo aufhören? Beginnen in Waset – wo sonst? Und aufhören, wenn das Werk getan war!

Doch diesmal durfte nichts überstürzt werden, er wollte langsam, gründlich und mit Bedacht vorgehen. Zuerst berief er eine Familienversammlung ein, klärte alle ihm Nahestehenden über seinen Namenswechsel auf und bat in höflichen Worten, niemals mehr seinen alten Namen – auch nicht in der Koseform – zu verwenden.

Alle sahen, wie ernst es ihm war, welch großen Wert er darauf legte. Nur die eigenwillige Sat-Amun kümmerte sich nicht darum, gebrauchte weiter das altvertraute Meni und übersah dabei geflissentlich den Unwillen auf dem Gesicht des Königs. Aber sie trafen sich so selten, daß Echnaton es hinnahm – so wie er immer ihren Eigenheiten mit Nachsicht und Geduld begegnet war.

In dieser Zeit begann etwas anderes den König zu beschäftigen. Da nun seine Reform schon ins vierte Jahr ging, wollte er wissen, wie weit die Aton-Verehrung im Volk sich durchgesetzt hatte, wollte herausfinden, ob die Strahlen des Gottes alle oder doch schon die meisten Herzen erleuchtet hatten.

Freilich, wenn er nach Waset hinüberfuhr und den jetzt fast schon fertigen Aton-Tempel besuchte, wimmelte es dort jedesmal von Menschen, die auf kleinen Altären an der Außenmauer opferten und ihm – wenn sie ihn erkannten – mit erhobenen Händen zujubelten.

Doch ein Stachel blieb, denn nur wenige Ellen von Atons Heiligtum entfernt ragten nach wie vor die Pylonen der Amun-Stadt, und der König hätte gerne gewußt, was hinter diesen Mauern vorging – ob sich dort überhaupt noch etwas regte. Sein Befehl hatte bisher nur gelautet, daß jedwedes religiöse Leben dort einzustellen sei – weiter nichts.

Nun hatte sein Vertrauter, der Schatzmeister und neuerdings

zum Obersten Baumeister ernannte Dutu, vor zwei Tagen um eine Audienz gebeten und – gerade das gefiel dem König an ihm so sehr –, ohne lange herumzureden, verschiedene Vorschläge gemacht.

«Majestät, in meiner Eigenschaft als Oberster Baumeister und Königlicher Schatzmeister bewegen mich zwei Probleme. Zum einen ist die Liste der künftigen Bauvorhaben sehr lang, denn – wie deine Schönen Befehle es anordnen – sollen künftig von Nord bis Süd einige Dutzend kleinere und größere Aton-Heiligtümer errichtet werden; der Grundstein zu einigen ist schon gelegt. Ich überwache diese Arbeiten nach Kräften und versuche sie voranzutreiben. Doch da bin ich im Widerstreit mit meinem Amt als Schatzmeister, weil die Mittel leider nicht ausreichen, die Bautätigkeiten so auszuweiten, wie Aton und sein Prophet – der Gott möge dir Millionen Sed-Feste schenken, Majestät – es erwarten und verlangen.»

Dutu schwieg, weil er eine zu lange Rede vor dem Guten Gott als ungehörig empfand und erst abwarten wollte, wie der König sich dazu äußerte.

Echnaton hob mit einer anmutigen Geste seine rechte Hand, lächelte und sagte freundlich: «Gut, gut, Dutu – und was schlägst du vor?»

«Ich schlage vor, die reichsten Tempel des Landes – das sind natürlich die des Amun –, da sie ohnehin geschlossen und zu nichts mehr nütze sind, von ihren dort sicher noch vorhandenen Schätzen zu befreien. Wir wissen, daß es einen Gott namens Amun nicht gibt, und wer nicht existiert, braucht keine Reichtümer. Wir könnten mit den Tempeln in Waset beginnen, um dann nach und nach auch die anderen von Nord bis Süd mit einzubeziehen. Majestät, erlaube mir noch einen Rat. Wir sollten diese Unterredung nicht groß ankündigen, weil dann die Gefahr bestünde, daß übereifrige und unbelehrbare Amun-Verehrer uns zuvorkommen. Wenn du gestattest, spreche ich den Plan mit Mahu durch, und dann schreiten wir unverzüglich zur Tat.»

Echnaton konnte ein leises Lächeln nicht unterdrücken. Wie gespreizt sich der Gute ausdrückte... So vollkommen Dutu die Landessprache beherrschte, so wurde manchmal doch spürbar, daß es nicht seine Muttersprache war.

«Ich lasse dir freie Hand», sagte der König, ohne zu zögern. «Du hast bisher in allem Klugheit, Umsicht und Tatkraft bewiesen – tue, was du für richtig hältst, aber vermeide jede Gewalt! Ich gestatte weder Feuer und Zerstörung noch die Gefährdung von Menschenleben. Und natürlich gebe ich dir recht: Ein nicht vorhandener Gott benötigt keine Reichtümer. Wenn der Hammel einmal geschlachtet ist, braucht er kein Futter mehr.»

Dutu gestattete sich ein höfliches Lächeln und verbeugte sich tief.

Dann suchte er Mahu in seinen Amtsräumen auf. Als «Mund des Königs» und «Oberster Kammerherr» hätte er den Obersten der Palastwache zu sich befehlen können, aber der kluge Dutu zog den anderen Weg vor. Seine hohen Ämter hatte er sozusagen über Nacht erlangt, während andere sich jahrelang hatten hochdienen müssen, und so wäre es ganz natürlich gewesen, wäre man ihm da und dort mit Feindschaft und Neid begegnet. Doch Dutu besaß die Gabe, Feindschaft in Achtung und Neid in Wohlwollen zu verwandeln. Dies verdankte er vor allem einer Eigenschaft: Er machte sich niemals groß vor den anderen, vermied jeden Anschein, sie – gestützt auf seine Machtbefugnis – von oben herab zu behandeln. Keinem, auch nicht dem geringsten Hofbeamten redete er ins Amt hinein oder verärgerte ihn mit unangebrachter Kritik. Sein Respekt vor der Tätigkeit der anderen begann beim Türsteher und reichte bis zu den Gleichrangigen.

So begegnete man auch ihm mit Hochachtung, und wer glaubte, sich vor dem Vertrauten des Königs tiefer verbeugen zu müssen als vor jedem anderen und ihm mit Devotion und Liebedienerei begegnete, den wies er mit höflichen Worten darauf hin, daß dies bei ihm weder notwendig noch geeignet sei, ihn zu beeinflussen.

Der sture und humorlose Mahu hatte, wie fast jeder Mensch, seine eitlen Seiten und genoß es sichtlich, daß dieser hochrangige Beamte ihn aufsuchte. Er stand auf und verneigte sich.

«Ehrwürdiger! Aber du hättest mich doch rufen lassen können...»

Dutu lächelte freundlich.

«Hätte ich, aber ich zog es vor, dich hier aufzusuchen, denn ich brauche deinen Rat, und die Sache ist eilig. Vorhin hat mich Seine Majestät empfangen und gewisse Wünsche geäußert, die wir beide nun nach besten Kräften in die Tat umsetzen sollen.»

Sie setzten sich, und Mahu ließ Wein und Wasser bringen. Aus Höflichkeit trank Dutu einen Schluck, stellte behutsam den Becher hin und entwickelte seinen Plan.

«Es geht darum, zunächst den überflüssig gewordenen Amun-Tempel in Waset von nutzlosem Ballast zu befreien. Was sollen Möbel und Zierat in einem unbewohnten Haus? Man entfernt alles Brauchbare und überläßt die Ruine dem Zahn der Zeit. Genau so ist es da drüben. Amun bewohnt sein Haus nicht mehr – hat es, besser gesagt, nie bewohnt, da es ihn nicht gibt. Seine Majestät möchte nun, daß wir alles Nützliche daraus entfernen, um es dem Einen und Einzigen zuzuführen, den es sehr wohl gibt – man braucht dazu nur aus dem Fenster zu schauen.»

Mahu nickte.

«Du sprichst von Aton?»

«Von wem sonst?»

«Gut, und wie sollen wir vorgehen?»

«Behutsam, Mahu, behutsam, aber schnell und überraschend. Du stellst einen Trupp zuverlässiger Männer zusammen, und ich schließe mich mit einigen Schreibern und Beamten an. Bitte sage keinem deiner Leute, um was es geht. Es kann auch unter den besten Männern Spitzel oder heimliche Amun-Verehrer geben, wir dürfen nicht das geringste Wagnis eingehen. Kannst du dies bis übermorgen vorbereiten?»

Mahu straffte sich und warf stolz seinen kantigen Schädel zurück.

«Wenn es sein muß, schon bis morgen!»

Dutu lächelte bewundernd.

«Du bist sehr tüchtig, das wissen wir alle. Aber es genügt, wenn du übermorgen eine Stunde vor Sonnenaufgang deine Männer am Hafen versammelst.»

Mahu war kein besonders kluger und gewiß kein gebildeter Mann. Doch was seinen Beruf betraf, hatte er Fähigkeiten entwickelt, die ihn weit über seinesgleichen emporhoben, ihn unentbehrlich machten. Religiöse Bedenken waren ihm fremd. Für ihn gab es nur einen Gott, nur eine Allmacht, und die bestand in dem jeweils regierenden König. Wenn dieser verkündete, alle Götter außer Aton seien falsch und von betrügerischen Priestern ersonnen, so bedeutete dies für Mahu die Wahrheit, wenn auch nicht die endgültige. Sollte der Einzige des Re überraschend nach Westen gehen, und sein Nachfolger würde die verjagten Götter wieder einsetzen, Aton aber für falsch erklären, so würde sich Mahu dies sofort zu eigen machen und überzeugt die neue Wahrheit vertreten.

Für diese besondere Aufgabe wählte er fast nur fremdländische Söldner aus, die auf nichts und niemand Rücksicht zu nehmen brauchten, für die Amun ein fremder Gott war. Dutu hingegen hatte seine Beamten aus jungen begeisterten Aton-Verehrern ausgesucht und teilte ihnen erst auf der Überfahrt mit, was heute zu tun war.

«Darauf habe ich lange gewartet», murmelte einer, und die es hörten, nickten zufrieden.

Aton streckte seine ersten tastenden Strahlen am Osthorizont empor, als wolle er prüfen, ob die Welt noch so sei, wie er sie am Tag zuvor verlassen hatte. Die verschlafenen Torwachen starrten die frühen Besucher an wie Geister. Mahu verlangte ihren Hauptmann zu sprechen, der erst geweckt werden mußte.

«Kannst du lesen?»

Er schüttelte verwirrt seinen Kopf mit der kurzen struppigen Kriegerperücke, die etwas schief saß.

«Dann hole jemand, der dir dieses königliche Schreiben erläutern kann.»

Dutu stand daneben, um sicherzugehen, daß alles nach Recht und Gesetz vorging und dabei – das war seine ausdrückliche Bedingung – niemand zu Schaden kam.

Dann las ein Tempelschreiber stockend den Text vor, der besagte, daß Mahu mit seiner Truppe befugt sei, die Tempelstadt gründlich zu durchsuchen und alles, was der ihn begleitende Schatzmeister Dutu für geeignet hielt, daraus zu entfernen.

Mahu wies auf das königliche Siegel.

«Hier, das kennst du doch? Es ist das Staatssiegel des Guten

Gottes und Herrn Beider Länder. Der ehrwürdige Dutu und ich handeln in seinem Auftrag. Gibt es hier noch eine Tempelwache?»

«Nun – nun ja –», stotterte der Hauptmann, «der Tempel ist – ist ja geschlossen, aber – aber ein paar wird – wird es noch geben…»

«Gut, dann laß deine Leute ausschwärmen und sie von der Lage unterrichten. Die Torwache übernehmen inzwischen wir.»

Dann sagte Mahu seinen Leuten kurz, was zu tun sei. Jedes Magazin, jedes Kellergewölbe, jeder geschlossene Raum müsse gründlich untersucht werden, wobei immer ein Beamter des ehrwürdigen Schatzmeisters zugegen sei und zu entscheiden habe, was sich zur Mitnahme eigne.

Als die Männer nach und nach in die Gebäude der Tempelstadt einsickerten, zeigte sich, daß hier keineswegs alles leer und verlassen stand, sondern wie eine verborgene Flamme ein kleines, geheimes Leben weiterschwelte.

Verwaltungsbeamte, Magazinaufseher, auch Priester verschiedener Ränge wurden entdeckt, kamen ans Licht und blickten sich verstört um. Was suchten die vielen Bewaffneten hier? Warum hatten sich die nicht angekündigt? Diese Frage stellte einer der obersten Magazinverwalter so frech und unbekümmert, als habe sich in den letzten Jahren und Monaten nichts verändert.

Mahu trat vor und hob die Faust, als wolle er den Mann niederschlagen, doch Dutu faßte seinen Arm und sagte ruhig: «Laß es mich erklären. – Wer bist du, und wie heißt du?»

«Mein Name ist Hor-Anch, ich bin Oberster Magazinverwalter des Amun-Tempels.»

Diese Worte hatte der Mann mit zornigem Trotz hervorgestoßen, als wolle er die Eindringlinge damit einschüchtern.

Über Dutus kluges, beherrschtes Gesicht flog ein leises Lächeln. Er hob seinen Zeigefinger und schüttelte ihn leicht, fast scherzhaft.

«Sagst du damit auch die Wahrheit, Hor-Anch? Es kann dir doch nicht entgangen sein, daß der Gute Gott – er lebe, sei heil und gesund – schon vor geraumer Zeit verfügt hat, daß außer Aton weder Amun noch andere Götter existieren und so sämtliche Tempel zu schließen seien. Und du nennst dich Oberster Magazinverwalter des Amun-Tempels? Mit Amun sind auch seine Priester und Beamten untergegangen. Bist du ein Geist, Hor-Anch?»

Dutu berührte den verstockt zu Boden Blickenden am Arm. Als er kurz den Blick hob, glühte in seinen Augen der Haß.

«Du solltest mit Si-Mut sprechen…»

Dutu, der wohl wußte, wer der Genannte war, stellte sich dumm und fragte arglos: «Wer ist dieser Si-Mut?»

«Der Dritte Prophet – ich meine, er war der Dritte Prophet des Amun.»

Dutu schüttelte erstmals den Kopf.

«Was hat der hier noch zu suchen? Sein Amt ist erloschen, der Tempel aufgelöst. Nun gut, hole ihn her!»

Unterdessen hatten die Söldner sich in kleine Trupps aufgeteilt und durchstöberten die Tempelstadt von Nord nach Süd, von Ost nach West. Sie wurden jedoch von einem königlichen Beamten und einigen Handwerkern begleitet, die ihre Werkzeuge – Beile, Hebelstangen, Hammer, Meißel, Spitzhacken, Schaufeln – angriffslustig wie Krieger in den Händen hielten. Keines dieser Geräte blieb im Laufe der folgenden Stunden unbenützt. Da galt es ein versperrtes Tor zu öffnen, dort eine schwere Truhe aufzusprengen oder eine kostbare Zedernholztür aus den Angeln zu heben. Die Handwerker waren vorher instruiert worden, was zu holen, loszumachen, abzusprengen oder wegzumeißeln sei.

Sie räumten die Werkstätten der Feinschmiede, Metallgießer, Salbenmacher und Bildhauer aus; ein eigener Trupp war darauf angesetzt, die kostbaren eingelegten Schriftzeichen über den Pforten zu den Sakralräumen auszubeuten – das heißt, sie brachen Elfenbein, Lapislazuli, Karneol, Smaragd oder wertvolle Metalle aus den Inschriften heraus und bargen die wachsende Beute in festen Leinensäcken. Andere wieder sammelten wertvolle Hölzer und schleppten weg, was an Möbeln, Truhen, Kästchen, Türen oder Gerätschaften aus Leder, Ebenholz, Tamariske, Sykomore oder Wacholder zu finden war.

Dutu hatte gleich zu Anfang das Gebiet des Allerheiligsten von einer zweifachen Reihe Bewaffneter umstellen lassen, ebenso wie das im Norden des Tempels angebaute Schatzhaus, das nach wie vor von den stummen Milizen bewacht war. Doch Si-Mut war rechtzeitig gewarnt worden und hatte die Wachen sofort abziehen lassen.

Mahu stemmte herausfordernd beide Hände in seine Hüften und deutete auf die mit breiten Metallstreifen gepanzerte Tür.

«Da ist nichts mehr drin, das wurde längst ausgeräumt.»

Er winkte zwei Handwerker mit langen Hebelstangen herbei.

«Aufbrechen!»

«Halt – halt!»

Der hagere Si-Mut eilte herbei, von einigen Dienern begleitet.

«Aber meine Herren, warum hat man mich nicht benachrichtigt? Ich werde die Türen sofort öffnen lassen!»

«Wer bist du?» fragte Dutu mit höflicher Stimme.

«Der frühere Dritte Prophet des Amun. Es wurde mir nicht verboten, hier weiter zu wohnen; außerdem hielt ich es für angebracht, daß die Gebäude hier nicht ganz verwaisen, ehe ein Befehl Seiner Majestät endgültig Klarheit schafft.»

Dutu nickte ernst.

«Da hast du klug und überlegt gehandelt, Ehrwürdiger. Was du erhofft hast, ist nun eingetreten: Ein Schöner Befehl Seiner Majestät wird die von dir erwartete Klarheit schaffen.»

Dutu reichte ihm mit einer leichten Verbeugung den gesiegelten Befehl des Königs. Si-Mut ließ sich nicht das geringste anmerken, sein hageres Gesicht mit den tiefliegenden Augen blieb unbewegt. Er reichte das Dokument zurück.

«Ich werde darauf achten, daß den Befehlen Seiner Majestät – er lebe, sei heil und gesund – in jeder Beziehung Folge geleistet wird.»

Er flüsterte einem seiner Diener etwas zu und sagte dann laut: «Ein wenig Geduld noch, die Tore werden sogleich geöffnet.»

Dann betraten Mahu und Dutu die Räume des Schatzhauses, wo früher Majs geheime Versammlungen stattgefunden hatten. Wie noch von Maj angeordnet, lagen und standen einige Säcke, Truhen und Kästen herum – armselige Überbleibsel der einstigen, längst in Sicherheit gebrachten Reichtümer.

Dutu wußte natürlich, daß dies nur ein gewollter Rest des früheren Überflusses war, doch er spielte das Spiel mit. Ohne weiter den Inhalt der Säcke und Truhen zu prüfen, befahl er den Abtransport. Dann wandte er sich an Si-Mut.

«Dich möchte ich abschließend um zwei Dinge ersuchen. Zum

einen muß ich dich bitten, deine Wohnung hier aufzugeben, zum anderen wirst du mich jetzt zum Allerheiligsten begleiten.»

Nicht einmal Maj hätte es gewagt, am dortigen Zustand etwas zu ändern, hatte auch nach seiner Absetzung keine Gelegenheit mehr gehabt, irgendwelche Verfügungen zu treffen.

Si-Mut hatte sich mit der Hoffnung getröstet, daß auch der neue König – wie sein Vater – es nicht wagen würde, das Innerste des Tempels anzutasten, wo seit Jahrhunderten in mystischem Dämmer die goldene Statue des Gottes in ihrer kostbaren Barke den heiligen Mittelpunkt der Tempelstadt bildete.

«Schicke deine Diener weg», bestimmte Dutu in knappem Ton, der keinen Widerspruch duldete. «Wo sind die Schlüssel zur Pforte des Allerheiligsten?»

Si-Mut spielte den Überraschten.

«Ich bin nur der ehemalige Dritte Prophet, Ehrwürdiger. Semenchkare, der frühere Zweite Prophet, übte nach Majs Weggang dessen Funktionen aus, und ich nehme an, daß …»

«So nicht, Si-Mut! Ehe Semenchkare mit einer neuen Aufgabe nach Norden zog, hat er mir alles übergeben, was sein früheres Amt betraf. Die Schlüssel zum Allerheiligsten waren nicht dabei, weil sie – wie er mir sagte – in deiner Hut seien.»

Si-Mut preßte den Mund zusammen, schwieg eine Weile und sagte dann mit heiserer Stimme: «Ich nehme an, daß Maj sie mit sich führt oder irgendwo hier verborgen hat. Er hat mir gegenüber nichts davon angedeutet.»

Mahu rief zornig: «Du lügst, Si-Mut! Aber deine Finten helfen dir auch nicht weiter – nur schade um die schöne Tür!»

Sie war tatsächlich ein Kunstwerk, die schmale hohe Pforte, die von dem kleinen Hof ins Innere des Allerheiligsten führte. Das dunkle Ebenholz war mit goldenen Widderköpfen und breiten Ziernägeln geschmückt. Mit Edelsteinen und Elektron eingelegte Buchstaben verkündeten: «Amun-Re, Herr des Himmels, König der Götter.»

Dutu faßte Mahu an der Schulter.

«Beruhige dich! Es wäre Maj schon zuzutrauen, daß er die Schlüssel versteckt hat oder sie mit sich führt. Für uns bedeutet das nichts, weil wir die kostbare Tür ohnehin mitnehmen.»

Ein Wink, und vier kräftige Handwerker brachen das Schloß auf und hoben die Tür aus den Angeln.

Da verlor der hagere Si-Mut die Beherrschung.

«Diesen Frevel wird der Gott sich nicht bieten lassen! Er wird euch vernichten, ausrotten mit Stumpf und Stiel, bis…»

Da schlug Mahu ihn mit dem Handrücken so derb auf den Mund, daß Si-Mut zurücktaumelte. Dutu ließ es wortlos geschehen, während Mahu hervorstieß: «Das ist zu deinem eigenen Besten, ehe du dich um Leib und Leben redest. In den Steinbrüchen ist immer noch Bedarf für Arbeitskräfte.»

«Verzeih, Ehrwürdiger, aber durch meine frühere Tätigkeit… Es wird nicht wieder vorkommen.»

«Gut so», sagte Dutu, «du kannst jetzt gehen, wenn du möchtest.»

Si-Mut schwieg und verfolgte mit vor Empörung und Abscheu glühenden Augen, wie sechs kräftige Handwerker die Amun-Barke heraustrugen und dem grellen Tageslicht aussetzten. Da geschah es.

Einer der Träger stolperte und kippte nach hinten, während sein Vordermann bestürzt den Kopf wandte, dabei unter der vermehrten Last in die Knie brach. Das brachte die Barke in eine solche Schräglage, daß sie sich von den Tragstangen löste und krachend auf das Steinpflaster stürzte. Die beiden goldenen, mit der Sonnenscheibe gekrönten Widderköpfe an Bug und Heck brachen ab, der hölzerne, mit Elektron verkleidete Schrein hatte sich beim Aufprall geöffnet und gab den Blick auf die goldene Kultfigur des Gottes frei. Deutlich war sein Kopf mit der hohen Federkrone zu sehen, deren Spitze sich leicht verbogen hatte.

Dutu hatte geistesgegenwärtig sofort gerufen: «Ein Zeichen! Atons Strahlen haben den falschen Gott niedergestreckt! Genügt dir das, Si-Mut? Was dort im Schrein ruht, ist nichts weiter als ein von Bildhauern geformtes Stück Gold. Der wahre und einzige Gott schaut von oben auf uns herab und hat den falschen Götzen niedergestreckt.»

Dann wurde er durch das Gewimmer des gestürzten Trägers abgelenkt, der herangekrochen war und flehend eine Hand hob.

«Bestrafe mich nicht, Herr, mein Sturz geschah unabsichtlich, ich bin über etwas gestolpert, konnte die Last nicht mehr halten …»

«Steh auf! Du hast diesen Unfall nicht zu verantworten, warst nur Atons Werkzeug. Holt jetzt die Figur heraus!»

Da zeigte sich der Gestürzte besonders eifrig und hob, zusammen mit einem zweiten, die Goldstatue heraus und stellte sie behutsam auf den Boden.

Der kluge Dutu spürte gleich, daß sich unter den Handwerkern und Soldaten etwas wie Beklommenheit verbreitete. Freilich, dieser Gott war von vielen Menschen über Jahrhunderte verehrt und angebetet worden, ohne daß sie ihn jemals zu Gesicht bekamen. Nun stand der «Verborgene» gleißend und glitzernd im hellen Sonnenlicht und wirkte seltsam nackt, obwohl er goldene Kleidung trug.

Dutu klatschte in die Hände.

«Schafft ihn weg, seine Zeit ist um, er wird in den nächsten Tagen eingeschmolzen.»

Während der folgenden Tage waren zahlreiche Arbeiter weiterhin damit beschäftigt, alles halbwegs Brauchbare aus der Amun-Stadt fortzuschaffen. Danach wurden alle Tore verriegelt und mit königlichen Wachen besetzt. Herolde verkündeten in Waset, daß es streng verboten sei, in die Stadt einzudringen oder sich im Bereich ihrer Mauern aufzuhalten.

Dutu aber zog vier Tage später mit seinen Beamten und Söldnern zum Mut-Tempel, dem Südlichen Harim des falschen Gottes.

Peri, der frühere Hohepriester und nunmehrige Haushofmeister bei Prinzessin Sat-Amun, sah dem Besuch mit Gleichmut entgegen. Wie seltsam allerdings seine Geliebte auf diese Ereignisse reagieren würde, konnte er nicht vorhersehen.

2

Die beiden Frauen waren sich ähnlicher, als sie dachten, obwohl sie – wie es anfangs den Anschein hatte – keine Freundinnen wurden. Sie betrachteten einander mit wachsamem Respekt, wobei jede versuchte, ihren Einfluß auf den König zu verstärken.

Dabei war Nofretete im Vorteil, denn es gibt keine innigere Nähe als zwischen liebenden Gatten. Die Zeit der kopflosen, vom Körper bestimmten Leidenschaften ist kurz, verglichen mit den langen Stunden ehelicher Gemeinsamkeit, die von Wort und Verstand bestimmt sind.

Tejes Stärke hingegen bestand in ihrer während langer Jahre umsichtig und klug aufgebauten Hausmacht. Auch nach dem Tod des Königs führte sie ihren eigenen Hofstaat weiter, mit von ihr ernannten, ihr verpflichteten und zutiefst ergebenen Beamten, mit umfangreichen Gütern, deren Ertrag allein ihr zufloß – ja, sogar eine kleine private Truppe stand ihr zur Verfügung.

Dabei vergaß sie niemals, daß sich nach den uralten heiligen Landesgesetzen alle Macht im König bündelte, dem Guten Gott und Herrn Beider Länder, dem von Nord bis Süd alles zu eigen war, was in Kemet an lebenden und toten Dingen existierte. Das wußten sowohl Nofretete wie auch Teje, und sie vergaßen niemals, daß sie Rang, Macht und Stellung dem Gatten und Sohn verdankten. Ein Wort von ihm, und sie verschwanden bis an ihr Lebensende in einem entlegenen Harimswinkel. Daß er dieses Wort nach menschlichem Ermessen niemals aussprechen würde, davon waren die beiden Frauen überzeugt, doch beide gestatteten es sich zu keiner Zeit, diese Möglichkeit außer acht zu lassen.

Sat-Amun aber waren solche Überlegungen fremd, und sie verschwendete daran keinen Gedanken. Als Prinzessin geboren, war sie in dem Bewußtsein aufgewachsen, aus dem heiligen Samen des Guten Gottes zu stammen und damit weit über fast allen anderen Menschen zu stehen. Sowohl Nofretete wie auch Teje aber kamen aus einfachen Familien und hatten durch Schönheit, Anmut und Klugheit erreicht, was einer Prinzessin schon in die Wiege gelegt worden war.

Die Königinwitwe Teje liebte ihren Sohn, aber sie liebte auch die Macht. Ehe sie ihren Rang verlor, wäre sie lieber gestorben, und da sie kein Mensch war, der sich selber belog und betrog, war sie zu der Erkenntnis gelangt, daß die Macht ihr mehr bedeutete als der Sohn. In wenigen Jahren würde sie ihre fünfzigste Nilschwelle erleben, doch sie fühlte sich so jung, als sei sie dreißig, und war nicht gesonnen, sich aufs Altenteil zurückzuziehen – auch nicht, was die Götter gnädig verhindern mögen, wenn es ihr auferlegt war, ihren Sohn, den König, zu überleben. Und so gestattete sie sich die Überlegung, wer ihm nachfolgen könnte, ohne ihren Rang und ihren Einfluß zu schmälern. Starb er ohne männlichen Erben, so würde jeder auf den Thron gelangen, der eine seiner Schwestern oder seiner Töchter heiratete. Die Töchter kamen vorerst nicht in Betracht, auch Isis schied zunächst aus, und so blieb nur Sat-Amun, wenn sie einen ihrer Halbbrüder zum Gemahl nahm. Zwar gab es da mehrere, aber nur einen aus königlichem Stamm: Semenchkare, Sohn der Prinzessin Giluchepa, Enkel des Königs von Mitanni. Vor allem diese Überlegung hatte Teje bewogen, seine Strafe abzumildern und ihn – ohne den König zu informieren – mit einer besonderen Aufgabe zu betrauen.

Was sie vorhatte, teilte sie ihm wenige Tage vor seiner Abreise in den Norden während eines vertraulichen Gespräches mit.

«Ich habe dich zum Sondergesandten ernannt; ein persönliches, an König Tusratta gerichtetes Schreiben erläutert das. Dieser Mitanni-König ist dein Vetter, ihr habt einen gemeinsamen Großvater – denke daran! Unser Ziel ist es, mit den Churritern in Frieden zu leben, doch die letzten Jahre haben gezeigt, daß dies nicht immer einfach ist. Die Kleinfürsten am Grünen Meer zwischen Gaza und Ugarit sind uns seit langem tributpflichtig und haben –

296

so scheint es – nichts anderes im Sinn, als Mitanni gegen uns aufzuhetzen.»

Sie deutete auf ein in Leinen gewickeltes Päckchen.

«Darin befinden sich die Tontafeln mit meinem persönlichen Schreiben an den Churriter-König. Willst du sie sehen?»

Semenchkare nickte nur stumm. Teje schlug sogleich das Leinen zurück und reichte ihm eines der handgroßen Täfelchen. Er betrachtete die fremdartige stachelige Schrift, die keinerlei Ähnlichkeit mit der hier gebrauchten hatte. Er schüttelte den Kopf.

«Das sieht aber seltsam aus! Wer beherrscht hier diese Schrift?»

Teje lächelte ironisch.

«Es handelt sich um Schrift und Sprache deiner Vorväter – vergiß das nicht!»

«Die Schrift ist mir fremd, und die Sprache habe ich schon halb vergessen.»

«Aber mit deiner Mutter sprichst du sie noch?»

«Ja, das schon…»

«Sie wird dir dort wieder geläufig werden. Hier gibt es auch noch einige, die Churritisch in Sprache und Schrift beherrschen. Von den Schreibern, die mit deiner Mutter hierherkamen, lebt noch einer, der sich seit langem in meinen Diensten befindet.»

Semenchkare schluckte, räusperte sich und fragte leise: «Weiß – weiß der König davon?»

«Seine Majestät kümmert sich – wie sein Vater – kaum um Außenpolitik. Von Zeit zu Zeit sprechen wir darüber, aber es ist ihm ganz recht, daß ich mich damit befasse. Du wirst also die Kleinfürsten von Amurru, Kadesch, Byblos und Ugarit aufsuchen, dort mit unseren Gesandten sprechen, um dann dem König von Mitanni einen formellen Besuch abzustatten und ihm dieses Schreiben zu überreichen.»

Sie sah den Zweifel in seinem breiten, jungenhaften Gesicht und sagte schnell: «Sei ganz beruhigt, du wirst gescheite Männer an deiner Seite haben, die dich in allen wichtigen Fragen beraten werden. Der wichtigste davon ist Haremhab, ein noch junger Offizier, der jahrelang bei den Grenztruppen gedient hat und dort die Verhältnisse gut kennt. Ein fähiger Mann, der es noch weit bringen wird.»

Schon am nächsten Tag wurde ihm Haremhab vorgestellt, und da reichte selbst die bescheidene Menschenkenntnis eines Semenchkare aus, um diesen von Ehrgeiz und Pflichteifer geprägten Menschen zu durchschauen.

Die mittelgroße, etwas vierschrötige Gestalt gab sich stramm und kriegerisch, das kluge männliche Gesicht wirkte gesammelt und aufmerksam.

Semenchkare fühlte sich diesem Mann sofort unterlegen, doch er hatte gelernt, in solchen Fällen seine königliche Herkunft zu betonen, und wußte aus Erfahrung, daß dies nie seine Wirkung verfehlte.

«Ich hoffe, dir in allem nützlich sein zu können, ehrwürdiger Prinz Semenchkare.»

Der gab sich zunächst bescheiden.

«Du hast mir viel voraus, kennst die Verhältnisse dort, weißt, worauf es ankommt. Ich bin froh, dich als Begleiter und Ratgeber an meiner Seite zu wissen.»

Der Offizier verneigte sich.

«Für mich ist es eine große Ehre, dem Sohn des Osiris Nebmare dienen zu dürfen. Die Lage dort ist tatsächlich nicht einfach, und es ist höchste Zeit, daß wir unsere Grenztruppen verstärken, um den Vasallen zu zeigen, in welche Richtung sie sich verbeugen müssen.»

Semenchkare verstand, lächelte und sagte schnell: «Nach Süden natürlich, auch wenn ihnen Mitanni näher ist.»

Haremhab nickte bestätigend.

«Näher schon, aber lange nicht so mächtig!»

Am Ende war Semenchkare recht froh, daß er einen so kundigen Begleiter hatte, aber er wollte Abstand halten und es nicht zu Vertraulichkeiten kommen lassen. Schließlich war er königlicher Prinz und stand dem Thron sehr nahe – das jedenfalls hatte seine Mutter gesagt.

Einige Tage später fuhren zwölf mit etwa zweihundert Söldnern bemannte Schiffe nach Norden. Semenchkare stand am Bug des schlanken Schnellruderers und blickte nach vorn. Kurz darauf wandte er sich um, und da war die königliche Palaststadt zu ein paar graubraunen Würfeln geschrumpft. Er spürte große Erleichterung, als sie bald hinter den Wüstenbergen versank.

Seine Mutter hatte ihm den Abschied nicht leicht gemacht. Sie redete stundenlang auf ihn ein, raufte sich die Haare, weinte und nannte unzählige Namen von Menschen, an die er sich wenden und die er von ihr grüßen sollte. Er ließ ihren Redestrom an sich vorbeirauschen und atmete auf, als sie ihn entließ.

In diesen Tagen trat auch ein anderer die Fahrt nach Norden an, doch der Entschluß war ihm nicht leichtgefallen, und er hatte lange gezögert. Nicht umsonst hatte Bagsu in Waset über Jahre eine nicht ungefährliche Tätigkeit ausgeübt, bei der es häufig ums Leben ging – um das der anderen. Als diese seltsamen Nachrichten kamen und der Besuch der königlichen Beamten eine Änderung in der Götterverehrung angekündigt hatte, war Bagsu in eine ihm ungewohnte Lähmung verfallen. Er hatte sich kaum noch um seine Männer gekümmert, und was früher grausame Strafen nach sich zog, übersah er einfach, oder besser: Er schaute gar nicht mehr hin, weil es ihn kaum noch kümmerte. Von den ihm unterstellten fünfzig Mann hatte sich schon die Hälfte davongemacht, mit Bagsus Wissen und Billigung, denn er konnte sie nicht mehr entlohnen, weil die dafür zuständigen Beamten ihre Lieferungen eingestellt hatten. Die Verbliebenen brachten sich damit durch, die umliegenden Siedlungen zu plündern, und wenn sie den ohnehin armen Bauern ihr letztes Saatkorn wegschleppten, dann nannten sie es «Beschlagnahmen für militärische Zwecke».

Dem versoffenen Hohenpriester des kleinen Amun-Tempels erging es nicht besser. Er vernachlässigte seine ohnehin nicht sehr umfangreichen Pflichten, und da er die regelmäßigen Weinlieferungen schmerzlich entbehrte, ließ er seine Untergebenen Bier brauen, das er zum größten Teil selber trank.

Dann erschien eines Tages ein Trupp Handwerker, deren Aufseher auf ein königliches Dekret verwies, das ihn ermächtigte, den Tempel des falschen Gottes Amun in einen des Aton zu verwandeln. Da begann ein eifriges Hämmern, Klopfen, Sägen, Schleifen und Kratzen, wobei nach und nach alles verschwand, was sich auf Amun und seine Familie bezog.

Der Hohepriester sah dem Treiben verstört zu, und als er den Aufseher schüchtern fragte, wo denn der neue Gott sei, deutete dieser ironisch gen Himmel.

«Da oben, über dir, Ehrwürdiger. Schau ihm aber nicht zu lange ins Gesicht, weil du sonst erblindest. Genau so stellen wir ihn am Tempel dar – Aton, die Sonnenscheibe, deren göttliche Strahlen den Einzigen des Re – unseren verehrten König – umfangen. Das Weitere erfährst du später.»

Die Umgestaltung des Tempels war schon fast vollendet, als ein junger Aton-Priester eintraf, der ständig lächelte und auch den dümmsten Fragen mit Geduld und Nachsicht begegnete.

Bagsu nahm an diesen Stunden der Belehrung teil, unter dem Vorwand, wenn er dem König künftig auf irgendeine Weise dienen wolle, müsse er sich mit der neuen Lehre vertraut machen. Doch es war nicht der neue Gott, der ihn interessierte, sondern die Entwicklung in Waset, von der seine gefahrlose Rückkehr abhing. Der junge Aton-Priester hatte eines gleich zu Anfang deutlich werden lassen.

«Die von Seiner Majestät – er lebe, sei heil und gesund – in Atons Auftrag verkündete Lehre ist klar, einfach und für jedermann verständlich. An Aton ist nichts Geheimnisvolles oder Verborgenes – jeder kann sein Haupt zu ihm erheben, spürt Wärme und Licht. Aton ist der Schöpfer alles Lebenden, er herrscht als König über den Himmel und die Erde, und wir umschließen seinen Namen – wie das bei Königen üblich ist – mit einem ovalen Ring. Im Gegensatz zu den falschen Göttern, die einmal in Menschengestalt, dann wieder in Tier- oder Mischformen auftreten, ist Aton im Grunde gestaltlos, denn sein eigentliches Wesen ist das Licht, doch wir wissen, wie er sich uns zeigt: als Sonnenscheibe, und genau so wird er dargestellt. Gibt es dazu noch Fragen?»

Der Hohepriester lächelte schüchtern. Sein Atem stank nach Bier, so daß der Besucher manchmal angewidert seinen Kopf abwandte.

«Fragen – nun, eigentlich nicht – oder doch, eine: Gibt es vorgeschriebene Gebete, Anrufungen, Lobgesänge, Hymnen, bestimmte Jahresfeste...?»

Der Aton-Priester nickte.

«Ich habe dir eine Liste mitgebracht, in der du alles finden wirst.»

«Tempelwache ist keine vorgesehen?» fragte Bagsu.

«Das könnt ihr halten, wie ihr wollt. In einem Aton-Tempel gibt es nichts zu bewachen. Der größte Schatz des Gottes ist das Licht, und das ist für jedermann überreichlich vorhanden. Ihr müßt nur eure Augen und Herzen öffnen. Noch eines: Seine Majestät hat den alten Geburtsnamen Amenhotep abgelegt und nennt sich künftig Echnaton.»

«Dem Aton wohlgefällig…» sagte der Hohepriester nachdenklich.

«Ich muß jetzt weiter! Es gilt im ganzen Land den Menschen die Augen für Aton zu öffnen.»

Bagsu begleitete den Priester zur Anlegestelle.

«Auf ein Wort, Ehrwürdiger… Ich komme selber aus Waset und möchte, da es hier für mich nichts mehr zu tun gibt, wieder dorthin zurückkehren. Wie ist dort die Lage? Sind alle Tempelwachen abgeschafft?»

Der junge Priester blieb stehen und sagte geduldig: «Außer dem Aton-Tempel sind alle sogenannten Heiligtümer aufgelöst. Sämtliche Tempel sind geschlossen. Seine Majestät wird sie entweder abtragen oder dem Aton weihen lassen – das wird sich finden.»

Bagsu bedankte sich und ging langsam zurück. Die Amun-Stadt! Die riesigen Tempel, die Kapellen, Häuser, Magazine, Werkstätten – dies alles leer, unbewohnt, ohne Sinn und Zweck…

Das kommt doch deinen Plänen entgegen, redete er sich zu. Alles ist dort auf den Kopf gestellt, es wird dich kaum noch einer erkennen. Die Menschen haben jetzt andere Sorgen, als an Pentu und sein Verschwinden zu denken. Sein Sohn wird freilich noch leben, aber vielleicht ist er längst in seine Heimat zurückgekehrt? Der König ändert seinen Namen, jagt mit den alten Göttern deren Priester davon. Zuerst den Hohenpriester Maj – das hatte Bagsu schon von dem Ebenholzhändler erfahren –, jetzt wird es keinen Si-Mut mehr geben, keinen Peri im Südlichen Harim, und auch Hapu wird seinen Month-Tempel verlassen haben müssen. Dazu die vielen anderen Priester und Beamten, die Tempelmiliz…

Bagsu mußte laut lachen. Um so besser, dachte er, wenn keiner deiner alten Bekannten mehr da ist. Ob es den «Goldenen Hammel» noch gibt, und Huni, den ohrenlosen Wirt?

Für Bagsu gab es kein Zögern mehr, da müßte schon der tücki-

sche Seth seine Hand im Spiel haben, wenn ihm in Waset etwas zustoßen sollte. Aber hier war es kein Leben mehr, besser in Waset ein
Taglöhner als in dieser elenden Wüstenei zugrunde gehen.

Bagsu hatte während seines jahrelangen Aufenthaltes ein wenig
für die Zukunft vorgesorgt und von den spärlich fließenden Opfergaben da und dort etwas für sich abgezweigt. Er machte kein Geheimnis daraus, und der versoffene Hohepriester wagte nicht, ihn
daran zu hindern. Freilich konnte Bagsu keine Lasten mit sich her-
umschleppen, und so hatte er kleine feine Dinge bevorzugt: Ringe
aus Gold und Elektron, geschnittene Steine, schön gearbeitete
Salblöffel und Dolche, auch ein Säckchen mit Kupferdeben…
Seinen wertvollen churritischen Dolch aus dem harten grauen Metall trug er nun wieder am Leib, doch unter dem Schurz, von außen
nicht sichtbar. Es war gerade so viel, daß er es mit beiden Händen
schleppen konnte, denn mit einem Diener wollte er sich nicht belasten.

So guter Stimmung war er schon lange nicht mehr gewesen. Er
machte sich auch keine Sorgen über seine künftige Tätigkeit in
Waset. Für einen Mann wie ihn würde sich schon etwas finden.

Vier Tage später verabschiedete er sich von dem Hohenpriester,
der schon dabei war, sich mit der neuen Gottheit vertraut zu
machen.

«Einfach ist es nicht! Sie haben den ganzen Tempel verändert;
das Dach über dem Allerheiligsten abgetragen, so daß alles offen
daliegt. Die Tempeltore müssen tagsüber geöffnet bleiben, damit
das Volk einen freien Blick hat. Was geht die Leute das Innere eines
Tempels an? Die Opferaltäre sind außen, und das war schon immer
so. Aber was soll ich tun? Ich kann doch nicht…»

Bagsu, den diese Klagen langweilten, winkte ab.

«Du mußt dich fügen, Priester, oder du stehst ohne Amt und
Einkommen da. Manchmal gibt es eben Veränderungen, und wer
klug ist, entzieht sich dem nicht.»

«Wäre ich noch so jung wie du, ich würde, ich hätte…»

Er zuckte resigniert die Schultern und griff nach dem Weinkrug.

Bagsu grinste.

«Haben die Weinlieferungen wieder eingesetzt?»

«Ja, zum Glück! Diese Frucht soll dem Aton heilig sein…»

Bagsu stand auf.

«Dann bist du ja gut aufgehoben in der neuen Lehre. Laß es dir weiterhin gutgehen, Priester.»

Zwei Tage später fand Bagsu eine Barke, die Elfenbein und Tierfelle aus Kusch nach Norden brachte. Der Bootsführer nahm ihn unter der Bedingung auf, daß er von Zeit zu Zeit beim Rudern half.

«Einer der Männer ist mir davongelaufen, ein anderer hat gestern mit einem Krokodil Hochzeit gefeiert.»

Bagsu lachte.

«Ich werde weder das eine noch das andere tun.»

Während Semenchkare und Bagsu frohgemut nach Norden reisten und hoffnungsvoll in die Zukunft blickten, näherte sich die Wüstenreise des früheren Hohenpriesters Maj ihrem Ende. Jeden Abend fiel er halb tot auf sein Feldbett und schaute zurück in seine glanzvolle Vergangenheit – der einzige Trost, der ihm geblieben war.

Je weiter sie nach Osten in Richtung auf den sagenhaften Ozean zogen, desto enger rückten die Wüstenberge des Tales Rehenu zusammen. Es war, als habe der Wüstengott Seth seine Hand dabei im Spiel, als drücke er die dunklen, oft steilen Hügel mit Riesenfäusten zusammen, um die Eindringlinge in eine tödliche Falle zu locken. Worin die Hauptleute und der Expeditionsleiter sich immer einig waren, nämlich den Zug niemals aufzusplittern und nicht zuzulassen, daß einzelne Truppen sich selbständig machten, das ließ sich bald nicht mehr verwirklichen. Zum einen lag dies an dem immer enger werdenden Tal, das den Zug dazu zwang, sich mehr und mehr auszudehnen und sich schlangenförmig, also in starken Windungen fortzubewegen. So kam es, daß die Menschen einander aus den Augen verloren und etwa der Mittelteil des Zuges nicht sah, wo Anfang und Ende sich bewegten. Zum anderen wurde die Versorgung mit Wasser immer schwieriger, so daß einzelne Trupps – ohne vorher um Erlaubnis zu fragen – sich sammelten, um verzweifelt nach Quellen zu suchen.

Es begann damit, daß einer der Hauptleute am Abend das Fehlen von etwa einem Dutzend seiner Leute bemerkte. Er suchte das ganze Lager ab, doch die Männer blieben verschwunden. Kurz nach Sonnenaufgang taumelte ein nackter, blutüberströmter Mann ins Lager. Ein Auge war ihm ausgeschlagen und eine Hand abgehackt worden.

Während ein Arzt ihn versorgte, berichtete der Verletzte stockend, wie – gleich nachdem sie in ein Seitental abgebogen waren – eine Horde vermummter Schasu über sie hergefallen sei. Ohne zu zögern, schlugen sie die Männer mit Keulen tot und beraubten sie ihrer Habe. Ihn allein ließen sie am Leben, um – wie ihm einer der Nomaden bedeutete – den anderen mitzuteilen, daß sie die Herren der Wüste seien und ihnen alles gehörte, was sich darin bewegte.

Danach versammelte Maj die Anführer um sich und wiederholte seinen strengen Befehl, den Zug niemals aufzusplittern, ordnete an, daß man sich von Zeit zu Zeit durch Rufe verständigen solle.

Diese Notlösung half nicht viel, denn zwei Tage später überfielen die Schasu einen Teil der Nachhut, als diese ihre Vordermänner aus den Augen verloren und unwissentlich einen anderen Weg genommen hatten. Der Verlust an Menschen – siebzehn Männer kamen dabei um – wäre noch zu ertragen gewesen, aber es ging auch ein Teil der kostbaren Vorräte dabei verloren.

Erschwerend kam hinzu, daß die Steinfachleute zunehmend über die Fundstätten uneins wurden. Einer hatte nachdrücklich darauf bestanden, ein Vorkommen von grünem Schiefer an Ort und Stelle auszubeuten, weil jeder weitere Tag die Expedition schwäche und ihr Gelingen gefährde. Ein anderer aber meinte, dieser Steinbruch lohne nicht den Aufwand und er erwarte täglich – ja stündlich, auf einen weit ergiebigeren zu stoßen.

Maj, der davon nichts verstand, schwankte mit seiner Entscheidung, und da er keinen der beiden Männer – von denen schließlich der Erfolg dieser Unternehmung abhing – verärgern wollte, ordnete er eine weitere Suche von drei Tagen an. Bringe diese keinen Erfolg, so sollte umgekehrt und die erste Fundstätte ausgebeutet werden.

In diesen drei Tagen geschah mehr als während der ganzen Zeit zuvor. Zuerst wurde, wie erwähnt, ein Teil des Trosses überfallen und beraubt. Am nächsten Morgen, als die mittlere Gruppe des

304

Zuges sich durch ein enges Tal zwängte, rollten plötzlich donnernd und Staubfahnen hinter sich herziehend von beiden Seiten schwere Felsblöcke herab und erschlugen gut die Hälfte der Durchziehenden. Da konnten auch die bewaffneten Begleiter nichts ausrichten.

Restep, der sich in diesem Teil des Zuges befand, hatte als erster ein leises Knistern vernommen, sofort einen Warnruf ausgestoßen und sich mit einigen anderen eng an die steilen Felsen gepreßt. Sie zogen ihre Köpfe ein, die schweren Brocken polterten über sie hinweg und hüllten sie in grauschwarzen Staub. Als der sich verzogen hatte, bemerkte Resteps scharfes Auge gleich, daß nichts mehr nachkam, aber die Schasu in Rudeln wie Bergziegen von oben herunterzuklettern begannen.

«Weg!» rief Restep, «schnell weg von hier!»

Er rannte mit einigen anderen zum nahen Talausgang, wo sie wieder auf die vordere Truppe trafen. Ihr lautes Schreien und Winken lockte die Bewaffneten herbei, die schnell zurückliefen, aber nur noch Tote und einige Verletzte vorfanden. Einer davon war ein Nomade, der sich beim Herunterklettern einen Fußknöchel gebrochen hatte. Man schleifte den laut Stöhnenden vor Majs Sänfte, und der ordnete eine gründliche Befragung an.

Einer der Aufseher hatte fast zwei Jahre als Gefangener bei den Schasu verbracht, die ihn – er war ein Albino mit heller Haut und weißen Haaren – als eine Art Glücksbringer mit sich schleppten. Später konnte er fliehen und wurde bei Wüstenexpeditionen als wertvoller Ratgeber geschätzt. Er stellte dem Verletzten verschiedene Fragen, doch der spie nur verächtlich aus und wandte den Kopf ab.

«Bringt den Mann zum Reden!» ordnete Maj an. «Wir müssen wissen, wie viele es sind und wo ihr Lager ist. Und noch wichtiger: Er soll uns die nächste Wasserstelle nennen.»

Dann fiel sein Blick auf Restep, der dabeistand.

«Aha – unser ‹Wachsamer›! Warum hast du die anderen nicht rechtzeitig gewarnt? Aber es war dir wohl wichtiger, die eigene Haut zu retten, nicht wahr? Schon allein dafür gehörst du bestraft!»

«Ich bin kein Vorarbeiter mehr, sondern nur noch ein einfacher Sträfling…»

Majs staubverkrustetes Gesicht verzog sich zur höhnischen

Fratze. Während dieser Wüstenexpedition waren ihm Würde und Selbstbeherrschung nach und nach abhanden gekommen.

«Ausreden! Du bist mir von Anfang an aufgefallen, hast wohl geglaubt, du seist etwas Besonderes? Das werde ich dir gründlich austreiben! Der Büttel soll ihm fünfzig Hiebe verabreichen, und künftig werde ich ein besonderes Auge auf dich haben. Zuerst aber soll der Nomade befragt werden.»

Auch als einfacher Sträfling genoß Restep noch immer einen besonderen Ruf, und der Büttel holte zwar mit dem Bambusrohr weit aus, doch er verstand es so geschickt, die Hiebe abzuschwächen, daß Restep nicht allzusehr leiden mußte, auch wenn er absichtlich laut schrie und stöhnte.

Weniger gut ging es dem Gefangenen. Man machte ein kleines Feuer und röstete langsam seine Fußsohlen, bis er sich vor Schmerzen wand und zu brüllen begann. Dennoch brachte man nichts Brauchbares aus ihm heraus.

Maj ordnete daraufhin an, den Mann auf einem Ochsenwagen mitzuschleppen, ihm nur Gesalzenes, aber kein Wasser zu verabreichen. Es dauerte keine vierundzwanzig Stunden, dann führte der Nomade sie zu einer ergiebigen Wasserstelle, wo sie lagerten und ihre Schläuche und Krüge mit dem kostbaren Naß füllten.

In der darauffolgenden stockfinsteren Neumondnacht gelang es den Schasu, die vor Erschöpfung vor sich hin dösenden Wachen lautlos zu beseitigen und in das Lager einzudringen. Wer nicht sofort erwachte und sich zur Wehr setzte oder fliehen konnte, wurde von den Nomaden mit langen Steinmessern abgeschlachtet.

Restep war schon bei den ersten Schritten der eindringenden Nomaden aufgeschreckt und hatte sich in einer nahen Felsnische versteckt. Er war nachtsichtig wie eine Katze, und der glitzernde Sternenhimmel genügte ihm als ausreichende Lichtquelle.

Im Laufe des Überfalls kamen auch die weiter entfernten Söldner mit brennenden Fackeln herbei, so daß die Schasu vor der Überzahl zurückwichen und schnell in der Dunkelheit verschwanden. Sie ließen über achtzig Tote, dazu ein paar Dutzend Verletzte zurück und hatten alles halbwegs Brauchbare davongeschleppt.

Majs Leibwache hatte sich so tapfer geschlagen, daß die Nomaden es aufgaben, in sein Zelt einzudringen. Bei Tagesanbruch saß er davor und stierte auf das verwüstete Lager. Nachdem die Toten beiseite geschafft und halbwegs Ordnung gemacht worden war, befahl Maj die Umkehr zur ersten Fundstätte.

Die Expedition war mittlerweile auf ein Drittel ihrer früheren Stärke geschrumpft, und wenn es jetzt auch genug Wasser gab, so reichten die verbliebenen Nahrungsvorräte nur noch für die nächsten Tage.

«Wir werden einen Teil der Zugochsen schlachten müssen», schlug Maj mit finsterem Gesicht vor.

«Wie sollen wir dann die Steine transportieren?»

Maj seufzte und blieb die Antwort schuldig.

Am Abend des nächsten Tages befahl er, Restep für den gefährlichsten Teil der Nacht – die Zeit zwischen der vierten und neunten Stunde – als Wache einzuteilen. Dazu bemerkte er gehässig: «Man sagt, du hörst einen Mann schon aus einer Entfernung von tausend Schritten – da kann uns ja nichts mehr zustoßen. Wenn du wieder versagst, werde ich deine Strafe auf lebenslänglich ausdehnen. Verstanden?»

«Jawohl, Ehrwürdiger.»

Gut, daß er mir das sagt, dachte Restep. Sollte es tatsächlich dazu kommen, werde ich dem entgegenwirken.

Er hatte sich einen kleinen Kreis von engen Vertrauten geschaffen und begann folgerichtig zu handeln. Diese Unternehmung, erklärte er seinen Freunden, sei nun endgültig gescheitert. Er sehe keine Möglichkeit, wie Maj die Überlebenden wohlbehalten zurückbringen könne. Von den Vorräten sei das meiste bei den Überfällen geraubt worden, und es gebe nicht die geringste Möglichkeit, hier in der Wüste neue zu beschaffen. Im übrigen hätten es die Nomaden ganz eindeutig darauf angelegt, den Zug der Eindringlinge vollends zu vernichten. Er, Restep, traue es sich zu, seine Freunde aus dieser Notlage zu retten, und er entwickelte ihnen seinen Plan.

Am vierten Tag traf der Zug an der Lagerstätte des grünen Schiefers ein, und nach zwei Tagen gründlicher Rast befahl Maj den Beginn der Arbeiten. Jeder halbwegs Vernünftige konnte erkennen, daß dies ein vergebliches Bemühen war, denn die wenigen noch nicht aufgezehrten Ochsen waren so abgemagert, daß sie kaum

noch durchhalten, geschweige denn Steine hätten befördern können. Der seit längerem nur noch notdürftige Zusammenhalt der
Gruppe begann sich aufzulösen. Bisher hatte Maj auf jene Männer
bauen können, die Si-Mut in die Expedition einschleusen konnte,
doch nun waren die meisten von ihnen tot oder ließen sich nicht
mehr sehen.

Die Arbeit mit den erschöpften und dürftig ernährten Menschen
ging so mühsam voran, daß Maj sein Zelt verließ, um selber nach
dem Rechten zu sehen. Das Lager war in einiger Entfernung vom
Steinbruch errichtet worden, weil das Schiefervorkommen an
einem Steilhang lag, der in einer schmalen Felsrinne endete. Da es
keine Sänftenträger mehr gab, versahen vier Leute aus seiner Leibwache diesen Dienst, zwei blieben beim Zelt zurück.

Dieses Zelt hatten die räuberischen Nomaden nun schon seit Tagen im Auge, und sie nutzten schnell die günstige Gelegenheit. Sie
töteten die zwei Wachen mit Pfeilschüssen, erschlugen den im Zelt
hockenden Schreiber und trugen alles davon, was sie dort vorfanden – Möbel, Faltstühle, das Bett, die Teppiche und Felle, auch die
schwere Truhe mit Plänen, Dokumenten und Majs persönlicher
Habe. Da sie kaum auf Widerstand trafen, brachen sie auch noch
das Zelt ab und schleppten es davon.

Als Maj zurückkam, glaubte er zu träumen und hätte wohl an
Magie geglaubt, wären nicht der Schreiber und die beiden Wachen tot dagelegen. Am Abend sprach es sich bei den Arbeitern
schnell herum: Die Schasu haben Majs Zelt samt Inhalt davon-
getragen.

Da ist auch die Namensliste dabei, dachte Restep zufrieden, und
der sie geführt hat, ist tot. Nur Maj lebt noch …

Am Abend bezog dieser eines der einfachen Zelte, sein Nachtlager bestand nun aus zwei auf den Boden gebreiteten Strohmatten.
Als er am Morgen nicht erschien und seine Leibwächter nachsahen,
lag Maj mit durchschnittener Kehle in einer Blutlache. Seine Wächter schworen Stein und Bein, sie hätten nichts davon gemerkt. Der
Mörder hatte die Rückseite des Zelts aufgeschlitzt und mußte wohl
sehr schnell und geschickt vorgegangen sein.

Als Majs Stellvertreter fungierten zwei Oberaufseher. Einer war
beim nächtlichen Überfall umgekommen, der andere lag krank in

seinem Zelt und winkte nur gleichgültig ab, als man ihn von Majs Tod unterrichtete.

«Was macht das schon aus – wir sind am Ende, so oder so», hörte man ihn murmeln.

Nicht Restep hatte die nächtliche Mordtat vollbracht, aber er hieß sie gut, und es war ihm, als hätte er den Dolch geführt.

Die restliche Gruppe fiel am selben Tag auseinander wie eine morsche Hütte. Restep versammelte seine Freunde um sich; jeder hatte sich irgendwelche Vorräte beschafft, jeder schleppte einen gefüllten Wasserschlauch mit sich. Sie waren alle noch junge, halbwegs kräftige Leute, unter ihnen befanden sich der sprachkundige Albino, ein geschickter Spurensucher und zwei der früheren Wachmannschaften.

Sie machten sich noch am selben Tag auf den Weg, und als sie ihr Nachtlager aufschlugen, beratschlagten sie über die größte Sorge auf der langen Rückreise – nämlich wie man den Schasu bei einem Überfall begegnen sollte.

«Wir können uns doch nicht einfach abschlachten lassen!» rief einer der Bewaffneten empört.

Der weißhaarige Albino schüttelte den Kopf.

«Nein, da gäbe es einen anderen Weg. Ich habe während meiner Gefangenschaft bei den Nomaden festgestellt, daß sie sehr abergläubisch sind. Sie haben eine Art von Priester, die sehr verehrt und gefürchtet sind. Diese Männer sind mit Tierbälgen, Schlangenhäuten und zahlreichen Amuletten behängt, so daß man sie schon aus der Ferne klappern und rascheln hört. Diese Rolle werde von nun an ich übernehmen, weil sie meine helle Haut und die weißen Haare ohnehin fürchten. Restep wird nach gewohnter Art ihr Nahen als erster hören, dann mache ich mich bereit und stelle mich ihnen in all meiner priesterlichen Pracht entgegen. Ich kenne einige Zaubersprüche in ihrer Sprache...»

Er lachte und schlug sich auf die Schenkel.

«Damit kommen wir durch, ihr werdet es sehen.»

Der Albino behielt recht. Als zwei Tage später ein Trupp der Nomaden auf sie eindrang, trat er ihnen entgegen, angetan und behängt mit Fellen, Skorpionen, einer vertrockneten Schlange und in aller Eile gebastelten Phantasieamuletten. Die Schasu ergriffen überstürzt die Flucht, verfolgt von den gebrüllten Zaubersprüchen des Albinos.

Sie wurden nie wieder behelligt und hatten auch sonst viel Glück. Einem der Bogenschützen gelang es zweimal, eines der seltenen Wüstentiere zu erlegen – eine Gazelle und ein Wildrind.

Nach etwa dreißig Tagen erreichten sie wohlbehalten bei der Stadt Kepto den Nil, wo jeder dann seiner Wege ging.

Restep suchte das königliche Verwaltungsamt auf und wurde an einen älteren, mißtrauisch blickenden Beamten verwiesen. Dort erzählte er eine geschönte Geschichte von den Vorkommnissen.

«Anfangs waren die Götter dieser Unternehmung Seiner Majestät – er lebe, sei heil und gesund – durchaus gut gesinnt, doch schon bald häuften sich die Überfälle der ehrlosen Schasu, wir fanden keine Wasserstellen mehr…»

«Und nur du hast dich retten können?»

«Nein, Herr. Bei einem der Überfälle wurden Maj und viele Männer getötet. Ich konnte mit einigen anderen fliehen, doch in der weiten Wüste verloren wir bald die Orientierung und schlugen uns nach Westen durch. Zum Glück gab es in unserer Gruppe einige Bogenschützen, die Wildtiere erlegen konnten, wir fanden Wasserstellen…»

«Wo sind die anderen?»

«Nun, in Kepto ging jeder seiner Wege…»

Der Beamte wurde ungeduldig.

«Ich meine den Rest der Expedition! Die Schasu können schließlich nicht alle umgebracht haben, oder? Ihr wart ja immerhin –» er rollte einen Papyrus auf «– zwölfhundert Mann, darunter einhundertzwanzig Bewaffnete. Es ist undenkbar, daß ein paar Nomaden diese Leute ohne Gegenwehr vernichtet haben.»

«Davon weiß ich leider nichts, Herr. Ich habe bei dem Überfall nur gehört, wie die Leibwachen schrien: Maj ist tot, sie haben Maj erschlagen…»

«Wo sind die Unterlagen geblieben? Die Karten, Listen, Aufstellungen? Zwar gibt es hier eine Abschrift… Wie nanntest du dich?»

«Restep, Herr.»

«Aha – ja, hier. Restep, wegen guter Führung zu fünf Jahren be-

310

gnadigt, drei davon abgedient. Ich müßte dich ja eigentlich in Ketten legen lassen, denn du bist immer noch ein Sträfling, aber nur wegen dir, da lohnt es sich kaum.»

Plötzlich grinste der Beamte.

«Verschwinde – ich habe dich nie gesehen!»

Der Beamte war ein Anhänger der alten Götter und mißbilligte die Amtsenthebung des Hohenpriesters Maj. Freilich konnte und wollte er gegen den König nichts unternehmen, aber ihm vorzeitig einen Arbeiter entziehen, das war eine kleine Rache, die ihn freute.

Restep ging schnell hinaus. Auch gut, dachte er, dann gehe ich nach Waset zurück und sehe mich dort nach Arbeit um. Im «Goldenen Hammel» treffe ich vielleicht noch einige Bekannte, die mir raten oder weiterhelfen können.

Die Reste der von Maj geführten Expedition blieben verschollen, keiner dieser Männer kehrte je wieder an den Nil zurück.

3

*E*chnaton lebte in Hochstimmung. Sein schmales Gesicht war jetzt häufig leicht gerötet, die Augen leuchteten, um den vollen Mund spielte ein zufriedenes Lächeln, als wollte er damit ausdrücken: Ich habe mein Prophetenamt erfüllt, und was ich geschaffen habe, findet Atons Beifall. Alles um ihn befand sich in einem göttlichen Einklang – Maat herrschte allerorten. Freilich sah Echnaton in ihr nicht die einstige, als zarte junge Frau dargestellte Göttin, sondern gebrauchte nur ihr Symbol, die Feder, um den alten Begriff von Wahrheit und universell gültiger Weltordnung zu veranschaulichen. Echnatons frühere Zurückgezogenheit und Freude am einsamen Nachdenken hatte sich mit den Jahren in eine etwas übersteigerte Lust an Geselligkeit verwandelt. Er spürte den Drang, andere an seinem Glück, seinem Auserwähltsein teilhaben zu lassen und – falls sie noch schwankten – ihren Glauben an Aton als Schöpfer und Herrscher am Himmel und auf Erden zu stützen und zu festigen.

Nun gab es mit Aper-El auch einen neuen Wesir, von Dutu empfohlen und – wie alle, die der kluge Oberste Schatzmeister einführte – ein tüchtiger Mann, der sich schnell bewährte.

Aper, wie man ihn abgekürzt nannte, stammte aus einer vornehmen Familie im Kleinfürstentum Ugarit und war eine Zeitlang Gesandter seines Herrschers in Waset gewesen. Als dieser einen anderen ernannte, fürchtete Aper mit Recht, er sei zu Hause in Ungnade gefallen, und zog es vor, dem Herrn Beider Länder zu dienen.

Aper war ein schlanker großer Mann, der sich etwas linkisch gab, langsam, manchmal stockend redete, wobei er sein Gegenüber unentwegt neugierig anstarrte.

Er war kein Schönredner, und er sprach die Wahrheit ungeschminkt aus. Ihn und Dutu zog der König in seine vertraute Nähe, und er liebte es, in ihrem Kreis – Anen, Eje und Pentu kamen noch dazu – die Abende in fröhlicher Geselligkeit zu verbringen. Da wurde dann so mancher alte Weinkrug geöffnet, wobei Echnaton darauf Wert legte, daß die Diener jedem das Jahrgangssiegel der königlichen Domäne vorwiesen.

Die Freunde erlebten den König selten betrunken, doch er zeigte sich sehr angeregt, sprach schnell und viel und ließ es ohne weiteres zu, daß man ihm ins Wort fiel oder auf maßvolle Weise widersprach.

«Aton hat jeden einzelnen Menschen sowohl mit Vernunft als auch mit Phantasie ausgestattet. Wer nun aufgrund seiner Bildung und seines Wissens fähig ist, gewisse Dinge zu durchschauen und zu überblicken, der wird sich dazu eine Meinung bilden, und es wäre bedauerlich, wenn diese Ansichten einander glichen wie ein Ei dem anderen. In Gegenwart Meiner Majestät mag mancher von euch dies für einen Akt der Höflichkeit halten, aber dem widerspreche ich! Ich habe euch nicht in höchste Ämter erhoben, um mich mit servilen Jasagern zu umgeben, sondern um eure klugen und wohlüberlegten Ratschläge zu vernehmen.»

Nun, das hörte sich gut an, aber diese Männer kannten dennoch die Grenzen und vermieden es, allzu klug zu erscheinen.

Wenn Echnaton so mit seinen Vertrauten nach Sonnenuntergang beim Wein und bei guten Gesprächen saß, dann verbat er sich jede Störung, und niemand hätte es gewagt, ihn zu behelligen. Daß dies dennoch eines Abends geschah, konnten auch die aufmerksamsten Diener nicht verhindern, denn Sat-Amun stieß jeden beiseite, der sich ihr in den Weg stellte.

Die Herren sprangen respektvoll auf, als sie mit fliegenden Haaren in den Raum stürmte. Der König blieb sitzen und runzelte unwillig die Stirn.

«Hältst du es für angebracht, mich nach Sonnenuntergang…»

«Ja, Brüderchen, in diesem Fall schon!»

«Sollen wir…?» fragte Dutu und wies auf die Tür.

«Nein!» widersprach Sat-Amun. «Gerade ihr, als Vertraute des Königs, sollt hören, was ich zu sagen habe.»

Kaum hatten sich alle wieder gesetzt, begann die Prinzessin zu reden, den Blick ihrer großen, grünumrandeten Augen fest auf den König gerichtet.

«Hältst du es für richtig, zerstören zu lassen, was unser Vater erbaut hat? Der Mut-Tempel war so etwas wie sein Lebenswerk, er hat den tüchtigen Huy mit seiner Errichtung beauftragt, hat seine Schatztruhen weit geöffnet, um das Heiligtum mit aller Pracht auszustatten. Und du schickst ein paar Dutzend Beamte und Handwerker, um den Tempel bis in den letzten Winkel auszuplündern. Daß dies beim Amun-Tempel schon geschehen ist, heiße ich nicht gut, aber es mag hingehen. Doch die vom Volk und gerade von den Frauen hochverehrte Gottesgemahlin solltest du verschonen, um so mehr – das muß ich wieder und wieder betonen – als du damit auch das Andenken unseres in Osiris ruhenden Vaters schändest. Genügt es nicht, daß der Tempel geschlossen ist? Aber wenn die Menschen bisher vorbeigingen, dann taten sie es in dem Bewußtsein: Hinter diesen Mauern wacht die göttliche Mut im Allerheiligsten, und da man ihr nicht mehr an den Tempelmauern opfern konnte, taten es die Gläubigen zu Hause. Willst du dem Volk alles wegnehmen? Was gibst du ihm dafür?»

Der König blickte erstaunt seine Freunde an.

«Diese Frage stellst du mir, dem Einzigen des Aton? Ich gebe ihm die Wahrheit! Ist das kein guter Tausch – die Wahrheit gegen falsche Götter? Wer sich Aton anvertraut, braucht weder Amun noch Mut, weder Ptah noch Hathor. So wie er alles Existierende erschaffen hat, so vereint er beide Geschlechter in sich – ist Mann und Frau, auch Tier, Pflanze, Luft, Erde – einfach alles. Er hat es nicht nötig, als Hammel, Affe, Stier, Falke, Geier oder Schlange aufzutreten – er ist allmächtig, allumfassend …»

«Mag sein», unterbrach ihn Sat-Amun zornig, «aber du kannst Jahrhunderte des alten Glaubens nicht von heute auf morgen auslöschen. Eine einfache Frau mit fünf Kindern, ein schwer arbeitender Taglöhner, kleine Beamte und Handwerker – sie alle fühlen sich von Amun in seiner königlichen Erscheinung, von Mut, seiner zärtlichen Gattin, von Osiris, dem Erlöser der Verstorbenen, von

Ptah, dem Großen Handwerker, besser betreut und verstanden als von einer nichtssagenden Scheibe. Man opfert nicht gerne etwas Gestaltlosem, weil niemand sich vorstellen kann, daß dieses – dieses Nichts sich an einem Opfer erfreuen wird.»

«Du verstehst da etwas falsch…» versuchte Echnaton sie zu unterbrechen, doch sie sprach mit erhobener Stimme weiter.

«Da kommen dann diese Leute, weisen ein königliches Dekret vor und schicken sich an, den Tempel auszuplündern, als seien die unseligen Zeiten der gottlosen Hyksos wiedergekommen. Ich habe mich vor das Tempeltor gestellt und diesem Mahu die Wahl gelassen, entweder mich umzubringen oder sofort abzuziehen.»

Echnaton blickte Dutu fragend an.

«Nein, Majestät, ich war diesmal nicht dabei, weil ich nicht ahnen konnte, daß es noch Schwierigkeiten gibt.»

Sat-Amun lachte laut und höhnisch.

«Du ahnst so manches nicht, verehrter Dutu. Ich habe jetzt meine eigene Palastwache dort postiert und verlange von dir, Majestät und Bruder, daß du wenigstens das Werk unseres Vaters respektierst, der diesen Tempel erbaut hat, und…»

«Das tat er in jungen Jahren und aus innenpolitischer Notwendigkeit. Woran er wirklich glaubte, hat er mir kurz vor seinem Tod erläutert und hat es durch seine Aton-Kapelle gezeigt. Ich kann mit dem Mut-Tempel keine Ausnahme machen! Nicht die Göttin liegt dir am Herzen, sondern Peri, ihr früherer Hoherpriester, jetzt dein Haushofmeister. Das weiß alle Welt, darum spreche ich es hier offen aus. Ich schreibe dir deine Liebhaber nicht vor, verehrte Schwester, möchte dich aber bitten, Privates von Öffentlichem zu trennen. Ich hoffe, du wirst mich nicht zwingen, Gewalt anzuwenden, wenn Mahu morgen mit verstärkter Mannschaft erscheinen und meinen ausdrücklichen Befehl vollziehen wird, was schon heute hätte geschehen sollen.»

«Darf ich einen Vorschlag machen?» fragte Dutu.

«Jeder hier darf Vorschläge machen», sagte der König ruhig.

«Daß dein Schöner Befehl verwirklicht werden muß, steht außer Frage. Aber wenn der Prinzessin Sat-Amun so viel an der Göttin liegt, so schenke sie ihr doch, Majestät. Dann mag sie die Statue in ihrem Palast aufstellen und zusammen mit ihrem Haushofmeister dort opfern. Ansonsten wird der Tempel ausgeräumt, wie alle übrigen in Waset.»

Man sah dem König an, wie ihn dieser Vorschlag erleichterte. Daß er seinen Befehl nicht widerrufen und keine Ausnahme zulassen würde, das hatte auch Sat-Amun verstanden. Sie dachte aber nicht daran, Erleichterung oder gar Dankbarkeit zu zeigen.

«Nun gut», sagte sie mürrisch, «dann laß den Tempel ausweiden wie die Gottessiegler eine Mumie. Soll er dann in ein Aton-Heiligtum umgewandelt werden?»

«Das wird sich finden», sagte Echnaton kurz, als wollte er damit ausdrücken: Die Audienz ist beendet.

Zurück in ihrem Palast, berichtete Sat-Amun Peri von der Unterredung mit dem König.

Der sah gleich wieder eine gute Gelegenheit, von der Zukunft zu sprechen.

«Wenigstens dürfen die Tempel stehenbleiben, auch wenn sie ausgeplündert sind. Hoffentlich erleben wir noch den Tag, da wieder Leben in sie einzieht.»

Sat-Amun schaute ihren Geliebten nachdenklich an.

«Das könnte sehr schnell geschehen… Im nächsten Jahr feiert mein Bruder seine dreißigste Nilschwelle. Unser Großvater Mencheperu-Re hat nicht einmal dieses Alter erreicht, wie so viele Menschen hierzulande. Ich müßte dann Semenchkare heiraten, der ist immerhin ein junger stattlicher Mann, nicht allzu klug…»

Sie blickte dabei Peri abwartend an, denn sie wußte genau, was ihm vorschwebte.

Er blieb äußerlich ruhig, auch wenn es in ihm brodelte.

«Semenchkare ist strafweise nach Norden versetzt worden, er wollte – wie du weißt – deine Schwester vergewaltigen. Es ist nicht sicher, ob er von dort zurückkommt. Was dann?»

Sat-Amun lachte laut und fröhlich.

«Dann heirate ich dich, Peri! Du hast mich ja oft genug darauf hingewiesen, daß es in unserer Geschichte genügend Beispiele dafür gibt.»

Das sagte sie, um ihren Liebhaber nicht zu verärgern, aber ihr königliches Blut sträubte sich gegen diese Verbindung. Sollte Semenchkare tatsächlich nicht zurückkehren, gab es immer noch einige Halbbrüder von Konkubinen ihres Vaters. Da mochte sich schon ein Geeigneter finden.

«Ich werde auch als König dein Sklave bleiben, und ich habe ein Geschenk für dich, das dem Ausdruck verleiht.»

Er stand auf und holte eine kleine Figur hinter den Papyrusrollen hervor. Sie stellte einen Kahlköpfigen dar, der sich auf ein Knie niedergelassen hatte und auf den Schultern ein rundes Gefäß mit einem Deckel trug. Sat-Amun nahm lächelnd das schön bemalte Stück entgegen. Sie hob den Deckel ab.

«Grüne Schminke! Eine prächtige Arbeit und so beziehungsreich! Dafür verdienst du eine Belohnung!»

Sie umarmte und küßte ihn heftig.

«Komm!» sagte sie, «wir machen es gleich hier, auf dem Boden.»

Umschlungen sanken sie auf die Bastmatte.

Peri löste sich von ihrem Mund.

«Die Diener…» stieß er warnend hervor.

Sie kicherte.

«Wenn die sehen, was hier vorgeht, dann verschwinden sie gleich wieder.»

Er ließ sich Zeit und zögerte geschickt die Vereinigung hinaus, bis sie vor Ungeduld stöhnte.

Auch wenn sie diesen Semenchkare heiratet, dachte er stolz, einen Liebhaber wie mich wird sie so schnell nicht wieder finden.

Der, von dem in diesen Tagen so oft die Rede war, genoß in vollen Zügen seine Fahrt nach Norden. Wo immer sie anhielten, empfingen ihn die Menschen als königlichen Prinzen, als Sohn des Osiris Nebmare, der so lange und glanzvoll regiert hatte.

Es berührte ihn seltsam, daß schon einige Dutzend Bootsstunden von Waset entfernt die Verehrung der alten Götter weiterhin blühte, als seien hier die Schönen Befehle des Königs unbekannt.

An den Tempeln von Osiris, Thot, Hathor, Min, Horus, Isis, Sobek und kleineren Lokalgottheiten wurde wie eh und je geopfert, gebetet, gefeiert, getanzt und gesungen.

Semenchkare schwieg dazu, und auch Haremhab war so klug, sich nur ganz allgemein darüber auszulassen.

«Es wird eine Weile dauern, bis Aton das ganze Land durchdrungen hat, und ich glaube, Seine Majestät weiß das. Wir müssen Geduld haben…»

In Men-nefer hielten sie sich länger auf, denn Semenchkare wollte das Grab seines Halbbruders Thotmes besuchen, erwies auch dem Apis-Stier, der «lebenden Seele des Ptah», die übliche Verehrung. Doch Haremhab drängte immer wieder zum Aufbruch.

«Sie erwarten uns dort, verehrter Prinz, dringend und mit Ungeduld…»

Während dieser Reise hatte sich in Semenchkare eine Wandlung vollzogen. In Waset hatte er niemals vergessen können, daß seine Abstammung zur Hälfte fremdländisch war, aber nun, da er bei Gaza die Landesgrenzen überschritt und den Boden der Vasallenstaaten betrat, empfand er sich als reinblütiger Prinz aus dem mächtigen Kemet, dem göttlichen Samen des Osiris Nebmare Amenhotep entsprossen. Nun wußte er, warum man zu Hause diese Länder gerne als «finster» oder «elend» bezeichnet hatte. Hier fehlte der Glanz, die Pracht, der große Atem einer uralten Kultur. Selbst in den reichen, weithin bekannten Hafen- und Handelsstädten am Grünen Meer fand er nur ärmliche Tempel, bescheidene Häuser, schmale Straßen, und was sich hier Palast nannte, hätte in Kemet bestenfalls als das Haus eines Wohlhabenden gegolten.

Etwas üppiger ging es in Ugarit zu. Hier stand auch eine Garnison aus Kemet, die sich außerhalb der Stadt einen eigenen Tempel errichtet hatte, mit Amun, Ptah, Re und Thot geweihten Altären.

Semenchkare wurde von den Männern empfangen wie ein Gott, denn hierher hatte sich noch niemals ein Mitglied der Königsfamilie verirrt.

Amistamru, Fürst von Ugarit – er selber bezeichnete sich etwas pompös als König –, empfing den Prinzen in einem Palast, der diesen Namen verdiente und ein ganzes Stadtviertel umfaßte. Obwohl der Fürst, wie Semenchkare zuvor erfahren hatte, mehrere Frauen und zahllose Kinder besaß, so gab es – wie in Kemet – keine Königin, die neben ihm thronte, weil man es hier vorzog, vor allem die Ehefrauen nicht den Blicken fremder Männer auszusetzen.

Der Fürst, ein muskulöser, kriegerisch wirkender Mann, gab sich ganz als treuer Vasall des Königs von Kemet. Er ging dem Prinzen entgegen, umarmte ihn, küßte ihn und bezeichnete ihn als «mein lieber Bruder» – so wenigstens übersetzte es der Dolmetscher.

Semenchkare überreichte dem Fürsten wertvolle Geschenke, vor allem Gerätschaften aus Gold, und sah, wie begehrlich seine Augen beim Anblick dieser Schätze funkelten. Darunter befand sich eine mit Gold überzogene Holztafel, die Echnaton im Kreise seiner Familie zeigte, wie er dem Aton Blumen, Früchte und Wein opferte.

Amistamru betrachtete das Bild mit gerunzelter Stirn.

«Das hier ist Seine Majestät?»

Semenchkare nickte. «Ja, mein Fürst, zusammen mit der Großen Königsgemahlin Nofretete und den Töchtern Merit-Aton, Maket-Aton und Anches-en-pa-Aton. Sie opfern ihrem Gott…»

Der Prinz deutete auf die Sonnenscheibe mit den Strahlenhänden.

Der Fürst blickte auf.

«Das soll ein Gott sein?»

«Ja, Aton, der einzige Gott, den der König verehrt. Alle anderen sind abgeschafft.»

Der Fürst lächelte unsicher.

«Du treibst deine Scherze mit mir, Prinz…»

«Nein, mein Fürst. Alle Tempel in Waset sind geschlossen, es gibt dort weder Priester noch Beamte. Wer opfern will, muß dies am Tempel des Aton tun.»

«Seltsam – seltsam… Nicht einmal ich würde es wagen, hier in Ugarit die Tempel von Baal, Jamm und Anat schließen zu lassen. Das – das wäre undenkbar…»

Und dann ließ der Fürst in wohlgesetzten Worten und langen gewundenen Sätzen durchblicken, daß ein wenig mehr an Gold und schönen Dingen seine Treue und Hingabe an Kemet festigen und ihn vor jeder Versuchung bewahren könnte.

Noch in Ugarit erreichte sie dann aus Mitanni die Nachricht, König Tusratta würde ihnen von seiner weit entlegenen Hauptstadt

Wassuganni nach Westen entgegenreisen und freue sich, sie in Halpa empfangen zu dürfen.

«Das ist sehr angenehm für uns», bemerkte Haremhab.

«Diese Stadt liegt fünf bis sechs Tagesreisen von hier entfernt, und die Wege dorthin sind eben und gut ausgebaut.»

Haremhab stellte aus den ansehnlichsten Soldaten der dortigen Garnison eine Begleitmannschaft zusammen, und sie brachen nach Osten auf.

Semenchkare hatte während dieser Reise das Reiten gelernt, und so saß er nun auf einem kräftigen Maultier, begleitet von einigen Hauptleuten, die auf kleinen sehnigen Rössern saßen. Diese zähe genügsame Rasse hatten die Chatti für ihre Kriegszüge gezüchtet, und sie war weit nach Osten und Norden hin verbreitet. Semenchkare kannte das Ende seines Halbbruders Thotmes und konnte seine Scheu vor Pferden nur langsam überwinden.

Halpa, eine schöne, mittelgroße Stadt, lag in eine fruchtbare Talebene gebettet, die sich im Norden und Osten in einer kargen, wüstenartigen Steppe verlor. Hier hatte sich der Churriter-König Tusratta vor einigen Jahren eine schöne Residenz errichtet, wo er den Gesandten aus Kemet empfing.

Den von der hohen Kultur seines Landes verwöhnten Prinzen Semenchkare befremdete zuerst der überquellende barbarische Prunk dieses Schlosses. Die in Bildern und Statuen dargestellten Menschen und Götter erschienen ihm klobig, unausgewogen, ihre Gesichter grob, oft häßlich. Besser waren die Tiere gelungen, besonders die überall im Thronsaal aufgestellten und an den Wänden erscheinenden Löwen, Pferde und meist geflügelten Fabelwesen. Böden und Wände waren verschwenderisch mit buntgewebten Matten und Polstern bedeckt, an den Wänden standen fellbezogene Liegen. Die meisten Räume waren durch kleine Fenster nur schlecht erhellt, was mit den hier sehr frostigen Wintern zusammenhing. Jetzt im Frühsommer herrschte ein angenehmes Klima, doch aus den Steppen wehte fast immer ein frischer kühler Wind, so daß sich auch Semenchkare zur landesüblichen Kleidung bequemte. Das war ein langes Wollhemd mit einem Wickelrock darüber, der – je nach Jahreszeit – aus dickerem oder dünnerem Stoff bestand.

Auch hier gab es nirgends Frauen zu sehen, die gesamte Dienerschaft setzte sich aus Männern jeden Alters zusammen – meist schöne, große bis mittelgroße Menschen mit langem Haar und gestutzten Kinnbärten.

König Tusratta empfing den Prinzen aus Kemet sofort und mit einigem Überschwang. Wie es auch der Fürst von Ugarit getan hatte, wurde Semenchkare umarmt, gepreßt, dazu noch mehrmals heftig auf Mund und Wangen geküßt. Mit Mühe zwang er sich dazu, vor diesen körperlichen Berührungen nicht zurückzuschrekken, denn der Churriter-König war alles andere als ein schöner oder auch nur ansehnlicher Mann. Mittelgroß, dick, mit gekrümmten Beinen, Hängebacken, niedriger Stirn und einem zottelig-gelockten Vollbart sah Tusratta dem häßlichen Kobold Bes sehr ähnlich. Doch Semenchkare verdrängte alle ungehörigen Gedanken und besann sich darauf, dem König eines doch sehr großen und wichtigen Landes gegenüberzustehen, mit dem er zudem eng verwandt war. Als Halbbruder seiner Mutter Giluchepa hätte er Tusratta mit Onkel anreden müssen, doch der ließ es nicht zu. Er empfinde für ihn wie für einen Bruder und werde ihn halten und behandeln wie einen solchen. Dieses Angebot erhielt einen seltsamen Beigeschmack, als Semenchkare einige Tage später von Haremhab erfuhr, daß dieser König ein halbes Dutzend leibliche Brüder, dazu einige Onkel und Vettern hatte ermorden lassen, um auf den Thron zu gelangen.

Eigenhändig wickelte der König das Päckchen mit den Tontafeln aus, winkte dann einen seiner Schreiber herbei und ließ die Botschaft laut verlesen.

Da war die Rede von guter Nachbarschaft, treuem Bündnispartner und gemeinsamen Interessen. Semenchkare wurde als Bruder des Herrn Beider Länder vorgestellt, dem Thron und dem Herzen Seiner Majestät sehr nahestehend. Sein Besuch diene einer Festigung der alten Freundschaft und der Beilegung etwaiger geringfügiger Meinungsverschiedenheiten.

Erst als die Botschaft verlesen war, stellte der Prinz zu seinem Erstaunen fest, daß der Text churritisch war und er jedes Wort verstanden hatte. Auch die Unterhaltung mit dem König bereitete ihm nicht die geringsten Schwierigkeiten.

Es war nicht herauszufinden, ob es hier eine Große Königsgemahlin gab, denn Tusratta nannte die meist jungen Frauen ohne Unterschied seine «Wildblumen, Augensterne, Herzensliebsten» und mit anderen Kosenamen. Kinder gab es ohne Zahl, wobei der König nur einige ältere Jungen mit ihren Namen vorstellte, ohne zu sagen, wer als Thronfolger in Frage kam.

Tusratta liebte nicht nur seine Frauen, er liebte auch den Wein, dem er allabendlich im Kreis von Freunden heftig zusprach.

Semenchkare fand heraus, daß diese Männer fast ohne Ausnahme als Heerführer der Truppe verbunden waren. Da gab es die Obersten der Reiterei, der Bogenschützen, der Fußtruppen oder der Lanzenträger. Diese Leute verkörperten den Kriegeradel des Landes und genossen am Hof höchstes Ansehen.

«Bei uns», versuchte der Prinz seinem Onkel zu erklären, «ist das ganz anders. Alles, was Waffen trägt, wird als notwendiges Übel betrachtet. Die Freunde und Verwandten meines Königs sind meist Baumeister oder Ärzte, aber immer gelehrte und völlig unkriegerische Männer.»

«Ja, ihr könnt euch das leisten! Eure Grenze nach Süden ist das unterworfene Kusch, nach Osten und Westen sind es Wüsten und im Norden die Vasallenstaaten. Aber wer von bösen und habgierigen Nachbarn umgeben ist, muß mit dem Schwert zu Bett gehen und darf es auch im Schlaf nicht aus den Händen lassen. Und laß dir eines gesagt sein, Bruder: Der Chatti-König wird immer wieder versuchen, sich Mitanni anzueignen, und wenn ihm das gelungen ist, fallen ihm die Kleinstaaten am Grünen Meer von selber in den Schoß. Dann wird Gaza eine sehr heiße Grenze sein, und ihr werdet eine starke – eine überaus starke Truppe brauchen, um den Siegeszug der Chatti aufzuhalten. In dieser Lage wird der König – wer immer es sein mag – sich seine Freunde unter den Generälen suchen müssen.»

Dieses Thema wurde dann kaum noch angesprochen, und König Tusratta setzte alles daran, seinem «Bruder» den Aufenthalt in Halpa zu versüßen. Zu den abendlichen Festen ließ er die schönsten Tänzerinnen kommen, die geschicktesten Akrobaten auftreten, die besten Musiker aufspielen. Natürlich durfte Semenchkare als erster unter den Schönen eine für die Nacht auswählen, und er tat es mit großem Vergnügen.

Der König ging sogar so weit, seinem «Bruder» einen eigenen Harim einzurichten, doch Haremhab warnte den Prinzen.

«Er will dich ganz für sich vereinnahmen, mein Prinz, will dich zu einem willfährigen Handlanger der eigenen Pläne machen. Er überhäuft dich mit Geschenken aller Art, zieht dich in seinen engsten Freundeskreis, und nun will er dir sogar noch einen Harim einrichten! Was bezweckt er damit, worauf will er hinaus? Die Sache scheint klar, er möchte aus dir einen Churriter machen, der seinem königlichen Onkel verpflichtet ist, und für den Fall, daß du in Kemet zur Macht gelangst, hat er dort einen beredten Fürsprecher.»

«Für wie dumm hältst du mich eigentlich?» fuhr es Semenchkare zornig heraus. «Ich bin alt und erfahren genug, dieses Spiel zu durchschauen, und wenn ich es eine Weile mitspiele, dann nur aus Höflichkeit und zum Schein.»

«Zürne mir nicht, mein Prinz, aber es ist nur die Sorge, du könntest hier getäuscht und hintergangen werden. Bleibe bitte der königliche Prinz aus Kemet und genieße die verwandtschaftliche Fürsorge hier mit Vorsicht.»

Semenchkare wußte, daß Haremhabs Sorge nicht unbegründet war, denn manchmal empfand er fast so etwas wie königliche Macht, wenn sein Onkel und der von ihm instruierte Hof ihm jeden Wunsch von den Lippen ablasen. Doch er nahm Haremhabs Warnung ernst, weigerte sich «aus Bescheidenheit», den Harim anzunehmen, und Tusratta war klug genug, ihm das Geschenk nicht aufzudrängen.

Semenchkares Einstellung zu diesen Dingen wandelte sich ohnehin, als er Ibara kennenlernte, die Hofdame einer der Gemahlinnen des Königs.

4

Weder als Handlanger und Mordhelfer des Hohenpriesters Maj noch als Hauptmann der Tempelwache hatte Bagsu es jemals für nötig erachtet, bescheiden aufzutreten. Jetzt aber, auf seiner Rückfahrt nach Waset, mußte er es lernen, um nicht unliebsam aufzufallen.

Er war zum Nichts, zum Niemand geworden, mußte auf den Booten die besseren Plätze hochmütigen Beamten überlassen oder großmäuligen Händlern, die laut ihre Erlebnisse herausposaunten. Er hielt diese Rolle nur durch, weil er den festen Willen hatte, sie so schnell wie möglich wieder abzulegen, aus dem Nichts und Niemand wieder einen geachteten und gefürchteten Mann zu machen.

Als Bagsu nach endlosen Reisetagen in Waset anlegte, schien sich hier wenig verändert zu haben. Wie früher drängten sich ungestüm die Schlepper heran, um den müden und hungrigen Reisenden Herbergen und Gaststätten aufzudrängen. Wer es sich nicht versah, der mußte dann hinter einem der flinken Burschen herlaufen, der sich des Gepäcks bemächtigt hatte und einfach damit davonrannte. Bagsu aber wußte Bescheid, hielt sein Bündel fest und suchte sich ein Boot, das zum Tempel weiterfuhr. Die hatte es früher in rauhen Mengen gegeben, weil immer irgendwelche Pilger auf dem Weg zu Amun waren, doch das hatte sich geändert. So nahm Bagsu ein kleines Ruderboot, dessen Führer ihn spöttisch fragte, ob er Aton, dem neuen Gott, huldigen wolle.

«Nun, ich war lange fort und möchte mich umsehen, wie hier die Dinge stehen.»

«Sie stehen schlecht, Verehrter, sehr schlecht.»

Mehr war dann aus dem Mann nicht herauszubringen, der alle Fragen nur noch mit einem Schulterzucken beantwortete.

Im kleinen Tempelhafen verließ Bagsu das Schiff, und was er sah, war für ihn tatsächlich neu und ungewohnt. Das früher so rege Leben auf dem Vorplatz zur Tempelpforte war erstorben; die kleinen Opferaltäre an der Mauer gab es nicht mehr. Während er unschlüssig dastand, trat ein Bewaffneter aus dem Wächterhäuschen unterhalb des Pylons auf ihn zu. Der Mann grinste so unverschämt, daß Bagsu eine Faust ballte, aber dann wurde ihm bewußt, daß er hier ein Niemand war, und er nahm eine devote Haltung an. Der Wächter blieb vor ihm stehen.

«Nun, Fremder, wolltest wohl dein Scherflein zu Amun tragen? Doch den gibt es nicht mehr, er und alle anderen Götter sind abgeschafft. Aber du brauchst nur nach Osten um die Mauer herumzugehen, da steht der große Aton-Tempel, und dort ist dein Opfer willkommen.»

So hatte man ihm aufgetragen, jeden zu belehren, der hier eintraf. Bagsu verneigte sich.

«Hab Dank, Hauptmann, für die Auskunft.»

Er reichte dem über seine Rangerhöhung Erfreuten ein Säckchen mit Datteln.

«Der Rest von meinem Reiseproviant – ich habe inzwischen genug davon! Lieber wäre mir eine frischgebratene Wurst, oder ein Hühnchen, dazu knuspriges Brot… Gibt es den ‹Goldenen Hammel› noch?»

Der Mann nickte eifrig.

«Freilich, freilich, gleich hier um die Ecke! So viel wie früher ist dort nicht mehr los, aber Huni kann sich nicht beklagen. Grüße ihn von mir!»

«Gut, mache ich!»

Die Kneipe quoll nicht über, aber die «Stube» war gut zur Hälfte besetzt, und einer der Bediener klopfte gerade an das «Zimmer», um dort Krüge und Becher hineinzutragen. Huni, der niemals einen Neuankömmling übersah, nickte Bagsu gleichmütig zu und wies auf einen leeren Tisch.

Er hat mich nicht erkannt, dachte Bagsu und schwankte, ob er sich freuen oder ärgern sollte. Doch dann siegte die Vernunft. Es ist besser, man erkennt dich nicht, überlegte er, und auch sicherer… Bagsu erinnerte sich, daß der Wirt jedes fremde Gesicht gleich in Augenschein nahm und den Neuen zuerst selber bediente. Da kam er schon heran.

«Willkommen im ‹Goldenen Hammel›! Auf der Durchreise?»

«Nein, nein, ich versuche, hier Arbeit zu finden. War jahrelang im Süden als Tempelwächter beschäftigt, aber jetzt wurde das Heiligtum aufgelöst, oder besser gesagt, umgewandelt, und nun…»

Huni grinste und rückte seine verfilzte Perücke zurecht.

«…und nun bist du hier. Hör dich ruhig bei meinen Gästen um, aber ich kann dir schon jetzt sagen, daß es mit Arbeit schlecht aussieht.»

Bagsu bestellte Bratwurst, Brot und Bier, doch der Wirt blieb weiterhin stehen und starrte ihn nachdenklich an.

«Ich weiß nicht… Du kommst mir irgendwie bekannt vor – auch deine Stimme…»

Bagsu erschrak. Hunis fabelhaftes Gedächtnis war weithin berühmt, und er fürchtete, daß dieser schon auf der richtigen Spur war.

«Vielleicht verwechselst du mich mit meinem jüngeren Bruder? Der hat jahrelang hier als Hauptmann der Tempelmiliz gelebt, ist aber jetzt schon vier Jahre tot.»

Huni schlug sich an die Stirn, und seine Perücke verrutschte von neuem.

«Bagsu! Natürlich! Der sieht dir sehr ähnlich…»

«Wir waren Brüder…»

«Wie ist er – wie ist er gestorben?»

«Er war auf dem Weg nach Süden zu unserer Familie, sein Boot stieß an einen Felsen, er ist ertrunken.»

Diese erfundene Geschichte kam ihm glatt über die Lippen – mochte Huni es nun glauben oder nicht. Doch der Wirt gab sich zufrieden.

«Schade, er war ein tüchtiger Mann und einer meiner besten Gäste. Ich bringe dir jetzt dein Essen.»

Als Bagsu seine Mahlzeit beendet hatte, folgte er Hunis Rat und hörte sich um.

Noch immer verkehrten die Händler, Handwerker und Tagelöhner im «Goldenen Hammel», auch einige Priester und Beamte waren darunter, doch die kamen vom Aton-Tempel und taten recht hochnäsig. Sie waren schließlich die Diener des Einzigen Gottes und seines Propheten Echnaton, des Herrn Beider Länder. Diese Überlegenheit ließen sie spüren, und Huni fügte sich ihren Ansprüchen, um nicht diese Gäste auch noch zu verlieren. Kamen von verschiedenen Tischen gleichzeitig die Rufe nach Wein, Bier oder Speisen, dann achtete der Wirt darauf, daß die Leute des Aton zuerst bedient wurden.

Auch die Händler und Handwerker hatten sich anpassen müssen. Am besten kamen noch die Händler dabei weg, denn was Aton an Naturalien geopfert wurde, unterschied sich in nichts von den Opfern an Amun. Rinder, Gänse, Hühner, Tauben, Korn, Obst, Wein waren nicht weniger willkommen als Blumen, Früchte oder Weihrauch. An Votivfiguren war nur noch die Feder, das Symbol der Maat, als Hüterin der göttlichen Wahrheit, gestattet, allein oder in Verbindung mit der Gestalt Echnatons, des Herrn Beider Länder und Prophet Atons. Die Metallgießer, Töpfer und Schnitzer hatten sich dazu allerlei einfallen lassen. Die Feder der Maat gab es in allen Größen und Ausführungen, manchmal wurde sie sogar in Gold mit eingelegten Edelsteinen gefertigt. Kostspieliger war ihre Ausführung in Verbindung mit dem König, der das Symbol der Maat kniend oder stehend darbrachte. Der, dem er es opferte, wäre schwierig darzustellen gewesen, und so kam die Anweisung, Aton müsse nicht gezeigt werden, da er ja am Himmel für jedermann sichtbar sei. Eine Inschrift am Rücken der Figur nannte den Spender, und die Gabe wurde dann im Innern des Tempels aufgestellt.

So etwa erfuhr Bagsu von verschiedenen Gästen – die er zu einem Krug Bier einlud – die Zusammenhänge, und einem stellte er die erstaunte Frage: «Aber dann ist ja euer Einkommen gesichert und die alte Ordnung wiederhergestellt! Was gibt es da zu klagen?»

Der befragte Töpfer rief empört: «Aber sieh dich doch um! Wo sind die Pilger? Zum Amun-Tempel kamen die Menschen tagtäglich aus allen Teilen des Landes – und jetzt? Wer etwa aus Eschmun oder Suenet anreist und Amun opfern will, steht vor dem leeren verwüsteten Tempel. Er wandert weiter zu den Heiligtümern von Month, Chons, Mut und Ptah, wo er die gleichen Verhältnisse findet. Da kehrt er lieber gleich wieder um und sucht andere Tempel außerhalb von Waset auf, die es nach wie vor gibt. Wer hier dem Aton opfert, steht meist im Dienst Seiner Majestät, und da mag es sich auch so gehören. Aber das sind viel zu wenige, um uns Handwerker auszulasten. Es ist eine schlimme Zeit, glaube mir.»

Der Töpfer hatte keineswegs leise oder vorsichtig gesprochen, und einige, die in der Nähe saßen, nickten deutlich ihr Einverständnis. Wer Aton anhing, schwieg dazu, weil alle wußten, daß Huni hier keinen Streit duldete.

Bagsu zahlte und ging auf den Abtritt. Da hob neben ihm einer seinen Schurz, schlug sein Wasser ab und flüsterte vernehmlich: «Doch es besteht Hoffnung, mein Freund, laß dich durch die ewigen Klagen der Handwerker nicht verwirren.»

Sie gingen zusammen hinaus und spazierten ein Stück der Tempelmauer entlang.

«Ich bin Holzschnitzer – unsere Namen tun doch nichts zur Sache, Fremder?»

«Gut, gut, was willst du mir sagen?»

«Wenn du tatsächlich Amun oder einem der anderen, jetzt verbotenen Götter opfern willst, kannst du es ruhig tun.»

«Was? Aber der Töpfer hat doch vorhin gesagt…»

«Er hat nicht alles gesagt, und manches ist für die Ohren der Aton-Leute nicht geeignet. Außerdem sind häufig Mahus Spitzel unter den Gästen.»

Dieser Name traf Bagsu wie ein Peitschenhieb.

«Mahu? Wer ist Mahu?»

Der Schnitzer lächelte.

«Freilich, das kannst du ja nicht wissen. Mahu ist zwar nur der Oberste der königlichen Palastwachen, aber insgeheim führt er auch die Stadtmiliz, die er – wie es scheint – von Monat zu Monat verstärkt.»

«Warum traust du mir eigentlich? Ich könnte doch auch ein Anhänger des neuen Gottes sein?»

«Die gibt es nur in und um Waset. Wer von draußen kommt, kennt häufig nicht einmal seinen Namen.»

«Nun gut, wo also kann ich den alten Göttern opfern?»

Der Schnitzer schüttelte den Kopf.

«So einfach ist das nicht! Fahre nach Waset zurück und frage in der Hafenverwaltung nach Si-Mut, unter dem Vorwand, du hast eine Nachricht für ihn. Dort wird man dir weiterhelfen.»

Si-Mut! Den gab es also noch! Bagsu hatte ihn manchmal an der Seite Majs gesehen, wenn er seine Befehle entgegennahm.

«Wer ist Si-Mut?»

«Mehr gibt es nicht zu sagen, Fremder. Im übrigen kenne ich dich nicht, und wir haben niemals ein Wort gewechselt.»

Der Schnitzer wandte sich schnell ab und ging zur Schenke zurück. Bagsu schlenderte der Tempelmauer entlang, ging am geschlossenen Month-Tempel vorbei und stand plötzlich vor dem gewaltigen Aton-Heiligtum mit den neun Ellen hohen Gestalten des Königs, der, trotz seiner Insignien, mit dem aufgetriebenen Leib, den dicken Schenkeln und dem in die Länge gezogenen Antlitz so gar nicht königlich wirkte. Bagsu mußte an Mahu denken, der diesem König diente und mit dem ihn eines verband: Auch er war ein Anbeter der Macht, wer immer sie innehatte. Solange Maj sie darstellte, hatte Bagsu jeden seiner Befehle gehorsam ausgeführt. Nun aber gab es eine neue Ordnung, und diese seltsame Herrschergestalt dort drüben verkörperte sie. Bagsu empfand nicht das geringste Bedürfnis, den alten Göttern heimlich zu opfern, aber es drängte ihn, dem König und seinem neuen Gott zu dienen, um aus dem Niemand wieder eine geachtete und gefürchtete Amtsperson zu werden.

Aber wie sollte er das anstellen, ohne dabei selber zugrunde zu gehen? Er überlegte hin und her, fand Dutzende von Möglichkeiten, verwarf sie wieder und kam auf die in seinen Augen einzig brauchbare zurück. Er würde zu Mahu gehen, sich zu seiner Tat bekennen und alles auf Maj schieben. Dabei mußte er nicht einmal lügen. Er hatte im Dienst des Tempels nicht einen einzigen Menschen ohne den direkten Befehl des Hohenpriesters festgenommen oder getötet. Mahu war schließlich Oberst und kannte die ehernen Gesetze von Befehl und Gehorsam. Freilich, ein Risiko gab es schon, aber Bagsu dachte es sich klein und wollte es in Kauf nehmen. Lieber etwas wagen, mit der guten Aussicht, dabei zu gewinnen, als weiterhin die schäbige Rolle eines Niemand zu spielen.

Er fuhr nach Waset zurück, übernachtete in einer Herberge und setzte am Morgen zum Westufer über. Langsam ging er den alten Prozessionsweg, den die Priester beim «Schönen Fest im Wüstental» nahmen; als Ziel diente ihm dabei der gewaltige Totentempel des Osiris Nebmare, Vater des jetzigen Königs. Es wurde gesagt, daß dies der größte jemals errichtete Tempel in ganz Kemet sei. Die beiden gigantischen Sitzstatuen des verstorbenen Königs bewachten das Eingangstor, und im Schulunterricht gehörte es zu den beliebten Lehrerfragen, wie hoch diese Figuren seien. Jeder halbwegs Gebildete wußte es inzwischen – sie maßen vom Sockel bis zum Scheitel des Königs genau dreiundvierzig Ellen. Auch dieser Tempel schien ausgestorben, Bagsu konnte nicht einmal eine Wache entdecken.

Am Palasthafen und am kleinen Tempel der Urgötter vorbei gelangte er vor das Tor der Königsstadt. Die Wachen fragten ungewohnt höflich nach seinem Begehr, aber als er sagte, er wünsche Oberst Mahu zu sprechen, brach einer der Männer in höhnisches Gelächter aus.

«Hört ihr? Er will keinen Geringeren als unseren Obersten sprechen. Aber nein, mein Guter, wir melden dich gleich bei Seiner Majestät an – ha-ha-ha.»

Bagsu blieb ruhig.

«Ich spaße nicht, und wenn ihr ihm meinen Namen nennt, wird er mich empfangen. Meldet ihm nur, Bagsu wünsche ihn zu sprechen.»

Er hatte das mit einem solchen Nachdruck hervorgebracht, daß der Hauptmann hinzutrat.

«Du hast Glück, der ehrenwerte Mahu hat heute die Palaststadt noch nicht verlassen. Ich melde dich an, Fremder, aber wehe, der Oberst kennt deinen Namen nicht! Dann wirst du gleich hier an Ort und Stelle hundert mit dem Bambusrohr aufgezählt bekommen – verstanden!»

Bagsu verbeugte sich lächelnd.

«Verstanden, Hauptmann!»

Der freute sich schon auf die Gelegenheit, diesem Frechling eine

Abreibung verpassen zu können, doch als er endlich zum vielbeschäftigten Mahu vorgedrungen war, wurde er enttäuscht.

Der Oberst sprang auf.

«Was – Bagsu lebt? Und er ist hier? Das ist ja ungeheuerlich – nein, ich kann es nicht glauben! Bringe den Mann sofort her!»

Sie führten Bagsu ab wie einen Gefangenen und untersuchten ihn vor der Tür zu Mahus Amtsräumen nach Waffen. Er trug nur eine einzige mit sich, seinen berühmten churritischen Dolch aus einem grauen Metall.

«Ich wünsche, daß diese Waffe dem Obersten Mahu übergeben wird!»

Bagsu hatte zu seinem alten Befehlston gefunden, und die Männer gehorchten.

Mahu blieb sitzen, als sie ihn vorführten, doch er zog erstaunt die Brauen hoch, als ihm einer seiner Männer den Dolch übergab.

«Ganz schön frech – was? Entweder hat ein Dämon deinen Verstand verwirrt, oder du gehörst zu den wenigen Menschen, die sich nach dem Reich des Osiris sehnen, auch wenn es diesen nach der neuen Lehre nicht mehr gibt. Hast du Sehnsucht nach deinen Kumpanen Memi und Restep? Die beiden sind dir ja dorthin vorausgegangen.»

«Ich bin enttäuscht, ehrenwerter Mahu, daß du mich für so dumm hältst. Maj hat mich in den Süden geschickt, und ich hätte da in Sicherheit bis an das Ende meiner Tage leben können, wäre das Leben dort nach meinem Geschmack gewesen. Doch das war es nicht, und deshalb bin ich hier. Können wir ohne Zeugen sprechen?»

«Bindet ihm Arme und Beine, und dann laßt uns allein!»

Bagsu ließ sich geduldig die Fesseln anlegen, hatte auch Verständnis für Mahus Mißtrauen.

Dann waren sie allein, und der Oberst fragte: «Also – wie hast du dir das gedacht?»

«Daß ich den Leibarzt Pentu auf Majs Befehl entführt habe und töten ließ, ist dir ja aus der Vernehmung von Restep und Memi bekannt. Ich möchte dem hinzufügen, daß er nicht der einzige war, und hättest du nicht meine Helfer aufgespürt, so hätten noch weitere sein Schicksal geteilt – solange Maj an der Macht war und ich seinen Befehlen gehorchen mußte.»

Mahu runzelte seine breite, niedrige Stirn.

«Mußte? Wer zwang dich dazu?»

«Gehorsam meinem Dienstherrn gegenüber. Wer zwingt dich dazu, Amuns Tempel leerzuräumen und seine Priester davonzujagen? Dein Dienstherr, nämlich Seine Majestät.»

Wider Willen flog ein Lächeln über Mahus etwas grobes Gesicht.

«Du bist ganz schön frech! Da sitzt er mir in Fesseln gegenüber und will mich über den Gehorsam belehren.»

«Nicht belehren, Oberst, nur daran erinnern, daß ich damals in der gleichen Lage war, in der du heute bist.»

Mahu stand auf und verschränkte die Hände auf dem Rücken.

«Und was führt dich zu mir, was hat dich bewogen, dich mir auf Gedeih und Verderb auszuliefern? Du willst doch etwas von mir?»

Bagsu grinste.

«Ich möchte in deinen und damit in den Dienst Seiner Majestät treten. Meine Fähigkeiten habe ich ja schon unter Maj bewiesen.»

Mahu riß erstaunt seine Augen auf.

«Du willst – und was, glaubst du, wird Pentu dazu sagen, daß ich den Mörder seines Vaters beschäftige?»

«Er braucht es nicht zu wissen. In der Kneipe zum ‹Goldenen Hammel› – die du ja kennst – habe ich mich als älteren Bruder des vor vier Jahren verstorbenen Bagsu vorgestellt. Außerdem sind die alten Zeiten endgültig vorbei. Amun und seine Priester gibt es nicht mehr und damit auch kaum noch Menschen, die mich von früher kennen. Für die Priester und Beamten war ich damals einer der Hauptleute der Tempelwachen. Meine Sonderbefehle erhielt ich immer von Maj selbst, da wußte sonst keiner Bescheid. Jetzt aber ist Aton an der Macht und sein Prophet, unser verehrter König. Ich weine der Vergangenheit keine Träne nach und will wie du denen dienen, die jetzt herrschen und die einzig verbindlichen Befehle erteilen.»

Bagsu war es nicht entgangen, daß Mahu immer wieder nach dem prächtigen Dolch schielte, dessen goldener Griff matt schimmerte und dessen graue Klinge von nahezu magischer Härte und Schärfe war.

332

«Diesen Dolch, Oberst Mahu, möchte ich dir als Pfand für meine Umkehr und als Bürgschaft für meinen guten Willen verehren. Mit ihm lege ich den alten Bagsu ab, der Amun gehorchte, und wandle mich zu einem Krieger, der künftig Aton dient – mit allen seinen Kräften und Fähigkeiten.»

Mahu hob den Dolch hoch und betrachtete ihn genau.

«Ein schönes Stück… Und schöne Worte aus deinem Mund, aber kommen sie dir auch vom Herzen?»

«Ich kann dich nicht zwingen, mir zu glauben. Die Entscheidung liegt bei dir. Nichts kann dich hindern, mich von hier zur Hinrichtungsstätte führen zu lassen, aber gerecht wäre es nicht. Hätte da nicht eher Maj den Tod verdient, der mir diese Befehle gab?»

Mahu winkte ab.

«Sein Auftrag ist so gut wie ein Todesurteil.»

«Und wenn er zurückkehrt?»

«Wird man ihn von neuem in die Wüste schicken… Nun gut, ich werde mir deinen Vorschlag überlegen. Sollte ich zu deinen Gunsten entscheiden, dann mußt du notfalls vor Aton schwören, daß Bagsu, dein jüngerer Bruder, schon vor Jahren im Süden verstorben ist.»

«Gewiß, er ist bei einem Bootsunfall ertrunken.»

Mahu ließ den Dolch wortlos unter seinem Schurz verschwinden und brüllte einen Befehl. Zwei seiner Leute traten ein.

«Den Mann da abführen! Er kommt zunächst in den Kerker, aber bei guter Behandlung – verstanden!»

Mahus Entschluß stand jetzt schon fest, diesen fähigen Burschen aufzunehmen, um so mehr als er dringend Leute brauchte, um in Waset der zunehmenden Amun-Umtriebe Herr zu werden. Aber einige Tage wollte er ihn dennoch schmoren lassen, schon aus erzieherischen Gründen.

Bagsu, der dies ahnte, war auch im Kerker guter Dinge. Er freute sich auf seine neuen Aufgaben, und der Verlust seines kostbaren Dolches schien ihm nicht zu schwer, er betrachtete ihn als eine Art Opfer an die neue Gottheit.

Der König hatte vorgehabt, sich im Laufe der Zeit dem Volk immer häufiger zu zeigen, doch nun beschlichen ihn Zweifel, ob dies sinnvoll sei. Freilich, es hatte jedesmal Jubel und ermunternde Zurufe gegeben, aber trugen wirklich alle diese Menschen Aton im Herzen, oder war es nur die traditionelle Freude, daß der Gute Gott und Herr Beider Länder sich zeigte?

Wie alle gebildeten Menschen im Lande Kemet glaubte auch Echnaton an die magische Kraft des geschriebenen Wortes. Wenn etwas mit Tinte auf Papyrus geschrieben oder mit dem Meißel in Stein gegraben war, existierte es auch. Aus der Welt schaffen ließ es sich nur, wenn man es auslöschte – so gründlich wie möglich. Auf Amun bezogen hieß das: Solange sein Name in Tempeln und Gräbern, auf Stelen und Urkunden geschrieben stand, war der Gott am Leben – wenn auch nicht wirklich, aber doch in einem höheren Sinn. Sein Name sandte falsche Botschaften in die Herzen der Menschen, gaukelte ihnen Trugbilder vor, führte sie in die Irre. Dieser Name mußte ausgetilgt werden, wo immer man ihn fand. Die Schriftzeichen des Amun-Namens erschienen vor seinen Augen in bösem Rot: das Schilfblatt wie eine drohend lodernde Fackel, das Men-Brett glich einem stacheligen, mit Nägeln gespickten Foltergerät und die gewellte Linie darunter einer tückischen Schlange.

Diesmal zögerte Echnaton nicht und übertrug dem Obersten Baumeister Bak die Aufgabe, geschickte und kräftige Arbeiter anzuwerben, die mit Hammer und Meißel umgehen konnten, und ihnen doppelten Lohn zu bieten.

Baks breites Gesicht mit der fleischigen Nase war voll gesammelter Aufmerksamkeit, sein stämmiger Körper stand leicht gekrümmt in höflicher Devotion.

Echnaton lief erregt auf und ab.

«Ich hätte gleich daran denken müssen, daß das Volk – daß viele Menschen ihre Herzen verschlossen halten, solange dieser – dieser unselige Name an Decken, Säulen und Wänden prangt. Ziehe alle verfügbaren Arbeiter ab und wirb neue an! Laß Rampen und Gerüste bauen, damit in den Tempeln noch die entferntesten Ecken und die höchsten Punkte erreicht werden können. Und schone auch den ersten Namen meines Vaters nicht, lösche ihn aus! Es genügt sein weitaus würdigerer Thronname, Neb-Maat-Re, ‹der Herr der Wahrheit ist Re›! Den hat er sich selber gewählt, mit Herz und Ver-

stand. Also, Bak, geh und beeile dich, Aton kann streng und ungeduldig sein und ist der falschen Götter überdrüssig!»

Bak scharte seine Mitarbeiter um sich und erläuterte den neuen
Befehl des Königs.

«Schickt eure Werber in die Kneipen, Herbergen, Läden und auf
die Märkte! Laßt die Leute gleich wissen, daß es harte, aber doppelt bezahlte Arbeit ist. Nehmt aber trotzdem nicht jeden, weil ein
Pfuscher mehr verdirbt, als er leistet.»

Da die Werber so lärmend und öffentlich auftraten, erfuhren auch
die früheren Priester Si-Mut, Peri und Hapu recht schnell, was
ihren früheren Tempeln bevorstand. Ohne aufgefordert zu sein,
strömten sie in Sat-Amuns Palast zusammen, der sich – mit Billigung der Prinzessin – zum geheimen Treffpunkt der entmachteten
Priester und Anhänger der alten Götter entwickelt hatte.

Als sie damals die von ihr gerettete Goldstatue der Mut bei sich
aufnahm, hatte sie der Göttin im Garten ein kleines Heiligtum errichten lassen, wo auch Kultbilder von Amun und Chons ihren
Platz fanden.

Nachdem die Priester versammelt waren und erregt zu diskutieren begannen, erschien Sat-Amun und gebot mit einer Handbewegung Stille.

«Daß Seine Majestät, mein Bruder, so weit gehen würde, habe ich
nicht erwartet, und ihr, meine verehrten Herren, wohl auch nicht.»

Empörte Zurufe gaben ihr recht, doch sie hob wieder die Hand.

«Wir müssen jetzt vor allem Ruhe bewahren und gemeinsam
überlegen, was zu tun ist. Wir sollten uns darüber klar sein, daß sich
sein Vorhaben nicht verhindern läßt, aber wie können wir es ver-
zögern und behindern?»

Alle redeten durcheinander, bis Peri laut rief: «Einer nach dem
anderen! Wer etwas zu sagen hat, hebe die Hand.»

Da meldete sich gleich Hapu, der ehemalige Hohepriester des
Month, einstmals geschickter Jäger beim verstorbenen König. Er
stand da wie ein gespannter Bogen, sehnig, sprungbereit, und sein
Gesicht ähnelte dem eines Raubvogels mit scharfen Falkenaugen
und einer Nase, die angriffslustig hervorstieß wie ein gekrümmter
Schnabel.

«Wir sollten handeln wie Jäger! Das Wild belauern mit Klugheit und Geduld, und wenn es sich eine Blöße gibt – zustoßen!»

«Das ist mir zu ungenau», tadelte Si-Mut mit kalter Stimme, «du mußt das schon näher erläutern.»

«Gerne! Wenn demnächst die Arbeitstruppen ihre Rampen und Gerüste aufstellen, dann schicken wir nachts unsere Leute hin, um Gerüste und Rampen zu zerstören – oder besser noch: Man könnte die Bambusstangen da und dort ansägen, und wenn die Arbeiter hinaufsteigen, dann bricht das Gestell unter ihnen zusammen.»

«Kein schlechter Vorschlag, Hapu, und verhältnismäßig leicht zu verwirklichen. Aber man wird die Wachen verstärken, neue Gerüste, neue Rampen erbauen. Trotzdem sollten wir es tun, weil es die Arbeiter verängstigt und verunsichert. Auch ich habe einen Vorschlag, und ich denke dabei an die Zukunft – an bessere Zeiten. Vielleicht kommt schon bald der Tag, an dem unsere Götter wieder in ihre Tempel einziehen, und dann müssen wir ihre zerstörten Namen mit Hammer und Meißel wieder erneuern. Diese schwierige und zeitraubende Arbeit könnten wir uns leicht ersparen.»

Peri hielt inne und genoß die atemlose Stille, die gespannte Aufmerksamkeit auf dem Gesicht seiner Geliebten.

«Wir werden unsere Leute einschleusen, und die sollen sich jene Stellen vornehmen, wo die Götternamen im Schatten liegen, versteckt oder sehr hoch angebracht sind. Anstatt sie auszumeißeln, sollen sie eine steinfarbene Stuckschicht darüberlegen. Von unten gesehen, ist der Name ausgetilgt, kann aber später leicht durch Abklopfen des Stucks wieder hervorgeholt werden.»

Sat-Amun klatschte Beifall, und die anderen taten es ihr nach.

«Was sagst du zu diesen Vorschlägen, Si-Mut?»

Der frühere Dritte Prophet des Amun und Majs einstiger Vertrauter gestattete sich ein karges Lächeln.

«Beide sind wohldurchdacht und jeder auf seine Art von Nutzen. Dann darf ich auch etwas beisteuern. Mein Vorschlag geht dahin, die angeworbenen Arbeiter insgeheim wieder abzuwerben. Wir schicken unsere Leute auf die Straßen und Märkte, in die Kneipen und Herbergen und beobachten jene, die sich vom doppelten

Lohn haben bestechen und zu dieser schändlichen Arbeit verpflichten lassen. Wir bieten ihnen das Dreifache, wenn sie es nicht tun.»

Nachdenkliche Stille, dann beifälliges Gemurmel.

«Und wer bezahlt es?» fragte Sat-Amun mit leisem Spott.

Si-Mut hob stolz sein hageres Asketengesicht.

«Amun wird es bezahlen, er ist noch immer reich genug.»

Nun warteten alle auf Sat-Amuns Entscheidung, denn sie war die Ranghöchste, und ihr Rat wurde von allen stillschweigend als verbindlich angesehen.

«Meine verehrten Herren, was Peri, Si-Mut und Hapu angeregt haben, mag sich wesentlich in der Ausführung unterscheiden, doch ich erachte jeden der Vorschläge für tauglich. So soll jeder von euch auf seine Weise tätig werden, und wo Gefahr droht, möchte ich sofort verständigt werden, damit ich versuchen kann, das Schlimmste abzuwenden.»

Si-Muts Methode erwies sich als die einfachste, aber auch kostspieligste – und unzuverlässigste. Niemand konnte wissen, ob sich ein Angeworbener nicht mit dem dreifachen Lohn bestechen ließ, um dann zehn Tage später dennoch die Arbeit bei Bak anzunehmen.

Peris Vorschlag kam da und dort zur Durchführung, aber es war nicht so einfach, einen mit angerührtem Stuck gefüllten Eimer auf die Rampe oder ein Gerüst zu bringen. Im Grunde ging das nur, wenn andere auch eingeweiht waren, doch niemand konnte sicher sein, ob einer verständnisvoll tat und es danach doch den Vorgesetzten meldete.

Bald stellte sich heraus, daß Hapus Vorschlag der wirksamste war. Ein Teil der angeworbenen Arbeiter ließ sich vom hohen Verdienst blenden, fürchtete aber insgeheim Amuns Rache, die sich dann sehr deutlich zeigte.

Restep, der frühere Zwangsarbeiter unter dem entmachteten Maj, wurde zum Zeugen eines solchen Vorfalls. Nicht anders als Bagsu führte ihn sein erster Weg nach seiner Ankunft in Waset zum «Goldenen Hammel». Ihn aber erkannte Hunis scharfes Auge sofort.

«Du hast dich verändert, Restep, aber nicht so sehr, um den alten Huni täuschen zu können. Wo hast du gesteckt? Niemand hier dachte, daß du noch lebst, nach allem, was vorgefallen ist.»

«Da dachte ich wie ihr, aber nun ist es ausgestanden und vorbei, doch du mußt verstehen, daß ich nicht darüber reden möchte. Gibt es eine Möglichkeit, hier Arbeit zu finden?»

Huni blickte sich um.

«Jetzt ist noch keiner da, sie erscheinen immer gegen Mittag, wenn die meisten Gäste versammelt sind.»

«Wer?»

«Die Werber des Königs. Wer mit Hammer und Meißel umgehen kann, erhält doppelten Lohn.»

«Und was muß er tun?»

Huni beugte sich vor, wobei seine Perücke in die Stirn rutschte.

«Amuns Namen austilgen…»

Restep glaubte, sich verhört zu haben. Er schüttelte den Kopf.

«Das verstehe ich nicht. Die Tempel sind doch längst geschlossen…»

«Gewiß, gewiß, aber das genügt Seiner Majestät nicht. Amuns Name muß aus den Tempeln verschwinden, und da er meist in den Stein gehauen ist, kann dies nur mit Hammer und Meißel geschehen.»

Huni lächelte spöttisch.

«Da kannst du dich beim König beliebt machen, und natürlich bei Mahu, der die Schönen Befehle Seiner Majestät in die Tat umsetzt.»

Leise fügte er hinzu: «Wenn es auch nicht immer gelingt…»

Restep saß gerade bei seiner Mahlzeit, als die Werber hereinkamen. Einer stellte sich in die Tür und rief: «Der König bietet euch gute Arbeit zum doppelten Lohn! Wer mitmachen möchte, hebe die Hand.»

Restep legte das abgenagte Hühnerbein in die Schüssel zurück und meldete sich. Drei andere taten es auch. Der Werber holte sie an einen Tisch und bestellte einen Krug Bier.

«Ihr wißt wahrscheinlich längst, worum es geht? Gut – also: Der Lohn eines ausgebildeten Handwerkers am früheren Amun-Tempel betrug pro Tag eineinhalb mittelgroße Brote, einen Krug Bier von einem halben Hekat, dazu kamen von Zeit zu Zeit – meist zu den Festen – Sondergeschenke an Sandalen und Kleidung. Da eure zukünftige Arbeit schwer und verantwortungsvoll ist, hat Seine Majestät geruht, euren Lohn folgendermaßen zu verdoppeln. Ihr bekommt täglich ein mittelgroßes Brot, dazu einen halben Hekat Korn und einen Hekat Bier. Wer sich in der Arbeit bewährt, erhält nach zehn Tagen zusätzlich zwei Deben in Kupfer. Um jeden Zweifel zu zerstreuen: Eure Arbeit besteht darin, daß ihr auf Gerüste und Rampen steigt, um an zugewiesener Stelle Amuns Namen so auszumeißeln, daß nichts mehr davon erkennbar ist. Da vermutlich keiner von euch lesen kann – Amuns Name sieht so aus.»

Der Werber entrollte ein Stück Papyrus, worauf die Schriftzeichen von Amuns Namen – Men-Brett, Schilfblatt und Schlangenlinie – groß und deutlich zu sehen waren. Dann reichte ihm sein Gehilfe Hammer und Meißel.

«Ihr setzt den Meißel am besten rechts oben an und arbeitet euch mit kurzen, scharfen Schlägen nach links unten. Die Linien müssen schräg verlaufen, weil das die Schriftzeichen am ehesten unkenntlich macht. Noch Fragen?»

Gerade der am schüchternsten Aussehende nickte.

«Ja, schon. Wie ist das mit der Auswirkung – ich meine, Seine Majestät ist zwar groß und mächtig, aber könnte Amun sich nicht an uns – also irgendwie – ich meine, rächen …?»

Der Werber hatte solche Fragen oft gehört, sie brachten ihn nicht aus der Ruhe.

«Der König – er lebe, sei heil und gesund – hat eindeutig und mit Sicherheit erkannt, daß Götter wie Amun, Mut, Ptah, Thot und andere nur Erfindungen habgieriger Priester sind. Niemand hat diese sogenannten Gottheiten jemals gesehen, und sie in Stein, Metall oder Holz abzubilden – das kann jeder Handwerker. Was zuvor ein Stück Metall, ein Steinblock oder ein Kloben Holz gewesen war, soll sich durch Menschenhand plötzlich in einen Gott verwandeln? Wer solches noch glaubt, dem ist nicht zu helfen! Aton hingegen ist für jedermann sichtbar und gegenwärtig, da braucht ihr nur zum Himmel zu blicken. Er will keine falschen Götter neben sich haben; was ihr also tut, ist gottgewollt und verdienstvoll.»

Als Resteps Arbeitsgruppe den Mut-Tempel betrat, hatten schon Arbeiter Tage zuvor die Säulen mit Bambusgerüsten bis hinauf zum Gebälk umkleidet und vor den Mauern und Pylonen Rampen aus Nilschlammziegeln errichtet.

Der Vorarbeiter trat heran.

«Ihr arbeitet euch von oben nach unten und hütet euch, eines der Schriftzeichen zu übersehen oder nicht gründlich auszutilgen. Eure Arbeiten werden von Zeit zu Zeit überprüft, und wer liederlich arbeitet, muß mit Lohnabzügen rechnen.»

Zusammen mit drei anderen kletterte Restep an dem schwankenden Gerüst empor, dessen oberste Plattform bis zum Gebälk über der Säule reichte. Plötzlich hielt er inne, weil er vom Nachbargerüst ein seltsames Knacken und Knistern vernahm. Er blickte hinüber und sah, wie die dicken, seitlichen Tragstangen langsam einknickten.

«Springt hinab!» rief er mit überschnappender Stimme. «Runter – das Gerüst bricht!»

Die drüben schauten ihn nur blöde an, doch es war schon zu spät. Die kunstvoll mit Stricken verbundenen Bambusstangen fielen kraftlos in sich zusammen, und die drei Männer stürzten schreiend kopfüber in das Gewirr. Einer war sofort tot, weil eine abgesplitterte Stange seinen Hals durchbohrte, ein zweiter – durch die Brust aufgespießt – starb kurz darauf. Der dritte hatte Glück und kam mit schmerzhaften Prellungen davon.

Restep und die anderen kletterten hinab, um bei der Bergung mitzuhelfen. Der empörte Aufseher ließ es sich nicht nehmen, kroch in das Gewirr der ineinander verkeilten Bambusstöcke und rief: «Da! Und da auch!»

Mit Hilfe anderer zerrte er zwei geknickte Stangen ans Licht.

«Da – seht alle her! Das war kein Unfall! Irgendwer hat die äußeren Tragstangen angesägt, so daß sie der Belastung nicht standhielten. Das ist Hochverrat und Mord, dafür werden die Schuldigen büßen müssen!»

Das sagte sich so leicht, doch wer waren die Schuldigen? Übrigens blieb es nicht bei diesem einen Fall. Eine Mauerrampe aus Schlammziegeln war so geschickt unterhöhlt worden, daß sie zusammenbrach, als die Arbeiter sie besteigen wollten. Dabei kam freilich niemand zu Schaden, doch die Absicht war erkennbar: Die vom König angeordneten Arbeiten sollten behindert werden.

Der Aufseher ließ sofort sämtliche Gerüste und Rampen genauestens überprüfen, und es wurden noch drei Versuche entdeckt, sie zum Einsturz zu bringen. Das verzögerte die Arbeit um einige Stunden, aber als ihr Fortgang befohlen wurde, hatten sich etliche der Männer unbemerkt davongemacht; auch einer aus Resteps Gruppe war dabei. Der andere zögerte und flüsterte: «Da war keine Menschenhand im Spiel! Da hat Amun selber eingegriffen, um die Lästerer zu vernichten…»

Restep beruhigte ihn.

«Wenn es ihn gäbe, hätte er schon etwas tun müssen, als man seine Priester davonjagte und den Tempel schloß. Ich habe mir die Bruchstellen angeschaut, da waren kleine, feinzahnige Handsägen am Werk, glaube mir.»

So brachte er schließlich den anderen dazu, das Gerüst wieder zu besteigen, und dann arbeiteten sie sich vom Gebälk über das Kapitell und den Säulenschaft nach unten.

Restep, seit Jahren an harte Arbeit gewohnt, fand sich mühelos in den Rhythmus, während viele andere über Gliederschmerzen und Blasen an den Händen klagten.

Obwohl man von da an die Nachtwachen verstärkte, kam es wieder und wieder zu Unfällen, so daß Mahu schließlich in eigener Person den Tempel aufsuchte, um sich ein Bild zu machen. Er ließ die Arbeiten unterbrechen und die Männer in Reih und Glied antreten.

Mit gerunzelter Stirn und zusammengekniffenen Augen schritt er an ihnen vorbei, blieb da und dort stehen.

«Unter euch muß es einige Verräter geben, denen es immer wieder gelingt, den Fortgang der Arbeiten zu behindern. Woher sie kommen und wer sie gesandt hat, ist wohl klar. Leute, es geht um euer Leben, um eure Gesundheit – also meldet jeden Vorgang, jedes Ereignis, das euch seltsam erscheint. Wer dazu beiträgt, einen dieser Lumpen zu fangen, erhält eine hohe Belohnung.»

Mahu setzte seinen Weg fort, und sein Blick fiel auf Restep.

«Kennen wir uns nicht?»

Restep gab sich einen Ruck, er wollte reinen Tisch machen.

«Ja, Herr, ich war damals in die Sache mit Pentu verwickelt, wurde zusammen mit Memi festgenommen. Ich heiße Restep...»

Mahu grinste.

«Natürlich! Wir haben dich zu lebenslanger Zwangsarbeit begnadigt. Aber was tust du hier – als freier Mann?»

Jetzt nur nichts Falsches sagen.

«Ich wurde wegen guter Führung zu fünf Jahren begnadigt, war Teilnehmer an der von Maj geführten Expedition...»

«Maj!» rief Mahu überrascht. «Was ist mit ihm?»

Die anderen waren längst aufmerksam geworden und spitzten die Ohren.

«Kann ich dich allein sprechen?»

Mahu nickte. Sie gingen zur hinteren Tempelwand.

«Maj ist verschollen, wir haben nicht mehr das geringste von ihm gehört. Seine Majestät hat erst kürzlich – aber das geht dich nichts an. Erzähl mir, was du weißt, und tische keine Lügen auf!»

«Das würde ich niemals wagen, Herr. Unsere Expedition wurde in wenigen Tagen durch die Schasu aufgerieben. Auch ständiger Wassermangel trug dazu bei und Streitigkeiten unter den Fachleuten...»

Mahu winkte ab.

«Einzelheiten kannst du dir sparen! Was genau ist mit Maj geschehen?»

«Er wurde beim letzten großen Überfall getötet; ich sah ihn mit durchschnittener Kehle vor seinem Zelt liegen.»

«Das kannst du beschwören – vor Aton und seinem Propheten, dem Herrn Beider Länder?»

«Gewiß – wenn es sein muß...»

«Es kann sein, daß Seine Majestät es aus deinem Mund hören will.»

«Ich soll – ich soll vor dem Guten Gott...? Aber ich weiß ja nicht, wie – wie...»

«Das wird sich finden», sagte Mahu kurz. «Geh jetzt an deine Arbeit zurück und halte Augen und Ohren offen.»

«Was ist mit dem Mann?» fragte ein Aufseher mißtrauisch. «Stimmt etwas nicht?»

«Nein, nein, wir kannten uns nur von früher.»

Einige Tage später fiel es einem der Arbeiter auf, daß drei Mann auf einem Gerüst so eng beieinanderstanden, wie es für diese Arbeit nicht nötig, ja hinderlich war.

Er schlich beiseite und gab einem der Aufseher ein Zeichen. Zwar fuhren die Männer sofort auseinander wie ertappte Diebe, doch ihre Ausreden halfen nichts, denn der Tatbestand war offensichtlich. Zwei der Männer hatten den dritten verdeckt, der – es war kurz vor Arbeitsschluß – eine der Tragstangen mit einer kleinen Säge fast ganz und eine andere halb durchgetrennt hatte. Einer ergriff sofort die Flucht, rannte zum Ausgang, wo die dort postierten Wachen ihn niederschlugen. Er stellte sich bewußtlos, sprang plötzlich wieder auf und rannte weiter, doch dann traf ihn eine Lanze in die linke Schulter. Noch ehe man ihn befragen konnte, starb er – röchelnd und schaumiges Blut spuckend. Doch das war kein Schaden, denn die zwei anderen wurden gefesselt vor Mahu gebracht. Der grinste vor Freude und rieb sich die Hände.

«Schau – schau, wen haben wir denn da? Aber machen wir es kurz. Ein offenes Geständnis kann euch zwar nicht das Leben retten, aber schlimme, sehr schlimme Leiden ersparen. Man wird euch so lange foltern – tage- und nächtelang –, bis wir wissen, wer euch beauftragt hat. Dann werdet ihr lebendig verbrannt und eure Asche in den Nil gestreut. Legt ihr aber ein umfassendes Geständnis ab, so werdet ihr erdrosselt und eure Körper bestattet. Ihr habt ein paar Stunden Zeit, es euch zu überlegen.»

Die beiden wurden getrennt eingekerkert, und Mahu lief gleich zum neuen Wesir. Aper blickte ihn neugierig an. In seiner gewohnten, etwas zerstreuten Art fragte er stockend: «Ich hoffe, du – du bringst etwas wirklich Wichtiges?»

«Und ob, Herr – und ob! Heute konnte ich zwei der Täter im Tempel festnehmen. Sie waren gerade dabei, ein Gerüst anzusägen! Durch sie werden wir erfahren, wer…»

«Haben sie gestanden?»

«Nein, ich hielt es für richtig, ihnen etwas Bedenkzeit zu gewähren.»

Dann erwies es sich, daß die Männer zwar einsichtig und geständnisbereit waren, doch gaben sie vor, nichts über die Hintermänner zu wissen. Der eine war – so sagte er – in einer Kneipe von einem Fremden angesprochen worden, der andere auf dem Markt, wo er als Tagelöhner arbeitete. Beide waren sie mit einem hohen Handgeld – zehn Deben in Kupfer – geködert worden, mit dem Versprechen, nach erfolgreicher Tat noch einmal das Doppelte zu erhalten.

«Und wo sollte das sein?»

Auch da war die Aussage übereinstimmend, denn ihre Auftraggeber hatten ihnen versichert, sie würden ihre Leute stets im Auge behalten und sie jederzeit zu finden wissen.

Damit ist es nun vorbei, dachte Mahu, denn es konnte den Auftraggebern kaum entgangen sein, daß die Täter festgenommen worden waren.

Er war geneigt, den beiden zu glauben, da sie sich als sehr einfache Menschen erwiesen, die aus ärmlichen Verhältnissen kamen und für die zehn Kupferdeben einen gewaltigen Reichtum darstellte.

Diese Leute sind schlau, dachte er mit widerwilliger Bewunderung, sie halten sich bedeckt, geben nichts preis. Aber ich werde ihnen auf die Spur kommen – so oder so!

Und Mahu entwickelte einen Plan, den er für durchaus erfolgversprechend hielt. Er wählte aus seinen Männern zwei kluge und kräftige Leute aus, die er ärmlich kleidete und in der von dem Täter genannten Kneipe von Zeit zu Zeit einkehren ließ. Sie sollten, so befahl er ihnen, in Äußerungen und Gesprächen erkennen lassen, daß sie für einen Extralohn zu allem bereit seien. Sollte dann tatsächlich einer dieser «Fremden» ein Angebot machen, so mußte der andere durch ein vereinbartes Zeichen informiert werden, und sie würden den Mann gemeinsam festnehmen. Dann konnte Mahu die Spur weiterverfolgen. Die beiden Täter ließ er stillschweigend erdrosseln und in der Wüste verscharren.

5

Während einer kurzen Audienz, die der König dem Obersten Mahu gewährte, um über den Fortgang der Arbeiten zu erfahren, kam die Rede auf Maj und dessen Tod in der Wüste.

Echnaton hegte Mahu gegenüber eine leise Abneigung, machte ein abweisendes und hochmütiges Gesicht und gestaltete die Unterredung so kurz wie möglich. Jetzt aber wurde er sofort aufmerksam und fragte lebhaft: «Ist das ganz sicher? Wer hat dir davon berichtet?»

«Einer der Arbeiter in deinem Dienst, Majestät, ein früherer Sträfling. Er heißt Restep und hat den Rest seiner Strafe unter Maj abgedient. Nach seinem Bericht wurde die gesamte Expedition in wenigen Tagen durch räuberische Nomadenhorden vernichtet. Und nur er scheint…»

«Ich möchte es von dem Mann selber hören! Schaffe ihn morgen hierher!»

Mahu hatte Resteps Rolle bei Pentus Ermordung verschwiegen, um die Sache nicht weiter zu komplizieren. Da er nun schon in der Palaststadt war, begab er sich in den Kerker, wo Bagsu auf eine Entscheidung wartete. Der grinste ihm tapfer entgegen und fragte: «Holst du mich jetzt zur Hinrichtung?»

«Verdient hättest du sie! Danke den – danke Aton, daß er bisher seine Hand über dich hielt. Gut – ich lasse dich zur Bewährung frei, aber wehe dir, du entsprichst nicht meinen Erwartungen! Da Bagsu nun tot ist, müssen wir einen neuen Namen für dich finden. Was schlägst du vor?»

Darüber hatte er während der Haft schon nachgedacht.

«Nun – bisher war ich der ‹Dolch› des Hohenpriesters Maj, von nun an will ich die ‹Axt› des Königs sein und mich Setep nennen.»

Mahu nickte anerkennend.

«Ein guter Vorschlag, um so mehr als Setep auch ‹auswählen› und ‹Schutz bereiten› bedeutet. Du wurdest von mir auserwählt und dienst zum Schutz des Königs – gut, bleiben wir dabei. Eine geeignete Aufgabe werde ich schnell für dich finden.»

Manchmal ergriff den sturen und ganz in seinem Dienst aufgehenden Mahu die Lust, etwas Unerwartetes zu tun. So auch jetzt.

«Sei bis morgen noch mein Gast, denn ich habe eine Überraschung für dich.»

«Eine angenehme, wie ich hoffe.»

«Wie man es nimmt, jedenfalls wirst du dich wundern.»

Dann schickte Mahu einen Boten in den Mut-Tempel, der Restep für den nächsten Morgen in den Palast befahl. Der frühere Sträfling hatte Mahus Ankündigung nicht sehr ernst genommen und glaubte auch jetzt nicht daran, jemals vor das Angesicht Seiner Majestät treten zu dürfen. Irgendein Beamter würde ihn wegen Maj befragen und dann zurückschicken. Nicht anders konnte es sein…

Und doch kam es anders. Ein Zeremonienmeister kleidete Restep völlig neu ein; zuvor wurde er gründlich gebadet und mit Duftölen gesalbt. Dann mußte er in einem Vorzimmer warten, bis Mahu ihn zur Audienz holen würde. Und wenn das eine Falle war? Vielleicht hatten sich weitere Zeugen gemeldet, die alles anders darstellten? Die davon berichteten, daß Maj nicht von den Schasu, sondern nachts von seinen eigenen Leuten getötet worden war…

Restep begann zu schwitzen, seine Kopfhaut juckte unerträglich unter der neuen Perücke, und der Drang, sein Wasser abzuschlagen, wurde immer stärker. Er wünschte sich weit weg – zurück in die Wüste, wo alles einfacher gewesen war. Zwar brachte dort jeder Tag neue Gefahren, aber er war bereit, ihnen zu begegnen, und hatte nur zu fürchten, daß er etwas falsch machte. Da er noch lebte, hatte er bisher wohl alles richtig gemacht. Seine Gedanken begannen sich zu verwirren und sprangen herum wie Flöhe in einer Schachtel.

Er fühlte einen harten Griff an seiner Schulter.

«Restep! Schläfst du oder träumst du? Ich habe dich schon zweimal angesprochen!»

Er sprang auf, verbeugte sich vor Mahu.

«Entschuldige, Herr, aber das lange Warten...»

«Was?» rief Mahu empört. «Bist du noch bei Sinnen? Seine Majestät hat Gesandte von Königen tagelang warten lassen, und ich selber sitze oft stundenlang im Vorzimmer, bis der Gute Gott geruht, mich – also ich muß schon sagen!»

«Verzeih, Herr, doch fehlt mir in solchen Dingen jede Erfahrung. Ich bin noch nie –»

«Gut, gut! Wir müssen uns beeilen! Hat dir der Zeremonienmeister alles erklärt?»

«Ja, Herr.»

Geblendet von all dem königlichen Glanz, stolperte Restep hinter dem Obersten her. Von Decken und Wänden leuchteten die schönsten Malereien, die einmal vorgaukelten, man wandere durch eine Blumenwiese, scheuche Vögel und Hasen auf und höre Grillen zirpen, ein anderes Mal stand man am Wasser, erblickte im Schilfdickicht brütende Enten, sah ein Krokodil im Sumpf lauern und die Fische springen...

Überall huschten flinke Diener herum, doch je näher sie dem Audienzraum kamen, desto gemessener bewegten sie sich, standen zuletzt nur noch feierlich da wie Statuen, was auch für die Leibwache galt, die das Portal bewachte. Riesige Kerle, darunter einige nachtschwarze Kuschiten, mit schwellenden Muskeln, mit Händen, die kampfbereit auf den Griffen ihrer Dolche und Schwerter lagen.

Vor Mahu öffnete sich die Gasse der grimmigen Krieger, zwei Zeremonienmeister traten hinzu, die Tür flog auf, und Restep fühlte eine Hand im Nacken, die ihn niederdrückte. Er sank zu Boden, lag auf dem Bauch und rührte sich nicht.

Echnaton hatte es nicht für nötig befunden, diesen einfachen Mann im Glanz seiner königlichen Insignien zu empfangen. Er trug das blaugestreifte Kopftuch, und um seine Stirn wand sich der goldene Reif mit der drohend aufgerichteten Uto-Schlange, von den Priestern als «das Auge des Re» bezeichnet.

«Auf die Knie!» hörte Restep eine scharfe leise Stimme sagen. Er richtete sich auf, hielt aber den Kopf gesenkt. Dem König dürfe man niemals in die Augen blicken, hatte man ihm gesagt.

Im Gegensatz zu seinem Vater achtete Echnaton nicht allzu streng auf diese Regeln, aber dies war das erste Mal, daß ihm ein Mann aus dem Volk gegenüberstand. Freilich, auch die Diener und Palastwachen waren einfache Menschen, aber allein die Tatsache, daß sie fast täglich den König sahen, hob sie weit über andere hinaus, und man bezeichnete sie ehrfürchtig als die «Geheimen Räte des verehrungswürdigen Hauses».

Echnaton setzte sich auf den goldenen Thronsessel, der Wesir Aper reichte ihm das Heka-Szepter. Er, Dutu, Eje und einige hohe Palastbeamte stellten sich zu Füßen des Thrones.

Dutu, der «Mund des Königs», sagte freundlich: «Erhebe dein Haupt, Restep, und berichte Seiner Majestät – er lebe, sei heil und gesund – über den Untergang der von Maj geführten Expedition – aber nur das Wichtige und Wesentliche.»

Restep hob langsam den Kopf, und sein Blick fiel auf die gebogenen goldenen Königssandalen, dann auf den Saum des gefältelten Schurzes und auf das Heka-Szepter, das lässig auf dem linken Knie des Königs lag.

Echnaton spürte, daß dieser Mensch vor Neugier verging, aber es nicht wagte, den Blick zu erheben.

«Sieh mich nur an, Restep, wenn dir das Reden dann leichter fällt.»

Die Vertrauten des Königs schmunzelten. Restep hob kurz den Blick und war überrascht. Er hatte die seltsamen Bildnisse vor Augen, die überlebensgroß die Außenseite des Aton-Tempels schmückten, und nun sah er das schöne, majestätische Gesicht des Guten Gottes und Herrn Beider Länder, war überrascht und ergriffen. Dann richtete er seine Augen auf das Heka-Szepter und begann seinen Bericht, stockend zuerst, dann immer freier und flüssiger. Er schilderte die nach und nach auftretenden Schwierigkeiten, den Streit der Fachleute, die fehlenden oder unergiebigen Wasserstellen, die sich häufenden Überfälle der Nomaden.

Da unterbrach ihn der König.

«Aber wie konnten diese elenden Barbaren eine gutbewaffnete Begleitmannschaft überwältigen? Ich verstehe das nicht!»

«Sie kamen bei Nacht, Majestät, oder nutzten ihre Kenntnisse der Wüstenlandschaft, wenn sie uns die Durchgänge versperrten und Felsbrocken auf uns herabstürzen ließen. Sie stellten sich nie einem Kampf, zogen sich gleich wieder zurück.»

Echnaton blickte Mahu an.

«Was sagst du dazu, Oberst?»

Der zuckte zusammen und verbeugte sich.

«Nun, was ist da zu sagen, Majestät? Sie mögen zwar Barbaren sein und in der Minderzahl, aber sie nutzen schlau die Gegebenheiten. Das mag ihnen manchmal kurzfristig eine gewisse Überlegenheit verschaffen…»

Der König ging nicht darauf ein.

«Nun schildere uns, auf welche Weise Maj umkam.»

«Ich war kein Augenzeuge, Majestät, aber es wird wohl so gewesen sein, daß sich die Schasu nachts ins Lager schlichen, Majs Wachmannschaft töteten, ihm die Kehle durchschnitten und sein Zelt beraubten. Es war eine finstere Neumondnacht, Majestät, unsere Krieger konnten nichts tun, auch an eine Verfolgung war nicht zu denken.»

Diese Lügen gingen ihm so glatt von den Lippen, daß er fast selber daran glaubte. Wenn es nicht ganz so gewesen war, dann doch so ungefähr…

«Und wie hast du dich retten können?» fragte Aper und beugte sich etwas vor. Seine lange Gestalt ragte wie eine Fahnenstange empor, an seiner linken Wange zuckte ein Muskel.

«Alles ging so schnell… Da Maj nun tot war, wie auch die beiden Oberaufseher, fiel die Gruppe auseinander. Die einen wollten dies, die anderen das… Keiner gab eindeutige Befehle… So machte ich mich mit einigen Freunden auf den Rückweg, und Seth war so gnädig – oh, verzeih! Aton geleitete uns sicher nach Kepto, wo jeder seiner Wege ging.»

«Du bist der einzige, der sich je gemeldet hat», bemerkte der Wesir.

Der König erhob sich.

«Du hast mir einen Dienst erwiesen, Restep. Mahu wird dich belohnen und eine angemessene Beschäftigung für dich finden.»

Mahu stand stramm.

«Jawohl, Majestät!»

Mahu führte ihn hinaus, und erst als sie eine Reihe von Gängen und Höfen durchwandert hatten, sagte Mahu: «Hast es gut gemacht, Restep. Nun zu deiner Belohnung; sie besteht darin, daß ich dich mit einem alten Freund zusammenbringe.»

«Einen Freund? Aber ich habe hier keine Freunde, war als Sträfling zu lange unterwegs… Wer kann das sein?»

Mahu grinste schlau.

«Warte es ab!»

Sie betraten eines der Gästehäuser, ein Diener öffnete eine Tür, und da stand Bagsu. Sosehr er sich verändert hatte – Restep erkannte ihn sofort. Bagsu war zuerst unsicher.

«Du siehst aus wie – wie – aber das ist doch nicht möglich! Restep? Kann es sein?»

«Warum nicht? Auch ich dachte, du seist längst tot.»

«Ist er auch», mischte Mahu sich ein, «aber er wird es dir schon erklären.»

So fand Bagsu seinen früheren Gehilfen wieder, und sehr schnell stellte sich ihr altes Verhältnis wieder ein, und Restep war froh darüber.

Als das Gespräch auf Amun und die geschlossenen Tempel kam, schüttelte Restep heftig seinen Kopf.

«Nein, Herr, ich will damit nichts mehr zu tun haben. Meine Kraft, meine Fähigkeiten – all dies gehört von nun an dem König und seinem Gott Aton.»

Nach einer Stunde erschien Mahu.

«Wollt ihr wieder zusammenarbeiten? Ja? Das ist gut, aber diesmal auf der Seite des Rechts, im Dienst des Königs.»

Dann setzte er ihnen auseinander, wie schwierig es war, den Männern auf die Spur zu kommen, die hinter diesen Anschlägen standen, und daß es sein Ziel war, sie zu vernichten.

«Dahinter stehen natürlich die früheren Priester der falschen Götter, die mit allen Mitteln verhindern wollen, daß aus der Stadt des Amun eine des Aton wird. Freilich kennen wir die Köpfe des Widerstandes und beobachten sie, aber bis jetzt ist ihnen leider nichts nachzuweisen. Si-Mut, der frühere Dritte Prophet des Amun, lebt zurückgezogen bei seiner alten Mutter; Hapu, der einstige Month-Priester, hält sich meist auf seinem Gut bei Armant auf; und Peri – nun, von dem weiß ganz Waset, daß er als Haushofmeister der Prinzessin Sat-Amun dient und ihr Bett wärmt. In ihrem Palast treffen sich diese Herren von Zeit zu Zeit, aber dort haben wir leider keinen Zutritt, und es ist unmöglich, einen Spitzel einzuschleusen. Sat-Amun beschäftigt nur eine alte treue Dienerschaft und ist überaus mißtrauisch. Wir müssen also behutsam Schritt um Schritt tun, dürfen aber unser Ziel niemals aus den Augen verlieren.»

Er blickte Bagsu auffordernd an, und der wußte gleich, daß Mahu von ihm erwartete, dieses Ziel zu nennen.

«Die Köpfe müssen abgeschnitten werden», sagte er ruhig und bestimmt.

Mahu nickte.

«Richtig, und ihr werdet mir dabei helfen. Ihr könnt euch ja auf alte Erfahrungen stützen, nicht wahr? Im übrigen handelt ihr im Sinne Seiner Majestät; ihr tut also das Rechte und habt nichts zu fürchten.»

«Außer einem Mißerfolg», meinte Bagsu.

«Den kann es immer geben, und wer zügig voranschreitet, darf auch einmal stolpern.»

«Ich bin dabei», sagte Restep einfach, «ich werde Bagsu zur Seite stehen.»

Mahu erklärte ihm, daß Bagsu vor aller Welt tot sei und künftig als sein älterer Bruder Setep auftreten werde.

Restep lächelte.

«Das ist doch einerlei – ich weiß, wer du bist, und werde dir gehorchen, wie früher.»

Unterdessen gingen die Arbeiten am Mut-Tempel weiter, doch kam es trotz schärfster Bewachung immer wieder zu Anschlägen. Der König hatte gehofft, die Löschung des Amun-Namens gehe dort zügig voran und er könnte die Arbeiter bald in der verwaisten Tempelstadt einsetzen, wofür allerdings wesentlich mehr Zeit und Kräfte aufzuwenden waren. Viele Könige hatten seit Jahrhunderten dort gebaut, und es würde nicht einfach sein, Amun dort gründlich auszutilgen.

Zuerst gestand Echnaton es sich nur selber ein, dann sprach er mit Nofretete über seine aufkeimenden Zweifel.

«Ich fürchte, nicht lange genug zu leben, um Aton hier eine Heimstätte zu schaffen. Was meine irregeleiteten Vorgänger dem Widdergötzen über Jahrhunderte aufbauten – an Steinen wie an Irrtümern –, kann ich nicht in einigen Jahren – nicht einmal in Jahrzehnten ungeschehen machen. Die Tempel sind geschlossen, die Priester entmachtet, und dennoch...»

Nofretete, sonst selten um einen Rat verlegen, wußte jetzt keinen. Sie konnte ihren Gemahl nur trösten.

«Aber du hast schon sehr viel erreicht, Liebster! Dein Tempel ist fertig – gewaltig und erhaben steht er da und kündet von Atons Ruhm und Glanz. Amun ist geschlagen an Haupt und Gliedern, seine Priester entmachtet, zerstreut, und Maj ist tot. Keiner würde es noch wagen...»

«Sie tun es, sie wagen es! Immer wieder gibt es Anschläge auf die Arbeiter im Mut-Tempel, und Mahu hat herausgefunden, daß die falschen Götzen nicht nur im Palast meiner Schwester – das ginge ja noch an! – verehrt werden, sondern allerorten in Waset, und zwar in Privathäusern. Soll ich diese Menschen festnehmen und bestrafen lassen? Nein, das werde ich nicht tun! Wo Glaube und Einsicht fehlen, da helfen auch Strafen nicht weiter. Ich weiß mir keinen Rat mehr, fühle aber, wie Aton zusehends unzufriedener und ungeduldiger wird. Du wolltest Waset in meine Stadt verwandeln, gab er mir im Traum zu verstehen, und was ich sehe, ist Flickwerk! Habe ich als Atons Prophet versagt? Wie denkst du darüber?»

«Nein, nein! Nur du als sein Prophet warst fähig, dem Gott auf eine Weise Gehör zu verschaffen, wie es kein anderer je vermocht hätte. Aber laß sie doch ihre Götzen heimlich weiter verehren! Sie sind auf dem falschen Weg und werden es nach und nach erkennen müssen.»

Echnaton schüttelte seinen Kopf, seine Miene wurde störrisch.

«Ich mühe mich ohnedies um Geduld, aber wird ER sie aufbringen? Wird ER weiterhin dulden, daß Waset Amuns Stadt bleibt – natürlich insgeheim und hinter verschlossenen Türen? Doch Aton blickt durch die Wände in die verstockten Herzen, und was er sieht, kann ihm nicht gefallen. Es ist einfach nicht möglich, hier alle Tempel niederreißen zu lassen, um sie für ihn neu zu errichten. Amuns Spuren sind überall. Es ist nicht nur sein Name; die Wände der Tempel sind mit Hymnen und Gebeten an ihn und Mut bedeckt. In ganz Kemet gäbe es nicht genug Arbeitskräfte, um dies in wenigen Jahren umzugestalten. Amuns Name liegt wie ein Fluch auf Waset, und ich möchte Aton doch etwas vorweisen, das nur ihm gehört, wo die Menschen nur sein Lob singen, wo alle Tempel und Heiligtümer ihm geweiht sind. Ich werde…»

Echnaton hielt inne, weil ihm dieser plötzliche Gedanke die Sprache nahm. Er sammelte sich, hob den Kopf und blickte seine Gemahlin stolz und siegesgewiß an.

«Ich werde Aton eine neue Stadt erbauen!»

«Eine neue Stadt?» wiederholte sie verständnislos.

Echnatons Gesicht rötete sich, und er sprang auf.

«Ja, eine Stadt auf jungfräulichem Boden, nur für ihn und uns. An einem Platz, den kein Götzenname je befleckt hat, wo es keine Gräber gibt, deren Inschriften den finsteren Osiris beschwören. Ich werde dort Tempel, Paläste und Wohnhäuser errichten, und wer mit mir übersiedelt, der wird geprüft, ob er treu zu Aton und seinem Propheten steht. Waset ist von den falschen Göttern seit Jahrhunderten geprägt, und es wird Jahrhunderte dauern, bis sie ausgemerzt sind – wenn dies überhaupt möglich ist.»

Nofretete lächelte unsicher.

«Aber eine ganze Stadt, Meni – oh, verzeih – Liebster, die läßt sich doch nicht in kurzer Zeit aus dem Boden zaubern. Es wird viele Jahre dauern, bis –»

«Es muß in kürzester Zeit geschehen! Ich werde alle Kräfte im ganzen Land zusammenziehen und die nutzlosen Versuche, Amun gänzlich aus Waset zu verjagen, sofort einstellen. Und noch eines, das uns die Geschichte lehrt: Wenn der König seine Residenz in einer bestimmten Stadt aufschlägt, dann wird der Lokalgott zum Reichsgott. So ist es schon mehrmals geschehen, und wenn der Herr Beider Länder oder einer seiner Nachfolger die Residenz wieder aufgab, dann fiel der groß gewordene Reichsgott in Bedeutungslosigkeit zurück. Wer kannte hier Amun, ehe König Anjotef vor etwa siebenhundert Jahren seinen Namen groß gemacht hat? Hier herrschte zuvor der Kriegsgott Month und wurde dann fast vergessen. Wenn ich meine Residenz an einen anderen Ort verlege, sinkt Amun in die Bedeutungslosigkeit zurück, und Aton wird groß – durch mich, seinen Propheten, und mit uns, der Heiligen Familie.»

Echnaton hatte seinen Plan so begeistert und entschlossen vorgetragen, daß Nofretete aus Erfahrung wußte, er würde daran festhalten. Da hatte es wenig Sinn, ihm diese Idee auszureden, aber dies kam für sie so überraschend, daß sie nicht übereilt zustimmen wollte.

«Das klingt alles so schön und verheißungsvoll, aber ich muß mich an den Gedanken erst gewöhnen. Soll die Stadt nördlich oder südlich von Waset entstehen?»

«Nicht im Süden! Ich will dem Sonnenheiligtum von Junu näher sein. Die Stadt soll – so stelle ich es mir vor – etwa auf halbem Weg zwischen Waset und Men-nefer liegen. Das wäre auch politisch sehr nützlich... Sprich jetzt mit keinem darüber! Ich möchte den Plan noch weiter durchdenken und dann meinen Freunden vortragen.»

«Rede zuerst mit deiner Mutter darüber.»

Nofretete kannte Tejes Einfluß auf ihren Sohn, und es war besser, ihrem möglichen Widerstand zuvorzukommen.

Doch die Königinwitwe lehnte den Plan keineswegs ab, im Gegenteil, sie redete ihrem Sohn zu – aus gutem Grund. Teje nämlich sah den innenpolitischen Zusammenbruch voraus, wenn Echnaton weiter derart ungestüm und rücksichtslos gegen den alten, seit Jahrtausenden verwurzelten Glauben vorging. Er war leider ihrem Rat nicht gefolgt, Aton zu seinem und ruhig auch zu einem der Hauptgötter zu machen – neben den anderen, vielleicht sogar über den anderen. Aber er machte ihn zum einzigen Gott und erklärte alle anderen für falsch, für wertlose Götzen. Wenn er seinem Gott nun weit weg von hier eine eigene Stadt erbaute, dann würde sich Aufregung und Widerstand in Waset wieder legen, und sie konnte – vielleicht über ihre Tochter Sat-Amun – mit den verjagten Priestern und Beamten vorsichtigen Kontakt aufnehmen. Dazu kam, daß überall im Land die Verehrung der alten Götter ungehindert weitergepflegt wurde; es gab keinen Schönen Befehl des Königs, der das verbot. Sie hielt es nicht für klug, dem Volk in einer Stadt

354

etwas zu verbieten, was in ganz Kemet erlaubt war. Ja, es kam zu dem Widersinn, daß man hier den kleinen Ptah-Tempel geschlossen und den Gott für falsch erklärt hatte, während der große in Men-nefer mit Hunderten von Priestern weiterhin Ziel von Pilgern und Gläubigen war. Das war nicht im Sinne der Maat, hier fehlte es an Ausgewogenheit.

«Ich werde dir in Atons neuer Stadt einen eigenen Palast errichten…» hatte Echnaton ihr versprochen, doch sie dachte nicht daran, von hier wegzugehen, aber das brauchte er jetzt noch nicht zu wissen.

«Das möchte ich auch hoffen!» hatte sie ausgerufen, was der König als freudige Zustimmung auslegte.

Gleich am nächsten Tag ließ er den Hofgeographen kommen und bestellte seine engsten Freunde und Ratgeber dazu. Der König war inzwischen davon abgekommen, Meinungen und Ratschläge seiner Vertrauten einzuholen. Sein Plan stand so felsenfest, daß er ihn als Tatsache und wohlüberlegten Entschluß vortrug und seine Rede beendete: «Ich weiß, daß ihr den Plan gutheißt, daß eure Herzen sich längst nach einer Wohnstätte gesehnt haben, die Aton allein gehört, wo ihr alle ihn ungestört verehren dürft. Oder wollt ihr es weiterhin an einem Ort tun, wo die Gläubigen mit dem Rücken zur Tempelstadt des Widderköpfigen stehen? Wo anmaßende Mauern, Türme und Pylonen davon künden, wer einmal hier geherrscht hat! Nein, meine Freunde, diese Zumutungen werde ich euch künftig ersparen!»

Dann kam der Hofgeograph zu Wort, der eine riesige Karte entrollte, die jeden Ort zwischen dem Grünen Meer und der Grenze nach Kusch zeigte. Er wußte bereits, worum es ging, und wies mit dem Zeigestock auf Eschmun, die heilige Stadt des Schreibergottes Thot.

«Hier, Majestät, liegt etwa die Mitte zwischen Men-nefer und Waset. Das Westufer ist stark besiedelt, aber am Ostufer –», er zeigte die Stelle, «gibt es weite Gebiete, wo auf einem schmalen Fruchtland nur einige Bauern leben.»

«Wir werden uns die Gegend einmal ansehen, und ihr alle kommt mit!»

Mahu hatte unterdessen andere Sorgen. Tagelang sprach niemand auf seinen Köder an, und dann ging alles sehr schnell. Seine beiden als Tagelöhner auftretenden Männer tranken in jener Kneipe einen Krug Bier, doch als sie einen zweiten bestellen wollten, sagte der Wirt: «Ich schließe gleich nach Sonnenuntergang – also, wenn ihr schnell austrinkt…»

Noch ehe sie etwas sagen konnten, setzte sich ein Fremder an ihren Tisch.

«Diesen Krug übernehme ich! Keine Arbeit gefunden?»

Sie schüttelten wie verabredet ihre Köpfe, und einer sagte: «Damit sieht es überhaupt schlecht aus. Der König baut nicht mehr, und wenn man früher bei den Priestern fast immer Arbeit fand, so ist es damit auch vorbei. Dieser Krug hätte unser letztes Korn gekostet.»

Er deutete auf das Säckchen an seinem Gürtel.

Der Fremde sah sich um, die Gaststube hatte sich schon fast geleert.

«Ich hätte Arbeit für euch, eine sehr gut bezahlte noch dazu, aber sie ist ein wenig – nun, gefährlich…»

Die Männer lachten.

«Gefährlich ist fast jede Arbeit! Vor einigen Tagen ist ein Freund von uns mit einer Last gestolpert und hat sich dabei das Genick gebrochen.»

«Ich nenne euch zuerst den Lohn. Er wird nur in Kupfer bezahlt und beträgt zehn Deben.»

In gespieltem Erstaunen rissen sie die Augen auf.

«Zehn Kupferdeben! Wie lange müssen wir dafür arbeiten? Zwanzig Tage – dreißig?»

Der Fremde hatte sich so gesetzt, daß sein Gesicht im Schatten lag. Er antwortete mit ruhiger, sehr leiser Stimme: «Wenn ihr es geschickt anstellt, ist die Arbeit in einer halben Stunde getan.»

«Du hältst uns wohl zum Narren! Nicht einmal ein Hoherpriester kann in einer derart kurzen Zeit so viel verdienen!»

«Das stimmt, aber ein Hoherpriester muß auch kein Bambusgerüst ansägen. Warum habt ihr euch nicht bei den Arbeiten im Mut-Tempel gemeldet? Sie zahlen dort den doppelten Lohn für die Austilgung eines Götternamens.»

«Nun ja, Herr, mein Freund und ich halten das nicht für ganz richtig – ein so mächtiger Gott... Du verstehst?»

«Ich verstehe, und für diesen Gott sollt ihr euch dort zur Arbeit melden und versuchen – vielleicht in der Morgen- oder Abenddämmerung – einige Bambusgerüste unbrauchbar zu machen. Dafür zahle ich jedem von euch sofort drei Kupferdeben – die restlichen sieben bekommt ihr später.»

Nach diesen Worten stand einer der Männer auf, zog blitzschnell einen Knüppel unter dem Schurz hervor und hieb ihn dem Fremden über den Kopf. Der stürzte lautlos vom Schemel, und gemeinsam fesselten sie ihm Arme und Beine.

Der Wirt lief herbei.

«Ihr seid wohl verrückt! Wollt ihr den Mann berauben? Ich hole sofort die Stadtmiliz!»

«Damit tust du uns einen großen Gefallen, wir gehören zu Mahus Leuten und nehmen diesen Mann hier fest.»

Mahus sonst immer etwas finstere Miene hellte sich auf, als sie ihm den Gefangenen brachten.

«Das habt ihr gut gemacht, dafür gibt es eine Extrabelohnung.»

Er betrachtete den gefesselten Mann, der schwankend und noch halb betäubt dastand.

«Der soll sich erst einmal erholen, sonst spürt er ja die Folter kaum. Oder willst du freiwillig reden?»

Der Mann spie Mahu vor die Füße und sagte kein Wort. Mahu lachte.

«Also auch noch frech – nun, das wird dir bald vergehen, wenn sie dir die Glieder ausrenken und deine Fußsohlen braten. Aber das hat bis morgen Zeit, und so gehört dir die ganze Nacht, um zu überlegen, ob der verräterische Amun-Klüngel es wert ist, Leib und Leben zu riskieren.»

Mahu war kein Freund von peinlichen Verhören. Nicht weil ihm die Gequälten leid taten, sondern weil er es als unnötigen Zeitverlust ansah, vor allem wenn der Tatbestand so eindeutig auf dem Tisch lag wie bei diesem Sendboten verräterischer Priester. Jedenfalls würde er sich den Mann gleich morgen früh vornehmen.

Kurz nach Sonnenaufgang weckte ihn sein Diener, und zwei

seiner Leute traten herein. Mahu sah schon ihren Gesichtern die schlechte Nachricht an.

«Herr, der Gefangene von gestern, der – der hat sich erhängt.»

Fluchend sprang Mahu aus dem Bett.

«Wie konnte das geschehen? Der Mann war doch gefesselt?»

«Es muß ihm irgendwie gelungen sein, die Handfesseln abzustreifen, und mit ihnen hat er sich am Fenstergitter erhängt.»

Dabei hatte er sich schon so darauf gefreut, dem König eine Erfolgsmeldung zu bringen. Aber er würde nicht aufgeben – er nicht!

Doch dann erledigte sich das Problem nach wenigen Tagen, als der König die Einstellung aller Arbeiten im Mut-Tempel anordnete. Die Gerüste wurden abgebaut, die Rampen aus Schlammziegeln ließ man einfach stehen. Seine Majestät hatte den Befehl ohne Begründung erlassen, was in den Kreisen der früheren Priester zu allerlei Mutmaßungen führte.

Si-Mut meinte, auch bei Hof habe sich eine Gruppe von Gegnern dieser radikalen Maßnahmen gebildet, die den König schließlich davon überzeugen konnte, daß er einen falschen Weg ging.

Hapu schüttelte zweifelnd seinen Kopf.

«Mag sein… Das heißt aber noch lange nicht, daß jetzt alles rückgängig gemacht wird. Ich glaube eher, daß die vielen geglückten Anschläge es immer schwieriger werden ließen, für diesen Gottesfrevel Arbeiter zu finden. Mein Plan hat sich jedenfalls bewährt.»

Peri meinte spöttisch: «Ja, ein paar Arbeiter sind tot, und etwa zwei Drittel der Amun-Namen sind ausgetilgt. Nichts Halbes und nichts Ganzes – im Grunde ein Schlag ins Wasser. Für wesentlich wichtiger erachte ich es, daß den vielen arbeitslosen Tempelbeamten geholfen wird und daß wieder opfern kann, wer opfern will.»

Der frühere Month-Priester Hapu war von sehr jäher Natur und rief: «Du läßt wohl keinen außer dir gelten? Aber freilich, wer als Haushofmeister sein sicheres Brot hat…»

«Hapu!» hörte man Sat-Amuns strenge scharfe Stimme. «Ich glaube, du vergißt dich. Im übrigen streitet niemand deine Verdienste ab, auch wenn ich Peri recht geben muß: Auf die Dauer wirksamer sind unsere Bemühungen um alle, die von des Königs Verboten geschädigt und benachteiligt sind.»

Demzufolge hatten die früheren Amun-Priester sich vor einiger Zeit entschlossen, neue, der jetzigen Lage angepaßte Hymnen und Gebete zu verfassen. Eine davon lautete:

Du gibst Sättigung, ohne zu essen,
du gibst Trunkenheit, ohne zu trinken…
Amun, du Kämpfer der Armen!
Du bist der Vater des Mutterlosen,
der Gatte der Witwe.
Wie lieblich ist es, deinen Namen zu nennen,
er ist wie der Geschmack des Lebens,
er ist wie der Geschmack von Brot für ein Kind,
wie ein Gewand für den Nackten,
wie der Duft eines Blütenzweiges
zur Zeit der Sommerhitze.
Wende dich uns wieder zu, du Herr der Ewigkeit!
Du warst hier, als noch nichts entstanden war,
und du wirst hier sein, wenn es zu Ende geht.
Du lässest mich Finsternis sehen, die du gibst –
leuchte mir, daß ich dich sehe.

Diese wie auch andere Gebete und Anrufungen stellten Amun als Vater der Bedürftigen, der Hungrigen – ganz allgemein als Zuflucht der Armen dar. Und die Priester taten ein übriges, um dies auch in die Tat umzusetzen. Nach und nach machten sie all die kleinen Beamten, Hilfspriester und Tempelarbeiter ausfindig, die ihren Broterwerb verloren und keinen neuen gefunden hatten. Diese Leute wurden nun regelmäßig unterstützt, und wer zu Amun beten oder ihm opfern wollte, der wurde an bestimmte Privathäuser verwiesen, wo man kleine Andachtsstätten eingerichtet hatte. Die üppigen Erträge der nur scheinbar verkauften Landgüter und Amuns noch immer sehr großer Reichtum machten dies ohne weiteres möglich. Was die königlichen Beamten beschlagnahmen konnten, war nur ein Bruchteil von dem, was die Priester zuvor in Sicherheit gebracht hatten.

In großen Zügen war Mahu über diese Vorgänge informiert, aber kein Gesetz verbot private Andachtsstätten oder die Unterstützung Bedürftiger. So waren ihm zunächst alle Hände gebunden, aber bald sollten neue Ereignisse wieder seine ganze Kraft erfordern.

Hapu, der einstige Jäger und abgesetzte Hohepriester des Kriegsgottes Month, wollte sich nicht damit abfinden, Bedürftige zu unterstützen und im übrigen geduldig abzuwarten. Er war von kämpferischer Wesensart und neigte zu schnellen, gewaltsamen Lösungen. Schon lange erzürnte ihn die langsam wachsende Schar der Aton-Verehrer, die in aller Ruhe ihrem Sonnengott opfern und zu ihm beten konnten. Der stets offene Tempel war ihm ein weiteres Ärgernis, wo jeder frech und ungehindert einen Blick auf das Allerheiligste – das im Grunde keines war – richten konnte. Seit Amun die durch Tempelschließungen um Amt und Brot Gekommenen kräftig unterstützte, wandte sich ein Teil von den Überläufern wieder von Aton ab, doch Hapu ging das nicht schnell genug. Man müßte – das war seine feste Überzeugung – diese Leute in Angst und Schrecken versetzen, ihnen zeigen, daß es für Leib und Leben schädlich war, dem neuen Gott anzuhängen.

Hapu fand eine Reihe von Gleichgesinnten und entwickelte eine Methode von schnellen Schlägen, ausgeführt von kühnen und geschickten Einzelkämpfern. Die mischten sich unter die am Aton-Tempel Opfernden und Betenden. Sozusagen im Vorbeigehen wurde dann jener erstochen, dieser erwürgt oder niedergeschlagen.

Mahu erkannte bald, daß es sich hier nicht um persönliche Racheakte handelte, sondern um gezielte Aktionen gegen Aton-Verehrer. Da diese Täter ihre Mordwaffen sofort fallen ließen und sich immer schnell unter die anderen mischten, waren sie kaum zu überführen, es sei denn, man hätte sie während der Tat überrascht.

Mahu zeigte sich besorgt, war aber im Grunde ganz froh, weil er hoffte, nun endlich einen Schönen Befehl zu erhalten, der ihm gestattete, mit aller Härte gegen diese Verbrecher vorzugehen. So informierte er den Wesir Aper, der bedächtig seinen Kopf wiegte, während seine Miene ein angestrengtes Nachdenken verriet.

«Gerade zu diesem Zeitpunkt möchte ich Seine Majestät nicht

mit solchen Problemen behelligen. Wir sind dabei, eine Reise nach Norden vorzubereiten, wegen – nun, wegen der Stadtgründung…»

«Ich dachte, das sei nur ein Gerücht?»

«Nein, nein, Seine Majestät scheint diesen Plan tatsächlich verwirklichen zu wollen. Vielleicht weiß der ehrenwerte Dutu einen Rat…»

Der «Mund des Königs» blickte besorgt.

«Wenn Aton-Verehrer sogar schon ermordet werden, muß ich das dem König melden.»

Er tat es, und Echnaton zeigte sich entsetzt.

«Mord und Totschlag vor meinem Tempel, im Angesicht Atons? Das darf nicht sein, das ist schwere Lästerung! Mahu soll dem sofort Einhalt gebieten – mit allen Mitteln!»

Diese Äußerung gab Dutu an den Obersten Mahu weiter, der sich die Hände rieb.

«Mit allen Mitteln! Das ist ein Wort! Sage Seiner Majestät, daß ich binnen kurzem Ordnung schaffen werde – mit allen Mitteln!»

Das war eine Aufgabe für Bagsu – im stillen nannte er ihn noch immer so – und eine Gelegenheit, sich zu bewähren.

Bagsu beriet sich mit Restep.

«Du hast doch Ohren so groß wie Wagenräder, und deine scharfen Augen haben sich oft genug bewährt. Wir nehmen ein halbes Dutzend unserer besten Leute und verteilen uns als opfernde Pilger rund um den Aton-Tempel. Und dabei werden wir vor allem eines tun – nämlich die anderen beobachten. Sobald einer der Pilger sich einem anderen ohne Grund zuwendet, müssen wir versuchen, uns von beiden Seiten zu nähern. Verstehst du, was ich meine?»

Restep lächelte geduldig.

«Ich habe dich immer gut verstanden, Herr.»

Das alle zehn Tage stattfindende Dekadenfest hatte man beibehalten. Da ruhte jede Arbeit, und die Menschen gedachten in besonderem Maße ihrer Götter. Wer dem alten Glauben anhing, mußte es zu Hause tun, andere suchten den Aton-Tempel auf, entweder weil sie an dem Gott Gefallen gefunden hatten oder aus Müßiggang und Neugier.

Für Hapus Menschenjäger war es eine gute Gelegenheit, sich unter die Menge zu mischen, doch da waren auch Mahus Leute.

Restep legte einen Blumenstrauß auf einen der Opferaltäre und ließ dabei unablässig seinen Blick umherwandern. Bagsu stand etwa zwanzig Ellen von ihm entfernt und streute aus einem Leinenbeutel Weihrauch in das glimmende Becken. Gleich war sein Gesicht in eine weißliche Duftwolke gehüllt, doch er sah gerade noch, wie ein schlanker Mann an einen dicklichen Pilger herantrat, der seinen feisten Steiß nach hinten wölbte, als er sich zum Altar niederbeugte.

Restep stand auf der anderen Seite und sah es auch. Da glitt die Hand des Mannes unter seinen Schurz und zuckte blitzschnell nach vorne. Der Dicke aber hatte sich im selben Augenblick aufgerichtet, und so fuhr ihm der auf den Rücken gezielte Dolch in den Hintern. Er drehte sich mit einem Schrei um, während der Schlanke schon dabei war, in der Menge unterzutauchen. Doch es gelang ihm nicht mehr. Bagsu faßte ihn am rechten Arm, und Restep drehte ihm seinen linken so schmerzhaft auf den Rücken, daß er laut aufstöhnte. Zwar hatte er sein langes dünnes Messer fallen lassen, aber er war ertappt worden. Auch der Verletzte hatte sich so schnell umgewandt, daß er den Angreifer noch sehen konnte.

Sie legten ihm Handfesseln an, und Bagsu sagte: «Da hilft nun alles nichts – du bist von drei Zeugen während der Tat überführt worden. Daß du den Mann nicht berauben wolltest, ist offensichtlich. Hat er deine Frau verführt, deine Tochter geschwängert oder dich bei einem Handel betrogen?»

Diese und noch mehr Fragen stellte Mahu dem Gefangenen, der im Kerker gebunden am Boden lag. Der Mann antwortete zwar, aber nur mit Ausflüchten. Er habe den Dicken mit einem Menschen verwechselt, der ihn schon mehrmals auf verschiedene Art hintergangen habe und nur darauf aus sei, ihn weiter zu betrügen.

Mahu glaubte ihm kein Wort und ließ den Täter nach allen Regeln der Kunst foltern. Man setzte ihm mit Peitsche, Feuer und Stricken derart zu, daß er mehrmals bewußtlos wurde, doch er blieb bei seinen Ausflüchten, sagte am Ende gar nichts mehr, wimmerte und stöhnte nur noch.

Mahu ließ ihn halbwegs gesund pflegen und eröffnete ihm dann, er sei wegen heimtückischen Mordes an heiliger Stätte zum Tode durch Verbrennen verurteilt. Der Mann senkte den Kopf und schwieg.

Am Hinrichtungsort legten sie ihn gebunden auf einen Haufen Reisig und Dornengestrüpp. Erst als das Feuer seinen Körper erfaßte, schien er seine verzweifelte Lage zu erkennen.

«Ihr verbrennt den Falschen!» rief er gellend, «holt mich herunter – ich werde – ich werde – Hapu ist es! Ihn müßt ihr verbrennen…»

Seine Stimme erstickte im Rauch, er schrie, hustete, stöhnte, dann herrschte Stille.

Bagsu, Restep und einige andere hatten es gehört, und so erfuhr Mahu davon.

«Hapu also, unser gewesener Month-Priester!»

«Ob dieses Geständnis in Todesnot ausreicht?» fragte Bagsu zweifelnd.

«Natürlich wird er alles abstreiten und sich gehütet haben, auch nur in die Nähe des Aton-Tempels zu kommen. Aber es ist ein Hinweis, und ich werde den Kerl ausführlich vernehmen.»

Es erwies sich, daß Hapu nicht einmal in Waset weilte, sondern auf seinem Landgut im Süden die Erntearbeiten überwachte. Unter lautstarkem Protest folgte er Mahus Aufforderung und begab sich nach Waset, wo ihn Mahu in seinen Amtsräumen mit kalter Höflichkeit empfing.

«Freilich, es ist immer lästig, wenn man von der Arbeit weggeholt wird, aber die gegen dich vorgebrachte Anschuldigung ist sehr schwerwiegend und muß ernst genommen werden.»

«Darf ich mich setzen?»

«Aber natürlich!»

Er winkte dem Diener.

In kurzen Worten schilderte Mahu den Mord und berichtete vom späten Geständnis des Delinquenten. Das Raubvogelgesicht des früheren Month-Priesters stieß wie im Angriff vor.

«Und das nimmst du ernst? Der Mann muß mich aus irgendeinem Grund gehaßt haben – vielleicht ein Priester oder Beamter, den ich entlassen hatte? Wie hieß er denn?»

Mahu nannte den Namen. Hapu schüttelte langsam seinen Kopf.

«Kann mich nicht erinnern, es muß ja auch schon Jahre her sein, nein…»

Mahu hatte nichts anderes erwartet, doch um Hapu zu demütigen, stellte er ihm noch eine Reihe belangloser Fragen und schlug zuletzt vor: «Du könntest dich nicht entschließen, im Aton-Tempel ein Amt zu übernehmen? Vielleicht sogar ein hohes?»

«Das ehrt mich sehr, aber ich habe mit dem Priesterdasein abgeschlossen, möchte mich auch künftig nur noch meiner Familie und dem Gut widmen.»

Mahu erhob sich.

«Ich hoffe, daß du es auch tust und dabei bleibst. Daß wir eure Treffen im Palast der Prinzessin Sat-Amun beobachten, wird dir ja nicht entgangen sein?»

«Ich treffe mich nur mit alten Freunden, wir tun da nichts Unrechtes.»

«Am Ende bringt Aton jedes Unrecht ans Licht – denke dran!»

Auf dem Heimweg dachte Hapu: Ich werde künftig vorsichtiger sein müssen… Dann schweiften seine Gedanken ab. Die beste Lösung wäre, so überlegte er, wenn der König nach Westen ginge. Wer auch immer ihm nachfolgt, würde sich wieder den alten Göttern zuwenden. Semenchkare vielleicht? Hapu hatte, als dieser noch Zweiter Prophet des Amun gewesen war, einige Male mit ihm zu tun gehabt. Ein angenehmer junger Mann, nicht allzu klug vielleicht, aber umgänglich und im guten Sinne beeinflußbar. Vielleicht ist die Zeit nicht mehr so fern, daß… Hapus Gedanken verloren sich in Wunschträumen von einer Wiederkehr der alten schönen Zeiten.

6

*H*aremhab, Führer der Begleittruppe nach Mitanni, machte sich zunehmend Sorgen um Semenchkare. Der Prinz verließ kaum noch den Palast seines Onkels, des Königs Tusratta, und als es dem Hauptmann vor einigen Tagen endlich gelungen war, vorgelassen zu werden, saß oder besser lag Semenchkare lässig auf Polstern hingestreckt, hielt einen Becher Wein in der einen und tätschelte mit der anderen Hand ein halbnacktes Mädchen. Er hatte sich den landesüblichen Bart wachsen lassen, trug churritische Kleidung und schien auch seine Vatersprache verlernt zu haben. Haremhab verbeugte sich, aber nicht allzu tief.

«Mein Prinz, wir müssen allmählich an unsere Heimreise denken. Der Besuch bei König Tusratta sollte der Verständigung und Festigung der Freundschaft dienen. Dem ist nun Genüge getan, und ich schlage vor...»

Semenchkare gähnte laut und sagte in churritischer Sprache: «Verzeih, aber...»

Dann schlug er sich an den Kopf.

«Bei Baal und Ischtar! Ich habe mich so an diese Sprache gewöhnt, daß ich... Nun, du siehst, ich beherrsche auch die unsrige noch. Du hast etwas von abreisen gesagt? Natürlich können wir nicht ewig hierbleiben, aber jetzt steht der Sommer vor der Tür, und Tusratta meint, da sei das Reisen sehr beschwerlich. Wir sollten die kühleren Tage abwarten...»

Mit diesem Bescheid ging Haremhab ins Lager vor der Stadtmauer zurück. Die Soldaten langweilten sich tödlich, es kam fast täglich zu Streitereien, die nicht selten blutig endeten. So hatte Haremhab sich vor einiger Zeit entschlossen, seine Leute in Gruppen zu jeweils zehn – der König hatte es auf Anfrage erlaubt – in die Stadt zu lassen, um dort den Tempelhuren beizuwohnen. Ihm war dieser Brauch nicht neu, doch die meisten seiner Männer standen staunend vor der Tatsache, daß Mädchen aus angesehenen Familien – ehe sie heirateten – ihre Jungfräulichkeit in einem Tempel der Ischtar opfern mußten. Der Hurenlohn floß in die Tempelkasse. Den Priesterinnen der Göttin war hingegen strengste Keuschheit auferlegt, und wer sich ihnen unziemlich näherte, mußte schlimmstenfalls mit der Todesstrafe rechnen. Ischtar hieß hier in der Volkssprache Sauska, als Haupt- und Staatsgott herrschte Tesup, der vor allem für das Wetter zuständig war, von dem Ernte und Wohlergehen des Volkes abhing. Hier gab es keinen Nil, der regelmäßig an- und abschwoll; man war auf Regen und Sonne angewiesen. Wenn von Frühsommer bis in den Herbst kein Wasser vom Himmel fiel, dann kam es zu Mißernten und Hungersnöten. Kein Wunder also, daß man Tesups Wohlwollen unablässig mit Opfern und Bittgebeten zu erhalten suchte.

Etwas Ähnliches schien König Tusratta mit seinem Gast aus Kemet vorzuhaben. Er hatte Semenchkare eine Art eigene Residenz eingerichtet, mit Schreibern, Dienern, Köchen, Sklavinnen und Musikanten, die mit Flöte, Laute, Harfe und Trommel zu den Mahlzeiten und Festlichkeiten aufspielten. Was der Prinz an Dienerschaft aus Kemet mitgebracht hatte, war nach und nach geschickt entfernt worden, mit der Begründung, daß die Leute sich hier nicht verständigen und zurechtfinden konnten. So führte Semenchkare das träge und üppige Wohlleben eines churritischen Fürsten, der nichts anderes zu tun hatte, als das Gebotene zu genießen. Und geboten wurde viel...

Der Morgen begann damit, daß ihm ein Diener einen Erfrischungstrank reichte, eine Art Kräuterwein, der die vom letzten Nachtmahl durch übermäßigen Weingenuß verursachten Kopfschmerzen und die Übelkeit aus dem Magen vertrieb. Dann folgte ein Bad mit anschließender Massage. Wenn er gesalbt, frisiert und angekleidet war, ging es auf Mittag zu. Dann suchte ihn der König kurz auf; sie plauderten, nahmen eine leichte Mahlzeit ein, wobei ihn Tusratta immer wieder nach seinen Wünschen befragte. Semenchkare hatte keine, erfand aber dann und wann aus Höflichkeit irgendein Bedürfnis, das augenblicklich erfüllt wurde.

Am Nachmittag ging es bei schönem Wetter auf die Jagd, man veranstaltete auch Pferderennen und Wettschießen oder sah einer durchziehenden Gauklergruppe zu. Daran nahm der König nur gelegentlich teil, aber er sorgte stets dafür, daß der Prinz möglichst selten mit seinen Landsleuten im Lager vor der Stadt in Berührung kam.

Den Tagesausklang beging man meist festlich mit üppigen Gastereien, die sich oft bis lange nach Mitternacht hinzogen.

Dies alles fand nur mit und unter Männern statt, wenn man vom Auftritt der Sängerinnen und Tänzerinnen absah. Etwa alle zehn Tage jedoch hielt es König Tusratta für angebracht, eine Familienfeier zu veranstalten, woran seine zahlreichen Frauen, die größeren Kinder und männliche Verwandte teilnahmen.

Von letzteren gab es nicht mehr sehr viele und nur solche, die keinerlei Ansprüche auf den Thron besaßen. Semenchkare gehörte auch dazu, und bei einem dieser Familienfeste fiel sein Blick auf eine schlanke, große, nicht mehr ganz junge Frau, deren rötliches Haar und helle Augen seltsam von den anderen abstachen. Ihr schönes stolzes Gesicht schien abwesend und verschlossen; es war, als nähme sie an dem Familienfest nur aus Gefälligkeit teil.

Semenchkare beugte sich zum König und fragte ihn nach der Frau.

«Die? Sie lebt als Kammerfrau einer meiner Gemahlinnen im Harim. Fürst Rib-Addi von Byblos hat sie mir vor zwei oder drei Jahren als Geschenk übersandt – er behauptete, sie sei seine mit einer Nebenfrau gezeugte Tochter. Ich habe das nie so recht geglaubt... Ihre Mutter soll übrigens aus Kemet stammen... Ihr Name? Den habe ich vergessen, du kannst sie ja selber fragen.»

Sie wurde herbeigeholt und kniete vor dem König nieder.

«Wie heißt du, und stammt deine Mutter tatsächlich aus Kemet?» fragte Semenchkare.

Sie heiße Ibara und ihre Mutter sei ein Geschenk des Bürgermeisters von Men-nefer an Fürst Rib-Addi gewesen.

Der Prinz redete sie dann in ihrer Muttersprache an, und sie antwortete langsam, aber fehlerlos. Aus irgendeinem Grund fühlte

sich der Prinz von ihr eingeschüchtert; er fand keinen Gesprächs-
stoff mehr und glaubte auf dem Gesicht seines Onkels Ärger zu
entdecken. So bedankte er sich bei ihr auf churritisch und sagte, er
wolle sie nicht weiter von ihren Pflichten abhalten. Ibara verstand
und zog sich sofort zurück.

«Gefällt sie dir?» fragte der König.

«Ich weiß nicht…»

Tusratta lachte, daß seine feisten Backen erzitterten.

«Er weiß nicht! Ich hab's dir doch angesehen – du bist rot und
verlegen geworden, wie ein Verliebter. Du kannst sie haben!»

Semenchkare antwortete nicht, hob seinen Kelch und spähte zu
den Frauen hinüber, wo Ibara wieder Platz genommen hatte und
mit einer anmutigen Bewegung die Becher nachfüllte.

Mit ihr war es nicht wie bei den Tänzerinnen, die so lange ihre
fast nackten Glieder in schamlosen und lockenden Stellungen zeigten, bis das Verlangen der Männer erwachte. Tusratta hatte stets
ihn, den hohen und geehrten Gast, als ersten wählen lassen, aber –
der Prinz gestand es sich ein – er war dieser Überfülle an williger
Weiblichkeit allmählich satt geworden. Freilich, sie waren alle mehr
oder weniger geschickte Liebesdienerinnen, doch die Möglichkeiten der fleischlichen Umarmung erschöpften sich schnell, und niemals war das Herz daran beteiligt. Die meisten von ihnen blieben
ohne Namen, und wenn eine ihn nannte, so hatte er ihn am Morgen schon vergessen.

Als der Prinz schon mehrmals abgelehnt hatte, eine Bettgefähr-
tin zu wählen, und in Miene und Gestik seinen Überdruß zeigte,
machte ihm der König einen Vorschlag.

«Du hast die Weiber satt, ich sehe es dir an. Aber das gibt sich
wieder; auch mir geht es manchmal so. Es ist, als bekomme man
viele Tage hintereinander nur Honigkuchen zu essen. Da sehnt man
sich dann nach einem kräftig gesalzenen Spießbraten.»

Er tätschelte ihm die Schulter.

«Laß nur, wir kriegen das schon wieder in Ordnung.»

Semenchkare hielt sich einige Abende von den nächtlichen Schwel-
gereien fern, doch dann machte sich die Fürsorge seines Onkels auf
andere Art bemerkbar. Er war gerade am Einschlafen, als er von

einer Bewegung neben sich wieder munter wurde. Er tastete, fühlte nackte Haut und seufzte.

«Mach dich davon, Mädchen, ich will heute nur schlafen – nichts weiter.»

Da flüsterte es zurück: «Ich bin kein Mädchen, ich bin der Spießbraten…»

Semenchkare richtete sich im Bett auf.

«Der Spießbraten?» fragte er verwundert und versuchte, das Ding in seinem Bett zu erkennen, doch das auf dem Tisch vor sich hin glimmende Nachtlicht reichte dafür nicht aus. So tastete er den offenbar ziemlich kleinen Körper ab, fand keine Brüste, dafür aber das daumengroße halbsteife Glied eines Jungen.

«Bei Baal und Ischtar!» fluchte er leise, «was soll das – wer hat dich geschickt?»

«Es war der König selber…» flüsterte der Junge ergriffen.

Nun fiel auch dem Prinzen der Vergleich mit dem Honigkuchen wieder ein – und nun lag hier der Spießbraten. Natürlich wußte er von zu Hause, daß einige Männer am Hof keinen Hehl aus ihrer Vorliebe für glatthäutige und bartlose Jungen machten. Darüber wurde gelacht und getuschelt, und einmal hatte er seine Mutter gefragt, was diese Herren mit den Jungen anfingen.

«Laß die Finger davon!» sagte sie drohend, «das ist gegen die Natur und führt zu nichts!»

Sie hätte es nicht zu sagen brauchen, denn er fühlte nicht das geringste Verlangen nach dem eigenen Geschlecht.

Inzwischen hatte der Junge Semenchkares Glied zu streicheln begonnen, knetete sanft und kundig die Hoden – streichelte, kitzelte und wollte ihn gerade mit den Lippen umfassen, als der Prinz zurückwich.

«Nein, laß das! Verschwinde lieber, ehe ich dir den Hintern versohle!»

Der Junge lachte leise und drehte sich auf den Bauch.

«Da ist mein Hintern – bediene dich!»

Semenchkare ahnte, daß dies anders gemeint war, doch er klatschte ein paarmal mit der flachen Hand auf das kleine, glatte Gesäß und drängte den Jungen mit sanfter Gewalt aus dem Bett.

«Was soll ich jetzt dem König sagen?» fragte dieser weinerlich.

«Daß wir eine schöne Nacht hatten, ich mich vielmals bedanken lasse, aber künftig doch wieder Mädchen vorziehe.»

Damit war die Sache dann abgetan bis zu jenem Familienabend, als Tusratta wie nebenbei bemerkte: «Du kannst sie haben!»

Er hätte sich denken können, daß dies nicht ohne Folgen blieb, Ibara war schließlich fast so etwas wie eine Prinzessin, und sein Onkel konnte sie nicht behandeln wie eine Sklavin.

Und doch war es so. Die Könige von Mitanni betrachteten und behandelten ihre Untertanen wie willenlose, jederzeit verfügbare Sklaven, und nur die Familien des Kriegeradels waren davon ausgenommen. Aber der dicke Tusratta war klug und kannte die Menschen. So unternahm er vorerst einmal nichts, doch beim nächsten Familientag durften zwei seiner Lieblingsgemahlinnen mit an seinem Tisch speisen, zusammen mit der Kammerfrau Ibara, die heute als geehrter Gast behandelt und bedient wurde.

Tusratta zwinkerte dem Prinzen zu.

«Vielleicht hast du Lust, dich in deiner Landessprache zu unterhalten? Ibara wird dir mit Vergnügen zu Diensten sein…»

«Ich möchte dich gerne ohne Zeugen sprechen, Prinz Semenchkare», sagte Ibara leise.

«Aber es versteht uns doch niemand…»

«Trotzdem wäre es mir lieber.»

«Ich bin ein Verwandter und darf den Harim betreten. Wir könnten morgen einen Spaziergang im Garten machen.»

«Ich erwarte dich.»

Von da an sprachen sie nur noch churritisch, und Semenchkare suchte immer wieder den Blick der bernsteinfarbenen Augen, die sich nicht senkten, sondern ihn ernst und etwas traurig ansahen.

Der Spaziergang im Garten kam nicht zustande, weil Ibara schon in der Nacht zuvor seinen Schlafraum betrat. Da sich seine Diener im Vorzimmer aufhielten und Wachen vor der Tür standen, wußte er, daß ihr Kommen nicht ganz freiwillig war, sondern nur auf Geheiß oder mit Einwilligung des Königs zustande gekommen war.

«Ibara – du? Hat dich – ich meine…»

«Nein, mein Prinz, ich habe darum gebeten.»

Sie erschien ihm wunderschön. Das milde Licht der Öllampen übergoß ihr rötliches Haar mit einem sanften Schimmer, die hellen Bernsteinaugen wirkten jetzt dunkel und geheimnisvoll. Es war, als blicke ihn eine Göttin an.

Sie ging bedachtsam von Lampe zu Lampe und blies sie aus – bis auf eine. Ohne ihren Blick von ihm zu lassen, legte sie langsam ihr Oberkleid ab, schlüpfte aus dem Hemd, schleuderte mit einer anmutigen Bewegung die Sandalen von den Füßen. Dann stand sie da, nur noch mit einem winzigen Lendenschurz bekleidet, und lächelte leise, als wolle sie sagen: Sieh mich an, so sehe ich aus, du kannst mich haben.

Semenchkare lächelte zurück, etwas in ihm zögerte. Die Zeit an Tusrattas Hof hatte sein Verhalten geändert, vor allem was den Umgang mit Frauen anbetraf. Seine ganze Entschlußkraft wurde dadurch erstickt, daß man ihm sozusagen alles mundgerecht servierte – er brauchte nur noch zuzugreifen. Jede Nacht fiel ihm eine andere ins Bett und bediente ihn kundig mit ihrem Körper; ihm wurde nichts abverlangt. Diese Mädchen waren darauf geschult, dem Mann Lust zu bereiten, und niemand fragte danach, wie ihnen selber zumute war – auch Semenchkare nicht.

Er spürte, daß er Ibara anders behandeln mußte. Sie war weder Sklavin noch Hure, weder Tänzerin noch eines der vielen Harimsmädchen, die auf einen Wink herbeisprangen.

Semenchkare ergriff ihre Hand und führte sie zu seinem Lager. Sie ließ sich zurücksinken und streckte etwas zögernd ihre Arme nach ihm aus. Er faßte sie an den Händen.

«Stimmt es, was der König gesagt hat? Du bist die Tochter des Fürsten von Byblos...»

«...und einer Dame aus Men-nefer. Meine Mutter war eine Tochter des Bürgermeisters, sie starb, als ich zwölf war. Zeitlebens hat sie sich nach ihrer Heimat gesehnt und diese Sehnsucht auch auf mich...»

Sie schwieg und legte eine Hand auf ihren Mund, als sei sie nahe daran gewesen, ein Geheimnis zu verraten.

«Sprich doch weiter!»

Sie schüttelte den Kopf, daß die schulterlangen roten Haare nur so flogen. Dann küßte sie ihn auf den Mund und schlang ihre langen Beine um seine Hüften.

«Du mußt mich lieben, mein Prinz aus Kemet, aber das wird dir schwerfallen, denke ich. Du bist ein gehätschelter Ehrengast unseres Königs, sollst sogar mit ihm verwandt sein, wirst mit Frauen überhäuft…»

Was sollte er da antworten? Er küßte sie lange und spürte ein Begehren, das sich von dem bisherigen unterschied. Das waren nur heftige Paarungen gewesen, und wenn sein Samen verströmt und seine Lust gestillt waren, dann verschwanden diese Mädchen, und er schlief ein, ohne weitere Gedanken an sie zu verschwenden. Keine hatte es bisher gewagt, zu sagen: Liebe mich! Ibara aber sagte es, und er antwortete, ohne lange zu überlegen: «Aber ich liebe dich ja, habe es gleich vom ersten Augenblick an getan, als ich dich sah, als deine Augen mich – mich festhielten…»

Sie antwortete nicht, lächelte nur leise mit halbgeschlossenen Augen und begann sich behutsam seiner Umarmung zu entziehen. Er richtete sich auf.

«Was soll das? Gehst du jetzt weg?»

Sie schüttelte den Kopf und drückte ihn sanft auf das Lager zurück. Sie kniete sich neben ihn, beugte sich herab, küßte seine Ohren, fuhr mit der Zungenspitze in den Gehörgang, bis das Kitzeln seinen ganzen Körper durchschauerte. Dann leckte sie seine Brustwarzen und knetete zugleich mit beiden Händen seine Schenkel, strich dann und wann leicht wie ein Hauch über sein längst steinhartes Glied, das sie aber sonst nicht beachtete. Zuletzt nahm sie seine Füße, ließ ihre Fingerspitzen zart über die Sohlen wandern, gerade so, daß kein Kitzeln, aber ein leises Wohlgefühl entstand. Semenchkare fühlte sich köstlich müde, sein Körper lag entspannt, nur sein Glied pochte vor Verlangen. Er versuchte Ibaras Leib über den seinen zu ziehen, ihre Beine zu spreizen, um ans Ziel zu gelangen, doch sie preßte lächelnd die Schenkel zusammen und befreite sich schnell und mit kundiger Hand von seiner Last.

«So war es aber nicht gemeint», sagte er enttäuscht.

Ibara stieg aus dem Bett und griff nach ihrer Kleidung.

«Für heute genügt es, mein Prinz.»

Noch während er überlegte, ob er sie mit Gewalt zurückhalten sollte, war sie schnell aus dem Zimmer geschlüpft.

Er schlief dann sofort ein und träumte – zum ersten Mal, seit er hier war – von seiner Heimat. Da war die schlanke Isis in ihrem Garten, die ihm einen Strauß dorniger Rosen in die Hand preßte, daß er aufschrie, doch die Prinzessin Isis verwandelte sich in ihre göttliche Namenspatronin, deren Bernsteinaugen ihn streng ansahen – es waren die Augen von Ibara. Die goldschimmernde Göttin hielt plötzlich die heilige Doppelkrone in ihren Händen, und er kniete nieder und wartete darauf, daß sie sich auf sein Haupt senkte, doch nichts geschah. Er blickte auf, und da schwebte Aton in gleißender Pracht über ihm, streckte seine funkelnden Lichtarme aus, berührte die Göttin, die Krone, den Rosenstrauß, die Büsche und Bäume ringsum – setzte alles in lichterlohen Brand, und Semenchkare fühlte die tödliche Hitze, wollte davonlaufen, doch er brachte seine Beine nicht in Gang, blieb wie angepflockt stehen, schrie – und erwachte.

Ein Diener beugte sich über ihn.

«Hast du mich gerufen, Herr? Ich hörte deine Stimme…»

«Nein – nein, es ist nichts, ich habe nur geträumt.»

«Dann richten wir dir jetzt dein Bad?»

«Ja, und gleich danach möchte ich ausreiten, sage den Pferdeknechten Bescheid.»

Er wußte, daß sein Onkel es mißbilligte, wenn er zu häufig in das Lager vor der Stadt ritt, aber heute ließ er sich nicht davon abhalten – auch als man ihm meldete, der König wolle ihn dringend sprechen.

«Entschuldigt mich bei Seiner Majestät, aber auch meine Sache ist dringend. Ich werde gegen Mittag zurück sein.»

Kein anderer hätte es gewagt, einer solchen Einladung nicht augenblicklich zu folgen, aber er, der enge Verwandte, der königliche Prinz aus Kemet konnte und durfte es, und er war recht zufrieden mit sich, daß er es getan hatte.

Haremhab zeigte sich überrascht und erfreut. Sein kluges, männliches Gesicht, sonst immer soldatisch beherrscht, verriet Freude und Erleichterung.

«Ich habe heute nacht von Kemet geträumt, war im Palast, im Garten der Isis …»

«Ja, mein Prinz, so geht es den meisten hier –», er wies auf das Lager, «man nimmt die Heimat mit in die Fremde, und je länger wir hier sind, um so stärker macht sie sich bemerkbar.»

«Ich glaube, wir sollten an die Abreise denken … Der Sommer ist fast vorbei, die Nächte werden kühl – im übrigen sind wir lange genug hier, meinst du nicht?»

«Doch, mein Prinz, um so mehr als hier eine Nachricht der Königinwitwe Teje eintraf, die ich dir noch heute persönlich über-bringen wollte. Nun bist du mir zuvorgekommen …»

Sie gingen ins Zelt, und Haremhab reichte ihm einen Papyrus.

«Lies du es mir vor, ich bin es nicht gewöhnt, so lange Schrift-stücke …»

Er schwieg verlegen, doch der Hauptmann lachte.

«Mir geht es nicht anders, mein Prinz. Aber ich kenne den In-halt, und er lautet zusammengefaßt: Seine Majestät hat sich nach Norden begeben, um für Aton und sich eine neue Stadt zu begrün-den. Die Königinwitwe hält es für unbedingt erforderlich, daß du, mein Prinz, nach Waset zurückkehrst. In einem Zusatz hat sie mich zum Befehlshaber der in Gaza und Megiddo stationierten Grenz-truppen ernannt – leider ohne sie zu verstärken, was unbedingt not-wendig wäre.»

«Meinen Glückwunsch, Haremhab! Nun hast du erreicht, was du wolltest.»

«Nein, mein Prinz. Ich hielt es für unabdingbar, schon wegen der chattischen Expansionsgelüste, die Grenzen stärker zu schützen, aber – die Königinwitwe spricht es zwar nicht aus – Seine Majestät scheint da anderer Meinung zu sein.»

«Nun, der erste Schritt ist getan … Jetzt ist es an mir, meinem Onkel behutsam beizubringen, daß ich an die Rückkehr denken muß. Was rätst du mir?»

Haremhab wies auf den Papyrus.

«Wir berufen uns auf dieses Schreiben. Immerhin trägt es ja das Siegel des Königs.»

«Der vielleicht nichts davon weiß, denn Teje benützt es nach eigenem Ermessen.»

374

Haremhab lächelte.

«Das weiß doch der ganze Hof – gleichwohl, es ist ein offizielles Schreiben und enthält eine Anweisung, der du dich nicht entziehen kannst.»

«Und auch nicht will!» sagte der Prinz fest, doch im selben Augenblick fiel ihm Ibara ein, und von nun an gab es kaum noch eine Tagesstunde, da er nicht an sie dachte.

Am nächsten Tag kam Haremhab in den Palast, und sie suchten gemeinsam den König auf. Tusratta nahm Tejes Schreiben stirnrunzelnd zur Kenntnis.

«Ja, mein lieber Bruder», sagte er dann zu Semenchkare, «ich hoffe zu Tesup, daß dies nicht unser letztes Treffen war. Aber so ganz überstürzt lasse ich dich nicht aufbrechen! Zudem muß ich noch etwas Wichtiges mit dir bereden...»

«Soll ich mich entfernen?» fragte Haremhab steif.

«Aber nein, da du es ja ohnehin erfährst. Ich beabsichtige, dem Herrn Beider Länder eine königliche Prinzessin für den Harim zu übersenden, und du, mein Bruder, sollst für ihn die Auswahl treffen. Ich hoffe, du kennst seinen Geschmack?»

Semenchkare tat, als kenne er ihn, doch der König hatte noch eine Frage.

«Eine neue Hauptstadt im Norden will der Herr Beider Länder gründen? Aber er bräuchte doch nur die Residenz wieder nach Men-nefer zu verlegen. Das würde mich natürlich sehr freuen, denn wir könnten dann unsere Verbindung ausbauen, uns besuchen...»

«Verzeih, lieber Onkel, aber da hast du etwas mißverstanden. Men-nefer ist die Stadt des Gottes Ptah, während Seine Majestät der von ihm bevorzugten Gottheit eine eigene Stätte errichten will; das ist Aton, die Sonnenscheibe...»

Tusratta blickte verständnislos.

«Aber es gibt doch schon genug Götter – warum einen neuen erfinden? Genügt ihm Amun nicht, oder Ptah, oder Thot, oder –»

«Die hält er alle für falsch. Nach dem Glauben Seiner Majestät gibt es nur einen Einzigen, der alles geschaffen hat und alles erhält – eben Aton.»

«Nun gut, ich werde ja bald erfahren, wo die neue Stadt angelegt wird.»

Danach aber ließ Tusratta sich Zeit und tat, als sei nichts geschehen. Der Prinz wartete einige Tage, um ihn wieder an die Abreise zu erinnern.

«Zudem wolltest du mit mir die für Seine Majestät bestimmte Prinzessin auswählen…»

Doch ehe es dazu kam, stattete ihm Ibara einen zweiten Besuch ab. Der Prinz hatte sich nicht entschließen können, ihr eine Botschaft zu senden – aus Scheu, aus Stolz, er wußte selber nicht, warum; hatte sich auch von anderen Frauen ferngehalten. Nun war sie da, und er freute sich wie über ein kostbares Geschenk.

Heute war sie eine ganz andere. Kichernd schlüpfte sie zu ihm ins Bett, kitzelte ihn da, zwickte ihn dort, wich aber seinen Annäherungsversuchen stets geschickt aus. Sie war wie ein glitschiger Fisch, der dem Zugriff immer wieder entgleitet. Schließlich lag sie still und sagte: «Überall, wo ich hindeute, mußt du mich jetzt küssen, und zwar kurz, länger oder sehr lang. Das siehst du an meiner anderen Hand, wieviel Finger ich erhebe – einen, zwei oder drei.»

Sie deutete auf Mund, Wangen, Hals, Brüste, Schultern, und er folgte gehorsam ihren Anweisungen, die überhaupt keiner Regel folgten. So hob sie bei der linken Brust drei Finger, bei der rechten nur einen. Dann folgte der Bauchnabel, die Innenseiten der Schenkel und endlich das Ziel seiner Wünsche, von dem er hoffte, daß er es heute nicht nur mit den Lippen erreichen würde. Das Spiel endete bei den Zehen, die er einzeln und kurz – sie hob nur einen Finger – küssen mußte.

Dann sah er sie fragend an, denn er war ihr gehorsamer Diener geworden und wagte nichts ohne ihr Einverständnis zu unternehmen.

«Lege dich neben mich und höre mir zu!»

Er zögerte.

«War das schon alles?»

«Später, mein Prinz, später gibt es mehr. Es hat sich im Harim herumgesprochen, daß du dich auf deine Abreise vorbereitest – stimmt das?»

«Ja, das stimmt. Mein König hat mich zurückgerufen.»

Es war nicht ganz so, aber was ging das Ibara an.

«Und du wirst für deinen König eine Harimsdame aussuchen, als Geschenk von Tusratta?»

«Soll das eine Vernehmung sein? Wer bin ich, um mir das gefallen zu lassen?»

Er wollte es mit zornigem Nachdruck sagen, aber das war ihm nicht recht gelungen. Sie küßte ihn auf die Wange.

«Du bist mein Prinz aus Kemet, das habe ich keinen Augenblick vergessen!»

«Dann ist es ja gut…»

«Also, du wirst unter den – den Königstöchtern eine auswählen, und sie wird, wie es sich für eine Prinzessin gehört, auch Dienerschaft mit sich führen: Zofen, Haarmacherinnen, Kammerfrauen…»

«Ja, das nehme ich an.»

«Eine dieser Kammerfrauen möchte ich sein.»

Semenchkare richtete sich erstaunt auf.

«Du? Willst du denn weg von hier?»

«Ich will es, seit ich denken kann. Ich möchte in Kemet leben, der Heimat meiner Mutter.»

Er ließ sich zurücksinken. Natürlich! Das war die Lösung, und so brauchte er sich nicht von Ibara zu trennen.

«Warum nicht, das wird sich schon machen lassen. Auch meine Mutter soll mit über dreihundert Dienerinnen nach Waset gekommen sein.»

«Das war Giluchepa, die Schwester von Tusratta, nicht wahr? Im Harim erzählt man noch heute, wie sie weinte, tobte, sich weigerte, aber es half alles nichts – zum Glück!»

«Zum Glück?»

«Aber ja, sonst gäbe es dich nicht, mein Prinz aus Kemet.»

«Es freut mich, daß Ischtar uns zusammengeführt hat…»

«Ischtar? Verehrt man die auch in Kemet?»

«Nein, das war nur so eine Redensart. Seine Majestät Nefer-cheperu-Re hat angeordnet, daß nur noch ein Gott verehrt werden darf – Aton, die Sonnenscheibe.»

«Und die anderen?»

377

«Wurden für falsch und nutzlos erklärt. In Waset, der Residenzstadt, sind alle Tempel geschlossen, die Priester und Beamten entlassen.»

«Aber – aber geht denn das? Man kann doch nicht…»

«O ja, man kann. Der Herr Beider Länder ist ein Gott auf Erden,
sein Wort unbedingtes Gesetz.»

«Er ist doch dein Halbbruder, konntest du nicht auf ihn ein-
wirken?»

«Uns hat derselbe Vater gezeugt, das ist alles. Sonst verbindet uns
nichts.»

«Tusratta, so sagt man, hat seine sämtlichen Brüder umbringen
lassen…»

Semenchkare beugte sich über Ibara und küßte sie heftig.

«Wovon reden wir eigentlich? Da liegen Mann und Frau nebeneinander nackt im Bett, reden von Königen, Göttern, Bruder-
mord… Haben wir nichts Besseres zu tun?»

Sie drückte ihn heftig an sich.

«Aber ja, mein Prinz, dann tu es doch!»

Aber seltsam, sein Verlangen war erloschen, sein Phallus war
– wohl gelangweilt vom Gespräch – in tiefen Schlaf gesunken und
ließ sich nicht mehr erwecken.

Ibara schien es nicht zu stören.

«Du hast in letzter Zeit zu viele Frauen gehabt, und der da –», sie
berührte mit einem Finger den Schläfer, «muß sich jetzt ausruhen.
Nun, mein Prinz, wir haben ja während der Reise viel Zeit, alles
nachzuholen.»

Mit diesen Worten sprang sie aus dem Bett, schlüpfte in ihr Kleid
und verschwand.

Semenchkare seufzte, wunderte sich über seine Langmut und
dachte, diese Ibara hat nicht nur die Augen einer Göttin, sie ähnelt
Isis, der «Zauberreichen», wie die Priester sie nennen. Sie springt
mit mir nach Belieben um, und ich – und ich… Ehe er über sich
selber schlüssig wurde, hatte ihn der Schlaf übermannt.

Nachdem Haremhab, so pflichtbewußt wie hartnäckig, schon zum
vierten Male bei Semenchkare zur Abreise gemahnt hatte, bequemte
sich auch König Tusratta dazu, seinen geliebten «Bruder» ziehen zu

lassen. Er ließ seine in Frage kommenden Töchter – Mädchen zwischen zwölf und sechzehn – im Harim versammeln, und nun lag es an Semenchkare, eine davon für seinen Bruder auszuwählen. Das Mädchen tat ihm jetzt schon leid, denn es war kaum anzunehmen, daß der Gute Gott nach Nofretete eine zweite Frau in sein Bett holen würde. Du wirst ein ähnliches Schicksal erleben wie meine Mutter, dachte er – vergessen in einem Winkel des Harims…

Sie betraten einen kleinen Raum, und da standen fünf Mädchen, festlich gekleidet, und jede zeigte ein anderes Gesicht: Trotz, Langeweile, Angst, gequältes Lächeln, mühsame Beherrschung.

Keine von ihnen war häßlich, zwei konnte man als recht hübsch bezeichnen. Der Prinz hatte sofort seine Wahl getroffen, aber er ließ sich nichts anmerken, ging von einer zur anderen, betrachtete jede genau von Kopf bis Fuß. Doch es kam nur eine in Frage. Mit ihren großen, etwas schrägen Augen, den hohen Wangenknochen und den vollen, schön geschwungenen Lippen hatte sie eine entfernte Ähnlichkeit sowohl mit Teje als auch mit Nofretete. Der Prinz ging von dem einfachen Gedanken aus, daß vertraute Züge seinen Halbbruder am ehesten ansprechen würden, und so wies er auf die Auserwählte.

«Das ist Kija», sagte der König und nickte zufrieden.

Als das Mädchen merkte, auf wen die Wahl gefallen war, fiel der Trotz aus ihrem Gesicht wie eine zerbröckelnde Maske, und sie brach in Tränen aus. Sogleich scharten sich die anderen tröstend um sie, und die Männer gingen hinaus.

«Sie ist erst vierzehn, fast noch ein Kind», bemerkte Tusratta. «Glaubst du, sie wird deinem Bruder gefallen?»

«Da bin ich ganz sicher», sagte Semenchkare, doch er war es keineswegs, wußte aber, daß es nicht darauf ankam. So oder so, das Mädchen würde – mit einigem Glück – an einen Beamten verheiratet werden oder schnell in Vergessenheit geraten.

Nun machte der König sein pfiffiges Gesicht, wie stets, wenn er eine Überraschung vorbereitet hatte.

«Jetzt, da du deine Pflicht getan hast, sollten wir ans Vergnügen denken. Du hast doch sicher einen Wunsch, nehme ich an?»

«Ja, schon, aber woher…»

«Du wirst doch nicht glauben, daß hier irgend etwas ohne mein

Wissen geschieht? Ich nehme an, daß Kija eine bestimmte Dame als Kammerfrau mit nach Kemet nehmen soll…»

«Da du schon alles weißt – ja, Ibara soll es sein, falls deine Gemahlinnen sie entbehren können.»

Der König lachte, daß seine Hamsterbacken zitterten.

«Ich weiß nicht, wie man das in Kemet hält. Hier jedenfalls richten sich die Frauen nach den Wünschen der Männer und alles Volk nach dem Willen des Königs.»

Da nun der Weg frei war, konnte es Haremhab nicht schnell genug gehen, doch über eines äußerte er zu Semenchkare seinen Unmut.

«Nun haben wir das ganze Weibervolk am Hals und müssen uns im Schneckentempo vorwärts bewegen. Wir alle wissen doch, daß Seine Majestät keine zweite Frau will – ja nicht einmal für sich einen Harim unterhält. Du hättest –»

Er hielt inne.

«Was hätte ich?»

«Verzeih, ich beginne Unsinn zu reden. Dem Wunsch eines Königs kann man sich schlecht widersetzen.»

«So ist es, Haremhab. Aber ich hätte einen Vorschlag: Überlasse mir ein paar Dutzend deiner Leute als Begleitmannschaft, dann kannst du schnell und unbehindert zu deinen Truppen stoßen. Einen neuernannten General will ich nicht aufhalten…»

Haremhab war erleichtert und verbeugte sich.

«Ich hoffe, wir werden uns bald wiedersehen, in der neuen Residenz Seiner Majestät.»

«Ja, gewiß…» sagte der Prinz, aber er war sich dessen nicht so sicher.

Die Reisevorbereitungen zogen sich noch einige Zeit hin, und Semenchkare hoffte täglich auf Ibaras Besuch, doch sie ließ sich nicht blicken. War das nun der Dank für seine Bemühungen? Damit wollte er sich nicht abfinden und sandte ihr eine Nachricht. Der Bote kam zurück. Die Dame lasse sich entschuldigen, aber sie müsse jetzt ihre ganze Zeit an die Prinzessin Kija wenden und bitte um Verständnis.

Du entgehst mir nicht, Ibara, außerdem bist du mir noch etwas schuldig, tröstete sich Semenchkare.

7

*D*ie Freunde und Vertrauten des Königs hatten ihn schon lange nicht mehr so fröhlich und unbeschwert gesehen. Das Zeltlager auf dem Ostufer war in aller Eile errichtet worden, nachdem Echnaton mit dem Wagen das ganze Gelände abgefahren hatte. Er hegte nicht die geringsten Zweifel.

«Ja, diesen Platz hat Aton für sich erwählt! Für sich und für seinen Propheten, für die Große Königsgemahlin, die Prinzessinnen und für euch, meine Freunde. Ich werde Aton hier eine Stätte errichten, die nicht ihresgleichen hat! Achet-Aton soll sie heißen – ‹der Horizont des Aton›, wo er täglich sein goldenes Haupt erheben und die Stadt mit seinen Strahlen umfassen kann.»

Der Aufenthalt in Waset war dem König allmählich unerträglich geworden. Wenn auch Mahu die Nachrichten schönte, um den Guten Gott nicht zu erzürnen, so konnte sich Echnaton einmal mit eigenen Augen überzeugen, welche Kräfte aus dem Untergrund gegen Aton wirkten.

Er hatte die Nacht in dem kleinen Palast neben dem Aton-Tempel verbracht und wollte – das war ihm zur lieben Gewohnheit geworden – andächtig den Aufstieg des Gottes am Osthorizont verfolgen. Nur von zwei Dienern begleitet, ging er zum Hauptportal und stutzte. Wo blieben die Wachen, die Tag und Nacht hier postiert waren? Etwas hielt ihn davon ab, näher zu treten. Er schickte einen der Diener hin, der andere lief zum Palast, um die Leibwache zu holen.

Was sich dann herausstellte, war so erschreckend, daß Echnaton sofort in die Palaststadt zurückkehrte. Während der Nacht waren die rund um den Tempel aufgestellten Bewaffneten – insgesamt waren es neun Mann – erwürgt und erstochen worden. Sämtliche Opferaltäre hatten die Täter beraubt, einige zerstört oder mit Kot verunreinigt und entweiht. Der sofort herbeigeholte Mahu warf sich dem König zu Füßen, und sein Bericht war diesmal nicht geschönt, sondern schreckliche Wahrheit.

«Majestät – ich kann der Lage nicht mehr Herr werden! Ich müßte meine Mannschaft verdoppeln – ja verdreifachen und damit…»

«Sprich weiter!» forderte Echnaton mit vor Erregung heiserer Stimme.

«Damit besteht die Gefahr, daß wir mehr und mehr Verräter einschleusen. Warum konnte der nächtliche Frevel in aller Stille geschehen? Weil die Täter vermutlich als Wachablösung auftraten, so daß keiner der Männer einen Warnruf ausstoßen konnte. Sie wurden allesamt von hinten erwürgt oder erstochen, während ein anderer sich von vorne näherte und das Losungswort sprach. Nur so kann es gewesen sein, Majestät.»

«Und woher kannten die Täter das Losungswort?»

«Verrat, Majestät – ganz Waset ist mit Verrätern durchsetzt! Dahinter stecken die früheren Priester, an ihrer Spitze Hapu, vielleicht auch Si-Mut, und sie finden Zuflucht im Hause deiner Schwester, der Prinzessin Sat-Amun.»

«Das hast du schon früher angedeutet, ich hätte es wohl ernster nehmen sollen. Jetzt aber wird gehandelt!»

Noch in Mahus Gegenwart diktierte der König den Befehl, die früheren Hohenpriester festzunehmen und Sat-Amun aus der Hauptstadt zu verbannen.

«Sie kann auf eines ihrer Landgüter gehen und wird dort unter Hausarrest gestellt!»

Mahu eilte erfreut hinaus. Damit ließ sich leben! Endlich konnte er etwas tun!

Er scharte die zuverlässigsten Leute um sich und fuhr mit dem Boot nilaufwärts bis zur Anlegestelle von Sat-Amuns Palast. Die dort postierten Wächter waren aufgeschreckt, und einer versuchte gleich zum Palast zu laufen. Der schnellste und kundigste von Mahus Leuten sprang ans Ufer und holte den Mann mit Gewalt zurück.

«Das würde euch so passen!» rief Mahu, und es klang fast fröhlich.

Dennoch hatte einer der Türsteher gemerkt, was vor sich ging, und war zu seiner Herrin geeilt.

«Bewaffnete dringen in den Palast, haben unsere Wächter festgenommen!» berichtete er atemlos.

«Lauf zu Peri und warne ihn!»

Der Haushofmeister wollte gerade seine privaten Gemächer verlassen, um mit seiner Geliebten das Morgenmahl einzunehmen.

«Das sind Mahus Leute…» dachte er bei sich. Er lief zu einer Geheimtreppe, die zur Rückseite des Palastes in einen verwilderten Garten führte. Noch ehe Mahu diesen Teil besetzen ließ, war Peri verschwunden.

Es war für Mahu auch nicht so einfach, zu Sat-Amun vorzudringen. Eine Dienerin teilte ihm mit boshaftem Lächeln mit, ihre Herrin sei gerade aufgestanden, müsse angekleidet, geschminkt und frisiert werden. Ob er nicht besser später wiederkomme?

«Nein! Ich handle auf unmittelbaren Befehl des Königs – die Sache duldet keinen Aufschub!»

So ließ er vorsorglich den Palast umstellen und gab Befehl, keinen hinauszulassen und jeden festzunehmen, der hereinwollte. Er selber wartete geduldig in einem Vorzimmer, und als gut zwei Stunden vergangen waren, rief er einen Diener.

«Du kannst der Prinzessin inzwischen etwas ausrichten. Seine Majestät hat geruht, sie noch heute aus Waset auf eines ihrer Landgüter zu verbannen. Alles Weitere steht hier…»

Er hob den Papyrus mit dem königlichen Siegel hoch.

Mahu hatte die Wirkung seiner Botschaft richtig eingeschätzt, denn kurz darauf führte man ihn in Sat-Amuns Gemächer.

Sie war längst fertig gewesen und wollte ihn nur aus Bosheit noch länger warten lassen, doch Wut und Empörung erwiesen sich als stärker. Die frisch angelegte grüne Schminke umrandete und verlängerte ihre zornig funkelnden Augen, die offenen Haare flossen auf ihre kräftigen Schultern und verdeckten die Träger eines roten, schulterfreien Kleides, das bis zu den Knien reichte und dessen Saum mit feinen Goldfransen besetzt war.

383

Sogar dem trockenen Mahu drängte sich ein Kompliment auf die Lippen, doch er verschluckte es.

«Was fällt meinem Bruder ein? Ich bin die Erstgeborene und Königinwitwe! Er kann mich nicht verbannen, hat mir nichts zu befehlen!»

«Richte deinen Zorn nicht auf mich, verehrte Prinzessin, ich diene dem König und führe nur seine Anweisungen aus. Der Gute Gott und Herr Beider Länder gebietet über alle Menschen in Kemet, und seine Befehle sind für alle verbindlich – auch für dich.»

Sat-Amun wußte das, aber sie hatte es niemals gebilligt.

«Und wenn ich nicht gehorche?»

«Dann muß ich Gewalt anwenden, so leid es mir tut.»

«Du würdest es wagen, mich anzurühren – du, ein Nichts? Du würdest Hand an eine Sonnentochter legen, in der das heilige Blut des Osiris Nebmare fließt?»

«Die Schönen Befehle Seiner Majestät haben Vorrang.»

«Ich wünsche meinen Bruder zu sprechen! Das ist meine Bedingung, anders verlasse ich mein Haus nicht!»

Mahu schoß es siedendheiß durch die Glieder – er hatte Peri vergessen.

«Es wäre besser, dein Haushofmeister Peri ist Zeuge unserer Unterredung; ich ersuche dich, ihn holen zu lassen.»

«Peri? Der ist seit Tagen nicht mehr hier gewesen. Soviel ich weiß, hält er sich in seinem Privathaus auf…»

Mahu wußte durch seine Spitzel, daß Peri gestern den Palast betreten und ihn seither nicht mehr verlassen hatte. Aber er behielt es für sich. Wenn Sat-Amun aus dem Haus war, konnte er sich immer noch um den ehemaligen Mut-Priester kümmern. Jetzt aber blieb ihm nichts anderes übrig, als dem Wunsch der Prinzessin zu entsprechen, auch wenn er damit den Zorn des Königs auf sich lud.

Doch es war, als hätte Echnaton mit einer solchen Entwicklung gerechnet. Er empfing seine Schwester sofort. Ihr Gespräch dauerte etwa eine halbe Stunde, dann erschien Sat-Amun mit steinernem Gesicht und war bereit, in die Verbannung zu gehen. Niemand hat jemals erfahren, auf welche Weise der König seine Schwester umstimmen konnte.

Nach ihrer Abreise ließ Mahu ihren Palast von oben bis unten durchsuchen, aber Peri war nirgends zu finden, und in seinem Privathaus schwor der Verwalter heilige Eide, daß sich sein Herr schon fast einen Monat nicht mehr gezeigt habe.

«Alle lügen sie!» beklagte sich Mahu, und Bagsu hörte ihm respektvoll zu.

«Das ist ein wahres Dickicht von Lügen, da müßte man ein Haumesser nehmen, um eine Schneise hinein zu schlagen. Aber was soll ich tun? Sie alle foltern lassen? Vielleicht spricht der eine oder andere doch die Wahrheit? Vielleicht war Peri tatsächlich seit einem Monat nicht mehr in seinem Haus? Vielleicht hat er mit den Machenschaften der anderen gar nichts zu tun? Vielleicht – vielleicht …»

«Jedenfalls hat er an dem Treffen in Sat-Amuns Palast teilgenommen. Habe ich dich richtig verstanden? Wir können Hapu, Si-Mut und andere nun festnehmen? Du hast einen Schönen Befehl des Königs?»

Mahu beugte sich vor und sagte leise: «Festnehmen, notfalls aber auch –» Er fuhr sich mit dem Finger über die Kehle.

Bagsus Augen glänzten.

«Das wäre eine schöne Aufgabe für mich.»

Mahu nickte und seufzte dabei.

«Waset ist groß, und der Nil ist lang. Meine Leute haben kürzlich unter der früheren Tempelstadt ein Netzwerk von unterirdischen Gängen und Kammern entdeckt, das sich kaum erforschen läßt. Wer darüber Bescheid weiß und von anderen versorgt wird, kann sich da unten jahrelang verbergen.»

«Man müßte die Eingänge besetzen …»

«Welche? Es ist möglich, daß von jedem der Häuser oder Tempel eine verborgene Treppe hinunterführt. Ich habe nicht genug Leute, um jedes Haus Tag und Nacht bewachen zu lassen.»

Bagsu dachte kurz nach.

«Hapu hat doch Familie und besitzt ein Landgut?»

«Ja, aber auch dort war er nicht zu finden. Jemand muß ihn rechtzeitig gewarnt haben.»

«Könnten wir dort nicht jemand einschleusen? Einen entlassenen Schreiber oder Aufseher, der zuvor Amun diente und jetzt keine Arbeit mehr findet?»

385

Mahu wiegte zweifelnd seinen kantigen Schädel.

«Wir könnten es versuchen...»

Nun war der König abgereist und hatte diese ungute Entwicklung hinter sich gelassen. Sollte doch ganz Waset an seiner Widerborstigkeit zugrunde gehen! Dieses dumme und unbelehrbare Volk verdiente nicht die Fürsorge Atons und seines Propheten. Echnaton nahm sich fest vor, niemals mehr zurückzukehren, auch nicht als Toter. Er würde bei der Aton-Stadt neue Gräber errichten lassen...

Überall wo die königliche Flotte auf ihrem Weg nach Norden anlegte, wurde der König festlich empfangen. Vorausboten hatten die Priester und Bürgermeister angewiesen, dabei nur einen Gott zu preisen, nämlich Aton oder auch Re – da mache Seine Majestät keinen Unterschied. Das führte dann zu peinlichen Mißverständnissen, als in Dendera die Priester des dortigen Hathor-Tempels einen Hymnus sangen, der Re feierte und all jene Götter, die den Beinamen «Auge des Re» trugen – also Hathor, Isis, Mut, Sachmet, Satet und Uto.

Echnaton hörte sich den feierlichen Choral mit unbewegtem Gesicht bis zu Ende an und befahl dann sofort die Weiterreise.

«Sie haben es gut gemeint...» versuchte Dutu zu erklären.

«Diese Leute haben nichts verstanden, was nützen da alle Erklärungen und Belehrungen, wenn am Ende doch wieder eine ganze Schar dieser Götzen aufgezählt wird? Wie froh werde ich sein, wenn dies alles hinter uns liegt.»

Und das war nun der Fall. Echnaton, von seinem Geographen unterrichtet, hatte vor der Reise tagelang nichts anderes getan, als ein Pferdegespann zu führen.

«Die Stadt wird ein großes Areal umfassen, Majestät, und es würde zuviel Zeit in Anspruch nehmen, sich zu Fuß oder in einer Sänfte fortzubewegen. Der Boden dort ist so eben wie ein Tempelhof, also bestens geeignet für schnelle Pferdewagen.»

Und so war es dann auch.

Begleitet von Nofretete, seiner Leibwache, von Aton-Priestern, Freunden und hohen Beamten – wer kein Gespann führen konnte, fuhr mit einem Wagenlenker –, jagten sie über den Wüstenboden, um Zeuge der feierlichen Stadtgründung zu sein.

Echnaton hatte zuvor drei Steinsäulen setzen lassen, welche die Grenzen der künftigen Stadt markierten. Ihr Gebiet umfaßte etwa eine Fläche von zwanzigtausend Ellen in der Länge und achttausend Ellen in der Breite.

Vor der ersten Stele machte die Prozession halt, das Königspaar stieg vom Wagen, und der neuernannte Zweite Prophet des Aton trat vor, verneigte sich tief vor dem König und verkündete: «Auf diesem Stein sind für ewige Zeiten die Worte Seiner Majestät eingegraben, der als Atons Prophet und Einziger des Re spricht.

Schaut Achetaton, von dem Aton wollte,
daß es ihm geschaffen werde
als Denkmal für seinen Namen für alle Zeit!
Aton aber, mein Vater, war es, der auf Achetaton wies,
nicht zeigte darauf ein Beamter,
noch irgendeiner im ganzen Land zeigte darauf mit Worten,
daß er Achetaton an dieser Stelle erbaue,
sondern Aton, mein Vater, zeigte darauf,
daß man es ihm als Achetaton errichte!
Schaut, der König spürte es auf!
Nicht gehört es einem Gott,
nicht gehört es einer Göttin,
nicht gehört es einem Herrscher,
nicht gehört es einer Herrscherin,
nicht gehört es irgendeinem Beamten oder irgendeinem Menschen,
um Anspruch darauf geltend zu machen!»

Dann kamen die Opferpriester, schlachteten einen Widder und besprengten die Säule mit seinem Blut.

«Freilich, ein Widder mußte es sein…» flüsterte Dutu dem neben ihm stehenden Eje zu.

Der wisperte zurück: «Besser läßt sich nicht zeigen, wie Amun stirbt und Aton aufsteigt.»

Der König, sonst eher von gemessener Art, bewegte sich heute wie ein Jüngling. Mit einem Satz sprang er auf den Wagen, wartete kaum, bis die anderen soweit waren, preschte los, daß die Pferde sich aufbäumten, und verschwand in einer Staubwolke.

Nachdem sie an der dritten Grenzstele geopfert hatten, zog sich der König mit seiner Gemahlin in das geräumige, von Leibwachen umstandene Zelt zurück.

«Ein neuer Anfang! Mir ist, als beginne mein Leben erst heute. In zwei Monaten feiere ich meine dreißigste Nilschwelle, und ich werde sie als Sed-Fest begehen. Aton hat mir dreißig Lebensjahre geschenkt und mich zum Propheten bestimmt – von Geburt an! Ja, der Allmächtige und Allwissende muß mich, als ich aus meiner Mutter ans Licht trat, schon zu seinem Verkünder auserwählt haben. Ist das nicht ein Sed-Fest wert, Geliebte?»

«Du weißt, wie gerne ich feiere, da ist mir der Anlaß nicht so wichtig…»

Der König spürte nicht ihre Zurückhaltung, er war in Feststimmung, die nichts und niemand trüben konnte.

Mit einer zarten Geste umfaßte er Nofretetes langen schlanken Hals, nahm ihr die blaue Helmkrone ab. Dann küßte er sie und flüsterte ihr ins Ohr: «Mir ist danach, ein Kind zu zeugen – vielleicht einen Sohn…»

«Wünschst du dir einen?»

«Ja, schon, aber im Grunde ist es einerlei…»

In dieser Stunde fühlte der König sich eins mit seinem Titel «Starker Stier» und stieß einen Triumphschrei aus, als er machtvoll in ihren Schoß eindrang und ihn durchpflügte, wie seine Bauern das Fruchtland draußen.

In dieser Stunde zeugten sie ihre vierte Tochter, die schon im fast fertigen Königspalast der Stadt Achetaton zur Welt kam. Sie wurde Nefer-neferu-Aton genannt, «die Schönste aller Schönen Atons», und da bereits ihre Mutter diesen Namen als zweiten trug, fügte man hinzu «ta-scherit» – die Jüngere.

Scherit, wie man sie künftig nannte, ließ das Königspaar zwar nicht vergessen, aber doch leichter ertragen, daß Maket-Aton, die Zweitgeborene, vor einigen Monaten gestorben war.

Ein plötzliches heftiges Fieber hatte die Neunjährige angefallen wie ein wildes Tier, und nicht einmal dem Leibarzt Pentu gelang es, der rätselhaften Krankheit Herr zu werden. Am Abend des vierten

Tages war die kleine Prinzessin bewußtlos geworden und hatte gegen Morgen zu atmen aufgehört.

Die Trauer war groß, doch Echnaton tröstete sich mit dem heimlichen Gedanken, daß dies ein Opfer an Aton sei – ein höheres und kostbareres konnte er dem Gott nicht bringen.

In einer noch nie dagewesenen Kraftanstrengung ließ Echnaton alles in Kemet Verfügbare an Arbeitskräften, Material, Transportfahrzeugen und Nahrungsvorräten zusammenziehen. Die Macht der königlichen Befehle fegte alle Schwierigkeiten beiseite, und auch dem im Untergrund immer regsamer werdenden Amun-Klüngel gelang es nicht, diese Entwicklung aufzuhalten – oder war es so, daß sie es gar nicht wollten?

Da gab es unterschiedliche Auffassungen. Sat-Amun und mit ihr die ehemaligen Priester Peri, Si-Mut und viele andere waren der Auffassung, daß man den König beim Aufbau seiner neuen Stadt eher unterstützen sollte.

«Je weiter er weg ist, desto besser!» meinte Sat-Amun.

Peri stimmte ihr zu.

«Dann läßt der Druck auf uns nach, und wir können in Ruhe wieder etwas aufbauen.»

«Er wird – so habe ich auf Umwegen erfahren – diesen Mahu mit sich nehmen, und die lästige Überwachung wird nachlassen und schließlich ganz aufhören.»

Der grimmige Hapu war wieder einmal anderer Meinung.

«So kann man es auch sehen, aber ich glaube, du unterschätzt den Willen Seiner Majestät, diesen Aton im ganzen Land durchzusetzen. Sobald er sich in seiner neuen Stadt eingerichtet hat, wird er – auch dafür gibt es Hinweise – seinen Vernichtungsfeldzug fortsetzen. Er ist der König und hält die Macht in seinen Händen – vergeßt das niemals!»

Sat-Amun hob die Hand, und alle blickten auf sie.

«Auch wenn Hapus Vermutungen zutreffen, so wird es meinen Bruder sehr viel Zeit und Aufwand kosten, seinen Gott in ganz Kemet zu verbreiten. Vorerst sieht es nicht danach aus, daß er dies auch will. Vor kurzem hat mich ein Thot-Priester aus Eschmun besucht und berichtet, daß dort am großen Tempel die zahlreichen Pilger ungehindert opfern und beten können. Dabei ist dieses Heiligtum nur wenige Bootsstunden von der künftigen Stadt meines Bruders entfernt.»

«Das kann sich ändern!» warf Hapu ein.

«Wir werden sehen…» meinte Si-Mut, und man sah ihm an, daß er dem Frieden nicht traute.

Während in Achetaton Paläste, Tempel und Häuser emporwuchsen, reiste der König nach Junu, wo er sich einige Monate im uralten Sonnenheiligtum aufhielt. Er sprach mit den Priestern über seine Pläne, und ihm fiel auf, daß Merire, der Vierte Prophet des Re, ein noch junger, sehr ernster Mann, seinen Ausführungen mit leuchtenden Augen folgte. Wenige Tage später bat er um eine Unterredung.

«Majestät, du – hast mir aus dem Herzen gesprochen! Re in seiner Urgestalt kann nur einer, ein Einziger sein… Er steht über allen sogenannten Erscheinungsformen… Wenn das Volk ihn etwa als Käfer sieht, der – wie dieser die Mistkugel – den Sonnenball über den Himmel rollt, so sind das einfältige Vorstellungen für einfältige Menschen, dabei – dabei braucht man nur den Blick auf den Himmel zu richten…»

Echnaton, noch immer auf der Suche nach einem Hohenpriester für den Großen Tempel in seiner neuen Stadt, wußte sofort, daß er den geeigneten Mann gefunden hatte.

Als er nach Achetaton zurückkehrte, zeichneten sich schon die Umrisse des Großen Tempels ab. Die äußeren Pylonen standen bereits, es gab einen Prozessionsweg und die wichtigsten Opferaltäre.

«Und nun», sagte der König, «gibt es auch einen Hohenpriester!»

Wie viele Menschen Echnaton mit seinem königlichen Willen in Bewegung setzte, vermochte niemand zu sagen. Waren es fünfzigtausend, achtzigtausend oder – wie der begeisterte Mahu verkündete – sogar hunderttausend?

In die oberste Leitung sämtlicher Bau- und Transportarbeiten teilten sich Dutu, Bak und der tüchtige, jetzt zum Oberbildhauer ernannte Thutmose, der die Ausschmückung der neuen Gebäude überwachte.

Was nun diese betraf, so hatten drei Bauvorhaben Vorrang vor allen anderen – der Palast des Königs und der angrenzende kleinere Aton-Tempel und ein weitaus größerer im Norden der Stadt. Er sollte mit einer Länge von tausendvierhundert und einer Breite von vierhundertfünfzig Ellen nicht weniger groß sein als der gewaltige Totentempel des verstorbenen Königs und somit den Amun-Tempel in Waset an Umfang übertreffen.

Täglich fuhr der König mit seinem Gespann vom Zeltlager zu den Baustellen und hatte von Anfang an verboten, daß bei seinem Erscheinen die Arbeiten eingestellt wurden. Die Werkleute mußten so tun, als gäbe es ihn nicht, aber wenn er einem zu nahe kam, dann war die anerzogene Ehrfurcht vor dem Sohn der Sonne so groß, daß sich die Männer zu Boden warfen.

Dennoch – dem König ging es nicht schnell genug.

«Ihr baut nicht für meinen Nachfolger, sondern für mich! Wenn das so weitergeht, werde ich nicht alt genug werden, um die Stadt noch selber zu bewohnen. Um hier leben zu können, brauche ich Häuser für meine Hofbeamten, eine Kaserne für die Milizen, eine Arbeitersiedlung, Werkstätten, Lagerhäuser und vieles mehr. Es muß schneller gehen, Bak, viel schneller!»

Bak rieb verlegen seine fleischige Nase und zuckte bei jedem Vorwurf Seiner Majestät schmerzlich zusammen. Stammelnd versicherte er, sein möglichstes zu tun, und wandte sich hilfesuchend an Dutu, der neuerdings zusätzlich den Titel eines «Oberbaumeisters des Königs» trug.

Dutus scharfgemeißeltes Gesicht verriet keine Regung; doch er schwieg und dachte nach. Er befühlte mit den Fingern seinen kohlschwarzen kurzgeschnittenen Bart, als müsse er prüfen, ob dieser wieder zu stutzen sei. Dann lächelte er flüchtig und tippte sich an die Stirn.

«Wer ist bekannt als listenreicher Rechner, Erfinder und Magier? Thot natürlich, dessen größtes Heiligtum in unmittelbarer Nähe liegt. Nun, wir wissen, daß es diesen Gott nicht gibt, aber es gibt seine Priester, und die gelten als neunmalklug. Komm, Bak, wir werden ihnen einen Besuch abstatten.»

391

Da sämtliche Boote für die Transporte gebraucht wurden, erbat sich Dutu die Barke Seiner Majestät, und einige Stunden später legten sie in Eschmun an.

Der Hafenmeister lief zitternd vor Aufregung herbei, denn das mit königlichen Symbolen geschmückte Schiff verhieß einen persönlichen Besuch des Guten Gottes. Doch es waren nur seine Sendboten, und er atmete auf. Dutu und Bak erschienen mit Leibwache und zahlreicher Dienerschaft vor dem Hauptportal der Tempelstadt, so daß die eilig informierten Priester nichts Gutes erwarteten.

Sie hatten auch allen Grund dazu, denn Amun, der Reichsgott von Waset, stammte ursprünglich aus Eschmun, wo noch jetzt ein großer Tempel ihm geweiht war und er neben Thot als die zweitwichtigste Gottheit galt. Natürlich wußten die Priester hier ganz genau, was in Waset geschehen war und daß sie einem Gott dienten, den Seine Majestät mit Eifer und Haß verfolgte.

Während der Hohepriester mit den drei Propheten des Thot die Gäste erwartete, verkündete er mit vor Bewegung zitternder Stimme: «Wir müssen damit rechnen, daß dies unsere letzte Stunde im Dienst von Thot und Amun ist. Aber das stand ja zu erwarten, wenn Seine Majestät sozusagen in unserer Nachbarschaft seinem neuen Gott eine Stadt errichtet.»

Die anderen schwiegen, und als die Besucher eintraten, standen sie auf und verneigten sich nicht sehr tief und mit abweisenden Mienen.

Dutu blickte erstaunt.

«Es scheint, wir sind nicht sehr willkommen? Aber dazu besteht kein Grund, wir wollen nur einen Rat einholen.»

«Einen Rat?» fragte der Hohepriester mißtrauisch.

«Ja, denn eure Klugheit ist weithin berühmt. Wie könnte es auch anders sein, wenn man Thot dient, der ja Erfinder von Schrift und Zahlen sein soll.»

Dann schilderte Dutu in kurzen Worten die beim Bau der Stadt aufgetretenen Schwierigkeiten, vor allem den Mangel an Arbeitern und tüchtigen Handwerkern.

«Wir kommen ohne Schönen Befehl Seiner Majestät, nur aus eigenem Antrieb und aus Sorge, die Wünsche des Königs nicht getreulich erfüllen zu können.»

Der Hohepriester atmete auf.

«Eure Sorgen sind die unseren, denn auch wir dienen Seiner Majestät, so gut wir es vermögen.»

Und es dauerte nicht lange, dann hatten Dutu und Bak die Zusage der Priesterschaft, daß alle hier entbehrlichen Kräfte – solange die Bauarbeiten andauerten – zur Verfügung des Königs stünden. Dies fiel um so leichter, da inzwischen die Achet-Zeit der Nilschwelle angebrochen war und die auf Gütern des Tempels tätigen Bauern leicht für andere Arbeiten eingesetzt werden konnten.

Auch Mahu, Oberster der Palastwache, mußte sich zu seinem Leidwesen verändern. Der König hatte darauf bestanden, daß er den Dienst eines Obersten der Stadtmiliz in Achetaton übernahm. Mahu hatte es nicht gewagt, den König zu fragen, wer seine Aufgaben in Waset übernehmen sollte, sondern sich an Aper gewandt.

Der Wesir blickte ihn neugierig an, in seinem Gesicht war wie immer ein Zug von Anspannung. Stockend und unzusammenhängend – als führe er ein Selbstgespräch – hörte Mahu ihn sagen: «Also – nun, ja, was tun wir da? Ist überhaupt etwas zu tun? Seine Majestät wollte doch Waset – also sozusagen, sich selber überlassen – nicht wahr?»

Mahu schluckte.

«Soll das heißen, daß der Amun-Klüngel weiterhin und von nun an ungestört im Untergrund tätig sein darf? Neue Morde, neue Entweihungen, weitere Schandtaten?»

«Nein, Mahu, das heißt es nicht. Du sollst den Umtrieben dieser Herren schon auf der Spur bleiben – das heißt nicht du, denn der König braucht dich in Achetaton, sondern andere…»

Diese Auskunft mußte Mahu erst verarbeiten, fand aber dann eine Lösung. Er ließ Bagsu kommen, an dessen neuen Namen er sich einfach nicht gewöhnen konnte.

Bagsu, der «Dolch», oder Setep, die «Axt» – gleichviel, er war der alte, für schwierige Arbeiten ungeheuer brauchbare Kerl.

«Es dauert nicht mehr lange, dann werde ich von hier weggehen, aber irgendwer muß ja unsere Arbeit tun, nicht wahr?»

«Irgendwer schon, gewiß», versicherte Bagsu diensteifrig.

Mahu nickte zufrieden, als sei damit das Problem schon gelöst.

«Du wirst sie tun, diese Arbeit, und Restep soll dir – wie bisher – dabei helfen. Ich erwarte von dir regelmäßige Berichte nach Achetaton, und vor allem auf eine Meldung bin ich aus, nämlich daß du Hapu, Si-Mut, Peri und die anderen Unruhestifter stellst und ihrer Strafe zuführst.»

Bagsu blickte etwas unbehaglich drein.

«Erwischen werde ich sie eines Tages schon, aber bestrafen? Bin ich dazu überhaupt befugt?»

Mahu nickte.

«Gewiß, denn der Schöne Befehl Seiner Majestät lautet nach wie vor, diese Herrschaften unschädlich zu machen. Auf welche Weise dies geschehen soll, hat Seine Majestät mir überlassen, und ich überlasse es jetzt dir. Wichtig ist, daß es ohne Aufsehen geschieht – sozusagen in aller Stille.»

«Ich habe verstanden», sagte Bagsu, «etwa so wie bei Pentu?»

«Etwa so», sagte Mahu und blickte an Bagsu vorbei.

8

*A*ls sich der Zug – mit einer Verspätung von elf Tagen – endlich in Bewegung setzte, hatte sich Semenchkares Fähigkeit, Zorn und Ungeduld zu empfinden, erschöpft und war einer stumpfen Resignation gewichen.

Der endgültig für die Abreise bestimmte Tag war gekommen, da verspürte Kija den Wunsch, eine sehr liebe Halbschwester zu besuchen, die seit einem Jahr mit einem Beamten der Stadtverwaltung verheiratet war. Dessen Haus lag ziemlich entfernt, und bis es gefunden war, brach die Nacht herein. Kija konnte sich auch am folgenden Tag nicht von der Schwester trennen, und als sie endlich zurück war und ihre Reisekleider überprüfte, war ein ganz bestimmtes nicht aufzufinden. Das Gepäck mußte durchwühlt werden, dann kam es endlich zum Vorschein. Tags darauf wollte Kija von ihrer Mutter letzten Abschied nehmen, doch die war vor Aufregung so krank geworden, daß sie mit hohem Fieber im Bett lag.

Da wandte sich der Prinz hilfesuchend an seinen königlichen Onkel, fand aber keine Unterstützung.

«Du mußt das verstehen, mein Bruder. Ich mische mich ungern in Frauensachen, auch weil das hierzulande nicht üblich ist. Über Haus- und Familienangelegenheiten gebieten die Damen, und für einen Mann ist es nicht ratsam, da einzugreifen – es sei denn, so ein Fall wächst sich zum Politikum aus.»

Nach sechs Tagen wich das Fieber von Kijas Mutter, und bis alle wieder reisefertig waren, vergingen weitere zwei Tage.

Der Prinz hätte diese Verzögerung gerne genutzt, um Ibara zu treffen, doch die treue Kammerfrau konnte – wie sie sagte – in diesen schwierigen Zeiten ihre Herrin nicht verlassen.

Auf den gepflegten und belebten Karawanenstraßen ließ es sich gut reisen, wenn sie auch nur langsam vorankamen. Semenchkares Versuche, mit Ibara Verbindung aufzunehmen, schlugen tagelang fehl, doch plötzlich kam sie eines Nachts in sein Zelt und gab sich ihm ohne Umstände hin. Fast war Semenchkare enttäuscht, daß ihm nun so einfach in den Schoß fiel, worum er sich viele Tage lang vergeblich bemüht hatte.

Zwei Tage später kamen sie bei Byblos ans Grüne Meer, und Fürst Rib-Addi überschlug sich vor Eifer, um den Prinzen aus Kemet gebührend zu empfangen. Auf der Hinreise hatten sie die Stadt umgangen, denn der Fürst ließ sie durch Boten wissen, er sei schwer erkrankt und würde sich freuen – sollten die Götter ihm wieder Gesundheit schenken –, sie auf der Rückreise begrüßen und beherbergen zu dürfen. Nun war es soweit, doch Ibara begann sich sehr seltsam zu verhalten. Sie wolle den Fürsten nicht sehen, denn er habe sie damals gegen ihren Wunsch nach Mitanni geschickt – im übrigen hasse sie diese Stadt, diesen Palast, diesen Hof …

Semenchkare, inzwischen mit ihren seltsamen Launen etwas vertraut, versuchte sie zu beschwichtigen.

«Aber der Fürst ist doch dein Vater! Außerdem hat Prinzessin Kija ein Anrecht darauf, bei Hof mit ihrer Kammerfrau zu erscheinen.»

«Sie hat ja noch andere …»

«Ja, aber du hast dich ausdrücklich darum bemüht, an Kijas Seite nach Kemet zu reisen, und vom Rang her, als Tochter eines Fürsten …»

Da begann sie zu schluchzen, und dicke Tränen – bei ihr ein ungewohnter Anblick – näßten ihr sonst so stolzes Antlitz.

«Du verstehst das nicht …»

Nein, er verstand es wirklich nicht, um so mehr als Ibara doch alles erreicht hatte, was sie wollte. Doch er bestand darauf, und schmollend fügte sie sich, stellte aber eine Bedingung.

«Wenn du mit dem Fürsten sprichst, erwähne mich einfach nicht. Er hat mich längst vergessen und wird mich übersehen.»

Und so war es dann auch. Beim festlichen Begrüßungsmahl saß Ibara unter den Kammerfrauen, doch Rib-Addi zeigte nicht das geringste Zeichen eines Wiedererkennens. Als ob sie nicht seine Tochter wäre, dachte der Prinz, und dann fiel ihm ein, was König Tusratta gesagt hatte, als er ihn nach Ibara fragte. Fürst Rib-Addi habe sie ihm vor einigen Jahren geschenkt und behauptet, sie sei seine mit einer Nebenfrau gezeugte Tochter. Doch er glaube das nicht so recht...

Doch seine Neugierde war zu groß, und er brach sein Versprechen, als er den Fürsten am nächsten Tag fragte, ob er seine Tochter – jetzt Kammerfrau bei Prinzessin Kija – nicht erkannt habe.

«Meine Tochter? Wer soll das sein?»

«Ibara natürlich, die du vor wenigen Jahren dem Fürsten Tusratta geschenkt hast. Ihre Mutter soll eine Dame aus Men-nefer gewesen sein, ein Präsent des dortigen Bürgermeisters...»

«Ja – ja, ich glaube mich zu erinnern. Aber da geht so viel hin und her an Geschenken jeder Art...»

Das klang eher so, als erinnere er sich keineswegs, und dann fiel dem Prinzen ein, wie seine Mutter einmal erwähnt hatte, daß es in Kemet nicht üblich sei, eine echte Prinzessin außer Landes zu geben. Da sende man dann irgendein hübsches Harimsmädchen... Aber schließlich war Ibara keine Prinzessin, sondern nur Tochter eines Bürgermeisters. Etwas hielt ihn davon ab, weiterzuforschen, und er brachte das Gespräch auf die politische Lage.

Rib-Addi war ein durchaus bemerkenswerter Mann. Seinem klugen Gesicht fehlte der gewalttätige Zug, der die meisten Kleinfürsten wie ein Erkennungszeichen prägte, entstanden durch die schwierigen Zeiten des Thron- und Überlebenskampfes, dem sie – immer in Gefahr, zwischen zwei Machtblöcken zerrieben zu werden – während ihrer Herrschaft ausgesetzt waren. Wer sich länger an der Macht halten wollte, mußte alle erdenklichen Mittel anwenden, die da hießen: List, Tücke, Lüge, Verrat, Grausamkeit, begleitet von einem stets wachen Mißtrauen.

Rib-Addi wirkte eher wie ein Gelehrter, beherrschte – neben der von Kemet – einige der hier gängigen Sprachen, stand auch in regem Schriftverkehr mit dem Hof in Waset und beabsichtigte, den Herrn Beider Länder in seiner neuen Hauptstadt zu besuchen.

«Dein König hat geruht, mich zum Bürgermeister von Byblos zu ernennen, und ich trage diesen Titel mit Stolz, denn mein Herz neigt mehr nach Süden, wo das uralte, mächtige und glanzvolle Reich von Kemet den Nil bis zu seinen Ursprüngen beherrscht.»

Mit seiner schlanken, gepflegten Hand wies er nach Norden. «Dort gibt es nur Herrschsucht und Barbarei. Alle zittern vor dem Chatti-König Suppiluliuma, der wie ein Raubtier nur noch auf den günstigsten Zeitpunkt wartet, um seine Pranken nach Süden auszustrecken.»

«Wie schätzt du diese Gefahr ein, mein Fürst?»

Rib-Addi hob seine Hände.

«Wer kann das wissen? Vielleicht schlägt er morgen schon zu, vielleicht erst in fünf Jahren. Möglicherweise stirbt er vorher, und ein Nachfolger tritt in seine Fußstapfen – oder auch nicht. Kemet wird seine alten Grenzen zu behaupten wissen, muß aber vermutlich auf seine Vasallen verzichten. Mitanni, Amurru, Ugarit, Kadesch, auch Byblos werden fallen – so meine ich. Ich werde dann nach Kemet gehen und den Herrn Beider Länder um ein Amt bitten. Dort fühle ich mich ohnehin wohler als hier ...»

Der Fürst hatte im vollen Ernst gesprochen, und Semenchkare war fast geneigt zu sagen, daß seine Tochter Ibara diese Einstellung teile, aber er wollte dieses Thema nicht mehr anrühren.

An der Grenze bei Gaza traf Semenchkare auf Haremhab, der sein neues Amt als General der Grenztruppen mit Eifer und Härte ausübte. Er genoß bei den Männern großen Respekt, auch weil er es ablehnte – wie es in Kemet üblich war –, sich in einer Sänfte, umgeben von zahlreichen Dienern, zu bewegen und mit den einfachen Soldaten nur noch über seine Hauptleute zu verkehren. Er saß weiterhin auf seinem Pferd und war für jedermann zu sprechen, ohne dadurch etwas von seiner Autorität zu verlieren.

Semenchkare berichtete von seinen Gesprächen mit Fürst Rib-Addi. Haremhab hörte mit ernster, gesammelter Miene zu und nickte ein paarmal.

«So habe ich ihn immer gesehen: klug, hellsichtig, mit klaren Augen die Tatsachen erkennend und einschätzend. Er wird sich niemals von Mitanni ködern lassen und stets unser treuer und zuverlässiger Vasall bleiben.»

«Vielleicht aus Herzensneigung? So etwa habe ich ihn verstanden...»

Haremhab lächelte nachsichtig.

«Das vielleicht auch, aber er gibt seinen Gefühlen nur Raum, wenn auch die Vernunft es gebietet. Deshalb legt er so großen Wert auf den ihm von unserem König verliehenen Titel ‹Bürgermeister von Byblos›. Kommt es zu Mißernten und Hungersnöten, werden sich die Kornkammern unseres Landes für ihn öffnen, und sein Volk hat wieder einmal Gelegenheit, seine stets offene Hand und wache Fürsorge zu preisen. Für Thronräuber bestehen da keine Aussichten, die würde man auf der Straße in Stücke reißen – ganz davon abgesehen, daß wir dort eine starke Garnison liegen haben.»

Haremhab stand auf, trat an den Zelteingang und wechselte mit dem Wachsoldaten einige Worte. Dann ging er zurück und rückte seinen Feldhocker näher.

«Bei dem, was ich dir jetzt zu sagen habe, darf es keine Lauscher geben, und die Kuschiten draußen verstehen uns nicht. Was nun die derzeitige Lage betrifft, so wissen wir beide, wie es steht. Die Chatti lauern vor der Tür und überlegen, wie sie auf schnellstem und bestem Weg aufzubrechen wäre. Mitanni ist keineswegs schwach, und König Tusratta tut alles, um sein Heer einsatzbereit und schlagkräftig zu erhalten. Um dieses Heer mit Sicherheit besiegen zu können, muß König Suppiluliuma ihm überlegen sein, und so ist er jetzt dabei, sein Reich nach Norden und Westen auszudehnen, sich dort neue Vasallen zu schaffen, bei Völkern, deren Namen wir nicht einmal kennen. Wir wissen nichts darüber, haben auch nicht die geringsten Möglichkeiten, von dort etwas in Erfahrung zu bringen. Das ist wie bei einem Glücksspiel: Niemand weiß, wer am Ende als Sieger dasteht. Aber so muß es nicht sein – und jetzt höre gut zu, mein Prinz.»

Haremhab beugte sich vor und sprach mit so leiser Stimme weiter, daß auch Semenchkare ihm näher rückte.

«Ich habe die Königinwitwe Teje gebeten, Seine Majestät auf

diese bedenkliche Lage hinzuweisen, und ihr dargelegt, daß die Chatti nur durch eines abzuschrecken sind: Wir müssen sowohl Mitanni wie auch unsere Vasallen mit Nachdruck unterstützen, das heißt so viele Truppen dorthin verlegen, daß König Suppiluliuma jede Lust vergeht, in den Süden einzufallen. Sie hat mit dem König darüber gesprochen, auch Eje, Dutu und den Wesir davon unterrichtet. Nichts! Es ist, als sei der König auf dem außenpolitischen Ohr taub. Hätte ich berichtet, daß man in Ugarit dem Aton eine Kapelle erbaut hat, so wäre dieses Ereignis gewürdigt und wohl tagelang erörtert worden. Daß dort unsere Feinde bis an die Zähne bewaffnet vor der Tür stehen, hat Seiner Majestät – soviel ich weiß – nicht einmal eine Bemerkung entlockt. Nun sage mir, Prinz Semenchkare – da du die Lage jetzt kennst –, wie würdest du handeln, säßest du auf dem Thron Beider Länder?»

Semenchkare zögerte. Worauf wollte der General hinaus?

Da setzte Haremhab noch hinzu: «Natürlich immer in dem Bewußtsein, daß auch dein Thron gefährdet ist. Kemet hielt sich viele Jahrhunderte für unbesiegbar, dann kamen vor etwa dreihundert Jahren die Hyksos, bescherten uns fünf Fremdherrscher und wurden hundert Jahre später wieder vertrieben. So kann es wieder kommen, Prinz, daher meine Frage.»

«Ich – ich würde der Bedrohung zuvorkommen und unsere Vasallen mit meiner ganzen Truppenmacht unterstützen. Das heißt – nicht mit der ganzen, denn die Grenze nach Süden muß auch noch geschützt werden…»

«Gut, mein Prinz. Und wie würdest du einen König nennen, der das nicht tut?»

Semenchkare senkte den Kopf und schwieg.

«Du brauchst nicht zu antworten, bist ja schließlich der Bruder Seiner Majestät. Ich tue es für dich. Dieser König, mein Prinz, versäumt seine Pflichten – auch wenn er es aus ehrenwerten Gründen tut. Mehr ist dazu nicht zu sagen. Vielleicht ist der Gute Gott und Herr Beider Länder schlecht beraten? So möchte ich dich bitten, der Königinwitwe Teje die Lage – so, wie wir beide sie sehen – zu schildern und sie zu bitten, auf Seine Majestät einzuwirken. Etwas anderes können wir nicht tun.»

Warum sitzen nicht solche Leute auf dem Horus-Thron, fragte

sich Semenchkare. Doch darauf gab es keine Antwort, und so zog der Prinz nach einigen Tagen weiter. Der General hatte ihn gebeten, Prinzessin Kija in der neuen Stadt abzuliefern, selber aber unverzüglich weiterzureisen.

«Wende dich in Waset gleich und zuallererst an die Königinwitwe; sie wird am besten wissen, was künftig zu tun ist.»

Sie zogen an Land weiter bis Haware, wo eine kleine Nilflotte sie erwartete. Als sie vier Tage später in Men-nefer anlegten, war die sonst so geschwätzige Prinzessin Kija vor Erstaunen stumm geworden. Hatten sie während der Fahrt schon die mächtigen Tempelanlagen, die da und dort – etwa in Per-Bastet – aufragten, sichtlich beeindruckt, so war sie vor der Pracht und Größe der alten Reichshauptstadt sprachlos geworden.

Auf Ibara hingegen wirkte der Anblick wie ein berauschendes Getränk. Sie plapperte ständig vor sich hin, sagte, genau so habe sie sich es vorgestellt und sie müsse den Göttern danken, daß sie der finsteren Barbarei in Mitanni entronnen sei.

«Den Göttern?» fragte Semenchkare spöttisch, während sie im Heck des Bootes saßen. Prinzessin Kija hatte sich unter ihrem Sonnensegel zur Ruhe gelegt; ein steifer Nordwind blähte die Segel und trieb die Schiffe mühelos stromaufwärts.

«Natürlich waren es die Götter! Sie haben deinen verstockten Sinn gewandelt und bewirkt, daß ich zu Kijas Kammerfrau ernannt wurde.»

Er blickte Ibara an, sah den Eigensinn in ihren Bernsteinaugen blitzen und bewunderte einmal mehr das im Sonnenlicht wie gehämmertes Kupfer schimmernde Haar. Eine unbändige Lust kam ihn an, diese Frau auf die Deckenplanken zu werfen und ihr Gewalt anzutun. Sie hatte ihn vermutlich belogen, war weder die Tochter des Fürsten Rib-Addi, noch stammte ihre Mutter aus Mennefer. Da der Fürst zahlreiche Beamte und Diener aus Kemet beschäftigte, konnte sie die Sprache auf andere Art erlernt haben. Er war auf diese notorische Lügnerin hereingefallen und ihr dienstbar gewesen, wie ein Sklave. Was hatte sie ihm dafür gegeben? Einen Sack voll Versprechungen, eine hastige Liebesstunde, und diese wohl auch nur, um ihn am Hof des Fürsten auf ihrer Seite zu haben.

Selbstsüchtig, kalt, berechnend, rücksichtslos und – wenn es sein mußte – voll Tücke und Listen, das ist ihr wahres Wesen, dachte er, und es war, als hätte sie seine Gedanken gelesen.

«Du blickst so gierig drein wie ein brünstiger Stier. Ich hätte ja auch nichts dagegen, mit dir dann und wann…, aber in der Enge dieser Boote – wie stellst du dir das vor? Die Nächte verbringe ich neben Kijas Bett, untertags kann man hier keinen Schritt tun, ohne von tausend Augen beobachtet zu werden.»

Der Prinz hatte nur mit halbem Ohr hingehört, ihn beschäftigte etwas anderes.

«Nachdem deine Mutter angeblich aus Men-nefer stammt, warum hast du es abgelehnt, dort nach ihrer Familie zu forschen? Ich hätte dir diesen Gefallen gerne getan.»

«Ich will von der Vergangenheit nichts mehr hören! Wer weiß, was meine Mutter hat durchmachen müssen, bis sie in Rib-Addis Harim kam?» Sie erhob sich, strich ihren Rock glatt und richtete ihr Haar. «Ich werde jetzt nach meiner Herrin sehen…»

«Du wirst künftig eine Perücke tragen müssen, das ist hierzulande so üblich.»

«Du hast mir von Prinzessin Sat-Amun erzählt, die auch keine trägt.»

«Du bist keine Prinzessin, Ibara, sondern nur die Kammerfrau einer künftigen Konkubine – das ist nicht viel, da muß man sich fügen.»

Sie lachte unbekümmert.

«Nun, wir werden sehen…»

Am Ostufer zogen die Grabpyramiden von Itj-taui vorbei, die sich König Amenemhet und sein Sohn angelegt hatten. Auch dieser König hatte Waset verlassen und im Norden eine neue Residenz begründet, doch er tat es aus politischen Gründen und nicht eines Gottes wegen.

Semenchkare hatte seinen Anspruch auf ein eigenes Boot nie wahrgenommen. Er wollte Ibara nahe sein, begründete aber seine Anwesenheit mit der Verantwortung für Prinzessin Kija.

Das große, leise knatternde Segel warf einen breiten Schatten auf das Heck, und so ließ der Prinz sich zurücksinken und schloß die

Augen. Es schien ihm, als säße er vor einer köstlichen Mahlzeit mit vielen Gängen, die man ihm schon nach den ersten Bissen wieder wegnahm. So war es mit Ibara, die er liebte oder glaubte zu lieben – er war sich da nicht mehr sicher. Wenn er sie sah, begann sein Herz höher zu schlagen, sein Mund wurde trocken, sein Atem ging schneller. Die Nacht, da er sie am ganzen Körper küssen durfte, und jene, da sie sich ihm hingab, das waren die ersten Bissen dieser köstlichen Mahlzeit gewesen, aber – so schien es jetzt – es gab keine Fortsetzung, denn in wenigen Tagen würde Ibara mit Prinzessin Kija in die neue Hauptstadt entschwinden. Er aber sollte sich dort nicht sehen lassen, das hatte General Haremhab empfohlen – befohlen? Wie konnte dieser Emporkömmling ihm, einem königlichen Prinzen, etwas befehlen? Zudem hatte er es noch gewagt, dem König Pflichtversäumnis vorzuwerfen – er, ein Nichts, dem Sohn der Sonne und Herrn Beider Länder!

Dennoch – Semenchkare war auf der Rückreise nicht mehr der etwas ahnungslose Bastard aus dem Harimswinkel, den man zur Strafe in die Fremde geschickt hatte. Er hatte dazugelernt, an Einsichten und Erfahrungen gewonnen, die er – bei allem Respekt – seinem königlichen Bruder voraus hatte. Und wenn Seine Majestät es nicht für notwendig hielt, die gefährlichen Grenzen zu verstärken, dann war das ein Fehler, und Haremhab hatte recht. Deshalb mußte er nun auf Ibara verzichten, weil Teje mit Ungeduld seinen Bericht erwartete.

Oder war da noch etwas anderes? Als Haremhab ihm damals den Inhalt von Tejes Schreiben mitteilte, hatte er gesagt: Die Königinwitwe hält es für unbedingt erforderlich, daß du nach Waset zurückkehrst. Bestand da ein Zusammenhang mit dem Weggang des Königs?

Er schob den Gedanken beiseite. Welche Möglichkeiten gab es, Ibara wiederzusehen? Schließlich lag Achetaton nicht gleich um die Ecke, sondern war einige Dutzend Reisetage von Waset entfernt. Doch Teje würde gewiß ihren Sohn in Achetaton aufsuchen, und er, Semenchkare, würde sie dabei begleiten – sozusagen als Augenzeuge der Ereignisse im Norden.

Er öffnete die Augen, und da stand Ibara, hielt sich an einem der Segeltaue fest und schaute ihn lächelnd an.

«Sie ist wieder eingeschlafen – und du wohl auch?»

«Nein, nein, ich habe nur nachgedacht. Es gefällt mir nicht, daß wir uns trennen müssen.»

Ein Schatten flog über ihr schönes, stolzes Gesicht. War es Erschrecken, Trauer, Schmerz? Nun erst wurde ihm bewußt, daß er bis jetzt nicht davon gesprochen und sie in der Meinung gelassen hatte, er käme mit in die neue Residenz.

«Aber du bist doch ein Prinz, lebst im Palast...»

«Gewiß, aber diesen Palast hat mein Bruder schon vor Monaten verlassen, um sich andernorts eine neue Residenz zu erbauen. Ich weiß noch nicht, ob ich dort willkommen bin...»

Ibara wandte den Kopf und bemerkte: «Ich glaube, sie ruft nach mir. Wenn wir heute nacht anlegen, komme ich auf dein Boot.»

Beim letzten Wort hatte sie sich umgedreht und war weggegangen. Mit Geschick und Anmut benützte sie die ausgespannten Segeltaue als Haltegriffe, drehte sich noch einmal um und winkte ihm zu.

Ibara hielt Wort und kam einige Stunden nach Sonnenuntergang in seine winzige Kajüte, die nur ein schmales Bett und eine Truhe mit seinen Besitztümern enthielt.

«Wie bist du hierhergekommen?»

«Ein Diener hat mich gerudert.»

«Und Kija?»

«Oh – sie weiß Bescheid. Unter Frauen ist das kein Problem – man spricht sich ab. Wir haben die ganze Nacht Zeit...»

Es wurde eine Nacht, die der Prinz nicht so schnell vergaß. Ibara nutzte die Enge der Kabine zu den verlockendsten Liebesstellungen. Und sie tat es mit Anmut und Heiterkeit, lachte leise, wenn sich ihre Körper so verstrickt hatten, daß es großer Anstrengung bedurfte, ihre Glieder zu entwirren. Vor Morgengrauen verschwand sie ohne ein Wort, und Semenchkare schlief sofort vor Erschöpfung ein.

Zwei Tage später legten sie am provisorischen Hafen von Achetaton an, und der Prinz übergab Kija samt ihrer zahlreichen Begleitung dem Flottenführer. Er hatte die Schreiben von König Tusratta und den Kleinfürsten in ein Schilfkästchen gelegt und bat ihn, dies nur einem hohen Beamten oder – wenn möglich – Seiner Majestät selber zu übergeben.

«Von mir muß dabei nicht die Rede sein, aber wenn du gefragt wirst, so sage einfach die Wahrheit: Ich sei von der Königinwitwe Teje beauftragt worden, Prinzessin Kija in Mitanni abzuholen und sicher hierherzugeleiten.»

Der Flottenführer, ein wortkarger Mann, der fast sein ganzes Leben auf dem Nil verbracht hatte, verneigte sich.

«Ich werde tun, was du befiehlst, mein Prinz.»

Ibara konnte ihm zum Abschied noch zuflüstern: «Komm bald, mein Prinz, ich erwarte dich!»

Nichts wird mich daran hindern, dachte Semenchkare, nichts, ausgenommen mein Tod!

Mit Ende der Peret-Zeit war nun ein Jahr vergangen, seit der König seine Reise nach Norden angetreten hatte, um Aton eine neue Stadt zu errichten.

Zuerst war in Waset davon nicht viel zu spüren, aber nun fehlte auch Mahus schwere Hand, und wenn in einem Getreidespeicher die Katze ausbleibt, dann kommen die Mäuse und Ratten aus ihren Löchern. Ehe Mahu wegging, hatte er – mit Tejes Zustimmung – Bagsu unter seinem neuen Namen Setep zum Obersten der Stadtmiliz ernannt, und dieser berief Restep zu seinem Stellvertreter.

Noch vor kurzem hätte Bagsu nicht einmal davon zu träumen gewagt, daß man jemals soviel Macht in seine Hände legen würde. Immer war er der Gehilfe gewesen, der willig und mit Eifer solche Arbeiten verrichtete, die den hohen Herren zu schmutzig waren. Bagsu sah darin nichts Entehrendes und setzte alles ihm Verfügbare an Kraft und Können ein, um seine Auftraggeber zufriedenzustellen. War er jedoch auf sich selber gestellt, dann erwachte in ihm eine unbändige Lust, zu töten, zu vernichten, zu strafen, und das hatte ihn im Süden als Hauptmann der Tempelwache so gefürchtet gemacht. Doch so wie damals war jetzt seine Lage nicht. In Mahu sah er noch immer seinen Vorgesetzten und im König den obersten Befehlsgeber, was diese früheren Priester betraf, die er nun aufspüren und unschädlich zu machen hatte. Er unterbreitete Restep seinen Plan.

«Wir müssen anders vorgehen, als Mahu es tat. Lassen wir den Amun-Klüngel doch glauben, daß mit Mahus Weggang die Hauptgefahr vorüber sei. Diese Herren sollen sich nicht mehr bedroht und verfolgt fühlen und werden bald ihre Zurückhaltung aufgeben. Unsere Leute sollen in der Stadt verbreiten, daß wir unserer Pflicht genügen, wenn wir Verbrechen und Gewalttat verfolgen. Wer aber an der Tempelmauer für Amun oder Mut ein Opfer niederlegen will, soll es ruhig tun – verstehst du, worauf ich hinauswill?»

Restep nickte.

«Es soll der Eindruck entstehen, daß mit dem Fortgang des Königs auch die Verfolgung der alten Götter eingestellt sei.»

«Richtig! Aber das soll keineswegs heißen, daß nun die Tempel wieder eröffnet und die Priester wieder in ihre Ämter eingesetzt werden. Die Verfügungen Seiner Majestät bleiben bestehen, aber die Zügel werden gelockert. Das wird Leute wie Hapu, Peri und Si-Mut aus ihren Verstecken locken. Wenn einer von ihnen auftaucht, bleibt er vorerst unbehelligt – verstanden? Diese Herren müssen sich in Sicherheit wiegen, ehe wir zuschlagen.»

«Und zuschlagen heißt…?»

Bagsu grinste.

«Denk an die alten Zeiten, Restep. Aber Maj hat, wie wir heute wissen, gegen den Willen des Königs gehandelt. Was wir jetzt tun, geschieht jedoch auf den ausdrücklichen Wunsch Seiner Majestät, und somit verkörpern wir das Recht.»

Da nun der Name des früheren Hohenpriesters gefallen war, wollte Bagsu von Restep – der dies schon kurz erwähnt hatte – Näheres über das Ende seines einstigen Herrn erfahren. Doch Restep, sonst zu jeder Auskunft bereit, sperrte sich dagegen.

«Die Schasu haben nachts sein Zelt überfallen und ihn dabei getötet – mehr kann ich dazu nicht sagen und will es auch nicht.»

Bagsu, sonst recht empfindlich, wenn ihm ein Untergebener den Gehorsam verweigerte, zeigte sich ausnahmsweise langmütig.

«Ist nicht so wichtig», sagte er, «auch wenn Maj dieses Ende vielleicht nicht verdient hat. Er hat es sich mit seiner Halsstarrigkeit selber bereitet – was meinst du?»

Restep aber hob nur die Schultern und schwieg.

Noch etwas wurde jetzt in Waset deutlich: Mit dem König waren die meisten und auch treuesten Aton-Verehrer weggezogen, und was sich nun um den Tempel herumtrieb, machte dem Sonnengott keine Ehre. Da mischten sich Tagediebe, Nichtstuer und allerlei lichtscheues Gesindel unter die Pilger, stahlen, wo immer sich die Gelegenheit ergab, und verschonten nicht einmal die Opferaltäre. Der Tempel war kaum noch gesichert, weil jeder Mann in Achetaton gebraucht wurde, und die wenigen noch verfügbaren Wächter saßen lustlos herum und schauten weg, wenn ein Unrecht geschah.

Bagsu vermutete, daß sie allesamt vom Amun-Klüngel bestochen waren, aber er hätte viel mehr Leute gebraucht, um es ihnen nachzuweisen. In seiner Mannschaft gab es kaum noch Einheimische, weil die meisten Amuns spätere Rache fürchteten. Fast alle waren Söldner aus Kusch oder den Nordländern – Männer, die nichts zu verlieren hatten, kaum die Landessprache verstanden und deshalb um so fester zusammenhielten.

Doch gab es auch noch andere Gründe, die den inneren und äußeren Verfall des Aton-Tempels in Waset beschleunigten. Tejes Bruder Anen, einst als Erster Prophet für das neue Heiligtum zuständig, war mit dem König nach Norden gegangen und kurz darauf verstorben.

Irgendwie ergab sich dann – dabei hatte auch die Königinwitwe Teje ihre Hand im Spiel –, daß ein gewisser Parennefer sein Amt übernahm. Dieser schon ältere Herr hatte unter Echnatons Vater noch den Titel «Prophetenvorsteher aller Götter» getragen. Das war ein eher bedeutungsloses Amt, denn sein Einfluß auf die hohe Priesterschaft war gering, und seine Tätigkeit beschränkte sich darauf, ihnen von Zeit zu Zeit die Entschlüsse des Königs zu übermitteln. Wie andere, so hatte sich auch Parennefer schnell zu Aton bekannt – so überstürzt, daß der bedächtige Dutu Verdacht schöpfte und empfahl, diesem Menschen kein höheres Amt anzuvertrauen. Man hatte ihn mit dem Ehrenamt eines Obersten Mundschenks abgefunden, das er übergenau versah, immer bemüht, so oft wie möglich in der Nähe des Königs gesehen zu werden.

Echnaton lehnte es ab, ihn mit in die neue Residenz zu nehmen, und als Teje vorschlug, den so überaus Pflichtbewußten zum Zweiten Propheten des Aton-Tempels zu ernennen, stimmte der König wider Erwarten zu. Einen Ersten Propheten sollte es künftig in keinem der Aton-Tempel mehr geben, denn dieses Amt behielt der König sich selber vor.

Parennefer erkannte bald, wie schwierig seine Aufgabe war, und nach Mahus Umzug wurde sie auch gefährlich. Er umgab sich mit einer Leibwache von vier baumlangen Kuschiten, die nicht lange fackelten, wenn sie ihren Herrn bedroht sahen.

Einmal wurde er von einem Fanatiker mit Eselskot beworfen, als er seine Sänfte verließ. Gleich setzte eine seiner Wachen dem Davoneilenden nach und hieb ihm seine Hartholzkeule so heftig über den Schädel, daß der Übeltäter regungslos liegenblieb. Das verschaffte Parennefer Respekt, vergrößerte aber auch die Abneigung gegen Aton und seine Priester.

Als sich Angriffe solcher Art mehrten, erschien Parennefer in seinen Amtsräumen nur noch in dringenden Fällen und ließ sich dort durch einen Mann vertreten, der nichts und niemand fürchtete und früher Aufseher von Strafarbeitern gewesen war.

Si-Mut rieb sich die Hände und dachte: Jetzt ist Aton so weit heruntergekommen, daß ich es für angebracht halte, Verbindung zu Parennefer aufzunehmen.

Als sich der Zweite Prophet des Aton einmal ausnahmsweise in seinen Amtsräumen aufhielt, ließ sich ein Mann melden, der seinen Namen verschwieg, aber betonte, er sei ein Freund aus alten Tagen.

Dann erschien Si-Mut, der einstige Dritte Prophet des Amun, einfach gekleidet und ohne Diener.

Parennefer erhob sich. Natürlich kannte er Si-Mut von früher, hatte damals immer eine leise Bewunderung für den ersten und unbeirrbaren Diener Amuns gehegt. Er lachte gezwungen.

«Du hier? Was führt dich in die Höhle des Löwen?»

«Des Löwen? Da tust du Aton zuviel Ehre an; ich würde eher sagen, in die Höhle des Schakals, der von Aas lebt, der vertilgt, was andere verfault und verrottet zurückließen.»

Der kleine, dickliche Parennefer geriet in Zorn, was bei ihm selten geschah. Das ständige Lächeln wich aus seinem Gesicht.

«Bist du hergekommen, um mich zu beleidigen? Dort ist die Tür, meine Wachen werden dich hinausbegleiten.»

Si-Mut hob eine Hand, sein hageres, beherrschtes Gesicht mühte sich um eine freundliche Miene.

«Spreche ich etwa die Unwahrheit? Sieh dich doch um! Was sich draußen herumtreibt, ist fast nur noch Gesindel; dein Stellvertreter ist von bedenklicher Herkunft und würde eher in ein Straflager passen als in einen Tempel. Dich bewirft man mit Kot. Vor kurzem wurde einer der Königsstatuen der Kopf abgeschlagen. Solche Freveltaten hat es zu Amuns Zeiten niemals gegeben, wer damals seine Hand auch nur zum Spaß gegen den Gott erhob, verlor – wenn er Glück hatte – zumindest Nase und Ohren. Aber du hast das alles noch selber erlebt, warum also davon sprechen? Mir geht es um etwas anderes. In Waset setzt sich die Anschauung durch, daß mit Seiner Majestät ein König entschwunden ist, der nur Unglück, Verwirrung und – auch das muß gesagt werden – Elend und Hunger hinterlassen hat. Sein seltsamer Gott hat ihm den Geist verstört und ihn verlockt, in der Wüste eine neue Stadt zu gründen. In der Wüste! Das bedeutet: Der grimmige Seth hat seine Hand im Spiel, sein Feueratem hat das Herz des Königs verdorren lassen.»

Si-Mut machte eine Pause, seine engstehenden Augen bohrten sich in Parennefers Gesicht, das immer fassungsloser wurde.

«Harte Worte, nicht wahr? Stechen sie dir ins Herz? Das müssen sie wohl, da dein Ernennungsdekret das Siegel Seiner Majestät trägt. Aber es kann schon bald nichts mehr wert sein, dieses Dekret, und dann stehst du da, bist ein gewesener Aton-Priester, während in Waset Amun wieder die Macht übernimmt. Er ist schon dabei, weißt du das?»

Parennefer wußte es nicht, aber Si-Muts Worte bestätigten seine Ahnung. Er war in seinem Leben immer den leichtesten Weg gegangen, hatte sich stets angepaßt und ein scharfes Auge auf die Zeichen der Zeit gehabt.

«Was soll ich tun, Ehrwürdiger? Was rätst du mir?»

Si-Mut musterte ihn streng.

«Weißt du das nicht selber? Brauchst du tatsächlich einen Rat? Nun gut, ich gebe dir einen: Halte aus in deinem Amt, solange der König lebt oder auf dem Thron sitzt. Doch schlage dich auf unsere Seite, nimm regelmäßig an unseren Versammlungen teil, dann weißt du stets, was zu tun ist. In wenigen Tagen erwarten wir Prinz Semenchkare aus dem Norden zurück – merk dir den Namen.»

Si-Mut beugte sich vor und flüsterte Parennefer ins Ohr, und es klang so leise, als streife ihn nur ein Hauch.

«Er könnte der nächste König sein...»

9

*E*s bedurfte keines königlichen Dekrets, keines besonderen Befehls, daß es sich in Kemet mit Windeseile verbreitete: Der Gute Gott und Herr Beider Länder sieht davon ab – mit Ausnahme von Waset –, die Verehrung der alten Götter zu verbieten oder zu verhindern, wenn man ihn bei der Errichtung seiner Stadt mit Aufbietung aller Kräfte unterstützt.

Da strömten sie dann heran, aus Nord und Süd, die Arbeitskolonnen mit Bauleuten, Steinmetzen, Schreinern; auch Metallgießer, Schnitzer, Maler und Bildhauer boten ihre Arbeit an, und nicht einer wurde abgewiesen, denn sie alle fanden Arbeit in Hülle und Fülle.

Der Königspalast und der kleine Tempel gingen ihrer Vollendung entgegen; sie wurden durch eine Brücke verbunden, die sich mit drei Durchgängen über die dazwischenliegende breite Straße spannte. Über dem mittleren Durchlaß lag das «Erscheinungsfenster», von wo der König sich regelmäßig zusammen mit seiner Familie dem Volk zeigte.

Immer wieder schärfte Echnaton den Baumeistern ein: «Es muß alles offenliegen! So wie die Tempeltore, die Höfe und Kammern sich ohne Dach nach oben öffnen müssen, um Atons Strahlen bis in den letzten Winkel aufnehmen zu können, so darf auch sein Prophet nicht aus dem Verschlossenen wirken. Das Volk soll mich sehen, und zwar täglich! Täglich werde ich mit meinem Gespann vom Palast zum Großen Tempel fahren, und zwar so langsam, daß wirklich jeder Gelegenheit hat, den Propheten zu schauen. Sooft es geht, wird die Königin mit unseren Töchtern dabeisein. In Waset

hat es früher im Jahr an die dreißig kleinere und größere Feste gegeben – ich jedoch werde jeden Tag zu einem Fest machen! Nichts
wird dieses Fest trüben, keine Erinnerung an vergangene Irrtümer
soll uns stören – wir blicken mit Aton in eine strahlende Zukunft!»

Mit einer kaum faßbaren Geschwindigkeit nahm die Stadt Gestalt an. Magazine, Kasernen, Verwaltungsgebäude und Privathäuser wuchsen aus dem Boden. Erdarbeiter hoben einen Verbindungskanal zum Nil aus, legten in den Häusern der Vornehmen
schmale Seitenkanäle an, um dort die Küchen, Gärten und Bäder
mit Wasser zu versorgen. In diesen Häusern durfte auch die Andachtsstätte nicht fehlen, wo in der Regel eine Steintafel mit dem
Bildnis des Königs und seiner Familie Platz fand.

Kaum stand ein Gebäude, erschienen schon die Maler mit
ihren Gehilfen und schmückten die Wände, Decken – oft auch
die Fußböden – mit der von Aton geschaffenen schönen bunten
Welt. Da grünten und blühten Gräser, Blumen und Sträucher,
flatterten Vögel, weideten Rinder, ästen Gazellen und sprangen
Hasen.

Weniger prächtig waren die Häuser der Arbeiter ausgestattet,
die weit im Osten lagen und fast an die Wüstenberge grenzten.
Das waren schmale, nüchterne Zweckbauten, die sich im Dutzend
aneinanderreihten und weder einen Garten noch Wasserzufuhr
besaßen. Die etwas Bessergestellten bewohnten größere Häuser,
die sich zu fünfen oder sechsen einen gemeinsamen Garten teilten.

Für Oberbildhauer Thutmose war ein geräumiges Gebäude im
Süden errichtet worden. Die Werkstatt lag im Zentrum des Hauses
und grenzte an der einen Seite an die Wohnräume seiner zahlreichen Helfer, mit der anderen an seine Privaträume.

Seiner bräunlichen Haut und dem leicht gekräuselten Haar war
anzusehen, daß einige seiner Vorfahren aus Kusch stammten, worauf er gerne spaßhaft anspielte.

«Aton macht da keinen Unterschied, für ihn und seinen Propheten – er lebe, sei heil und gesund – zählen nur Können und Lei-
stung.»

Da hatte Thutmose keineswegs übertrieben, denn gut zwei Drittel der hohen und höchsten Hofbeamten kamen aus Fremdländern. Wer aus einheimischen Familien stammte, mußte, falls einer der falschen Götter seinen Namen schmückte, diese durch Aton oder Re ersetzen. So wurde aus Ptahmes ein Rames, aus Meriti-Neith ein Meriti-Re und aus Nacht-Min ein Nacht-pa-Aton.

Von Thutmose verlangte man so etwas nicht – es wäre ihm ohnehin gleichgültig gewesen. Der noch junge Bildhauer war nicht verheiratet und führte im übrigen ein sehr lockeres Leben. Er war gesellig, feierte gern, trank nicht selten über den Durst und ließ zahlreiche Frauen durch sein Bett wandern. Er war da nicht besonders wählerisch und schätzte eine hübsche Sklavin nicht weniger als Frauen von Handwerkern oder Beamten, die – von ihren überbeschäftigten Männern vernachlässigt – bei ihm Trost und Verständnis fanden. Einen Thutmose wegen Ehebruchs anzuzeigen hätte allerdings niemand gewagt, denn über ihm schwebte sichtbar die Gunst des Königs und vor allem die von Nofretete, die gerne dann und wann in seine Werkstatt kam und sich dort umsah. Er machte kein Geheimnis daraus, daß die Große Königsgemahlin ihm außerordentlich gefiel, aber er kannte seine Grenzen und hielt sich daran.

Eines Tages richtete er an sie eine Bitte.

«Majestät, ich hätte einen Wunsch…»

Nofretete thronte im Ehrensessel, dahinter standen drei ihrer Kammerfrauen. Die Gehilfen hatten sich eilig entfernt.

«Hat dir der König nicht schon alle Wünsche erfüllt?» scherzte sie und lächelte ihn an.

«Es gibt einen, den kannst nur du mir erfüllen, Majestät.»

Sie beugte sich zurück und flüsterte – sehr vernehmlich – ihren Kammerfrauen zu: «Diese Künstler sind doch alle gleich! Kaum schenkt man ihnen Gunst und Vertrauen, schon wollen sie mehr – immer mehr.» Sie beugte sich vor, und ihre schrägen dunklen Augen blitzten mutwillig. «Ich hoffe nur, du verlangst nichts Unziemliches.»

Thutmose fiel auf die Knie und streckte – halb anbetend, halb beschwörend – beide Hände vor.

«Das würde ich niemals wagen, Majestät. Es ist auch ganz einfach. Ich möchte dich abbilden, so wie du bist, nicht wie die Regeln

Seiner Majestät es verlangen. Ein Schaustück möchte ich fertigen –
etwas, das dich erfreut und mir zur Ehre gereicht.»

«Mehr nicht? Und was soll ich dazu tun?»

«Einfach sitzen bleiben, Majestät, und wenn ich darum bitte, den
Kopf etwas drehen…»

«Also gut, aber beeile dich!»

Thutmose sprang auf, verneigte sich mehrmals, tauchte beide
Hände in ein Wasserbecken und versenkte sie dann in den Bottich
mit feuchter Tonerde. Er holte einen großen Klumpen heraus, knetete ihn zu einer Kugel, die er mit wenigen Griffen in eine ovale
Form brachte und auf ein Holzgerüst steckte. Dann trat er zurück,
und sein Blick wanderte mehrmals zwischen der Königin und dem
Tonklumpen hin und her.

«Das erscheint mir wie ein Zauber», bemerkte Nofretete, «es ist,
als nehmen deine Augen schon vorweg, was später deine Hände
tun.»

«Genau so ist es, Majestät. Ich muß dein Bildnis schon fertig im
Herzen tragen, ehe meine Hände ihr Werk tun.»

Daß er auch schon vorher ihr Bild im Herzen getragen hatte und
im Grunde ihres Anblicks nicht mehr bedurfte, sprach er freilich
nicht aus. Gegenüber jeder anderen Frau hätte er es in kecke Worte
gefaßt, schmeichelnd, vieldeutig, anzüglich – je nachdem; aber bei
der Königin, der Tochter der Sonne und Herrin Beider Länder, der
Schönsten aller Schönen Atons, da blieb er stumm, sowohl aus Respekt als auch aus Klugheit. Ein Oberbildhauer war gehalten, sich
höfisch zu benehmen, auch wenn es ihm nicht leichtfiel und ihm –
selbst vom König – Dinge nachgesehen und verziehen wurden, die
anderen eine schwere Rüge eingetragen hätten.

Mit schneller, kundiger Hand brachte er den Ton in eine Roh-
form, ließ den langen schlanken Hals aufsteigen zum schmalen,
festen Kinn, drückte mit beiden Daumen die Augenhöhlen, arbeitete das Jochbein heraus, formte Nase und Lippen, glättete Stirn
und Schläfen.

«Die Ohren», erklärte er, «setze ich später ein. Diese zarten Ge-
bilde müssen eigens geformt werden – darf ich?»

Er trat näher und betrachtete ihre Ohren, maß ihre Länge und
Breite – ohne die Schnur anzulegen – in respektvollem Abstand.

«Schenkst du mir noch ein wenig Zeit, Majestät?»

Sie stand auf.

«Nein, Thutmose, ich komme ein anderes Mal wieder.»

Sie ist schön, dachte er, wunderschön. Ob Seine Majestät weiß, daß sie hierherkommt? Ob er es gutheißt?

Niemand aus dem königlichen Palast bemühte sich sonst hierher, man ließ ihn kommen, und seine Gehilfen schleppten das Arbeitsgerät mit. Sie aber kam – wach, neugierig, von schnippischer Freundlichkeit, die manchmal in hochmütigen Spott umschlug. Warum er seinen Namen nicht ändere, hatte sie ihn einmal gefragt. Weil es ihm niemand befohlen habe, gab er zurück, und von sich aus wolle er es nicht tun, aus Respekt vor seinen Eltern, auch wenn sie schon beide ihre Ewigen Wohnungen im Westen bezogen hätten.

Nofretete fühlte sich sehr wohl in Achetaton, obwohl noch immer an allen Ecken und Enden gebaut wurde. Doch waren die Arbeiter vom fertigen Stadtkern immer weiter nach Norden und Osten gerückt. Aus der Ferne war ein unentwegtes Klopfen, Hämmern und Sägen zu hören, das – je weiter es sich entfernte – zu einem einzigen Geräusch verschmolz.

Wie ihr Gemahl, so hatte auch Nofretete an der schnellen Fortbewegung Geschmack gefunden. Zwar führte sie die Pferde nicht selbst, aber sie verfügte über einige Lieblingswagenlenker, denen sie blind vertraute. Oft nahm sie ihre älteste Tochter mit, die jetzt fast fünfzehnjährige Merit-Aton, was Thutmose zu der liebenswürdigen, aber frechen Bemerkung veranlaßt hatte, sie erschiene ihm wie eine jüngere Schwester der Königin.

«Kein Mensch würde glauben, daß sie deine Tochter ist, Majestät.»

Und nun war sie mit dem fünften Kind schwanger ... Ob es diesmal ein Sohn wurde? Der Thronfolger? Echnaton sprach niemals davon. Jede seiner Töchter, hatte er gesagt, sei für ihn eine Königin, und ein König dazu würde sich leicht finden. Um seine Nachfolge schien er sich nicht zu kümmern, als glaube er tatsächlich an die Millionen von Sed-Festen, die seine Untertanen ihm wünschten.

Nofretete genoß den kühlen Wind, der ihr Gesicht liebkoste, ihre Brüste streichelte, den ganzen Körper erfrischte.

Sie saß auf dem schmalen Polster hinter dem Wagenlenker, auf dessen kräftigem Rücken die Muskeln spielten.

Wie es wohl wäre mit einem anderen Mann – etwa mit diesem schönen jungen Wagenlenker, der jedesmal vor Ehrfurcht zu stottern begann, wenn sie ihn anredete. Vielleicht würde der Bursche in ihrem Bett vor Respekt zu Stein erstarren. Ein steinerner Phallus… Sie mußte lächeln und schauderte leicht. Schön hart, aber auch sehr kalt… Unziemliche Gedanken für eine Königin, schalt sie sich, reckte ihr Haupt und blickte auf die Straße.

Aus dem Südosten kommend, war die Wagengruppe in die breite Hauptstraße eingebogen, wo sich zur Linken die Umrisse des Großen Tempels bereits abzeichneten, vor dessen Eingangspylonen schon munter die Fahnen flatterten, auch wenn dahinter erst die Prozessionsstraße mit ihrer Allee aus Sphingen und Bäumen langsam aus dem Boden wuchs. Doch das Gem-Aton, der Hochaltar, war als erstes erbaut worden, und hier brachte Echnaton an jedem zehnten Tag – da ruhte alle Arbeit – dem Aton ein feierliches Opfer.

Heute aber war ein gewöhnlicher Werk- und Arbeitstag, auf der Hauptstraße herrschte reges Treiben, und als die Wagengruppe der Königin erschien, ließ sich aus dem Verhalten des einzelnen schließen, welchem Stand er angehörte. Die einfachen, meist mit schweren Lasten beladenen Arbeiter stellten ihre Körbe und Bündel eilig ab und warfen sich in den Staub. Schreiber und Beamte verbeugten sich tief, während die hochrangigen Herren – die man allerdings selten auf der Straße antraf – nur leicht den Kopf neigten und zum feierlichen Gruß beide Hände vorstreckten.

Feierlicher ging es an den Dekadenfesten zu; das letzte hatte vorgestern stattgefunden. Die Nacht zuvor hatte der König – das war zur Gewohnheit geworden – in Nofretetes eigenem, weit im Norden gelegenen Palast verbracht. Der Garten ihrer vor kurzem fertiggestellten Residenz grenzte an den Nil – ein Ort der Stille weitab von dem Trubel der inneren Stadt. Von hier setzte sich die Wagenprozession nach Süden, zum Großen Tempel, in Bewegung. Das konnte schon eine Stunde oder länger dauern und gab jedermann die Gelegenheit, den Einzigen des Re und Herrn Beider Länder zusammen mit seiner Familie ausführlich zu betrachten und zu bejubeln.

An der Spitze fuhr Mahu auf einem waffenstarrenden Kriegswagen, hinter ihm schritten drei bis vier Dutzend Mann der königlichen Leibwache, bewaffnet mit Äxten, Keulen, Bogen und Schleudern.

Die drei Wagen der Königsfamilie folgten in einigem Abstand, jeder umgeben von Wedelträgern und Weihrauchschwingern.

Vorweg fuhr der König im blau-goldenen Kriegshelm, dessen Schmuckbänder fröhlich im Wind flatterten und seinem Auftreten etwas Heiter-Festliches verliehen.

Ihm folgte die Königin in einer ähnlichen, eigens für sie geschaffenen blau-grünen Haube, um die sich eine breite farbige Borte wand.

Den dritten Wagen hatten die fünf Töchter besetzt; die jetzt vierjährige Scherit saß meist auf dem Schoß ihrer ältesten Schwester Merit. Die fast Fünfzehnjährige wirkte wie ein Ebenbild ihrer Mutter und reckte in noch kindlich unschuldiger Koketterie ihre knospenden Brüste hervor.

Dahinter schritten die hohen Hofbeamten, angeführt vom Obersten Kammerherrn Dutu, dem Wesir Aper und dem Gottesvater Eje. Sie führten den Zug von Hofbeamten an, der in unterschiedlichen Tätigkeiten dem König diente – als Schatzmeister, Magazinverwalter, Schreiber und Leiter der verschiedenen Aufgabenbereiche.

Sie alle nahmen freudig teil am Auftritt des Königs und Propheten Atons, dessen göttlichen Frieden hier niemand störte – wenigstens nicht in der Öffentlichkeit. Oberst Mahu hätte zwar schon von einigen Verfehlungen berichten können, aber er wollte Seine Majestät nicht mit Kleinigkeiten behelligen, wenn er auch die Betreffenden im Auge behielt.

Mahu hatte nämlich auch hier sein bewährtes Spitzelsystem aufgebaut, großenteils mit Leuten, die sich schon in Waset auf diesem Gebiet bewährt hatten. Sie arbeiteten als Diener, Köche, Gärtner oder Türsteher in den Häusern der Vornehmen und sahen so manches, das nicht für eine im Zeichen Atons stehende Öffentlichkeit bestimmt war. Da stand etwa im Schlafraum in einer dunklen Nische ein Bronzefigürchen des Osiris, oder auf dem Schreibpult des Hausherrn fand sich eine zierliche Tonstatuette des Gottes Thot, während die Hausherrin eine kleine tönerne Hathor in ihrem Schminktisch versteckte. Freilich – an gut sichtbarer Stelle war immer eine große Kalksteintafel eingelassen, auf der die Königsfamilie beim Opfer vor Aton zu sehen war. Diese kleinen Sünden fanden sich allerdings nur bei hohen und mittleren Hofbeamten, die Familien der höchsten Herren, der Freunde und Vertrauten des Königs waren frei davon.

Frei von solchen Gedanken war auch der König, der sich bei solchen festlichen Auftritten als kostbares Gefäß des Aton empfand – randvoll mit Würde, Heiligkeit und höchstem Prophetentum.

Zu beiden Seiten der Straße brandete Jubel auf, und es erschallten Zurufe wie: «Sei gesegnet mit Millionen von Sed-Festen, du Guter Gott, du Einziger des Re!» oder: «Atons Strahlen sollen dir ewiges Leben schenken!»

Doch der König nahm diese Huldigungen kaum wahr, sein Blick war auf den nahenden Tempel gerichtet, wo auf zehn hohen Fahnenstangen die bunten Wimpel flatterten.

Unter den Pylonen erwarteten ihn schon die Priester, an ihrer Spitze Merire, ein noch junger, sehr ernster Mann, den der König aus dem Sonnentempel von Junu geholt hatte. Wenn er auch nicht zu Echnatons Vertrauten gehörte, so genoß er doch sein volles Vertrauen.

Alles an Merire war priesterlich – seine Haltung, seine Kleidung, sein Auftreten, seine Gestik, seine Sprache. Sein schmales, edles Gesicht mit dem kleinen, empfindsamen Mund war stets gesammelt und voll feierlicher Würde. Dies wurde noch von der einfachen, aber dennoch festlichen Kleidung der Aton-Priester unterstrichen: ein weißer, gefältelter und halblanger Schurz, von breiten, mit Lotossträußen verzierten Bändern gehalten. Die früher von den hochrangigen Priestern getragenen Pantherfelle lehnte Echnaton als unschicklich und barbarisch ab.

Merire lebte und wohnte im Tempel, den er nur selten verließ. Er trug den Titel «Größter der Schauenden», und sein Stellvertreter war, als Zweiter Prophet des Aton, kein anderer als der Leibarzt

Pentu. Weder hatte er dieses Amt ersehnt noch darum gebeten – es war ihm einfach zugefallen, weil der König ihn so überaus schätzte. Pentu erfüllte lässig und ohne großen Eifer seine Priesterpflichten und ließ deutlich durchblicken, daß es ihm eher eine Last als eine Freude war. Der König tat, als merke er es nicht. Vielleicht nahm er es tatsächlich nicht wahr.

Wie in Waset stand auch hier das Tempeltor stets offen, und jeder konnte einen Blick in das Haus Atons werfen.

Das Königspaar betrat als erstes den weiten Innenhof mit dem von Sphingen und Zierbäumen gesäumten Weg und durchschritt dann sechs Pylonenpaare, wovon nur das erste schon vollendet war. Die Innenhöfe dazwischen waren seitlich mit zahlreichen Opferaltären versehen, und dort blieb – gemäß ihrem Rang – die Gefolgschaft des Königs zurück. Nur die höchsten Priester und Beamten gingen weiter und spendeten in eigenen Kapellen vor großen Altären ihre Opfer. An den Dekadenfesten waren dies kleine Gaben – Weihrauch, Blumen, Früchte, Tauben oder Schaubrote. An den großen Festen jedoch mußte das im hinteren Teil des Tempels befindliche Schlachthaus sein blutiges Werk tun, um die benötigten Opfergaben – Enten, Gänse, Schafe, Ziegen, Kälber – in ausreichenden Mengen zu liefern.

Wie in Waset waren auch hier die Bauformen streng nach den neuen, vom König verkündeten Regeln ausgerichtet. Ob Tor, Pylon, Kapelle, Durchgang – niemals gab es darüber ein Dach; wer hier ging, bewegte sich in einer fast schattenlosen, lichterfüllten Welt.

Zuletzt betrat nur noch das Königspaar das Allerheiligste mit dem Ben-Ben-Stein, dem heiligen Urhügel, auf den einstmals die ersten Strahlen der Sonne gefallen waren. Hier opferte der König einen Hahn und die Königin eine Taube. Dann knieten sie nieder, streckten im Gebet die Hände aus und sangen leise einen von Echnaton geschaffenen Hymnus:

Schön erscheinst du
am Himmelshorizont,
du lebendiger Aton,
der von Anbeginn lebt.
Du bist erschienen im Osten

und hast jedes Land mit deiner Schönheit erfüllt.
Schön bist du, groß und strahlend,
hoch über allem Land!
Deine Strahlen umfassen die Länder
bis an das Ende von allem…

Die Dekadenfeste waren beim Volk sehr beliebt, denn was die Wohlhabenden geopfert hatten, wurde am Abend verschenkt. Reichte es nicht für alle – so hatte der König angeordnet –, dann wurden zusätzlich noch kleine Mengen an Korn oder Bier verteilt. Daß es dabei gerecht zuging, machte der König zu einem persönlichen Anliegen. Andererseits fiel den Freunden des Königs auf, daß er alles von sich schob, was nicht unmittelbar mit Aton und seiner Eigenschaft als Künder und Prophet zu tun hatte.

Wenn Dutu ihm mitteilte, daß die Baumaterialien nicht im mindesten für die Fertigstellung der Arbeitersiedlung ausreichten, dann blickte ihn der König nur zerstreut an und sagte: «Du wirst es schon richten, ich setze in dich mein volles Vertrauen…»

Als Eje ihm ein Schreiben des Generals Haremhab vorlesen wollte, in dem dieser dringend und flehentlich um Truppenverstärkung bat, winkte Echnaton ab.

«Aton erleuchtet auch die Fremdländer. Es gibt die alten Freundschaftsverträge, und wenn wir sie halten, werden es die anderen auch tun.»

Noch sprach man nicht offen darüber, aber da und dort fielen diesbezügliche Bemerkungen, und jeder überlegte für sich, wie dieser Gleichgültigkeit behutsam entgegenzuarbeiten sei.

Vier Tage nach dem Dekadenfest kam ein Bote aus Waset und meldete den Tod von Prinzessin Isis, der jüngsten Schwester des Königs.

«Die kleine Isis…» sagte der König traurig, doch all dies lag so fern – so fern.

Prinz Semenchkare aber erlebte diesen Tod aus nächster Nähe.

Als er in Waset eintraf, wurde er sogleich von der Königinwitwe Teje empfangen. Sie lauschte seinem ausführlichen Bericht, stellte kurze Zwischenfragen, nickte dann und wann.

«Nicht anders habe ich es erwartet, und Seine Majestät, dein abwesender Bruder, wird gehalten sein, der Lage entsprechend zu handeln.»

Dann sprach sie von Isis' schwerer Krankheit und von der schwindenden Hoffnung auf Genesung.

Die Prinzessin hatte schon länger versucht – das wußte auch Semenchkare – einer bestimmten Rosenart die Dornen wegzuzüchten; wie sich zeigte, mit wechselndem Erfolg. Doch sie gab nicht auf, stellte die unterschiedlichsten Versuche an, wobei kaum zu vermeiden war, daß sie sich ihre zarten Hände zerstach. Dabei geriet Schmutz in eine der tieferen Wunden, die sich entzündete und zu eitern begann. Vielleicht hätte Pentu noch helfen können, doch die hier verfügbaren Ärzte bemühten sich vergeblich. Die Hand begann, sich zu röten und anzuschwellen, die Giftdämonen wanderten in den Unterarm, breiteten sich schließlich im ganzen Körper aus. Isis lag in hohem Fieber, redete wirr und schlug so heftig um sich, daß sie zweimal aus dem Bett fiel.

«Darf – darf ich sie besuchen?» fragte Semenchkare zögernd.

Teje nickte.

«Warum nicht? Sie wird dich kaum noch erkennen.»

So war es dann auch. Ihr unsteter, glasiger Blick ging durch ihn hindurch, als schaue sie schon in andere Welten. Ihr schweißfeuchtes, gerötetes Gesicht verzog sich zu einem mühsamen Lächeln.

«Schau – schau –», stammelte sie, «der Rosenkönig besucht mich... Die Hände und Beine voller Dornen... Aber sie tun nicht weh... Nur der eine, der große Dorn... Wie der Stachel eines Skorpions... Ruck-zuck! Ruck-zuck!»

Sie lachte kreischend und schlug mit der gesunden Hand auf die Bettdecke.

«Stich zu! Stich zu! In meiner Wohnung – meiner Ewigen Wohnung... an den Wänden... keine Rosen...»

Sie stammelte noch einige wirre Wörter und schloß die Augen. Ihr Atem ging mühsam und keuchend, begann zu rasseln.

Der Prinz hielt den Anblick nicht mehr aus und lief laut schluchzend aus dem Krankenzimmer.

Noch vor Sonnenaufgang starb die zarte Isis, um einzugehen in den ewigen Garten des Osiris. Ihr Grab war längst bereitet, und

Semenchkare, als ihr nächster männlicher Verwandter, vollzog die Mundöffnung.

Wenige Tage nach Semenchkares Ankunft liefen im Palasthafen acht Schiffe ein, und er staunte nicht schlecht, als Prinzessin Kija mit ihrem Gefolge an Land stieg.

«Da bin ich wieder!» begrüßte ihn Ibara und lachte über das ganze Gesicht. «Seine Majestät wollte nichts von einer Zweiten Gemahlin wissen und hat uns gleich wieder davongejagt.»

Später teilte Teje dem Prinzen Semenchkare mit, was in dem Begleitschreiben Seiner Majestät gestanden hatte.

Er habe in Waset keinen Harim gewollt, und das gelte auch für Achetaton. Im übrigen sei diese Kija noch ein Kind, und sie, Teje, solle für eine gute Erziehung sorgen. Später könne man sie an einen Hofbeamten verheiraten...

«Das – das halte ich nicht für gut», meinte der Prinz. «Es leben genügend Churriten hier, die das sofort an Tusratta weitergeben würden, und für ihn wäre das wie ein Schlag ins Gesicht. Wir sollten diese zerbrechliche Freundschaft nicht aufs Spiel setzen...»

Teje nickte.

«Eine vernünftige Ansicht, die ich teile. Vielleicht solltest du sie heiraten...»

Er dachte an Ibara und sagte schnell: «Da muß ich Seiner Majestät schon recht geben – Kija ist noch ein Kind, sollte sich erst hier eingewöhnen, die Landessprache erlernen...»

«So wie deine Mutter?» fragte Teje spöttisch.

«Ich weiß – ich weiß», sagte er unbehaglich, «darum halte ich es auch nicht für gut, sie bei ihr unterzubringen.»

Aber Kija durfte natürlich ihre Verwandte besuchen und fand kaum den Atem, Giluchepas unzählige Fragen zu beantworten. Als diese allein mit ihrem Sohn war, überhäufte sie ihn mit Klagen und Vorwürfen.

«Seit dein Bruder fort ist, herrscht hier Grabesstille. Es ist, als hätte man schon seine Ewige Wohnung bezogen! Sieh dich doch um! Ganze Teile des Palastes verfallen bereits, der Sand weht durch die Ritzen und Sprünge, die Dächer bersten, die Gärten verkarsten.

Es wäre die Pflicht des Königs gewesen, den Harim seines Vaters zu übernehmen und für ihn zu sorgen, als wäre es der eigene! Aber nein, diese seltsame Majestät verschwindet nach Norden und läßt uns hier zurück wie unnützen Ballast.»

«Aber er hat auch Kija hierhergeschickt, eben weil er sich nicht mit einem Harim belasten will. Im übrigen wird es noch Jahre dauern, bis die neue Residenzstadt…»

«Jahre – Jahre!» kreischte Giluchepa empört. «Ich werde langsam alt und will nicht in dieser Palastruine verrotten wie eine schlecht balsamierte Mumie!»

Was den Verfall der Palaststadt anbetraf, so hatte seine Mutter nicht übertrieben. Der früher vom König und seinem Hofstaat bewohnte Teil im Südosten des Palastkomplexes begann sich nach und nach aufzulösen wie ein toter Körper. Im Lande Kemet war es von alters her üblich, nur die Ewigen Wohnungen aus Stein und dauerhaften Baustoffen zu errichten, während die zeitlichen Behausungen – auch die Königspaläste – aus vergänglichen Materialien wie Nilschlammziegel, Holz, Bambus und Schilf erbaut waren. So bedurften sie ständiger Pflege und konnten nur bestehen, solange sie bewohnt wurden.

Kopfschüttelnd wanderte Semenchkare durch leere, häufig schon fußhoch mit Sand bedeckte Räume. Die Türen waren meist gesprungen, hingen schief in den Angeln, zum Teil fehlten sie ganz, weil man sie anderswo gebraucht hatte. Die nicht mehr bewässerten Gärten waren versteppt und vertrocknet, überwuchert von dornigem Gestrüpp, dessen Samen der Wüstenwind hereingeweht hatte, das fast ohne Wasser auskam und alles andere unter sich erstickte.

Als Semenchkare der Königinwitwe Teje davon berichtete, nickte sie gleichmütig.

«Das läßt sich leider nicht verhindern. Die früher von Sat-Amun benützten Räume habe ich für dich herrichten lassen; du kannst sie mit deiner Dienerschaft bewohnen.»

«Sat-Amun – was ist mit ihr?»

«Seine Majestät hat sie auf eines ihrer Landgüter verbannt. Sie hängt immer noch an den alten Göttern und verkehrt mit den einstigen Priestern. Vor dem Umzug hat der König ihr anbieten lassen, sie könne mit ihm kommen, wenn sie ihren Namen in Sat-Aton ändere und die Verbindung zu den früheren Priestern abbreche. Sie hat nicht einmal darauf geantwortet.»

Tejes strenges Gesicht ließ keine Regung erkennen.

Der Prinz nahm seinen ganzen Mut zusammen.

«Wie – wie denkst du darüber, Majestät? Ich meine, was die alten Götter betrifft?»

«Ich suche den Ausgleich. Auch der verstorbene König hat Aton verehrt, ohne die anderen Götter abzulehnen. Niemand – auch ich nicht – wirft Seiner Majestät vor, daß er Aton zum Haupt- und Lieblingsgott erwählt hat, daß er sich als der ‹Einzige des Re› bezeichnet – nicht einmal, daß er seinen Namen dem Gott zu Ehren verändert hat. Doch die altehrwürdige jahrtausendealte Götterwelt des Landes kurzerhand für nicht mehr existent zu erklären, das geht zu weit. Sieh dich in Waset um, und du wirst wissen, was ich meine.»

10

*P*rinzessin Sat-Amun wartete nach dem Weggang des Königs zwei Monate, dann ging sie nach Waset zurück und bezog ihren alten Palast, als sei nichts geschehen.

Restep erfuhr davon und meldete es sogleich Bagsu, seinem Herrn und Vorgesetzten.

«Ist Peri mit ihr gekommen?»

«Das weiß ich nicht – gesehen hat ihn niemand.»

«Wir warten ab und beobachten sie weiter. Ihr können wir nichts anhaben, sie ist Königinwitwe und Schwester Seiner Majestät. Wenn ich zu ihr gehe, und sie läßt mich durch ihre Palastwache erschlagen wie eine Ratte – wen würde es kümmern? Der König ist weit, und Teje würde für uns keinen Finger krumm machen, so wenig sie uns andererseits daran hindern kann, unsere Pflicht zu tun. Gibt es etwas Neues von Hapu?»

Restep schlug sich an die Stirn.

«Deshalb bin ich ja gekommen. Seit wir nicht mehr genügend Leute haben, um auch den früheren Month-Tempel zu bewachen, scheint er sich dort von Zeit zu Zeit mit alten Freunden zu treffen.»

«Wahrscheinlich, um neue Verbrechen gegen Aton auszuhecken. Der Hohepriester Parennefer meidet aus Angst vor Anschlägen schon seit längerer Zeit seine Amtsräume und läßt sich von einem ehemaligen Sklaventreiber vertreten. Es wird immer schwieriger, hier Ordnung zu schaffen …»

Restep glaubte, da etwas herauszuhören.

«Meinst du, wir sollten – sollten Verbindung zu den anderen aufnehmen? Nur vorsichtshalber und für alle Fälle?»

Bagsus hartes Gesicht straffte sich, und er maß seinen Gehilfen mit einem kalten Blick.

«Nein, Restep, wir werden nicht noch einmal die Herren wechseln. Das Recht ist auf unserer Seite, und der Wille des Königs schützt uns. Außerdem – wer würde uns einen Gesinnungswandel glauben? Da hielte man uns nur für Spitzel, und man würde uns hinterrücks – nein, nein und nochmals nein!»

Bagsu sprang auf.

«Die Köpfe sollen wir ihnen abschlagen – das ist unser Auftrag! Und wir beginnen bei Hapu, den ich für die größte Gefahr halte.»

Was Parennefer, den Hohenpriester und Zweiten Propheten des Aton in Waset, anbetraf, so hatte Bagsu nicht ganz unrecht. Jetzt aber fand man ihn wieder fast täglich in seinen Amtsräumen, und er schien seine Furcht vor etwaigen Anschlägen abgelegt zu haben. Das hatte freilich einen Grund. Nach etlichen nächtlichen Geheimgesprächen mit Si-Mut, dem früheren Dritten Propheten des Amun, war eine Lösung gefunden worden, mit der sich beide Teile einverstanden erklärten.

Parennefer versprach, Augen und Ohren zu verschließen, wenn in dem benachbarten früheren Amun-Tempel nach und nach wieder ein geheimes Leben einzog. Si-Mut hingegen wollte dafür sorgen, daß zumindest seine Leute den Aton-Tempel in Ruhe ließen.

«Es kann schon sein, daß andere ohne mein Wollen und Wissen etwas unternehmen. Als damals einer der Königsstatuen der Kopf abgeschlagen wurde, muß dies aus einer bestimmten Richtung gekommen sein. Ich bin weder gegen Seine Majestät, noch habe ich etwas gegen Aton – ich will nur, daß man die Verehrung der alten Götter wieder erlaubt.»

«Sprichst du auch für andere?»

Si-Mut hatte diese Frage erwartet.

«Nein, aber ich kann die anderen über unsere Besprechung unterrichten. Noch etwas. Hast du dir schon Gedanken über das Nachher gemacht?»

Der kleine dicke Priester unterbrach sein Dauerlächeln und runzelte die Stirn.

«Was meinst du mit Nachher?»

«Wir – also meine Freunde und ich sind uns darüber einig, daß die Herrschaft dieses – Seiner Majestät unter solchen Umständen nicht allzu lange dauern wird. Die alten Götter lassen es nicht zu! Wer immer nach ihm die Doppelkrone trägt, wird zum Reichsgott, zu Amun-Re zurückkehren. Dann muß wieder eine Priesterschaft aufgebaut werden, nicht wahr? Von den Propheten des Amun bin nur noch ich geblieben... Da müssen alte, erfahrene Leute ans Werk – Männer wie du, ehrwürdiger Parennefer, werden dann dringend gebraucht.»

Da sie allein und ohne Zeugen sprachen, sah Parennefer keine Gefahr, wenn er sein wahres Interesse bekundete.

«Das ist eine große Ehre für mich, Si-Mut, aber wir wollen doch nichts überstürzen? Laß es mich so sagen: Ich bin nicht Amuns Feind, bin es niemals gewesen. Wenn dieser Gott irgendwann wieder siegreich sein Haupt erhebt, so könnt ihr auf mich zählen.»

Si-Mut erhob sich. Seine hagere Gestalt in dem langen priesterlichen Gewand wirkte auf Parennefer wie eine leise Bedrohung. Auch er stand nun auf.

«Übrigens – wer könnte der Nachfolger Seiner Majestät sein?»

«Zur Zeit wohl nur Prinz Semenchkare, der ja – wie du weißt – Amun früher als Zweiter Prophet gedient hat. Er ist vor einigen Tagen aus dem Norden zurückgekehrt und nicht – wie viele es erwartet hatten – bei Seiner Majestät in der neuen Stadt geblieben. Daraus läßt sich der Schluß ziehen, daß er die heftige Aton-Verehrung seines Bruders nicht teilt.»

«Man müßte Genaueres in Erfahrung bringen...»

«Wir sind schon dabei, dies zu tun, verehrter Parennefer.»

Der Prinz konnte nicht ahnen, wie sehr man ihn bereits in das geheime Ränkespiel der Macht mit einbezogen hatte. Sein Herz war erfüllt mit dem Verlangen nach Ibara, die gerade dabei war, sich mit ihrer Herrin in der Palaststadt einzurichten. Was sie hier sah, übertraf bei weitem die Vorstellung, die sie sich in Mitanni von Kemet und seinem Königshof gemacht hatte. Zudem hatte sie in diesem Prinzen Semenchkare immer einen von vielen gesehen, weil sie nur die Verhältnisse an König Tusrattas Hof kannte, wo die kleinen

Prinzen und Prinzessinnen im Dutzend herumliefen. So wie man ihm hier begegnete, schien er der Wichtigste von den Brüdern des Königs zu sein, und nach und nach erwachte in ihr der Traum, die Ehefrau eines Prinzen zu werden, der – wie alle versicherten – dem Thron sehr nahe stand. Ihn das jetzt spüren zu lassen, hielt sie jedoch für wenig klug, aber sie wollte sich ihm auch nicht verweigern, sondern die süße, verlockende Frucht spielen, von der er dann und wann ein Häppchen nehmen durfte – gerade soviel, daß es ihn nach mehr gelüstete. Er sollte niemals satt und ihrer überdrüssig werden…

Obwohl die kleine Prinzessin Kija von zahlreichen Dienerinnen, Zofen und Kammerfrauen umgeben war, heuchelte Ibara die Vielbeschäftigte, ihrer Herrin Unentbehrliche. Es gelinge ihr gerade noch, so sagte sie mit schmerzlichem Bedauern, sich alle fünf oder sechs Tage für ein paar Stunden freizumachen.

Doch in diesen Stunden war sie ihm eine leidenschaftliche Geliebte – schamlos, ausdauernd, einfallsreich, und es gelang ihr, seine Leidenschaft immer von neuem zu entfachen. Sie füllte randvoll sein Herz – aber er auch das ihre?

Ibara hatte ihr ganzes Leben an Fürsten- und Königshöfen verbracht und früh gespürt, wie wenig bei den Barbaren ein Weib galt. Deshalb hatte sie sich immer nach der Heimat ihrer Mutter gesehnt, und am Ende erschien ihr Kemet als das Paradies der Frauen. Diese Sehnsucht hatte jedes andere Gefühl aus ihrem Herzen verdrängt, ihr mußte sich alles andere unterordnen. Weil nun Semenchkare der Schlüssel zu diesem Paradies war und es für sie öffnete, liebte sie ihn auch – hätte aber wohl auch jeden anderen dafür geliebt.

Ich habe es gut getroffen, dachte sie. Dieser Prinz aus Kemet hätte auch alt, buckelig, klein oder einäugig sein können – er aber war groß, stattlich und jung genug, um im Bett ihren Wünschen zu genügen. Gewiß, er schien ein wenig tolpatschig und manchmal etwas einfältig, aber so waren ja fast alle Männer.

Es dauerte nicht lange, dann erwog Semenchkare den Gedanken, Ibara vor aller Welt zu seiner Frau zu machen. Wer sollte es ihm verwehren? Zuerst sprach er mit seiner Mutter darüber.

Nach Verlegung der Residenz gab es auch die wenigen Hoffeste nicht mehr, zu denen man Giluchepa noch geladen hatte. So fieberte sie der Rückkehr ihres Sohnes entgegen, und als die kleine Kija einzog, lebte sie sichtlich auf. Doch dann kehrte der Alltag wieder ein, und Semenchkare hatte es sich zur Gewohnheit gemacht, seiner Mutter täglich einen kurzen Besuch abzustatten. Die früher im Übermaß genossenen Süßigkeiten schmeckten ihr auch nicht mehr richtig – eigentlich aß sie sie nur noch aus Gewohnheit. Sie hatte fast alle Zähne verloren, ihr dicker, schwerer Leib hatte sie so kurzatmig werden lassen, daß sie kaum noch gehen konnte und zwei kräftige Diener sie von Zimmer zu Zimmer tragen mußten.

Da platzte nun ihr Sohn mit der Nachricht hinein, er wolle Ibara, eine Kammerfrau der Prinzessin Kija, zur Frau nehmen. Seit Isis tot war, hegte Giluchepa den heimlichen Wunsch, ihr Sohn möge sich um Sat-Amun bemühen, die – auch wenn sie zur Zeit aus der Stadt verbannt war – als Erstgeborene des verstorbenen Königs die einzige sichere Stufe zum Thron Beider Länder war. Und nun kam dieser Tölpel mit dem Wunsch, irgendeine Kammerfrau zu ehelichen!

«Bei Baal und Ischtar! Bist du von allen guten Geistern verlassen, oder ist dir dein Herz wieder einmal zwischen die Beine gerutscht? Beschlafe sie meinetwegen jede Nacht, aber heirate sie nicht! Für dich kommt nur eine legitime Gemahlin in Frage – Sat-Amun! Oder hast du vergessen, wer du bist?»

Durch die fehlenden Zähne war die Stimme seiner Mutter so undeutlich geworden, daß er nur die Hälfte verstand, das übrige aber leicht erraten konnte.

«Aber – aber, Sat-Amun ist doch vom König verbannt... Auch will sie keinen Mann, das weiß doch alle Welt.»

«Die Verhältnisse ändern sich eben! Die Prinzessin soll längst wieder zurück sein. Tu etwas! Anstatt faul im Palast herumzulungern und churritischen Kammerfrauen nachzustellen, sollst du an deine Zukunft denken. Hat die Königinwitwe Teje keine Andeutungen gemacht?»

«Nein – bis jetzt nicht...»

«Nun, auch sie wird abwarten, wie sich die Dinge entwickeln.»

Zuerst wollte Semenchkare in den nächsten Tagen nach Waset gehen, um dort dem Aton-Tempel einen schuldigen Besuch abzustatten. Doch eine Botschaft kam dem zuvor.

Aus seiner Zeit im Amun-Tempel kannte er flüchtig den Obersten Magazinverwalter, der nach seiner Absetzung in den Dienst der Prinzessin Sat-Amun getreten war und dort ein ähnliches Amt ausübte. Er überwachte die für ihren Hof eintreffenden Lieferungen an Korn, Bier, Wein und anderen Erzeugnissen ihrer Landgüter. Sein Haus lag neben dem an den Palast angrenzenden Magazin, und dahin lud er Prinz Semenchkare für den folgenden Tag zu einer Besprechung, verknüpft mit der Bitte, diesen Besuch geheimzuhalten und ohne Begleitung zu erscheinen.

Semenchkare konnte sich nicht denken, was dieser Mensch von ihm wollte, aber er fühlte sich nicht bedroht und war neugierig auf die Begegnung. Dennoch informierte er seinen vertrautesten Diener und wies den Mann an, bei der Miliz Meldung zu machen, falls er nicht spätestens am nächsten Morgen zurück sei oder eine Nachricht von ihm eintreffe.

Das nicht sehr große Haus des Verwalters war von einer hohen, torlosen Mauer umgeben, und man konnte es nur vom Fluß her erreichen. So war es unmöglich, das Gebäude – auch nicht von weitem – länger zu beobachten, ohne gesehen zu werden.

Der Verwalter empfing den Prinzen mit tiefen Verbeugungen.

«Jemand will dich sprechen, mein Prinz, und ich bin beauftragt, dich sicher dorthin zu geleiten.»

«Aber wer –?»

Der Verwalter legte sofort den Zeigefinger auf die Lippen.

Sie stiegen eine schmale Steintreppe hinab in einen kühlen, dämmrigen Vorratsraum. Der Mann schloß sorgfältig die Tür und räumte dann ein hölzernes Regal leer, in dem Tonkrüge und Flechtkörbe standen. So leicht, wie er sie handhabe, mußten sie wohl alle leer sein. Dann schob er das auf Rollen laufende Gestell zur Seite und öffnete eine niedrige Tür.

«Ich werde vorausgehen, und du wirst dich leider bücken müssen, da der Gang offenbar für kleinere Menschen gebaut wurde.»

«Gebaut – von wem?»

430

«Wir wissen es nicht, haben ihn vor kurzem zufällig entdeckt. Er führt geradewegs in die Kellerräume von Sat-Amuns Palast...»

Es war ein mühsamer Weg, bis sie an eine Tür gelangten, die sich in einen kleinen Raum öffnete, an dessen Wände sich Säcke stapelten.

Der Verwalter deutete darauf.

«Die Säcke verdecken sonst die Tür, aber heute werden wir erwartet.»

«Zurück von der Strafexpedition?» empfing ihn Sat-Amun in einem schattigen, zum Garten hin gelegenen Raum. Noch während sie sprach, traten zwei Männer aus der überdachten Veranda ins Zimmer.

«Das – das war im Grunde gar keine Strafe...»

Sat-Amun winkte lächelnd ab.

«Wir wissen Bescheid. Die beiden Herren kennst du?»

Der Prinz verneigte sich leicht.

«Si-Mut und ich saßen ja gemeinsam im Priesterkollegium des – des Amun, und Peri – wer kennt Peri nicht?»

Der einstige Mut-Priester und jetzige Haushofmeister lächelte geschmeichelt. Er war noch ein wenig fülliger geworden, was aber die Anmut seiner Erscheinung nicht beeinträchtigte.

Sie nahmen um einen niedrigen Tisch Platz; Diener brachten Getränke und kleine Naschereien.

In Si-Muts kalten Fanatikeraugen war die Verachtung zu erkennen, die er für dergleichen hegte. Er aß und trank aus Notwendigkeit, und zwar so wenig wie möglich, um mehr Zeit für Wichtigeres zu erübrigen.

Sat-Amuns grünumrandete Augen musterten den Halbbruder mit sichtlichem Wohlgefallen. Aus dem halbgaren Tolpatsch war ein richtiger Mann geworden, der aufzutreten und sich zu benehmen wußte. Zum Glück hatte er wenig von seiner fremdländischen Mutter geerbt, er glich in Gesicht und Gestalt dem gemeinsamen Vater, den sie so sehr geliebt hatte. Ihre Augen wurden feucht vor Rührung, doch dann besann sie sich.

«Ich will dir heute mitteilen, Prinz Semenchkare, was wir in mehreren langen gemeinsamen Besprechungen erarbeitet haben und was vor allem dich betrifft.»

Dieses «wir» bezog sich nicht allein auf die hier Anwesenden – daran waren gut drei Dutzend Männer beteiligt gewesen, allesamt verbunden durch eine gemeinsame Vergangenheit. Sie alle hatten hohe Ämter an den Tempeln von Waset innegehabt und hatten sich – im Gegensatz zu anderen – geweigert, ähnliche Positionen am Hof oder beim Aton-Tempel zu übernehmen. Auch Hapu, der frühere Hohepriester des Month, war dabeigewesen, doch heute fehlte er. Wenn auch bei jenen Gesprächen die alten Machtverhältnisse noch durchklangen, so spielten sie doch keine Rolle mehr, und es kam nur noch darauf an, sich auf ein gemeinsames Ziel zu einigen.

Damals stellte Sat-Amun drei Fragen in den Raum.

Sollte der jetzige Zustand gutgeheißen und abgewartet werden, bis die Götter eingriffen? Oder sollte man die alten Götter im stillen weiter verehren und jedem Gelegenheit geben, heimliche Andachts- und Opferstätten aufzusuchen? Der Aton-Tempel hingegen sei in jedem Fall zu meiden. Als eine dritte Möglichkeit wurde erörtert, für den jetzigen König einen legitimen Nachfolger zu bestimmen, der bereit war, die alten Zustände wiederherzustellen – unter Umständen sogar gegen den Willen Seiner Majestät.

Als Kompromiß wäre eine Mitregentschaft solcher Art denkbar, daß der sich Echnaton nennende König von Achetaton aus über alles gebot, was zur Sonnenverehrung neigte – Junu mit einbezogen –, und zudem die außenpolitische Verantwortung trug, während der Mitregent im Inneren die alten Zustände wiederherstellte.

Die erste Frage war schnell abgetan, weil – ausgenommen einige reiche Grundbesitzer – niemand ihr zustimmte. Für die zweite Möglichkeit – sie entsprach dem derzeitigen Zustand – fanden sich viele Befürworter, und es wurde stundenlang darüber diskutiert. Als aber Sat-Amun zu bedenken gab, daß dies auf die Dauer keine Lösung sei, fiel ihr sofort Hapu ins Wort.

«Dem kann ich nur zustimmen!» rief er laut. «Denn das hieße, immer sich zu ducken, immer heimlichtun, immer in der Gefahr, von der Miliz aufgespürt und abgestraft zu werden. Aus diesem Grund schlage ich eine vierte Möglichkeit vor, nämlich Aton und seine Anhänger so lange mit allen Mitteln zu verfolgen und zu behindern, bis Seine Majestät einlenken muß. Einfach drauflos mit allen Kräften und ohne Rücksicht! Eine Mitregentschaft halte ich für undurchführbar und unsinnig!»

Dem wurde sogleich widersprochen, und einige Geschichtskundige erinnerten daran, daß es in der Vergangenheit häufig zu Mit- und Doppelregentschaften gekommen sei.

Sat-Amun, die immer wieder mit Mahnungen, Hinweisen und Vorschlägen in die Gespräche eingriff, brachte die Versammlung schließlich dahin, mit Umsicht und ohne Überstürzung die dritte Lösung anzustreben.

«Und wer soll dieser Mitregent sein?» rief es aus der Versammlung.

Sat-Amun hob die Hand und wartete, bis Ruhe eingetreten war.

«Ich denke vor allem an Semenchkare, meinen Halbbruder. Er stammt auch mütterlicherseits aus einer Königsfamilie und gleicht äußerlich dem Osiris Nebmare, meinem unvergeßlichen Vater! Ich würde ihn gegebenenfalls zum Gemahl nehmen.»

Peri erschrak. Davon wußte er nichts, von dieser Möglichkeit war niemals gesprochen worden. Sie hatte nur angedeutet, daß ihr als der Erstgeborenen nach altem Brauch das Recht zustehe, einen Gemahl zu erwählen, dem dann die Doppelkrone zufiel. Peri hatte sofort an sich gedacht und war erfreut, daß seine häufigen Hinweise auf geschichtliche Beispiele ihre Wirkung getan hatten.

Sie spürte natürlich seinen Unmut, und als sie später allein waren, kam sie sofort darauf zurück.

«Es ging nicht anders! In dieser heutigen Versammlung gab es fast nur hochgebildete und geschichtskundige Männer, die genau über die Möglichkeiten einer legitimen Nachfolge Bescheid wissen. Da konnte ich nicht sagen: Ich heirate einfach meinen Liebhaber, den früheren Priester Peri. Auch wenn es so etwas in unruhigen und unsicheren Zeiten schon gegeben haben mag, so war es doch immer die Regel, daß eine Prinzessin einen Bruder, Halbbruder oder männlichen Verwandten zum Gemahl erwählte. In unserer derzeitigen Lage hätte jeder andere Vorschlag meine ganze Autorität in Frage gestellt.»

«Und ich dachte, du liebst mich ...»

Er war gekränkt, er schmollte, und er tat ihr leid.

«Auch wenn ich diesen unreifen Jungen heirate – was noch keineswegs sicher ist –, so braucht sich doch zwischen uns nichts zu ändern. Schließlich war ich auch die Gemahlin meines Vaters, ohne daß – nun, du weißt schon.»

«Dein Vater war alt und krank, und es ging um deine Rangerhöhung. Semenchkare hingegen ist jung, gesund und wird als dein Gemahl mit Nachdruck darauf bestehen, diese Ehe zu vollziehen.»

«Und wenn schon! Er wird es widerwillig tun, denn ich bin zehn Jahre älter, und dann wird er zu seiner jungen Geliebten zurückkehren.»

«Da bin ich mir nicht so sicher ...»

Das war Peri jetzt noch weniger, als ihm Semenchkare gegenübersaß und er die wohlwollenden – oder gar lüsternen? – Blicke seiner Geliebten bemerkt hatte. So schwieg er und überließ Sat-Amun die Gesprächsführung. Die Prinzessin redete nicht lange herum.

«Wir haben uns darauf geeinigt, dich zu gegebener Zeit zum Mitregenten meines Bruders zu erheben. Das heißt, wir werden zuvor heiraten, und Echnaton muß über unsere Absichten in Kenntnis gesetzt werden. Ohne seine Zustimmung – auch wenn sie unter Zwang erfolgt – können wir nichts unternehmen. So wie ich es sehe, steuert alles darauf hin, daß der König vielleicht schon bald den Ausgleich mit uns suchen muß. Es geht nicht an, daß ganz Kemet von Süd bis Nord an den alten Göttern festhält, während man sie in Waset verbietet. Aber diese Dinge müssen reifen, und nichts darf überstürzt werden. Können wir mit dir rechnen?»

So ist das nun, dachte der Prinz, bei Isis habe ich es mit Gewalt versucht, und Sat-Amun fällt mir von alleine in den Schoß. Wenn er sich damals Isis, das zarte Flaumfederchen, kaum als Geliebte vorstellen konnte, bei Sat-Amun fiel es ihm nicht schwer. Dennoch fand er den Plan abwegig.

«Ich weiß nicht so recht ...»

«Ich bin dir wohl zu alt?»

«Nein – nein, das ist es nicht … Aber ich kann mir kaum denken, daß Seine Majestät, mein göttlicher Bruder, dem zustimmt. Man kann den Herrn Beider Länder nicht zu etwas zwingen. Das wäre gegen Recht und Herkommen, das hieße Maat Gewalt antun. Nein, dazu gebe ich mich nicht her.»

Peri lächelte verstohlen. Der Bursche ist schlauer, als wir dachten, Sat-Amun hat ihn wohl unterschätzt.

«Aber Semenchkare – wer spricht von Zwang und Gewalt?»

«Du selbst hast gesagt: auch wenn seine Zustimmung unter Zwang erfolgt.»

«Dann hast du mich falsch verstanden. Damit war gemeint, unter dem Zwang der Verhältnisse. Nicht wir als seine Untertanen können ihn zu etwas zwingen, das ist mir schon klar, sondern es müssen Verhältnisse entstehen, die ihm ein Nachgeben abverlangen. Leuchtet dir das ein?»

Semenchkare begann seine Rolle zu genießen. Seit seiner Rückkehr schien es, er würde wieder zu einem Niemand, einem machtlosen Prinzen im Harimswinkel herabsinken – aber jetzt …

Er straffte sich.

«Ich werde dich heiraten, Sat-Amun, und mich zum Mitregenten erheben lassen, wenn Seine Majestät, mein göttlicher Bruder, mir persönlich sein Einverständnis erklärt. Ich bin sogar bereit, diesen Willen schriftlich zu bekunden.»

Sat-Amun erkannte sofort, daß heute und jetzt nicht mehr zu erreichen war.

«Aber nein, mein Lieber, es sind ja zwei Zeugen anwesend.»

Hapu, der vormalige Hohepriester des Month – davon war schon die Rede –, hatte sein Einverständnis verweigert und beschloß, auf eigene Faust seine gewalttätigen Versuche weiter zu betreiben. Doch nun mußte er noch vorsichtiger werden, weil er auch seine bisherigen Verbündeten gegen sich hatte. Würde er unter solchen Voraussetzungen überhaupt noch Gesinnungsgenossen finden?

Einen jedenfalls fand er in diesen Tagen, als ein junger Mann zu ihm vordrang. Er wirkte gehetzt, sprach schnell und laut, doch Hapu hörte ihm mit wachsender Spannung zu.

Panhesi entstammte einer alteingesessenen Familie, die seit vielen Generationen mit Amun in enger Verbindung stand. Als das Verbot erfolgte, traf es Panhesis Vater, einen Onkel, zwei Vettern, mehrere entfernte Verwandte und ihn selbst. Sie alle waren in mittleren und höheren Ämtern in der Tempelstadt tätig, und nur einer von ihnen konnte sich entschließen, in ein unbedeutendes Amt zu Aton überzuwechseln, das er bald wieder verlor, als der König wegzog. Der Familienverband brach auseinander, Panhesis Vater starb überraschend – die traurigen Vorfälle hatten ihm das Herz gebrochen, und seine Gemahlin folgte ihm bald darauf.

«Wo bleiben da Recht und Gerechtigkeit? Das kann der König doch nicht gewollt haben!? Er trägt doch immer Maat auf seinen Händen, verhält sich aber, als gebe es sie nicht. Merkt das keiner? Warum protestiert niemand? Aton, der neue Gott, soll die alten, angeblich falschen Götter ablösen und der einzig Wahre, einzig Gerechte sein. In Wahrheit ist er schlimmer als Seth und hat meine ganze Familie zerstört. Ich will die Menschen hier aufrütteln, ihnen zeigen, daß man sich wehren muß. Aber wie? Du bist ein erfahrener Mann, Hapu, hast auch unter dieser Entwicklung leiden müssen – was kann ich also tun?»

Hapu hatte Panhesi genau beobachtet und den Eindruck gewonnen, daß dieser enttäuschte und verbitterte junge Mensch zu allem fähig war. Aber welchen Rat sollte er ihm geben? War dieser zartgebaute Junge überhaupt zu einer Gewalttat fähig?

«Worunter du leidest, Panhesi, bewegt jetzt viele Menschen, auch wenn deine Familie überaus schwer betroffen ist. Manche Menschen werden eben von den Göttern besonders hart geprüft, vielleicht weil sie Besonderes von ihnen erwarten? Wer kann das wissen? Du mußt und willst jetzt handeln, das verstehe ich. Deshalb mein Rat: Begehe keine sinnlose Tat, die in den Augen der Miliz wie ein gewöhnliches Verbrechen aussieht, sondern handle überlegt und zielstrebig. Was immer du tust, soll über Waset hinaus Aufsehen erregen, soll dem ganzen Land zeigen, daß hier Menschen unter ungerechten Verhältnissen leiden. Mehr kann ich dir nicht sagen – Amun und seine Heilige Familie mögen dich beschützen, und der grimmige Month möge dir Sinn und Hand leiten.»

In dieser Zeit kam es in Kusch zu Aufständen, weil man auch dort spürte, wie wenig diesem seinem Gott so sehr verpflichteten König an seinen Vasallen lag. Der dort residierende Vizekönig verfaßte einen ausführlichen Bericht und schickte Boten in die neue Hauptstadt. Natürlich unterbrach die Gesandtschaft ihre Reise in Waset, um den Tempel des neuen Gottes zu besuchen. Das hatte sich schnell in Waset herumgesprochen, und bald säumten Müßiggänger die Straßen, um die fremdländisch gekleidete Gruppe aus dem elenden Kusch zu begaffen.

Panhesi lief ebenfalls dorthin; unter seinem Schurz steckte ein halbellenlanger schmaler Dolch.

Er drängte sich durch, rief aufgeregt etwas von «Feinden seiner Familie» und stach – ehe man ihn daran hindern konnte – zwei Mitglieder der Gesandtschaft nieder, von denen einer sofort, der andere kurz darauf starb.

Panhesi hatte nicht vorgehabt, die Flucht zu ergreifen, und so stand er mit hängenden Armen einfach da, warf den bluttriefenden Dolch zu Boden und ließ sich festnehmen.

Bagsu hatte endlich wieder einmal einen Grund zur Freude.

«Das kommt uns ja wie gerufen! Und noch dazu einer, der sich zu seiner Tat bekennt!»

Im Gegensatz zu dem redlichen Mahu, der peinliche Befragungen nur als notwendiges Übel erachtete, genoß Bagsu die Aussicht darauf, diesen Panhesi nach allen Regeln der Kunst zu foltern. Freilich hätte er es vorgezogen, wenn der Delinquent ein großer, kraftstrotzender Mann gewesen wäre, den er dann in kurzer Zeit in ein schmales, demütig wimmerndes Bündel verwandeln würde.

Als die Büttel Panhesi an Stricken aufzogen, war zu sehen, wie schmal und schmächtig dieser noch halbwüchsige Körper war. Wie alt mochte der Bursche sein – fünfzehn, sechzehn? Nicht einmal darauf hatte er geantwortet, und seinem Gesicht war anzusehen, daß er aus Verachtung schwieg.

Das werden wir dir austreiben, mein Jüngelchen, dachte Bagsu und gab dem Büttel einen Wink. Panhesi hing an der Decke, seine Füße waren am Boden festgebunden, sein Körper schmerzlich gespannt.

Der Folterknecht schwang die mit Dornen und Metallstücken durchflochtene Riemenpeitsche und ließ sie auf den schmalen Rücken klatschen. Nach dem achten Hieb begann Panhesi leise zu wimmern, dann stöhnte er vernehmlich, begann schließlich zu schreien, während die Peitsche tiefe blutige Striemen auf seinen Rücken zeichnete.

Beim dreißigsten Hieb gebot Bagsu Einhalt.

«Nun, Panhesi, mundet dir die Prügelsuppe? Bisher habt ihr sie nur euren Sklaven verabreicht, jetzt weißt du selber, wie sie schmeckt. Also – wer hat dich zu deiner Tat angestiftet? Deine Familie, dein älterer Bruder, der dich gestern freikaufen wollte? Oder war es einer aus dem Amun-Klüngel? Erzähle mir nur nicht, daß du selber auf den Gedanken gekommen bist!»

Panhesi schloß die Augen und schwieg. Über sein Gesicht floß in Strömen der Schweiß, von seinem Rücken tropfte das Blut auf den Boden.

Bagsu trat zurück und deutete auf einen Krug, der an der Wand stand. Der Büttel nickte und goß langsam Salzlake über den zerschundenen Rücken. Panhesi riß die Augen auf, schnappte nach Luft und stieß einen gellenden Schrei aus. Dann sank sein Kopf auf die Brust – der übergroße Schmerz hatte ihn ohnmächtig werden lassen.

In den nächsten zwei Stunden verlor Panhesi noch mehrmals das Bewußtsein, doch die erfahrenen Büttel brachten ihn schnell zur Besinnung. Schließlich ächzte der bis aufs Blut Gequälte undeutlich einen Namen.

«Lauter!» forderte Bagsu.

«Ha – Hapu…»

«Also Hapu hat diese Mordtat befohlen?»

«Nein – nicht befohlen…»

«Was dann?»

«Mir – mir geraten, ein – ein Zeichen zu setzen…»

«Ein Zeichen?»

«Etwas zu tun – zu tun, das über – über Waset hinaus …»

Wieder verlor er die Besinnung, und Bagsu ließ ihn losbinden. Er rief zwei Schreiber und diktierte ihnen: «Der Beklagte hat nach eindringlicher, zuletzt peinlicher Befragung gestanden, daß der frühere Month-Priester Hapu ihm geraten hat, mit seiner Tat ein Zeichen zu setzen, das über Waset hinaus Beachtung findet. So wird erkannt, daß genannter Hapu als eigentlicher Anstifter dieser Mordtat anzusehen ist.»

Der ohnehin schon halbtote Panhesi wurde daraufhin erwürgt, gewaschen und seiner Familie übergeben.

So froh und zufrieden war Bagsu schon lange nicht mehr gewesen. Er lachte, klatschte in die Hände und sagte zu Restep: «Das wollen wir feiern wie in alten Zeiten! Wir gehen in den ‹Goldenen Hammel› und besaufen uns! Den Hapu nehmen wir uns später vor.»

Doch die großen Zeiten dieser ehedem so beliebten Kneipe waren vorbei. Huni, der dicke, ohrenlose Wirt, war jetzt gezwungen, Gäste aufzunehmen, denen er früher die Tür gewiesen hätte. Auch waren die Zeiten längst vorbei, da er nur in wenigen Ausnahmefällen etwas anderes als Kupferdeben genommen hatte. Jetzt war das Kupfer die Ausnahme, und die meisten Gäste zahlten mit Korn, Feigen, Datteln und Honig oder mit Werkstoffen wie Leder, Flachs und sogar Schafwolle, die früher als Tauschobjekt hier streng untersagt war. So war Huni gezwungen, ein Lagerhaus anzubauen, um die Zeche seiner Gäste sicher aufzubewahren. Er blickte Bagsu trübe an.

«Du bist Setep, nicht wahr, Bagsus älterer Bruder?»

Bagsu schlug ihn derb auf die Schulter.

«Ja, mein Lieber, und jetzt Oberster der Stadtmiliz. Das hier ist Restep, mein Stellvertreter.»

«Eine hohe Ehre …» murmelte Huni und wies auf das «Zimmer». «Wollt ihr alleine …»

«Nein, nein, wir bleiben hier in der ‹Stube› und halten deine Gäste frei.»

Bagsu blickte sich um. Der Raum war zu etwa einem Drittel besetzt, und einigen war leicht anzusehen, daß es sich um Tagediebe und Hungerleider handelte. Bagsu kannte keines dieser Gesichter, aber er verbarg seine Enttäuschung – er wollte feiern und fröhlich sein, wie in alten Zeiten.

Doch die alten Zeiten waren eben die schöneren Zeiten gewesen und ließen sich nicht nach Belieben herbeirufen – auch nicht mit einer Handvoll Silberdeben.

II

*D*as Volk von Waset hatte sich bald daran gewöhnt, daß die Tempel geschlossen blieben. Den meisten Menschen war ohnehin der Zutritt untersagt gewesen, und man konnte auch vor einem Hausaltar den Göttern opfern und zu ihnen beten.

Als schmerzlicher Verlust jedoch erwies sich die Abschaffung der zahlreichen Feste, denn das war für viele die einzige Möglichkeit gewesen, dem Gott, wenn er durch die Stadt zog, nahe zu sein und ihn auf fröhliche Art zu feiern. Zudem hatten diese verschiedenen Götterfeste den Menschen pro Jahr über fünfzig freie Tage gebracht, von denen nun gut die Hälfte entfiel. Was Aton dafür an Ersatz bot, stieß auf Ablehnung oder reizte zum Spott.

Das Dekadenfest hatte man zwar beibehalten, schon weil die hart arbeitende Schicht des Volkes nach neun Werktagen einen Ruhetag brauchte. Doch es fehlte das glanzvolle Ereignis der Amun-Prozession, wenn die Heilige Familie des Gottes zum Tempel der Urgötter am Rande der westlichen Wüste zog. Dann waren die Menschen zu den Tempeln gegangen, hatten gebetet, geopfert oder einem der zahlreichen Priester eine Tonscherbe oder ein Stück Papyrus überreicht, auf die ein Lohnschreiber ihre Wünsche und Anliegen gesetzt hatte. Die Priester legten diese Schriftstücke dann im Innenhof vor dem Allerheiligsten nieder und brachten so dem Gott oder der Göttin die Bitten ihrer Gläubigen nahe.

Ähnliches wäre auch am Aton-Tempel möglich gewesen, doch nur wenige machten davon Gebrauch. Den einfachen Menschen nämlich fehlte das Vertrauen zu einem Gott, der nicht in irgendeiner faßbaren Form im Tempel weilte – in einem Tempel, der noch

441

dazu offenstand und nichts Geheimnisvolles mehr in seinem Inneren barg. Es half nichts, wenn die Priester immer wieder darauf hinwiesen, daß der lebendige Aton – für jedermann sichtbar – täglich über den Himmel wandere. Wer blickte schon gerne der Sonne ins gleißende Antlitz? Da bestand die Gefahr, daß man sich die Haut verbrannte oder den Augen schadete.

Das «Schöne Fest vom Wüstental» hatte man zwar beibehalten, weil auch Aton nicht die Menschen davon abbringen konnte, ihre Verstorbenen in den Ewigen Wohnungen des Westens zu besuchen, dort die Grabpforten zu öffnen und die Ka-Seelen der zum Osiris Gewordenen am Festschmaus teilnehmen zu lassen. Doch auch diesem Fest fehlte der Glanz, weil früher Amun in seiner Barke ans Westufer gekommen war und dann, von den Priestern getragen, in feierlicher Runde durch das Gräberfeld zog.

Das Hauptereignis aber, das mit aller Pracht über zwei Dekaden, also zwanzig Tage lang gefeierte Opet-Fest war mit Amun und seinen Priestern untergegangen, und mit ihm auch die tagelange freie Bewirtung, für die der Tempel aufkam. Wie hatte da die ganze Stadt – zu den Einwohnern gesellten sich noch zahlreiche Pilger – vor Festesfreude gebrodelt! Und wenn Amun vor dem Tempel seiner Gemahlin Mut im Südlichen Harim erschien, dann tobten und jubelten die Menschen, und nicht wenige warfen sich vor Ergriffenheit auf den Boden und priesen laut die Heilige Familie des mächtigen Reichsgottes.

Das Neujahrsfest und die drei Jahreszeitenfeste waren beibehalten worden, doch den Aton-Priestern mißlang es, diese Ereignisse nicht nur weihevoll, sondern auch fröhlich zu gestalten. Die Gegenwart des Königs und seiner Familie – etwa bei den Jahreszeitenfesten – hatte in den ersten Jahren seiner Regierung den Unmut des Volkes noch gedämpft, aber nun fühlten sich die Menschen doppelt verwaist – es fehlte der König, und es fehlten die Götter.

Immer wieder waren Klagen an die Königinwitwe Teje herangetragen worden, denn sie war es, die in Waset allein noch königliche Autorität besaß, sie war es, die immer dringlicher gebeten wurde, auf irgendeine Weise Abhilfe zu schaffen.

So erschien Sat-Amun in der Palaststadt, um ihrer Mutter von den letzten Ereignissen zu berichten. Teje hörte schweigend zu und betrachtete dabei diese seltsame Tochter, die ihr äußerlich so gar nicht glich und doch ebensoviel an Beharrlichkeit und Entschlußkraft besaß wie sie selber.

Sie stand auf, ging ans Fenster und zog den Leinenvorhang etwas zurück. Die Sonne stand im Zenit; sie sah es an den Bäumen und Sträuchern draußen, die keine oder nur ganz kurze Schatten warfen. Den Gedanken, daß Sat-Amun sich mit Semenchkare verband, fand sie gar nicht so schlecht. In Waset mußte ein Gegengewicht geschaffen werden. Daß die Leute unzufrieden waren, sich seit dem Wegzug des Königs eine Gegenbewegung gebildet hatte, wußte sie längst. Sie hatte von Zeit zu Zeit Botschaften an ihren Sohn gesandt, aber die hatten ihn entweder nicht erreicht, oder er hatte sie nicht zur Kenntnis genommen. Er schwieg aber keineswegs, ging nur in seinen Antworten, die im Grunde keine waren, nicht darauf ein. Statt dessen zeichnete er das immer strahlender werdende Bild einer Aton-Stadt, berichtete vom Fortgang der Arbeiten und von dem Palast, den er dabei war, ihr, seiner hochverehrten Mutter, zu errichten. Doch eingeladen hatte er sie bisher noch nicht, immer unter dem Vorwand, sie könne noch nicht angemessen wohnen.

Sein Aufenthalt in Achetaton ging jetzt ins fünfte Jahr, und sie verstand recht wohl, daß die Residenzstadt eines Herrn Beider Länder nicht in so kurzer Zeit aufzubauen war. Andererseits hatte er davon berichtet, daß sein Palast vollendet war, ebenso der kleine Tempel, die Kasernen, Magazine und Hunderte von Wohnhäusern. Doch sie kannte ihn gut genug, um zu wissen, was sein Herz bewegte. Er wollte sich das schöne Bild seiner Aton-Stadt nicht trüben lassen, fürchtete ihre Fragen, Einwände, Bedenken. Seine Freunde hielten vermutlich alles Störende von ihm fern, und so konnte er vollen Herzens seine Rolle als Sohn des Re und Atons heiliger Prophet genießen.

Teje drehte sich um.

«Hast du etwas gesagt?»

Sat-Amun lächelte.

«Nein, Mutter, nur auf deine Antwort gewartet.»

«Antwort? Ich kann mich nicht erinnern, daß du Fragen gestellt hast... Es war nur die Rede von Ereignissen, die du hinter meinem Rücken in Gang gesetzt hast, und dazu werde ich mich äußern. Daß du in nächster Zeit den Prinzen Semenchkare zu deinem Gemahl machen willst, ist gewiß kein abwegiger Gedanke, und ich will dich keineswegs daran hindern. Doch der Plan, ihn zum König, zum Mitregenten zu erheben, bedarf noch einiger Überlegung. Wenn dies überhaupt geschehen soll, dann nur nach vorheriger Absprache mit Seiner Majestät, deinem Bruder. Gelingt es uns nicht, ihn von der Notwendigkeit einer solchen Maßnahme zu überzeugen, dann kann – falls er vor dir und Semenchkare in den Westen geht – der Prinz nur sein Nachfolger werden.»

«Du hast mir wohl nicht zugehört, oder ich habe mich nicht klar genug ausgedrückt. Was du zur Bedingung machst, habe ich vorgeschlagen – Punkt für Punkt, allerdings noch ohne zu wissen, daß du dich für uns verwenden willst.»

«Will ich das?»

«Du sagtest vorhin: gelingt es uns nicht... Ich nehme an, daß du dich mit einbezogen hast?»

«Den scharfen Verstand hast du von mir, auch wenn du sonst mehr nach deinem Vater schlägst. Ja, ich will mich für euren Plan verwenden, möchte dies aber nur persönlich tun. Dein Bruder hat die längst fällige Einladung bisher geschickt hinausgezögert, und wenn er dies weiterhin tut, werde ich ungefragt dort erscheinen.»

«Wie lange willst du noch damit warten?»

«Das hängt von verschiedenen Ereignissen ab. Wenn mir etwa General Haremhab eine dringende Botschaft zukommen läßt, daß er sich nicht mehr gegen die eindringenden Chatti behaupten kann und vom König keine Hilfe erhält, dann muß ich dies meinem Sohn selber sagen. Oder wenn das Volk von Waset eines Tages den Aton-Tempel stürmt, seine Statuen stürzt und die Priester tötet...»

«Hältst du das für möglich?»

«Morgen vielleicht noch nicht und auch nicht übermorgen... Aber in einem Jahr?»

Sat-Amun zog sich die Perücke vom Kopf und entrollte ihr aufgestecktes Haar.

«Es wird heiß – ich bin das einfach nicht gewohnt. Ich habe vorhin schon angedeutet, daß sich die – die ‹Bewahrer des alten Glaubens› zu einer anderen Strategie entschlossen haben. Nur Hapu, der frühere Hohepriester des Month, schlägt immer noch wütend um sich. Vater hätte diesen Simpel nicht zum Priester machen sollen. Dieser Mensch kennt für alles nur eine Lösung: Blut, Gewalt, Mord. Aber wir haben ihn fallenlassen… Noch etwas anderes: Ich meine, Semenchkare sollte inzwischen ein Amt ausüben. Selber bemüht er sich nicht darum, das ist nicht seine Art, aber irgendeine Beschäftigung sollten wir schon für ihn finden.»

«Daran habe ich auch schon gedacht», sagte Teje. «Mahus Nachfolger im Amt eines Obersten der Palastwache ist vor kurzem gestorben, und ich habe die Stelle noch nicht besetzt. Wäre das nichts für ihn?»

«Warum nicht? Er hat Vater öfter auf die Jagd begleitet und soll ein guter Bogenschütze sein.»

«Gut, ich werde ihm die Ernennungsurkunde zustellen lassen. Was meintest du übrigens vorhin mit der Bemerkung, ihr hättet Hapu fallenlassen?»

Sat-Amuns offenes Gesicht wurde abweisend.

«Nun ja, es hat sich da in Waset eine Gruppe gebildet, die sich ‹Bewahrer des alten Glaubens› nennt. Hapu hat sich bisher daran beteiligt, aber er kennt nur, ich habe es ja schon erwähnt, den Weg der blinden Gewalt, den wir nicht gehen wollen.»

«Wir – das heißt, du gehörst dieser Gruppe an?»

«Mutter – Waset ist dabei, auseinanderzuplatzen wie eine faule Melone. Das kann nicht angehen und muß verhindert werden. Wir wollen das nicht, du kannst es auch nicht wollen, und es würde auch dem König große Schwierigkeiten bereiten. Ein Hapu würde aber die Lage nur noch verschlimmern, deshalb haben wir ihn ausgestoßen.»

Bagsu, der zusammen mit Restep und einigen seiner Unterführer über der besten Lösung brütete, diesen Hapu unschädlich zu machen, erhielt plötzlich unerwartete Hilfe. Ein anonymer Bote gab an der Pforte einen Papyrus ab, den Bagsu sich von einem Schreiber vorlesen ließ. Der Text war sehr kurz.

«An Setep, den Vorsteher der Stadtmiliz.»

Bagsu wollte schon fragen, wer das sei, besann sich aber gerade noch auf seinen offiziellen Namen.

«Wir, die ‹Bewahrer des alten Glaubens›, sehen uns veranlaßt, Hapu, den einstigen Hohenpriester des Month, aus unseren Reihen auszustoßen. Wir haben den von ihm vertretenen Weg der Gewalt als falsch erkannt und ihn mehrmals nachdrücklich ermahnt, zusammen mit uns eine friedliche Lösung anzustreben. Er hat sich dem verweigert, und so überlassen wir es dir, dem Vorsteher der Milizen, seinem Treiben ein Ende zu bereiten.»

Bagsu grinste über sein ganzes Gesicht, das für Augenblicke seine Strenge und Härte verlor.

«Wenn das wahr ist! Es kann auch eine Falle sein…»

Der Schreiber hob ein Blatt hoch.

«Herr, da ist noch ein zweiter Papyrus – sieht aus wie ein Plan…»

Bagsu und Restep beugten sich darüber. Da war der Grundriß eines Tempels gezeichnet und mit Anmerkungen versehen. Der Schreiber las sie vor.

«Hier heißt es ‹Eingang›, hier ‹Treppe›, und unten steht noch…»

Es kostete sie fast eine Stunde, den Plan und die Erläuterungen zu entschlüsseln, aber dann stand fest: Hapu würde in der nächsten Neumondnacht – das war in vier Tagen – in einem geheimen Raum seines früheren Tempels ein Treffen veranstalten. Zu diesem Raum führten zwei Eingänge, die er streng bewachen ließ; Wächter gab es auch an verschiedenen Stellen inner- und außerhalb des Tempels. Sie waren alle genau bezeichnet. Die zu dem Treffen Geladenen mußten ein Kennwort nennen, und dieses lautete: Men-cheperu-Re. Jedes Kind in Waset kannte die Bedeutung dieses Wortes – es war der Thronname des großen Kriegerkönigs Thotmes, der für Kemet erobert hatte, was jetzt wieder verlorenzugehen drohte.

Bagsu blickte auf und musterte seine sechs Unterführer, einen nach dem anderen.

«Jeder von euch wählt unter seinen Leuten die verläßlichsten aus, und zwar fünf bis sechs Mann, die bis zu jener Neumondnacht nicht wissen dürfen, um was es geht. Ihr aber wißt es und seid nun Geheimnisträger. Sollte der Plan verraten werden, so kann es also nur einer von euch gewesen sein –»

446

«Oder Restep», warf einer der Männer ein.

Bagsu blieb ganz ruhig.

«Nein, Restep nicht, denn er und ich haben einst gemeinsam für die falsche Sache gekämpft. Ihm vertraue ich wie mir selbst. Es kann also nur einer von euch sein. Nur bedenkt eines und vergeßt es in den folgenden Tagen niemals: Wenn der Plan verraten wird, dann werde ich jeden von euch eigenhändig töten – jeden, ohne Ausnahme. Habt ihr das verstanden?»

Die Männer nickten, murmelten «jawohl – jawohl» und wagten kaum ihre Blicke zu erheben.

Als sie allein waren, fragte Restep: «Was hast du vor, Herr? Willst du Hapu festnehmen und vor Gericht stellen? Oder –?»

«Ja, er muß vor Gericht! Man kann nicht immer nur die kleinen Leute aburteilen. Jetzt ist uns endlich ein großer Fisch ins Netz gegangen, und nun soll er auch öffentlich geschlachtet werden.»

«Noch haben wir ihn nicht…»

«Das stimmt, aber er wird uns nicht entkommen.»

«Und wenn er aus irgendeinem Grund das Treffen absagt?»

«Dann fassen wir ihn beim nächsten Mal!»

Doch Hapu blieb ahnungslos und hielt an dem geplanten Tag fest. Er steckte randvoll mit neuen Einfällen und wollte sie mit seinen Freunden und Helfern besprechen. Daß man Panhesi, was bei diesem dummen Jungen zu erwarten stand, erwischt und befragt hatte, war ihm natürlich zu Ohren gekommen; auch sein Tod hatte sich herumgesprochen. Doch von ihm war offenbar nicht die Rede gewesen, sonst hätte dieser Setep längst etwas unternommen. Der hatte es auch nicht leicht, verglichen mit dem gefürchteten Mahu, der zum Glück mit dem König – hoffentlich für immer – in die neue Hauptstadt entschwunden war. Wenn die Leute vom Amun-Klüngel nicht solche elenden Schlappschwänze wären, dann hätte man längst die alte Tempelmiliz – im geheimen natürlich – wiederaufbauen können, um diesen Setep – wo kam der Mann eigentlich her? – notfalls in die Schranken zu weisen. Aber diese Herren würden bald sehen, daß ihre laschen Methoden zu nichts führten, und dann würde es heißen: Wir hätten Hapu doch machen lassen sollen…

447

Als Semenchkare seine Ernennungsurkunde erhielt, atmete er auf. Es war ein angesehenes und ehrenvolles Amt, das er hier in der Palaststadt ausüben konnte, und – wichtiger noch – er mußte sich nicht von Ibara trennen. Er schmunzelte. Bei ihrem nächsten Treffen gab es ja einige Neuigkeiten zu berichten, und darauf freute er sich, denn Ibara liebte den Hofklatsch über alles.

Semenchkare, der fest daran glaubte, die Frauen im allgemeinen und seine Geliebte im besonderen zu kennen, mußte eine bittere Stunde erleben.

Ibaras Gesicht verzerrte sich vor Erregung.

«Was? Zum Obersten der Palastwache haben sie dich gemacht? Ich hoffe, du hast sofort abgelehnt? Dieses Amt kann ja jeder Esel ausüben, für einen königlichen Prinzen ist es eine Beleidigung!»

«Aber Ibara! Was redest du da? Es ist eine hohe und verantwortungsvolle Aufgabe, wenn ich für Ruhe und Ordnung in der Palaststadt zu sorgen habe. Aber dann wird dir meine zweite Neuigkeit besser gefallen. Eine sehr einflußreiche Gruppe in Waset hat mich zum Nachfolger und möglichen Mitregenten Seiner Majestät bestimmt. Vielleicht werde ich eines Tages die Doppelkrone tragen und Herr Beider Länder sein.»

«Du siehst aber nicht aus, als freutest du dich darauf…»

Das war ihr ganz plötzlich so herausgerutscht, aber dann dachte sie an die möglichen Folgen, wenn Semenchkare sie zu seiner Gemahlin machte, und das verschlug sogar ihr die Sprache. Große Königsgemahlin! Herrin Beider Länder! Die Anmutsvolle unter der Geierhaube! Die göttliche Mutter!

Ja, Ibara kannte sehr wohl die klangvollen Titel, die einer Königin von Kemet zustanden. Ihr schwindelte. Der Prinz liebte sie ganz ohne Zweifel, und nun bestand auf einmal die Möglichkeit, daß sie an seiner Seite… Sie wollte den Gedanken nicht zu Ende denken, um die Landesgötter nicht zu erzürnen. Schließlich war sie eine halbe Fremdländerin, nicht hier geboren und Tochter eines barbarischen Vaters. Aber da jetzt Aton hier herrschte und die anderen entmachtet waren, fand sie vielleicht Gnade vor dem Sonnengott, der ja – wie es hieß – auch die Fremdländer erschaffen hatte und mit seinen Strahlen am Leben erhielt. Was hatte ihr Geliebter gerade gesagt?

«Ich habe nicht ganz verstanden...»

«Um meinen Thronanspruch zu legitimieren, muß ich eine königliche Prinzessin heiraten. Da kommt nur noch Sat-Amun in Frage, doch sie ist einverstanden.»

Ibara stand langsam auf, und es sah aus, als richte sich eine Schlange auf. Ihr Haupt schwankte vor Erregung, ihre Stimme wurde schrill vor Empörung.

«Und das sagst du mir so einfach ins Gesicht! Was wird aus mir? Reden wir doch davon! Schickst du mich dann nach Mitanni zurück, oder steckst du mich wenigstens als fünfte oder sechste Nebenfrau in deinen Harim? Denn als König muß deine zweite Gemahlin doch mindestens eine Fürstentochter, deine dritte eine fremdländische Prinzessin, deine vierte eine Gutsbesitzerstochter sein – nicht wahr? Rede schon – wie hast du es dir gedacht?»

Ihre Stimme war vor Zorn heiser geworden, ihre Wangen glühten vor Erregung. Als Semenchkare sie beruhigend am Arm faßte, schüttelte sie ihn ab, als ekle sie sich vor ihm. Er breitete hilflos seine Arme aus.

«Aber Ibara, was sollte ich tun? Nein sagen, wenn alle es wollen? Sat-Amun ist zehn Jahre älter, und diese Heirat bedeutet für mich nur den Weg zum Thron. Ich werde die Ehe vollziehen, schon um Maat Genüge zu leisten, aber die Frau meines Herzens bleibst du! Meinetwegen als Zweite Gemahlin, doch die Geierhaube kann nur sie tragen, die Tochter des Osiris Nebmare, der auch mein Vater war.»

«Ha! Zweite Gemahlin! Man wird es dir nicht gestatten, denn politische Gründe gehen vor, und wenn der Chatti-König dir zur friedlichen Verschwägerung eine Tochter sendet, so wird sie sich nicht mit dem dritten oder vierten Platz begnügen. Nein, mein Lieber, da wird die kleine Ibara eher zu einem Hindernis, das du dir nicht leisten kannst, zu einer Last, die du abwerfen mußt.»

Semenchkare seufzte und ließ sich auf das Bett fallen, das für vergnüglichere Zwecke bereitstand, als einen sorgenbeladenen Körper aufzufangen.

«Du siehst das alles ganz falsch, Liebste, und wenn ich manchmal nicht nein sagen konnte, dann nur, um eine Aufgabe zu haben, um nicht sinn- und tatenlos herumzusitzen. Was nun Sat-Amun betrifft, so kann ich dir nur immer wieder versichern, daß sie mir als Frau nicht das geringste bedeutet. Sie ist meine Halbschwester, und niemals habe ich nur im Traum daran gedacht, um sie zu werben. Peri, der frühere Mut-Priester, ist seit Jahren ihr Geliebter und wird es wohl auch bleiben, selbst wenn es zu einer Heirat kommt. Wenn du das nur einsehen könntest!»

Ibara begann einzulenken, um nicht am Ende das Spiel zu verlieren.

«Ich unterstelle dir keinen bösen Willen, glaube nur das nicht! Aber sie werden dich weiterhin als Werkzeug benützen, und ich möchte, daß du es erkennst. Du bist zu arglos, zu gutmütig! Sage nicht zu allem ja! Sie wollen etwas von dir, also mache dich ein wenig rar, stelle Bedingungen, hinterfrage ihre Absichten. Sind die Dinge einmal geschehen, lassen sie sich schwer wieder rückgängig machen.»

«Es ist ja nicht einmal sicher, ob letztlich etwas aus diesem Plan wird», sagte er kleinlaut, hoffte es aber insgeheim doch.

Ibara aber hatte noch lange mit dieser Enttäuschung zu kämpfen. Sie blickte in ihren Handspiegel. Jünger wurde sie auch nicht. In diesem heißen Land, das die Sonne aus einem fast immer wolkenlosen Himmel Tag um Tag durchglühte, alterte die Haut schneller, trotz sorgfältiger Pflege. Manchmal träumte sie nachts von kühlen Tagen mit erfrischenden Regengüssen, aber darauf hoffte man hier vergebens. Das Wasser kam aus dem Nil und niemals vom Himmel, und es blieb nichts anderes übrig, als sich untertags von einem Schatten in den anderen zu flüchten und sehnlich auf die Kühle des Abends – die kaum eine war – zu warten.

Seufzend legte sie den Spiegel zurück und gähnte. Freilich wäre es unklug, den Prinzen jetzt schon fallenzulassen. Sollte sich jedoch überraschend die Möglichkeit einer anderen angemessenen Heirat ergeben, dann leb wohl, mein Prinz aus Kemet!

Das erste, was die Königinwitwe Teje nach dem Gespräch mit ihrer Tochter unternahm, war, die «Bewahrer des alten Glaubens» zu einer Audienz zu bitten. Sat-Amun hatte ihr die wichtigsten Namen genannt, und sie mußte feststellen, daß kaum eine der angesehenen Familien aus Waset dabei fehlte.

Teje hatte es schon damals als Fehler empfunden, daß der König nahezu alle früheren Hofbeamten entließ, weil er ihnen mißtraute, und den Kreis seiner Freunde und Ratgeber aus fremdländischen oder unbekannten Männern bildete. Ein König sollte bedenken, daß diese alten Familien seit vielen Generationen die hohen Priester- und Beamtenstellen besetzten und, auch wenn er sie daraus verjagte, doch weiterhin viel Einfluß besaßen. Aber er hatte letztlich immer nur eines bedacht: Aton zu erhöhen, und dem mußte sich alles unterordnen. Das minderte ihre Liebe zu diesem Sohn nicht, aber es mehrte ihre Sorgen.

Die Erfahrung und langjährig ausgeübte Macht ließen Teje sofort erkennen, wer das Haupt dieser «Bewahrer des alten Glaubens» darstellte. Das war dieser hagere Si-Mut mit den tiefliegenden Augen eines Fanatikers, die schwärmerisch aufglühten, wenn er von Amun sprach und welches Unrecht der Gott in dieser Zeit zu erleiden hatte.

«Aber Amun ist mächtig genug, sich zu behaupten und am Ende als Sieger dazustehen. Wenn ich von Leid sprach, dann ist vor allem das Volk davon betroffen. Mit den Jahresfesten hat man ihm seine größte Freude genommen! Geblieben ist nur ein dürftiger Ersatz, der schon lange nicht mehr hinreicht, das Murren über diese gottlose Zeit verstummen zu lassen.»

Teje hob ihre schmale Hand in einer schnellen herrischen Geste. War es eine Warnung?

«Der König hat die vielen Götter durch den einen Allmächtigen ersetzt. Nenne also unsere Zeit nicht gottlos, Si-Mut!»

«Verzeih, Majestät, aber dieser Aton ist – nun, er ist nicht nach jedermanns Geschmack…»

«Geschmack? Was hat eine Gottheit mit Geschmack zu tun? Auch Amun war nicht nach jedermanns Geschmack, und ich denke dabei an meinen Gemahl, den Osiris Nebmare.»

«Ja, Majestät, der in Osiris selige König hat den Gott vielleicht nicht geschätzt, aber auch nicht verfolgt, und er hat nichts an den Jahresfesten verändert.»

Teje begann einzulenken, das war von vornherein ihr Plan gewesen.

«Gut, also reden wir von den Festen. Es geht vor allem um das Opet-Fest, nehme ich an. Nicht einmal ich kann die Schönen Befehle Seiner Majestät rückgängig machen – das heißt, die Tempel bleiben geschlossen, die Priester entlassen. Ich werde dir, allerdings nur dir allein, einen Vorschlag machen, den du umsetzen kannst, falls er dir zusagt.»

Ein herrischer Wink, und alle anderen drängten sich unter Verbeugungen hinaus.

Als Si-Mut eine Stunde später den Palast verließ, sah er sich keineswegs als Sieger, da sie aber beschlossen hatten, gewaltlos und behutsam Schritt um Schritt zu tun, war es letztlich doch ein Erfolg, und nicht einmal ein kleiner.

Sein nächster Weg führte ihn zu Parennefer, dem Hohenpriester des Aton in Waset. Der fiel vor Erstaunen fast vom Stuhl.

«Was – höre ich recht? Die Königinwitwe hat erlaubt, das Opet-Fest …»

«Nein, Ehrwürdiger, nicht nach alter Art und nicht unter diesem Namen. Es findet ein zehntägiges Fest statt, und zwar im dritten Monat der Achet-Zeit bei Beginn der nächsten Nilschwelle, also genau zu dem Zeitpunkt der früheren Opet-Feste. Du wirst daran teilnehmen, und deine Priester werden auf einer Barke – nein, das wäre zu ähnlich … Laß ein prunkvolles Traggestell fertigen, und darauf wird ein lebensgroßes Bildnis Seiner Majestät – gleich, ob sitzend oder stehend – für alle gut sichtbar das Kernstück der Prozession bilden. Der Umzug wird die altvertrauten Wege nehmen, also vom Tempelhafen zum Nil und über die verschiedenen Barkenstationen ins Zentrum von Waset, wo am Großen Marktplatz inzwischen eine hölzerne Kapelle errichtet worden ist. Was früher hieß: Gott Amun-Re besucht seine Gemahlin Mut im Südlichen Harim, wird man jetzt so formulieren: Der Einzige des Re und Herr Beider Länder zieht nach Waset, um zusammen mit seinem Volk Aton zu verehren. Und wir werden das Volk im Namen des Königs bewirten, drei Tage lang und so reichlich wie in alten Zeiten.»

«Und wer übernimmt die Kosten?»

Si-Mut schüttelte leicht den Kopf.

«Nicht du und nicht dein Gott – laß mich nur machen … Nur eines noch: Du mußt rechtzeitig Setep Bescheid sagen, dem Obersten der Stadtmiliz, damit dieser gestrenge Herr nichts Strafbares wittert.»

Einiges hatte Si-Mut allerdings verschwiegen, um Parennefer nicht abzuschrecken und den Plan nicht zu gefährden.

Als Bagsu davon hörte, zeigte er sich erleichtert: «Höchste Zeit, daß die Aton-Priester sich etwas einfallen lassen, um das Volk abzulenken. Ich fürchte nämlich, daß uns schon bald die Stadt außer Kontrolle gerät.»

«Nicht, wenn Hapu festgenommen und entmachtet ist», meinte Restep zuversichtlich. «Dieser Unruhestifter steht hinter vielem, und danach werden wir es viel leichter haben.»

«Nein, mein Freund, wir werden es niemals leichter haben, fürchte ich, aber –», er schlug seinem Helfer freundschaftlich auf die Schulter, «dazu sind wir auch nicht da. Besser hier, als sich im elenden Kusch oder in der Wüste mühsam durchzuschlagen, nicht wahr?»

«Ja, Herr», sagte Restep und wünschte, es wäre einen Tag später.

Morgen abend nämlich sollte die Jagd auf Hapu eröffnet werden.

12

Merit-Aton, die älteste Tochter des Königs und seiner Großen Gemahlin, hatte vor kurzem ihre sechzehnte Nilschwelle erreicht und sich gewünscht, zu diesem Anlaß vom Oberbildhauer Thutmose als lebensgroße Statue gebildet zu werden. Freilich war dies schon oft genug geschehen, aber da hatte sie noch die schulterlange Kinderlocke getragen, doch jetzt war sie eine erwachsene Frau und wollte als solche dargestellt werden.

Seit ihrem vierzehnten Jahr hatten die Eltern ihrer Erstgeborenen eine eigene kleine Hofhaltung eingerichtet, und dazu gehörte auch ein Wagengespann, von dem sie häufig Gebrauch machte. Heute mußte ihr Wagenlenker sie in die südliche Vorstadt bringen, wo der Oberbildhauer Thutmose seine Werkstatt unterhielt. Eigenwillig und beharrlich hatte die Prinzessin darauf bestanden, ihr Geburtstagsgeschenk selber in Auftrag zu geben.

Ihrem Wagen folgte ein langsamerer mit zwei Kammerfrauen, die sich angstvoll an die Haltegriffe klammerten und jedesmal die Augen schlossen, wenn ihr Gefährt kreischend und ratternd eine Kurve nahm und beinahe umzukippen drohte.

Nur ganz hochrangige Leute suchten seine Werkstatt mit einem Pferdegespann auf, und als Thutmose das Nahen des Wagens vernahm, trat er auf die Straße.

Merit-Aton, sonst noch ein rechter Wildfang, bewegte sich in der Öffentlichkeit so steif und zeremoniös, wie sie glaubte, daß es von einem Mitglied der königlichen Familie zu erwarten sei. So wartete sie, bis das zweite Gefährt eingetroffen war, und stieg dann vom Wagen, sorglich gestützt von ihren Kammerfrauen.

Thutmose streckte die Hände vor und verneigte sich, doch nicht allzu tief. Bei König oder Königin hätte er nicht gewagt, als erster zu sprechen, aber dieses Prinzeßchen kannte er schon seit Jahren, hatte als Bildhauer ihr Heranwachsen künstlerisch begleitet.

«Welch ein hoher Besuch! Die Geliebte Atons beehrt mein Haus!»

«Mein Name bedeutet ‹Geliebt von Aton› und nicht die ‹Geliebte Atons›», verbesserte sie ihn und versuchte dabei, ein strenges Gesicht zu machen.

«Von einem so schönen Mund belehrt zu werden bringt diesen Tag zum Glänzen – macht ihn zu einem Festtag», erwiderte Thutmose.

Aber da hatte er, ohne es zu ahnen, einen wunden Punkt berührt. Denn gerade ihre etwas dick geratenen Lippen – ein Erbteil des Vaters – gefielen ihr am wenigsten, und beim Schminken untersagte sie es ihrer Zofe, diese in ihren Augen unziemliche Größe noch zu unterstreichen.

«Wenn du mich besser kennen würdest, müßtest du wissen, daß mir Schmeicheleien nichts, aber auch gar nichts bedeuten. Das zieht an meinen Ohren vorbei wie ein Windhauch, ohne mein Herz zu erreichen.»

Thutmose mimte Verzweiflung.

«Ich scheine heute nichts richtig machen zu können – das nimmt dem Tag etwas von seinem Glanz.»

Ihre Stimmung schlug sofort um.

«Nein, nein – so war es nicht gemeint! Ich komme mit einem Auftrag, und darüber sollten wir reden.»

«Gewiß, gewiß – darf ich dich in die Werkstatt bitten?»

Dort warfen sich die Gehilfen sogleich zu Boden, als die Prinzessin erschien, doch Merit-Aton war dies gewohnt, seit sie denken konnte, und achtete nicht darauf.

«Hinaus mit euch!» sagte der Meister leise, aber durchaus vernehmbar. Dann brachte er den Ehrensessel herbei, und die Prinzessin nahm Platz. Hinter ihr standen die beiden Kammerfrauen, schon ältere, aber recht hübsche Damen, und beschauten mit munteren Augen diesen doch recht ansehnlichen Bildhauer in seinem knappen Schurz, der alles an ihm sehen ließ, was stattlich war: die dunkle, samtige Haut, die ausgeprägten Muskeln an Brust und Armen, die schlanken sehnigen Beine.

«Das ist Ihre Majestät, meine Mutter?»

Merit-Aton wies auf die erhöht aufgestellte Büste.

«Ja, Prinzessin, Ihre Majestät hat mir gnädig gestattet, sie anzufertigen.»

«Aber – aber warum hat sie nur ein Auge?»

«Mit einem zweiten wäre die Schönheit deiner Mutter vollkommen gewesen und hätte uns bei der Arbeit nur abgelenkt…»

«Ist das wahr, oder treibst du unziemliche Scherze mit mir, Bildhauer Thutmose?»

«Es war ein Scherz, Prinzessin, aber die Schönheit Ihrer Majestät bleibt unbestritten.»

«Die meine wohl auch!?»

«Sie ist Ihrer Majestät ebenbürtig, wozu noch der holde Reiz deiner Jugend kommt…»

«Dafür kann ich nichts, aber da ist noch etwas: Ist es nicht untersagt, den Menschen unvollkommen darzustellen – als Büste und nur mit einem Auge?»

«Das ist richtig, Prinzessin, und meine Werkstatt verlassen nur vollendete Arbeiten. Aber die Büsten hier dienen als Lehrmaterial für meine Gehilfen, und deshalb auch das fehlende Auge, um ihnen zu zeigen, auf welchem Untergrund man es befestigt.»

«Also gut – du sollst von mir eine lebensgroße Statue schaffen – in meiner jetzigen Erscheinung als erwachsene Frau.»

«Als erwachsene Frau? Gewiß, Prinzessin, daß du kein Kind mehr bist, ist ja offensichtlich.»

Sein leises Lächeln bei dieser Bemerkung erregte ihren Zorn.

«Was ist da so offensichtlich – erkläre dich näher!»

Er spielte den Verlegenen.

«Nun, Prinzessin, schon bei der Geburt gibt es da gewisse Unterschiede zwischen weiblichen und männlichen Säuglingen. Diese Unterschiede verstärken sich dann, wenn die Mädchen zu Frauen werden.»

«Du meinst, uns wachsen Brüste, und die Hüften runden sich?»

Er schlug die Augen nieder.

«Nun, so deutlich wollte ich es in deiner Anwesenheit nicht ausdrücken…»

Merit-Aton fühlte sich diesem Mann, der so sicher und selbstbewußt auftrat, plötzlich überlegen, und das hatte nichts mit ihrem Rang zu tun, sondern damit, daß – was auch ihre Mutter schon mehrmals bemerkt hatte – in gewissen Situationen eine junge Frau sich klüger und vernünftiger benehmen kann als ein älterer Mann.

«Sie bleiben im Grunde ewige Kinder, abenteuerlustige, neugierige und verspielte Buben – werden niemals richtig erwachsen. Das mag auch damit zusammenhängen, daß sie die Kinder nur zeugen – für sie ein lustvolles Spiel –, während wir sie austragen und in Schmerzen gebären müssen. Das ist weniger einfach, und es schärft den Blick für eine Wirklichkeit, die unsere Männer oftmals nicht ganz klar sehen, sondern nur im Zerrspiegel ihrer eigenen Vorstellungen.»

So etwa hatte Nofretete gesprochen, und Merit-Aton war sich sehr erwachsen vorgekommen, auch wenn sie nicht alles verstanden hatte.

«Gut, Thutmose, dann werden wir uns jetzt mit etwas Eindeutigem befassen, nämlich mit der Auswahl des Materials. Lege mir einige Gesteinsproben vor.»

Sie hatte sich schon vorher kundig gemacht und freute sich darauf, den Bildhauer mit ihren Kenntnissen zu überraschen.

Thutmose schleppte eine Kiste herbei, was Merit-Aton sehr belustigte, weil sie sich denken konnte, daß dies sonst seine Gehilfen taten. Sie beugte sich darüber.

«Du mußt sie höher stellen, damit ich das Material auch befühlen kann.»

Er brachte einen Hocker und stellte die Kiste darauf.

«Gut – also…»

Sie nahm einen der Steinklötze.

«Kalkstein, der ist zu weich, zu wenig dauerhaft.»

Sie berührte einen anderen.

«Das gilt auch für den Sandstein…»

Sie holte zwei andere Proben heraus.

«Schiefer und Grauwacke sind zwar sehr hart, aber viel zu dunkel. Da sähe ich ja aus wie eine Kuschitin…»

Sie blickte auf, errötete leicht.

«Oh, verzeih! Das sollte keine Anspielung sein...»

«Aber Prinzessin, wie denn auch? Zwar kam mein Großvater aus Kusch, aber das ist lange her, und ich bin sozusagen nur noch ein Viertelkuschit. Damit läßt sich leben, nicht wahr?»

«Du spottest schon wieder, Thutmose, aber da es dich selber betrifft, lasse ich es hingehen. Also weiter. Hier haben wir die verschiedenen Granitsorten – schwarzen, grauen, fast weißen, und auch den schönen Rosengranit aus Suenet, aber der eignet sich wohl mehr für Monumentalplastiken – oder?»

Thutmose nickte eifrig.

«Deine Kenntnisse verblüffen mich, Prinzessin.»

Sie ging nicht darauf ein und griff nach einer anderen Probe.

«Das gefällt mir! Ein Quarzit, nicht wahr, und sehr dauerhaft. Die Oberfläche fühlt sich an wie Samt, und die Farbe ist – ist...»

«Ein sanftes Braun», half Thutmose weiter. «Etwa in der Tönung meiner eigenen Haut. Bei mir aber weiß man, daß ich von Kuschiten abstamme, du jedoch bist über jeden Verdacht erhaben. Ganz gleich, aus welchem Material ich deine Statue fertigen werde – sie ist und bleibt die einer königlichen Prinzessin.»

«So ist es, Bildhauer Thutmose. Es bleibt also bei dem Quarzit. Und wie geht es nun weiter?»

«Wenn du erlaubst, werde ich einige Messungen an dir vornehmen. Soll es eine Stand- oder eine Sitzfigur werden?»

«Sitzfiguren sind etwas für ältere Leute. Ich will stehen.»

«Dann muß ich dich bitten aufzustehen und zugleich fragen, ob es mir gestattet ist, dich zu berühren.»

Da hörte man gleich das erregte Wispern der besorgten Kammerfrauen.

Unwillig wandte Merit-Aton sich um.

«Haltet eure Plappermäuler, ihr beiden! – Natürlich darfst du mich berühren, wenn es deines Amtes ist.»

Thutmose legte die Meßschnur an ihrer Stirn an und winkte einer der Kammerfrauen, sie dort festzuhalten. Dann führte er sie hinab bis zur Ferse; wobei er ganz leicht und wie unabsichtlich über ihren Oberschenkel strich, der sich deutlich unter dem enganliegenden Kleid abzeichnete. Sie zuckte leicht zusammen, sagte aber nichts. Dann vermaß er noch das Gesicht, notierte alles auf eine Tonscheibe und verbeugte sich.

«Das war's schon, Prinzessin.»

«Sonst mußt du nichts vermessen? Brustumfang? Hüften?»

«Nein, das gestalte ich nach den alten, erhabenen Prinzipien, wenn auch Seine Majestät gewisse Eigenheiten beachtet haben will, um die Heiligkeit seiner Familie zu betonen. Du gehörst dazu und sollst nicht aussehen wie irgendwer... Demnach wirst du in dieser Statue immer eine anmutige junge Frau bleiben – auch wenn du einmal Gattin und Mutter sein wirst, Kinder zur Welt bringst, älter und – und gewichtiger wirst...»

Sie stampfte zornig mit dem Fuß.

«Das wird niemals sein – niemals, hörst du?»

«Ich höre», sagte er ruhig, «aber es ist einer der Gründe, warum wir uns in Stein verewigen lassen. Damit wollen wir die Zeit anhalten, der Vergänglichkeit spotten, dem Wandel trotzen.»

«Mag sein, daß es so ist, Thutmose, aber ich denke anders darüber. Brauchst du mich noch?»

«Nein, aber wenn du noch bleiben willst...?»

«Ich muß zurück, die Majestäten erwarten mich.»

Er verneigte sich, und diesmal um einiges tiefer als bei der Begrüßung.

«Du bist mir jederzeit willkommen, Prinzessin.»

Daß ihre Eltern sie erwarteten, war kein Vorwand, doch sie mußte erst gegen Abend im königlichen Palast erscheinen, weil Echnaton Wert darauf legte, daß seine Erstgeborene von Zeit zu Zeit an den Gastmählern teilhatte.

Der Oberste Kammerherr Dutu, der Leibarzt Pentu, der Wesir Aper und der Gottesvater Eje waren in der Regel ständige Gäste, während die anderen wechselten. Diesmal hatte der König trotz seiner Abneigung Oberst Mahu geladen, dessen Tüchtigkeit dann und wann belohnt werden mußte, dazu einige hohe Beamte, und alle durften ihre Frauen mitbringen.

Die Gastlichkeit Seiner Majestät genoß einen legendären Ruf. Die Hofköche übten ihr Gewerbe wie eine Kunst aus, und die Kellermeister traten auf wie Gelehrte, die alles über sämtliche Weingüter in Süd und Nord wußten, über gute und schlechte Lagen, die besten, die guten und die mittelmäßigen Jahrgänge.

Auf den Tisch des Königs kam von allem nur das Beste. Für ihn arbeitete ein besonderer Schlachthof, der draußen im Fruchtland in eigenen Gehegen die Rinder, Ziegen, Lämmer, Schweine und allerlei Geflügel züchtete, sie mit erlesenem Futter versorgte und sorgsam darauf achtete, daß nur völlig frisches Fleisch geliefert wurde. Was der König mit seinen Gästen am Abend im Palast verzehrte, hatte vor wenigen Stunden in den Ställen und auf den Weiden noch gelebt. Die verschiedenen Brotsorten kamen noch warm auf den Tisch, Früchte und Gemüse frisch aus dem Garten.

Natürlich standen auch Bier, Milch, Fruchtsäfte und Wasser bereit, aber da wurde nicht viel Wesens darum gemacht, doch wenn der Kellermeister mit den Weinkrügen erschien, begannen Echnatons Augen zu glänzen. Nicht nur einmal hatte er dazu bemerkt: «Die Weintraube ist von Atons Schöpfungen eine der edelsten. Jede Beere speichert seine Strahlen; der Wein ist eingefangenes Sonnenlicht und erleuchtet das Herz des Menschen, so wie das Tageslicht die Welt erleuchtet.»

Die Gehilfen des Kellermeisters mußten dann zu den Gästen gehen und jedem die Siegel auf den Krügen zeigen. Da stand dann etwa geschrieben:

Jahr 28 des Königs Nebmare Amenhotep,
Qualität achtmal gut aus dem Weingut des
Herrn Beider Länder bei Kepto,
im Besitz Seiner Majestät,
geerntet unter der Leitung des Oberwinzers Senmut.

Das Alter des Weines war dann leicht zu berechnen, denn der verstorbene König hatte noch neun Jahre regiert, und der jetzige befand sich im zwölften Jahr seiner Herrschaft.

So schlürfte man mit Bedacht den gut zwanzigjährigen Wein, den der König unvermischt und ungewürzt trank, während andere es vorzogen, den Rebensaft mit allerlei Spezereien zu versetzen, ihn mit Honig oder Dattelsaft zu süßen.

«Das heißt dem Wein Gewalt antun», bemerkte dazu der König.

«Für schlechte und mittelmäßige Sorten mag das hingehen, aber die besten soll man lassen, wie Aton sie geschaffen hat.»

Wenn auch niemand dazu eine Bemerkung wagte, so fiel es doch allen auf, daß der Weinverbrauch des Königs anstieg. Allein während einer Rede zum Lobe des Weines und wie Aton in seiner unendlichen Weisheit und Güte die Rebe zum Wohle des Menschen und zur Erleuchtung der Herzen geschaffen hatte, leerte der König drei oder vier Becher, wie um zu zeigen, daß der Prophet mit gutem Beispiel vorangehen müsse.

Heute servierten die Köche Tauben mit Dattelfüllung, Kalbsleber im Kräutermantel, in Honig gebratene Gänsebrust und junge Hähnchen im Lattichbett als Hauptgerichte. Dazu gab es Tunke in drei Geschmacksarten – süß, scharf und sauer –, fünf Sorten von Brot und in kleinen Schüsseln, schon mundgerecht geschnitten, Lauch, Zwiebeln, Melonen und Gurken, dazu in Wein eingelegte Datteln und Feigen.

Fisch, gebraten oder gekocht – auch als Suppe –, wurde nur auf Wunsch gereicht, denn diese Speise der Armen genoß bei den besseren Leuten wenig Achtung. Dem König und seiner Familie war es ohnehin von alters her verboten, Fisch in irgendeiner Form zu verspeisen. Die Priester erklärten es damit, daß Seth, als er den Leichnam seines Bruders Osiris aufgespürt hatte, diesen zornentbrannt in vierzehn Teile zerriß und über das ganze Land verstreute. Dreizehn davon konnte Isis aufspüren und wieder zusammenfügen, nur der Phallus war in den Nil gefallen und von einem Hecht verzehrt worden. Zwar formte Isis, die Zaubermächtige, ein neues Geschlecht aus Lehm, das sie magisch belebte, aber der Fisch fiel ewiger Verdammnis anheim.

Für Echnaton waren dies von Priestern erdachte Legenden, dennoch hätte er selber niemals einen Fisch angerührt. So gehörte es bei den Gastmählern des Königs zum guten Ton, über die Fischesser zu spotten. Einem Diener war aufgetragen, bei Beginn des Mahles zu rufen: «Wer von den geehrten Gästen gebratenen oder gekochten Fisch will, möge es bekanntgeben.»

Da wurde dann höflich gelacht, aber niemand, auch solche, die zu Hause Fisch aßen, hätte es gewagt, von der Küche des Königs diese Armenspeise zu fordern – wenigstens bis jetzt.

Heute aber tat es einer, und es war Oberst Mahu, der schüchtern die Hand hob.

«Wenn es gestattet ist, so möchte ich um einen gebratenen Fisch bitten.»

Der Diener war auch darauf vorbereitet.

«Sehr wohl, Herr. Welchen soll der Koch dir zubereiten: Aal, Karpfen, Schleie, Barbe, Wels, Barsch oder gar einen Hecht?»

Es herrschte eine verdächtige Stille, und es dämmerte Mahu, daß er irgend etwas falsch gemacht hatte. Aber Nilfisch gehörte nun einmal zu seinen Lieblingsspeisen, und der Diener hatte doch gefragt… Es entsprach nicht seiner soldatischen Art, vor etwas zurückzuschrecken, und so sagte er: «Das überlasse ich dem Koch, er soll nehmen, was er vorrätig hat.»

Dem König gefiel das.

«So ist's recht, Oberst Mahu! Was man begonnen hat, soll man auch zu Ende führen.»

Und wie so oft war auch dieses Ereignis für Echnaton wieder ein willkommener Anlaß, auf sein Lieblingsthema zu kommen. Er leerte dabei in durstigen Zügen seinen Becher, den der Diener sofort nachfüllte.

«Meine Majestät ist ja dafür das beste Beispiel. Ich hätte es dabei bewenden lassen können, die von meinem Vater erbaute Aton-Kapelle zu vergrößern und es dem Belieben des Volkes zu überlassen, dort oder beim Widdergott zu opfern. Aber Aton hatte den festen Willen in mein Herz gesenkt, die Lügen der Priester aufzudecken und der Wahrheit zum Sieg zu verhelfen. Da mußte ich weitergehen, Schritt um Schritt voranschreiten, sorglich geführt von Atons Hand. Heute weiß ich, daß ein innerer Zusammenhang besteht zwischen dem kleinen Heiligtum, das mein Vater für Aton erbaute, und dem Großen Tempel in Achetaton. Da erübrigt sich die Frage, was geschehen wäre, wenn ich Atons Zeichen mißachtet, mich vor seinem Ruf taub gestellt hätte. Wen Gott ruft, der hat keine Wahl…»

Noch lange erörterte der König seine Erwählung zum Einzigen des Re, zu Atons heiligem Propheten.

Dutu – klar und nüchtern wie stets – erkannte, daß der König nicht mehr voranschritt, sondern sich im Kreis drehte und dieser

Kreis immer enger wurde. Er ist blind und taub für alles andere, nimmt kaum noch wahr, was um ihn herum geschieht. Ich als sein Freund und enger Vertrauter bin aufgerufen, ihm zu helfen – aber wie? Wie hilft man einem König? Er hört nur, was er hören will, sieht nur, was er sehen will. Ich werde versuchen, mit der Königin Verbindung aufzunehmen, vielleicht finde ich Gehör.

Pentu, Echnatons Leibarzt und nun auch Zweiter Prophet des Aton, machte sich zunehmend Sorgen um die Gesundheit des Königs. Als dieser sein Trinkgefäß hob und hastig leertrank, dachte er, dies sei schon wieder ein Becher zuviel, aber wie konnte er die Majestät daran hindern, noch weitere zu trinken?

Echnaton war dick und schlaff geworden und litt seit längerem an Stuhlverhärtung, noch gefördert durch übermäßigen Weingenuß. Dazu kam, daß er sich häufig und meist zu lange den Strahlen der Sonne aussetzte. Behutsam darauf angesprochen, meinte der König, Atons kosende Strahlen könnten nur eines bewirken: Gesundheit, Leben und Dauer, dessen sei er sich gewiß.

Da ist er wie sein Vater, dachte Pentu, der ließ sich auch erst behandeln, als Schmerzen und Behinderung übermächtig wurden.

Der Gottesvater Eje machte sich am wenigsten Sorgen. Er vertraute der Königsmacht, die am Ende doch über alle Gegner triumphieren würde. Im übrigen konnte man die Majestät über Nofretete beeinflussen, und die war schließlich seine Tochter. Echnaton trinke zuviel, klagte sie schon seit langem, aber da hatte er nur gelacht und gemeint, da komme ihr Gemahl nach dem Vater. Sollte es seiner Gesundheit schaden, müsse eben Pentu mit seiner ärztlichen Autorität dagegen einschreiten. Sogar der Osiris Nebmare habe sich gefügt, als Pentus Vater ihm die Zähne zog.

Natürlich war die Erwähnung des Osiris-Namens in Achetaton untersagt, aber manchmal rutschte er eben doch heraus, wenn man von Verstorbenen sprach. Die neue Formulierung lautete: der in Aton Ruhende oder der vor Aton Gerechtfertigte. Daran mußte man sich gewöhnen und vor allem darauf achten, daß einem solche Fehler nicht in Gegenwart des Königs unterliefen.

Merit-Aton beobachtete ihren Vater genau. Sie liebte ihn nicht weniger als ihre Mutter, doch es fiel ihr immer schwerer, seinen verstiegenen Gedanken zu folgen. Allein der – wie früher nur bei

463

Königen – in eine Kartusche gefaßte Gottesname war kaum noch verständlich: «Es lebt Re, der Herrscher im Lichtland, der im Horizont jubelt in seinem Namen Re, der als Aton wiederkehrt.»

Ihre Mutter tat das ab.

«Das ist seine Welt, Merit, in ihr fühlt er sich geborgen, und er läßt uns an allem teilhaben. Dafür müssen wir dankbar sein…»

Dankbar? Nun ja… Ihre Gedanken schweiften ab, kehrten zurück in die Werkstatt des Oberbildhauers Thutmose. Das war nun ein Mann von ganz anderer Art. Ein Mann eben… Vater war so etwas wie ein Gott, aber dieser Thutmose… Ein Frechling, ganz ohne Zweifel. Wie er die Meßschnur anlegte und dabei ihren Schenkel berührte… Zwar hatte er zuvor um Erlaubnis gefragt – er wußte, was sich gehörte. Warum war sie nicht böse geworden, hatte ihn zurechtgewiesen? Im Gegenteil, sie hatte ihn noch gefragt, ob weiteres zu vermessen sei…

Die Eltern würden ja bald für sie einen Mann auswählen, und da wäre es – da wäre es schön, wenn dieser Mann ein wenig so aussehen würde wie der schlanke und braunhäutige Thutmose…

«Merit-Aton! Merit!»

Das war die Stimme ihrer Mutter.

«Träumst du schon wieder? Seine Majestät hat dich etwas gefragt.»

Echnaton lächelte seine Tochter verschwommen an, und sie lächelte zurück, obwohl sie leisen Ekel empfand, wie er schwankend dasaß, mit Schweiß auf der Stirn, geröteten Wangen und glasigen Augen. Seine Stimme kam schwer und undeutlich.

«Habe – habe gefragt, ob – ob du dir einen Mann wünschst? Bist jetzt immerhin sech- sechzehn – aber…»

Er murmelte noch etwas Undeutliches und schloß die Augen.

Pentu war aufgestanden und kniete vor dem König nieder.

«Majestät?»

Er berührte ihn leicht am Arm, der König zuckte zusammen und öffnete die Augen.

«Ja – ja, was ist? Ach, du bist es, Pentu, mein stets besorgter Leibarzt. Sollte – sollte wohl jetzt aufhören – zu – zu…»

«Ja, Majestät.»

Der König streckte sich und gähnte.

«Es ist spät geworden, und ich will morgen zugegen sein, wenn Aton erwacht.»

Jetzt hatte Echnaton ganz klar gesprochen, lächelte Nofretete an, zwinkerte seiner Tochter zu und stand mühsam auf, gestützt von Pentu. Mit ihm erhoben sich die Gäste und beugten ihre Rücken. Der König hob die Hand.

«Meine Majestät zieht sich zurück... Bleibt nur, feiert weiter, und wenn Mahu noch einen Fisch will...»

Echnaton lachte trunken, dann schloß sich der Ring seiner Leibwächter um ihn.

«Wie konnte Vater sich so verändern?» flüsterte Merit-Aton ihrer Mutter zu.

«Nicht er hat sich, Aton hat ihn verändert», gab die Königin zurück. «Willst du dich zurückziehen?»

«Wenn ich darf?»

Nofretete nickte, küßte ihre Tochter auf beide Wangen und winkte die Kammerfrauen herbei. Dann bat sie Dutu an ihren Tisch.

Der Oberste Kammerherr und Schatzmeister des Königs ließ sich zunächst nichts anmerken, aber als er der Königin gegenübersaß, wirkte er niedergeschlagen und ratlos.

«Man sollte vielleicht den Kellermeister anweisen, den Wein zu verdünnen, so daß ein voller Becher nur ein halber wäre...»

«Aber Dutu, er würde es sofort merken. Leider ist es auch so, daß er es als eine Art Gottesdienst empfindet, wenn er Atons köstlichstes Werk, so nennt er ja den Wein, in sich hineinschüttet wie Wasser – und noch dazu vor aller Augen.»

Noch nie hatte Dutu die Königin so reden hören, noch nie hatte sie so derbe Worte gebraucht.

«Du bist in Sorge, Majestät, und ich teile sie. Hast du auch Nachrichten aus Waset erhalten?»

«Ja, Teje sendet mir regelmäßig Berichte, die eigentlich für den König bestimmt sind.»

«Die er aber nicht zur Kenntnis nimmt?»

«Das weißt du so gut wie ich. In Waset findet ein Umschwung statt; das Volk trauert den alten Zeiten nach...»

«Und die ehemaligen Priester tun alles, um es daran zu erinnern.

Die schönen Feste, die Umzüge, die freien Tage, die kostenlose Bewirtung…»

«Kann man es den Leuten verdenken? Aton bietet dafür keinen Ersatz, und so wird aus der Vergangenheit die gute alte Zeit.»

Dutu zupfte erregt an seinem gekräuselten, kurzgeschnittenen Bart.

«Es ist nicht nur das, Majestät. Der alte Glaube barg die Hoffnung – ja die Gewißheit, nach dem Tod zum Osiris zu werden und in der Ewigen Wohnung weiterzuleben, für immer jung und in Freuden. Bei Aton hingegen –»

«Aber Dutu, du kennst doch die Lehre Seiner Majestät! Die Seelen der Verstorbenen nehmen untertags an den Tempelfeiern teil, zusammen mit dem König, und nachts ruhen sie in ihren Gräbern, so wie alles ruht, wenn Aton abwesend ist.»

Dutu nickte heftig.

«Gewiß sehr schön und trostvoll, aber das gilt eben nur für Achetaton. Das Volk von Waset hingegen hat alles Alte verloren und nichts Neues dafür bekommen. Der dortige Aton-Tempel ist nur noch Ziel für Spott und Verachtung. Zu allem Überfluß ist der Hohepriester Parennefer weder geeignet noch willens, diese Entwicklung aufzuhalten – so lauten zumindest die Berichte. Die Miliz ist zu schwach und genießt keinen Respekt mehr, aber mit Gewalt lassen sich solche Probleme ohnehin nicht lösen, sondern nur mit Geduld, Feingefühl und notwendigen Zugeständnissen.»

«Ich werde endlich dafür sorgen, daß die Königinwitwe Teje hier erscheint. Was Seine Majestät aus dem Mund seiner eigenen Mutter erfährt, wird mehr Gewicht haben als all die Berichte.»

«Ja», sagte Dutu nachdenklich, «das wäre für uns alle eine große Erleichterung…»

13

Unmittelbar vor der Lösung schwieriger Aufgaben hatte Bagsu nie Aufregung empfunden oder war von Zweifeln geplagt worden. Dann durchströmte ihn eine wohlige Erregung, fast wie beim Beischlaf, ehe man ihn vollzieht. Frauen bedeuteten ihm nicht viel, und wenn ihn die Lust überkam, dann ließ er eine Hure aus der nächsten Schenke holen – ein namenloses Stück Fleisch, in das er seinen Samen entlud. Aber die Erregung vor einer schwierigen Aufgabe dauerte länger, war köstlicher, schärfte sein Auge, verstärkte sein Gehör, straffte seine Muskeln – hielt den ganzen Körper in Spannung. Dabei schlug sein Herz nicht schneller als sonst, seine Hände zitterten nicht, und seine gelassene Ruhe übertrug sich auf Restep.

«Das ist auch der Grund, warum ich so gerne unter dir arbeite, Herr. Da kommt man gar nicht auf den Gedanken, daß etwas schiefgehen könnte, das läuft ab wie bei einer Wasseruhr – sicher, zuverlässig, und der Erfolg ist abzusehen.»

Bagsu, heute in bester Laune, gab das Lob zurück.

«Ein Erfolg, an dem auch du deinen Anteil hast. Ohne deine Wachsamkeit wäre vielleicht doch manches mißglückt.»

Zwei Stunden nach Sonnenuntergang schwärmten die Männer aus, fast unsichtbar in der Dunkelheit der Neumondnacht, deren Sternenlicht jedoch ausreichte, sich zurechtzufinden. Dazu brauchte es nicht viel, denn sie mußten vom Aton-Tempel nur einige Schritte nach Westen gehen. Der Hohepriester Parennefer hatte sie dort nächtigen lassen, auch weil er einen Wink erhalten hatte, daß diese nächtliche Aktion im Sinne Amuns wie auch Atons sei.

Bagsu wartete im Hintergrund, bis Restep ihm die Meldung brachte, daß sämtliche Wachen an den Toren und Zugängen ausgeschaltet seien. Mit fünf seiner ausgesuchten Leute betrat er den Vorhof des Tempels und sah an der Pforte zur Säulenhalle die reglose Gestalt eines Wächters liegen.

«Seht bei jedem nach, ob er wirklich tot ist», erteilte Bagsu den geflüsterten Befehl.

Dann war da – wie auf dem Plan eingezeichnet – die Seitenkapelle mit dem angrenzenden Stall des Buchis-Stieres. Er galt als das «lebende Bild des Month» und war früher hier gehalten worden.

Der Wächter trat vor und hob seine Lampe.

«Men-cheperu-Re», nannte Restep unaufgefordert das Kennwort. Der Mann nickte und gab den Weg frei. Als einer von Bagsus Leuten ihm die Würgeschlinge über den Kopf warf, ließ er die Lampe fallen und öffnete den Mund zu einem Warnruf, aus dem aber nur noch das rasselnde Stöhnen eines Erstickten wurde. Hintereinander stiegen sie die schmale Treppe hinab, mußten noch einmal das Kennwort nennen, während Bagsu dem Wächter in eigener Person blitzschnell die Kehle durchschnitt.

Ein flackernder Lichtschein drang aus dem unterirdischen Raum, wo Hapu mit einigen Männern auf dem Boden hockte und sich gut hörbar unterhielt.

«Es bleibt dabei», hörten sie ihn sagen, «daß wir die Aton-Pilger vorerst in Frieden lassen, dafür aber nach und nach den Tempel von außen her zerstören.»

«Leicht wird es nicht sein», sagte ein anderer.

«Es wird um so weniger leicht sein, als wir die Amun-Leute nun auch gegen uns haben. Aber bald wird sich der Erfolg einstellen, und dann…»

Bagsu gab das Zeichen, und sie stürmten in den schmalen niedrigen Raum.

«Es wird für dich keine Erfolge mehr geben, Hapu», sagte Bagsu spöttisch und hob seine Hand mit dem langen dünnen Dolch, der wie eine riesige Nadel aussah. Hinter ihm standen zwei Männer mit wurfbereiten Speeren, flankiert von je zwei Bogenschützen mit aufgelegten Pfeilen.

Hapu und die sechs im Kreis hockenden Männer waren zuerst

wie erstarrt sitzengeblieben. Jetzt begannen sie sich zu regen. Bagsu sah, wie einige Hände unter den Schurzen langsam nach Waffen tasteten.

«Laßt das bleiben! Draußen sind noch einige Dutzend meiner Leute, also legt eure Waffen auf den Boden, erhebt euch und dreht euch zur Wand!»

Er hatte noch nicht zu Ende gesprochen, da sprangen zwei der Männer fast gleichzeitig auf. Der eine warf seinen Dolch auf Bagsu, der sich schnell duckte, so daß der hinter ihm stehende Speerträger in die Schulter getroffen wurde. Er schrie leise auf und ließ seine Waffe fallen, doch sein Gefährte schleuderte die seine und traf den anderen Mann, der dabei war, mit gezogenem Schwert loszustürzen, in die Brust. Noch ehe die anderen reagieren konnten, waren sie noch im Sitzen überwältigt worden und lagen nun gefesselt auf dem Boden.

Für Bagsu war das fast zu schnell gegangen, er hätte gerne Hand an diesen Hapu gelegt, aber er wußte, wie wichtig es jetzt war, einen Erfolg vorzuweisen. Diese Männer mußten vor ein Gericht, um in aller Öffentlichkeit abgeurteilt zu werden wegen – ja, da kam einiges zusammen: Majestätsbeleidigung, Tempelschändung, mehrfacher Mord.

Der in die Brust Getroffene wurde getötet, die anderen schaffte man in das Gefängnis der Stadt. Bagsus Hoffnung, daß Hapu alles ableugnen würde, erfüllte sich leider nicht. Dabei hätte es ihm große Freude bereitet, diesen ehemaligen Month-Priester unter der Folter winseln zu hören, doch der gestand nicht nur alles ein, sondern zeigte sich noch stolz darauf.

So ratlos hatte Restep seinen Herrn noch niemals gesehen.

«Das ist doch eine verkehrte Welt! Anstatt sich zu schämen und den König um Gnade anzuflehen, rühmt sich Hapu seiner Taten, stellt es zudem so hin, als habe er recht getan. Und wir, von allen Seiten angefeindet wie Übeltäter! Nun gibt es sogar noch einen Wink von oben – du weißt, wen ich meine –, daß wir künftig gegenüber den Anhängern der alten Götter mit Geduld und Nachsicht verfahren sollen. Wie legst du diesen Hinweis aus?»

Restep wußte sofort, wen Bagsu meinte, weil Tejes Oberster Kämmerer ihnen ihren Willen verkündet hatte.

«Ja, Herr, die Dinge scheinen auch mir auf den Kopf gestellt. Wir werden uns einen anderen Beruf suchen müssen.»

«Ist das dein Ernst?»

«Warum nicht? Bei welcher Miliz du auch dienst, man befindet sich immer im Kriegszustand. Stets gibt es Menschen, die dich hassen, die dir ans Leder wollen. Ich habe dafür mit fünf Jahren Strafarbeit bezahlt...»

«Wirfst du mir das jetzt vor?»

«Nein, Herr, aber ich mußte es erwähnen. Deine Zeit in Kusch hat dir ja auch nicht besonders zugesagt. Vielleicht sollten wir nach Achetaton gehen...?»

Bagsu lachte, aber es klang bitter.

«Ja – vielleicht, nachdem ohnehin schon ein beträchtlicher Teil unserer Leute dorthin abgewandert ist.»

Damit spielte er auf die Werber des Königs an, die in Waset junge Männer für die verschiedensten Tätigkeiten suchten und doppelten, manchmal dreifachen Lohn versprachen.

«Auch sind wir für dieses Amt beide nicht mehr jung genug», gab Restep zu bedenken.

Bagsu, der sich trotz seiner fünfunddreißig Jahre noch recht rüstig fühlte, ging nicht darauf ein.

«Nein, es ist etwas anderes. Manchmal wünsche ich mir die Zeiten unter Majs Herrschaft wieder herbei. Er verkörperte noch wirkliche Macht, über ihm stand nur der König. Was wir in seinem Namen taten, war wohlgetan; wenn wir auf den Straßen und in den Kneipen erschienen, duckten sich die Köpfe. Zwar standen wir als Tempelmiliz nur im Rang von Hilfspriestern, aber ich muß gestehen, daß ich mich damals wohler und sicherer fühlte als heute im Rang eines Obersten der Stadtmiliz. Gewiß, wenn wir durch die Tempelstadt gingen, mußten wir uns oft verneigen, weil jeder einfache Ritualpriester über uns stand – und doch – und doch...»

Bagsu schwieg, ging zum Fenster und blickte hinaus. Restep erschien es, als hänge sein Herr traurig den guten alten Zeiten nach.

«Und an allem ist dieser Aton schuld...»

«Dessen Propheten wir noch immer dienen – vergiß das nicht, Restep!»

Der fühlte sich zum Widerspruch aufgerufen.

«Dienen wir ihm wirklich noch? Wir haben es doch in den letzten Monaten erlebt! Eigentlich sollten wir in Waset dafür sorgen, daß die alten Götter und ihre Diener entmachtet bleiben und nur Aton verehrt wird. Aber über uns und unter uns – ich kann mich da nicht so ausdrücken.»

«Ich weiß, was du sagen willst. Über uns ist Teje und läßt uns diesen oder jenen Wink zukommen, dem wir folgen müssen, weil es in Wahrheit Befehle sind. Unter uns gärt und wühlt es; da ist das unzufriedene Volk, da sind die einstigen Priester, und die sind sich uneins, haben uns Hapu sozusagen auf dem Opferaltar dargeboten. Jetzt sitzt Hapu im Kerker, hat alles gestanden und erwartet seinen Prozeß. Ich würde mich nicht wundern, wenn es plötzlich hieße: Laßt Hapu wieder frei. Vielleicht brauchen wir ihn später…»

Ganz so kam es zwar nicht, aber es kam anders, als Bagsu und Restep es erwartet hatten.

Die Königinwitwe Teje verhinderte eine öffentliche Verhandlung und brachte Hapu vor ein Sondergericht, das sich aus ihren Hofbeamten zusammensetzte. Für Hapu lautete das Urteil auf ehrenvollen und nicht öffentlichen Tod, für seine fünf Helfer auf lebenslange Zwangsarbeit.

Vor ihren Vertrauten hatte Teje die Bemerkung gemacht, sie könne nicht einen Mann schimpflich und vor aller Augen hinrichten lassen, den noch ihr in Osiris seliger Gemahl zum Hohenpriester ernannt hatte. Nun war es in Kemet ein alter Brauch, daß hochrangige Delinquenten im Fall eines Todesurteils dieses durch Selbstmord selber vollstrecken konnten. So blieb alles sozusagen im Rahmen des Schicklichen, und der Verstorbene wurde im Familiengrab würdig beigesetzt.

Hapu jedoch weigerte sich, woraus schon zu ersehen war, daß er nicht aus einer ehrbaren Familie, sondern von ganz unten kam. So wurde er wieder an Bagsu überstellt, mit der Anweisung, ihn nicht öffentlich hinzurichten und für eine einfache Bestattung zu sorgen.

Bagsu schlug sich wütend an die Stirn.

«Und ich habe ihn schon öffentlich brennen sehen, wollte ein Volksfest aus seiner Hinrichtung machen und zugleich zeigen, wie gut wir arbeiten. Aber jetzt: Hinrichtung in aller Stille und auch noch ein Grab für einen Halunken, dessen Kadaver auf den Schindanger gehört.»

Die Hinrichtung eines Vornehmen wurde im allgemeinen durch Enthauptung vollzogen, doch Hapu, der alte Jäger, wollte durch Pfeilschüsse sterben.

«Das ist für mich der einzig ehrbare Tod», ließ er wissen.

So band man den einstigen Hohenpriester des Kriegsgottes Month im Hof der Milizkaserne an einen Pfahl, und zehn Bogenschützen nahmen dreißig Schritte davon entfernt Aufstellung. Bagsu hatte die Männer wissen lassen, er sehe es gerne, wenn sie nicht so genau zielten, weil er diesem Hapu ein langes, schmerzvolles Sterben wünschte, doch einer der Schützen hielt sich nicht daran, vielleicht war es auch ein Zufall: Ein Pfeil traf Hapu ins linke Auge und brachte ihm einen schnellen Tod.

Niemand nahm davon Notiz, das Aufspüren und die Festnahme von Hapu und seinen Genossen spielte sich ebenso unter Ausschluß der Öffentlichkeit ab wie seine Verurteilung und die Hinrichtung. Natürlich sprach es sich herum, aber in diesen Tagen bewegte ein anderes Ereignis das Volk von Waset wesentlich stärker, nämlich das bevorstehende Opet-Fest. Es durfte wieder gefeiert werden, aber nicht in der alten Form und unter dem alten Namen, sondern lediglich als festlicher Umzug der Aton-Priesterschaft unter dem Denkspruch: «Der Einzige des Re und Herr Beider Länder zieht nach Waset, um zusammen mit seinem Volk Aton zu verehren.»

Schon Tage vorher hatte sich der dicke Wirt Huni gewundert, daß viele seiner alten Gäste wiederkamen und ganz nach gewohnter Art in Kupferdeben bezahlten. Er fand bald heraus, was geschehen war. Über die rund um die Tempelstadt ansässigen Händler und Handwerker war ein Sturm von Aufträgen hereingebrochen, und zwar wurde die Gestalt des Amun in unterschiedlichen Größen und Ausführungen gewünscht. Meist wurden kleine und kleinste Formate verlangt – in Stein, Ton, Metall oder Holz, von Finger- bis Spannenlänge –, dazu geeignet, sie unsichtbar unter der Kleidung zu tragen oder sie schnell dort zu verstecken.

«Aber ist das denn wieder erlaubt?» fragte Huni einen Töpfer.

Der grinste.

«Nicht erlaubt und nicht verboten. Das ist so recht Amuns Art, den sie ja ‹den Verborgenen› nennen.»

Nach und nach gewann Huni den Eindruck, die Leute wüßten selber nicht, wozu das gut sei. Auch als ihm ein früherer Tempelbeamter andeutete, daß dies sozusagen ein verborgenes Opet-Fest sei, bei dem man alte Bräuche in versteckter Form wieder aufleben lasse, wurde der Wirt nicht schlauer. Galt denn der Befehl des Königs nicht mehr?

In Wahrheit wußten auch die meisten Einwohner von Waset nicht genau, worauf dies abzielte, hatten aber nicht gezögert, sich – auf ein umlaufendes Gerücht hin – mit kleinen Statuen ihres Lieblingsgottes zu versorgen. Teurer, weil schwieriger herzustellen, kam Amuns Erscheinung als König der Götter, in Menschengestalt mit der hohen Pfauenfederkrone. Einfacher war die Ausführung als hockender Widder mit der Sonnenscheibe über dem Gehörn.

Durch die Schließung der Tempel waren Handel und Wandel in der früheren Residenzstadt heruntergekommen, so daß die Amun-Figuren überwiegend in Ton oder Holz bestellt wurden, was aber die Menschen nicht daran hinderte, wieder an einen Aufschwung, an eine bessere Zukunft zu glauben.

Dann kam der große Tag, an dem das seit neun Jahren verbotene Opet-Fest in heimlicher Form wiederauferstehen sollte. Die «Bewahrer des alten Glaubens» waren gut darauf vorbereitet; ihre Mitglieder mischten sich unter die Menge, um die Entwicklung in ihrem Sinn zu beeinflussen.

Wie von Si-Mut vorgeschlagen, hatte Parennefer ein Traggestell zimmern und vergolden lassen. Darauf wurde eine fünf Ellen hohe und drei Ellen breite Steintafel befestigt, die auf einer Seite den König mit seiner Familie beim Opfer zeigte und auf der anderen den König allein, wie er vor der Sonnenscheibe anbetend am Boden kauerte.

Viel Volk hatte sich vor dem Aton-Tempel nicht versammelt, als der Umzug sich in Bewegung setzte. Parennefer schritt im einfachen weißen Gewand der Aton-Priester hinter dem Bildnis her, begleitet von Tempelbeamten, umringt von seiner Leibwache. Ganz kurz nur bewegte den Hohenpriester ein Wunschbild: Er sah sich

473

im Pantherfell die verhüllte Amun-Barke begleiten, deren gold-gleißende Widderköpfe sieghaft in der Sonne blitzten. Dann hob er den Kopf und erblickte die Kalksteintafel mit der königlichen Prophetenfamilie, die von Atons Strahlenhänden mit dem Anch-Zeichen beschenkt wurden. Diese Darstellung bewegte ihn nicht, erwärmte ihm weder Herz noch Geist.

Als die Prozession in die Boote überwechselte und auf dem Verbindungskanal zum Nil fuhr, dachte Parennefer, das Volk habe absichtlich den Umzug gemieden, doch das stimmte nicht. Von Barkenstation zu Barkenstation fanden sich mehr Menschen am Ufer ein, wenn auch die Stimmung gedämpft blieb und nur wenige Jubelrufe auf den König erschollen.

Restep, der mit einem Trupp seiner Leute die Schiffe am Ufer begleitete, fiel auf, daß die meisten dieser Menschen sich bewegten, als würde sie etwas am schnellen Gehen hindern, als hielten sie etwas unter ihrer Kleidung fest.

Als die Boote am Flußhafen der Stadt anlegten, drängten sich dort schon Dutzende von kleinen und großen Schiffen, und während die Aton-Priester sich an Land begaben, um – wie es geplant war – ins Innere der Stadt zu ziehen, stürmte das Volk die Schiffe, als komme es einem dringenden Befehl nach. Restep übergab Waffen und Amtszeichen einem seiner Leute.

«Bleibt hier am Ufer, ich möchte sehen, wohin diese Schiffe fahren.»

Außer Sicht- und Hörweite der Aton-Priester wurden die Menschen munter. Es flogen Scherzworte von Boot zu Boot, und man zog hervor, was unter der Kleidung versteckt war. Einer rief übermütig: «Ohne König und ohne Priester – aber es wird doch so etwas wie ein Opet-Fest!»

Der Mann täuschte sich, denn unter diesen Menschen befanden sich Dutzende früherer Priester, die unerkannt dieses improvisierte Fest leiteten und in die geplante Richtung führten.

Restep grinste still in sich hinein. Genau so hatte er es vermutet: Die Schiffe legten vor Sat-Amuns Palast an, und da es so viele waren, mußten die meisten Menschen – von derben Zurufen begleitet – von Boot zu Boot hüpfen, um ans Ufer zu gelangen.

Es dauerte keine Stunde, dann barst der Palastgarten beinahe unter dem Ansturm der Menge, bis es einigen Ordnungskräften gelang, die Menschen in Reihen aufzustellen. Diese zogen dann langsam an dem von Sat-Amun errichteten Heiligtum vorbei, das – etwas früher nie Gesehenes! – offenstand und den Blick auf die goldene Mut-Statue freigab. Jeder legte dann vor der Pforte seine Gabe nieder, und bald türmten sich dort die Figuren und Statuetten von Amun-Re in beiderlei Gestalten. Aus dem Inneren der Kapelle ertönte der leise Sprechgesang der Ritualpriester.

Sei willkommen, Amun-Re,
bei deiner Gemahlin Mut, im Südlichen Harim…

Als nach Stunden die letzten Pilger – ein junges Ehepaar – ihre Gaben dargebracht hatten, vereinigte sich der verborgene Sängerchor zu einer machtvollen Hymne an Amun.

Sein ist das südliche und das nördliche Land,
er allein hat es erobert mit seiner Kraft;
seine Grenze ist stark, wenn er auf Erden weilt –
so weit die Erde und so hoch der Himmel ist…
Jede Stadt ist unter seinem Schatten,
und sein Herz ergeht sich in dem, was er liebt.
Man singt ihm Lobeslieder in allen Wohnungen…
Sein Name geht um auf den Dächern,
sein ist der Gesang in der Nacht…

Restep fühlte sich angerührt, und er dachte, warum wird Aton nicht in so mächtigen Liedern gepriesen?

Doch um Aton stand es schlecht. Die Prozession der Priester war auf den Großen Marktplatz gelangt, und es war vorgesehen, den Gott und seinen Propheten zuerst mit Gesang, Tanz und Hymnen zu feiern, dann aber das Volk drei Tage lang freizuhalten. Doch der Marktplatz war leer. Nur einige Kinder spielten herum, beaufsichtigt von alten Menschen, die in Gruppen am Boden hockten und sich unterhielten.

Was tun? Parennefer überlegte. Wozu brauchte Aton die Menschen? Man konnte ihn um seiner selbst preisen…

Dann erschienen sie aber doch, wenn auch erst nach Stunden. Sie hörten Gesang und Hymnen, und als in großen Krügen das Freibier kam, in Körben das frische Brot und auf irdenen Platten die gebratenen Hähne, Enten und Schweinehälften – da griffen sie zu.

Es war schon vorher abgesprochen gewesen, daß kein Mitglied der königlichen Familie bei diesem improvisierten Fest in Erscheinung treten durfte.

Die Königinwitwe Teje hatte es strikt abgelehnt und auch den anderen – vor allem Sat-Amun und Semenchkare – dringend angeraten, bei diesem Fest im Hintergrund zu bleiben. Sie hielt es für besser, wenn es so aussah, als habe das Volk unbeeinflußt und aus eigenem Antrieb das als Umzug des Aton geplante Fest in eine stille Huldigung an Amun umgewandelt.

Sat-Amun hatte Prinz Semenchkare zu sich in den Palast gebeten, und so konnten sie, was im Garten geschah, hinter einem durchscheinenden Leinenvorhang beobachten.

Peri, ihr Haushofmeister und langjähriger Bettgenosse, hatte sich, wie viele der anderen einstigen Priester, unter die Menge gemischt, um das Volk in die gewünschte Richtung zu leiten.

Anstatt ihren Blick länger nach draußen zu richten, betrachtete Sat-Amun insgeheim ihren Halbbruder und war in zunehmendem Maße von dem angetan, was sie sah. Und dann begann sie zu vergleichen.

Peri, ihr langjähriger Liebhaber, hatte gewisse Eigenheiten angenommen, die ihr nicht besonders gefielen. Aus der Dauer ihres Verhältnisses glaubte er gewisse Rechte ableiten zu können, und sie nahm es ihm nicht einmal übel. Er hatte sich auch zunehmend in die Vorstellung verrannt, eines Tages als ihr Gemahl Ansprüche auf den Doppelthron erheben zu können, und war ihr ständig mit geschichtlichen Beispielen in den Ohren gelegen. Historisch gesehen, mochte er durchaus recht haben, aber jetzt lebten sie doch in halbwegs geordneten Zeiten, und es gab eine legitime Erstgeborene, dazu einen jungen, gesunden und ansehnlichen königlichen Prinzen. Freilich, Sat-Amun war zu klug, um so ohne weiteres von Semenchkares Eignung zum König überzeugt zu sein, aber – da brauchte sie nur an ihre Eltern zu denken – so mancher Herr Beider Länder hatte unter stillschweigender Leitung seiner Großen Gemahlin regiert, und alle waren es zufrieden gewesen. Außerdem war Peri dick geworden. Schon immer hatte er zur Rundlichkeit geneigt, und die hatte ihm nicht schlecht gestanden, aber jetzt schleppte er einen Bauch vor sich her, und sein früher so harter und griffiger Hintern war schwabbelig wie aufgehender Brotteig geworden. Mochte dies alles nicht so wichtig sein, so mußte sie sich doch eingestehen, daß es sie nach diesem Prinzen gelüstete, der dem verstorbenen König so ähnlich sah. Der Rangerhöhung wegen hatte sie der Vater sogar geheiratet, aber die Ehe niemals vollzogen. Das konnte doch jetzt mit seinem Sohn, ihrem Bruder, geschehen? Wäre das nicht im Sinne der Maat? Sie legte dem Prinzen eine Hand auf die Hüfte. Er schrak zusammen und drehte sich um.

«Wird es dir nicht langweilig, dem zuzusehen? Es ist alles so gekommen, wie es von uns gedacht und gewünscht war – wir könnten uns jetzt ruhig anderen Dingen zuwenden...»

Peri hätte sofort gewußt, worauf sie anspielte, aber Semenchkare riß nur erstaunt seine Augen auf.

«Anderen Dingen? Kann ich noch etwas für dich tun, Prinzessin?»

Da stand er nun da, dieses große Mannsbild, mit breiten Schultern und schmalen Hüften – ohne die geringste Spur eines Bauches. Schlank, rank, muskulös und, wie man hörte, den Frauen keineswegs abgeneigt. Sie tat, als denke sie nach.

«Nun – sind wir nicht so gut wie verlobt? Da sollten wir uns vielleicht näher kennenlernen... Wir könnten das Nachtmahl zusammen einnehmen – nur wir beide, und uns dabei in Ruhe unterhalten.»

«Gerne, Prinzessin, ich müßte nur morgen früh... Du weißt ja, ich bin Oberster der Palastwache, und als Vorgesetzter...»

Wie er sich wand – sie fand das sehr drollig und genoß die Situation.

«Aber du wirst doch einen Stellvertreter haben? Den lasse ich noch heute verständigen, daß du ein paar Tage fortbleibst.»

Wie er da gleich erschrak! Als sei er noch ein Schuljunge, dem der Lehrer zur Strafe ein paar Stunden Nachsitzen verordnet.

«Du meinst – du willst – ich soll gleich einige Tage...»

«Mein Lieber, wenn wir einmal verheiratet sind, wird es noch viel länger dauern, oder willst du dann die Flucht ergreifen?»

«Aber Peri, dein Haushofmeister, der ist doch – der hat doch…»

Mit großen runden Augen blickte sie ihn an – die verkörperte Unwissenheit.

«Was soll mit Peri sein? Er ist mein Haushofmeister, gewiß, aber meine Gäste gehen ihn nur insofern etwas an, als er für ihr Wohlergehen zu sorgen hat.»

«Ja, ja – natürlich…»

«Ich werde mich jetzt ein wenig ausruhen, wir sehen uns dann beim Nachtmahl wieder.»

Ihre Diener führten ihn in eines der Gästegemächer.

«Willst du vielleicht ein Bad nehmen, Herr?»

Sat-Amun hatte die verfallene Badeanlage wieder instand setzen lassen, denn sie liebte es, sich vor der Mittagsruhe gründlich abzukühlen.

Ein schmaler, mit Granit eingefaßter Kanal leitete das Flußwasser in ein überdachtes Becken an der Nordseite des Palastes, und von dort strömte es über einen Abfluß in den Nil zurück. So war das Wasser hier immer frisch, und zwei Metallgitter – ein grobes und ein feines – sorgten für seine Reinheit.

Der Diener nahm ihm Perücke, Schurz und Schulterkragen ab, und er ließ sich mit einem wohligen Stöhnen in das kühle Naß sinken. Dann planschte er in dem nur brusttiefen Wasser herum wie ein Nilpferd, tauchte mehrmals unter, prustete und schüttelte sich.

Er fühlt sich offenbar sehr wohl, dachte Sat-Amun, die ihn aus ihrem Ruheraum durch den Vorhang beobachtete. Sein Gemächt war beachtlich, aber würde er damit so geschickt umgehen können wie Peri? So tapsig er sich im Wasser gab, so tolpatschig benahm er sich womöglich auch im Bett… Sie seufzte. Warum sich in seine Arme werfen? Aber sie selbst hatte Peri ja gebeten, ihr heute keinen Besuch abzustatten. Das hatte wieder seinen Groll geweckt, den er gerne zur Schau trug, seit von ihrer Verbindung mit Semenchkare die Rede gewesen war. Es war schon seltsam: Wenn Peri abwesend war, so vermißte sie ihn kaum, sobald er aber erschien, fand sie nicht die Kraft, sich ihm zu verweigern – wollte es auch nicht. Das ist nur die Macht der Gewohnheit, und es ist ein Zeichen des

Alters, wenn man sich ihr widerstandslos ergibt. Sie aber wollte nicht alt sein, schob diesen Gedanken mit leisem Schaudern von sich und rief ihre Dienerin.

«Laß den Prinzen nach seinem Bad in meinen Ankleideraum bringen, und dann will ich bis zum Abend meine Ruhe haben – hörst du?»

«Ja, Prinzessin.»

Nicht ohne Schadenfreude vernahm sie diesen Befehl. Die schönen Tage des dicken Peri schienen sich ihrem Ende zuzuneigen. Vor einiger Zeit hatte er auch sie mit seiner Gunst beglückt, wenn die Prinzessin die Tage ihrer Reinigung hatte – oder die ihrer stärksten Empfängnisbereitschaft. Dann hatte er sie wieder beiseite geschoben nach Art der großen Herren, und sie konnte ihm noch so schöne Augen machen, er sah es nicht oder wollte es nicht sehen. Sie lachte gehässig. Magst du noch so ein großer Herr sein, dicker Peri, die Prinzessin steht weit über dir, und ihr zu dienen ist mir wichtiger als alles andere.

Der Diener brachte Semenchkare in den Ankleideraum, weil hier frische Kleidung für ihn bereit liege. Kaum hatte sich die Tür hinter ihm geschlossen, trat Sat-Amun herein.

«Hat das Bad dir gutgetan?» Sie befühlte seine Brust und berührte dabei wie zufällig die Warze.

«Schön kühl, nicht wahr? Ich selber bin heute zu faul für ein Bad, um so mehr als du die Frische mit hierhergebracht hast. Willst du die Kleider wechseln?»

Mit wenigen Griffen löste sie seinen Schurz und lachte leise.

«Ach was – warum gleich wieder etwas anziehen? Jetzt halten wir erst einmal unsere Mittagsruhe.»

Sie legte ihren Arm um seine Hüfte und führte ihn in ihren Schlafraum mit dem großen fellbedeckten Bett.

Den Prinzen hatte eine seltsame wache Schläfrigkeit ergriffen. Ihm war, als wandle er durch einen heiteren Traum, voll Neugier, welche Überraschungen ihn noch erwarteten.

Sat-Amun trug keine Perücke, ihr langes dunkles Haar floß bis auf die breiten Schultern, ihr kaum geschminktes Gesicht erschien im Dämmer des verdunkelten Raumes wie das runde Antlitz der Göttin Hathor, in der die Aspekte milchstrotzender Mütterlichkeit sich mischten mit der Freude an Tanz und Musik, verbunden mit der Verheißung behaglicher breithüftiger Fruchtbarkeit.

Dem Prinzen waren die Darstellungen in den Geburtshäusern der Tempel wohlvertraut, auf denen zu sehen war, wie der neugeborene königliche Prinz von Hathor in Gestalt einer Kuh gesäugt wurde.

Als Sat-Amun ihr Kleid fallen ließ, hatte er dieses Bild vor Augen, und dann sanken sie auf das breite Bett, und er begann an ihren Brüsten zu saugen.

Semenchkare kam nun in den Genuß all dessen, was Sat-Amun die Jahre über von Peri gelernt hatte, und ihn durchströmte dabei das sieghafte Bewußtsein, im Sinne der Maat zu handeln, wenn die Kinder des Sonnensohnes Nebmare sich in Geschwisterliebe vereinigten und so das göttliche Blut rein erhielten.

«Die Ehe ist also vollzogen», sagte Sat-Amun später, «und sie bedarf nur noch der amtlichen Niederschrift für das königliche Archiv. Aber das hat noch Zeit…»

Sonst hatte Sat-Amun streng darauf geschaut, während ihrer fruchtbaren Tage keinem Mann beizuwohnen, aber heute ließ sie es außer acht. Dann blieb ihre monatliche Reinigung aus, und es machte sie stolz und zufrieden, mit Semenchkare ein Kind gezeugt zu haben. Peri wäre dafür nicht der rechte Vater gewesen – nun aber war alles recht und richtig.

14

Nefer-cheperu-Re Wa-en-Re Echnaton, Sohn und Prophet Atons, Herr Beider Länder, war schon tagelang nicht zu sprechen – nicht für seine Familie, nicht für seine Freunde. Schon lange hatte er erwogen, Aton in einem langen Hymnus, der zugleich ein Lehrgedicht sein sollte, zu feiern. Dieser Hymnus sollte ein Lobpreis werden, zugleich ein Glaubensbekenntnis und eine Schilderung von Wesen und Wirkung des Gottes.

Mensch, Tier, Pflanze, Tag und Nacht, Erde und Himmel – ja sogar die Fremdländer sollten darin ihren Platz haben. Aton war der Schöpfer von allem, also mußte er auch die Fremdländer in Nord und Süd geschaffen haben, und was er schuf, konnte nicht «elend» oder «finster» sein. Für diesen Bereich hatte er nun die endgültige Fassung gefunden.

> Wie zahlreich sind deine Werke,
> verborgen vor unserem Angesicht,
> du einziger Gott ohnegleichen!
> Du schufst die Erde nach deinem Wunsch
> ganz allein –
> mit Menschen, Vieh und allem Getier,
> mit allem, was auf der Erde ist,
> was auf den Füßen läuft,
> was in der Höhe ist und mit Flügeln fliegt.
> Die Fremdländer in Nord und Süd,
> dazu das Land Kemet;
> du setzt jeden an seinen Platz,

gibst ihnen, was sie brauchen.
Ein jeder hat seine Nahrung,
und seine Lebenszeit ist vorbestimmt.
Die Zungen der Menschen sind verschieden im Reden,
wie auch ihr Wesen,
unterschiedlich ist ihre Hautfarbe,
denn du unterscheidest die Völker.

Der König rollte den Papyrus zusammen.

Das müßte noch weiter ausgeführt werden, überlegte er. Aton hat nicht nur die Menschen in Sprache, Wesen und Aussehen unterschiedlich geschaffen, sondern auch die Länder, die er ihnen zum Leben gab. Nach den Berichten seiner Gesandten war Herz und Ursprung aller Fruchtbarkeit dort nicht ein Fluß, der regelmäßig die Felder überflutete und düngte, sondern Wasserfluten, die zu gewissen Zeiten vom Himmel stürzten.

Plötzlich fühlte Echnaton, daß er alles, was darüber zu sagen war, schon im Herzen hatte. Schon in seiner Jugend hatte er für schnelle Notizen, die keinen Schreiber etwas angingen, die hieratische Schrift erlernt, eine vereinfachte Form der in Gräbern und Tempeln gebrauchten feierlich-umständlichen Bilderschrift. Er nahm den Rohrpinsel und tauchte ihn ein.

Du schufst den Nil in der Unterwelt
und bringst ihn herauf nach deinem Willen,
um die Menschen am Leben zu erhalten,
da du sie geschaffen hast.
Du bist ihr Herr und sorgst für sie,
du Herr aller Länder, der für sie aufgeht,
Aton – gewaltig an Schönheit!
Die fernen Fremdländer erhältst du am Leben,
denn du hast einen Nil an den Himmel gesetzt,
daß er zu ihnen herabkomme
und Wellen schlage auf den Bergen – wie das Meer,
um ihre Felder zu bewässern...

Echnaton legte sein Schreibgerät zurück, erhob und streckte sich. Und dann kehrte ein Gedanke zurück, der ihn plagte und beschäftigte seit jenem Gespräch mit Merire vor einigen Tagen.

Von Zeit zu Zeit hörte der König sich die Vorschläge und Gedanken des Hohenpriesters an. Ging es auch manchmal nur um Kleinigkeiten, so war es doch nie belanglos und immer durchdacht. An die letzte Unterredung konnte Echnaton sich Wort für Wort erinnern. Zeremoniös hatte Merire das Gespräch eröffnet, natürlich erst nachdem der König ihn zum Reden aufgefordert hatte. Es war dem Priester anzusehen, daß ihm nicht leichtfiel, was er zu sagen hatte.

«Wenn dich meine Worte erzürnen, Majestät, dann halte ich sofort inne und gehe dir aus den Augen. Aber es ist die Sorge – die Sorge, daß …»

Echnaton wurde ungeduldig.

«Du hast mein Vertrauen, das weißt du. Ich bin dir wohlgesinnt und habe es dich stets spüren lassen. Also rede schon!»

Merire verbeugte sich mehrmals, sein schmales Gesicht war blaß, er schien aufgeregt.

«Also – Majestät, wenn du einstmals nach Millionen von Jahren – nein, nach Millionen von Sed-Festen dich mit Aton in seiner Herrlichkeit vereinigst, dann wird das Volk, werden deine Freunde und alle Welt sich fragen, wer das Prophetenamt für Aton weiter ausübt. Du bist der Einzige des Re, aber – aber wird es nach dir noch andere geben?»

Diese Frage erregte nicht seinen Zorn, sie erschreckte ihn nur. Freilich, manchmal hatte er sie sich auch gestellt, aber gleich wieder weggeschoben. Er wußte, daß Aton auch ihm kein ewiges Leben schenken würde, aber insgeheim hoffte er es doch. Stand es nicht in Atons Macht, seinem heiligen Propheten ein ewiges irdisches Leben zu schenken – zum Wohle aller Menschen? Darüber wollte er mit dem Priester nicht diskutieren.

«Es steht in Atons Hand, daß es andere geben wird, da kannst du gewiß sein.»

Merire bedankte sich überschwenglich, wenn ihm auch eine etwas genauere Antwort lieber gewesen wäre. Aber weiter nachzufragen verbot ihm die Ehrfurcht vor dem Einzigen des Re.

Als Nofretete im Vorjahr wieder schwanger geworden war, hatte der König insgeheim auf einen Sohn gehofft. Nach fünf Töchtern, so dachte er, würde Aton ihm den Sohn und Nachfolger im Prophetenamt schenken. Um den Thronerben hatte er sich niemals Sorgen gemacht. Jeder, den die jetzt sechzehnjährige Merit-Aton oder die elfjährige Anches-en-pa-Aton, genannt Ani, heiraten würde, hatte Anrecht auf die Doppelkrone. Und nun war es wieder eine Tochter geworden, die kleine Setep-en-Re, «die Erwählte des Sonnengottes», genannt Seti.

Eine Frau als Atons Prophet? Echnaton sträubte sich gegen diese Vorstellung. Auch wenn er sich Aton als ein Wesen dachte, in dem beide Geschlechter vereint waren, so konnte der Prophet doch nur ein Mann sein.

In Kemet war man stolz auf eine uralte Tradition, in der die Frauen – anders als in den Fremdländern – niemals als minderwertig oder gar als der Besitz des Mannes angesehen wurden. Frauen konnten Geschäfte führen, eigenes Vermögen besitzen, erben und vererben, ganz wie ein Mann. Die Große Königsgemahlin saß als Herrin Beider Länder neben dem König auf dem Thron, sie unterhielt einen eigenen Hofstaat, trug Krone und Szepter, besaß eigene Rechte, übte eigene Pflichten aus – wie ihr Gemahl, doch in einem anderen Bereich. Frauen konnten in den unteren Rängen auch gewisse Tempelämter ausüben, doch niemals Hohepriester werden oder eines der vier Prophetenämter in den großen Tempeln übernehmen.

Vieles hatten Aton und sein heiliger Prophet in den Beiden Ländern verändert, doch – und das sprach Echnaton laut aus: «Niemals kann eine Frau Atons Prophetin werden!»

Nofretete hatte ihm sechs Töchter geboren, und das war ungewöhnlich. Man müßte sich wohl sehr, sehr lange im Lande umtun, um auf eine Familie zu stoßen, in der es sechs Töchter oder sechs Söhne gab. Üblicherweise verteilte Aton die Nachkommenschaft von Mensch und Tier recht weise auf beide Geschlechter, mochte da und dort auch das eine oder andere überwiegen. So lag die Vermutung nahe, daß Aton seinem Propheten vielleicht sagen wollte: Aus Nofretetes Schoß wird der Nachfolger und Erbe meines Propheten nicht kommen.

Hatte der Gott einen anderen dafür vorgesehen?

Der König drängte den Gedanken zurück, und wieder meldete sich in ihm die leise Hoffnung, Aton habe ihn zum ewigen Leben auf Erden bestimmt, als Deuter und Verkünder seiner göttlichen Beschlüsse.

Wie so oft, wenn Zweifel oder ungelöste Fragen ihn bedrängten, wollte Echnaton seinem Gott näher sein. So ließ er sich in der Sänfte zum Kleinen Tempel bringen, den er gleich neben dem Wohnpalast als private Andachtsstätte erbaut hatte. Er betrat ihn durch das nördliche Seitenportal, und sie alle – Dienerschaft, Priester und Tempelwächter – wußten längst, daß der König bei solch unzeitgemäßen Besuchen allein sein wollte.

Am späten Vormittag war Aton schon fast bis zur Himmelsmitte emporgestiegen. Echnaton trug über der Perücke nur das lose fallende weiße Kopftuch, das er nun abnahm. Vor dem etwa sechs Ellen hohen Ben-Ben-Stein blieb er stehen und betrachtete lange das feurig blinkende Licht, das Aton auf der vergoldeten Spitze entzündete. Als ihm die Augen schmerzten, kniete er nieder und riß sich mit einer ekstatischen Bewegung die Perücke vom Kopf. Sogleich spürte er Atons liebkosende Hände, die zuerst sanft über das kurzgeschnittene Haar strichen, sich dann aber schwerer und schwerer wie eine glühende Faust auf sein Haupt preßten.

«Ja, ja, Allmächtiger, ich spüre dich», flüsterte der König. «Du berührst mein Haupt und dringst in mein Herz, füllst es mit Licht – mit Licht und der Erkenntnis, daß alles dir untertan ist.»

Er senkte den Kopf, um der glühenden Faust auszuweichen, und spürte sofort, wie die Strahlen in seinen ungeschützten Nacken stachen. Plötzlich dachte er an seinen fast vollendeten Hymnus und flüsterte:

«Deine Strahlen nähren alle Felder,
erhebst du dich, so leben sie und wachsen dir zu.
Du schaffst die Jahreszeiten,
damit alle deine Geschöpfe gedeihen –
den Winter, um sie zu kühlen,
die Sommersglut, damit sie dich spüren…»

Damit sie dich spüren – damit sie dich spüren … Ja, Aton, ich spüre deine Gegenwart, bin gefangen in deinem Gespinst aus feurigen Strahlen.

Echnaton hob den Kopf, um seinem Gott ins grell funkelnde Angesicht zu blicken. Da traf es ihn wie ein Schlag, die Sonne erlosch, der Himmel färbte sich nachtschwarz.

Echnatons treue Leibdiener waren ihrem Herrn insgeheim gefolgt, und da der Sonnentempel überall offen war, fiel es ihnen nicht schwer, den König im Auge zu behalten.

«Sein Kopf ist zurückgefallen, die Majestät liegt flach auf dem Boden, ohne jede Bewegung …»

«So hat er schon oft gelegen», flüsterte der andere zurück.

«Aber er trägt weder Perücke noch Kopftuch, und es ist hohe Mittagsstunde!»

Sie warteten noch etwas und gingen dann gebückt auf den liegenden König zu, hörten schon von weitem seinen schnellen rasselnden Atem und begannen zu laufen. Sie waren langjährige Diener der innersten Gemächer und durften den König jederzeit berühren.

Schnell brachten sie den leblosen Körper zur Sänfte und trugen ihn, gefolgt von einer wachsenden Schar besorgter Hofleute, in sein zum Garten hin gelegenes Schlafgemach. Inzwischen hatte man den Leibarzt Pentu geholt, der sofort ein Schaff Wasser und Leintücher holen ließ.

Während die Diener den König auskleideten, öffnete er die Augen. Er blinzelte, sein Blick schien abwesend und verwirrt.

«Pentu? Wo bin ich …? Was ist geschehen? Ist Aton – ist Aton herabgestiegen … nein, ich will sagen, hat er – hat er …»

Pentu hob mahnend die Hand.

«Nicht reden, Majestät, wenn ich bitten darf. Die Sonne hat zu lange auf Kopf und Nacken eingewirkt, die Hitze nistet auf schädliche Weise in deinem Körper, ich muß sie vertreiben.»

Pentu ließ die Leintücher mit Wasser tränken, und die Diener mußten sie so lange in der Luft schwenken, bis sie kalt geworden waren. Dann wurde der König – ungeachtet seiner schwachen Proteste – darin eingewickelt, ein nasses Tuch band man um seinen Kopf. Diese Behandlung ließ Pentu mehrmals wiederholen, bis er

486

feststellte, daß die gefährliche Hitze, dieses künstliche Fieber, den Körper verlassen hatte.

Echnaton war vor Erschöpfung eingeschlafen, und Pentu gab die Anweisung, ihn beim Erwachen Seiner Majestät sofort zu holen. Dann suchte er die Königin auf.

«Das ist nun schon zum vierten Mal geschehen, aber es war der bisher schwerste Fall. Hätten seine Diener ihn nicht beobachtet, so wäre er vermutlich eine halbe Stunde später tot – äh, also mit Aton vereinigt gewesen. Wir alle verehren den Gott von ganzem Herzen, aber ihm auf diese Weise nahe zu kommen kann tödlich sein. Daran sollte der König immer denken, Majestät. Vielleicht könntest du es ihm ans Herz legen – in einem vertrauten Gespräch…»

«Es gibt schon länger keine vertrauten Gespräche mehr», sagte Nofretete kummervoll.

Ihr Körper ist von den vielen Geburten etwas füllig und schwer geworden, dachte Pentu, aber ihr Gesicht ist noch immer schön – oder ihrer Zofe gelingt es, was abhanden kam, durch Schminkkunst zu ersetzen.

Da er schwieg, fuhr die Königin fort: «Es ist nur noch von Aton die Rede; von Ehrungen, Opfergaben, neuen Hymnen und wo man ihm noch weitere Tempel und Heiligtümer errichten könnte. Dabei gäbe es weit Dringenderes… Seit vier Tagen wartet ein Bote des Generals Haremhab mit Berichten, die er nur dem König persönlich überbringen darf. Der König erfindet immer neue Vorwände, um ihn nicht empfangen zu müssen, und nun, da er auf dem Krankenlager liegt…»

Pentu verbarg den aufsteigenden Zorn und dachte: Diese Stadt ist ein Käfig, in dem wir wie gefangene Tiere durcheinanderrennen. Wenn sich von draußen etwas nähert, dann hindern uns die Gitterstäbe, es deutlich zu sehen oder nach einer Botschaft zu greifen, die man uns entgegenstreckt. Mag die Welt draußen zugrunde gehen, uns schützt ja das Gitter! Aber wenn ich diesen Vergleich folgerichtig zu Ende denke, dann ist die Welt ein Boot, auf dem sich auch der gedachte Käfig befindet. Geht das Boot unter, so versinkt der Käfig mit ihm.

«… etwas unternehmen!»

Er hatte nur noch die letzten Worte der Königin vernommen

und sagte schnell: «Da gebe ich dir recht, Majestät. Sobald der König erwacht, werde ich versuchen, sein Interesse für – für die Welt draußen zu erwecken, denn Kemet ist nicht nur Achetaton…»

«Und Achetaton ist nicht Kemet! Eines ist ohne das andere nicht denkbar, doch es will mir nicht gelingen, dies Seiner Majestät begreiflich zu machen.»

Pentu erhob sich.

«Dann werde ich es versuchen – mit deinem ausdrücklichen Einverständnis?»

Sie nickte heftig.

«Ja, ja, versuche es nur! Wenn er nicht auf seine Gemahlin hört, vielleicht hört er auf seine Freunde.»

Noch vor kurzer Zeit hätte Pentu ein solches Gespräch nicht für möglich gehalten. Das Königspaar gab stets zu erkennen, daß es einer Meinung, eines Sinnes war. Und nun das! Es gebe schon länger keine vertraulichen Gespräche mehr, hatte die Königin gesagt und ihn dabei traurig angesehen.

Als ihn später die Diener zum König riefen, kniete dort schon Dutu neben dem Bett. Echnaton schien guter Dinge.

«Ah, da kommt ja mein tüchtiger Leibarzt. Deine Sorgen waren umsonst, du siehst, es geht mir gut, nachdem ich einige Stunden geruht habe. Aton fügt doch seinem Propheten keinen Schaden zu – es wäre Lästerung, so etwas zu denken!»

Der Arzt kniete neben Dutu nieder.

«Dennoch, Majestät – Aton kann auch ein strenger Herr sein und liebt es nicht, wenn man sich seinen Strahlen zu lange aussetzt. Das ist wie bei den meisten Arzneien, die nur in ganz kleiner Menge Gutes bewirken, aber in größerer Dosierung tödlich sein können.»

Der König richtete sich auf.

«Da magst du schon recht haben… Übrigens – wir müßten für Merit-Aton einen Mann finden. Sie ist alt genug, um zu heiraten, meint ihr nicht?»

Dutu und Pentu sahen sich an. Solche Gedankensprünge waren beim König nicht ungewöhnlich, aber was brachte ihn gerade jetzt auf dieses Thema?

488

Noch ehe sie antworten konnten, sprach Echnaton weiter.

«Habt ihr schon einmal darüber nachgedacht, wer mir als Prophet nachfolgt, wenn ich zu Aton aufsteige?»

«In Millionen von Jahren – nach unzähligen Sed-Festen…» sagte Dutu zeremoniös und lächelte.

Pentu besann sich auf sein Nebenamt als Zweiter Prophet des Aton.

«Das sollten wir dem Gott überlassen. Er hat Deine Majestät zum Propheten erwählt und wird auch dann seine Wahl treffen, wenn – wenn –»

«Ist gut, Pentu. Nun zu etwas anderem. Meine hochverehrte Mutter, die Königinwitwe Teje, hat ihren Besuch zur nächsten Achet-Zeit angekündigt – das sind also…»

«… noch fünf Monate, Majestät. Bis dahin ist ihr Palast fertiggestellt.»

Da erschien Aper an der Tür, der Wesir des Königs. Schlank, groß und etwas linkisch stand er da; sein Gesicht wirkte wie stets angespannt, sein linkes Augenlid zuckte.

«Majestät, ich habe gehört, du – du seist…»

«Du siehst ja, ich bin wohlauf!» rief Echnaton munter. «Was gibt es?»

«Es geht um den von General Haremhab entsandten Boten, der darauf besteht, seine Nachricht nur dem Herrn Beider Länder…»

Echnatons Gesicht verfinsterte sich.

«Ich will davon nichts hören! König Tusratta hat mich erst kürzlich wieder seiner Freundschaft versichert; dieser Haremhab sieht Probleme, wo es keine gibt!»

«Wir sollten dennoch…» versuchte Dutu zu vermitteln, doch der König fiel ihm ins Wort.

«Also gut, der Bote soll kommen, schließlich will der Mann nur seinen Befehl ordentlich ausführen.»

Schnell kleideten die Diener den König an, und sie gingen in den kleinen Empfangssaal, der nur für nichtamtliche und weniger feierliche Audienzen benutzt wurde.

Der König nahm auf dem Thronsessel Platz. Er trug das blaugestreifte Kopftuch und das goldene Stirnband mit der Uto-Schlange, in seinem rechten Arm ruhte lässig das gebogene Heka-Szepter.

Der Bote – ein Hauptmann der Grenztruppen – warf sich vor dem Guten Gott zu Boden und näherte sich dann auf Knien dem Thron.

«Also sprich!» forderte der Wesir ihn auf, doch der Mann schüttelte den Kopf.

«Die Nachricht ist nur für Seine Majestät allein bestimmt…»

«Der König ist niemals allein!» sagte Dutu streng, und der Wesir fügte hinzu: «Der General sollte eigentlich wissen, daß Seine Majestät mit einem Mann deines Ranges nicht plaudert wie mit einem vertrauten Freund.»

Dem König war die Ungeduld anzusehen, seine Augen wurden schmal, der Mund zuckte.

«Übergib die Botschaft dem Wesir!»

Der Hauptmann senkte den Kopf.

«Es gibt nichts Geschriebenes, aus Sicherheitsgründen…»

«Gut, dann rede endlich!»

Alle sahen, wie der Mann aufatmete, nachdem der König selbst ihn aufgefordert hatte. Er hob den Kopf, hielt aber den Blick gesenkt, als betrachte er die gebogenen Goldsandalen des Königs.

«Eine Nachricht für Nefer-cheperu-Re, den Guten Gott und Herrn Beider Länder, den Starken Stier und Lebendigen Horus, den Einzigen des Re, vor dem die Feinde erzittern in Nord und Süd. Haremhab, der geringe Diener Deiner Majestät und General der Grenztruppen von Gaza und Byblos, gibt dir zu wissen, daß Suppiluliuma, der Elende von Chatti, erneut versucht hat, die Grenzen nach Mitanni zu überrennen und das Land der Churriter mit Krieg zu überziehen. Ich, Haremhab, habe in aller Eile sämtliche verfügbaren Truppen zusammengezogen, sie mit denen unserer Vasallen in Amurru und am Grünen Meer vereint und bin König Tusratta zu Hilfe geeilt. Nach zwei verlustreichen Schlachten konnten wir die Truppen des Elenden von Chatti zurückwerfen, aber es steht zu befürchten, daß er eine neue, stärkere Armee aufstellt. Aus diesem Grund richte ich an Deine Majestät die untertänige Bitte, unsere Grenztruppen wesentlich zu verstärken. Ist Mitanni einmal besiegt, dann…»

«Wie lange geht das noch? Muß ich mir das alles anhören?»

Der Hauptmann fiel zusammen wie ein geknickter Schilfhalm.

«Darf der Mann zu Ende sprechen, Majestät?» fragte der Wesir. Echnaton nickte und schob das Heka-Szepter gereizt von einer Hand in die andere.

Der Hauptmann hob wieder den Kopf.

«Ist Mitanni einmal besiegt, dann besteht die Gefahr, daß unsere Vasallen unter dem Druck der Chatti abfallen, und dann steht der Feind an unserer Landesgrenze, und nur einer starken Armee wird es gelingen, ihn zurückzuschlagen. Unsere jetzigen Grenztruppen werden dafür nicht ausreichen. Wir bräuchten zumindest fünfhundert kuschitische Bogenschützen, achthundert Lanzenträger und vielleicht noch hundert Wagenkämpfer. Für unsere Truppen wäre es eine große Ermunterung, und es würde ihre Kampfeslust anspornen, wenn Deine Majestät in eigener Person die Ersatzarmee hierherführen würde...»

Echnaton stand langsam auf.

«Hinaus! Dieser Haremhab wagt es, den Einzigen des Re aufzufordern...»

Das Heka-Szepter war zu Boden gefallen, Echnatons Hände flogen zitternd umher wie aufgescheuchte Vögel in einem engen Käfig.

Während der Hauptmann auf allen vieren zur Tür kroch, rief der König: «Ich werde Achetaton niemals verlassen – niemals – niemals!» Er ließ sich in den Thronsessel fallen und schloß die Augen. «Auch die anderen sollen gehen...» flüsterte er und winkte Dutu herbei.

«Du hast vorhin gesagt, ein König sei niemals allein. Du hast unrecht, mein Freund – ein König ist immer allein – immer!»

Obwohl alle Vertrauten des Königs ihm zuredeten, zumindest einen Teil der von Haremhab geforderten Truppen an die Nordgrenze zu schicken, konnten sie Echnaton nicht umstimmen. Er brauche jeden Mann zum Schutz seiner Stadt, und wenn Haremhab eine Verstärkung dennoch für notwendig erachte, so solle er mit Hilfe von Tusratta Söldner anwerben, denn schließlich seien Mitannis Grenzen bedroht und nicht die von Kemet.

«Wenn überhaupt, dann wird ihn nur noch die Königinwitwe Teje beeinflussen können», meinte der Wesir Aper.

Dutu schien das zu bezweifeln.

«Aber wir wissen nicht, wie sie darüber denkt und ob Haremhab auch ihr…»

«Da kannst du gewiß sein», meinte Aper. «Was wir hier wissen, davon ist auch Teje unterrichtet, die diesen Haremhab überaus schätzt. Nun, wir werden sehen…»

Der Wesir hatte recht. Teje wußte über alles Bescheid, denn Haremhab versäumte es niemals, ihr von jeder Botschaft, die er nach Achetaton sandte, eine Abschrift zukommen zu lassen.

War Teje schon zu Lebzeiten ihres Gemahls die heimliche Regentin gewesen, so war sie es in den letzten Jahren wieder geworden, hauptsächlich aus zwei Gründen: Ihr Sohn, der Herr Beider Länder, hatte seine Residenzstadt verlassen, es war ihm aber nicht gelungen, Achetaton zur neuen Hauptstadt des Reiches zu machen.

Die Königinwitwe Teje hatte ihre fünfzigste Nilschwelle schon seit geraumer Zeit überschritten, und was sie zu Lebzeiten ihres Gemahls aus Ehrgeiz und Machtstreben wie auch aus Notwendigkeit um der Beiden Länder willen auf sich genommen hatte, war ihr jetzt zur Last geworden. Freilich, sie beherrschte das Geschäft des Regierens so gut wie ein alter erfahrener Harfenspieler sein Instrument, und wenn sie auch nicht daran dachte, sich ganz daraus zurückzuziehen, so war sie es doch leid, immer wieder in das alte Männergeschäft eingreifen und sich um Truppenstärken, ausreichende Bewaffnung und die ständigen Grenzscharmützel sorgen zu müssen. Und das nur, weil ihr Sohn – wie es schien – die Doppelkrone nur noch als Verzierung trug, sonst aber ganz im Dienst Atons aufgegangen war. Daß die Fremdländer in Nord und Süd nur darauf lauerten, ihre Grenzmarken zu verschieben, kümmerte ihn nicht, weil er meinte, die von König Men-cheperu-Re, seinem Großvater, geschlossenen Bündnis- und Freundschaftsverträge würden ewig halten. Sie vergaß niemals, was ihr ein alter Hofchronist einmal gesagt hatte – daß es nämlich schon ein großes Glück sei, wenn sich die Söhne noch an solche Verträge hielten, denn die Enkel pflegten sie zu mißachten und sannen darauf, neue Machtverhältnisse zu schaffen.

Die Botschaften des Generals Haremhab klangen immer dringlicher und verzweifelter, was um so schwerer ins Gewicht fiel, da sie diesen Mann als kühl und besonnen kennengelernt hatte. Sie mußte also handeln – schnell, wirksam und zielgerecht.

So diktierte sie ihren Schreibern in rascher Folge, jeweils vier Stunden vormittags und zwei am Nachmittag. Drei Dinge standen dabei im Vordergrund.

Erstens einmal mußte sie dem General auf irgendeine Weise zu Hilfe kommen, und so warb sie auf eigene Kosten dreihundert Bogenschützen und dreihundert Lanzenträger an und schickte sie mit fünfzig Wagenkämpfern nach Norden.

Das zweite war die entschlossene Ankündigung ihres Besuchs in Achetaton, der weder Aufschub noch Widerspruch duldete. Und noch etwas würde sie tun: Prinzessin Kija, inzwischen fast sechzehn, mußte – ob es dem König recht war oder nicht – endlich seine Zweite Gemahlin werden. Inzwischen hatte Tusratta schon viermal anfragen lassen, ob der Herr Beider Länder mit der Prinzessin zufrieden sei und ob sie ihm schon Kinder geboren habe. Teje hatte mit Ausflüchten geantwortet, denn gerade jetzt konnten sie es sich nicht leisten, den Churriter-König zu kränken. Es war des Königs Pflicht, die Ehe mit Kija zu vollziehen, um den Freundschaftspakt mit Mitanni nicht zu gefährden.

Es gab noch ein Drittes zu tun, nämlich ihre Tochter, zusammen mit Semenchkare, um einen schnellen Besuch zu bitten.

Sie eröffnete das Gespräch mit einem Scherz.

«Daß ihr beide mich bald mit einem weiteren Enkel beschenken wollt, freut mich, und es verdient Anerkennung. Aber damit ist es leider nicht genug, und ihr werdet demnächst einiges an Verantwortung zu übernehmen haben, was vor allem dich betrifft.»

Ihre schrägen dunklen Augen musterten den Prinzen, ihre stets skeptisch nach unten gerichteten Mundwinkel wölbten sich zu einem kurzen Lächeln. Sie schüttelte den Kopf.

«Da steht er nun, groß und stattlich, ein rechter Sohn seines Vaters, des Osiris Nebmare – aber was ist er, was tut er? Er macht meiner ältesten Tochter ein Kind und befehligt die Palastwache. Für einen königlichen Prinzen recht bescheiden, nicht wahr? Nun, das wird sich ändern. Stelle dir einmal vor, Semenchkare, du mußt eine Leiter besteigen, die hinauf zum Thron Beider Länder führt. Du bist kein Akrobat und kannst nicht mit einem gewaltigen Sprung

493

auf den Thron gelangen, mußt also Sprosse für Sprosse erklimmen. Auf der ersten stehst du schon, denn du bist königlicher Prinz. Die letzte wird deine amtliche Ehe mit Sat-Amun sein, aber die Sprossen dazwischen? Da ist einiges in der Schwebe, denn manche dieser Sprossen sind brüchig oder zu dünn, um dein Gewicht auszuhalten…

Nun zum nächsten: Waset braucht auch in meiner Abwesenheit eine starke Hand, und dieser Oberste der Stadtmiliz hat keinen guten Ruf, man munkelt da so allerlei. Außerdem handelt er nach Anweisungen, die nicht mehr zeitgemäß sind. Wir werden ihn also ablösen müssen.»

Der Prinz erschrak.

«Aber Majestät, ich soll…»

«Schweige jetzt und höre mir weiter zu! Du sollst nicht sein Nachfolger werden, sondern der neue Bürgermeister von Waset. Den alten hat ein Schlag gerührt, er ist handlungsunfähig, sein Stellvertreter ein Trottel, sein Sohn noch zu jung. Du bist dann Herr über eine große Stadt, in der du Ordnung schaffen und zugleich beweisen mußt, daß du dazu fähig bist. Die nächsten Sprossen kannst du getrost mir überlassen, denn ich werde in Achetaton versuchen, dem König und seinen Beratern begreiflich zu machen, daß ein Mitregent, der dem alten Glauben zuneigt, für das Weiterbestehen des Landes unumgänglich sein wird. Daß ich dabei auf Widerstand stoßen werde, weiß ich, aber ich muß und werde mich durchsetzen.»

Wie sie so dasaß, aufrecht, gesammelt und Autorität ausstrahlend, zweifelten weder ihre Tochter noch der Prinz, daß sie erreichen würde, was sie sich vorgenommen hatte. Dann wollte Sat-Amun das Wort ergreifen, doch Teje hob die Hand.

«Jetzt komme ich zu dir. Du wirst hierher in den Palast ziehen und dein Kind in dem Raum zur Welt bringen, wo du und deine Geschwister geboren wurden. Ich werde die Geburt abwarten und gleich darauf nach Achetaton reisen. Deinen Palast in Waset brauchst du vorerst nicht aufzugeben; dein Haushofmeister wird ihn für dich hüten.»

Aha, dachte Semenchkare, die Königin will, daß die beiden sich trennen…

Aber das war ohnehin schon geschehen, denn Sat-Amun hatte dafür Sorge getragen, daß ihre Privaträume für Peri verschlossen blieben, ohne ihm zunächst sein Amt als Haushofmeister zu entziehen.

Semenchkare war damals fünf Tage geblieben und hatte Nacht für Nacht, manchmal auch untertags, dafür gesorgt, daß ihr Acker nicht trocken blieb. Da dies während ihrer fruchtbaren Tage geschah, wollte sie ihre nächste Reinigung abwarten, denn Peri sollte nicht den geringsten Grund zu der Behauptung haben, das Kind könne auch von ihm sein.

Diese für ihn ungute Entwicklung hatte den ehrgeizigen Peri schwer getroffen, und er grübelte herum, wie er ihr entgegenwirken konnte. Sat-Amun versuchte alles, um ihn zu beruhigen.

«Wir müssen uns abfinden, daß die Dinge sich wandeln, und das nicht immer zu unseren Gunsten. Aber betrachte es einmal von der anderen Seite. Ist es denn gar so ehrenvoll, Geliebter und Haushofmeister einer überzähligen Prinzessin zu sein? Nun sieht es aber so aus, als kehrten die alten Zeiten zurück, und ich scheue mich nicht vorherzusagen, daß du in wenigen Jahren dein früheres Amt wieder übernehmen wirst. Hoherpriester der Mut! Liebling der Frauen von Waset! Der Ehrwürdige im Pantherfell, dem Hunderte von Menschen untertan sind! Und ich sage dir schon jetzt: Findet sich für den Amun-Tempel kein tüchtiger Mann als Hoherpriester, so werde ich darauf bestehen, daß du dieses Amt übernimmst. Zudem…»

«Du sprichst mit schöner Zunge, und ich sehe Honig aus deinem Mund fließen, aber eines hast du vergessen – etwas ganz Wesentliches: Dir gehört noch immer mein Herz, und ich möchte mein Amt als Liebhaber der Sat-Amun nicht mit dem eines Hohenpriesters vertauschen. Diese Zeit ist vorbei, und wenn ich tatsächlich einmal der Liebling aller Frauen unserer Stadt gewesen bin, so will ich es nicht wieder sein. Das ist mehr Last als Lust… Du aber, Geliebte…»

Die Prinzessin konnte ein spöttisches Lächeln nicht unterdrücken.

«Die meisten Frauen haben eine gute Nase dafür, wenn ein Mann nicht die Wahrheit sagt. Es liegt ein Gestank in der Luft, und ich

495

glaube, das ist der Geruch deiner Lügen. Wir haben uns immer gut verstanden, im Bett und auch außerhalb, aber was du an mir geliebt hast, war vor allem der Gedanke, eines Tages nach der Doppelkrone greifen zu können. Ich weiß, daß du stunden- und tagelang die Archive durchwühlt hast, um auf geschichtliche Vergleichsfälle zu stoßen. Vielleicht habe ich es dir immer zu wenig deutlich gesagt, aber ich habe niemals, hörst du, niemals nur einen Augenblick daran gedacht, dich als meinen Gemahl zu legitimieren. Ihr anderen versteht das vielleicht nicht, aber es ist schon etwas ganz Besonderes um das heilige Blut der Sonnensöhne, und niemand aus der königlichen Familie wird so ohne weiteres bereit sein, es zu verdünnen. Durch die Verbindung mit meinem Halbbruder Semenchkare ist dies nicht geschehen, und wenn es ein Knabe wird, dann ist er – falls nicht Nofretete noch einen zur Welt bringt – der nächste legitime Thronanwärter. Unser gemeinsamer Sproß, lieber Peri, wäre nur ein Bastard geworden…»

Zusammengesunken hockte er da, den Blick auf den Boden gerichtet. Sie berührte ihn leicht am Arm.

«Peri – sei doch nicht gleich so verbittert! Unser beider Zukunft ist unsicher, denn ob ich jemals an Semenchkares Seite Königin sein werde, ist ungewiß, und du weißt nicht, wann und ob du in dein Priesteramt zurückkehren kannst – wobei ich an dem ‹ob› kaum zweifle, während das ‹wann› im Belieben der Götter steht. Jedenfalls stehst du auf weitaus sichererem Boden als ich. Ich muß damit rechnen, mein Leben als überzählige Prinzessin zu beenden, und Semenchkare wird womöglich zeitlebens Bürgermeister von Waset bleiben – ein Amt, das die Königinwitwe Teje ihm übertragen will.»

«Du willst mich nur trösten…» sagte Peri schmollend und sah aus wie ein kleiner dicklicher Junge, dem man seinen Honigkuchen weggenommen hat.

«Natürlich will ich dich auch trösten!» rief Sat-Amun fröhlich, «aber da fällt mir noch etwas ein. Ich habe erfahren, daß Semenchkare hinter einer Kammerfrau der Prinzessin Kija her ist – vermutlich ist sie schon länger seine Geliebte. Das paßt mir nicht so ganz… Wäre sie nur eine Dienerin, würde es mir nichts ausmachen, aber sie ist quasi eine Prinzessin, zumindest hochgeboren. Ihr Großvater war der Bürgermeister von Men-nefer, ihr Vater der

Fürst von Byblos, der sie an König Tusratta weiterverschenkte. Dort wurde sie Kammerfrau und ist auf eigenen Wunsch mit Kija nach Kemet gegangen.»

Peri blickte mißtrauisch auf.

«Woher weißt du das so genau? Was hast du mit den Kammerfrauen dieser Churriterin zu schaffen?»

«Ich wollte einfach wissen, mit wem Semenchkare sich abgibt. Sie heißt übrigens Ibara, ist jung, hübsch und hat rötliches Haar. Ich will verhindern, daß Semenchkare sie später zur Zweiten Gemahlin macht.»

«Was stört dich daran? Hast du mir nicht kürzlich erst versichert, daß eine Ehe – falls sie überhaupt zustande kommt – nur aus dem Vertrag bestehen wird?»

«Ja, aber das hat sich geändert, seit ich von Semenchkare ein Kind erwarte.»

«Und ich soll mich nun um diese Ibara bemühen, sie dem Prinzen abspenstig machen – habe ich dich da richtig verstanden?»

Sat-Amun trat ans Fenster und zog den Vorhang so weit zurück, daß Licht auf ihr Antlitz fiel.

«Sieh mich doch an! Ich bin eine alte Frau, und daß ich noch empfangen habe, muß eine besondere Gnade der Göttin Mut gewesen sein. Sie aber ist jung, hübsch und – wie man sagt – von stolzem Wesen. Es muß dich doch verlocken, eine solche Frau zu erobern!»

Sat-Amun hatte für diese Unterredung mit Absicht keine Schminke aufgelegt und nur ein reizloses sackartiges Gewand angezogen, um Peri den Verzicht leichter zu machen.

Aber auch er war älter, war dick und bequem geworden und fühlte kein Verlangen, um eine junge Frau zu werben. Sat-Amun war immer da, immer in Reichweite und fast immer zu einem Liebesspiel bereit gewesen.

Und doch war ihr Hinweis nicht ohne Wirkung auf ihn geblieben. Da fiel ihm plötzlich seine Ewige Wohnung ein, die in der Westwüste schon fertig für ihn bereitstand und wo der Körper seiner ersten, im Kindbett gestorbenen Frau ruhte. Da könnte man dem Grabtext hinzufügen: «Ibara, die zweite Gemahlin des Hohenpriesters Peri, die Gerechtfertigte, eine Königstochter.»

Da mußte er lächeln und den Kopf schütteln.

«Was ist, warum lächelst du? Traust du es dir nicht zu?»

«Ich werde mir diese Ibara einmal ansehen, dir zuliebe – auch wenn ich riskiere, daß sie vor einem dicken alten Mann nur Ekel empfindet.»

«Sie ist eine halbe Fremdländerin, kann sich nur freuen, wenn ein Hoherpriester auf sie aufmerksam wird.»

«Und der Prinz? Wie wird er sich verhalten?»

«Das laß nur meine Sorge sein!»

15

*B*agsu spürte jetzt mehr und mehr, wie ihm die Macht aus den Händen glitt. Der König war fern und blieb so stumm, als gäbe es ihn nicht mehr. Die Königinwitwe Teje stellte für Waset die einzige Autorität dar, und sie gebrauchte bei ihren Erlassen und Verfügungen nach wie vor das Reichssiegel, und das war, als kämen die Schönen Befehle vom König selbst. Dabei waren es nur ganz selten geschriebene und damit amtliche Erlasse, meist sandte sie einen Boten, der ihm dies oder das anriet.

Das waren die «Winke von oben», und Bagsu war klug genug, sie stets zu beachten. Aber was blieb da noch? Nur noch die üblichen Aufgaben, nämlich Kneipenraufereien zu schlichten, Diebe und Grabräuber aufzuspüren, dazu dann und wann einen Mord aufzuklären. Die Verfolgung und Bestrafung derer, die nun ganz offen die alten Götter verehrten, war ihm untersagt.

Ein letzter Wink der Königinwitwe ordnete an, daß seine Leute die noch immer – aber wie lange noch? – geschlossenen Tempel nur mit besonderer Erlaubnis des Bürgermeisters von Waset betreten durften. Dieser Mann hieß jetzt Prinz Semenchkare und war Mitglied der Königsfamilie. So konnte nun das ganze verschwörerische Amun-Gesindel hinter den Tempelmauern neue Ränke spinnen.

Bagsu hatte deshalb schon mehrmals Botschaften an Mahu gesandt, doch dieser hatte ihm zu verstehen gegeben, sein Machtbereich ende an der Stadtgrenze von Achetaton, und er müsse sehen, wie er und die Königinwitwe Teje zurechtkommen.

Da war noch etwas, das ihm Sorgen machte. Es kamen nun wieder Leute ans Licht, die sich jahrelang hatten verstecken müssen. Dabei handelte es sich meist um Priester und Beamte der geschlossenen Tempel, die – aus welchen Gründen auch immer – nicht dem neuen Gott dienen wollten und in den Untergrund gegangen waren. Dann und wann hatte Bagsus Häscher einen von ihnen erwischt, und wer sich nicht freikaufen konnte, der war verschwunden, manche nach Westen in die Ewigen Wohnungen, die meisten als Zwangsarbeiter in den Steinbrüchen oder – wenn sie Glück hatten – als Ackersklaven auf königlichen Landgütern. Ein nicht geringer Teil dieser Männer stammte aus angesehenen Familien, und jetzt, da sie sich wieder frei bewegen durften, stellten sie unverschämte Forderungen an ihn, und einige waren auch mit Drohungen verbunden.

Freilich, keiner dieser Herren setzte sich der Gefahr aus, persönlich beim Obersten der Stadtmiliz zu erscheinen. Sie machten es viel geschickter. Da wurde etwa Restep auf dem Marktplatz angesprochen, er möge seinen Herrn an diesen oder jenen erinnern und ihn fragen, wie er das begangene Unrecht wiedergutmachen wolle.

Es war zum Aus-der-Haut-Fahren! Er brüllte den armen Restep an, nannte ihn einen elenden Schlappschwanz, der zu feige sei, sich diese Leute zu greifen, und versuchte es später wiedergutzumachen, wenn er seinen Gehilfen im «Goldenen Hammel» freihielt.

Plötzlich gab es ein Gerede, dieser Setep sei in Wahrheit der alte gefürchtete Bagsu, der nun wie in früheren Zeiten wieder sein Unwesen treibe, diesmal aber im Namen und unter dem Schutz des Gottes Aton.

Wer brachte diese Gerüchte in Umlauf? Restep glaubte es zu wissen.

«Das sind die Leute aus der Tempelstadt, die aus ihren Verstecken hervorgekrochen sind und sich – leider! – wieder frei bewegen dürfen. Viele von ihnen haben dich als Hauptmann der früheren Tempelmiliz in Erinnerung und wollen nicht glauben, daß du Setep bist, Bagsus älterer Bruder. Auch ich bin schon einige Male wiedererkannt worden…»

So spielte Bagsu allmählich mit dem Gedanken, sein durch Bestechung und Erpressung zusammengerafftes Vermögen in einem

Landgut anzulegen. Da konnte er, wenn ihn die Lust ankam, seine Bauern durchprügeln lassen – Gesindel da, Gesindel dort. Noch ehe er zu einem Entschluß kam, nahm man ihm «von oben» die Entscheidung ab.

Prinz Semenchkare, der neue Bürgermeister, befahl ihn zu sich. Es gingen Gerüchte um, die Königinwitwe Teje wolle etwas Großes aus dem Halbbruder des Königs machen, aber niemand wußte etwas Genaueres. War dieser Mann nicht für einige Zeit Zweiter Prophet des Amun gewesen? Freilich, für einen königlichen Prinzen war das weder eine Schande, noch brachte es Gefahren mit sich. Jahrelang hatte man nichts von ihm gehört, und jetzt war er plötzlich Bürgermeister von Waset.

Als Bagsu dem großen und kräftigen Prinzen gegenüberstand, dachte er gehässig: Dich hätte ich schnell kleingekriegt, in der Folterkammer wärst du vor mir gekrochen, demütig winselnd…

Semenchkare setzte sich und betrachtete diesen Setep, der – wie man sagte – aus nicht ganz geklärten Verhältnissen kam. Ein Rattengesicht… Gierige kalte Augen, sein Auftreten war anmaßend, auch wenn er sich tief verneigte und den Untertänigen spielte.

«Wir hören in letzter Zeit zunehmend Klagen über dich, Oberst Setep. Der Bruder eines gewissen Panhesi, den du getötet hast, behauptet sogar, du habest ihm den grausam zugerichteten Leichnam nur gegen Bezahlung von dreißig Silberdeben ausgehändigt…»

«Es waren nur zwanzig!» platzte Bagsu heraus und hätte sich gleich darauf auf den Mund schlagen können.

Semenchkares Schreiber, ein erzschlauer Fuchs, hatte ihm zu dieser Finte geraten.

«Aha, nur zwanzig – du gibst es also zu?»

«Herr, in diesem Amt gab es in letzter Zeit so viele Schwierigkeiten, auch so wenig Anerkennung und Unterstützung von oben, daß wir einen gewissen Ausgleich schaffen mußten. Immerhin ist mein Ernennungsdekret vom König gesiegelt…»

«Ja, Seine Majestät hat dich auf Empfehlung von Oberst Mahu in dieses Amt gebracht, aber die Zeiten – ja, die Zeiten haben sich geändert! Wir haben uns entschlossen, gnädig mit dir zu verfahren.

Was du – zu Recht oder Unrecht – an dich gebracht hast, kannst du behalten; im übrigen sind wir der Ansicht, du solltest aus der Stadt verschwinden, möglichst innerhalb von zehn Tagen.»

«Gilt das auch für Restep, meinen Gehilfen und Stellvertreter?»

«Gegen ihn liegt nichts vor, soviel ich weiß.»

Der Prinz blickte seinen Schreiber fragend an, doch der zuckte nur leicht die Schultern.

«So mag dieser Restep vorerst dein Amt übernehmen, später sehen wir dann weiter.»

Bagsu war über diese Entwicklung keineswegs unglücklich – im Gegenteil, er fühlte sich erleichtert, daß man ihm diese Entscheidung abgenommen hatte. Flüchtig hatte er daran gedacht, sich Si-Mut, als dem Führer des Amun-Klüngels, zu Füßen zu werfen und ihm erneut seine Dienste anzubieten. Er hätte an die Zeiten mit Maj erinnern können und wie genau und zuverlässig er damals alle, auch die schwierigsten Aufträge ausgeführt hatte.

Dann hatte er den Gedanken schnell wieder verworfen. Zu viele der Amun-Anhänger hatte er verfolgt und zur Strecke gebracht, es wäre geradezu tollkühn, bei diesen Leuten auf Verständnis oder Gnade zu hoffen. Die hatte er sich für alle Zeiten zum Feind gemacht.

Seine Entlassung sprach sich schnell herum, und Bagsu fühlte zum ersten Mal in seinem Leben Angst – nackte unverstellte Angst. Jahrelang war er es gewöhnt gewesen, im Kreis seiner stämmigen Leibwache einherzuschreiten, nun aber fühlte er sich so verletzlich wie ein Krieger, der in der Schlacht Lanze und Schild verloren hat. Da er die Stadt ohnehin verlassen mußte, wollte er nicht länger zögern und sich so unauffällig wie möglich davonmachen. Noch eines machte ihm Sorgen: Er hatte sein Vermögen im Schatzkeller des Stadthauses untergebracht, und da mußte er es ohne großes Aufsehen hervorholen, was ihm der neue Bürgermeister ohne weiteres gestattete.

Um nicht weiter aufzufallen, hatte Bagsu seine beiden Leibdiener entlassen, einfache Kleidung angelegt und trug nun ein Bündel auf der Schulter wie einer der vielen Taglöhner und Wanderarbeiter, die sich in der Stadt herumtrieben.

Er hatte kein gutes Gefühl. Du bist wie ein wandelndes Schatzhaus, dabei schutzlos wie ein Weib. Da bräuchten sich nur zwei kräftige Kerle zusammentun...

Huni! Natürlich, das war vorerst die sicherste Möglichkeit, die kostbare Last loszuwerden. Der dicke Wirt deponierte in seinem Tag und Nacht bewachten Lagerhaus auch das Gepäck seiner auswärtigen Gäste, die sich in der Stadt umtun wollten.

So nahm Bagsu ein Boot zum Tempelkanal und lief wie ein Gehetzter zum «Goldenen Hammel».

Der dicke Wirt grinste schadenfroh.

«Nicht mehr in Amt und Würden, der Herr? Ja, das Amt eines königlichen Beamten ist eine unsichere Sache – heute ganz oben, morgen ganz unten. Da bin ich schon lieber Wirt...»

Ohne zu fragen, verstaute Huni das ungewöhnlich schwere Bündel in seinem Lagerhaus.

«Wann holst du es wieder ab?»

«Morgen oder übermorgen...»

Der Wirt wies mit dem Daumen auf die Gaststube.

«Da drinnen sitzt schon längere Zeit dein Freund Restep – hat dir wohl etwas Wichtiges zu sagen.»

Restep? Was wollte der hier?

Als Bagsu die «Stube» betrat, stand sein früherer Gehilfe sofort auf.

«Wir gehen besser ins ‹Zimmer› – ich habe es für uns freigehalten.»

«Woher weißt du...?»

Restep vergewisserte sich, daß niemand lauschte, und nahm auf der gepolsterten Wandbank Platz.

«Sie sind seit Tagen hinter dir her; auch mich hat man befragt und mir gedroht. Dahinter stecken Verwandte unserer früheren Opfer... Zwar hat mich der Bürgermeister vorläufig auf deinen Stuhl gesetzt, aber so etwas liegt mir nicht. Ich stehe lieber im Halbschatten als im grellen Licht... Da gibt man ein zu deutliches Ziel ab, weißt du. Ich hoffe nur, daß man bald deinen Nachfolger ernennt, ich bleibe lieber Gehilfe...»

Plötzlich preßte Restep den Zeigefinger auf die Lippen und schlich zur Tür. Als er sie aufriß, prallte ein Mann zurück, der gelauscht haben mußte. Restep wollte seinen Arm ergreifen, doch der andere riß sich los und rannte davon.

Bagsu war hinzugetreten und rief in die «Stube».

«Wo ist Huni? Seit wann darf man hier an den Türen lauschen?»

Huni kam von irgendwo herangeschlurft, ganz ohne Eile; wie immer saß seine Perücke schief, und von einem der wächsernen Ohren war das Läppchen abgebrochen.

«Ich kann die Augen nicht überall haben...» brummte er und wandte sich ab, ohne – ganz gegen seine sonstige Gewohnheit – auf zwei Neuankömmlinge zu achten.

Die beiden traten auf Bagsu zu.

«Wir haben etwas mit dir zu besprechen, und du –», einer berührte Restep an der Schulter, «verschwindest besser von hier.»

Restep fand es an der Zeit, von nun an nur noch an sich selber zu denken. Er hatte Bagsu gedient – gerne gedient, aber jedes Ding hat seine Zeit, und damit war es nun wohl zu Ende. Er winkte seinem früheren Herrn zu und verschwand.

Die beiden drängten Bagsu ins «Zimmer» zurück; der eine schloß die Tür und stellte sich davor. Der andere, offenbar der Sprecher, setzte sich auf die Bank, ohne Bagsu zum Platznehmen aufzufordern.

«Ich spreche für einige Leute, die an dir ein gewisses Interesse haben – oder besser gesagt, an dem, was du ihnen genommen hast.»

Bagsu begann zu schwitzen und wischte sich mit einer fahrigen Bewegung über die Stirn.

«Ich habe – habe keinem etwas genommen... Habe immer nur meine Pflicht getan!»

«Nun, das wird sich bald erweisen. Ich werde die betreffenden Herren von deiner Anwesenheit unterrichten, und sie werden hier im Laufe des Tages eintreffen. Sicherheitshalber müssen wir dir leider Fesseln anlegen.»

Sie banden ihm Hände und Füße, legten ihn dann auf die Wandbank.

«Damit du es schön bequem hast... Übrigens, Huni weiß Bescheid und wird nicht auf dein Rufen achten. Das ‹Zimmer› ist für den ganzen Tag gemietet, mein Freund wird draußen die Tür bewachen.»

Nun ist es wohl aus, dachte Bagsu und konnte für eine Weile an nichts anderes denken. Daß es so enden mußte... Was hatte er denn falsch gemacht? War er nicht kurzentschlossen auf die Seite des Königs und seines neuen Gottes übergewechselt – auf die richtige Seite? Hatte er nicht getan, was Seine Majestät verlangte, nämlich die falschen Götter auszutilgen und ihre Anhänger zu verfolgen? Und nun soll dies wieder falsch gewesen sein?

Er seufzte, hob mühsam den Kopf und betrachtete seine gefesselten Beine.

Wie ein Paket haben sie mich verschnürt, und diese Fesseln werde ich erst los sein, wenn sie mich abgetan haben – erwürgt, erstochen, ertränkt – wer weiß.

All dies hatte Bagsu anderen angetan, jahrelang, aber er bereute es nicht. Immer hatte er tun können, wozu seine Lust ihn trieb, und die war auf quälen, demütigen und töten ausgerichtet gewesen. Einige mehr hätte er gerne noch in Händen gehabt – diesen Semenchkare etwa, den von seiner Würde aufgeblasenen königlichen Prinzen. Dem hätte er mit Vergnügen eigenhändig die Eier zerquetscht, ganz langsam, daß man fühlte, wie sie platzten, während der gebundene Delinquent sich die Seele aus dem Leib brüllte.

Aber damit war es nun vorbei, und er würde Glück haben, wenn ihm seine Feinde nicht das antaten, womit er andere, viele andere, gequält und gedemütigt hatte.

Das Fenster im «Zimmer» bestand nur aus zwei schmalen Öffnungen, da hätte nicht einmal ein Kind durchkriechen können. Außerdem war er an Händen und Füßen gefesselt...

Er drehte den Kopf und sah unter dem niedrigen Tisch etwas funkeln. Vielleicht ein vergessener Löffel – aber nein, die waren ja aus Holz. Eine Gürtelschnalle? Ein verlorener Kupferdeben?

Ohne lange zu überlegen, schaukelte Bagsu seinen Körper hin und her, hin und her, bis er von der Bank auf den Lehmboden fiel.

Hatte der draußen etwas gehört? Bagsu hielt den Atem an, lauschte, wartete, und dann öffnete sich tatsächlich die Tür. Er hörte ein leises Lachen.

«Bist wohl auf den Boden geplumpst? Macht nichts, bleib ruhig da liegen, auch wenn's nicht ganz so bequem ist. Lange kann's ja nicht mehr dauern...»

Der Kerl verschwand, die Tür fiel zu. Bagsu rollte sich mühsam auf den Bauch und versuchte sich durch Strecken und Zusammenziehen fortzubewegen wie eine Raupe. Und es ging. Sehr langsam zwar, aber es ging. Seine Füße und Hände begannen durch die strenge Fesselung abzusterben. Es dauerte wohl eine Stunde, bis er schweißgebadet mit dem Kopf unter dem Tisch lag.

Das funkelnde Ding war ein Messer – ein Fleischmesser, wohl liegengeblieben von der letzten Mahlzeit. Im «Zimmer» verkehrten ja meist nur verwöhnte Herren, und wenn da einem ein Messer hinunterfiel, dann stieß er es mit dem Fuß unter den Tisch, weil er zu faul war, sich zu bücken.

Es war eines der langen dünnen Messer, mit denen man von der Keule ein Stück abschnitt, auch das Hühnchen oder die Ente zerteilte.

Aber was nutzte das schönste Messer, wenn die Hände auf dem Rücken gefesselt waren? Wenn jetzt plötzlich der Wächter erschien? Aber was konnte er verlieren? Er war seinen Feinden ausgeliefert – mit Leib und Leben.

Nach vielen vergeblichen Versuchen gelang es ihm, sich auf den Rücken zu wälzen. Er blutete aus einigen Schnittwunden, ehe es seinen schon fast gefühllosen Händen gelang, den Griff des Messers zu umklammern. Dann drehte er sich wieder auf den Bauch und zog die Knie an, bis die Klinge an den Fußfesseln scheuerte. Die scharfe Schneide traf Knöchel, Waden, Fersen – alles war glitschig von seinem Blut, doch dann und wann schnitt sie in den Strick, der so dünn und gespannt war, daß er sich verhältnismäßig leicht durchtrennen ließ. Jetzt war Bagsu viel beweglicher geworden, drehte sich auf den Rücken und setzte sich auf. Nun mußte er nur noch seine Hände befreien, aber dazu brauchte er kein Messer, denn seine Bewegungen hatten den Strick gelockert und das viele Blut seine Gelenke und Finger so glitschig werden lassen, daß er sie unter Drehen und Pressen aus der Schlinge ziehen konnte.

Bagsu spuckte mehrmals auf seine Hände und rieb sie dann am Schurz trocken. Langsam schwand die Taubheit aus seinen Gliedern, er stand auf und humpelte zur Tür, seine Rechte hielt das Messer fest umklammert.

Die Zeit tropfte zäh wie Honig, aber dann ging die Tür auf, und der Wächter streckte den Kopf herein, während Bagsu sich flach an die Wand preßte.

«Bist wohl eingeschlafen – wie?»

Der Mann trat herein, Bagsu packte ihn schnell an den Haaren, zog den Kopf des Überraschten nach unten und rammte ihm das Messer ins Genick. Mit einem leisen Ächzen fiel er nach vorne. Bagsu fing ihn auf, stieß mit dem Fuß die Tür zu und schob den Riegel vor. Dann legte er seinen eigenen kurzen und stark mit Blut befleckten Schurz ab und tauschte ihn mit dem längeren des Wächters. Zuvor hatte er sich Hände und Beine mit Hilfe des auf dem Tisch stehenden Wasserkrugs gesäubert. Seine nicht sehr tiefen Wunden hatten zu bluten aufgehört, aber sie waren als rote Striemen noch sichtbar. Er bestreute sie mit dem feinen Staub, der auf den Fenstersimsen lag.

Der tote Wächter trug an einer Schnur eine Bronzeplakette um den Hals mit einigen Schriftzeichen darauf. Bagsu legte sie an und nahm den Dolch des Getöteten an sich. Zum Glück hatten sie ungefähr die gleiche Größe und Statur. Zuletzt zog er sich die einfache Perücke vom Kopf, so daß sein kurzgeschnittenes Haar dem des anderen glich.

Dann schob er den Riegel zurück und öffnete die Tür einen Spalt. Er wartete so lange, bis Huni zu zwei neu angekommenen Gästen an den Tisch trat, schlüpfte hinaus und ging schnell auf den im Hof gelegenen Abtritt. Dort erleichterte er sich, trat auf die Straße und blickte auf die Lagerhalle, vor deren schmaler Tür ein Wächter unter dem schilfgedeckten Vordach döste. Er schaute sich um. In der Hitze des frühen Nachmittags war alles wie ausgestorben, doch der Wächter – jetzt aufgeschreckt – ließ ihn nicht aus den Augen.

Bagsu trat heran.

«Möchtest du einen Krug Bier? Ich habe heute gute Geschäfte gemacht, da sollen sich auch andere freuen.»

Der Mann blieb mißtrauisch und erhob sich.

«Wer bist du überhaupt?»

«Da!»

Bagsu zog mit der linken Hand einige Kupferdeben hervor, und während der Wächter sich neugierig darüber beugte, fuhr ihm Bagsus Dolch ins Genick – von unten nach oben, so daß die Spitze ins Gehirn traf.

Die Pforte war natürlich verschlossen und verriegelt, aber das weiche Holz gab schnell nach, Bagsu schlüpfte hinein und zog die Tür hinter sich zu. Er schloß für eine Weile die Augen, um sie an das Dämmerlicht zu gewöhnen. Wo der Wirt sein Bündel abgelegt hatte, wußte er noch genau, und da war es auch.

Drinnen war Huni mißtrauisch geworden, weil der Wächter nicht mehr vor der Türe des «Zimmers» stand. Noch ehe er etwas unternehmen konnte, rief ihm ein Gast zu: «Der ist wohl pissen gegangen!»

Der dicke Wirt widerstand dem Impuls, selber im «Zimmer» nachzusehen. Er wollte sich nicht in die Angelegenheiten dieser Herren mischen – hatte schon öfter erlebt, daß dies nicht ratsam war. Aber als der Wächter nicht mehr erschien, tat er es doch und fand den Erstochenen am Boden liegen. Er beugte sich darüber und sah, daß es nicht Setep war, der entlassene Oberste der Stadtmiliz, sondern offenbar sein Bewacher.

Bei Amun, dem Gewaltigen! Da saß er ja sauber in der Patsche. Er schloß die Tür und schaute auf dem Abtritt nach; ging dann nach draußen, sah den Wächter vor dem Lagerhaus zusammengesunken vor sich hin dösen. Da wurde er wütend und wollte den Faulpelz mit einem Fußtritt wecken, doch der Mann fiel nur zur Seite, und Huni sah die Stichwunde in seinem Nacken. Jetzt glaubte er selber an das Gerücht, daß Setep in Wirklichkeit der alte Bagsu war, der «Dolch», dem er dies alles ohne weiteres zutraute.

Aber was jetzt tun? Sollte er dem Entflohenen auf eigene Faust Häscher nachsenden? Er schüttelte den Kopf. Nein, Huni, das tust du nicht! Oder vielleicht die unfähige und versoffene Tempelmiliz – abgestellt zur Bewachung des Aton-Heiligtums – zu Hilfe holen? Das wäre eine schöne Hilfe… Nein, er würde nichts unternehmen, bis jene Herren kamen, von denen der Wächter gesprochen hatte. Er schob seinen toten Torhüter in den Lagerraum und postierte einen seiner Gehilfen vor die Pforte mit dem zerbrochenen Riegel.

Zum Glück dauerte es nicht lange, bis die Herren erschienen.

Huni verbeugte sich geschäftig und wies auf das «Zimmer».

«Da drinnen muß es wohl Streit gegeben haben, aber ich mische mich niemals ein – das ist nicht meine Art.»

Gleich kam einer wieder heraus und rief: «Wo ist Setep? Du hast ihn entkommen lassen!»

Huni tat erstaunt.

«Damit habe ich nichts zu tun, das ist allein eure Sache. Ich bin hier der Wirt und kein Aufpasser!»

Sie beachteten ihn nicht weiter, liefen hinaus auf die Straße und beratschlagten erregt, welche Richtung der Flüchtige eingeschlagen haben könnte.

«Jedenfalls kann er noch nicht weit sein!»

Diese Vermutung war richtig, denn nicht weit von der Tempelmauer entfernt begann ein Gewirr von ärmlichen Hütten, kleinen Gärten und niedrigen Mauern, wo man leicht untertauchen und sich verstecken konnte – um so mehr, da ein Teil dieser Behausungen verlassen und verkommen war, seit die Tempelarbeiter hier keine Beschäftigung mehr fanden.

Bagsu kannte sich gut aus, hatte oft genug diese Siedlung mit seinen Leuten durchstreift, um irgendeinen Übeltäter aufzuspüren. Er lief geduckt durch schmale Gassen, stieg über eingestürzte Mauern, durchquerte Hinterhöfe und hielt sich immer in Richtung Nordwest, wo er bald auf ein kleines Fischerdorf am Nil stoßen mußte.

Das schwere Bündel mit den Silber- und Kupferdeben zerrte an seinen Händen und schlug klirrend auf seinen Rücken, wenn er von einer Mauer oder über einen Graben sprang.

Daß sie ihn hierher verfolgen könnten, schloß Bagsu aus, aber er mußte weg von der Stadt, wo fast jeder ihn kannte und es kaum eine Möglichkeit gab, sich unsichtbar zu machen.

Da war schon das Dorf – eine Handvoll schmaler Hütten mit Schilfbündeln auf den flachen Dächern. Ein paar Papyrusboote lagen auf dem flachen Ufer, daneben ein Haufen zum Teil schadhafter Fischreusen. Ein Hund begann zu kläffen, wollte nicht aufhören, doch kein Mensch war zu sehen.

Bagsu wischte sich den Schweiß von der Stirn und aus den halbblinden Augen. Er musterte die Boote, warf sein Bündel in das dem Fluß am nächsten liegende, schob es mit einem Ruck ins Wasser und sprang hinein.

In diesem Augenblick kam ein Mann aus einer der Hütten, winkte erregt, schrie etwas, doch Bagsu kümmerte sich nicht darum. Nun mußte er damit rechnen, daß diese Fischer gemeinsam die Verfolgung aufnahmen, und so holte er zwei Kupferdeben aus dem Bündel und warf sie ans Ufer. Jetzt kamen auch andere hinzu, und sie warfen sich über die Kupferstücke, bildeten einen wirren Haufen aus sich windenden Leibern.

Bagsu hielt die lange Ruderstange in beiden Händen, stieß sich vom Ufer ab, wollte schnell in die Strömung gelangen. Doch er stellte sich ungeschickt an, das Boot drehte sich mehrmals im Kreis, bis es endlich vom Flußlauf erfaßt und zügig nach Norden getrieben wurde. Aber der kleine leichte Papyruskahn neigte immer wieder dazu, aus der Strömung auszubrechen und ans Ufer zu treiben, wo die Gefahr bestand, im Schilf hängenzubleiben, und es schwierig war, aus dem seichten, fast stehenden Wasser wieder herauszukommen.

Zweimal war dies schon geschehen, und Bagsu, der gehofft hatte, binnen einer Stunde die Stadt weit hinter sich zu haben, bemerkte mit Entsetzen, daß die Pylonen des Amun-Tempels noch immer deutlich sichtbar waren.

Seine Verfolger hatten ihre Dienerschaft ausschwärmen lassen und bald erfahren, daß Bagsu mit einem gestohlenen Fischerboot die Flucht ergriffen hatte.

«Diese Dinger haben keine Segel, er muß also mit der Strömung nach Norden getrieben sein», meinte einer der Herren.

«Da wäre er leicht einzuholen», sagte ein anderer.

Die Stadtmiliz unterhielt für etwaige Verfolgungen auf dem Wasser zwei lange schmale Boote, die – mit jungen kräftigen Ruderern bemannt – es mit jedem Schiff an Schnelligkeit aufnehmen konnten.

Im Gegensatz zu Bagsu verstanden die Ruderer ihr Handwerk, und das Boot flog lautlos dahin, ohne nur eine Spanne aus der Strömung abzudriften. Es dauerte keine halbe Stunde, da kam Bagsus Papyruskahn in Sicht.

Er war zum dritten Mal in das Schilf am Ufer geraten und versuchte verbissen, aus dem klammernden Dickicht wieder herauszukommen. Die Ruderstange half auch nicht viel, denn der Boden war sumpfig und bot wenig Widerstand.

Während seine Verfolger ihn gerade eben ausgemacht hatten und auf ihn zuhielten, hatten andere ihn schon länger beobachtet. Das waren zwei Krokodile, die reglos im Sumpf lauerten und nur Augen und Atemlöcher über dem Wasser hielten. Sie ließen sich Zeit, denn aus ihrer langen Jagderfahrung wußten sie, daß der richtige Augenblick noch nicht gekommen war.

Bagsu war so in seine Beschäftigung vertieft, daß er das Ruderboot erst sah, als es nur noch etwa vierzig Ellen von ihm entfernt war.

Ohne lange zu überlegen, versuchte er, tiefer in den Schilfgürtel einzudringen, und plötzlich fiel ihm ein, daß er nicht einmal ein Grab besaß. Als ihm die Stelle eines Obersten der Stadtmiliz zugefallen war, hatte er in der Westwüste einen Platz gekauft – auch ein Stollen war schon in den Felsen getrieben worden. Aber dann hatte er die Arbeiten einstellen lassen, weil er ahnte, daß er sein Amt bald würde aufgeben müssen und sein Zusammengerafftes für den Lebenden wichtiger war als für den Toten.

Er hörte das Knacken und Knistern des ins Schilf eindringenden Bootes, vernahm die leisen Rufe der Männer.

Das eine Krokodil hatte sofort die Flucht ergriffen, als es die vielen Menschen kommen sah, das andere aber, ausgehungert und zum Äußersten entschlossen, wich nicht von der Stelle.

Als Bagsu nicht mehr vorankam und schon die Köpfe seiner Verfolger auftauchen sah, kletterte er aus dem Boot, nahm sein Bündel und versuchte, das Ufer zu erreichen. Das Wasser reichte ihm bis zur Brust, doch der Sumpf hielt seine Beine fest, und bei jeder Bewegung sank er tiefer ein.

Vielleicht wollten sie nur sein Vermögen und ließen ihn laufen, wenn er es ihnen übergab?

Das Krokodil nahm ihm jede weitere Überlegung ab. Es schoß auf ihn zu, packte ihn am rechten Oberarm und zog ihn unter Wasser. Das Bündel mit den Kupfer- und Silberdeben entfiel ihm und sank in den Sumpf. Mit einer unglaublichen Schnelligkeit schwamm das Tier ins tiefere Wasser und schleppte seine Beute so mühelos mit, als sei es nur ein Schilfrohr.

Bagsu empfand keine Schmerzen, spürte nur, wie das Wasser in seine Lungen drang. Schnell schwanden ihm die Sinne, und als das

Krokodil mit einem kräftigen Biß sein Genick durchtrennte, hatte sein Herz schon zu schlagen aufgehört.

Seine Verfolger aber fanden nur noch den leeren Kahn und das von Bagsus Blut gerötete Wasser.

«Es gibt hier Krokodile – wir müssen vorsichtig sein», warnte einer der Männer.

Lange stocherten sie vom Boot aus im Sumpf herum, aber sie fanden nichts.

Restep wurde bald darauf seines Amtes enthoben, das er ungenügend und nur widerwillig ausgeübt hatte. Semenchkare ernannte einen jungen fähigen Mann aus alter und angesehener Familie zum Obersten der Stadtmiliz. Restep übernahm den Posten eines Hauptmanns. So hatte er wieder einen Herrn über sich und war es zufrieden. Er trauerte Bagsu eine Weile nach, aber auch nicht zu sehr, denn ein wenig hatte er diesen Menschen schon gefürchtet.

16

Mit Sat-Amun hatte sich eine Wandlung vollzogen, seit sie schwanger geworden war. Wenn manche Frauen in diesem Zustand die Pflege ihres Körpers eher vernachlässigten und sich auch sonst gehenließen, so verhielt es sich bei ihr umgekehrt. Jeden Morgen ließ sie sich sorgfältig schminken, benutzte jetzt sogar die zeitgemäße schwarze Farbe, setzte modische Perücken auf ihr gestutztes Haar und trug stets angemessene und schickliche Kleidung.

Da sie jetzt wieder in der Palaststadt «Aton glänzt» lebte, achtete sie sehr darauf, daß Semenchkare in ihrer Nähe blieb und – das hatte sie dringend von ihm verlangt – die Verbindung zu Ibara abbrach.

«Wenn Teje und Kija nach Achetaton reisen, wird sie für immer fortgehen; da wäre es besser, du tust schon jetzt, als sei sie nicht mehr da.»

Semenchkare, von Jugend an gewohnt, den Wünschen der Frauen zu gehorchen, pflichtete Sat-Amun zwar bei, wollte aber nicht darauf verzichten, Ibara ein letztes Mal zu treffen.

Aber die kluge Sat-Amun hatte dafür gesorgt, daß Peri ihm zuvorkam. Immer wieder gab es mit ihrem Haushofmeister etwas zu besprechen, und so hielt er sich häufig in der Palaststadt auf.

Gleich nach ihrer Übersiedlung hatte sie Ibara zu sich gebeten. Die Kammerfrau wußte sehr wohl um den Unterschied zwischen einer legitimen Erstgeborenen und dem Sproß einer Nebenfrau. Sie verneigte sich besonders tief, doch sie behielt ihre stolze Miene bei, gestärkt von dem Bewußtsein, jung und schön zu sein. Sofort fiel

513

ihr die Ähnlichkeit Sat-Amuns mit Semenchkare auf, aber sie hielt es für unschicklich, darauf anzuspielen.

Sat-Amun ruhte behäbig in ihrem Sessel, hatte beide Hände über dem hochschwangeren Leib gefaltet. Als erstes entließ sie die Dienerschaft und lächelte verbindlich.

«Was wir zu bereden haben, geht niemand etwas an, Prinzessin Ibara.»

Die Kammerfrau hob erstaunt ihre Brauen.

«Daß du mich so titulierst…»

«Warum nicht? Schließlich bist du die Tochter des Königs von Byblos, und da steht dir der Titel wohl zu.»

Sie nannte Rib-Addi König, obwohl er hierzulande nur als Fürst bezeichnet wurde, doch dies alles war wohlerwogen.

Dann fügte sie hinzu: «Lassen wir beide die Prinzessin weg und bleiben bei unseren Namen. Doch bei dem, was ich dir sagen will, geht es auch um deinen Rang. Du weißt, daß ich Semenchkares Kind trage und unsere Ehe – nach erfolgter Zustimmung des Königs – bald amtlich und damit öffentlich wird. Wärst du nun eine Dienerin oder ein Mädchen aus bürgerlicher Familie, so wäre gegen dich als Semenchkares Zweite Gemahlin nichts einzuwenden. Aber du bist hochgeboren, und so schickt es sich nicht, um so mehr als ich neben dem künftigen König auf dem Thron sitze und für dich dann nur ein wenig angemessener Platz im Harim bliebe. Kurz und gut – du wirst künftig auf den Prinzen verzichten müssen, was dir unter den gegebenen Umständen nicht allzu schwerfallen wird.»

Ibara wollte etwas einwenden, doch Sat-Amun redete schnell weiter.

«Es ist nun mit den Männern so, daß sie meist nicht genau wissen, was sie wollen, und wenn, dann ist es oft das Falsche. Da müssen wir Frauen sie behutsam auf den rechten Weg leiten, und das gilt, wie du vermutlich weißt, für einen Taglöhner genauso wie für Prinzen und Könige.»

Jetzt hätte Ibara reden können, doch Sat-Amun hatte ihr den Wind aus den Segeln genommen.

«Aber – aber was bleibt mir dann?»

Auf diese Frage hatte die Prinzessin gewartet.

«Möchtest du mit Prinzessin Kija nach Achetaton gehen? Das wäre sozusagen deine Pflicht als Kammerfrau.»

«Das sei noch eine einzige Baustelle, habe ich sagen hören… Nein, ich würde lieber hierbleiben.»

Sat-Amun lächelte versonnen und spielte mit ihrer Halskette aus Lapislazuli-Skarabäen.

«Peri, mein Haushofmeister, ist schon länger verwitwet… Es wird nicht mehr lange dauern, und er wird wieder sein, was er früher war, nämlich Hoherpriester. Weißt du, was dieser Rang bedeutet?»

Ibara schaute etwas verlegen drein.

«Nicht so genau, die Tempel sind ja alle geschlossen, bis auf den einen…»

Sat-Amun nickte.

«Als es den Hohenpriester des Amun noch gab, nannte man ihn den zweiten König im Land – so groß war sein Ansehen, seine Macht. Die Hohenpriester der anderen Götter standen ihm kaum nach, vor allem der im Südlichen Harim, dem Tempel der Göttin Mut. Dieses Amt hatte Peri inne, und wenn wir eine Lösung gefunden haben, wird er es wieder ausüben.»

«Aber dann muß er ja schon ziemlich alt sein?»

«Nein, nein – zwar um einiges älter als du, aber im Bett, ich kann dir versichern…»

Sie schmunzelte vielsagend, doch Ibara blieb mißtrauisch.

«Kann ich deinen Worten entnehmen, daß Peri für mich als Ehemann in Frage käme?»

«Wenn du willst – wenn er will… Ich nehme dir zwar Semenchkare nicht weg, denn nach den alten heiligen Gesetzen kommt für mich kein anderer Gemahl in Frage, aber ich fühle mich verpflichtet, dir eine deinem Rang gemäße Verbindung vorzuschlagen. Etwas Besseres ist vorerst nicht in Sicht…»

«Dafür danke ich dir, Sat-Amun. Ja, ich möchte Peri kennenlernen.»

«Gut, gut.»

Sat-Amun erhob sich langsam, und auch Ibara stand auf.

«Mein Haushofmeister ist seit heute mittag im Palast. Wir werden gemeinsam zu Abend essen, und ich lade dich dazu.»

Ibara war von Sat-Amun angetan und fühlte sich geschmeichelt. Sie hätte mich ja auch mit Kija wegschicken können, und ich wäre dann als Kammerfrau im Harim verkümmert. Aber so…

Als sie dann einander gegenübersaßen, war Ibara enttäuscht. Sie fand diesen dicklichen älteren Herrn mit seinem Doppelkinn und den schmachtenden Augen nur lächerlich.

Bei Peri war es anders. Ibara gefiel ihm über alle Maßen, und er tat alles, um auch bei ihr Gefallen zu finden, doch seine Mühe schien vergeblich. Er redete sie stets mit Prinzessin an, lobte in gesetzten Worten ihr Aussehen, ihr Kleid, ihren Schmuck. Heute konnte er es tun, ohne Sat-Amun zu vergrämen, denn sie hatte ihn ja dazu ermuntert.

Ibara blieb höflich, doch sie hielt auf Abstand und ging auf seine Anzüglichkeiten nicht ein. Gerade aber das steigerte Peris Verlangen, sie für sich zu gewinnen. Seine unbestrittene Fähigkeit, der Frauen Gunst zu erlangen, hatte er während der letzten Jahre nicht mehr erproben können, aber jetzt empfand er wie ein alter Krieger, der längst vergangenem Schlachtenlärm nachlauscht, sich Schwert und Bogen greift, um zu sehen, ob er noch damit umgehen kann.

Sat-Amun erkannte, daß beim heutigen Treffen nichts oder nur wenig zu erreichen war, und so sann sie auf eine andere Möglichkeit. Sie wandte sich an Peri.

«Ibara ist nun schon über ein Jahr hier und hat noch keinen unserer schönen, weithin berühmten Tempel gesehen. Da nun die Göttin nicht mehr im Allerheiligsten weilt, ist der Tempel sozusagen profanisiert, und du könntest ihn Ibara in all seiner Pracht vorführen.»

«Gerne!» rief Peri, schränkte aber dann ein: «Eigentlich ist es ja untersagt aufgrund der alten Befehle…»

Sat-Amun lächelte verschwörerisch.

«Die aber nicht mehr so recht gelten, wie ich meine. Die Königinwitwe Teje hat jedenfalls nichts dagegen, wenn die einstigen Priester dann und wann ihre Amtsräume aufsuchen. Die Stadtmiliz ist angewiesen, einfach nicht hinzusehen… Nun – Ibara?»

Ihr war alles recht, was etwas Abwechslung in den eintönigen Hofdienst brachte.

«Es wäre mir eine große Ehre», sagte sie ein wenig steif.

Peri strahlte.

«Wenn ich übermorgen nach Waset zurückkehre, könntest du mit mir kommen, Prinzessin –», er blickte Sat-Amun an. «Geht das?»

«Ja, ja, ich werde es schon regeln.»

Als Sat-Amun Ibara in den Harim zurückbegleitete – schwerfällig watschelnd wie eine fette Nilgans –, schwärmte sie von den früheren Zeiten.

«Du kannst dir nicht vorstellen, welche Pracht das war, wenn bei den festlichen Umzügen die Propheten und Priester in ihren Pantherfellen hinter der Götterbarke herschritten! Auch die Frauen und Kinder dieser Herren nahmen daran teil, in ihren Prunksänften, umgeben von zahlreichen Dienern. Das ist nicht wie in den nördlichen Fremdländern, wo die Frauen – das weißt du ja am besten – von fast allem ausgeschlossen sind. Bei den anschließenden Festbanketten saßen die Gemahlinnen an der Seite ihrer Männer, angetan mit kostbaren Festkleidern und einem Salbkegel auf der Perücke. Wir sind dabei, diese schönen alten Zeiten wiederzubeleben. Es wird nicht lange dauern, glaube mir. In der neuen Stadt wird es dies alles nicht geben, denke daran!»

Ibara ließ es sich gesagt sein und dachte nicht nur an das Heute, sondern auch an spätere Zeiten. Gemäß dem Altersabstand würde sie aller Erwartung nach eine junge Witwe sein und sich, wie das in Kemet der Brauch war, bald wieder verheiraten können. Als Prinzessin und Witwe eines Hohenpriesters konnte sie sich dann in den höchsten Kreisen umtun. Sat-Amun hatte schon recht: Kammerfrau einer Nebengemahlin in einer unfertigen Stadt, wo ein etwas seltsamer König regierte – eine solche Zukunft schien ihr wenig verlockend. Auch wurde Prinzessin Kija immer launischer, je länger sie hier warten mußte. Zu Semenchkare gab es keinen Weg zurück, denn Sat-Amun würde es verhindern, und in ihren Händen – zusammen mit der Königinwitwe Teje – lag hier die Macht.

So war sie recht heiter gestimmt, als sie mit Peri im Boot saß, das sie zu dem kleinen, jetzt verwaisten Hafen des Mut-Tempels brachte. Er bot ihr beim Aussteigen seine Hand, und ihr Griff war überraschend fest und etwas intim, denn seine Finger waren für

517

einen Augenblick streichelnd über ihre Handfläche geglitten, ehe er sie umschloß. Sie tat, als bemerke sie es nicht.

Die an der Tempelpforte postierten Wachen erkannten Peri, öffneten das Tor und schlenderten beiseite, als hätten sie ihn nicht gesehen. Die Diener gesellten sich ihnen zu, stellten zwei große Krüge Bier ab und setzten sich auf den Boden.

Sie betraten den gewaltigen, von zwei Säulenreihen umschlossenen Innenhof.

«Den ließ der in Osiris ruhende König Nebmare errichten, und wie du siehst –», Peri deutete auf das Gebälk und die Säulen, «hat der jetzige König sich mit Amun nicht so recht vertragen, denn in den ausgemeißelten Lücken stand früher der Name des Gottes.»

«Seltsam ist das schon...» meinte Ibara nachdenklich.

Dann erklärte er ihr die Bilder, führte sie mit Kennerschaft durch die Götterwelt des Landes Kemet.

«Ein König kommt, ein König geht – sie aber sind unsterblich und werden bleiben», sagte Peri leise, aber mit Nachdruck. «Willst du meine früheren Amtsräume sehen?»

«Wenn es möglich ist...»

Er lachte kurz.

«Es ist nicht unmöglich...»

Die im Süden angebauten Amtsräume des Hohenpriesters hatten durch die Maßnahmen des Königs allen Glanz verloren. Obwohl hier niemand mehr aus und ein ging und es nichts mehr zu stehlen gab, hatte Peri vor kurzem einfache Türen aus Tamariskenholz fertigen lassen, um sie wenigstens abschließen zu können.

«Im Grunde ist es ja unsinnig, aber ich habe es lieber so...»

Diese nachdenkliche und etwas hilflose Bemerkung rührte Ibara, und sie lächelte ihn kurz an.

«Das kann ich verstehen – das kann ich gut verstehen.»

«Es ist auch, weil der Wind überall Sand hereinfegt, der an manchen Stellen schon fußhoch liegt. Früher haben die Novizen täglich die Höfe kehren und von Zeit zu Zeit gründlich mit Wasser reinigen müssen. Aber die alten Zeiten werden wiederkommen.»

«Ich hoffe es für dich.»

Er öffnete die Tür, sie gingen über einen kleinen Innenhof und betraten einen großen Raum.

«Die Seele des Tempels ist das Allerheiligste, weil dort der Gott seine Wohnung hat, das Herz des Tempels war hier, wo der Hohepriester residierte.»

«Das Herz wird wieder zu schlagen beginnen und die Seele an ihren Ort zurückkehren.»

«Ich hoffe es, denn sonst ist der Tempel nur ein toter Körper, ein Haufen nutzloser Steine. Komm, wir gehen jetzt, dieser Anblick macht mich traurig. Ich habe für uns im Palast ein Mittagsmahl richten lassen.»

«Im Palast?»

«Ja, wo noch vor kurzem die Prinzessin wohnte. Wir werden in einer Laube speisen mit Blick auf den Fluß.»

Ibaras Abneigung gegenüber Peri schwand, und sie fand ihn jetzt keineswegs mehr lächerlich. Er benahm sich so höflich und rücksichtsvoll, bewegte sich gemessen und mit Anstand und ließ in seinen Worten stets die Bewunderung für sie mitschwingen.

Sie war dafür nicht unempfänglich, erwiderte seine Höflichkeit mit Herzlichkeit. Ihr kritischer Blick konnte an seinem Äußeren nichts Nachteiliges entdecken. Alles an ihm erschien ihr sauber und gepflegt – sein frisch gestärkter fleckenloser Schurz, die makellose, gerade noch die Schultern berührende Perücke, der knappe, aber sehr schön gearbeitete Schmuck und – sie bemerkte es gleich – die kurzgeschnittenen sauberen Fingernägel. Die von Semenchkare waren immer ein wenig schmutzig gewesen, und die Flecken auf seinem Schurz bemerkte er nur, wenn man ihn darauf aufmerksam machte.

Gewiß, Peri war von beachtlicher Leibesfülle, aber – darüber hatte man sie schon aufgeklärt – in Kemet galt dies als Zeichen von Würde und Wohlstand.

Peris Eindruck von Ibara hatte sich nicht verändert. Ihre geschmeidige Schlankheit, die hellen bernsteinfarbenen Augen, das vorne aus der Perücke hervorlugende rötliche Haar, der stolze Ausdruck auf ihrem schönen Gesicht – dies alles stärkte seinen Entschluß, behutsam und mit Klugheit um sie zu werben. Bei ihr durfte er nichts überstürzen, sie war eine Prinzessin und hatte Anspruch darauf, daß er sich mit Geduld und Ehrerbietung um sie bemühte.

Die Mahlzeit war zweifellos ein Erfolg. Ibara gab sich heiter und gelöst, sie zierte sich nicht und griff herzhaft zu.

Peri geleitete sie am frühen Abend zum Boot, während Aton über den dunklen Wüstenbergen schwebte und sein mildes rosenfarbiges Licht glitzernde Funken auf dem Nilwasser entfachte.

«Darf ich dich bald wieder besuchen, Prinzessin?»

«In Wahrheit ist es Sat-Amun, die du treffen willst...» neckte sie ihn, aber er ging nicht darauf ein.

«Ich bin ihr Haushofmeister und verwalte ihr Vermögen. Sonst bindet uns nichts mehr aneinander; sie wird bald Semenchkares Kind gebären und erfüllt so die Aufgabe ihres königlichen Blutes. Sie jetzt noch zu berühren wäre ein Sakrileg!»

Ibara unterdrückte ein Lächeln, als sie den Ernst in seinen Worten erkannte.

«Ich freue mich auf deinen Besuch», sagte sie nur.

Da Sat-Amun genau wußte, wann ihr Kind gezeugt worden war, zählte sie wie jede Frau die Tage, aber zum Zeitpunkt der zu erwartenden Geburt geschah nichts. Kein Anflug von Wehen, kein Brechen des Fruchtwassers – nichts wies auf eine bevorstehende Entbindung hin. Aber das Kind war da, rührte und regte sich, stieß immer häufiger von innen an ihren Leib, fordernd, ungeduldig, als wolle es sagen: Warum laßt ihr mich nicht heraus?

Teje versuchte, ihre Tochter zu beruhigen.

«Das geht nicht immer genau auf den Tag. Geburten können um Wochen zu früh und auch Wochen später erfolgen. Erfahrene Wehmütter werden dir bestätigen, daß es besser ist, ein Kind über die Zeit auszutragen, als eine schwächliche Frühgeburt aufpäppeln zu müssen, und das gelingt nur ganz selten.»

Die schon seit Tagen im Palast anwesenden, tüchtigen und erprobten Wehmütter bestätigten, was ihre Mutter gesagt hatte. Eine von ihnen konnte aus eigener Erfahrung berichten, daß sie schon zweimal eine Überschreitung des Geburtstermins um zwanzig und einmal um dreiundzwanzig Tage erlebt hatte.

So atmeten alle auf, als – nach einer Verschiebung von zehn oder zwölf Tagen – heftige Wehen einsetzten. Die ältere der beiden Wehmütter hatte zuvor bei Teje Bedenken angemeldet.

«Ich will die Prinzessin nicht beunruhigen, Majestät, darum habe ich um eine Unterredung mit dir gebeten. Die Beckenknochen deiner Tochter stehen etwas eng, zudem ist das Kind überreif und wird größer als üblich sein. Wir sollten einen erfahrenen Wundarzt und einen erprobten Blutstiller hinzuziehen.»

Doch es gab kaum Ärzte, die sich mit dem eigentlichen Geburtsvorgang befaßten, weil dies von alters her die Aufgabe der Wehmütter war. Trotzdem fanden sie einen, der bei den neun Geburten seiner eigenen Frau tätig mitgeholfen hatte, und auch der beste Blutstiller von Waset wurde in den Palast befohlen. Wer diese Fähigkeit besaß, hatte sie nicht erlernt, sondern als Geschenk der Götter zugewiesen bekommen.

Der Mann war ein schlichter Sandalenmacher, den man von Zeit zu Zeit bei unstillbaren Blutungen herbeiholte. Er brauchte nichts zu tun und nichts zu sagen, mußte sich nur ans Krankenbett setzen und die Hand der Betroffenen ergreifen. In fast allen Fällen hörte dann die Blutung auf.

In der Geburtskammer wurde alles Nötige bereitgestellt: das Bett mit den am Kopf eingeschnitzten Darstellungen der Göttin Thoeris, dargestellt als aufrecht stehendes hochschwangeres Nilpferdweibchen mit Krokodilschwanz, Löwenfüßen und der glückbringenden Sa-Schleife in der Hand. Die Gestalt dieser Geburtshelferin hatte man noch in unterschiedlichen Größen und Ausfertigungen im ganzen Zimmer verteilt; sie war zudem in die beiden vor dem Bett liegenden Gebärziegel eingeritzt.

Als die Wehmütter es für angebracht hielten, Sat-Amun in die Geburtskammer zu führen, wand sie sich in den Krämpfen rasch aufeinanderfolgender Wehen, wimmerte, schrie leise auf, atmete flach und schnell. Das Fruchtwasser brach, als sie sich – von den Wehmüttern gestützt und gehalten – auf die Gebärziegel niederkniete, aber der Kopf des Kindes wollte nicht erscheinen. Dann hörten die Wehen auf, Sat-Amun wurde aufs Bett gelegt, aus dem Vorraum hörte man die leise Stimme eines Vorlesepriesters, der Hymnen und Gebete rezitierte.

Als die Wehen wiederkamen, waren sie schwächer und kaum noch geeignet, ein zu großes Kind aus dem zu kleinen Gebärkanal auszutreiben.

Der anwesende Arzt ging mit der Königinwitwe Teje hinaus.

«Ich fürchte, Majestät, es wird damit enden, daß die Prinzessin mit dem Kind im Bauch sterben muß. Es gibt nur noch eine Möglichkeit, dies zu verhindern, nämlich die Verabreichung einer abtreibenden Arznei. Durch sie werden die Wehen wieder einsetzen, und die Wehmütter müssen versuchen, das Kind mit den Händen herauszuholen.»

So geschah es dann auch, aber Sat-Amun war von den Schmerzen bewußtlos geworden, ihr Unterleib von der gewaltsamen Geburt blutig aufgerissen. Der Knabe jedenfalls lebte und schien gesund; an Haaren und Fingernägeln war zu sehen, daß er längst hätte geboren werden müssen. Außerdem wog er siebenundachtzig Deben, und das war für einen Neugeborenen ungewöhnlich viel.

Die Anwesenheit des Blutstillers schien zu bewirken, daß die außen sichtbaren Verletzungen – etwa der lange, tiefe Dammriß – bald aufhörten zu bluten, aber da war noch etwas.

Als Sat-Amun aus ihrer Ohnmacht erwachte, war sie so kraftlos, daß sie nur einige unverständliche Worte lallen konnte. Sie schloß die Augen und reagierte nicht mehr, auch bei lautstarker Anrede. Ihr breites Gesicht fiel ein, wurde spitz und fremd, ihre Haut erblaßte zusehends.

Da begann der Blutstiller leise und stockend zu sprechen.

«Frau blutet nach innen… Kann Blut nur stillen, wenn außen… Frau stirbt…»

Sat-Amun war nicht mehr zu retten, und der Arzt vermutete, daß im Innern ihres Körpers eine Hauptader zerrissen sei und sich das Blut unaufhaltsam in die Bauchhöhle ergieße.

Die Königinwitwe Teje weinte lautlos; unaufhaltsam perlten die Tränen über ihre hohen Wangen. Sie wandte sich ab.

«Jetzt – jetzt ist mir nur noch ein Kind geblieben…»

«Und ein gesunder Enkel, Majestät…» versuchte der Arzt zu trösten.

Ja, die Göttin Thoeris hatte ihre Pflichten wenigstens zum Teil erfüllt: Das Kind war kräftig und gesund und bekam auf Tejes Vorschlag den Namen Tut-anch-Aton, aus Rücksichtnahme auf ihren Sohn, und es bedeutete «das lebende Bild des Aton».

Semenchkare brauchte viele Tage, um das Geschehene richtig zu erfassen. Seine zukünftige Gemahlin, dieses Urbild blut- und lustvollen Lebens, hatte sich still ins Schattenreich davongemacht. Er selbst hatte sich schon als König gesehen und den Sohn – wenn es einer wird – als jungen Falken im Nest. Seine Bindung an Sat-Amun war nicht so stark, daß er lange um sie getrauert hätte, aber jetzt fühlte er sich allein gelassen – wie verwaist.

Dann wurde die Prinzessin in ihrem lange fertigen Grab beigesetzt und durch Semenchkare in Priesterkleidung mit magischen Riten zu neuem, nun ewigem Leben erweckt. Es wurde auch nicht nur andeutungsweise erwogen, bei Grabriten und Grabausstattung etwas aus dem Aton-Kult zu übernehmen.

Wenige Tage danach bat ihn Teje zu einer Unterredung.

«Du solltest endlich daran denken, dir eine Ewige Wohnung zu schaffen. Wie schnell man zum Osiris werden kann, hast du an Sat-Amun gesehen. Noch einen Tag vor der Geburt war sie gesund, glücklich und in froher Erwartung, und dann…»

Ihre Stimme versagte, sie wandte sich ab. Schnell hatte sie sich wieder gefangen.

«Du wirst dich schon gefragt haben, was jetzt aus dir wird und ob nun die einzige Möglichkeit, auf den Thron Beider Länder zu gelangen, für dich dahin ist. Ich habe mit den ‹Bewahrern des alten Glaubens› gesprochen und teile ihre Meinung, daß du zum Mitregenten, notfalls zum Nachfolger des Königs bestimmt bist, woran sich auch nach Sat-Amuns Tod nichts ändert. Falls – was unwahrscheinlich ist – Nofretete nicht doch noch einen Sohn zur Welt bringt, wirst du dich mit Merit-Aton, der Erstgeborenen Seiner Majestät, verheiraten. Ist sie schon vergeben oder stirbt sie vorher, dann wird Anches-en-pa-Aton – man nennt sie Ani – deine Gemahlin werden. Sie wird inzwischen das heiratsfähige Alter erreicht haben.»

«Aber Seine Majestät, mein Bruder, wird er – wird er so ohne weiteres damit einverstanden sein?»

«Wohl kaum, aber ich werde ihm die Gründe erläutern, die ihn veranlassen – ja zwingen müssen, einen Mitregenten zu billigen, um die allmählich unhaltbaren Zustände wieder ins Lot zu bringen. Die Entwicklung in Waset läßt sich nicht mehr rückgängig machen.

Das Volk muß in seinen altgewohnten Rhythmus zurückfinden, muß wieder feiern und jubeln dürfen, als Ausgleich für die langen schweren Monate von Mühe und Arbeit. Wer ihnen diesen Ausgleich wegnimmt, nimmt ihnen alles weg. Als Bürgermeister von Waset wirst du eine zunehmende Abwanderung festgestellt haben…»

Der Prinz nickte.

«Ja, weil es nicht mehr genug Arbeit gibt…»

«…und weil das Leben hier schal und freudlos geworden ist. In Abidu oder Eschmun, in Schedit oder Men-nefer aber ist man beim alten geblieben. Dort wird nach wie vor zu Ehren der Götter gefeiert und getanzt, gesungen, gejubelt und tagelang auf den Straßen gegessen und getrunken – auf Kosten von Tempel und Stadtverwaltung. Wer nicht durch ein Amt oder durch Besitz an Waset gebunden ist, dem fällt unter solchen Umständen der Wegzug nicht schwer. Du bist von Geburt an hier im Palast aufgewachsen, aber ich stamme aus einer zwar wohlhabenden, doch einfachen Familie. Darüber habe ich mit dir bisher nicht geredet, aber es bestand keine Veranlassung dazu.»

Semenchkare war seltsam angerührt von ihrer Offenheit, und es machte ihn verlegen. So ging er schnell auf ein anderes Thema über.

«Darf ich nach deinen Reiseplänen fragen, Majestät?»

«Ja, die haben sich durch Sat-Amuns Tod geändert. Ich möchte noch warten, bis Tut-anch-Aton etwas älter ist und eine längere Schiffsreise ihm nichts mehr ausmachen wird.»

«Du – du willst das Kind mit nach Achetaton nehmen?» fragte der Prinz erstaunt.

«Das Kind und seinen Vater! Ursprünglich war ja gedacht, daß du in Waset bleibst, aber nun halte ich es für angebracht, daß der König sowohl seinen Enkel wie auch seinen künftigen Mitregenten kennenlernt – auch wegen der geplanten Heirat mit Merit-Aton.»

«Ich weiß nicht…»

«Es geht nicht anders!» sagte Teje mit Nachdruck.

Prinzessin Kija, die fest damit gerechnet hatte, daß sie sofort nach der Geburt von Sat-Amuns Kind die Reise nach Achetaton antreten würde, hatte sich trotzig und enttäuscht im Harim vergraben und war kaum noch ansprechbar. Die einzige Kammerfrau, mit der es sich zu streiten lohnte, war Ibara, und die hatte sie nun – auf Tejes Befehl – durch eine andere ersetzen müssen.

Ibara wurde vorläufig in Tejes Hofstaat aufgenommen, und Peri setzte, ungeachtet der Trauer um Sat-Amun, in schicklicher Weise seine Werbung fort. Ihm war es gelungen, seinem Kummer einen Platz in der Vergangenheit zuzuweisen. Sein Leben mit Sat-Amun als ihr Geliebter und Haushofmeister war zu Ende und abgeschlossen. Er verschnürte es in Gedanken zu einem kostbaren Paket, das er in einem Winkel seines Herzens verschloß, zusammen mit den großen Hoffnungen auf eine Zukunft als Sat-Amuns Gatte und künftiger König.

Nun begann ein neuer Abschnitt in seinem Leben, auch wenn er nur das alte fortsetzte und wieder wurde, was er einst war – Hoherpriester. Das hatte mit Ibara nichts zu tun, das ging nur ihn und Sat-Amun etwas an, deren Ba-Seele als frei herumschweifender Vogel mit Menschenkopf unsichtbar an allem teilhaben durfte.

Semenchkare hatte mit Ibara noch ein kurzes Gespräch. Über ihr stolzes Gesicht huschte ein spöttisches Lächeln.

«Nun sollst du ja sogar mit des Königs Erstgeborener verheiratet werden! Da wäre ich als Zweite Gemahlin ohnehin untragbar gewesen…»

«Du weißt, daß mir dies alles von höherer Stelle befohlen wurde, aber wenn du mit Kija nach Achetaton gehst…»

«Das werde ich nicht tun, mein Prinz aus Kemet! Die Königinwitwe Teje wünscht, daß Peri mich zur Gemahlin nimmt, und ich will es jetzt auch. Es ist noch nicht lange her, da habe ich anders darüber gedacht. Aber die Frau eines Hohenpriesters zu werden ist mehr, als ich zu erreichen hoffte.»

«Und die Liebe zu mir hast du nur geheuchelt?» fragte der Prinz empört – nicht weil er es wirklich war, sondern weil sein Stolz es verlangte.

«Jedes Ding hat seine Zeit – auch Liebe und Zuneigung. Nichts auf dieser Welt dauert ewig…»

Das erzürnte ihn noch mehr.

«Behalte deine Weisheiten für dich! In Wahrheit bist du eitel, selbstsüchtig und richtest dein Segel schön nach dem Wind.»

«Warum nicht? Das ist doch sehr vernünftig…»

Von diesem Gespräch an gab sie Peris Werben nach, und zwei Tage nachdem Teje mit Kija und dem Prinzen abgereist war, übernachtete sie in seinem Palast.

Was Ibara in Mitanni an Liebeskunst erlernt hatte, verbarg sie so geschickt, daß Peri fast den Eindruck hatte, einer scheuen, unerfahrenen Frau beizuwohnen.

«Aber Semenchkare, hat der nicht –»

«Ach, Semenchkare», meinte sie mit leiser Verachtung, «der war kein besonderer Liebhaber, soweit ich das einschätzen kann – du jedoch…»

Der alt und dick gewordene Peri wußte – auch mit verminderten Manneskräften – noch immer, wie man eine Frau im Bett zufriedenstellte, und spielte auf den Saiten seiner Liebeskunst wie ein erfahrener und geschickter Harfner.

Später lud er sie auf sein Landgut ein, das sein ältester, schon erwachsener Sohn für ihn verwaltete. Als sie allein waren, fragte der den Vater: «Du wirst dich doch nicht wieder verheiraten wollen – und noch dazu mit einer Fremdländerin?»

«Sie stammt von den Großeltern her aus Men-nefer, ist außerdem eine Tochter des Königs von Byblos. Ihr solltet alle stolz sein, eine so hochgeborene Frau in der Familie zu haben.»

«Du wirst sie also heiraten?»

«Sagte ich das nicht? Ich werde demnächst den Ehevertrag aufsetzen lassen.»

Als Peri den Ärger und die Enttäuschung im Gesicht seines Sohnes sah, wurde er zornig.

«Hast wohl Angst, daß sich dein Erbe schmälern könnte? Willst mir das bißchen Glück nicht gönnen, nach all dem Unglück, das mit diesem König über uns und viele andere gekommen ist? Der Alte sollte sich wohl längst in seine Ewige Wohnung davongemacht haben, anstatt sich eine junge Frau zuzulegen – das ist es doch, was du denkst?»

Der junge Mann wand sich vor Verlegenheit.

«Nein, nein, mein Vater, ich – also wir gönnen dir jede Freude, aber…»

«Brauchst um dein Erbe nicht zu fürchten! Die Prinzessin Sat-

Amun hat mich in ihrem Nachlaß großzügig bedacht – ich habe, was ich brauche, und werde übrigens bald wieder über das Einkommen eines Hohenpriesters verfügen. Also keine Sorge!»

Der Sohn hatte seinen Vater selten so zornig und aufgeregt gesehen, war aber froh, diese Angelegenheit zur Sprache gebracht zu haben.

«Verzeih, Vater, ich wollte dich nicht kränken. Heißt das nun, daß der König seine Befehle zurücknimmt? Werden die Tempel wieder geöffnet, die Priester wieder eingesetzt?»

Peri hatte sich schnell wieder beruhigt.

«Davon ist vorerst keine Rede, aber die Königinwitwe Teje wird einen Weg finden, um Seine Majestät von der Notwendigkeit einiger Maßnahmen zu überzeugen. Man kann auf die Dauer nicht über den Willen des gesamten Volkes hinwegregieren!»

Sein Sohn grinste boshaft.

«Das ist ja fast Hochverrat, lieber Vater – wenn der König das wüßte…»

«Sei versichert – er weiß es! Er muß es wissen, denn wir alle haben versucht, ihn seit Jahren über die Lage aufzuklären: die Königin, die früheren Priester, der Bürgermeister, der Hohepriester des Aton – es hat gewiß nicht an Hinweisen und Warnungen gefehlt. Wenn uns bisher noch kein Erfolg beschieden war, dann kann es nur zwei Gründe geben: Entweder haben ihn diese Botschaften nicht erreicht, oder er hat sie nicht zur Kenntnis genommen. Bald werden wir mehr darüber wissen…»

17

Pentu, der königliche Leibarzt und Zweite Prophet des Aton, sorgte sich zunehmend um die körperliche und neuerdings auch um die geistige Gesundheit Echnatons. Der König hatte Eigenheiten entwickelt, die es schwermachten, mit ihm umzugehen, vor allem wenn es um Gespräche über Angelegenheiten ging, die dringend einer Klärung bedurften.

So hatte ihm Dutu in seiner Eigenschaft als Oberster Baumeister kürzlich berichtet, daß er sich bald nicht mehr zu helfen wisse. Im letzten Jahr war der Zustrom nach Achetaton fast gänzlich versiegt, und Dutu hatte entscheiden müssen, ob eine weitere Ausdehnung der Stadt nach Nord und Süd überhaupt noch sinnvoll sei, um so mehr als die meisten Bauten der Innenstadt – hauptsächlich der Große Tempel – noch immer nicht vollendet waren. Das hatte vor kurzem noch Vorrang gehabt, bis der König plötzlich erklärte, Aton könne auch in einem halbfertigen Tempel verehrt werden, aber er lege nun mehr Wert darauf, die heilige Stadt zu bevölkern, sie größer als Waset – ja größer noch als Men-nefer werden zu lassen. Dafür würden Häuser und Wohnungen benötigt. Dutu möge also die ganze verfügbare Arbeitskraft für dieses vorrangige Ziel einsetzen.

Dieser Schöne Befehl Seiner Majestät traf dann gerade mit jener Entwicklung zusammen, die den Zustrom versiegen ließ. Warum aber? Dutu glaubte es zu wissen, und er sprach zuerst mit dem Wesir Aper darüber.

«Bisher sind alle jene hierhergekommen, die ruhe- oder arbeitslos waren, die ihrer Familie oder unerträglichen Verhältnissen entfliehen wollten, zudem lockte der höhere Verdienst. Letzterer wurde, wie du weißt, auf Befehl des Königs gestrichen mit der Begründung, Menschen, die das Glück und den Vorzug genießen, zusammen mit dem König in der heiligen Stadt des Aton zu leben, müßten dafür nicht noch eigens belohnt werden. Es gibt also hier kein höheres Einkommen, und die Arbeit ist schwer. Übrigens konnte ich beobachten, daß für zwei Neuankömmlinge einer wieder abwandert. Kurz gesagt, eine Erweiterung der Stadt macht keinen Sinn mehr, und wir könnten uns an die Fertigstellung der zentralen Bauten machen. Weißt du, was Seine Majestät auf meinen Vorschlag geantwortet hat?»

Aper wußte es nicht, weil der König mit seinen Vertrauten – wenn überhaupt – nur noch über Dinge sprach, die Aton betrafen.

«Nein, Dutu, nein, ich – ich weiß es nicht», sagte er in seiner gewohnt stockenden Art.

«Der König hielt mir einen langen Vortrag über die Tatsache, daß die wenigsten Menschen – und leider auch seine Ratgeber – dazu imstande seien, Entwicklungen über längere Zeiträume zu erfassen. Wenn also in den letzten Monaten die Zuwanderung nachgelassen habe, so könne das nur bedeuten, daß sie in nächster Zeit um so stärker wieder ansteigen werde. Dabei musterte mich der König mit einer Mischung aus Ungeduld und Mitleid, wie ein Lehrer, der einem dummen und verstockten Schüler etwas begreiflich zu machen versucht. Was hätte ich da tun sollen?»

Aper nickte bekümmert.

«Ich weiß, ich weiß. Gegenargumenten ist der König nur noch zugänglich, wenn sie seinen Ansichten nicht zuwiderlaufen. Bekanntlich habe ich schon seit Jahren angeregt, hier in der neuen Hauptstadt unsere Vasallen aus Nord und Süd zu versammeln – zur Stärkung des Ansehens unseres Königs und zur längst fälligen Aussprache über die von Mal zu Mal heikler werdende politische Lage. Er hat es stets abgelehnt mit dem Hinweis, damit solle sich die Stadtverwaltung von Men-nefer befassen, die sei den Ereignissen näher und wisse sie besser einzuschätzen. Der Bürgermeister von Men-nefer als Kriegsherr! Mir blieben die Worte im Hals stecken, dann fiel mir ein, daß der König sofort sein Ohr öffnet, wenn man

Aton ins Spiel bringt. Die Einladung der Vasallen habe einen vielleicht noch wichtigeren Grund als die politische Lage, sagte ich mit feierlichem Gesicht. Seine Majestät wurde neugierig und sah mich fragend an. Diese Menschen wüßten nichts oder nur wenig von Aton, dem Schöpfer aller Dinge, und hier in unserer Stadt könnten wir ihnen vorführen, wie herrlich das Leben unter der Strahlensonne sei und wie ihr heiliges Licht die Herzen von König und Volk erleuchte und ausfülle. Da hättest du ihn sehen sollen! Er, der jede Berührung scheut, tätschelte mir die Schultern und sagte, sein größtes Glück nach der Berufung als Atons Prophet seien seine treuen und verständigen Freunde. Dann mußte ich mit ihm einen Krug Wein leeren, dem ein zweiter folgte. Ich hielt mich zurück, aber Seine Majestät schüttete den ‹Nektar des Gottes› nur so in sich hinein. Während er schnarchend auf dem Sessel zusammensank, schlich ich hinaus, und seitdem läßt mich der Gedanke nicht mehr los, wie wir diese untragbaren Zustände ändern könnten.»

Dutu zupfte nachdenklich an seinem gekräuselten Bart. Dann sprang er auf und öffnete die Tür.

Aper lächelte.

«Bei mir gibt es keine Lauscher, und diese Tür ist schallsicher. Man würde unsere Stimmen eher draußen im Hof hören als dort im Vorzimmer. Wenn wir leise sprechen, hört uns keiner – weder da noch dort.»

Dutu nickte.

«Ich habe schon überlegt, ob ich in seinen Wein Übelkeit erregende Stoffe mischen soll, aber es ist so gut wie unmöglich. Der Kellermeister hat seine Augen überall, und nicht ein Krug kommt auf den Tisch des Königs, den er nicht zehnmal umgedreht, beklopft und geprüft hätte. Außerdem geht es nicht nur um das Trinken, es geht um die unausrottbare Leidenschaft des Königs, Kopf und Gesicht der Sonnenbestrahlung auszusetzen. Ich finde keine Begründung mehr, um ihn davon abzuhalten. Seine überaus geduldige und belehrende Antwort lautet stets: ‹Was die Saat zum Sprießen, die Blumen zum Blühen und die Rebe zum Reifen bringt, kann für Atons Propheten nicht schlecht sein.› Es ist zum Verzweifeln…»

In Apers Gesicht arbeitete es, und es war, als hätte er Dutus letzte Worte nicht gehört.

«Jedenfalls habe ich an unsere Vasallen in Nord und Süd Einladungen gesandt, und wer nicht pünktlich hier antritt, um dem König zu huldigen, den werden wir auf seine künftige politische Zuverlässigkeit prüfen müssen. Ich habe es so geplant, daß die Königinwitwe Teje und General Haremhab dabei anwesend sein werden.»

Dutu hob seine dicken pechschwarzen Augenbrauen.

«Da hast du dir aber viel aufgeladen…»

«Ja, mir und dem König, der dann endlich klar Stellung nehmen muß.»

«Ein guter Wesir, sagt man, ist mehr wert als der Ertrag von fünf Erntezeiten…»

Obwohl der Gute Gott und Herr Beider Länder von all diesen Dingen pflichtschuldigst in Kenntnis gesetzt worden war, vergaß er sie schnell wieder, um sich den allein für ihn wichtigen Angelegenheiten zuzuwenden.

Eines allerdings beschäftigte ihn schon länger, nämlich der bevorstehende Besuch seiner Mutter. Sie hatte ihn wissen lassen, daß Prinzessin Kija nun kein Kind mehr und ehefähig sei. Inzwischen habe sie zahlreiche Anfragen ihres Vaters, des Königs Tusratta, mit Ausflüchten beantworten müssen und fürchte nun ernsthafte politische Verwicklungen, wenn er die Prinzessin nicht bald zur Zweiten Gemahlin mache. Auch sein Vater habe dies mit Giluchepa getan, dem Bündnispartner Mitanni zuliebe, und von ihm könne dasselbe erwartet werden.

Warum nicht? dachte Echnaton, und dann traf ihn wie ein Blitz die Erkenntnis, auch dies könne ein Zeichen sein. Von Nofretete war kein Kind mehr zu erwarten, und als Nachfolgeprophet kam keine der Töchter in Frage. Diese Kija aber könnte das von Aton bestimmte Gefäß für den neuen Propheten sein, der – davon war er fest überzeugt – aus seinem heiligen Samen stammen müsse. Diese Erkenntnis ließ Echnaton fröhlich werden, und wenn er bisher mit Unbehagen dem Besuch seiner Mutter entgegengesehen hatte, dann jetzt mit Neugier und Ungeduld.

Ähnlich, wenn auch aus anderen Gründen, hatte Königin Nofretete empfunden. Sie kannte Tejes Machtstreben, wußte von früher, wie unangefochten sie neben ihrem Sohn regiert hatte, und so war es ihr ganz recht gewesen, daß Echnaton sie weder eingeladen noch zu einem Besuch ermuntert hatte. Nun aber hatte sich nach und nach die Lage verändert, und zuletzt waren aus Waset Berichte gekommen, die das Undenkbare, das Unfaßbare ahnen ließen: Der König hatte sich hier so sehr von allem abgeschlossen, daß nicht nur in der alten Hauptstadt Gerüchte aufkamen, er habe sich zurückgezogen, wolle nur noch Hoherpriester des Aton sein und man müsse einen Nachfolger oder zumindest einen Mitregenten finden, der die Zügel wieder fest in die Hand nehme und auch fähig sei, mit den nach wie vor in ganz Kemet verehrten Göttern und deren Priestern ein Übereinkommen zu treffen.

So setzten alle ihre Hoffnung auf Teje, denn wenn es noch einen Menschen gab, der den König beeinflussen konnte, dann war sie es.

Nofretete wußte, wie es um Echnaton stand, hatte bitter erleben müssen, daß seine Gleichgültigkeit allem gegenüber, was nicht Aton betraf, Ausmaße angenommen hatte, die nun auch sie und die Töchter mit einschloß. Ihm nahekommen hieß nur noch, den abendlichen Banketten beizuwohnen, wo er Becher um Becher Wein leerte, sich dabei in endlosen und verstiegenen Monologen über Aton und seine herrliche Welt ausließ.

Vor einigen Tagen hatte sie mit dem Obersten Baumeister Bak die zum Teil schon fertigen Gräber im Osten besichtigt und auf deren Wänden dargestellt gefunden, was es längst nicht mehr gab, nämlich eine königliche Familie, die gemeinsam opferte, speiste, feierte, ausfuhr oder vom Erscheinungsfenster aus verdiente Beamte mit Geschenken belohnte, wie das noch im halbfertigen Grab des Gottesvaters Eje zu sehen war. Ja, ihr Vater hatte es prächtig verstanden, sich die Gunst des immer mißtrauischer werdenden Königs zu bewahren. Mit lebhafter Teilnahme verfolgte er alles, was Aton und seine Heiligtümer betraf, machte da und dort Vorschläge, die sein stets waches Interesse bekunden sollten. Aber Nofretete, die sein Wesen längst durchschaut hatte, wußte recht gut, daß Eje der geborene Höfling und es sein erklärtes Ziel war, sich stets die Gunst seines Königs zu erhalten. Das kam nun hier in dieser Ewigen Wohnung zum Ausdruck, die mit ihrer Säulenhalle und den bemalten Reliefbildern – zumindest bis jetzt – das prächtigste Grab im Osten war.

Der Gottesvater Eje war auch damit ausgezeichnet worden, daß der König hier den vollen Text seiner Hymne an Aton neben die Pforte in die Wand meißeln ließ.

Nofretete deutete auf eine beliebige Stelle.

«Lies mir das vor, Oberster Baumeister Bak!»

Der verbeugte sich und entzifferte stockend die prachtvollen bunten Schriftzeichen.

«Die Beiden Länder sind täglich im Fest,
die Menschen sind erwacht
und stehen auf den Füßen, wenn du sie aufgerichtet hast.
Rein ist ihr Leib, Kleider haben sie angelegt,
ihre Arme sind anbetend erhoben bei deinem Erscheinen,
das ganze Land tut seine Arbeit.

Alles Vieh ist zufrieden mit seinem Kraut,
Bäume und Kräuter grünen.
Die Vögel sind aus ihren Nestern aufgeflogen,
ihre Schwingen preisen deine Kraft.
Alles Wild hüpft auf den Füßen,
alles, was fliegt und flattert, lebt,
wenn du für sie aufgegangen bist.
Die Lastschiffe fahren stromab
und wieder stromauf,
jeder Weg ist offen durch dein Erscheinen.
Die Fische im Strom
springen vor deinem Angesicht,
deine Strahlen sind im Innern des Meeres.

Der du den Samen sich entwickeln läßt in den Frauen,
der du Wasser zu Menschen machst,
der du den Sohn am Leben erhältst im Leib seiner Mutter
und ihn beruhigst, so daß seine Tränen versiegen –»

«Es ist genug, Bak, laß uns gehen…»

Immer wieder stand ihr die Zeile vor Augen: der du den Sohn am Leben erhältst im Leib seiner Mutter… Den Sohn! Bei ihren ersten Schwangerschaften hatte er stets betont, ihm sei es einerlei, ob Knabe oder Mädchen, und hier war nur von einem Sohn die Rede! Am Ende sind sie doch alle gleich, dachte sie verbittert, sechs Mädchen können ihn nicht aufwiegen, diesen Sohn!

Inzwischen hatte er den Versuch aufgegeben, mit ihr einen solchen zu zeugen. Schon seit über zwei Jahren gab es keine gemeinsamen Nächte mehr, ohne daß Echnaton sich anderen Frauen zugewandt hätte. Er lebe in steter, inniger Umarmung mit Aton, hatte er einmal gesagt, und der Gott sei ihm Freund, Lehrer, Vertrauter, Geliebter und Nahrung zugleich. Der jetzt sechsjährigen Setep-en-Re, genannt Seti, würde wohl kein weiteres Kind folgen.

Dann wanderten ihre Gedanken zu Merit-Aton, der ältesten Tochter. In letzter Zeit war sie zerstreut und einsilbig, gab vorlaute Antworten, redete manchmal so krauses, unvernünftiges Zeug, daß Nofretete fürchtete, sie habe zuviel von des Vaters Gemüt geerbt. Das Mädchen müßte längst verheiratet sein, aber Echnaton winkte nur ab, wenn sie davon sprach. Das werde sich schon finden, meinte er. Jetzt hatte Merit offenbar die Bildhauerei entdeckt, kümmerte sich mit Nachdruck um eine Statue, die Thutmose gerade von ihr fertigte, und plagte den Vielbeschäftigten mit häufigen Besuchen. Mit allzu häufigen, fand ihre Mutter und wollte sie demnächst zur Rede stellen.

Merit-Aton fand das nicht. Schließlich war sie erwachsen, und man konnte es ruhig ihrem Ermessen überlassen, wem sie die Gnade ihres Wohlwollens schenkte. Dieser Thutmose erschien ihr in jeder Beziehung beachtlich, sowohl als Mann wie auch als Künstler. In seiner Gegenwart fühlte sie sich rundum wohl, weil er ihr zuhörte, sie verstand und nicht oder nicht nur die königliche Prinzessin in ihr sah.

Beim letzten Mal hatte sie die zu weit nach hinten gezogene Schädelform kritisiert, und er gab ihr recht.

«Das ist richtig, Prinzessin, der Hinterkopf ladet zu weit aus und entspricht in keiner Weise dem, was so reizvoll zwischen deinen Schultern ruht. Aber ich muß nach den Anordnungen des Königs handeln, der Bak und mich wissen ließ, daß die Familie des Propheten nun einmal anders darzustellen sei als die eines Beamten oder Priesters. So soll das Außergewöhnliche sichtbar sein, ohne das Antlitz oder den Körper zu entstellen. Was aber bleibt da? Soll ich euch junge Mädchen mit zu langen oder zu kurzen Beinen bilden? Soll ich euch mit Bäuchen oder Buckeln verunstalten? Nein, das wäre unschön und unverdient. Ein gelängter Hinterkopf aber ist von vorne kaum zu erkennen – nur wer die Statue umkreist, wird des Außergewöhnlichen teilhaftig. So etwa hat der König Bak und mich es gelehrt, und als gehorsamer Diener halten wir uns daran.»

Das war nun eine gründliche Antwort auf ihre Frage, die nichts offen ließ und sie zufriedenstellte. Als sie dann verlangte, er möge nochmals die Größenverhältnisse an ihr nachmessen, schien Thutmose zu zögern.

Dann aber holte er die Meßschnur und begann sorgfältig die Maße der Statue mit den ihren zu vergleichen. Jedesmal, wenn seine braunen sehnigen Hände sie dabei berührten, durchfuhr sie ein wohliger Schauer.

Thutmose, der die Frauen kannte wie kaum ein anderer, ahnte – nein, wußte, was in ihr vorging. Es hätte ihm schon Spaß gemacht, das Spiel auszudehnen, aber – auch das wußte er – daraus konnte ein Spiel mit dem Feuer werden. Thutmose spürte das Entgegenkommen der Prinzessin und versuchte sie mit Worten abzulenken.

«Wie man hört, werden bald die tributpflichtigen Vasallen Seiner Majestät ihre Aufwartung machen. Aber durch mich bist du ja nun an den Anblick von dunkler Haut gewöhnt, Prinzessin, und so werden dich die Abgesandten aus dem elenden Kusch nicht zu sehr erschrecken.»

Merit blickte zu ihm auf.

«Pah – was wäre das schon! Ich stehe mit den Schwestern neben dem Thron meiner Eltern und mache ein feierliches Gesicht. Weißt du, was es heißt, stundenlang feierlich dreinzuschauen? Natürlich nicht! Am Ende tut dir das Gesicht so weh, als hingen Gewichte daran, und du wünschst dir einen Spiegel, um zu prüfen, ob deine Miene noch hoheitsvoll ist oder schon dumm vor lauter Anstrengung und Langeweile.»

«Wie soll ich das wissen, Prinzessin? Ich bin nur ein einfacher Handwerker...»

Während er dies sagte, war er dabei, ihren Oberkörper von der Hüfte aufwärts zu vermessen, ließ dabei sanft seine Hand über ihren Rücken gleiten und spürte deutlich, wie sie sich zurücklehnte, um die Berührung zu verstärken.

Da begannen die Kammerfrauen – sie saßen in einer finsteren Ecke der Werkstatt – gleich wieder zu tuscheln, und Thutmose zog schnell seine Hand weg.

Er trat zurück.

«Einige ganz kleine Korrekturen wird es noch geben, aber im großen und ganzen...»

Merit-Aton erhob sich.

«Ich bin mit dir zufrieden, Bildhauer Thutmose! Wenn du die Statue vollendet hast, so lasse mich rufen, und ich werde dann entscheiden, ob sie geeignet ist, öffentlich ausgestellt zu werden.»

Er verbeugte sich tief.

«Es wird alles nach deinem Wunsch geschehen, Prinzessin.»

In dieser Zeit, da jeder am Hof von Sorgen geplagt war, gab es doch einen Menschen, der mit sich, seiner Arbeit und den Erfolgen daraus recht zufrieden war, nämlich Mahu, den Obersten der Stadtmiliz. Der König hatte ihm zu verstehen gegeben, daß er hier nicht dulde, was anderswo – so wurde wenigstens berichtet – einreiße, nämlich das Wiederaufleben der alten Götterkulte. Dies sei eine Stadt des Aton, und er habe dem Gott einen Eid geschworen, daß sie es bleiben werde – komme, was da wolle.

Das waren nun klare Richtlinien, an die Mahu sich getreulich hielt. Sein Netz von Spitzeln arbeitete zuverlässig, und wenn sich irgendwo ein Vergehen wider das Gebot Seiner Majestät ereignete, so erfuhr es Mahu recht bald.

Die meisten Verstöße, das hatte sich schnell erwiesen, geschahen nicht ganz unten bei den einfachen Arbeitern, auch nicht ganz oben bei den hohen Beamten, sondern in der Mitte – bei kleinen Handwerkern, Händlern, Hofbeamten. Nicht um Aton zu ehren, waren diese Leute in die neue Stadt gezogen, sondern weil es Arbeit und

Verdienst in Hülle und Fülle gab. Sie waren, dachte Mahu verächtlich, einfach dem vollen Futternapf nachgelaufen, ohne dabei ihre alten Gewohnheiten aufzugeben. Besonders ihre Frauen hingen an den falschen Göttern, und wenn Mutter und Großmutter schon zu Hathor oder Isis gebetet und ihnen geopfert hatten, so taten sie es auch. Mochten die Männer dann und wann zum Tempel hinübergehen, vor aller Augen diesem Aton huldigen, dann war das gut und richtig, weil Seine Majestät es so wollte, aber was zu Hause geschah, bestimmten die Frauen.

Nicht alle, aber doch viele Fälle kamen durch Denunziation oder Spitzel ans Licht, und da mußte Mahu einschreiten. Heimlich angebetete falsche Götter wurden beschlagnahmt und zertrümmert, wenn sie aus Stein oder Ton waren, oder eingeschmolzen, wenn sie aus Metall gefertigt waren. Dazu wurde eine empfindliche Strafe verhängt: hundert Stockhiebe, wenn es ein niedriger Rang erlaubte, ansonsten Buße, die je nach Vermögen in Kupfer, Korn oder in anderer Ware beglichen werden mußte. Gab es bei einem Mann in fester Stellung nichts zu holen, so wurde sein Lohn für eine bestimmte Zeit halbiert. Was dabei abfiel, wanderte in die Schatzkammer des Aton-Tempels, sorgfältig aufgelistet mit Namen und Daten, denn Mahu wollte seine Erfolge gegebenenfalls genau nachweisen können.

Der König hatte sich bereits dankbar erwiesen und für den Obersten der Stadtmiliz eine geräumige Ewige Wohnung im Osten anlegen lassen. Dieser Gnadenerweis verdoppelte Mahus Pflichteifer, obwohl dies kaum noch möglich war. Als er von Bagsus Ablösung erfuhr, beglückwünschte er sich dazu, seinem König hierher gefolgt zu sein. Was er aus Waset über Unruhen und Sakrilegien am Aton-Tempel hörte, war hier undenkbar, und sollte es dazu kommen, dann würde er den oder die Übeltäter aufspüren und über sie die strengsten Strafen verhängen. Ja – das würde er!

Die Königinwitwe Teje war auf dem Weg nach Norden. Für den kleinen Tut-anch-Aton hatte sie zwei gesunde, tüchtige Ammen gefunden; das Kind der einen war kurz nach seiner Geburt gestorben, die andere – sie diente notfalls als Ersatz – führte ihr kleines Mädchen mit sich.

Teje fühlte sich alt und verbraucht. Sat-Amuns Tod und die Entwicklung in Waset hatten ihr so zugesetzt, daß sie manchmal wünschte, schon jetzt ihre Ewige Wohnung beziehen zu können, um dort in der seligen Stille des Osiris die Entwicklung aus dem Jenseits zu beobachten. Zwar hatte der König gleich nach seinem Umzug angeboten, ihr im Osten der neuen Stadt ein Grab zu errichten, doch sie hatte abgelehnt, denn ihre Ewige Wohnung im Westen von Waset war längst fertiggestellt und lag nicht weit von der ihres Gemahls entfernt.

Schon vor der Abreise war sie fest entschlossen gewesen, nach Erledigung alles Notwendigen sogleich wieder nach Waset zurückzukehren. Sie hatte einen Rat aus zuverlässigen Männern gebildet – darunter auch Peri und Si-Mut – und ihm bis zu ihrer Rückkehr weitgehende Vollmachten eingeräumt.

Kurz vor der Abreise hatte sie mit Semenchkare gesprochen.

«Wir werden diese Fahrt schnell und in aller Stille unternehmen. Das heißt: kein Aufsehen unterwegs, keine festlichen Begrüßungen, Huldigungen – keine längeren Aufenthalte. Dies alles heben wir uns für die Rückreise auf, weil ich dich dann als König und Mitregenten vorstellen möchte.»

Einwände und Fragen wurden von ihm nicht erwartet, und so hatte er sich nur verbeugt.

«Alles wird nach deinen Wünschen geschehen, Majestät.»

«Als Vater meines Enkels bist du jetzt so etwas wie mein zweiter Sohn.»

«Es freut mich, das zu hören, Majestät.»

Ja, es freute ihn wirklich, und seine Mutter hatte triumphiert, als sie von Tejes Plänen erfuhr.

«Endlich sind wir am Ziel, Söhnchen, und du erhältst, was dir zusteht.»

Schon an dem festlichen Empfang im Hafen von Achetaton war für Teje zu erkennen, welche Hoffnungen man in sie setzte.

Der Oberste Kammerherr Dutu, der Wesir Aper, der Gottesvater Eje, der Arzt und Priester Pentu, der Hohepriester Merire und andere wichtige Hofbeamte zogen ihr feierlich entgegen und knieten nieder.

Dann kamen die Gespanne der königlichen Familie herangebraust, Nofretete und Echnaton begrüßten und umarmten sie, die Enkelinnen küßten ihr die Hand.

Teje musterte die beiden Ältesten.

«Wo habt ihr eure Jugendlocken gelassen?» rief sie mit gespieltem Erstaunen. «Kinder haben sich damals von mir verabschiedet, und heute begrüßen mich Frauen.»

Es erfüllte die Anwesenden mit Verwunderung, als sie sahen, wie herzlich der König die kleine Prinzessin Kija begrüßte. Er machte ein Wesen um sie, als empfinge er einen wichtigen Staatsgast, küßte sie zudem vertraulich auf beide Wangen und geleitete sie in eigener Person zur Sänfte. Kija platzte fast vor Stolz und Wichtigkeit, strahlte wie ein reifer Granatapfel, vergaß auch nicht, nach Nofretete, der Großen Königsgemahlin, zu schielen. Die aber lächelte nur hoheitsvoll und tat, als sei dies etwas Alltägliches.

Dutu flüsterte dem Wesir Aper zu: «Morgen wird er sie in den Harim stecken und bald vergessen – willst du wetten?»

Er hätte die Wette verloren, denn Echnaton drängte darauf, mit Kija so schnell wie möglich einen Ehevertrag aufzusetzen. Es schien, als sei ihm dies wichtiger als alles andere – wichtiger jedenfalls, als sich mit seiner Mutter zu beraten, seinen Bruder Semenchkare zu empfangen, den kleinen Tut-anch-Aton zu beschauen.

Für Kija war es ein Traum, der nun endlich in Erfüllung ging. Nie hatte man sie über die tatsächliche Lage aufgeklärt, und sie war immer der Meinung gewesen, der König habe sie zu seiner Mutter geschickt, um sie bis zu ihrer Ehefähigkeit auf die Bestimmung einer königlichen Gemahlin vorzubereiten. Niemand hatte ihr je gesagt, daß Echnaton sie damals einfach fortgejagt hatte, weil er keine Zweite Gemahlin wollte. Auch wenn sie davon gewußt hätte, so mußte es ihr jetzt als Lüge erscheinen. Der König sprach deutlich aus: Er habe sie mit Sehnsucht erwartet und brenne darauf, mit ihr die Ehe zu vollziehen.

In den Ehevertrag wurde ein Passus aufgenommen, daß ein Knabe aus dieser Verbindung vor allen anderen das erste und ausschließliche Thronrecht genieße und zugleich als Erbe des Aton-Propheten anzusehen sei.

Die kleine Kija wußte zwar, daß der König nur einem einzigen

Gott verpflichtet war und daß Aton Herr dieser Stadt sei, aber was Echnaton ihr außerdem erzählte, blieb dunkel für sie.

«Dich hat Aton erwählt und hierhergebracht! Er ist der Lenker aller Ereignisse, seine Strahlen treffen ins Herz der Menschen und bestimmen ihren Lebensweg. Du, Kija, bist das Gefäß, in dem der künftige Prophet reifen wird! Das ist eine hohe und gewaltige Aufgabe – Aton hat dich auserwählt!»

Sie wagte keine Gegenfrage, lächelte nur höflich und war glücklich, daß ihr künftiger Gemahl nicht den Bildnissen entsprach, die sie am Aton-Tempel in Waset gesehen hatte. Er war ein wenig dick, ein wenig schlaff, sein Gesicht wirkte verquollen und müde, aber die schrägen Augen glühten in einem lebendigen Feuer, und sonst – da mußte sie eben abwarten.

Dabei war es tatsächlich so, daß der König seinen dickbäuchigen Kolossalstatuen am Tempel in Waset immer ähnlicher wurde. Inzwischen hatte er verfügt, ihn jetzt schlank und verjüngt darzustellen, wie es die Herren Beider Länder seit jeher verlangt hatten. Aton, so meinte er, sei ein Freund der Schönheit, und er habe sich geschworen, den Gott in seiner heiligen Stadt nur mit schönen Dingen zu umgeben.

Die erste Aussprache mit seiner Mutter erfolgte ohne Zeugen und blieb im Unbestimmten hängen. Sie schilderte ihm deutlich und ungeschminkt die verworrene Lage in Waset und gab zu erkennen, daß alle jahrelangen Bemühungen, Aton beim Volk durchzusetzen, nicht nur gescheitert waren, sondern in den Menschen eine immer stärkere Sehnsucht nach den alten Göttern erweckt hatten.

«Du hättest damals meinem Rat folgen und Aton vielleicht zum höchsten, aber nicht zum einzigen Gott machen sollen.»

«Ich mußte es…»

Teje seufzte vernehmlich.

«Den Wünschen eines Königs sind unsichtbare, ungeschriebene Grenzen gesetzt, und die haben deine Vorfahren im Laufe der Zeit selber gezogen, zusammen mit den Priestern und dem Volk. Verstehst du, was ich meine? Die Beiden Länder sind wie ein Gebäude, dessen Grundstein vor über tausend Jahren König Menes gelegt hat, als er das Land vereinigte. Seine Nachfolger haben dann einen

Stein auf den anderen gelegt, um das Haus bewohnbar zu machen. Als es vollendet war, nutzten und pflegten sie es – das heißt, sie gingen durch die Tür hinein und hinaus und genossen seine schattige Kühle unter dem Dach. Du aber läßt die Tür vermauern und das Dach abreißen. Damit überschreitest du deine Grenzen, und das Haus – gemeint ist Kemet – fällt auseinander. Es muß wiederhergestellt werden, damit unser Volk sich behütet fühlt...»

Hatte der König ihr zugehört? Er blickte verträumt auf das Wandgemälde, wo sich im Schilfdickicht Wasservögel tummelten. Dann gähnte er verstohlen und lächelte sie an.

«Aton hat mich gelehrt, dies alles in einem größeren Zusammenhang zu sehen. Gleichwohl bleibt es auch für mich unüberschaubar... Er aber trägt Vergangenheit, Gegenwart und Zukunft im Herzen wie ein fertiges Bild, das er uns nach und nach enthüllt. Ich bin sein Prophet und dennoch klein vor ihm...»

So bewegte sich das Gespräch im Unbestimmten, und alles, was Teje ihrem Sohn entlocken konnte, war der Zeitpunkt für ein umfassendes klärendes Gespräch zusammen mit den wichtigsten Ratgebern. Er lächelte versonnen.

«Zuerst aber muß ich mich Kija widmen, meiner Zweiten Gemahlin... Sie ist das Gefäß, ist ein Teil der überschaubaren Zukunft... Du kannst das jetzt nicht verstehen, aber ich werde es zu gegebener Zeit erläutern...»

Teje drängte ihn nicht, denn sie wollte die täglich erwartete Ankunft des Generals Haremhab abwarten.

Dessen Verspätung hatte gute Gründe. Seine Aufgabe war es gewesen, die Kleinfürsten am Grünen Meer von der Notwendigkeit ihres Erscheinens in Achetaton zu überzeugen und sie nachdrücklich an ihre Bündnispflichten zu gemahnen. Das war nicht einfach gewesen, denn ein Teil von ihnen schien geneigt, sich eher nach den Weisungen des Königs Tusratta von Mitanni zu richten, der nicht müde wurde, sie daran zu erinnern, daß ihre Länder fielen, wenn das seine von den Chatti überrannt würde. Da Kemet nicht bereit sei zu helfen, müßten sie es selber tun und einander beistehen.

Haremhab aber versuchte ihnen klarzumachen, daß diese Hilfe erst erfolgen werde, wenn sie dem Herrn Beider Länder in Achetaton gehuldigt und ihre Bündnisversprechen erneuert hätten.

Da dies alles über die Befugnisse eines Generals weit hinausging, hatte Teje – die nach wie vor das Staatssiegel führte – ihn mit immer neuen Vollmachten und Titeln ausgestattet. Zuerst war er zum «Vorsteher aller Generäle» ernannt worden, dann zum «Gesandten des Königs» und zuletzt zum «Obersten Rekrutenschreiber», was bedeutete, daß er aus eigenem Ermessen Söldner anwerben durfte. Haremhab hatte dies in größerem Umfang getan, aber die Mittel flossen nur spärlich, weil der König sich taub stellte und Teje nur über beschränkte Quellen verfügte.

Dennoch war aus Haremhab ein sehr mächtiger Mann geworden, dessen Anwesenheit in den nördlichen Grenzländern – und das wußte nicht nur Teje – von grundlegender Bedeutung für die Zukunft des Landes Kemet war. Wie kein anderer kannte er die höchst komplizierten Verhältnisse unter den Kleinfürsten, die stets über Nichtigkeiten miteinander im Streit lagen. Dazu kamen die ständigen Klagen aus Mitanni über den zunehmenden Druck, den König Suppiluliuma von Chatti auf sein kleineres Nachbarland ausübte. Haremhab besaß seit längerem ein Haus in Men-nefer. Ein Haus? Es war eher ein kleiner Palast am Nordrand der Stadt, dessen schöner Garten an den Nil grenzte.

Um sich König Tusratta zu verpflichten, hatte er sich eine von dessen zahlreichen Töchtern aus der Verbindung mit Nebenfrauen zur Gemahlin erbeten.

Der Churriter-König hatte nicht lange gezögert, denn er wußte um Wert und Nutzen dieses tüchtigen Generals. Wie recht er damit hatte, erwies sich, als kurz darauf Suppiluliuma sein Heer nach Karkemisch führte. König Tusratta hatte aber die Stadt derart befestigen lassen, daß sie mit Hilfe von Haremhabs Grenztruppen leicht zu verteidigen war. Aber dazu kam es nicht. Im Sommer brach die Pest aus, und die Chatti mußten zwar nicht geschlagen, aber sehr geschwächt abrücken.

Ganz Mitanni atmete auf, und die Kleinfürsten am Grünen Meer gewannen neue Zuversicht. Sie schlossen sich willig General Haremhab an und zogen mit ihm nach Süden, um dem Herrn Beider Länder die längst fällige Huldigung darzubringen.

18

*D*ie Königinwitwe Teje dachte nicht daran, die von ihr angestrebte Mitregentschaft des Prinzen Semenchkare zum Thema
einer allgemeinen Erörterung zu machen. Sie wollte diesen Fall geklärt haben, ehe es zur großen Besprechung kam.

Auf Echnatons Vorschlag, am Abend bei einem Krug Wein behaglich zu plaudern, ging sie nicht ein. Pentu hatte sie gewarnt. Der
König sei dann in einer verstiegenen und schwärmerischen Stimmung und pflege sich am nächsten Morgen an nichts mehr zu erinnern.

So fand die Unterredung eine Stunde nach Sonnenaufgang statt.
Echnatons Hände zitterten leicht, als er seinen gewohnten Mor-
gentrunk, eine Mischung aus Granatapfelsaft, Wein und Honig
zum Munde führte. Die Ränder seiner Augen waren entzündet,
und die Diener mußten die Vorhänge schließen. Er lächelte etwas
trübe.

«Am Morgen ist mir Aton zu ungestüm; ich muß täglich neu um
seine Freundschaft buhlen… Mit mir, seinem Propheten, ist er besonders streng…»

Er sieht jämmerlich aus, dachte Teje und mußte ihr aufkommen-
des Mitleid unterdrücken. Sie besann sich auf ihre Strategie.

«Lassen wir Aton zunächst beiseite, denn es geht um mehr.»

Da zeigte sich sein alter Trotz, und seine Miene gerann zur
hochmütigen Maske.

«Um mehr? Kann es um mehr gehen, wenn von IHM die Rede
ist?»

«Ja, mein Sohn, denn unser Land Kemet besteht nicht nur aus

dir, deiner Familie und der Stadt Achetaton, sondern aus Millionen von Menschen, die sich von deiner herrscherlichen Fürsorge vernachlässigt und ausgeschlossen fühlen. Ich halte es für unbedingt notwendig, daß du deine Residenz nach Waset zurückverlegst oder zumindest die Hälfte des Jahres dort verbringst.»

«Nein, das werde ich niemals tun! Ich habe Aton geschworen, daß –»

«Gut, einen Schwur soll man halten. Dann mußt du einen Mitregenten ernennen, der dich in Waset vertritt oder, anders ausgedrückt, der sich um all das kümmert, dem du dich seit Jahren verweigerst.»

Echnaton war sichtlich überrumpelt.

«Und wer – wer soll das sein?»

«Dein Bruder Semenchkare. Da Sat-Amun gestorben ist, muß er der Thronansprüche wegen deine Älteste heiraten. Oder ist Merit schon vergeben?»

«Nein – nein, sie ist nicht vergeben … Aber ich dulde keinen Mitregenten! Ich bin der Gute Gott und Herr Beider Länder! Wer soll mich dazu zwingen können –»

«Niemand», fiel ihm Teje ins Wort, «niemand, ausgenommen eine vernünftige Überlegung, die du jetzt sogleich anstellen wirst. Halte dir vor Augen, daß du hier abgeschlossen und fast ohne Verbindung zum übrigen Land lebst – auch wenn Tausende von Menschen dich umgeben. Ohne die zahlreichen tüchtigen Beamten und Priester in Men-nefer, Junu, Schedit, Eschmun, Kepto, Abidu, Waset, Suenet und Dutzender weiterer Städte würde alles, was dieses Land trägt und zusammenhält, bald auseinanderbrechen – so wie dies bei Waset zur Zeit der Fall ist. Dein Aton-Tempel führt dort nur noch ein Schattendasein, dein Hoherpriester Parennefer wagt sich kaum noch auf die Straße. Meine Leute haben sich umgehört … Nicht wenige Menschen im Land glauben bereits, du bist nicht mehr am Leben, und rufen immer dringlicher nach einem König, der sich zeigt, der sein Szepter schwingt und seine Pflichten an den hohen Festtagen erfüllt. Fahre durchs Land! Zeige dich! Sei hier Atons Prophet, aber draußen ehre den alten Glauben deines Volkes! Nimm dir ein Beispiel an deinem Vater, der – solange er gesund war – nichts lieber tat, als die Beiden Länder von Nord bis Süd zu bereisen und sich als Guter Gott und Sohn der Sonne feiern zu lassen...»

Echnaton hatte die Augen geschlossen, er atmete schnell und erregt, auf seiner bleichen Stirn stand der Schweiß.

«Ich kann es nicht...» murmelte er tonlos, «ich kann es nicht und will es nicht.»

Teje nickte geduldig.

«Da du es weder kannst noch willst, so ernenne Semenchkare zum Mitregenten. Er wird das Königtum nach draußen verkörpern, während du hier unbehelligt dein Amt als Prophet Atons ausübst und dafür sorgst, daß die Opferaltäre an seinen Tempeln nicht leer werden. Daß du dies in Ruhe tun kannst, verdankst du übrigens nicht nur den pflichteifrigen Schreibern und Beamten, sondern auch deinen Generälen in Nord und Süd, vor allem aber Haremhab, der sich an der Nordgrenze mit Mut und Geschick behauptet. Er wird dir über die Lage berichten, wenn er nächstens mit deinen Vasallen hier erscheint.»

«Ja, ja...»

Echnaton hatte sich erhoben und ging langsam auf und ab.

«Ich kann die Stadt nicht verlassen – nein, das geht nicht. Es wäre wie ein Verrat... Warum kann es nicht bleiben wie bisher? Du residierst in Waset, führst weiter das Staatssiegel...»

«Weil ich alt bin und nicht mehr lange leben werde, und weil die Machtbefugnisse einer Königinwitwe begrenzt sind. Es darf nie mehr geschehen, was sich vor zwei Jahren ereignete, als ein fanatischer Anhänger der alten Götter zwei Mitglieder einer Gesandtschaft aus Kusch vor dem Aton-Tempel tötete. Hast du das gewußt?»

Echnaton blieb stehen.

«Nein – nein...»

«Anstatt nach Achetaton weiterzureisen, kehrte die Gesandtschaft um, und kurz darauf kam es in Kusch zu Aufständen. Dein Vizekönig hat Mühe gehabt, sie niederzuschlagen.»

Echnaton setzte sich wieder und schwieg.

«Du lebst hier wie auf einer Insel. Draußen kann die Welt zugrunde gehen, hier feiert man Aton und seinen Propheten, als sei alles in schönster Ordnung. Ich kann dir aber versichern, daß dem nicht so ist! Auch anderswo will das Volk feiern und in Sicherheit leben und sich in der Obhut eines Königs wissen, der dafür sorgen muß, daß die Waage der Maat im Gleichgewicht bleibt. Du aber bist für das Volk von Kemet nur noch ein Name, der vielen fluchbeladen erscheint, denn zuerst hast du ihnen die vertrauten Götter genommen, dann bist du hierher verschwunden. Auf Waset bezogen ist dieser Zustand unhaltbar geworden. Semenchkare, mit deiner erstgeborenen Tochter als Großer Königsgemahlin, wird dort die alten Zustände wiederherstellen, die alten Feste wieder einführen. Er wird den Aton-Tempel in allen Ehren halten, aber die Menschen sollen die Möglichkeit haben, sich zu entscheiden…»

Echnaton hatte nur noch mit halbem Ohr hingehört, weil er spürte, daß nichts von dem, was da draußen vorging, für Aton und seinen Propheten wirklich von Bedeutung war, solange sich in der heiligen Stadt alles dem Willen des Gottes unterordnete. Und Kija war schwanger geworden! Vor Freude und Dankbarkeit hatte er den für Nebenfrauen üblichen Titel «Gemahlin des Königs» abgeändert in «Große geliebte Frau des Königs». Sie würde Aton den neuen Propheten schenken, der dann unter seiner Hut und Leitung im Palast heranwachsen würde, und wenn der Gott ihn zu sich rief, gab es einen, der das Werk weiterführte…

«Gut, ich bin einverstanden. Soll Semenchkare in Waset den König spielen, wenn du meinst, es sei unbedingt nötig. Aber er muß stets der Zweite bleiben, der Mitregent! Nicht seine Kinder werden den Thron erben, sondern meine! Das gilt auch für diesen Tutanch-Aton!»

Teje hatte nicht gedacht, daß Echnaton so schnell nachgeben würde.

«Ich danke dir für deine Einsicht. Der nächste Schritt wäre wohl, die Verehelichung von Merit und Semenchkare in die Wege zu leiten. Ich würde dann mit dem Paar sogleich nach Waset zurückkehren, schon damit unsere Vasallen nicht in Verwirrung geraten. Sie sollen und dürfen nur einem König huldigen, nämlich dir, dem Herrn Beider Länder! Willst du es der Großen Königsgemahlin selber mitteilen?»

Echnaton zögerte. Er sah Nofretete nur noch selten. Seit einem halben Jahr opferten sie zum Dekadenfest nicht mehr gemeinsam, traten nur noch an hohen Festtagen paarweise auf. Sollte Kija einen Knaben gebären, dann war dies das Zeichen des Gottes, ihr die bestimmte Rolle zu übertragen, und Nofretete würde sich zurückziehen müssen.

«Sie wird sich über deinen Besuch freuen», sagte er, verneigte sich vor seiner Mutter und ging schnell hinaus, um seiner Gemahlin Kija den gewohnten Morgenbesuch abzustatten.

Ihre Schwangerschaft hatte die Mitanni-Prinzessin launisch werden lassen, und manchmal peinigte sie ihre Umgebung mit seltsamen Wünschen. So verlangte sie seit Tagen nach einem gebratenen Falken, doch niemand wagte, das heilige Symbol des Königtums zu töten, und so trug sie ihr Begehren heute dem König vor.

«Ich brauche das, weil ich fühle, daß es mir und dem Kind guttäte...»

Echnaton blickte sie liebevoll an.

«Das ist, als brächte man dir deinen Gemahl gebraten auf den Tisch», scherzte er. «Ich bin ja nach der alten Lehre der Lebendige Horus, und dieser Gott wird als Falke dargestellt.»

«Aber du hast mir doch selber erklärt, daß es dies alles nicht mehr gibt – keinen Amun, keinen Osiris, keinen Horus...»

«Das ist schon richtig – Aton ist der Wahre und Einzige, er hat alles geschaffen, am Himmel und auf Erden. Warum also sollst du keinen gebratenen Falken bekommen?»

Dennoch scheute der König vor diesem Sakrileg zurück und beauftragte einige Vogelfänger, auf Bussarde Jagd zu machen. Sie wird den Unterschied kaum bemerken, dachte er.

Echnatons früher sehr geregelter Tagesablauf war in letzter Zeit unstet und sprunghaft geworden.

Von alters her lebte der Herr Beider Länder einem geheiligten Tagesablauf nach, der am Morgen begann, wenn er, der Sonnensohn, sich mit seinem Vater erhob, und der sich dann mit Audienzen, Beratungen, Tempelbesuch, Papyruslesen und genau festgelegten Ruhepausen bis zum Abend hinzog.

Die Morgengewohnheiten hatten sich als erstes verändert, denn die langen, weinseligen Bankette dauerten oft bis weit in die Nacht hinein, so daß der König nicht vor Mittag erwachte und nach Bad, Ankleiden und Morgenmahl erst am Nachmittag für seine Pflichten bereit war. Das fiel meist in die Zeit der achten bis zehnten Tagesstunde, wo jedermann sich zur Ruhepause zurückzog. Wurde dann dieser oder jener Hofbeamte eilig zum König gerufen, so dauerte es eine Weile, bis er angekleidet und geschminkt erscheinen konnte, während Echnaton warten mußte und am Ende so zornig war, daß er den Gerufenen nicht mehr empfing.

Maat, das war Ordnung bis in die kleinsten Dinge, aber Echnaton faßte es anders auf. Für ihn bedeutete Maat eine Ordnung, wie er sie empfand, von Aton beseelt und nicht selten den alten Regeln zuwiderlaufend.

Heute war eine Beratung mit dem Obersten Baumeister Bak angesagt, an der auch Eje, Dutu und der Hohepriester Merire teilnehmen sollten, da es hauptsächlich um den Weiterbau am Großen Tempel ging. Doch Echnaton verlor plötzlich die Lust dazu, ließ seinen Wagenführer rufen und befahl die Fahrt nach Osten zum Königsgrab.

Er hatte die für die königliche Familie bestimmte Ewige Wohnung weitab von den Gräbern seiner Hofbeamten anlegen lassen – versteckt in einem engen Wüstental und sehr schwer zu erreichen. Nur etwa zehntausend Ellen konnte der König mit dem Pferdegespann zurücklegen, das dann an einer kleinen Wachstation halten mußte, wo eine Sänfte mit kräftigen Trägern für ihn bereitstand.

Nachdem Kija schwanger geworden war, hatte Echnaton eine Erweiterung des Grabes angeordnet, denn auch sie sollte hier ihre letzte Ruhe finden.

Als der vor dem Eingang postierte Wächter die kleine Prozession herannahen sah, verschwand er und kam mit dem Bauleiter zurück. Der ging tief gebückt der Sänfte entgegen und begleitete sie bis zur Pforte des Grabes.

Die Arbeiter hatten sich unterdessen zurückgezogen, und der König betrat an der Seite des Bauleiters – der eine lodernde Fackel trug – den langen schmalen Gang, der unmittelbar in die zweifach unterteilte Kammer führte. Dahinter wurde nun für Kija eine dritte ausgeschachtet.

Echnaton nickte zufrieden.

«Wie lange wird die Fertigstellung dauern?»

«Etwa zwei Monate noch für die Kammer, Majestät. Inzwischen harren wir auf deine Schönen Befehle, den Wandschmuck betreffend.»

Der König antwortete nicht, sondern ging langsam um seinen gewaltigen Sarg herum. Nichts mehr war hier zu finden, das sich noch auf die alte Religion bezog. Die üblicherweise an den vier Ecken eingemeißelten weiblichen Schutzgottheiten Isis, Nephtys, Selket und Neith hatte der König viermal durch Nofretete ersetzen lassen. Mit der hohen Federkrone und mit ausgebreiteten Armen umfing sie schützend das steinerne Gehäuse. Davor stand der kleinere Kanopenschrein für die Aufbewahrung der Eingeweide. Anstatt der vier Horus-Kinder als einstige Schutzgötter hatte Echnaton den Sonnenfalken des Re-Harachte anbringen lassen. Es kam ihn ein Lächeln an, wenn er daran dachte, wonach es die schwangere Kija gelüstete.

Er war in letzter Zeit öfter hierhergekommen und hatte – wie viele im Land es taten – den Fortgang der Arbeiten an seiner Ewigen Wohnung verfolgt und überwacht.

Heute aber, als er langsam um den Sarkophag herumging, fühlte er etwas wie einen Sog, den das steinerne Behältnis auf ihn ausübte. Das war wie eine Lockung: Lege dich hierher, strecke dich aus und verfolge in aller Ruhe die Vorgänge draußen. Betrachten, ohne teilzuhaben… Nachts friedlich schlummern und mit Atons Aufstieg, geleitet von seinen Strahlen, zum Tempel schweben, den Gläubigen zuschauen, die Blumenspenden riechen, die Opferfeuer lodern sehen, andachtsvoll den Hymnen lauschen, von denen er die meisten selber geschaffen hatte. Ganz in Aton aufgehen, ohne tagtäglich mit Schriftstücken, Anfragen, Gesuchen und Besuchen belästigt zu werden. Aber wer führte dann die Menschen als Prophet? Wer baute die Brücke von der Erde zum Himmel?

Echnaton seufzte und winkte dem Bauleiter voranzugehen. Dann betrat er eine der sechs Nebenkammern, bestimmt als Grabstätten für die Töchter. Hier ruhte Maket-Aton in ihrem schmalen Sarg aus feinstem Rosengranit. Sie hatte nicht einmal zehn Nilschwellen erlebt… Nun war sie frei von irdischer Last und durfte sich an all dem Schönen erfreuen, das Aton für die Menschen geschaffen hatte – sorgenfrei und ewig jung.

Der König streichelte das von Thutmose als Sargdeckel geschaffene liebliche Abbild der Prinzessin.

«Wir werden uns wiedersehen, Kleines – vielleicht schon bald …» flüsterte er, und es war ihm ein Trost.

Der Oberbildhauer Thutmose hatte inzwischen Merit-Atons lebensgroße Statue vollendet und erwartete den Besuch der Prinzessin, die ihm selber mitteilen wollte, wohin die Figur zu bringen sei. Zwei Gehilfen polierten sie mit einem Brei aus Kreide und Asche, was dem Stein eine samtene Glätte verlieh.

Der Meister verfolgte ihre hingebungsvolle Arbeit genau.

«Die Brüste haben es dir wohl besonders angetan?» scherzte er, weil der eine nichts anderes tat, als diesen Körperteil immer wieder liebevoll mit dem Poliertuch nachzureiben.

Der Junge wurde rot und hielt inne. Thutmose lachte.

«Das ist nur toter Stein, und du bist nicht ihr Liebhaber, sondern ein Handwerker. Du sollst ihre Brüste nicht liebkosen, sondern glätten, also arbeite schnell und kraftvoll.»

Zuletzt wurde die Statue mehrmals mit Wasser abgespült und mit einem sauberen Wolltuch getrocknet.

Merit-Aton aber, die sich für den späten Vormittag angesagt hatte, sandte einen Boten, der ihren Besuch erst für den Abend ankündigte.

Thutmose entließ seine Gehilfen zwei Stunden vor Sonnenuntergang, badete und kleidete sich um. Zwischen ihm und der Prinzessin hatte sich während ihrer häufigen Besuche ein Vertrauensverhältnis entwickelt, so daß der Bildhauer mit ihr in einem freieren Ton verkehrte als mit den anderen Mitgliedern der Königsfamilie.

«Willkommen, Prinzessin! Ich habe deine Verspätung benutzt, um mich für deinen Besuch schön zu machen …»

Er drehte sich lächelnd um die eigene Achse.

Sie ging auf seinen Scherz nicht ein, sondern starrte fast feindselig auf die im Abendlicht rötlich schimmernde Steinfigur.

«Ich werde sie im Kleinen Tempel aufstellen lassen, damit alle wissen, wie ich ausgesehen habe.»

Thutmose stutzte.

«Das klingt ja, als wolltest du uns verlassen?»

Sie nickte bekümmert.

«Die anderen wollen es, nicht ich.»

Sie betrachtete die Statue von allen Seiten.

«Sie wirkt, als sei sie nackt...»

«Aber nein! Schau sie dir genau an, und du wirst sehen, daß sich ein feingewebtes Kleid an ihren Körper schmiegt. Es reicht vom Halskragen bis zu den Knöcheln...»

Sie ließ ihre Hand über den glatten Stein gleiten.

«Ja, du hast recht, jetzt fühle ich es. Meine nächsten Abbilder wird ein anderer Künstler schaffen, und der muß mich dann mit Geierhaube, Szepter und Uto-Schlange darstellen.»

Thutmose schlug die Hände zusammen.

«Wird der König – er lebe, sei heil und gesund – dich heiraten, wie es sein Vater mit Sat-Amun tat?»

«Du weißt ja recht gut Bescheid... Nein, Thutmose, sein Halbbruder Semenchkare wird künftig in Waset als Mitregent meines Vaters residieren. Es soll dort zu Unruhen gekommen sein, als Folge einer anhaltenden Stadtflucht – so wenigstens hat die Königinwitwe Teje es dargestellt.»

«Und – freust du dich auf deine neue Stellung als Große Königsgemahlin und Herrin Beider Länder? Ich müßte mich ja eigentlich vor dir zu Boden werfen...»

Sie schaute ihn traurig an.

«Spott hätte ich am wenigsten von dir erwartet, eher dein Mitgefühl...»

«Aber Prinzessin! Ich habe Semenchkare in Waset gesehen, er ist doch ein stattlicher Mann, noch nicht alt, hat sich in vielen Ämtern bewährt...»

Doch er sieht nicht aus wie du, hätte Merit gerne gesagt, aber das schickte sich nicht.

«Heute ist mein letzter Besuch, und so habe ich ein Abschiedsgeschenk mitgebracht. Hole es her!» befahl sie ihrer Kammerfrau.

Heute war nur eine in ihrer Begleitung – und kaum war sie draußen, umarmte Merit den Bildhauer und küßte ihn heftig auf den Mund. Er war nicht allzu überrascht, erwiderte die Küsse, umfaßte ihre Hüften und preßte seinen Unterkörper heftig reibend

551

gegen den ihren. Sie kam ihm entgegen, er fühlte es, und es hätte nicht viel bedurft, dann wären sie auf den staubigen, mit Stein- und Tonbrocken übersäten Boden gesunken und hätten sich lustvoll gepaart. Aber sein Verstand sagte ihm, daß er dabei war, ein schweres Verbrechen zu begehen, wenn er nicht nur eine königliche Prinzessin verführte, sondern mit einer künftigen Großen Königsgemahlin Ehebruch trieb.

Sanft schob er Merit von sich – gerade rechtzeitig, um die eintretende Kammerfrau nicht mißtrauisch zu machen.

«Da kommt ja mein Geschenk», sagte er so laut, daß Merit aus ihrem Taumel erwachte und sich umwandte.

«Gerade rechtzeitig…» meinte sie vielsagend und nahm das kleine, aus Ebenholz und Elfenbein gefertigte Kästchen entgegen. Dann reichte sie es mit einem Lächeln an Thutmose weiter.

Der verneigte sich und öffnete es. Da lag, auf Leinen gebettet, ein Ring aus Elektron, und auf seiner Siegelplatte war eingraviert: Merit-Aton. Thutmose konnte zwar nicht lesen, aber die Namen der königlichen Familie waren ihm wohlvertraut. Er steckte den Ring auf seinen Mittelfinger.

«Paßt genau! Ich werde ihn in Ehren halten und tragen, solange ich lebe.»

«Bei zwei Gelegenheiten wirst du ihn abnehmen, und zwar bei deiner Arbeit, weil er dich da stört und beschädigt werden kann.»

Sie trat näher und flüsterte: «Das zweite ist eine Bitte: Lege den Ring ab, wenn du mit einer Frau schläfst – versprichst du es mir?»

«Ich verspreche es», sagte er ernst.

«Wir werden uns wohl nicht wiedersehen…?»

«Wer weiß? Es kann mich ein Auftrag nach Waset führen; es kann sein, daß –», er begann zu flüstern, «daß diese Stadt untergeht, wenn ihr Schöpfer sich mit Aton vereint, und dann wird man den Oberbildhauer Thutmose – so hoffe ich – wieder an einem Königshof brauchen…»

«Du hast recht – schließlich sind wir keine Bauern – festgebunden an Dorf und Feld. Also – wir sehen uns wieder!»

Er begleitete sie hinaus, und als er dem davonrollenden Gefährt zuwinkte, blitzte sein neuer Ring in der Sonne.

Dann kam jener Tag der großen Besprechung, an der alle teilnahmen, die durch Freundschaft oder hohe Ämter mit König und Hof verbunden waren. Nach langer Zeit saß die Große Königsgemahlin mit dem Herrn Beider Länder wieder auf dem Doppelthron, daneben die Königinwitwe Teje. Eine Stufe tiefer hatten die schwangere Kija, die zwei erwachsenen Töchter und Prinz Semenchkare Platz genommen.

Dutu, Eje, Pentu, Merire und andere standen zu beiden Seiten unterhalb der Thronsitze, umringt von dem finster blickenden Mahu mit seiner Leibwache.

Dutu in seiner Eigenschaft als «Mund des Königs» trat vor und verkündete den Beschluß von der Verheiratung der Prinzessin Merit-Aton mit Prinz Semenchkare und dessen künftigen Rang als Mitregenten Seiner Majestät. Dann wurde amtlich das baldige Eintreffen der Vasallen aus Nord und Süd verkündet, aber das war ja längst bekannt.

Echnaton hatte die Augen geschlossen und schien nicht wahrzunehmen, worum es ging. Dann trat Schweigen ein, und er hob den Kopf.

«Eines wurde nicht angesprochen, ein Name ist nicht gefallen – der von Aton! Warum? Ist es der Allschöpfer nicht wert, daß man seiner gedenkt? Wenn mein Bruder Semenchkare in Waset die Doppelkrone trägt, so heißt das nicht, daß die Götzen-Tempel wieder geöffnet und ihre Priester wieder eingesetzt werden! Mag das Volk verehren, wen es will, mag es die Feste feiern, wie sie fallen – die Tempel bleiben geschlossen!»

Drei Schreiber hielten jedes Wort des Königs fest, und so war auch dieser Schöne Befehl amtlich geworden.

Teje aber wollte es so nicht stehen lassen.

«Verzeih, Majestät, daß ich dich unterbreche. Du hast selber kürzlich vorgeschlagen, dem Volk die Wahl zu lassen, zu wem es betet, wenn es opfert. Wenigstens sollte man die Opferaltäre an der Außenmauer wieder zulassen. Niedrige Priester könnten dort ihren Dienst tun, Gehilfen, ohne die es nicht gehen wird...»

Dem König war der Überdruß anzusehen, der ihm dieses Gespräch bereitete.

«Ja, ja, aber niemals mehr soll es Hohepriester und Propheten geben! Es gibt in Kemet nur einen Propheten, und das ist Meine Majestät im Dienste Atons!»

Mehr hatte Teje nicht erreichen wollen, und so drehte sie sich zur Seite und verneigte sich leicht vor dem König.

«Man wird im ganzen Land deine Klugheit und Weisheit preisen, Majestät.»

Echnaton antwortete nicht darauf und erhob sich. Zärtlich ergriff er Kijas Hand und half ihr aus dem Thronsessel. Dann winkte er Dutu und flüsterte ihm etwas zu. Der wandte sich an die anderen.

«Der König – er lebe, sei heil und gesund – wird sich jetzt zurückziehen.»

Von seiner Leibwache umgeben, verschwand das Paar. Nofretete hatte bewegungslos auf ihrem Thron verharrt.

Er läßt mich zurück, dachte sie, wie unnützes Beiwerk.

Dann stand sie auf und gesellte sich zu Merit und Semenchkare. Sie lächelte mühsam.

«Ihr seid ein schönes junges Paar, nur schade, daß ihr von hier fortgeht…»

Teje trat hinzu.

«Gerade das ist der Sinn dieser Verbindung. Hier sind sie überflüssig.»

«Wie ich…» sagte Nofretete leise. «Kija hält sein Herz gefangen, wie einen Vogel im Käfig. Er besucht sie täglich, verfolgt ihre Schwangerschaft mit Sorge und Anteilnahme. Als ich mit Setep-en-Re schwanger ging, hat er es kaum bemerkt. Hat Kija ihn behext? Sie ist doch nichts Besonderes? War sein Vater auch so hingerissen, als Giluchepa in den Harim kam?»

Semenchkare, der bisher stumm dabeigestanden hatte, spitzte die Ohren.

«Ich glaube, Dutu wollte dich sprechen», sagte Teje zu ihm und wartete, bis er gegangen war. Sie zog Nofretete in eine stille Ecke.

«Bei ihm war es etwas anders. Er konnte keiner hübschen Frau widerstehen, aber es dauerte niemals lange – auch nicht bei Giluchepa. Aber dein Gemahl, der sich nicht einmal einen Harim zulegen wollte… Ich glaube zu wissen, um was es ihm geht, jedenfalls nicht um Kija als Frau – es hätte jede beliebige andere sein können.

Er hofft auf einen Sohn, das hat er einmal kurz angedeutet. Dabei geht es nicht um die Thronfolge – die ist ja durch deine Töchter vielfach gesichert –, sondern um seinen Gott Aton – ja, wieder einmal. Er ist in Sorge um die Prophetennachfolge, und er hofft, daß Kija sie erfüllt. Ihr Sohn soll der nächste ‹Große Schauende des Aton› werden – so jedenfalls sehe ich es.»

Nofretete hatte gespannt zugehört. Wollte Teje ihr nur Mut machen – oder…

Ja, genau das wollte die Königinwitwe und mit gutem Grund. Nur die welterfahrene Nofretete konnte ihrem Sohn beistehen, wenn es hier Schwierigkeiten gab. Ihr Vater, der kluge Eje, der ihr wohlgesinnte Dutu, auch der Arzt Pentu und nicht zuletzt der steife feierliche Hohepriester Merire – sie alle standen auf ihrer Seite. Kija war nichts, bedeutete nichts, hatte weder Freunde noch Verbindungen. Wenn sie einen Knaben gebar, hatte sie ihre Aufgabe erfüllt und würde im Harim verschwinden, und wenn es eine Tochter war… Teje lächelte in sich hinein. Das waren dann nur Steinchen in einem verlorenen Men-Spiel – vom Brett geworfen und vergessen.

Semenchkare hatte sich zu Dutu und dem Wesir Aper gesellt.

«Du wolltest mir etwas sagen, ließ Teje mich wissen.»

Der Oberste Kammerherr verstand den Wink.

«O ja, Majestät…»

«Noch bin ich nicht gekrönt», wandte der Prinz ein.

«Aber ernannt, und alle wissen es. Also – hier mein Rat und meine Bitte. Sobald du in Waset bist, solltest du dich mit Parennefer, dem Hohenpriester des Aton, verständigen. Er hat es dort nicht leicht, weil alle Welt nach den alten Göttern schreit und er im Grunde nichts zu bieten hat als einen leeren Tempel. Wir wissen, um was es geht, aber dem einfachen Volk ist es zuwenig. Seine Majestät will die Tempel der – der Götzen weiterhin geschlossen halten, aber das Volk soll ihnen opfern dürfen. Wem? Die allerheiligsten Stätten sind leer, die Statuen eingeschmolzen oder versteckt. Ihr – das heißt du und Parennefer – werdet einen Weg finden müssen, um beiden Seiten gerecht zu werden. Leicht wird es nicht sein…»

19

Das Streben Parennefers, des Hohenpriesters des Aton in Waset, an welcher Stelle und in welchem Amt auch immer nach oben zu gelangen, Macht in Händen zu halten, war von Si-Mut und den «Bewahrern des alten Glaubens» sehr wohl erkannt worden, und sie gedachten, es für ihre Zwecke zu nutzen. Sie schickten Si-Mut zu ihm.

«Wir leben schon in seltsamen Zeiten…» seufzte Parennefer laut und blickte Si-Mut erwartungsvoll an.

«Die eben bewältigt werden müssen!»

«Ja, ja, gewiß – aber was kann ich dazu tun?»

«Viel, Ehrwürdiger – sehr viel. Aber lasse mich kurz die Lage schildern, so wie sie sich uns heute darstellt. Wir wissen, daß der König krank ist – an Geist und Körper. Bei unserer letzten Versammlung sind wir zu der Erkenntnis gelangt, daß es ein falscher König ist, der in der neuen Stadt auf seinem angemaßten Thron sitzt, und ein falscher König kann nur Falsches befehlen. So kann es nicht weitergehen, und wir werden es ändern – werden handeln müssen!»

«Handeln – wie?»

«Amun hat den ersten Schritt getan und uns in Semenchkare einen richtigen König geschenkt. Jetzt erwartet der Gott von uns, daß wir den falschen beseitigen. Nicht mehr und nicht weniger.»

Parennefer ließ sich in seinen Stuhl fallen, in seinem Gesicht malte sich das Entsetzen.

«Was? Habe ich dich richtig verstanden – der König soll…?»

«Der falsche König, da wir jetzt wieder einen richtigen haben.»

«Aber wie soll es geschehen, wer soll Hand an ihn legen? Da wirst du keinen finden, nicht um alles Gold in der Welt!»

«Es soll auch nicht für Gold, es soll um Maats willen geschehen. Jetzt zu dir, Ehrwürdiger. Angenommen, der König stirbt aus natürlicher Ursache, was, glaubst du, wird mit dir und deinem Tempel geschehen?»

«Nun, vielleicht...»

«Ich werde es dir sagen. Der Tempel wird abgerissen, und du kannst dich glücklich preisen, wenn es dir ergeht wie Maj. Da wir aber während der letzten Jahre deinen guten Willen erkannt haben, mache ich dir einen Vorschlag.»

Si-Mut rückte seinen Stuhl näher und begann zu flüstern. Er entwickelte Punkt für Punkt einen Plan, bei dem sich Parennefers Haare sträubten.

Zuletzt sagte Si-Mut: «Du mußt es nicht tun, wir finden leicht einen anderen. Aber wenn du es tust, handelst du nicht nur im Sinne Amuns, du darfst ihm auch künftig als Erster Prophet und Hoherpriester dienen. Du wirst also nicht Majs Schicksal teilen, sondern sein Nachfolger werden.»

Da wurde es mit einem Mal sehr hell im Herzen des ehrgeizigen Priesters Parennefer.

Der von den «Bewahrern des alten Glaubens» als rechtmäßig erkannte König war zu dieser Zeit schon auf dem Weg nach Süden in Begleitung Merit-Atons und der Königinwitwe Teje. Sie hatte Herolde vorausgesandt, die in den wichtigsten Städten und Orten verkündeten: «Nach Wunsch und Willen des Guten Gottes und Herrn Beider Länder Nefer-cheperu-Re Wa-en-Re Echnaton soll künftig der Mitregent Anch-cheperu-Re Semenchkare Seine Majestät bei der Herrschaft über Beide Länder unterstützen. Der Mitregent wird seine Residenzen in Waset und Men-nefer errichten, zusammen mit der Großen Königsgemahlin Merit-Aton, der Anmutsvollen unter der Geierhaube, die – angenehm an Geist und süß in der Liebe – den Palast mit ihren Wohlgerüchen erfüllt.»

Echnaton hatte sein Einverständnis mit der Bedingung verknüpft, daß Heirat und Krönung des Prinzen Semenchkare glanz-

und formlos innerhalb eines Tages stattfanden. Dazu hatten die Schreiber zwei Dokumente aufgesetzt, die von Teje, Dutu, Eje und dem Wesir Aper in Gegenwart des Königs unterzeichnet wurden. Ein langer Absatz im Ehevertrag wies darauf hin, daß Nachkommen aus dieser Ehe erst als Thronfolger anzusehen waren, wenn weder von Nofretete noch von Kija Söhne zu erwarten seien. Der Name der Großen Königsgemahlin war nur aus zeremonieller Höflichkeit erwähnt, da sie schon aus Altersgründen keine Kinder mehr hätte gebären können. Dieser Passus galt allein Kija, denn auf ihrer Schwangerschaft ruhte Echnatons ganze Hoffnung auf einen Nachfolger im Propheten- und Königsamt.

Als Semenchkare darauf bestand, wenigstens in Gegenwart der höchsten Hofbeamten gekrönt zu werden, stimmte Echnaton zu, verweigerte aber seine Anwesenheit.

So wurde der Prinz Semenchkare ganz formlos unter dem Thronnamen Anch-cheperu-Re – «lebendig sind die Erscheinungen des Re» – mit der Doppelkrone zum Herrn Beider Länder gekrönt. Bei der Wahl des Thronnamens hatte Echnaton darauf bestanden, er dürfe weder Aton noch einen der falschen Götter enthalten. So blieb nur der Sonnengott Re, und die Wortwahl «Erscheinungen» verwies auf den alten Glauben, bei dem alle großen Götter des Landes in vielfältigen Formen auftraten.

Einen Tag vor der Abreise hatte Echnaton seine Erstgeborene noch zu einem persönlichen Gespräch gebeten. Sie nahm zu seinen Füßen auf einem Hocker Platz und lehnte – wie sie es früher gerne getan hatte – ihren Kopf gegen seine Knie. Aus Echnatons Gesicht war jede Strenge gewichen, er streichelte ihren Nacken, sprach mit leiser, weicher Stimme.

«Du bist nun Königin geworden, Merit, wie es dir zusteht als meiner Erstgeborenen. Hättest du ihn nicht geheiratet, hätte ich dich zur Frau genommen, wie mein Vater es mit Sat-Amun tat. Aber so… Doch eines bedenke: Auch wenn du Semenchkares Frau geworden bist, so bleibst du doch meine Tochter! Ein Mitglied der Familie des Aton! Zudem will ich dir ins Gedächtnis rufen, was ich in einen Gedenkstein an der Stadtgrenze einmeißeln ließ.»

Er schloß die Augen, und was er sagte, klang wie ein Gebet.

«Man baue mir ein Grab in dem Berg von Achetaton,
wo die Sonne aufgeht, in welchem meine Bestattung erfolgen soll
nach Millionen von Regierungsjubiläen,
die Aton, mein Vater, mir zugewiesen hat.
Man bestatte darin nach Millionen von Jahren
die Große Königliche Gemahlin Nofretete,
und man bestatte darin nach Millionen von Jahren
die königliche Tochter Merit-Aton.
Wenn ich nach Millionen von Jahren sterben werde
an irgendeinem Ort,
sei er nördlich, sei er südlich, sei er westlich
oder wo die Sonne aufgeht,
dann soll man mich holen,
damit mein Begräbnis in Achetaton gemacht werden kann.
Auch wenn die Große Königliche Gemahlin Nofretete – sie
    lebe! –
in Millionen von Jahren stirbt an irgendeinem Ort,
sei er nördlich, sei er südlich, sei er westlich
oder wo die Sonne aufgeht,
dann soll man sie holen,
damit ihr Begräbnis in Achetaton gemacht werden kann.
Auch wenn die königliche Tochter Merit-Aton
in Millionen von Jahren stirbt an irgendeinem Ort,
sei er nördlich, sei er südlich, sei er westlich
oder wo die Sonne aufgeht,
dann soll man sie holen,
damit ihr Begräbnis in Achetaton gemacht werden kann.»

Der König hob den Kopf, als lausche er seinen Worten nach.

«Das ist ein Schwur, Merit, feierlich vor Aton abgelegt, daran werde ich, daran muß ich mich halten. Von dir aber erwarte ich – wo immer du sein magst –, daß du Aton im Herzen behältst und dort keinen Raum läßt für die falschen Götter. Dein Gemahl wird gezwungen sein, manches zu tun, was dem widerspricht – mische dich nicht ein und bleibe dem treu, dessen Prophet ich bin. Versprichst du mir das?»

Sie versprach es.

In ihrer Hochzeitsnacht träumte sie davon, daß der braunhäutige Bildhauer Thutmose sie liebend umfing, und beinahe hätte sie seinen Namen gerufen, als Semenchkare behutsam ihren jungfräulichen Acker pflügte. Schon nach wenigen Tagen erkannte sie: Dieser Mann war Wachs in ihren Händen, denn er war es gewohnt, daß immer Frauen über ihn bestimmt hatten.

Nun aber trug sie die Geierhaube und saß auf dem tragbaren Doppelthron an der Seite ihres Gemahls. In den Städten empfing man sie mit Jubel, Tanz und Gesang, während Ritualpriester ihre Weihrauchbecken schwangen und das einfache Volk ihnen wie niedergemäht zu Füßen lag.

Ohne zu zögern, erwies der König und Mitregent den Gau- und Stadtgöttern die schuldige Ehre und übte so sein Amt als Oberster Priester von Kemet aus.

«Die Göttin Maat ist wiederauferstanden...» ging es raunend durchs ganze Land, und es war, als atme alle Welt auf, von Süd bis Nord, von Suenet bis Men-nefer.

Dort, in der alten Hauptstadt des Reiches, erhielt Haremhab Nachricht von den Ereignissen. Der General hatte eine Reihe schwieriger Aufgaben lösen müssen, als er die Kleinfürsten – einen nach dem anderen – zu besuchen und von ihrer Vasallenpflicht zu überzeugen hatte. Nun aber waren diese Herren alle in Men-nefer versammelt und warteten darauf, daß Haremhab für ihre Weiterreise nach Süden eine Flotte zusammenstellte.

Der General aber ließ sich Zeit. Er genoß die Ruhe in seinem Haus am Stadtrand, erfreute sich seiner jungen Gemahlin Amenia und erteilte – wie jeder Wohlhabende im Land – den Auftrag, im Süden von Men-nefer eine prachtvolle Ewige Wohnung anzulegen. Er war nun ein mächtiger Mann geworden, und zu seinen Ämtern als «Vorsteher aller Generäle», «Oberster Rekrutenschreiber» und «Gesandter des Königs» waren noch Ehrentitel wie «Siegelbewahrer des Königs im Bienenland», «Oberdomänenverwalter» und «Wirklicher königlicher Schreiber» gekommen. Davon war nur der «Siegelbewahrer» von tatsächlichem Gewicht, denn er konnte im Bienenland – also der Nordhälfte von Kemet – wichtige Entscheidungen treffen, ohne jedesmal beim König anfragen zu müssen, der ohnedies nicht antwortete. So war der kluge und tüchtige General zum wichtigsten Befehlshaber in Kemet nach Seiner Majestät und der Königinwitwe Teje geworden. Als neuer Machtfaktor war nun auch Semenchkare hinzugekommen, doch den – so dachte Haremhab – kenne ich gut genug, um den richtigen Umgang zu finden. Für ihn verlor der versponnene Sonderling von Achetaton zunehmend an Bedeutung. Noch nie war von ihm ein brauchbarer oder sinnvoller Befehl gekommen, niemals hatte er seine königliche Macht dazu benutzt, den dringenden Grenzproblemen abzuhelfen.

Haremhabs Sinn war auf die Zukunft gerichtet, und so hatte er zur Rangerhöhung seiner Gemahlin nicht um ihre Aufnahme in die weibliche Ehrenpriesterschaft des Ptah ersucht, sondern sie zur «Sängerin des Amun» ernennen lassen. Natürlich war auch dem früheren Reichsgott in Men-nefer ein Tempel geweiht, und vor drei oder vier Jahren hatte Echnaton ein Trüppchen Handwerker in die Stadt gesandt, um dort den verhaßten Namen auszutilgen. Als sie schüchtern ihr Anliegen vorbrachten, tat man es als Irrtum und Mißverständnis ab und verschaffte den Männern einträgliche Posten in Handwerksbetrieben. Aus Achetaton wurde niemals nachgefragt, und so geriet der Fall in Vergessenheit.

Sein eigenes Grab sollte so ausgestattet werden, als hätte es Aton und seinen Propheten niemals gegeben. Er wollte sich an den Grabwänden in Anbetung vor Osiris, Ptah, Amun, Thot, Re-Harachte und anderen Landesgöttern zeigen – sie alle geführt von der lieblichen Maat mit der Feder auf dem Haupt, die durch ihre Gegenwart diese Bilder heiligte und wahr machte. Ansonsten hatte er dem Vorsteher der Maler befohlen, seine Ewige Wohnung mit all dem zu schmücken, was seine Erfolge als siegreicher General ausmachte: Szenen im Feldlager, Vorführung der gefesselten Gefangenen, Lagebesprechungen, Aufmärsche…

Nun aber hieß es wieder einmal Abschied nehmen.

Etwa in der Mitte der Achet-Zeit legte die Flotte ab, denn da war der Nil schon genug angestiegen, um schwere Schiffe nicht auflaufen zu lassen, ohne daß man auf die Gefahren achten mußte, die mit seinen höchsten Schwellen verbunden waren.

In Achetaton hatte sich ein Ausschuß gebildet, der dafür verantwortlich war, daß den Gästen Unterkunft, Verpflegung und ein Höchstmaß an Unterhaltung und Bequemlichkeit geboten wurden.

Bak als Oberster Baumeister hatte alles darangesetzt, die für den Empfang wichtigen Gebäude – vor allem den Großen Thronsaal – zu vollenden und kostbar auszustatten. Da es bisher niemals zu größeren Audienzen gekommen war, hatte man diesen Bau vernachlässigt, aber nun galt es, das Auge der fremdländischen Kleinfürsten zu blenden, schon um ihnen den Unterschied zu zeigen zwischen einem armseligen Provinzkönigreich wie etwa Mitanni und einem Reich, das an Kultur, Pracht und militärischer Stärke alle anderen übertraf. Deshalb hatte Mahu zusätzlich zu seiner Stadtmiliz Söldner angeworben, während General Haremhab alles Entbehrliche an Truppen schon in Richtung auf Achetaton in Gang gesetzt hatte.

Dann trafen sie nach und nach ein: die Gesandtschaften aus dem unruhigen, jetzt wieder mühsam befriedeten Kusch, die Fürsten aus den Kleinstaaten am Grünen Meer, die Gesandten der Könige von Mitanni und Babylon – ja, sogar vom Chatti-König Suppiluliuma waren Botschafter gekommen, um – wie es hieß – seinen Friedenswillen zu demonstrieren, in Wirklichkeit aber, um das Land auszuspionieren. Haremhab wußte das und behielt diese Herren von Anfang an im Auge, ließ sie keinen Schritt ohne «Ehrenbegleitung» tun.

Der König nahm an den Vorbereitungen kaum Anteil, empfing jetzt aber häufiger den Hohenpriester Merire, mit dem er geheime Gespräche führte. Dabei ging es vor allem darum, wie man den unwissenden Vasallen aus dem finsteren Norden die Schönheit und Macht Atons vorführen sollte – auf möglichst überzeugende und beeindruckende Weise.

Merire war in seinem Rang am Hof so emporgestiegen, daß er den Titel «Einziger Freund des Königs» trug und in Gegenwart des Herrn Beider Länder auf einem niedrigen Hocker zu seinen Füßen sitzen durfte. Die anderen mochten diesen feierlich-steifen Menschen nicht, auch weil sie seinen Einfluß auf den König fürchteten.

Nachdem die Fürsten und Gesandten vollzählig versammelt waren, ließ der König sie wissen, daß vor dem großen Empfang der

Allgott Aton, dem diese Stadt und ihre Menschen geweiht waren, gebührend zu ehren sei.

So wurden die Herren in einer langen Prozession zum Großen Tempel geführt, wo sie – zusammen mit dem König und seiner Großen Gemahlin – vor den großen Altären beten und opfern durften. Aus dem mitten im Tempelhof errichteten Schlachthaus drangen die jämmerlichen Rufe der sterbenden Tiere, und süßlicher Blutdunst durchdrang die frische Morgenluft.

Die Zeremonie zog sich hin. Es vergingen Stunden, bis alle Opfertiere geschlachtet und zerlegt waren. Inzwischen mußten die Herren warten und sich die endlosen Hymnen der Sänger und Sängerinnen anhören.

Atons Strahlen verstärkten ihre Kraft, je höher er am Firmament emporstieg, und in diesem Tempel gab es keinen Schatten. Dazu kam, daß Diener hierher keinen Zutritt hatten, so daß der schon ältere und etwas kränkelnde Fürst Etakama von Kadesch seiner gewohnten Stützen entbehrte und hin- und herschwankte wie ein Boot auf bewegtem Wasser.

Pentu, der als Zweiter Prophet zusammen mit Merire dem Festakt vorstand, bemerkte es und ließ dem Fürsten einen Stuhl bringen. Er hatte auch darauf bestanden, daß der König heute sein Amt als Prophet des Aton unter einem Baldachin ausübte, denn es wäre – er hatte es offen ausgesprochen – geradezu verhängnisvoll, wenn der Herr Beider Länder angesichts seiner Vasallen eine Schwäche zeige. Wider Erwarten hatte der König dem zugestimmt, aber darauf bestanden, seinen Gästen die belebenden Strahlen Atons voll angedeihen zu lassen. Die Herren aus dem Norden – von zu Hause ein anderes Klima gewohnt – waren am Ende der Zeremonie so taumelig geworden, daß junge Priester sie mit Sänften hinaustragen mußten. Auf solche Weise hatte Aton ihre Haut verbrannt, ihre Augen geblendet und ihre Sinne betäubt – nicht aber ihre Herzen erreicht.

Zwei Tage später fand der große Empfang vor dem Thronsaal statt, der sich nach Norden auf eine weite Säulenhalle öffnete. Sie war nicht überdacht, und so mußten die Herren wieder in der Sonnenglut ausharren, während ihre Diener die Geschenke vor den

Doppelthron legten. Da schleppten die Diener auf langen Stangen in Ringform gegossenes Gold herbei, dazu Elfenbein, Ebenholz, edle Steine, Felle von Wildtieren – und Sklaven. Letztere waren hochwillkommen, denn die Truppenmacht bedurfte längst einer Verstärkung, und Haremhab plante, die geeignetsten dieser Männer zu Bogenschützen und Speerwerfern ausbilden zu lassen.

Als der offizielle Teil des Empfangs endlich zu Ende war, neigte sich Aton schon etwas nach Westen, und die erschöpften Gäste durften sich zurückziehen. Der König hatte dies mit Nofretete und den vier Töchtern schon längst getan und sich vom Wesir vertreten lassen. Aper kündigte für den Abend ein festliches Gastmahl an, dem der König dann für etwa zwei Stunden beiwohnte.

Seine Majestät war so gnädig, die wichtigsten Fürsten und Gesandten um sich zu versammeln und – dabei unentwegt Weinbecher leerend – sich in weitausholenden Monologen über Aton zu ergehen. Die noch jungen Fürsten von Tyros und Sidon hätten zwar lieber an der lebhaften und lauten Festlichkeit im Palasthof teilgenommen, doch sie waren gezwungen, mit ehrfürchtigen Mienen dem König zu lauschen.

Draußen tobten Gaukler und Akrobaten herum, und immer wieder traten junge, hübsche, nur mit einem schmalen Lendentuch bekleidete Tänzerinnen auf, die bei den Gästen – es waren fast ausschließlich Männer – rauschende Beifallstürme entfachten.

Echnatons Stimme begann zu schwanken, seine Rede wurde stockend und undeutlich. Die Dolmetscher hatten große Mühe, sie noch in die barbarischen Sprachen zu übersetzen, denn nur der hochgebildete Rib-Addi von Byblos beherrschte die Landessprache. Aber auch er verstand zuletzt nicht mehr, was der Einzige des Re eigentlich sagen wollte.

«Es ist nämlich so, liebe Freunde: Atons Hand – also seine Strahlen – sind nicht nur als sichtbares Zeichen zu verstehen, mit dem sich der Gott zu erkennen gibt, ihr müßt sie auch als Gleichnis verstehen – als ein Gleichnis im höheren Sinn, vielleicht als eine Art reinigendes Element, das mit seinem überirdischen Licht die Götzen in ihrer ganzen Jämmerlichkeit zeigt, sie ihrer angemaßten Würden entkleidet und offenlegt, daß sie nichts anderes sind als elende – elende –»

Er fand das Wort nicht und griff nach dem Becher, den er in seiner Trunkenheit umstieß.

Pentu trat von hinten heran und flüsterte gebückt etwas in Echnatons Ohr. Kurz darauf führten ihn zwei Leibdiener hinaus. Der Wesir bedeutete den betretenen Zuhörern, der König sei müde und habe sich zurückgezogen.

So konnten die Fürsten von Tyros und Sidon endlich an den Lustbarkeiten draußen im Palasthof teilnehmen.

20

*P*arennefer, der Hohepriester des Aton in Waset, hatte am Empfang der Vasallen teilgenommen, war aber im Hintergrund geblieben. Erst als die Kleinfürsten wieder abgezogen waren, ersuchte er um eine Audienz beim König, die ihm, dem höchsten Aton-Priester in der alten Hauptstadt, auch schnell gewährt wurde. Der Gottesvater Eje wie auch der Leibarzt Pentu waren zugegen, später gesellte sich noch der Oberste Kammerherr Dutu hinzu.

Echnaton war die Erleichterung darüber anzusehen, daß wieder der Alltag in seine Stadt eingekehrt war und er sich ganz seiner heiligsten Aufgabe widmen konnte.

«Nun, ehrwürdiger Parennefer – ich hoffe, daß inzwischen der Tempel des Aton zum bestimmenden Heiligtum in Waset geworden ist und daß das Volk die alten Götzen endlich aus seinem Herzen vertrieben hat.»

Damit hatte Parennefer nicht gerechnet. Wußte denn der König nicht, was in Waset während der letzten Jahre geschehen war? Er hatte doch selbst immer wieder Berichte geschickt, und auch Teje hatte ihm versichert… Er sah die zornige Ungeduld auf dem Gesicht des Königs.

«Die Lüge, Majestät, ist störrisch und verschließt den Eingang zu den Herzen wie Pech, versperrt der Wahrheit den Zugang. Auch die Abwesenheit des Propheten…»

«Schweig! Das hat seine guten Gründe, die nur Aton und mich etwas angehen. Anstatt deinem König Vorwürfe zu machen, solltest du mehr Eifer an den Tag legen! Du bist der höchste Priester des Gottes in Waset – geh, wenn es sein muß, auf die Straßen und

566

brülle den Verstockten ins Ohr: Es gibt nur eine Wahrheit, es gibt nur einen Gott! Alles andere ist Lüge – Lüge – Lüge!»

Echnaton begann zu husten, sein Gesicht lief rot an, er rang mühsam nach Luft. Pentu trat hinzu, doch der König stieß ihn mürrisch zurück.

«Brauche keinen Arzt! Brauche euch alle nicht!»

Mit zittriger Hand griff er nach dem Becher und trank ihn mit wenigen Zügen leer. Ein Leibdiener nahm ihm das Trinkgefäß aus der Hand und wischte schnell und geschickt die Weintropfen vom Kinn seines Herrn. Ein anderer füllte den Becher nach.

Auch die schroffen Worte des Königs hatten das stetige verbindliche Lächeln nicht aus Ejes Gesicht vertreiben können.

«Sollen wir uns zurückziehen, Majestät?» fragte er sanft.

«Nein, ich habe Parennefer noch etwas zu sagen, und auch ihr sollt es hören.»

Echnaton hob sein Heka-Szepter und richtete es wie eine Waffe auf den Hohenpriester.

«Künftig habt ihr ja wieder einen – einen König in Waset. Damit muß Ordnung einkehren, und ich erwarte, daß in der Öffentlichkeit nur Aton verehrt wird. Die Götzentempel bleiben geschlossen – die Priester abgesetzt! Hast du verstanden? Dem Volk fehlen die Feste, hat man mir gesagt. Dann soll es seine Feste im Namen Atons feiern – zu den gewohnten Zeiten. Ein Opet-Fest mit Aton! Die Dekadenfeste mit Aton! Die Jahreszeitenfeste mit Aton! Das Neujahrsfest mit Aton! Das Fest vom Schönen Wüstental mit Aton! Das ist ein Befehl! Ein Befehl…»

Wieder begann Echnaton jämmerlich zu husten – so sehr, daß ihm sein Szepter entfiel. Das war nun ein hochheiliger Gegenstand, den niemand sonst berühren durfte.

Der Gottesvater Eje trat vor.

«Erlaubst du, Majestät?»

Ohne eine Antwort abzuwarten, hob er das Szepter auf und legte es auf den niedrigen Tisch zur Rechten des Königs, neben den goldenen Weinbecher.

Parennefer hatte sich auf die Knie geworfen und den Kopf gesenkt. Echnaton griff nach dem Becher, diesmal langsam und mit ruhiger Hand.

«Erhebe dich, Priester, und vergiß meine Worte nicht! Vermittle sie an den – an meinen – an diesen Semenchkare, und bemüht euch gemeinsam, Ehre und Ansehen Atons in Waset zu heben.»

Er hob den Becher, doch ehe er ihn an die Lippen setzte, befahl er: «Ihr könnt jetzt gehen – alle!»

Draußen trat Parennefer an Pentu heran.

«Darf ich dich sprechen, Ehrwürdiger?»

«In welcher Eigenschaft – als Arzt oder als Priester?»

«Ich brauche deinen ärztlichen Rat», sagte er schnell.

Sie gingen in den Palastgarten und setzten sich in eine Laube neben dem schilfbewachsenen Teich.

«Es steht nicht gut mit der Gesundheit Seiner Majestät?» eröffnete Parennefer das Gespräch.

«Ich dachte, du selbst benötigst meinen ärztlichen Rat?»

«Ehrwürdiger Pentu – ganz Waset bedürfte eines Arztes! Uns ist dort nicht verborgen geblieben, was hier vor sich geht, und die Sorge ist groß. Bei dem Vasallenempfang wie auch heute habe ich gesehen, daß Seine Majestät – mit Respekt, aber ganz offen gesagt – dabei ist, sich um Gesundheit und Leben zu trinken. Gibt es keine Möglichkeit, dem zu begegnen?»

Pentu schaute mißtrauisch auf das dickliche, stets freundliche Gesicht des Priesters. War diesem Menschen zu trauen?

«Ebenso offen zurückgefragt: Ganz Waset weiß also, daß aus dem Propheten Atons ein Säufer geworden ist?»

«Nein – nein! So ist es nicht, aber in maßgebenden Kreisen weiß man Bescheid.»

Pentu lächelte spöttisch.

«Ich kann mir schon denken, wer diese Kreise sind... Du als Aton-Priester solltest mit denen freilich nichts zu schaffen haben.»

«Das geht leider nicht. Es gibt sie in allen Schichten des Volkes, und die Königinwitwe Teje scheint sie zu dulden.»

«Haben sie einen Namen?»

«Gewiß – sie nennen sich die ‹Bewahrer des alten Glaubens›, aber es geht nicht um sie, sondern um uns, die anderen, die Anhänger des neuen, des rechten Glaubens – um die Diener Atons. Wir sind in Sorge um den König und schlagen Abhilfe vor. Der erste Schritt wäre, den König von seinem unmäßigen Weingenuß abzuhalten.»

«Ah – und ihr glaubt, wir hier haben daran noch nicht gedacht? Aber die Möglichkeiten sind beschränkt, du hast ja selber gesehen, wie mich der König zurückgestoßen hat. Und nicht nur mich…»

«Das ist nicht sein wahres Wesen, glaube ich, das ist die Wirkung des Weines.»

«Gut, was schlägst du vor?»

«Ihm den Weingenuß zu vergällen – damit!»

Parennefer holte ein Metalldöschen aus seiner Gürteltasche.

«Diese Mischung ist erprobt und von einem Kenner zusammengestellt. Eine Messerspitze pro Becher, und dem Trinker wird so übel, daß er den Wein schnell wieder ausspeit.»

Pentu verschwieg, daß er selber schon an diese Möglichkeit gedacht hatte.

«Und wer sagt mir, daß es auch wirkt und dem Trinker nicht schadet?»

«Sei ganz beruhigt, wir werden es selber erproben – hier und jetzt! Bist du einverstanden?»

«Ja, das bin ich! Mir ist inzwischen jedes Mittel recht, wenn es dem König nur helfen kann.»

Sie ließen sich einen kleinen Krug Wein und zwei Becher bringen. Als die Diener gegangen waren, legte Parennefer sein Messer neben den Krug.

«Mache es mit eigener Hand, so ist es mir lieber.»

Pentu gab in jeden der Becher eine Messerspitze von dem graugelben Pulver, goß den Wein darauf und rührte kräftig um.

«Warte noch, bis es sich aufgelöst hat», bat Parennefer und lehnte sich zurück.

Sie plauderten noch eine Weile und tranken dann schnell ihre Becher aus. Die Übelkeit setzte bei beiden fast gleichzeitig ein, sie liefen zum Schilf und erbrachen sich am Teichufer. Zurück in der Laube, schauten sie sich mit blassen Gesichtern an.

«Dieses Pulver ist kein Gift», erklärte Parennefer, «es läßt nur den Magen gegen alles Genossene aufbegehren.»

«Aber wenn der Vorkoster sich dann auch erbricht, wird man dem Wein die Schuld geben», wandte Pentu ein, verriet aber nicht,

569

daß Echnaton zwar einen solchen beschäftigte, ihm aber den erlesenen Wein vorenthielt, weil er seinem Kellermeister blind vertraute.

«Der König trinkt aber nicht nur in Gesellschaft, nehme ich an?»

«Nein – wo immer er sich aufhält, da ist auch Wein zu finden…» Parennefer hatte das Döschen wieder eingesteckt.

«Wirst du es versuchen?»

«Wenn sich eine Gelegenheit ergibt…»

Parennefer blickte sich mißtrauisch um und wollte das Döschen in Pentus Hand legen, doch er zog sie schnell zurück.

«Wir wollen nichts überstürzen, mein Lieber. Diesen etwas riskanten Gefallen kann ich nicht umsonst tun.»

Parennefer hatte damit gerechnet.

«Für den Fall, daß du dein Amt hier verlierst, haben wir dir ein Angebot zu machen.»

«Verlieren – warum?»

«Bei seiner Lebensweise wird der König noch vor dir sterben, das ist abzusehen, auch wenn er seinen Weingenuß einschränkt oder aufgibt. Semenchkare wird dann sofort die alten Heiligtümer wieder öffnen, und sie bieten dir das Amt eines Obersten Arztes in der Tempelstadt an und, wenn du willst, noch das des Hohenpriesters im Ptah-Tempel. Der ist zwar klein und wenig besucht, aber doch nicht ganz unwichtig.»

«Hast du das schriftlich?»

«Selbstverständlich, und datiert auf die Alleinregierung des Königs Semenchkare. Du brauchst dann das betreffende Jahr nur noch einzusetzen.»

Pentu mußte an seine Gemahlin und die drei Kinder denken. Sie war es gewohnt, zu den ersten Damen des Hofes zu zählen, doch wenn der König sich mit Aton vereinigte, löste sich hier alles auf. Und das konnte bald sein… Als Frau eines Hohenpriesters und Obersten Arztes wäre sie dann in Waset kaum weniger angesehen als hier. Das gab den Ausschlag, denn Pentu liebte seine Gemahlin sehr. Nun streckte er die Hand hin.

«Also gut, einen Versuch werde ich machen, kann aber nicht versprechen, wann es sein wird.»

Parennefer nickte und übergab das Döschen, doch es war ein anderes, auch wenn es dem ersten aufs Haar glich.

«Vielleicht kannst du etwas damit bewirken. Ganz Waset – ich meine, alle Aton-Verehrer in unserer Stadt würden es dir danken.»

Noch vor einigen Jahren hätte Pentu ein solches Ansinnen abgelehnt. Er und der König waren sich sehr nahe gewesen, hatten gute Gespräche und ein sehr vertrautes Verhältnis gehabt. Dann nahmen Aton und mit ihm der Wein einen immer breiteren Raum in Echnatons Leben ein, und für Freunde blieb kein Platz. Zuletzt war es die schwangere Kija, die den König so sehr beschäftigte, daß er für niemand sonst zu sprechen war.

Bald nach dem Abzug der Vasallen kam ihre Stunde – es war eine leichte Geburt, aber sie brachte eine Tochter zur Welt.

Zuerst glaubte es der König nicht.

«Nein, nein – das kann nicht sein, ihr habt euch getäuscht, seht genau hin…»

Auch das genaue Hinsehen änderte nichts an der Tatsache, daß Kija ein Mädchen geboren hatte. Für Echnaton war es, als balle sich – wie damals in Waset – ein Giftwind zusammen, der den Himmel verdunkelte und Atons Haupt verhüllte.

Er ließ sich in den Kleinen Tempel bringen und warf sich vor dem Opferaltar zu Boden.

«Aton – Aton, hast du mich verlassen? Was habe ich falsch gemacht? Dich nicht genügend verehrt, dir nicht angemessen geopfert? Gib ein Zeichen! Strafe mich! Sage es mir! Oder willst du, daß ich dein Einziger bleibe, daß keiner nach mir kommt? Erleuchte mich! Sende ein Zeichen!»

Der König aß kaum noch etwas, trank dafür um so mehr. Für seine Freunde war er nicht zu sprechen, Nofretete war in ihren Palast verbannt, Kija und ihre Tochter wohnten im Harim, den der König fortan mied. Äußerlich glich er nun mehr und mehr seinem Abbild am Tempel in Waset. Sein Leib war aufgetrieben wie bei einer Schwangeren, Arme und Beine abgemagert, sein Gesicht schmal, schlaff und faltig.

Pentu begann um das Leben des Königs zu fürchten und hielt den Zeitpunkt nicht für geeignet, ihm jetzt das Brechmittel zu verabreichen, weil er fürchtete, es könnte den Geschwächten töten.

571

Echnaton war zu schwach und zu gleichgültig geworden, um seinen Leibarzt abzuweisen. So flößte ihm Pentu stärkende Tränke ein, die nach Wein schmeckten, aber mit viel Honig und Dattelsaft nahrhaft versetzt waren. Und dann kam das Zeichen in Gestalt eines Traumes.

Echnaton wanderte dabei durch eine Wüste, auf der Suche nach einem Schatz, ohne zu wissen, um was es sich dabei handelte. Mühsam schleppte er sich vorwärts, kletterte über Berge, durchquerte finstere Schluchten, stolperte ziellos dahin, spürte aber, daß etwas ihn leitete.

Mit einemmal erschien ihm die Landschaft vertraut, und er sah, daß er auf dem Weg zu seiner Ewigen Wohnung war. Lag da der Schatz verborgen? Er betrat das Grab, ging zur ersten Kammer, wo sein offener Sarg stand. Er beugte sich darüber, sah etwas funkeln und griff danach. Es war eine kleine runde Scheibe aus Gold mit einem vom Königsring umschlossenen Namen.

«Das lebende Bild des Aton», las der König und erkannte im selben Augenblick das Zeichen. Der Knabe, auf den er durch Kija gehofft hatte, war längst geboren: Tut-anch-Aton, Semenchkares und Sat-Amuns Sohn.

«Diesen Weg also bist du gegangen!» rief er jubelnd, küßte die goldene Scheibe und erwachte in einer Woge von Glück.

Am nächsten Morgen ließ er die höchsten Hofbeamten versammeln und Schreiber kommen. Seinem verschlossenen und hochmütigen Gesicht war anzusehen, daß er sich nicht beraten, sondern einen unumstößlichen Beschluß verkünden wollte.

«Auf Geheiß Atons bestimme ich Tut-anch-Aton, den Sohn meiner Schwester Sat-Amun und des Prinzen Semenchkare, zu meinem Nachfolger als Prophet und auf dem Thron Beider Länder. Zu seiner Großen Königsgemahlin bestimme ich meine Tochter Anches-en-pa-Aton.»

Nur wenigen fiel es auf, daß der König seit vielen Jahren den verhaßten Namen des falschen Gottes wieder ausgesprochen hatte.

Haremhab hielt sich seiner Truppen wegen – zudem war er dabei, neue anzuwerben – noch immer in Achetaton auf und war Zeuge von des Königs Bekanntmachung gewesen. Sein kluger, vorausschauender Sinn prüfte genau die möglichen Auswirkungen dieser neuen Lage.

Nun war also der Thronfolger bestimmt, doch der war noch ein Kind, und so mußte, starb der König innerhalb der nächsten zehn Jahre, ein Regentschaftsrat gebildet werden. Da gab es aber noch den Mitregenten in Waset – der König hatte ihn mit keinem Wort erwähnt. Zwar hatte Echnaton ausdrücklich verfügt, daß dessen Kinder mit Merit-Aton vom Thronerbe ausgeschlossen seien – auch Tut-anch-Aton. Nun aber hatte er diesen zum Nachfolger bestimmt mit Anches-en-pa-Aton, seiner Drittgeborenen, als Großer Königsgemahlin. Die war zwar etwa sieben Jahre älter, aber…

Haremhab grinste und dachte, Große Königsgemahlinnen sind nicht unbedingt fürs Bett da, sondern zur Legitimation der Thronfolge oder zur Rangerhöhung, wenn ein König seine Töchter heiratet. Die Söhne der Sonne biegen das einfach so hin, bis es paßt…

Zurück zu Semenchkare. Nach altem Brauch wird aus dem Mitregenten der Herr Beider Länder, wenn der König nach Westen geht. Ob Semenchkare allerdings dazu fähig war, würde sich erweisen müssen. Der General dachte an die gemeinsame Reise nach Mitanni. Immer wenn alles geplant und abgesprochen war, hatte der Prinz sich als brauchbar und tüchtig erwiesen. Militärisch gedacht war er ein tadelloser Befehlsempfänger, aber allein auf sich gestellt…? Ich werde hinfahren und mir den Burschen genau ansehen, dachte der General. Vielleicht hat die Doppelkrone wirklich einen König aus ihm gemacht.

Noch ehe Haremhab seine Reise nach Süden antrat, kam die Nachricht aus Waset: Teje, die Große Königsgemahlin des Osiris Nebmare Amenhotep, habe die Reise nach Westen angetreten und sei dabei, im Totenreich als Herrin Beider Länder den Platz neben ihrem Gemahl wieder einzunehmen.

Der König ordnete eine siebzigtägige Hoftrauer an und ließ den in Achetaton für seine Mutter erbauten Palast niederreißen.

General Haremhab bat um die Erlaubnis, abreisen zu dürfen, die ihm der Wesir ohne weiteres erteilte.

Die Rückreise nach Waset an der Seite des jungen Königspaares war für Teje außerordentlich anstrengend gewesen. Sie hatte dreimal so lange gedauert wie die Hinreise, denn in allen größeren Orten wurde angehalten, damit das Volk dem neuen König huldigen konnte. In Waset hatte Teje sich sogleich niedergelegt und war trotz des Bemühens ihrer Leibärzte an Herzschwäche gestorben – bei dieser Diagnose waren sich die gelehrten Herren einig.

Auch Giluchepa war nach Westen gegangen, während ihr Sohn in Achetaton zum Mitregenten erhoben worden war. Sie mußte nachts aus dem Bett gefallen sein, und unfähig, sich umzudrehen, war sie auf dem Bauch liegend an ihren Fettmassen erstickt.

Für Semenchkare bedeutete der Tod dieser beiden Frauen einen großen Verlust. Es war, als hätte man ihm den festen Boden unter den Füßen weggezogen. Mit seiner Gemahlin Merit war er sich darüber einig, daß sie den väterlichen Palast «Aton glänzt» aufgeben würden. Merit krauste schaudernd ihre Nase.

«Es war mir immer unheimlich gewesen, im Westen zu leben, im Reich der Toten, Wand an Wand mit den Ewigen Wohnungen. Freilich kehren wir eines Tages hierher zurück, aber solange wir leben, sollten wir es zusammen mit den Lebenden tun.»

Semenchkare gab ihr recht, und so wurde Sat-Amuns früherer Palast von Grund auf neu hergerichtet und beträchtlich erweitert.

Merit-Aton machte diese Bautätigkeit zu einem Herzenswunsch, und es gab keine entscheidende Phase, die sie nicht mitbestimmt und überwacht hätte. Sie hatte den Werkleuten ausdrücklich verboten, bei ihrem Erscheinen die Arbeit zu unterbrechen oder ihr auf irgendeine Weise zu huldigen.

«Sie sollen tun, als ob es mich nicht gäbe!» ordnete sie an.

Bei dieser Umgestaltung war ihr Grundgedanke gewesen, den dreigeschossigen Bau auf zwei Stockwerke zu reduzieren und ihn nach Süden auszuweiten. Die dort im Wege stehenden Magazine wurden abgerissen und weiter nilaufwärts neu errichtet.

«Die Hitze steigt bekanntlich nach oben», erklärte sie ihrem Gemahl. «So ist das dritte Stockwerk weder für Menschen noch als Vorratsspeicher geeignet. Wir bleiben bei zwei Geschossen und legen über das oberste ein luftiges, leicht geneigtes Dach...»

Semenchkare verfolgte mit Bewunderung die rastlose Betriebsamkeit seiner Gemahlin, deren geheime Ursache sie aber fest im Herzen einschloß.

Diese Ursache hieß Thutmose. Merit hatte nicht nur an der schönen kraftvollen Gestalt und am fröhlichen Wesen des Bildhauers Gefallen gefunden, sie bewunderte auch seine schier unerschöpfliche Arbeitskraft, seine Fähigkeit, vieles gleichzeitig zu tun, ohne die Übersicht zu verlieren. Das hatte in ihr nicht nur bewirkt, daß Semenchkare während ihrer Liebesstunde – ohne es zu ahnen – in Thutmoses Rolle schlüpfte und so in Merit Leidenschaften entfachte, für die er nicht verantwortlich war. Doch Thutmoses Wirkung hielt auch am Tage an, wenn Merit mit Eifer und Hingabe seine Arbeitsweise nachzuahmen versuchte, ohne daß sie die Zusammenhänge genau durchschaute. Sie folgte einfach einem Bedürfnis, dunkel ahnend, daß es irgendwie mit dem geliebten Thutmose zusammenhing.

Der Bauleiter machte den Vorschlag, einen Teil des dritten Stockwerks an der südwestlichen Ecke stehenzulassen, quasi als Schattenspender für die darunterliegenden Terrassen und Gärten.

Merit dachte nach.

«Es ist doch so, Majestät, daß die kühlenden Schatten am frühen Abend eher einsetzen, wenn die Sonne hinter diesem Teilstück verschwindet…»

«Schauen wir uns es einmal an!»

«Darf ich vorausgehen, Majestät?»

Das war gegen die höfische Regel, doch sie gestattete die Ausnahme.

In den kleinen verschachtelten Räumen herrschte eine stickige Luft. Merit ging zu einem der Fenster, um die schon ziemlich verrotteten Vorhänge zurückzuziehen, als der Boden unter ihr nachgab. Sie stieß einen Schreckensruf aus, warf die Arme hoch, doch der herbeieilende Bauleiter kam nicht nur zu spät, sondern stürzte ebenfalls mit dem morschen Boden in die darunterliegenden Räume. Die ihrer Stütze beraubten Tragbalken gaben nach und begruben die beiden Menschen unter sich.

Dem Bauleiter brachen sie beide Beine und drückten ihm den Brustkorb ein, der Königin Merit-Aton aber zerschmetterten sie den Kopf, und zwar so sehr, daß die Gottessiegler alle Mühe hatten, ihm wieder eine halbwegs ansehnliche Form zu geben. Nach einer Ehe von kaum acht Monaten war König Anch-cheperu-Re Semenchkare Witwer geworden.

Als General Haremhab in Waset eintraf, herrschte Hoftrauer, und er fand Semenchkare vor Schmerz und Verwirrung wie gelähmt, kaum fähig zu einer Äußerung, zu Befehlen oder Entschlüssen. Abgesehen von den Todesfällen war inzwischen nichts geschehen.

Der General suchte Si-Mut, den Sprecher der «Bewahrer des alten Glaubens» auf. Der befragte ihn zuerst ausführlich über das Befinden Seiner Majestät, wollte jede Kleinigkeit wissen.

«Es ist ja längst bekannt, daß der Einzige des Re mit dem Wein ein wenig sorglos umgeht, ohne Rücksicht auf seine Gesundheit und leider auch – ich konnte es beobachten – ohne an seine Würde als Herr Beider Länder zu denken. Unglücklicherweise waren auch die Vasallen aus den Fremdländern Zeugen eines solchen Vorfalls, und ich glaube, daß einige dieser Herren Schlüsse daraus ziehen werden.»

Si-Mut richtete seine hagere Gestalt auf und fragte gespannt: «Schlüsse? Woran denkst du?»

«Woran jeder denken sollte, der in Kemet Verantwortung trägt – die ewig schwankenden Kleinfürsten werden sich nach diesem Erlebnis sagen, daß von einer solchen Jammergestalt keine Gefahr ausgehen kann, auch keine Hilfe zu erwarten sei, und sie werden sich dem zuwenden, der ihnen schon geographisch näher liegt – Suppiluliuma, dem König von Chatti.»

«Du, der oberste Heerführer des Königs, nennst ihn eine Jammergestalt? Oder habe ich dich falsch verstanden?»

«Du hast mich richtig verstanden, und ich nehme das Wort nicht zurück. Nun aber haben wir einen Mitregenten – was hat dieser König inzwischen bewirkt?»

Si-Muts Gesicht drückte Verachtung aus.

«Nichts, außer daß er den Befehl zum Bau eines Totentempels gegeben hat. Der Grundstein ist gelegt, und das Heiligtum soll Amun geweiht werden, doch das müssen wir vorerst geheimhalten. Anfragen beantwortet er mit Ausflüchten oder verweist darauf, daß er als Mitregent an die Weisungen Seiner Majestät gebunden ist. Das Volk hofft immer dringlicher auf eine Veränderung, und auch wir Priester warten darauf, wieder in unsere alten Ämter eingesetzt zu werden. Nun ist leider die Königin Merit auf tragische Weise zu Tode gekommen, es herrscht Hoftrauer, und der König ist nicht zu sprechen.»

Da formte sich in Haremhab ein Plan, der durch eine Nachricht aus Achetaton eine feste Gestalt annahm.

König Echnaton, der Einzige des Re und Atons erwählter Prophet, benahm sich, als sei er jeder Verantwortung enthoben. Die Vasallen hatten ihm gehuldigt, ein Nachfolger im Prophetenamt war gefunden, und so wandte er seine ganze Kraft an die Verehrung seines Gottes. Gebaut wurde jetzt nur noch an den Tempeln und Heiligtümern Atons, die er mit immer größerem Prunk ausstattete. Nichts war ihm zu kostbar, keine Mühe zu groß, um Atons Glanz zu erhöhen. Als ihm aus Suenet gemeldet wurde, man habe dort ein besonders schönes und sehr ergiebiges Rosengranitlager entdeckt, befahl er, die Kalksteinsäulen im Kleinen Tempel durch solche aus diesem Stein zu ersetzen. Diese Dinge bestimmten sein Leben so sehr, daß er seine öffentlichen Auftritte stark einschränkte oder kurz zuvor absagte, wenn er sich nicht wohl fühlte.

Echnaton hatte schon seit längerem die Nacht zum Tage gemacht, mit der etwas seltsamen Begründung, wenn Aton sich zurückziehe, dann müsse wenigstens sein Prophet über das Wohl des Landes wachen. Dabei zitierte er dann gerne aus seinem großen Aton-Hymnus und erging sich in endlosen Monologen, die manchmal bis weit nach Mitternacht dauerten. Je später Echnaton zu Bett ging, desto später stand er auf. Eines Morgens war ihm so übel, daß er sich erbrach, und das Erbrochene war mit Blut vermischt.

So wurde Pentu nach langer Zeit wieder einmal zum König befohlen. Der Arzt ließ alle höfische Rücksicht fallen.

«Der von dir im Übermaß genossene Wein enthält eine Säure, die deine Magenwände angreift, um so mehr als du fast nichts ißt. Als Arzt muß ich dir den Wein verbieten und zu leichter, nahrhafter Kost raten.»

Echnaton war zu erschöpft, um zu widersprechen, und er protestierte auch nicht, als die Diener ihm auf Pentus Geheiß nur noch Fruchtsäfte und leichtes, mit Honig gesüßtes Bier reichten. Bald ging es ihm besser, und am Abend des fünften Tages verlangte er nach Wein, um besser einschlafen zu können. Jetzt sah Pentu den Augenblick gekommen, den König ein für allemal von seiner Trunksucht zu heilen.

«Aber nur einen Becher, Majestät, ich bitte darum.»

Niemand redete dem berühmten und vertrauten Arzt in seine Behandlung hinein, und so konnte Pentu unbeobachtet und in aller Ruhe eine Messerspitze von dem Pulver in den Wein mischen.

Zufrieden beobachtete er, wie der König sich vor Übelkeit krümmte und sich jämmerlich würgend erbrach. Dann sank er zurück und schloß die Augen.

Pentu kniete neben dem Bett nieder.

«Dein Magen ist noch zu angegriffen und wird von nun an sehr empfindlich bleiben. Für die nächste Zeit, Majestät, würde ich anraten...»

Pentu hielt inne. Der König atmete ganz flach und unregelmäßig. Er legte sein Ohr an die Brust und hörte, wie der Herzschlag zu flattern und zu stolpern begann.

«Holt die Königin – sofort!»

Als sie dann endlich eintraf, war Echnatons Atem mühsam geworden, begleitet von einem pfeifenden Geräusch. Sie faßte seine Hand und beugte sich über ihn.

«Liebster!» rief sie laut. «Liebster – hörst du mich?»

Da öffnete der König seine Augen, und ein verzerrtes Lächeln huschte über sein Gesicht.

«Aton und du...» flüsterte er mühsam, «die – die Ewige Wohnung – dein Schutz – Aton...»

Pentu schaute auf die Wasseruhr.

Seine Majestät Nefer-cheperu-Re Wa-en-Re Echnaton, Sohn der Sonne, Guter Gott und Herr Beider Länder, hörte nach einer halben Stunde zu atmen auf.

Der Wein, dachte Pentu, der Wein hat ihn umgebracht. Aber so ganz sicher war er nicht, und am nächsten Tag warf er das Döschen mit dem Brechmittel – wenn es eines war? – in den Nil.

Als die Trauerbotschaft in Waset eintraf, schickte Semenchkare sofort nach Haremhab.

«Diese schlimme Nachricht macht dich jetzt zum alleinigen König, Majestät.»

Semenchkare schüttelte den Kopf.

«Nicht so ganz... Der jetzt in Aton ruhende König hat den Knaben Tut-anch-Aton zum Nachfolger bestimmt. Ich bleibe also Mitregent, jetzt eben der meines Sohnes.»

«Verzeihung, Majestät, aber bis zu seiner Volljährigkeit bleibst du der Herr Beider Länder – dann werden wir weitersehen. Mein Rat für jetzt: Setze sämtliche Priester wieder in ihre Ämter ein und lasse die Tempel öffnen.»

Semenchkare folgte dem Rat des Generals, und die Amun-Priester erhoben sogleich Parennefer zum Hohenpriester, während Si-Mut zum Zweiten Propheten aufrückte. Der König bestätigte die Ernennungen, wunderte sich aber – ebenso wie Haremhab –, daß Si-Mut als Sprecher der «Bewahrer des alten Glaubens» dieses höchste Amt nicht übernehmen wollte. Auch anderen erschien dies seltsam, doch der hagere Si-Mut tat bescheiden und sagte, ihm genüge es, der Zweite Prophet zu sein. Die Zukunft schien ihm ungewiß, und er wollte nicht eines Tages das Schicksal des Hohenpriesters Maj teilen. Doch davon sprach er nicht. Haremhab konnte Semenchkare davon überzeugen, daß seine Anwesenheit in Achetaton nötiger sei als hier in Waset, wo sich alles wieder in den alten Bahnen bewegte. Außerdem galt es, seinen Plan in die Tat umzusetzen. Dazu gehörte, daß der König an die Nordgrenze fuhr, um sich dort seinen Truppen zu zeigen, was in dieser gespannten Lage durchaus angebracht war. Als er dieses Vorhaben andeutete, zeigte der König sich begeistert.

«Das werde ich mit Vergnügen tun! Die Leute sollen sehen, daß endlich wieder ein Herr Beider Länder die Verantwortung übernimmt!»

Ja, dachte der General, du tust alles, wenn man es dir nur sagt. Die echten Könige sind aus anderem Holz geschnitzt...

Epilog

Als König Semenchkare in Begleitung des Generals Haremhab in Achetaton eintraf, war die Stadt in Auflösung begriffen. Nachdem der Wille Echnatons nicht mehr hinter dem Fortgang der Arbeiten stand, waren sie nach und nach eingestellt worden. Die Königinwitwe Nofretete weigerte sich, allein oder zusammen mit den Töchtern die «Heilige Familie» zu spielen, so daß der Hohepriester Merire sich darauf beschränken mußte, an Festtagen zusammen mit den verbliebenen Mitgliedern des Hofes im Großen Tempel zu opfern und zu beten. Auf Pentu, den Zweiten Propheten, mußte er verzichten, denn dieser hatte gleich nach dem Tod des Königs das verlockende Angebot aus Waset angenommen.

Freilich, man hatte einen König, der jetzt fünf Jahre alt war und gelegentlich an der Hand seines Großvaters Eje die Feierlichkeiten mit seiner Anwesenheit beehrte.

Der Gottesvater näherte sich seiner fünfundsechzigsten Nilschwelle, sah aber aus wie vierzig und war wegen seines freundlichen Wesens am Hof wie auch beim Volk beliebt. Bald nach Haremhabs Ankunft führte er mit ihm ein vertrauliches Gespräch.

«Wie soll es hier weitergehen, General? Das Naheliegende wäre, den verwitweten König Semenchkare mit der verwitweten Nofretete zu verheiraten, dann könnte sie ihren Rang als Königin behalten, und alles wäre wie früher.»

Über das kantige, beherrschte Gesicht des Generals huschte ein Lächeln.

«Ja, Ehrwürdiger, das hört sich recht einfach an, doch gibt es da einige Hindernisse. Semenchkare hat in Waset – und das gilt für

581

ganz Kemet – den alten Glauben wieder eingeführt, das heißt, die Tempel werden instand gesetzt und geöffnet, die Priesterschaft kehrt zurück, und der Aton-Tempel in Waset – nun, es gibt ihn noch, aber er ist bedeutungslos geworden. Das heißt, daß der König nicht zugleich hier als Verehrer Atons im Sinne des Verstorbenen weiterwirken kann, andererseits aber im übrigen Land dafür sorgt, daß die alten Zustände wieder einkehren. Zudem werden wir – König Semenchkare und ich – bald nach Men-nefer weiterreisen, denn der König will durch seine Anwesenheit den Grenztruppen Mut und Zuversicht einflößen, und das – glaube mir – ist derzeit dringender und wichtiger als alles andere.»

Eje nickte langsam.

«Das sehe ich ein. Zudem hat mir meine Tochter Nofretete zu verstehen gegeben, daß sie unter keinen Umständen Achetaton jemals verlassen wird, getreu dem Schwur, den ihr Gemahl für sich und sie geleistet hat.»

Haremhab stand auf und streckte die Glieder.

«Das Herumsitzen bekommt mir einfach nicht. Im übrigen: In Tut-anch-Aton haben wir einen legitimen König, falls Semenchkare… Man weiß ja nicht, was kommt. Er selber ist jedenfalls der Überzeugung, daß ihm weiterhin nur die Stellung eines Mitregenten zukommt. Da ein Kind aber nicht regieren kann, muß ein Regentschaftsrat eingesetzt werden, den wir – so schlage ich vor – aus drei Personen bilden: Nofretete, du und ich.»

Der Gottesvater Eje stimmte sofort zu – der General hatte nichts anderes erwartet, und damit war ein weiterer Punkt in seinem Plan geklärt.

Auf den Rat Haremhabs hielt König Semenchkare auf dem Weg nach Norden in jeder wichtigen Stadt an, um in eigener Person den lokalen Göttern zu huldigen. So opferte er in Eschmun Thot, dem Gott der Wissenschaft, sechs fette Ochsen, fütterte im Sobek-Tempel von Schedit eigenhändig die heiligen Krokodile, und es galt nahezu als göttliches Wunder, daß die überfütterten Tiere so gierig fraßen. Ihre Priester hatten sie vorher tagelang hungern lassen…

In Men-nefer lief das Volk in Scharen auf die Straße und huldigte begeistert dem Herrn Beider Länder, der sich endlich wieder wie ein König benahm, sich tief vor dem heiligen Apis-Stier neigte und aufmerksam den Berichten der Ptah-Priester lauschte.

Er versäumte auch nicht, dem Sonnenheiligtum in Junu einen längeren Besuch abzustatten. Die dortigen Priester hatten in Echnaton ihren Förderer und Fürsprecher verloren, doch Semenchkare beruhigte sie.

«Eure heilige Stätte ist vor Aton dagewesen, und sie wird auch nach ihm dasein. Ihr seid das geistige Herz von Kemet, hier hat Gott Re den Urhügel geschaffen, hier ist er auf die Erde niedergestiegen und hat sein Schöpfungswerk begonnen.»

Zuvor hatte Haremhab einen alten Ritualpriester aufgesucht, und der König hatte auswendig gelernt, was die Sonnenpriester hören wollten.

Auf dem Weg zur Grenze erfuhren sie, daß bei den in Gaza und weiter nördlich stationierten Truppen die Pest ausgebrochen war. Der General riet dringend zur Umkehr.

«Solche Seuchen erlöschen oft schnell, Majestät, und es ist nicht nötig, daß du dein kostbares Leben gefährdest. Warte besser in Men-nefer ab, bis Sachmet ihren Zorn ausgetobt hat, und hole dann den Truppenbesuch nach.»

Semenchkare, der sonst fast jedem gutgemeinten Rat folgte, lehnte ab.

«Ich werde ja diese Männer nicht umarmen, sondern nur zu ihnen sprechen. Nur durch Berührung steckt man sich an, so lehren die Ärzte. Wir können den Besuch abkürzen, aber unterlassen werde ich ihn nicht.»

Manchmal, dachte der General, ist es schon seltsam. Man grübelt tagelang herum, wie ein Plan am besten zu verwirklichen ist, bezieht alle möglichen Fehlerquellen mit ein, und dann geht alles so einfach.

In Gaza stellte sich dann heraus, daß Sachmet tatsächlich gnädig gewesen war. Etwa ein Fünftel der Männer war der Pest erlegen, aber nun hatte es schon seit Tagen keinen neuen Krankheitsfall mehr gegeben.

Als Pfleger in den Krankenzelten waren Männer eingesetzt, die gegen jede Ansteckung gefeit waren, weil sie die Pest lebend überstanden hatten. Ein solcher wurde für den König zum Vorkoster

583

bestellt, aber man vergaß, daß er noch Spuren der Seuche in sich trug, die ihm jedoch nichts mehr anhaben konnte.

So trank König Semenchkare aus dem Becher, den die Lippen des Vorkosters berührt hatten. Die Löwenköpfige stand unsichtbar daneben und hieb zu. Fast spielerisch hob sie ihre mächtige Pranke, denn dieser schwache König schien ihr unnütz und entbehrlich. General Haremhab war es, der ihr Wohlgefallen erweckte, ihn behielt sie im Auge.

Nach drei Tagen begann der König sich unwohl zu fühlen, am vierten und fünften bildeten sich schmerzhafte Beulen am Hals, in den Achselhöhlen und an den Leisten, verbunden mit rasenden Kopfschmerzen und hohem Fieber. Sein Geist verwirrte sich, fiebrige Traumfetzen flatterten durch seinen Kopf, gaukelten ihm sein Leben vor. Sohn des gewaltigen Königs Nebmare! Prinz und Gesandter! Zweiter Prophet des Amun! Bürgermeister von Waset! Gemahl der Sat-Amun, der Erstgeborenen! Vater eines königlichen Prinzen! Gemahl der Merit-Aton! Mitregent des Herrn Beider Länder!

Bin ich das alles wirklich gewesen? Oder waren es nur leere Titel, mit denen man den Prinz zur Linken aus seinem vergessenen Harimswinkel geholt – gelockt hat? Haremhab – ja, der wußte, was er wollte! Er aber wußte es nicht – wird es bald wissen – bald…

Die Ärzte taten ihr Bestes, doch sie kannten die nun schon seit längerem grassierende Krankheit zu gut, um noch Zuversicht zu verbreiten.

Haremhab spielte den tiefbetrübten Untertan, und niemand wußte, daß die grimmige Sachmet ihm hochwillkommen, wenn auch unerwartet in die Hände gearbeitet hatte. Eine geringe Hoffnung bestand noch darin, daß die Pestbeulen am sechsten Tag aufbrachen, doch das war nicht der Fall.

König Semenchkare war nicht mehr ansprechbar und vereinigte kurz vor Mitternacht sein königliches Ka mit seinem Vater Re.

Haremhab sandte den Leichnam nach Men-nefer, wo ihn die Gottessiegler für seine Ewige Wohnung in Waset vorbereiten sollten. Danach befahl er die Offiziere der Truppe vor sein Feldherrnzelt.

Das war nun ein Heerführer nach dem Geschmack der altgedienten Soldaten! Der ließ sich nicht wie andere Generäle in einer bequemen Sänfte hinter der Truppe – weil es da sicherer war – hertragen, sondern setzte sich auf seinem Pferd an die Spitze.

Wie immer war Haremhab ganz einfach gekleidet, doch seine derbe kernige Gestalt mit den gespreizten Beinen stand fest wie eine eherne Statue auf dem niedrigen Podest.

«Der Vollkommene Gott, Sohn der Sonne und Lebendige Horus, der Herr Beider Länder, Starke Stier und Schrecken seiner Feinde Anch-cheperu-Re Semenchkare ist nach Westen gegangen, um im Reich des Osiris den ihm gebührenden Platz einzunehmen. Für uns bedeutet das, daß er sich um irdische Belange nicht mehr kümmern wird und diese seinem Nachfolger überläßt. König Neb-cheperu-Re Tut-anch-Amun ist noch ein Kind, doch es gibt Männer, die in seinem Namen handeln. Der Gottesvater Eje verwaltet das Innere des Reiches, und ich kümmere mich um das Äußere, das heißt, ich bin für euch die oberste Instanz, solange der König – er lebe, sei heil und gesund – noch unmündig ist. Jeder von euch weiß, daß ich dies nicht sage, um großzutun, aber das Gesetz der Göttin Maat gilt auch bei der Truppe und betrifft einen gutgespannten Bogen und einen richtig sitzenden Schulterriemen genauso wie die Rechte und Pflichten des obersten Heerführers. Noch eines: Ihr werdet vielleicht bemerkt haben, daß der Name Seiner Majestät eine Änderung erfahren hat und Aton darin durch Amun ersetzt worden ist. Wir hielten das im Sinne einer beginnenden Neuordnung für notwendig, was aber nicht heißen soll, daß der Sonnengott Aton aus Kemet verschwindet. Wer ihn weiter verehren und ihm opfern will, soll es unbehelligt tun. Es ist auch geplant, die Residenz des Königs im nächsten oder übernächsten Jahr nach Men-nefer zu verlegen, damit der König seinen treuen Truppen näher sein kann.»

Dieser Hinweis wurde gebührend bejubelt, und Haremhab hielt Wort: Mit seinem vollendeten zwölften Lebensjahr siedelte Tut-anch-Amun mit seiner Großen Königsgemahlin nach Men-nefer über und mit ihm natürlich der greisenhafte, aber noch immer sehr rüstige Gottesvater Eje. Nofretete aber hatte abgelehnt.

«Ich will der Ewigen Wohnung nahe sein, wo mein Gemahl in Aton ruht …»

Sie resignierte und zog sich zurück. Im Laufe der zwei nächsten

Jahre starben ihre verbliebenen Töchter kurz nacheinander an einer Kinderkrankheit.

Mahu, Oberster der Stadtmiliz, hatte treu ausgehalten, doch sein Amt wurde immer schwieriger. Drei Viertel seiner Männer hatten sich nach und nach abgesetzt, und die verbliebenen hielt Mahu – und gewiß nicht zu Unrecht – allesamt für Gauner und Drückeberger. Die meisten steckten mit den Dieben, Bettlern und Betrügern unter einer Decke, schlossen beide Augen, wenn aus einem eben verlassenen Haus alles herausgerissen wurde, was seine früheren Besitzer nicht mitnehmen konnten.

So spielte auch Mahu mit dem Gedanken, von der Königinwitwe seinen Abschied zu erbitten. Noch ehe er sich dazu durchringen konnte, erschlugen ihn seine eigenen Leute, als er sie bei einem Diebstahl überraschte.

In Achetaton lebten nur noch wenige Menschen, die Tempel waren geschlossen, der Hohepriester Merire war wieder nach Junu zurückgegangen.

Bald begann die Königinwitwe sich zu fragen: Wo ist meine Heimat? Wohin gehöre ich?

Sie besuchte jetzt täglich die königliche Grabkammer, und bei einer dieser Fahrten durch die Wüste stand sie im dahinrasenden Wagen auf und ließ die Haltegriffe los. Sie wurde aus dem Wagen geschleudert und brach sich das Genick.

Die Trägerin der Geierhaube und Herrin Beider Länder Anches-en-pa-Aton hatte auf Haremhabs Wunsch ihren Namen in Anches-en-Amun abändern müssen, doch ihr Kindergemahl, der König Tut-anch-Amun, nannte sie zärtlich Ani, und er war fast fünfzehn, als sie ihr erstes Beilager hielten. Die sieben Jahre ältere war von den ungeschickten, tapsigen Liebkosungen ihres Gemahls enttäuscht, aber ihren Rang als Herrin Beider Länder schätzte sie überaus. Wenn sie zu den Jahresfesten neben dem König auf dem Doppelthron saß oder bei Umzügen in ihrem prunkvollen Tragsessel hoch über den Häuptern der jubelnden Menge schwebte, erstarrte ihr Gesicht in feierlicher Würde. Da glich sie ihrem Vater sehr, und wenn etwas gegen ihren Willen geschah, versteinerte ihre Miene zu einer Maske von Trotz und Hochmut.

So pflegte sie Haremhab zu begegnen, der ihrer Meinung nach den König mit nur geringem Respekt behandelte und den Herrn Beider Länder wie einen Ziehsohn ansah.

Als Tut-anch-Amun volljährig geworden war, hielt ihn der General zu Waffenübungen an, denn er meinte, in diesen unruhigen Zeiten brauche man einen kriegerischen König.

Verweichlicht, verwöhnt und mit wenig Strenge erzogen, sträubte sich der junge König, mußte sich aber schließlich fügen. Aus Veranlagung oder mit Absicht stellte er sich bei den Übungen sehr ungeschickt an, und wenn er beim Bogenschießen nach dreißig Versuchen einen Treffer landete, dann war dies dem Zufall zu verdanken.

Keine Absicht aber stand dahinter, daß dem König, als er zu einem Speerwurf ausholte, die Waffe entglitt und er sich eine tiefe Wunde an der Wange zuzog. Die Verletzung wollte nicht heilen, und zwei Monate vor seiner achtzehnten Nilschwelle mußte der junge König den Gang nach Westen antreten.

Nach Beendigung der Trauerzeit machte General Haremhab der Witwe einen Vorschlag.

«Ehe ich wieder zu meinen Truppen zurückkehre, muß die Nachfolge auf dem Thron geregelt werden. Dein Großvater ist sehr alt, und es ist zu erwarten, daß – nun, kurz und gut, das beste wäre, du nimmst mich zum Gemahl, da ich ohnehin schon das Land regiere.»

Anches-en-Amun mochte diesen Emporkömmling nicht; für sie war er ein grober Klotz, gut geeignet als Führer der Armee, aber heiraten wollte sie ihn um keinen Preis. Sie war so klug, ihn nicht schroff abzuweisen, sondern bat ihn um Bedenkzeit. Er war einverstanden.

«In etwa drei Monaten bin ich zurück und hoffe, daß du dich vernünftig und zu deinem Vorteil entschieden hast.»

Doch sie hatte sich bereits entschieden, und zwar dafür, Königin bleiben zu wollen, ohne diesen groben Klotz heiraten zu müssen. Dahin aber führte nur ein Weg, damit konnte sie auch Haremhabs Machtposition entscheidend schwächen, und ihr bliebe die Geierhaube erhalten.

Dieses Wunschbild setzte sich derart in ihrem Herzen fest, daß es für sie schon fast die Wirklichkeit darstellte. Sie fühlte sich aufgerufen, das ihre dazu zu tun, und diktierte ihrem Geheimschreiber den folgenden Brief:

«Mein Gemahl Neb-cheperu-Re Tut-anch-Amun ist gestorben, und ich habe keinen Sohn, doch man sagt mir, daß du viele Söhne hast. Wenn du mir einen davon schickst, könnte er mein Gemahl werden. Ich bin nicht geneigt, einen meiner Diener zu nehmen und ihn zu meinem Gemahl zu machen. Davor scheue ich zurück.»

Das Schreiben gelangte tatsächlich in die Hände von Suppiluliuma, der es zunächst für eine Fälschung hielt.

«Das hat dieser Haremhab ausgeheckt, um einen meiner Söhne als Geisel festhalten zu können!»

«Und wenn es doch so ist…» gab einer seiner klügsten Ratgeber zu bedenken. Der König nickte.

«Ich werde es prüfen lassen!»

Chattu-Zitisch, ein sehr wohlhabender und einflußreicher Vertrauter des Königs, bot sich an, als Kaufmann mit Waren und zahlreicher Dienerschaft nach Men-nefer zu reisen, um dort Geschäftsmöglichkeiten zu erkunden. Der Königinwitwe würde er sich als geheimer Botschafter nähern, um ihren tatsächlichen Willen auszuforschen.

In jenen Monaten herrschte eine Art gespannte Ruhe zwischen den beiden Großmächten. Haremhab hatte es stillschweigend hingenommen, daß Kadesch und Amurru von Kemet abgefallen waren und ihre Tribute nun nach Chatti flossen. Suppiluliuma, der mit Widerstand gerechnet hatte, versuchte nun im stillen, auch die anderen Kleinfürsten zu gewinnen, und tat, als hätte er nichts anderes im Sinn als ein friedliches Nebeneinander.

So konnte Chattu-Zitisch unbehelligt reisen, und da er sehr glanzvoll und mit großem Gefolge auftrat, empfing ihn die Königinwitwe schon aus Neugier, aber auch in der stillen Hoffnung auf Nachrichten. Der Gesandte gab sich zu erkennen, legte ein Bestätigungsschreiben vor, das er in einer kleinen Metallhülse im After getragen hatte. Es enthielt die Abschrift ihres eigenen Briefes und die Zusage, Zannanza, den Zweitgeborenen des Chatti-Königs, nach Achetaton zu schicken.

Bei diesem Prinzen handelte es sich zwar um den Sohn einer Nebenfrau, den aber der König wegen seiner überragenden Klugheit besonders schätzte und für durchaus geeignet hielt, als Herr Beider Länder auch die Interessen von Chatti fest im Auge zu behalten.

Als lenke Amun mit Wohlwollen die weiteren Geschicke der Königinwitwe, ließ er Chattu-Zitisch heil und schnell zurückkehren, und König Suppiluliuma zögerte nicht länger, seinen Sohn, den Prinzen Zannanza, auf den Weg zu bringen.

Nun aber zeigte es sich, daß die mächtige Sachmet das Schicksal ihres Lieblings Haremhab sorgfältig überwachte. Einer seiner Spione hatte vom Plan der Königinwitwe erfahren, doch der General war so klug, den Prinzen mit seinem Gefolge – er reiste offiziell als Gesandter des Chatti-Königs – bis in die Gegend von Gaza gelangen zu lassen.

Gaza, inmitten von üppigem Fruchtland, aber am Rande der Wüste gelegen, war früher oft von den Chabiru – einem räuberischen Nomadenvolk – heimgesucht worden. Seit dort die Grenztruppen aus Kemet lagen, hatten die Angriffe aufgehört und sich darauf beschränkt, die weiter östlich gelegene Karawanenstraße nach Hebron mit räuberischen Überfällen zu stören. Diesen längeren und schwierigeren Weg aber hatte Zannanza aus Sicherheitsgründen gewählt.

Haremhab unterhielt zu diesen Nomaden eine lose Verbindung und bediente sich ihrer von Zeit zu Zeit.

So erwartete den Zug aus Chatti eine zahlreiche und durch Haremhabs Leute verstärkte Horde von Chabiru, die alle bis auf den letzten Mann niedermachten und mit reicher Beute in die Wüste verschwanden. Mit Prinz Zannanza hatten es die Mörder leicht, denn er war eher ein Mann des Geistes als einer der körperlichen Stärke. Ehe ihm der Dolch in die Brust fuhr, dachte er fast belustigt, daß es eben nicht so leicht sei, als fremdländischer Prinz zum König von Kemet aufzusteigen.

Lange wartete die Königinwitwe Anches-en-Amun auf ihren

589

künftigen Gemahl und noch länger der Chatti-König auf eine
Nachricht. Als König Suppiluliuma auf Umwegen die Wahrheit erfuhr, schwor er vor seinen Göttern Rache und überrannte in einem
kühnen Handstreich Mitanni. König Tusratta fiel in der Entschei-
dungsschlacht, und sein Sohn durfte als machtloser Vasallenkönig
den Churriter-Thron besteigen. Der Chatti-König gab ihm sogar
die eigene Schwester zur Frau.

Haremhab zog sich zurück und sammelte monatelang neue
Truppen, um den Chatti die Beute wieder zu entreißen.

Als der General nach Norden zog, flammte die Pest unter seinen
Söldnern wieder auf. Diesmal breitete sich die furchtbare Seuche
weiter aus und ergriff auch die Truppen des Gegners. König Suppiluliuma – der sich als «göttliche Sonne» bezeichnete – hielt sich
für immun, doch auch ihn packte die Krankheit, und er starb
daran.

So brachte Sachmet, die Vernichterin, diesen Krieg zum Erliegen.

Haremhab hatte das Versprechen seiner Rückkehr der Königinwitwe gegenüber nicht halten können, denn die kriegerischen Ereignisse zogen sich über zwei Jahre hin. Als Anhänger der alten
Götter verehrte er auch Maat und wußte, daß es gegen die göttliche
Ordnung verstieß, wenn das Land ohne König blieb. So bat – oder
besser: befahl er dem Gottesvater Eje, sich die Doppelkrone aufzusetzen und die Königinwitwe zur Großen Königsgemahlin zu
machen.

Eje, der gerade seine siebzigste Nilschwelle erlebte, gehorchte,
und Anches-en-Amun sah keinen Grund, sich dem Befehl zu entziehen. Besser den eigenen Großvater zu heiraten als diesen groben
Klotz von General, dem sie in stillen Gebeten die Pest an den Hals
wünschte.

Der Krieg und die Seuche hatten zwar seine Truppen stark dezi-
miert, doch dem Gegner war es nicht besser gegangen. So herrschte
ein durch die Umstände erzwungener Waffenstillstand, und Haremhab kehrte nach Men-nefer zurück – bereit und willens, sich
nun auch um die inneren Angelegenheiten des Landes zu kümmern.

Sein erstes Ziel war, jede Erinnerung an Aton und seinen Propheten auszutilgen und die alten Zustände wiederherzustellen.

Der nun völlig vergreiste Eje lag sterbenskrank in seinem Königs-palast. Haremhab, der keine Zeit verlieren wollte, sandte ihm den eigenen Leibarzt, und einige Tage später befaßten sich die Gottes-siegler mit seinem Körper. Später wollte der General den zum Osi-ris Gewordenen feierlich nach Waset in sein Königsgrab begleiten. Dort würde er sich selber die Doppelkrone aufsetzen und damit den großen Plan vollenden.

Nun brauchte er noch eine Große Königsgemahlin an seiner Seite. Amenia, seine erste Frau, war schon vor Jahren nach Westen gegangen und bewohnte die geräumige Ewige Wohnung in der Wüste, nahe den Pyramiden der alten Könige.

Aus Echnatons Königsfamilie lebten nur noch zwei heiratsfähige Frauen: die nun zum zweiten Male verwitwete Anches-en-Amun und Mutbeneret, Nofretetes ältere, schon seit Jahren verwitwete Schwester.

Anches-en-Amun verweigerte sich einem Gespräch unter vier Augen, sie empfing den General im Kreise ihrer Vertrauten. Er ließ sich davon nicht beeindrucken.

«Ein alter Soldat redet nicht viel herum, außerdem ist es mir ganz lieb, daß Zeugen zugegen sind. Wenn ich in Waset den zum Osiris gewordenen König zu seiner Ewigen Wohnung geleitet habe, werde ich mich dort zum König krönen lassen. Als Große Gemah-lin an meiner Seite kommst nur du in Frage oder deine Tante Mut-beneret. Noch hast du die Wahl…»

«Die alte Mutbeneret könnte fast deine Mutter sein», höhnte sie. «Aber nimm sie nur, sie ist ja dein Schlüssel zum Thron, General. Ich gebe mich dazu nicht her!»

Er grinste.

«Hättest dir lieber einen Chatti-Prinzen ins Bett geholt – wie? Eigentlich Hochverrat gegenüber dem eigenen Land… Aber einer Frau, die schon zweimal Trägerin der Geierhaube war, muß ich es wohl verzeihen. Wir werden für dich einen schönen, weit abgele-genen Witwensitz finden…»

Er verneigte sich leicht und ging schnell hinaus.

Mutbeneret, eine träge und gutwillige Frau, mußte nicht lange überredet werden, und man kam überein, daß sie nur bei gemein-samen Auftritten des Königspaares zu erscheinen hatte.

Eje hatte seine Herkunft niemals verleugnet, und wer die Malereien in seinem Grab betrachtete, konnte fast meinen, sein Schreiberberuf sei ihm wichtiger gewesen als das Königsamt. Zwölf wunderschön gemalte Paviane schmückten die Wände seiner Ewigen Wohnung als Erscheinungen des Schreibergottes Thot.

Haremhabs feierliche Krönung fand am Ostufer statt, im Innenhof des wiedereröffneten Amun-Tempels. Priester und Volk priesen ihn als den Erneuerer der alten Herrlichkeit, und es regte sich kein Protest, als er gleich nach seiner Thronbesteigung den Schönen Befehl erteilte, den Aton-Tempel abzureißen, die Steine kleinzuschlagen und als Füllmaterial für zwei Pylone zu verwenden, die er in der Tempelstadt errichten lassen wollte.

Nun näherte sich das alljährliche, seit siebzehn Jahren nicht mehr in altgewohnter Weise gefeierte Opet-Fest. Der neue König ließ sich nicht lange bitten und versprach, gemeinsam mit der Großen Königsgemahlin daran teilzunehmen. Da traf man dann – soweit sie noch lebten – all jene wieder, die der Reform des «Verdammten von Achetaton» – so nannte man Echnaton jetzt – zum Opfer gefallen waren.

Parennefer führte die Prozession an, assistiert von Si-Mut, dem Zweiten Propheten, gefolgt von den Hohepriestern des Month und des Ptah. Letzterer wurde von dem früheren Leibarzt Pentu verkörpert, der zum Obersten Arzt der Tempelstadt geworden war.

Am Tempel der Mut im Südlichen Harim empfing der dicke und alt gewordene Peri in feierlicher Würde den Gott Amun mit seinen Priestern. Seine Frau Ibara beobachtete die Ereignisse am Tempeltor aus ihrer Prunksänfte, die in vorderster Reihe stand. Was Peri ihr versprochen hatte, war Wirklichkeit geworden, und sie schalt sich, auch nur für einen Augenblick erwogen zu haben, dem Prinzen Semenchkare als Konkubine in eine ungewisse Zukunft zu folgen. Freilich, ein paar Jahre war er König und Mitregent gewesen, aber jetzt bewohnte er sein Ewiges Haus, und sie müßte in einem bescheidenen Harimswinkel auf ihr Ende warten.

Der Gute Gott und Herr Beider Länder Djeser-cheperu-Re

Haremhab trat mit einer Pracht auf, die an König Amenhotep erinnerte, den Vater des «Verdammten von Achetaton». Fest hielt er in seinen derben Kriegerhänden Heka-Szepter und Nechech-Geißel, hocherhobenen Hauptes trug er die rot-weiße Doppelkrone. Das Volk in seiner unsagbaren Freude und Erleichterung jubelte sich heiser und tanzte vor Begeisterung.

Später wies der neue König seine Hofschreiber an, die Archive zu durchforsten und alles auszumerzen, was an seine drei Vorgänger erinnerte. Künftig sollte in der Königsliste des Landes Kemet auf Echnatons Vater Amenhotep gleich Haremhab folgen. Die künftigen Schülergenerationen lernten es so, und Echnaton, der Einzige des Re und Prophet Atons, versank spurlos im Dunkel der Geschichte.

Wenn man in den folgenden Jahrzehnten seiner noch gedachte, dann mit Haß und Verachtung und ohne seinen Namen zu nennen – man hieß ihn nur «den Verdammten von Achetaton».

Da und dort klang in neuen Amun-Hymnen der Triumph auf, die Zeit der gottlosen Finsternis überwunden zu haben:

Die Sonne dessen, der dich, Amun, verkannte,
ist untergegangen.
Aber wer dich kennt, sagt: Sie ist aufgegangen im Vorhof!
Wer dich angreift, bleibt im Dunkel,
auch wenn das ganze Land in der Sonne liegt.
Jeder aber, der dich im Herzen trägt,
siehe – dessen Sonne ist aufgegangen!

Nachwort

Die Erinnerung an den altägyptischen König Amenophis IV. Echnaton wurde von seinen Nachfolgern so gründlich ausgelöscht, daß er aus der Geschichte verschwand. Seine Tempel – in Theben (Waset) wie auch in Amarna (Achetaton) – wurden dem Erdboden gleichgemacht, die Steine zerkleinert und bei Tempeln in Theben und Hermopolis (Eschmun) als Füllmaterial für Pylonen verwendet. Aus der Sicht ihrer Zeit handelten diese Könige völlig richtig im Sinne der göttlichen Weltordnung (Maat). Zwar fungierte der Pharao zugleich als die höchste religiöse Instanz, doch auch er war in die strengen Gesetze des Altüberlieferten fest eingebunden.

Mit dem, was Echnaton tat, stellte er sich als Oberster Priester selber in Frage. Er war in der Tat ein verdammungswürdiger Ketzer und mußte scheitern. Man hätte es ohne weiteres hingenommen, wenn er Aton zum Haupt- und Staatsgott erklärt hätte. Das hätte zwar Amun gemindert und in die zweite Reihe gestellt, doch so etwas wäre im Rahmen der Maat denkbar und machbar gewesen. Ähnliches hatte es schon gegeben, etwa als König Amenemhet III. seine Residenz in die Oase Fajum (Schedit) verlegte und den gewiß nicht allgemein verehrten Krokodilgott Sobek zum All- und Reichsgott erhob.

Gemessen an der religiösen Einstellung seiner Zeit hat Echnaton zwei unverzeihliche Fehler begangen: Er befahl die Ausmerzung der alten Götter, erklärte sie für falsch und nicht existent, und dem von ihm propagierten Monotheismus fehlte der Jenseitsgedanke. Ohne diese Jenseitshoffnung ist aber die ganze altägyptische Religion absurd, und diese Absurdität mutete Echnaton seinem Volk zu. Alles war darauf angelegt, nach der doch so kurzen Lebenszeit (damaliges Durchschnittsalter: 28 bis 30 Jahre) zum Osiris zu werden und das eigentliche Leben in der Ewigen Wohnung (Grab) zu beginnen. Weder der König noch die Wohlhabenden errichteten ihre Paläste und Häuser aus dauerhaftem Material – es war ja nur für kurze Zeit. Um so solider waren die Gräber gebaut: aus Stein und für alle Ewigkeit angelegt.

In Echnatons Sonnengesang, der wohl schönsten Dichtung des alten Ägypten, ist keine Zeile dem Nachleben gewidmet, er ist – vergleichbar dem frühen Judentum – völlig diesseitig ausgerichtet:

Gehst du unter im Westhorizont,
so ist die Welt in Finsternis,
in der Verfassung des Todes.

Nichts davon, daß Re während seiner Nachtfahrt die Unterwelt erleuchtet, die mit Nil, Äckern und Wiesen das genaue Gegenstück der irdischen darstellt.

Und so konnte geschehen, was unter Echnatons kraftvollen Vorgängern undenkbar gewesen wäre: Das Volk murrte und lehnte sich auf, ermuntert und angetrieben von den verjagten Priestern der alten Götter. Wir wissen nicht, auf welche Weise das geschah, aber es muß dem König allmählich so unerträglich geworden sein, daß er ca. 450 Kilometer nilabwärts eine neue Stadt aus dem Wüstenboden stampfte – Achetaton, als heilige Wohnstätte für den Gott, seinen Propheten und seine Anhänger.

Es fällt schwer, dafür einen Vergleich zu finden, doch die Wirkung muß wohl so gewesen sein, als hätte ein Papst um 1300, also in Zeiten tiefster mittelalterlicher Frömmigkeit, *ex cathedra* verkündet, der bisherige Glaube an eine Dreifaltigkeit, die Verehrung der Gottesmutter und aller Heiligen sei falsch – ja blasphemisch. Er befehle, von nun an nur noch einen einzigen Allgott anzubeten, es gebe weder Himmel noch Hölle, und alle Art von religiösen Feiern, Umzügen, Prozessionen etc. würden streng untersagt. Vielleicht hätte dieser Papst einige Anhänger gefunden, aber der Mehrheit aller Christen wäre er als Erzketzer und Antichrist erschienen.

Als Echnaton gestorben und seine Stadt Achetaton verlassen

war, deckte der Wüstensand die Reste so gründlich zu, daß sie wohl schon fünfzig Jahre später vergessen war, zusammen mit ihrem Erbauer, den man mit seinen beiden Nachfolgern Tut-anch-Amun und Eje aus den Annalen tilgte.

Dieses Vergessen hielt fast drei Jahrtausende an. Erst die Ägyptenexpedition von Napoleon fand «Reste einer antiken Stadt»; das stellten später auch andere fest, darunter 1828 der Hieroglyphenentzifferer J. F. Champollion, ohne weiterzuforschen oder irgendwelche Konsequenzen daraus zu ziehen.

Erst die Expedition des Karl Richard Lepsius von 1843 brachte Aufklärung. Zwar hielt dieser Forscher Echnaton aufgrund der gefundenen Bildnisse zuerst für eine Frau, doch bei seinem Vortrag vom 28. Juni 1851 vor der Preußischen Akademie stand fest: Amenophis IV. nannte sich später Echnaton und ersetzte die bisherige Amun-Verehrung durch einen «reinen Sonnenkultus». Der für Jahrtausende in Finsternis gefallene Gott Aton kam wieder ans Licht…

Man könnte es den Pompeji-Effekt nennen: Eine Stadt geht in kurzer Zeit zugrunde, und wenn dort die Vulkanasche die Reste deckte, so war es hier der Wüstensand. Zwar hatte die Bevölkerung alles damals für sie Wertvolle mitgenommen, ließ aber das in ihren Augen Wertlose zurück.

Lepsius hielt sich nur insgesamt zehn Tage dort auf und erforschte fast ausschließlich die Felsgräber, wo er von den damals noch gut sichtbaren Bildern zum Glück Kopien anfertigte.

Die wirklich entscheidenden Entdeckungen machte Ludwig Borchardt, der in den Jahren 1911 bis 1913 in Achetaton grub und forschte. Er fand in der Werkstatt des Thutmose die später weltberühmte Nofretete-Büste, zahlreiche Porträtköpfe und vieles andere von immenser Bedeutung. Schon 1907 konnte Borchardt ein Porträtköpfchen der Teje aus Ebenholz erwerben, dessen künstlerischer Wert die Büste der Nofretete noch übertrifft.

Damit soll gesagt sein, daß wir mit den Lebensumständen des Reformators und Religionsstifters Echnaton weit besser vertraut sind als etwa mit denen von Buddha, Zoroaster und Moses, was aber auch für das von Legenden überwucherte Leben von Christus und Mohammed gilt.

In Achetaton können wir Wege und Straßen sehen, die Echnaton gegangen ist, können seine Grabkammer – deren Ausstattung weitgehend zerstört ist – betreten, wie er es tat, können in Museen die herrlichen Malereien aus seinen Palästen bewundern, die auch er gesehen und genossen hat. Davon abgesehen gibt es zahlreiche – mehr oder minder realistische – Bildnisse von ihm, Nofretete, den Töchtern, seiner Mutter Teje. Wir können der guterhaltenen Mumie seines Vaters Amenophis III. ins Angesicht blicken und den von ihm in großen Teilen erbauten Mut-Tempel besuchen. Dort finden wir zahlreiche Stellen, wo auf Echnatons Befehl der Amun-Name ausgemeißelt wurde, und wir werden uns fragen, warum man ihn später nicht erneuert hat, da der Kult dieses Gottes noch gut tausend Jahre weiterblühte. Vielleicht ließen es die Priester als Menetekel so stehen, um zu zeigen, wie ein gottloser Frevler handelte, dessen Name längst vergessen ist.

Die religiöse Reform des Königs Echnaton steht in der Kulturgeschichte der Menschheit einzig da. Sie war in ihrer Kühnheit und Konsequenz kaum zu übertreffen und hat uns als Lehrgedicht den wunderbaren Hymnus des Sonnengesangs beschert.

In diesem Roman habe ich mich bemüht, die erst tausend Jahre später von Historikern ins Griechische umgesetzten Bezeichnungen zu vermeiden – deshalb kein Pharao, kein Ägypten, keine Königsnamen wie Amenophis oder Thutmosis und keine Städtenamen wie Memphis, Theben, Abydos etc. Bei Isis, Osiris und manchen anderen war dies nicht zu vermeiden, aber sie bilden die Ausnahme.

Personen

Haupttitel der altägypt. Könige:	Sohn der Sonne
	Guter (Vollkommener) Gott
	Herr Beider Länder
	Starker Stier
	Lebendiger Horus
A-cheper-ka-Re Thotmes	König Thutmosis I. (ca. 1505-1493)
Men-cheperu-Re Thotmes	König Thutmosis III. (ca. 1490-1437) Vorfahre von Echnaton berühmter Kriegerkönig
Men-cheperu-Re Thotmes	König Thutmosis IV. (ca. 1413-1403) Großvater von Echnaton
Neb-Maat-Re (Nebmare) Amenhotep	König Amenophis III. (1403-1365) Vater von Echnaton
Teje	Mutter von Echnaton
Nefer-cheperu-Re Wa-en-Re Amenhotep	König Amenophis IV./Echnaton (1365-1348)
Thotmes	Älterer Bruder von Echnaton
Nofretete	Große Königsgemahlin von Echnaton
Merit-Aton (Merit) Maket-Aton (Maket) Anches-en-pa-Aton (Ani) Nefer-neferu-Aton-ta-scherit (Scherit) Nefer-neferu-Re (Neferu) Setep-en-Re (Seti)	Töchter von Echnaton und Nofretete
Kija	Zweite Gemahlin von Echnaton

Eje	Schwiegervater von Echnaton (später König von Ägypten)
Sat-Amun	Schwester von Echnaton
Isis	Schwester von Echnaton
Semenchkare	Halbbruder von Echnaton (später Mitregent)
Giluchepa	Mutter von Semenchkare, Prinzessin aus Mitanni
Anen	Zweiter Prophet des Amun Onkel von Echnaton
Peri	Hoherpriester der Mut
Si-Mut	Dritter Prophet des Amun
Maj	Hoherpriester und Erster Prophet des Amun
Hapu	Hoherpriester des Month
Haremhab	Heerführer (später König von Ägypten)
Ramose	Wesir
Aper	Wesir
Pentu	Leibarzt von Echnaton (und dessen Vater)
Parennefer	Zweiter Prophet des Aton in Waset
Mahu	Polizeichef
Bagsu (später Setep)	Berufskiller
Memi	sein Gehilfe
Restep	sein Gehilfe
Huni	Kneipenwirt
Bak	Oberster Bildhauer und Baumeister
Thutmose	Oberbildhauer
Ibara	Geliebte von Semenchkare
Sutarna	König von Mitanni
Tusratta	König von Mitanni
Rib-Addi	Fürst von Byblos
Amistamru	Fürst von Ugarit
Suppiluliuma	König von Chatti

Namen und Begriffe

Abidu (Abydos)	Heilige Stadt des Gottes Osiris
Achet	Jahreszeit «Überschwemmung» (Juni – September)
Achetaton	Von König Echnaton erbaute Stadt in Mittelägypten (beim heutigen Amarna)
Amun	Widder- oder menschengestaltiger Reichsgott Hauptkultort Theben (Waset)
Amurru	Gebiet etwa im heutigen Syrien
Anch	Glückszeichen, Symbol für (ewiges) Leben
Anubis	Schakalköpfiger Totengott
Aton	Sonne, von Echnaton als einzige Gottheit verkündet und verehrt
Bastet	Katzengestaltige Göttin der Liebe, des Tanzes und der Musik
Ba-Vogel	Seele eines Verstorbenen in Vogelgestalt mit Menschenkopf
Bienenland	Unterägypten
Binsenland	Oberägypten
Byblos	Kleinfürstentum im Norden von Beirut, am Meer gelegen
Chabiru	Nomadenvolk im Deltagebiet des Nils
Chatti	Hethiter

Chons	Mondgott (Sohn von Amun und Mut)
Churriter	Bewohner von Mitanni
Deben	91 Gramm, Festgewicht
Djed-Pfeiler	Glückssymbol
Elektron	Legierung aus Gold und Silber
Elle	0,52 Meter («Königliche Elle»)
Eschmun (Hermopolis)	Heilige Stadt des Gottes Thot
Ewige Wohnung/Ewiges Haus	Grab
Gottessiegler	Einbalsamierer
Grünes Meer	Mittelmeer
Guter Gott	Titel des Königs von Ägypten
Halpa	Aleppo
Hathor	Menschen- oder kuhgestaltige Göttin
Heka-Szepter	Krummszepter des ägyptischen Königs
Hekat	4,78 Liter, Volumenmaß
Herr Beider Länder	Titel des ägypt. Königs
Horus	Falkengestaltiger Gott Symbol des Königtums
Isis	Göttin Schwestergemahlin des Osiris
Junu	Sonnenheiligtum im Delta, auch On, später Heliopolis (jetzt Stadtteil von Kairo)
Ka	Seele, unsterblicher Körperschatten des Menschen
Kadesch	Kleinfürstentum im Norden des heutigen Libanon
Kemet	alter Name für Ägypten
Kepto (Koptos)	heilige Stadt des Gottes Min (heute Kuft)
Kusch	Nubien und ein Teil des heutigen Sudan

Maat	Göttin der Wahrheit, des Rechts und der Weltordnung
	Mit oder nur als Feder dargestellt
Men-nefer	Memphis (südlich von Kairo, kaum noch Reste vorhanden)
Men-Spiel	beliebtes Brettspiel
Min	Gott der Fruchtbarkeit
Mitanni	heute nördliches Syrien
Month	Gott des Krieges
Mut	Gemahlin des Amun, als Frau mit Geierhaube dargestellt
Opet-Fest	Hauptfest in Waset (Theben)
Osiris	Gott der Unterwelt, Totenrichter Gemahl der Isis
Ozean	Umschreibung für Rotes Meer
Peret	Jahreszeit «Saat» (Oktober – Januar)
Prophet	Umschreibung für hohe Priester- ämter
Ptah	Mumiengestaltiger Schöpfergott, hauptsächlich in Memphis verehrt
Pylon	Hohe Mauer am Tempeleingang
Re (Ra)	Sonnengott
Rehenu	Wüstental, jetzt Wadi Hammamat
Sachmet	Löwenköpfige Göttin von Krank- heit und Vernichtung
	Patronin der Ärzte
	Gemahlin des Gottes Ptah
Schasu	räuberische Wüstenvölker in Mittel- und Oberägypten
Schedit	Oase Fajum
Schemu	Jahreszeit «Ernte» (Februar – Mai)
Sed-Fest	30jähriges Regierungsjubiläum der ägypt. Könige
	Ritual einer mystischen Verjün- gung

Seth	Tierköpfiger Gott der Wüsten und Fremdländer Mörder seines Bruders Osiris
Sistrum	Musikinstrument
Sobek	Krokodilgestaltiger Gott
Spanne	1/7 Elle (ca. 7,5 Zentimeter)
Suenet	Assuan
Symbole für Oberägypten:	Geier, Binse, Lotos, Weiße Krone
Symbole für Unterägypten:	Uto-Schlange, Biene, Papyrus, Rote Krone
Thot	Gott der Schreibkunst, Wissenschaft als Affe oder Ibis dargestellt
Ugarit	Kleinfürstentum im heutigen Syrien
Uto- oder Uräus-Schlange	Vom Königspaar an Stirn oder Krone getragene Schlange als unheilabwehrendes Symbol
Waset	Theben, heute Luxor
Westen	Ort der Toten (nach Westen gehen = sterben)

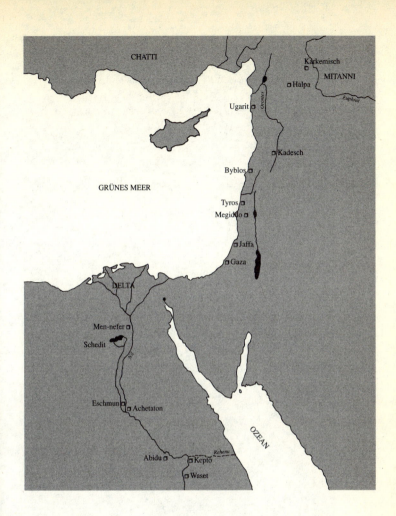

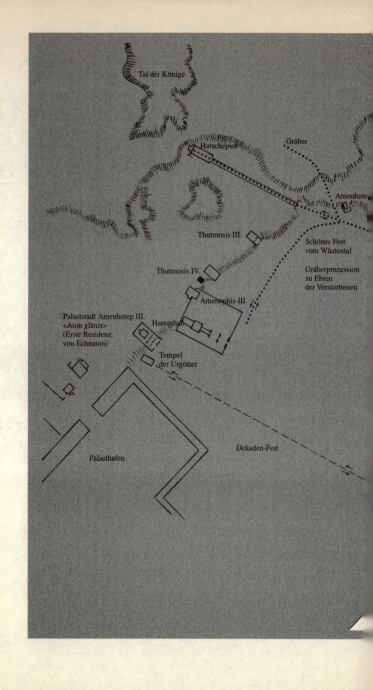

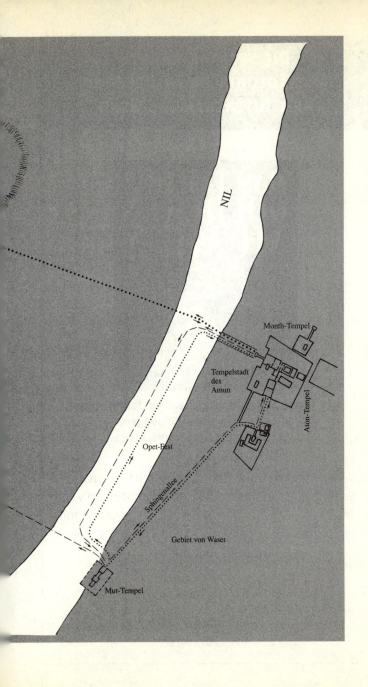

DIE SPEKTAKULÄRSTE ARCHÄOLOGISCHE ENTDECKUNG SEIT TUTENCHAMUNS GRAB

224 Seiten, durchgehend vierfarbig illustriert mit 300 Abbildungen, gebunden mit Schutzumschlag

Das «Tal der goldenen Mumien» hat weltweit Schlagzeilen gemacht: Nie zuvor wurden so viele Mumien – schätzungsweise 10'000, manche mit Goldmasken geschmückt – in einer einzigen Grabstätte gefunden.

scherz

www.scherzverlag.de